Das Kehdinger Landrecht von 1662

Rechtshistorische Reihe

Band 499

Zur Qualitätssicherung und Peer Review der vorliegenden Publikation

Die Qualität der in dieser Reihe erscheinenden Arbeiten wird vor der Publikation durch einen der Herausgeber der Reihe geprüft.

Notes on the quality assurance and peer review of this publication

Prior to publication, the quality of the work published in this series is reviewed by one of the editors of the series.

Alexander Ludewig

Das Kehdinger Landrecht von 1662

Partikularrecht und Justizwesen einer Landesgemeinde in der Epoche des Usus modernus pandectarum

PETER LANG

Bibliografische Information der Deutschen Nationalbibliothek
Die Deutsche Nationalbibliothek verzeichnet diese Publikation in der Deutschen Nationalbibliografie; detaillierte bibliografische Daten sind im Internet über http://dnb.d-nb.de abrufbar.

Zugl.: Kiel, Univ., Diss., 2022

Die Drucklegung wurde gefördert durch den Landschaftsverband der ehemaligen Herzogtümer Bremen und Verden (Landschaftsverband Stade) e.V.

D 8
ISSN 0344-290X
ISBN 978-3-631-88845-2 (Print)
E-ISBN 978-3-631-88861-2 (E-PDF)
E-ISBN 978-3-631-88862-9 (EPUB)
DOI 10.3726/b20134

Peter Lang – Berlin · Bern · Bruxelles · New York · Oxford · Warszawa · Wien

Diese Publikation wurde begutachtet.

www.peterlang.com

Meinen Eltern

Vorwort

Diese Studie ist im Wintersemester 2021/22 von der Rechtswissenschaftlichen Fakultät der Christian-Albrechts-Universität zu Kiel als Dissertation angenommen worden. Für die Drucklegung wurde sie geringfügig angepasst.

Die Anfertigung einer solchen Arbeit ist ohne die vielfältige Unterstützung anderer nicht möglich.

Außerordentlich großer Dank gebührt meinem Doktorvater Herrn Professor Dr. Rudolf Meyer-Pritzl für die Übernahme der Betreuung dieser Arbeit. Seine rechts- und fakultätsgeschichtlichen Lehrveranstaltungen prägten die wertvollsten Semester meines Studiums und förderten die Verbundenheit mit meiner Alma Mater. Ohne die von ihm gewährten größten Freiräume bei der Wahl des Themas und dessen Bearbeitung hätte diese Dissertation nicht erfolgreich angefertigt werden können. Auch ist ihm für die Empfehlung zur Aufnahme in die Rechtshistorische Reihe zu danken.

Herrn Professor Dr. Werner Schubert danke ich sehr für die Erstellung des Zweitgutachtens in kurzer Zeit.

Weitere Dankesworte sind in Richtung des Niedersächsischen Landesarchivs am Standort Stade zu richten, wo das Forschungsprojekt vom ersten Tag an mit großem Interesse begleitet wurde. Der Zugriff auf die Quellen wurde von den Mitarbeiterinnen und Mitarbeitern immer schnellstens und unkompliziert ermöglicht, wofür ich der damaligen Archivdirektorin Frau Dr. Gudrun Fiedler meinen Dank ausspreche.

Mein ganz besonderer Dank gilt Frau Dr. Beate-Christine Fiedler für das rasche und gleichzeitig bewundernswert sorgfältige Korrekturlesen meiner Entwürfe. Die Studie hat durch ihre weiterführenden und kenntnisreichen Anregungen einen großen Gewinn erfahren. In diesem Zusammenhang sei auch Herrn Dr. Volker Friedrich Drecktrah für das ergänzende Lektorat gedankt.

Dem Landschaftsverband der ehemaligen Herzogtümer Bremen und Verden (Landschaftsverband Stade) e.V. danke ich für die Gewährung eines großzügigen Druckkostenzuschusses.

Die Bewältigung dieser Aufgabe wäre unmöglich gewesen ohne die stetige und bedingungslose Unterstützung meiner Eltern. Ihnen ist diese Arbeit gewidmet.

Alexander Ludewig
Stade, im November 2022

Inhaltsübersicht

Inhaltsverzeichnis

Abkürzungsverzeichnis

ABGB	=	Allgemeines Bürgerliches Gesetzbuch (Österreich; 1812)
AltesL-Ref	=	Rechtsreformation / Landrecht des Alten Landes (1585)
ALR	=	Allgemeines Landrecht für die Preußischen Staaten (1794)
Anh. PolizeiO-1732	=	Anhang zur Polizeiordnung von 1732 (1749)
Anm. Verf.	=	Anmerkung des Verfassers
App.	=	Appendix / Appendices (Anhang / Anhänge)
Beschl.	=	Beschluss
BGB	=	Bürgerliches Gesetzbuch (Deutschland)
BGBl.	=	Bundesgesetzblatt
BGH	=	Bundesgerichtshof
BGHZ	=	Entscheidungen des Bundesgerichtshofes in Zivilsachen
Bl.	=	Blatt
Bl. ... r	=	Blatt ... recto (Vorderseite)
Bl. ... v	=	Blatt ... verso (Rückseite)
ButjadLR	=	Butjadinger Landrecht (1664)
BVerfG	=	Bundesverfassungsgericht
BVerfGE	=	Entscheidungen des Bundesverfassungsgerichts
Cap.	=	Capitulum (Kapitel)
CC	=	Code Civil (Frankreich; 1804)
CIBI	=	Codex Iuris Bavarici Iudiciarii (kurbayer. Zivilprozessordnung; 1753)
CMBC	=	Codex Maximilianeus Bavaricus Civilis (kurbayer. Zivilgesetzbuch; 1756)
CPO-1877	=	Zivilprozessordnung (Deutschland) i.d.F. vom 30. Januar 1877.
D.	=	Digesten (Corpus iuris civilis)
DithmLR	=	Dithmarscher Landrecht (1567)
Dtn.	=	Deuteronomium / 5. Buch Mose
DWB	=	Deutsches Wörterbuch
EiderstedtLR	=	Eiderstedter Landrecht (1591)
GräfenG	=	Gräfengericht

HadelerLR	=	Hadeler Landrecht (1583)
HambStR	=	Hamburger Stadtrecht (1603)
Hervorh.	=	Hervorhebung
Hervorh. typograph.	=	Hervorhebung ist im Original typographisch (i.d.R. handelt es sich um in Antiqua gesetzte Romanismen, während der übrige deutschsprachige Text in Fraktur gesetzt ist)
Hervorh. Verf.	=	Hervorhebung durch den Verfasser
Hervorh. wie Orig.	=	Hervorhebung wie im Original.
HGO	=	Hofgerichtsordnung für Bremen-Verden (1672)
HofG	=	Hofgericht
HRG	=	Handwörterbuch zur deutschen Rechtsgeschichte
Inst.	=	Institutionen des Justinian (Corpus iuris civilis)
JuS	=	Juristische Schulung
JütischesR	=	Jütisches Recht (1241)
KehdLR	=	Kehdinger Landrecht (1662)
LF	=	Libri Feudorum (Langobardisches Lehnrecht)
LG	=	Landgericht
LübStR	=	Lübecker Stadtrecht (1586)
MDR	=	Monatsschrift für Deutsches Recht
Mk.L.	=	Mark lübisch
Mt.	=	Evangelium nach Matthäus
NJW	=	Neue Juristische Wochenschrift
NLA ST	=	Niedersächsisches Landesarchiv – Abteilung Stade
Nov.	=	Novellen (Corpus iuris civlis)
NSRA	=	Neue Sammlung der Reichsabschiede
NSRA II	=	2. Band
NSRA III	=	3. Band
OsterstadeLR	=	Osterstader Landrecht (1580)
OsterstadeLR-BR	=	Gericht Bruche
OsterstadeLR-NL	=	Gericht Neuenlande
OsterstadeLR-OS	=	Gericht Osterstade
OsterstadeLR-RF	=	Gericht Rechtenfleth
OtterndorfStR	=	Otterndorfer Stadtrecht (1541)
PolizeiO-1693	=	Polizeiordnung für Bremen-Verden (1693)
pr.	=	principium (Anfangsstück einer Rechtsnorm)
PrGS.	=	Preußische Gesetzessammlung
RG	=	Reichsgericht
RGZ	=	Entscheidungen des Reichsgerichts in Zivilsachen

RGBl.	=	Reichsgesetzblatt
RitterR	=	Bremisches Ritterrecht (1577)
RKGO	=	Reichskammergerichtsordnung
RNotO	=	Reichsnotariatsordnung (1512)
RPO-1577	=	Reichspolizeiordnung (1577)
Rtlr.	=	Reichstaler
StadeGO	=	Stader Gerichtsordnung (1606)
Stichw.	=	Stichwort
Ssp.	=	Sachsenspiegel
Ssp. LdR	=	Sachsenspiegel Landrecht
UGO	=	Untergerichtsordnung für Bremen-Verden (1753)
Urt.	=	Urteil
VO	=	Verordnung
V.R.W.	=	Von Rechts Wegen
WTO	=	Wismarer Tribunalsordnung (1651)
WursterLR	=	Wurster Landrecht (1611)
X	=	Liber Extra (Corpus iuris canonici)
ZEuP	=	Zeitschrift für Europäisches Privatrecht
ZPO	=	Zivilprozessordnung (Deutschland)
ZRG	=	Zeitschrift der Savigny-Stiftung für Rechtsgeschichte
ZRG GA	=	Germanistische Abteilung
ZRG KA	=	Kanonistische Abteilung

I. Teil Einleitung

Die vorliegende Studie widmet sich dem Kehdinger Landrecht von 1662.[1]

A. Untersuchungsgegenstand

Das Land Kehdingen ist eine Marschlandschaft, die sich nördlich der Stadt Stade am westlichen Ufer der Elbe entlangzieht.[2] Seit dem späten 13. Jahrhundert trat Kehdingen als politische Landesgemeinde in Erscheinung,[3] d.h. als eine korporative Gebietseinheit mit „ausgeprägter bäuerlicher Selbstverwaltung",[4] von denen es entlang der deutschen Nordseeküste einige gab.[5] Im Jahr 1662 stellte der damalige Landessekretär Johannes Keller die besonderen Rechtsgebräuche dieses Landes Kehdingen zusammen, gab sie in einer Sammlung heraus und betitelte diese als: „*STATUTA KEDINGENSIA. Das ist Kedinger Landt-Recht.*"[6] Bei dem Druckwerk handelt es sich um eine einfache Broschüre in Fadenheftung, ungefähr in der Größe des heute verkehrsüblichen DIN-A5-Formats. Es scheinen nur noch wenige Originalexemplare vorhanden zu sein und nicht alle davon sind vollständig;[7] bereits Ende des 18. Jahrhunderts galt der Druck als sehr selten.[8]

---

1 Ein Transkript ist der Studie als Anhang Q1 beigegeben; nach Abschluss des Manuskripts erschien ein Kurzbeitrag des Verfassers, der die Themen dieser Studie umreißt, vgl. *Ludewig, Alexander*, Recht und Gerichtsbarkeit im Land Kehdingen in der Schwedenzeit, in: Stader Jahrbuch, N.F. 111 (2021), S. 31–45.

2 Vgl. *Mangels*, S. 37.

3 Vgl. *Hofmeister*, Elbmarschen I, S. 208.

4 *Bünz*, Art. Landschaft, in: HRG III (2016), Sp. 582; vgl. *Hofmeister*, Art. Landesgemeinde, in: Lexikon Altes Land, S. 137 f.

5 *Köller*, S. 408.

6 KehdLR, S. 1; abgebildet bei *Ludewig*, S. 42.

7 Vollständige Ausgaben finden sich im Niedersächsischen Landesarchiv (Abteilung Stade), bspw. in der Archivale NLA ST, Rep. 30 Nr. 1034. Ein weiteres Exemplar ist im Bestand der Staats- und Universitätsbibliothek Göttingen vorhanden (Sign. 8 J STAT V 5922).

8 Vgl. *Schlichthorst*, S. 85 f.

B. Forschungsstand

Kehdingen ist Teil einer Region, die allgemein als *Elbe-Weser-Dreieck* bezeichnet wird. Die Geschichte dieses Gebiets ist durch eine Vielzahl von Studien umfassend erforscht. Neben allgemeiner ausgerichteten Darstellungen gibt es gerade auch solche, die speziell die Entwicklung der politischen, administrativen und justiziellen Strukturen in den verschiedenen Epochen eingehend beleuchten.[9] Das Kehdinger Landrecht von 1662 wurde dagegen lediglich in einigen Abhandlungen v.a. des 18. und 19. Jahrhunderts gestreift oder thematisiert. Eine umfassende Untersuchung zu dem Landrecht als solchem fehlte indes bisher. Eine vertiefte Betrachtung erfuhren nur seine Regelungen über ein als *Retraktrecht* bezeichnetes dingliches Vorkaufsrecht.[10]

C. Leitgedanken der Untersuchung

In dieser älteren Literatur gibt es im Kern zwei wiederkehrende Behauptungen über das Landrecht, die den Ausgangspunkt dieser Untersuchung darstellen und ihren thematischen Rahmen abstecken.

I. Rechtsverwandtschaften

Die erste Behauptung betrifft den inhaltlichen Charakter des Landrechts selbst, d.h. die in ihm aufscheinenden dogmengeschichtlichen Traditionslinien. Hierzu gibt es eine Reihe von verschiedenen Einschätzungen. Die erste stammt noch aus dem nahen zeitlichen Umfeld, nämlich aus einem wohl um 1670 entstandenen „*Entwurff von des Landes Kedingen und deßen Einwohnere beschaffenheit, Gerichten und Gerechtigkeit, und was deme anhängigs.*“[11]

---

9 Die Fülle der Publikationen kann hier nicht aufgeführt werden. Es muss sich auf eine Auswahl grundlegender Literaturhinweise beschränkt werden: *Schleif, Karl H.*, Regierung und Verwaltung des Erzstifts Bremen am Beginn der Neuzeit (1500–1645), Diss. phil. Hamburg, Hamburg 1972; *Fiedler, Beate-Christine*, Die Verwaltung der Herzogtümer Bremen und Verden in der Schwedenzeit 1652–1712. Organisation und Wesen der Verwaltung, Diss. phil. Bonn, Stade 1987; *Drecktrah, Volker Friedrich*, Die Gerichtsbarkeit in den Herzogtümern Bremen und Verden und in der preußischen Landdrostei Stade von 1715 bis 1879, Diss. jur. Hamburg, Frankfurt a.M. 2002.

10 *Schlosser*, Art. Vorkaufsrecht, in: HRG V (1998), Sp. 1045; solche Näher- oder Retraktrechte waren gewohnheitsrechtlich in weiten Teilen Europas verbreitet und wurden von der gemeinrechtlichen Wissenschaft toleriert, vgl. *Coing*, S. 383 f.

11 NLA ST, Rep. 7 Nr. 7, Bl. 13r; ein Transkript dieser Landesbeschreibung ist der Studie als Anhang Q5 beigegeben; die erste Seite ist abgebildet bei *Ludewig*, S. 34; vgl. dazu

In dieser Landesbeschreibung – auf die noch vielfach zurückzukommen sein wird – heißt es, dass in dem zu Hamelwörden tagenden Landgericht „*nach des Landes gewohnheit und dem verhandenem geschriebenem Landrechte, so doch meistens mit den geschriebenen Keyserlichen Rechten übereinstimmet, definitivè darin erkandt wird.*“[12] Der Begriff des *Kaiserrechts*, mit dem dieses Landrecht meistens übereinstimmen soll, war seit dem 15. Jahrhundert eine Bezeichnung für das römische Recht.[13]

Im Jahr 1823 meinte Ernst Spangenberg, das Landrecht sei „nichts, als ein Amalgama des gemeinen Rechts, mit dem germanischen, in hochteutscher Sprache abgefaßt und gewiß nicht über das siebenzehnte Jahrhundert hinaufreichend.“[14] Ernst W. G. Schlüter wiederholte diese Einschätzung.[15] Daran schloss sich Gottlieb Freudentheil an, sein Urteil war aber gleichwohl negativ konnotiert: „Von diesem nachtheiligen Einflusse [des römischen Rechts, Anm. Verf.] ist das Kehdinger Statut ein sprechender Beleg. Obgleich nur ein [...] Landrecht für unstudirte Landleute geliefert werden sollte, so konnte der in den römischen Rechtsbegriffen erzogene Redigent es nicht übers Herz bringen, das alte einfache Landrecht mit subtilen römischen Rechtsbegriffen auszustaffiren, und so ein Amalgama des gemeinen Rechts mit dem germanischen [...] hervorzubringen.“[16] Im Anschluss daran sprach Friedrich B. Grefe in seinem Lehrbuch über das Privatrecht des Königreichs Hannover zur Mitte des 19. Jahrhunderts noch von einem „Gemisch germanischen und römischen Rechts.“[17]

Pratje, Recension, S. 52: „Wer diese Bogen aufgesetzet habe, kan ich nicht sagen. Es scheint aber ein Mann gewesen zu seyn, der des Landes Kehdingen vollenkommen kundig gewesen.“

12 NLA ST, Rep. 7 Nr. 7, Bl. 18r; in einer zweiten Abschrift dieser Landesbeschreibung befindet sich an dieser Stelle noch ein Einschub, wonach dieses Landrecht „*nunmehro zum Truck*“ befördert sei, NLA ST, Rep. 5b Nr. 3526, Bl. 10r; diese zweite Version des Manuskripts wurde durch *Wilhelm von der Decken-Offen* ediert, vgl. *Decken-Offen*, S. 58–68.

13 *Munzel-Everling*, Art. Kaiserrecht, in: HRG II (2012), Sp. 1534; vgl. *Eisenhardt*, Rn. 143; vgl. *Kroeschell*, Sassen, S. 173; dies hatte seinen Ursprung im mittelalterlichen Gedanken vom Weltkaisertum, wonach die römisch-deutschen Kaiser die Nachfolger der römischen Imperatoren waren, vgl. *Coing*, S. 92 f.; vgl. *Schlosser*, S. 50–53.

14 *Spangenberg*, Rechtszustand, S. 79.

15 Vgl. *Schlüter*, Kehdingen II, S. 221: „Ein Amalgama des gemeinen Rechts, mit dem germanischen, in hochdeutscher Sprache abgefaßt“; Ernst Wilhelm Gustav Schlüter war ein außerordentlich produktiver Publizist und Autor juristischer Literatur im Königreich Hannover.

16 *Freudentheil*, S. 125.

17 *Grefe*, Hannovers Recht I, S. 121.

Ein etwas anderes Urteil fällte Otto Stobbe: „Es ist das Landrecht also eine Aufzeichnung des durch autonomische Beliebungen abgeänderten Gewohnheitsrechts."[18] Wenn von einem lokal modifizierten Gewohnheitsrecht die Rede ist, dann muss dieses Gewohnheitsrecht ansonsten unmodifiziert bzw. allgemein sein. Damit kann nur das *Ius commune* gemeint gewesen sein.[19] Hermann Wasserschleben meinte etwas später: „Im *kedinger* Landrechte ist vielfach bereits das römische Recht benutzt, interessant sind aber die nicht selten vorkommenden Bezugnahmen auf das alte Recht."[20] Johann Christoph Schwartz bezeichnete das Landrecht in seiner Darstellung über die Geschichte des deutschen Zivilprozessrechts als „sehr mäßig romanisierend" und meint: „Die Satzungen stammen wohl aus der ersten Hälfte des 16. Jahrhunderts."[21] Dies stellt einen deutlichen Widerspruch zur obigen Einschätzung Spangenbergs dar, wonach das Landrecht keinesfalls vor dem 17. Jahrhundert entstanden sei.

Götz Landwehr setzt das Kehdinger Landrecht dann in eine Reihe beispielhafter „Rezeptionsgesetze des 16. und 17. Jahrhunderts"[22] für den norddeutschen Bereich.[23] Die *Rezeption* ist jener kulturgeschichtliche Vorgang, durch den das römische Recht in der Frühen Neuzeit zur gemeinsamen Rechtsordnung in Mittel- und Westeuropa wurde.[24] Karl Kroeschell stuft das Landrecht schließlich als „gelehrte Überarbeitung alter Gewohnheiten" ein.[25] Damit ist eine Überarbeitung im Sinne des gemeinen Rechts gemeint, denn dieses wird wegen seiner wissenschaftlichen Entwicklung durch akademische Juristen auch als *gelehrtes Recht* bezeichnet.[26]

All diesen Einschätzungen ist demnach gemein, dass sie einen signifikanten Einfluss des römischen bzw. des gemeinen Rechts auf das Kehdinger Landrecht ausmachen. Unterschiede bestehen allenfalls in der Frage nach der Stärke dieser Prägung. Während Stobbe das Landrecht nur noch als eine Aufzeichnung von abgewandeltem *Ius commune* ansieht, machen die anderen Stimmen ein

---

18 *Stobbe*, Rechtsquellen II, S. 341.

19 Im 19. Jahrhundert, in dem Stobbe wirkte, sah man den Geltungsgrund des *Ius commune* im Kern in Gewohnheitsrecht, vgl. *Luig*, Art. Gemeines Recht, in: HRG II (2012), Sp. 75 f.

20 *Wasserschleben*, S. 137; Hervorh. im Original gesperrt.

21 *Schwartz*, S. 52.

22 *Landwehr*, S. 22 f.

23 A.a.O., S. 23 Anm. 15.

24 Vgl. *Coing*, S. 7.

25 *Kroeschell*, Sassen, S. 189.

26 Vgl. *Coing*, S. 37 f.; vgl. *Eisenhardt*, Rn. 141 ff.

Gemisch oder Amalgam römischer und einheimischer Rechtstraditionen aus, bewerten es also als eine Vermengung gleicher Teile.

Dabei begnügen sich all diese Einstufungen mit einer apodiktischen Feststellung und bleiben ohne Begründung. Diese Untersuchung soll klären, auf welcher Grundlage diese Einschätzungen getroffen worden sind. Es gilt herauszuarbeiten, inwieweit das Landrecht inhaltlich mit dem *Ius commune* übereinstimmt und welche Rechtsverwandtschaften ansonsten noch in ihm aufscheinen. Ziel ist es also, eine umfassende dogmengeschichtliche Einordnung des Kehdinger Landrechts von 1662 vorzunehmen.

II. Charakter als Rechtsquelle

Die zweite Behauptung des Schrifttums betrifft die Geltungskraft des Landrechts.

1. Feststellungen des Schrifttums

Schlüter bemerkte 1826, abgesehen von einigen Gewohnheitsrechten werde die Justiz in Kehdingen „nach gemeinem Rechte verwaltet."[27] In Bezug auf das Landrecht, das als reine Privatarbeit zu klassifizieren sei,[28] habe „schon der ehemalige Vicekanzlei-Director v. Scharnhorst in seinem bekannten Manuscripte vom Jahre 1736 erinnert, daß es nicht *auctoritate publica* des Landesherrn edirt sey."[29] Die Formel *auctoritate publica* bedeutet, dass etwas „mit obrigkeitlicher Genehmigung, unter obrigkeitlicher Mitwirkung" ergangen ist.[30] Eine solche fehlte dem Landrecht also. Tatsächlich heißt es bereits in einer zeitgenössischen Archivale, es wären *„die Kehdinger Landes gebräuche* [...] *in A. 1662 von damahligem Landt Secretario Bützflethischen theils, absque autoritate publica zum abtrucke befodert."*[31]

Diese Mitwirkung des Landesherren wurde seit dem 17. Jahrhundert als das entscheidende Kriterium für das Vorliegen eines Gesetzes gesehen: Es war der Wille des Herrschers, der das Gesetz hervorbrachte und zugleich seine Verbindlichkeit begründete.[32] Da es eine solche fürstliche Bestätigung für das Kehdinger Landrecht hier weder in erzbischöflich-bremischer noch in

---

27 *Schlüter*, Kehdingen II, S. 220.
28 A.a.O., S. 221.
29 A.a.O., S. 225; Hervorh. typograph.
30 Meyers Lexikon 16, Stichw.: publica auctoritate, S. 435.
31 NLA ST, Rep. 30 Nr. 1034, Bl. 6v; absque = lat. ohne.
32 *Eisenhardt*, Rn. 265 f.

königlich-schwedischer Zeit gab, stellte der freiburgische Landessekretär Vagt im Jahr 1772 fest, „daß diese Sammlung, oder Kehdingsches Land Recht, das Ansehen eines Gesetzes jetzo nicht habe."[33] Wegen dieser fehlenden Bestätigung durch den Landesherren durfte das Landrecht laut Schlüter „nicht weiter adplicirt werden [...] als in wie weit es erweislich hergebracht worden ist",[34] d.h. Gewohnheitsrecht wiedergibt. Eine solche gewohnheitsrechtliche Geltung könne aber nur noch das Retraktrecht beanspruchen.[35] In diesem Zusammenhang verweist Schlüter auch auf Gottfried Mascov,[36] der schon im Jahr 1738 gleiches festgestellt hatte.[37]

2. Schlussfolgerungen

Gleichwohl kann die von Keller herausgegebene Sammlung möglicherweise indirekt als eine Rechtsquelle eingestuft werden. Denn die genannten Autoren des 18. und 19. Jahrhunderts haben eingeräumt, dass ihr zumindest theoretisch eine gewohnheitsrechtliche Geltung zukommen könne.

Das Gewohnheitsrecht war in der Frühen Neuzeit die bedeutendste Rechtsquelle,[38] wurde dann aber im Zuge der Entwicklung des modernen Gesetzgebungsstaats zunehmend zurück und schließlich an den Rand gedrängt.[39] Häufig wurden die besonderen Rechte einer Landschaft in privaten Aufzeichnungen festgehalten, die man als *Landrechtsbücher* bezeichnete.[40] In diese Kategorie fällt z.B. auch der durch Eike von Repgow erstellte *Sachsenspiegel*, der einen enormen Einfluss auf die deutsche Rechtsentwicklung ausübte,[41] obwohl es auch ihm an einer formalen Inkraftsetzung oder herrschaftlichen Autorisierung fehlte.[42]

---

33 *Vagt*, S. 173.

34 *Schlüter*, Kehdingen II, S. 225.

35 A.a.O., S. 231 f.

36 Vgl. a.a.O., S. 225 f.

37 Vgl. *Mascov*, S. 149: „*Terra Kedingensis quoque Statuta habet, edita Stadae A. MDCLXII a Joanne Kellero. Destituitur autem haec collectio auctoritate publica, neque proinde ultra valet, quam quatenus receptio ejus probari potest. Illud certum, obtinere ejus articulum. XXI. in quo jus Retractus vicinis tribuitur.*"

38 Vgl. *Krause/Köbler*, Art. Gewohnheitsrecht, in: HRG II (2012), Sp. 373 f.

39 Vgl. ebda.; vgl. *Eisenhardt*, Rn. 261.

40 *Lück*, Art. Landrechtsbücher, in: HRG III (2016), Sp. 559 f.; vgl. *Eisenhardt*, Rn. 75.

41 Vgl. *Eisenhardt*, Rn. 76.

42 *Lück*, Art. Landrechtsbücher, in: HRG III (2016), Sp. 561.

Wenn man das Kehdinger Landrecht so betrachtet, dann war es selbst in formeller Hinsicht zwar kein Gesetz; es kann aber eben durchaus eine Aufzeichnung tatsächlich geltenden Gewohnheitsrechts gewesen sein. So wird es wohl auch von Kroeschell eingestuft.[43] Die späteren Einschätzungen, wonach eine solche Geltung nur noch für das Retraktrecht bestehe, sind Beurteilungen aus der jeweiligen Gegenwartsperspektive. Sie lassen keine Rückschlüsse auf die frühere Rechtswirklichkeit zur Zeit des Drucks zu. Denn es ist möglich, dass im Jahr 1662 noch weitaus mehr Bestandteile tatsächlich authentisch waren, als dies Jahrzehnte oder gar Jahrhunderte später der Fall war. Diese Annahme rechtfertigt sich aus einer eingehenden Betrachtung der Rechtsquellenlehre des *Usus modernus pandectarum*, die an gegebener Stelle erfolgt.[44]

3. *Methodische Überprüfung*

Bei der Beantwortung der Frage, ob das von Keller aufgezeichnete Landrecht tatsächlich einstmals geltendes Gewohnheitsrecht widerspiegelt, kommt der rechtsvergleichenden Perspektive eine entscheidende Bedeutung zu. Im Zusammenhang mit der inhaltlichen Analyse soll das Landrecht nicht nur in Bezug zur Tradition des *Ius commune* gesetzt werden, sondern auch mit anderen regionalen Partikularrechten verglichen werden. Denn unter dem Gesichtspunkt der vorhandenen oder fehlenden Verbreitung von vergleichbaren Regelungen im regionalen Rechtsraum lässt sich zumindest eine Aussage darüber treffen, ob eine Authentizität der entsprechenden Stelle im Landrecht wahrscheinlich ist oder nicht.

D. Gang der Untersuchung

Die Studie nimmt ihren Ausgang bei einer Darstellung der historisch-politischen oder verfassungsrechtlichen Rahmenbedingungen, innerhalb derer sich ein Kehdinger Landrecht herausbilden und entfalten konnte. Kennzeichnend hierfür ist die besondere politische Konstellation der Landesgemeinde auf bäuerlich-genossenschaftlicher Grundlage, die sich innerhalb einer höheren Landesherrschaft ein gewisses Maß an Autonomie stets bewahren konnte. Dazu bedarf es einer Darstellung der Kehdinger Landesverfassung und der allgemeinen Entwicklungen auf der Ebene der Landesherrschaft. Aufgezeigt

---

43 Vgl. *Kroeschell*, Sassen, S. 189: „Gelehrte Überarbeitung alter Gewohnheiten."

44 Vgl. unten: II. Teil, 2. Abschnitt, 4. Unterabschnitt, Kapitel B.

werden soll insbesondere, wie sich diese Aspekte an zahlreichen Stellen im Landrecht widerspiegeln.

Darauf folgt die Frage nach der Einbettung des Landrechts in den allgemeinen rechtshistorischen Kontext. Besonderes Augenmerk wird hier auf die Charakteristika der sogenannten *Rechtsreformationen* und die zeitgenössische Rechtsanwendungslehre gelegt. Sie soll klären, ob dem nicht als formelles Gesetz einstufbaren Landrecht dennoch eine Qualität als Rechtsquelle zukommen kann. Damit im Zusammenhang steht die Frage nach einem möglichen sukzessiven Verschwinden lokaler Gewohnheitsrechte unter dem Druck der Rezeption. Nur vor diesem Hintergrund vermag erklärt zu werden, warum einige der von Keller wiedergegebenen Rechtsgebräuche zu seiner Zeit durchaus authentisch gewesen sein können, obwohl sie später nicht mehr galten.

Sodann schließt sich die inhaltliche Analyse des Landrechts an. Ihr vorausgeschickt werden allgemeine Vorbemerkungen zur Überlieferungsgeschichte und zu möglichen Ursprüngen des Landrechts. Die darauf folgende Darstellung orientiert sich am Aufbau des Landrechts selbst. Bevor auf die an seinem Beginn befindlichen Vorschriften über die Zuständigkeit des Landgerichts eingegangen wird, muss zunächst die allgemeine Struktur des lokalen und landesherrlichen Justizwesens skizziert werden. Auf diesem Fundament vollzieht sich dann die dogmengeschichtlich-rechtsvergleichende Analyse des Landrechts, die dessen Übereinstimmung mit dem gemeinen Recht festzustellen sucht. Wo es tunlich ist, werden Vergleiche mit anderen regionalen Land- und Stadtrechten angestellt.

Insgesamt handelt es sich um einen querschnittartigen Streifzug durch das Zivil- und das Prozessrecht des *Ius commune*, orientiert an dem Partikularrecht einer kleinräumigen Landschaft aus der zweiten Hälfte des 17. Jahrhunderts. Zu den beleuchteten Rechtsgebieten gehören u.a. allgemeine Fragen des zivilprozessualen Erkenntnisverfahrens, die Vormundschaft, Verfügungsverbote, die testamentarische und verwandtschaftliche Erbfolge, eheliche Güterstände, dingliche Vorkaufsrechte, Konkurs- und Vollstreckungsverfahren sowie schließlich die Rechtsmittel und das rechtskräftige Urteil.

Unterstützend werden zeitgenössische Gerichtsakten und andere Archivalien ausgewertet. Denn neben einer dogmengeschichtlichen Analyse des Landrechts zielt diese Untersuchung gerade auch darauf ab, das Rechts- und Justizleben dieser bäuerlichen Landesgemeinde im Zeitalter des *Usus modernus* anschaulich zu machen. So soll auch ein allgemeiner Beitrag zur Historiographie der Rechtspflege gegeben werden, denn „die neuzeitliche Gerichtspraxis in Niedersachsen ist bisher weithin unerforscht geblieben."[45]

---

45 *Kroeschell*, Sassen, S. 219.

II. Teil Die Rahmenbedingungen des Landrechts

Es handelt sich beim Kehdinger Landrecht von 1662 also nicht um ein förmliches Gesetz, sondern allenfalls um das verschriftlichte Gewohnheitsrecht dieser Landschaft.

1. Abschnitt – Die Landesgemeinde Kehdingen

Dieses Landrecht war Teil der besonderen Rechtsordnung der Landesgemeinde Kehdingen. Die Elemente ihrer Verfassung werden deshalb im Landrecht an vielen Stellen widergespiegelt.

1. Unterabschnitt – Das Landrecht

Der Ausgangspunkt aller folgenden Überlegungen soll der Begriff des *Landrechts* selbst sein. Dessen einfachste Bedeutung lautet: „Das in einem lande oder gebiete geltende recht."[46]

A. Land und Landrecht

Eine enge Verknüpfung von Land und Landrecht ist schon in den mittelalterlichen Quellen erkennbar.[47] Vor diesem Hintergrund ist das Land für Brunner gleichzusetzen mit dem Bezirk seines Landrechts, welches das allgemeine Zusammenleben innerhalb des Landes regelt:[48] „Von einem Land wird man erst dann sprechen können, wenn sich eine Landesgemeinde und ein einheitliches Landrecht herausgebildet haben."[49] Auch für Kroeschell spiegelt sich in Landrechten „die Entstehung von Ländern als neuen Rechtsgemeinschaften", und es ist „*des landes gewonhait* […], die das aus so verschiedenartigen Quellen stammende Recht zu einer neuen Einheit verschmilzt."[50] Bereits ab dem 12. Jahrhundert sprechen viele Urkunden „von *ius et consuetudo terrae*, von Recht und Gewohnheit des Landes."[51] Auch in Kehdingen wurde im 14. Jahrhundert „bei

---

46 DWB 12, Stichw. landrecht, Sp. 128.

47 *Brunner*, S. 182.

48 A.a.O., S. 180, 194 f.

49 A.a.O., S. 194.

50 *Kroeschell*, Rechtsgeschichte I, S. 304; Hervorh. wie Orig.

51 Ebda.; Hervorh. wie Orig.

Verkäufen von Land und Renten betont, daß sie gemäß der Gewohnheit oder des Rechtes des [...] Landes erfolgten."[52] Hier wird gewiss der Ursprung für das liegen, was Keller in seinem Vorwort später als das *„uhralte Kedinger Landt-Recht"* bezeichnet hat.[53]

B. Das Land Kehdingen

Laut der bereits in der Einleitung angesprochenen Landesbeschreibung ist *„Daß Landt Keding* [...] *gleich den anderen Marsch Ländern Hertzogthumbs Bremen ein meistens von der Elbe angeworffenes und angeschlammetes wüstes und unbebauetes Landt.*"[54] Tatsächlich hat die bis weit hinter die Flussmündung der Elbe reichende Gezeitenwirkung der Nordsee zu großflächigen Sedimentablagerungen geführt, durch welche die dortigen Marschen entstanden.[55]

I. Geographische Gegebenheiten

Das Land Kehdingen zieht sich entlang der unteren Elbe von der Mündung der Schwinge bis an die Mündung der Oste hin.[56] Zum Landesinneren grenzt das Land *„längst her an einem Morast"*,[57] nämlich das 25 km lange Kehdinger Moor als dem größten deutschen Marschenmoor.[58] Das so umgrenzte Gebiet *„gehet ohngefehr 5 Meilen in die Länge hin.* [...] *Die Breite dieses Landes aber ist gantz ungleich, ist nach der Osten hin etwa eine viertel Meil breit,* [...] *aber meisten wegens nicht viel über eine halbe viertel Meil, ja an teils Örtern fast nicht ein sechstenteil Meil breit.*"[59] Eine Meile entsprach in jener Zeit 7,5 km,[60] d.h. die Ausdehnung des Landes betrug 37,5 km in der Länge und zwischen

---

52 *Hofmeister*, Elbmarschen II, S. 340.

53 KehdLR, S. 3.

54 NLA ST, Rep. 7 Nr. 7, Bl. 13r.

55 *Völksen*, S. 11.

56 Vgl. a.a.O., S. 13; vgl. NLA ST, Rep. 7 Nr. 7, Bl. 13r: *„Von der Stadt Staden und dem Alten Lande an, und ist vom Alten Lande durch den von d. Geest herunter durch die Stadt biß in die Elbe lauffenden Schwinge fluß unterschieden, gehet ohngefehr 5 Meilen in die Länge hin biß an den Ostenfluß, der daß Ambt Newenhause und Landt Keding von ander scheidet, liegt an der seite nach dem Norden längst her an der Elbe."*

57 NLA ST, Rep. 7 Nr. 7, Bl. 13r.

58 Dieses hat sich infolge der besonders ungünstigen Abflussverhältnisse zwischen dem Hochland der Elbe und der parallel verlaufenden Oste gebildet, vgl. *Völksen*, S. 13 f.; vgl. *Kühlken*, S. 304 f.

59 NLA ST, Rep. 7 Nr. 7, Bl. 13r,v.

60 Vgl. *Fiedler*, Verwaltung, S. 17.

1,3 und 1,9 km in der Breite. Es ist also erkennbar ein stark schlauchartiges Territorium;[61] bei Kehdingen und den anderen Marschländern an den Mündungen von Elbe und Weser handelt es sich insoweit um Gebiete, die sich als ein wenige Kilometer breiter Streifen an den Ufern entlang ziehen. Die enorme Fruchtbarkeit dieser Länder verhalf ihren Bewohnern zu Wohlstand, wodurch diese politische Bedeutsamkeit erlangten. Neben diesen Marschen gibt es im Elbe-Weser-Dreieck noch zweite weitere Bodenklassen, nämlich die weniger ertragreichen und eher sandigen Geestlandschaften im Landesinneren sowie die Moore, die mehr als ein Viertel der Fläche dieses Gebiets ausmachten und deren Kolonisation erst seit dem 18. Jahrhundert gelang.[62]

II. Administrative Gliederung

„Es ist aber das Landt in 2 teile geteilet worden, alß das Bützfletische, darin vier Kirchspiele und Freybürgische teil, worin 3 Kirchspiele verhanden."[63] Die zum Bützflethischen Teil gehörigen Kirchspiele waren Bützfleth, Assel, Drochtersen und Hamelwörden.[64] Zum Freiburgischen Teil zählten Freiburg, Oederquart und Balje.[65] Auch im Landrecht werden diese sieben Kirchspiele aufgezählt,[66] die ihrerseits nochmals in mehrere Bauerschaften unterteilt waren.[67] In späterer Zeit gab es hier noch Veränderungen. So kam im Freiburgischen Landesteil Ende des 17. Jahrhunderts das Kirchspiel Krummendeich hinzu, das vorher eine unselbstständige Kapellengemeinde Freiburgs gewesen war.[68]

---

61 Natürlich hat sich die Küstenlinie durch Landgewinnungsmaßnahmen seit der Mitte des 17. Jahrhunderts stark verändert. Eine erschöpfende Darstellung wurde vorgelegt von: *Fischer, Norbert*, Wassernot und Marschengesellschaft. Zur Geschichte der Deiche in Kehdingen, Stade 2003.

62 Vgl. *Fiedler*, Verwaltung, S. 17 f.; vgl. *Völksen*, S. 24.

63 NLA ST, Rep. 7 Nr. 7, Bl. 14r.

64 Vgl. *Schlüter*, Kehdingen I, S. 91.

65 Vgl. a.a.O., S. 96.

66 Vgl. KehdLR Tit. I § 2.

67 *Fischer*, S. 25; im 19. Jahrhundert waren jedenfalls die Kirchspiele des Freiburgischen Teils noch in Bauerschaften gegliedert, vgl. *Schlüter*, Kehdingen I, S. 96–99; im Bützflethischen wurde dagegen nur noch von Dorf- und Ortschaften gesprochen, vgl. a.a.O., S. 91–96.

68 *Poppe*, S. 18; *ders.* datiert die Unabhängigkeit auf das Jahr 1635, vgl. ebda; dies kann nicht richtig sein, weil sowohl das Landrecht von 1662 als auch die nur wenig später entstandene Landesbeschreibung Krummendeich an keiner Stelle erwähnen. Auch *Mevius* spricht 1673 noch von 7 Kirchspielen, vgl. *Mevius*, P. II, Cap. 8, § 3; selbst in einem 1703 vor dem Wismarer Tribunal geführten Prozess ist dies noch der Fall, vgl. NLA ST, Rep. 28 Nr. 881.

Fraglich bleibt in diesem Zusammenhang, welche Verbindung die in der Elbe vorgelagerte Insel Krautsand mit der Landesgemeinde hatte.[69] Diese hatte ursprünglich zum Kirchspiel Drochtersen gehört,[70] wurde aber im Jahr 1682 selbstständig.[71] Trotz der vorherigen Zugehörigkeit zu einem Kirchspiel des Bützflethischen Teils ist es unwahrscheinlich, dass auch die Insel zur Landesgemeinde gehörte.[72] Gleichwohl beriefen sich ihre Bewohner auf das Kehdinger Landrecht.[73] Später jedenfalls war die Insel ein Teil des Amtes Wischhafen,[74] das man 1746 gebildet hatte[75] und das als eine landesherrliche Domäne eine Exklave innerhalb der Landesgemeinde darstellte.[76]

2. Unterabschnitt – Die Landesgemeinde Kehdingen

Im spätmittelalterlichen Siegel Kehdingens ist von einer *terre kedingie* die Rede.[77] Mit dem Begriff der *terra* – also Land – bezeichnete man in Norddeutschland oft eine Landesgemeinde.[78] Ein anderes häufig anzutreffendes

---

69 Krautsand ist die größte einer Reihe langgestreckter Inseln, die allesamt als *Sande* bezeichnet werden. Inzwischen ist Krautsand aber vollständig mit dem Festland verbunden, vgl. *Kühlken*, S. 302 f.; vgl. *Poppe*, S. 114.

70 *Pratje*, Krautsand, S. 163: „Von den ältesten Zeiten her hielten die Bewohner der Insel Krautsand sich zu der zuallernächst gegenüber liegenden Kirche zu Drochtersen: doch hatten sie mit dem *Onere reficiendi* nichts zu schaffen; sondern bezahlten dem Prediger nur, wenn sie seiner bedurften, die *Iura stolae*"; Hervorh. typograph.

71 *Poppe*, S. 112 ff.

72 Krautsand war zunächst ein persönliches Tafelgut der Erzbischöfe gewesen und blieb auch noch in schwedischer Zeit eine Domäne, vgl. *Poppe*, S. 114 f.; vgl. *Pratje*, Krautsand, S. 158 f.; im Zusammenhang mit dem Schwedisch-Brandenburgischen Krieg und daraus resultierenden Reparationsforderungen war die Insel zwischen 1675 und 1692 aber durch Dänemark besetzt, vgl. *Pratje*, Krautsand, S. 159 ff.

73 Die Juraten (Geschworenen) der Kirche von Krautsand führten ab 1703 einen Rechtsstreit vor dem Wismarer Tribunal, in dem sie sich auf das Retraktrecht nach KehdLR Tit. XXI beriefen, vgl. NLA ST, Rep. 28 Nr. 885, Bl. 12r,v.

74 Vgl. *Schlüter*, Kehdingen I, S. 100 f.

75 *Fischer*, S. 12 f.; neben den Elbinseln bestand das Amt vor allem aus Teilen des Kirchspiels Hamelwörden, die infolge der Weihnachtsflucht von 1717 verloren gegangen waren und aufwändig neu kolonialisiert wurden, vgl. ebda.

76 A.a.O., S. 24; vgl. *Schlüter*, Kehdingen II, S. 239; über eine Personalunion zwischen der Wischhafener Amtmannschaft und dem Bützflethischen Gräfendienst bestand allerdings eine enge Verknüpfung, vgl. a.a.O., S. 203; vgl. *Drecktrah*, S. 172.

77 *Hofmeister*, Elbmarschen II, S. 265.

78 Vgl. *Hofmeister*, Art. Landesgemeinde, in: Lexikon Altes Land, S. 137 f.

Synonym ist *universitas*,[79] womit in der Lehre des *Ius commune* ein rechtsfähiger Personenverband gemeint war.[80]

A. Der Begriff der Landesgemeinde

Die Herausbildung von Landesgemeinden war für die Entstehung von lokalen Landrechten in den Elbmarschen von entscheidender Bedeutung.[81] Sie waren der Rahmen, in dem sich eine rechtliche Autonomie überhaupt erst entfalten konnte.

I. Charakteristika

Brunner scheint unter einer Landesgemeinde schlicht die Gesamtheit jener zu verstehen, deren Zusammenleben durch das gemeinsame Landrecht geregelt wird.[82] Dagegen meint Hucker, eine Landesgemeinde „ist nicht einfach die Summe ihrer persönlich freien Bewohner."[83] Überwiegend versteht man unter diesem Begriff nämlich eine bestimmte Form der politischen Organisation, die sich im späten Mittelalter entlang der deutschen Nordseeküste herausgebildet hatte[84] und die aus der Selbstverwaltung lokaler Bauern entstanden war.[85] Allgemein zusammengefasst handelte es sich hier um autonome bäuerliche Kommunen[86] bzw. genossenschaftliche Organisationen freier Bauern,[87] die ein

---

79 Vgl. *Hofmeister*, Territorialstaat, S. 203 ff.; vgl. *Hucker*, S. 101; andere Synonyme waren *terra*, *communitas* oder schlicht *land*, vgl. *Hofmeister*, Art. Landesgemeinde, in: Lexikon Altes Land, S. 137 f.

80 Vgl. *Coing*, S. 261: Die mittelalterliche Rechtswissenschaft hatte aus Ansätzen des *Corpus iuris civilis* eine „geschlossene Lehre vom Personenverband" entwickelt, der als *universitas* bezeichnet wurde. Es handelte sich um eine Vorform der juristischen Person, deren Vermögen von dem ihrer Mitglieder separat war, die sich eigene Satzungen (*statuta*) geben konnte und ihre Willensbildung durch Mehrheitsbeschlüsse vollzog. Angewandt wurde diese Lehre u.a. auf universitäre Kollegien, Zünfte und Gilden, aber auch auf Städte und Gemeinden, vgl. a.a.O., S. 262–265.

81 Vgl. *Hofmeister*, Elbmarschen II, S. 340; dies gilt auch für andere Gebiete. So fand, ihrer politischen Unabhängigkeit entsprechend, auch „in der Bauernrepublik Dithmarschen eine eigenständige Rechtsentwicklung statt", *Löw*, S. 53.

82 Vgl. *Brunner*, S. 194.

83 *Hucker*, S. 101.

84 *Hofmeister*, Elbmarschen I, S. 208.

85 *Köller*, S. 408; *Bünz*, Art. Landschaft, in: HRG III (2016), Sp. 582.

86 Vgl. *Hofmeister*, Territorialstaat, S. 203.

87 Vgl. *Köller*, S. 411; vgl. *Hucker*, S. 102: „Gemeindlich-genossenschaftliche Organisation der Freien."

gewisses Maß an Selbstbestimmung besaßen.[88] Adelige und geistliche Herrschaft spielten in diesen Gebieten dagegen keine nennenswerte Rolle.[89] Auch Kehdingen gehört in den Rahmen dieses „vielfältigen Spektrums freier Länder, das von den Westfriesen im Südwesten bis zu den Strandfriesen im Norden reicht“[90] und zwischen denen es durchaus ein Verbundenheitsgefühl gegeben zu haben scheint.[91]

II. Entstehungsgründe

Die für die Entstehung dieser Selbstverwaltungskörperschaften gemeinsamen Voraussetzungen „waren eine verkehrsmäßig nicht ungünstige Lage an der Peripherie des Reiches, Königsferne und naturräumliche Bedingungen, die eine gemeinschaftliche Bewältigung der Herausforderungen erforderten und zugleich wirtschaftlichen Erfolg ermöglichten.“[92] Damit ist die Zusammenarbeit zum Zwecke des Küstenschutzes gemeint.

Dieser war notwendig, denn über Kehdingen hat „*die Elbe, wann Sie nur ein wenig auffgelauffen, sich allemahl ergoßen*“, weshalb das Land später „*mit großen Kosten eingeteicht*“[93] wurde. Erst diese Eindeichung seit dem Hochmittelalter verlieh der Küstenlinie feste Konturen. Vorher hatte sich das Hochland als „eine Vielzahl von halligartigen Marscheninseln“ dargestellt.[94]

Dieser Kampf gegen die Sturmfluten war die „entscheidende Herausforderung für die regionale Gesellschaft Kehdingens.“[95] Insofern verwundert es nicht, wenn die Errichtung der Deiche als wesentliche Keimzelle für die Entstehung der norddeutschen Landesgemeinden gesehen wird,[96] denn „diese Arbeiten überforderten die Leistungskraft des einzelnen Hofes und verlangten daher

88 *Hofmeister*, Elbmarschen II, S. 342.

89 *Bünz*, Art. Landschaft, in: HRG III (2016), Sp. 582.

90 *Hucker*, S. 101.

91 Vgl. *Stoob*, S. 12: Die Landesgemeinden empfanden „sich sehr wohl als eine Art Schicksalsgemeinschaft [...] um 1500 ist das Wissen um die Verbundenheit aller Küstenlande in ihrem Kampfe gegen das immer stärker andrängende Landesfürstentum verbreitet genug [...] Seitens der Fürsten empfindet man den inneren Zusammenhang der küstennahen Landesgemeinden nicht minder.“

92 *Köller*, S. 408; wegen der geographischen Lage spricht *Stoob* von „randgelegenen Bundesstaaten auf bäuerlicher Grundlage“, *Stoob*, S. 13.

93 NLA ST, Rep. 7 Nr. 7, Bl. 13r.

94 *Völksen*, S. 14.

95 *Fischer*, S. 3.

96 Vgl. *Hofmeister*, Elbmarschen II, S. 282, 329.

schon früh den genossenschaftlichen Zusammenschluß",[97] und dieses genossenschaftliche Prinzip stand dem landesherrschaftlichen gegenüber.[98]

III. Autonomie der Landesgemeinden

Besonders das Land Kehdingen war „durch Moore, Sümpfe und die Elbe recht isoliert und abgesehen vom Wasserweg schwer zugänglich, was zu größerer Selbstständigkeit und Unabhängigkeit führte."[99] Wegen der relativen Abwesenheit der Königsgewalt übte die *universitas* dessen Rechte, die sogenannten *Regalien*, selbst aus. So kam es zur Herausbildung eigener „Verwaltungs- und Gerichtseinheiten, deren Obliegenheiten von den Siedlern selbst wahrgenommen wurden."[100]

Insgesamt handelte es sich bei den Landesgemeinden um korporative Zusammenschlüsse von Kirchspielsgemeinden.[101] Dies kommt nicht von ungefähr, denn im späten Mittelalter waren die Kirchspiele in der Marsch und der Geest die gebräuchlichen Orientierungsbezirke.[102] Erst die genossenschaftliche Organisation in den Kirchspielen „ermöglichte ein geschlossenes Auftreten nach außen hin. Das Fehlen einer einheitlichen übermächtigen Oberschicht begünstigte den Zusammenschluß zur größeren Landgemeinde."[103] Die Grade der von diesen bäuerlichen Selbstverwaltungskörperschaften erlangten Autonomie unterschieden sich indessen stark voneinander.[104] Beispielsweise war sie in Dithmarschen von 1227 bis 1559 bis zu einer faktischen Unabhängigkeit ausgeprägt,[105] sodass von einem „Bauernstaat"[106] oder einer „Bauernrepublik"[107] gesprochen wird.

---

97 *Kuschert*, S. 105; vgl. *Boeselager*, Art. Deichrecht, in: HRG I (2008), Sp. 940 ff.

98 Vgl. *Boeselager*, Art. Deichrecht, in: HRG I (2008), Sp. 940.

99 *Köller*, S. 415; vgl. *Hucker*, S. 101.

100 *Hucker*, S. 101.

101 *Bünz*, Art. Landschaft, in: HRG III (2016), Sp. 582; vgl. *Lorenzen-Schmidt*, S. 118; vgl. *Hofmeister*, Art. Landesgemeinde, in: Lexikon Altes Land, S. 137 f.

102 *Hofmeister*, Elbmarschen II, S. 283; vgl. *Kuschert*, S. 106.

103 *Hucker*, S. 102.

104 *Köller*, S. 408.

105 A.a.O., S. 410; *Stoob* zitiert einen zeitgenössischen Chronisten, der um 1448 meinte: „Diese Dithmarscher leben ohne Fürsten und Obrigkeit, sie tun was sie wollen!", *Stoob*, S. 12.

106 *Stoob*, S. 7 f.; vgl. a.a.O., S. 12: „Einzig Dithmarschen bleibt es vergönnt, das Modell eines Staates zu entfalten, wie ihn die Landesgemeinden der Küste mehr oder weniger alle als Möglichkeit in sich getragen haben."

107 Vgl. *Löw*, S. 52 f.; so bisweilen auch die Bezeichnung für das Land Wursten, vgl. *Scheper*, S. 248.

B. Die Entstehung der Landesgemeinde Kehdingen

Für Kehdingen ist eine landesgemeindliche Ordnung erst seit dem 13. Jahrhundert nachweisbar.[108] Die Landesbeschreibung des 17. Jahrhunderts geht aber wohl davon aus, dass eine solche schon immer bestanden habe, denn „*dieses ist dennoch gewiß, daß die Einwohnere, zu anfangs ein gantz freyes Volck gewesen.*“[109] Tatsächlich ist auch in dem Briefbuch des Wibald von Corvey aus dem Jahr 1156/1157 von den „*liberi homines de Kadingis*“, also den freien Männern Kehdingens, die Rede.[110] Dieser Begriff bezeichnete im Mittelalter aber keine politische, sondern nur eine persönliche ständische Freiheit;[111] die autonome bäuerliche Landesgemeinde späterer Zeit ist also nicht gemeint.[112]

Als eine solche politische Einheit trat Kehdingen erstmals im Jahr 1274 in Erscheinung:[113] Seit die Grafschaft Stade spätestens 1236 endgültig an das Erzstift Bremen gefallen war,[114] zählte auch Kehdingen zum Herrschaftsbereich der dortigen Erzbischöfe.[115] Im Jahr 1274 unterwarf der damalige Erzbischof Giselbert das Land in einem Feldzug auf Grundlage eines päpstlichen Mandats,[116] in dem eine Untersuchung gegen die Einwohner der „*insule Caddiggie*“ angeordnet worden war.[117] Gut dreißig Jahre später wagte Kehdingen im Verbund mit anderen Landesgemeinden eine militärische Auflehnung gegen Erzbischof Giselbert.[118] Aber auch diese große Revolte des Jahres 1306, die sich primär in der holsteinischen Haseldorfer Marsch abspielte, endete mit einer Niederlage.[119]

---

108 Vgl. *Köller*, S. 415.

109 NLA ST, Rep. 7 Nr. 7, Bl. 13v.

110 *Hofmeister*, Elbmarschen I, S. 207 f.

111 A.a.O., S. 211.

112 A.a.O., S. 221.

113 A.a.O., S. 208.

114 Vgl. *Fiedler*, Verwaltung, S. 18.

115 *Köller*, S. 415.

116 *Hofmeister*, Elbmarschen II, S. 228 ff.; vgl. *Hucker*, S. 105 f.

117 Vgl. *Hofmeister*, Elbmarschen II, S. 230; dieses war ergangen, nachdem der neugewählte bremische Erzbischof Giselbert bei Papst Gregor X. vorgetragen hatte, die Kehdinger „verweigerten ihm Rechte und Abgaben und wollten sich aus seinem ‚*dominium*‘ lösen, obwohl ihm […] die gesamte geistliche und weltliche Gerichtsbarkeit in der ‚*universitas ipsius insulae*‘ zustehe“, *Hucker*, S. 105; Hervorh. Verf.; vgl. a.a.O., S. 102: „Es hat den Anschein, als ob die ‚*universitas*‘ ihre Eigenstaatlichkeit bis zur Reichsunmittelbarkeit habe steigern wollen“; Hervorh. Verf.; vgl. zu alledem auch *Hofmeister*, Elbmarschen II, S. 228; vgl. auch *Mangels*, S. 105 f.

118 *Hofmeister*, Elbmarschen II, S. 232.

119 Vgl. *Hofmeister*, Territorialstaat, S. 209 f.

„Das Scheitern des gemeinsamen Aufstandes der Bauern in den Elbmarschen machte ihnen die Grenzen ihrer Autonomie deutlich."[120] Dennoch gelang es der *universitas*, diese dem Grunde nach zu bewahren, „eigene Organe durchzusetzen und damit selbst Herrschaft im Lande auszuüben, ohne daß damit die Landesherrschaft des Erzbischofs beseitigt wurde."[121]

3. Unterabschnitt – Die Landesherrschaft

Diese Landesherrschaft war der Rahmen für ein besonderes Landrecht, denn die rechtliche Autonomie der Landesgemeinde konnte sich nur innerhalb jenes politischen Freiraums bewegen, der sich gegenüber dem Territorialfürsten behaupten ließ.

A. *Das Erzstift Bremen in der Frühen Neuzeit*

Den weltlichen Herrschaftsbereich der Erzbischöfe bezeichnet man als *Erzstift*, wovon der kirchliche Amtsbezirk der *Diözese* streng zu unterscheiden ist.[122]

I. *Die innere Organisation*

Das Erzstift Bremen war ein Ständestaat,[123] d.h. die Erzbischöfe waren wie die meisten Landesherren der Frühen Neuzeit bei der Regierung von der Mitwirkung sogenannter Landstände abhängig.[124] Diese vollzog sich über Landtage, auf denen die Stände sich versammelten, berieten und Beschlüsse fassten.[125] Derartige Landtage gab es auch im Erzstift Bremen,[126] dessen innere Verfasstheit

120 *Hofmeister*, Elbmarschen II, S. 241.

121 A.a.O., S. 343 Anm. 76.; vgl. *Hucker*, S. 107.

122 Vgl. *Krüger*, Art. Hochstift, in: HRG II (2012), Sp. 1062 f.; bei der Landesherrschaft eines Bischofs spricht man dagegen von einem *Hochstift*. Die Grenzen eines solchen Fürstbistums und der verknüpften Diözese deckten sich dabei in der Regel gerade nicht, vgl. ebda.

123 Vgl. *Schleif*, S. 24 ff.

124 Vgl. *Eisenhardt*, Rn. 232: „Die Landstände waren das Gesamtkorpus derjenigen im Land angesessenen Personen und Korporationen, die kraft Landesfreiheiten und Herkommen von Landesherrn in gewissen Angelegenheiten, insbesondere bei Steuererhebungen und Religionssachen, um ihre Bewilligung gebeten werden mussten"; vgl. auch *Mitteis*, S. 263.

125 Vgl. *Eisenhardt*, Rn. 232.

126 Vgl. *Schleif*, S. 24 ff.; eine Edition ausgewählter Landtagsabschiede wurde herausgegeben von: *Mindermann, Arend*, Die Landtagsabschiede des Erzstifts Bremen und des Hochstifts Verden, Hannover 2008.

also durch einen ambivalenten Dualismus zwischen dem Erzbischof als Landesfürsten und den Ständen geprägt war.[127] Als geistliche Stände traten das Bremer Domkapitel und die Prälaten auf, die weltlichen Stände setzten sich aus der Ritterschaft sowie den Städten Bremen, Buxtehude und Stade zusammen.[128] Die Landesgemeinden Kehdingen und Altes Land wurden zwar zu den Landtagen geladen, hatten anders als die Stände aber kein Stimmrecht, weil sie lediglich Verwaltungsbezirke waren.[129]

II. Reformversuche

Bis zur Mitte des 16. Jahrhunderts hatte sich die Reformation im Erzstift durchgesetzt, es handelte sich um ein protestantisches Fürstbistum.[130] Mit Heinrich von Sachsen-Lauenburg war 1567 erstmals ein Lutheraner zum Erzbischof gewählt worden.[131]

Nachdem der Landtag im Jahr 1580 einen Beschluss gefasst hatte, wonach „von den Beamteten über verschiedene Rechte Berichte gefordert und danach Rechtsbücher zugerichtet werden" sollten,[132] hatte Erzbischof Heinrich III. die Aufzeichnung verschiedener Landrechte veranlasst und „legte den Entwurf einer Untergerichtsordnung vor, die eine Vereinheitlichung der Prozeßführung bezweckte."[133] Diese Pläne waren aber am Widerstand der Stände gescheitert.[134] Einen weiteren umfassenden Reformversuch gab es erst unter Erzbischof Johann Friedrich während der Jahre 1616/1617. Ziel war es, die Verwaltungsorganisation zu zentralisieren und zu modernisieren. Auch dieses Vorhaben wurde von den Ständen blockiert.[135] Für Schleif zeigt sich daran deren

---

127 Vgl. *Fiedler*, Verwaltung, S. 22.

128 *Schleif*, S. 24; der klar dominierende Stand war dabei das Domkapitel, denn es wählte die Erzbischöfe und führte während der Sedisvakanz die Regierungsgeschäfte, vgl. a.a.O., S. 34 f.; dies war in deutschen Fürstbistümern allgemein üblich, vgl. *Krüger*, Art. Hochstift, in: HRG II (2012), Sp. 1063.

129 *Schleif*, S. 24 Anm. 3; das Streben der Landesgemeinden, in diesen Kreis aufgenommen zu werden, war vergebens, denn „angeblich fehlte ein rechtskräftiges Dokument, das die langjährige Gültigkeit eines Rechts auf Landstandschaft ausdrückte", *Fiedler*, Bremen und Verden, S. 226.

130 Vgl. *Fiedler*, Verwaltung, S. 19.

131 *Schleif*, S. 22.

132 *Grefe*, Hannovers Recht I, S. 116.

133 *Schleif*, S. 121.

134 Ebda.

135 Vgl. *Fiedler*, Verwaltung, S. 23 ff.

„fehlendes Verständnis [...] für die neue, den erhöhten Anforderungen und der erweiterten Staatstätigkeit genügende Behördenorganisation."[136]

Möglicherweise steht das Kehdinger Landrecht von 1662 im indirekten Zusammenhang mit diesen Vorgängen. In dem vorangestellten Editionsbericht gibt Keller nämlich an, das Landrecht aus alten schriftlichen Vorlagen zusammengestellt zu haben. Es sprechen Indizien dafür, dass zwischen diesen Vorlagen und den gescheiterten Reformbemühungen jedenfalls teilweise eine Verbindung bestehen könnte; dieser Gedanke wird an anderer Stelle wieder aufgegriffen.[137]

III. Das Ende des Erzstifts

Die innere Verwaltungsorganisation des Erzstifts war zu jener Zeit verglichen mit anderen Territorien bereits rückständig,[138] womit eine machtpolitische Bedeutungslosigkeit nach außen hin korrespondierte.[139] Das Erzstift wurde so zu einem Spielball umliegender Fürstenhäuser;[140] es geriet im Verlauf des Dreißigjährigen Krieges zunächst unter die Kontrolle Dänemarks und später Schwedens.[141] Im Westfälischen Frieden von 1648 wurde es dann gemeinsam mit dem Hochstift Verden zu einem Herzogtum säkularisiert und der schwedischen Krone übertragen.[142] In diese „Schwedenzeit"[143] fällt das Kehdinger Landrecht und die Spuren des politischen Zeitenwechsels werden in ihm auch an einigen Stellen sichtbar. So ist im Tit. XXX die Rede vom „*Reverendissimus (der Ertz-Bischoff / anitzo Ihr. Königl. Majest. zu Schweden).*"[144] Dagegen heißt es in Tit. XXXII noch unverändert, dass die Appellation gegen ein Urteil bei der „*Ertz-Bischöfflichen Fürstlichē[n] Bremischen Cantzley zu Vörde insinuiret*" werden muss.[145] Von Schweden ist dort noch keine Rede. Umgekehrt ist aber in Tit. XXXIII § 2 nur noch von „*unserm gnädigsten Fürsten und Herrn (itzo*

136 *Schleif*, S. 84.

137 Vgl. unten: III. Teil, 1. Abschnitt, Kapitel B.

138 Vgl. *Fiedler*, Verwaltung, S. 24.

139 Vgl. *Schleif*, S. 16, 20.

140 Im 16. Jahrhundert stand das Erzstift unter welfischem Einfluss. Später war es „ein Gebiet, in dem sich nun dänische, schwedische, kaiserliche und holsteingottorfische Interessen kreuzten", *Fiedler*, Verwaltung, S. 19.

141 Vgl. *Bohmbach*, Bremen-Verden, S. 51 ff.

142 Vgl. *Fiedler*, Bremen und Verden, S. 186 f.; vgl. *Bohmbach*, Bremen-Verden, S. 53 f.

143 Vgl. *Bohmbach*, Bremen-Verden, S. 51.

144 KehdLR Tit. XXX.

145 KehdLR Tit. XXXII.

vorhöchstgedachter Ihr. Königl. Majest.)" die Rede;[146] über den Erzbischof wird kein Wort mehr verloren. Diese unterschiedliche Handhabung ist im Übrigen ein klares Zeichen dafür, dass Keller seine Vorlagen nicht wirklich überarbeitet hat.

B. Die Herrschaft der schwedischen Krone (1648–1712)

Bremen-Verden blieb auch nach dem Westfälischen Frieden ein Reichslehen und war daher kein inkorporierter Teil des schwedischen Königreichs.[147]

I. Innere Reformen

Die Landtage fanden weiter statt und Bremen-Verden konnte sich eine legislative Eigenständigkeit bewahren. Schwedische Gesetze waren nicht übertragbar.[148] Solange neue Verordnungen fehlten, blieben die alten aus erzbischöflicher Zeit regional in Kraft;[149] das hatte eine königliche Resolution von 1649 ausdrücklich bekräftigt.[150] Dennoch wurde die innere Verfasstheit des Gebietes tiefgreifend umgepflügt. Infolge der Säkularisation verschwanden zunächst die geistlichen Landstände, sodass in dieser Hinsicht nur die Ritterschaft und die Städte übrig blieben.[151] Zu erheblichen Veränderungen kam es im Bereich der

146 KehdLR Tit. XXXIII § 2.

147 *Bohmbach*, Bremen-Verden, S. 53 f.

148 Ebda.; die Fundamentalgesetze für die Neuorganisation des Herzogtums Bremen waren ein Landtagsabschied vom 30. Juni 1651 und eine Regierungsordnung vom 20. Juli 1652. Diese bildeten die Grundlage für die Organisation der schwedischen Herrschaft und hatten mit wenigen Änderungen bis zu deren Ende Bestand, vgl. *Fiedler*, Bremen und Verden, S. 190 f.

149 *Fiedler*, Verwaltung, S. 173; *Mevius* stellt fest, es seien mit der Säkularisierung „doch damit im übrigen des Landes Rechte und Gesetze nicht erloschen oder abgeschaffet", *Mevius*, P. I, Cap. 4, § 6.

150 Vgl. *Modéer*, Gerichtsbarkeiten der schwedischen Krone, S. 389.

151 *Fiedler*, Bremen und Verden, S. 226; vgl. auch *Mevius*, P. I, Cap. 4, § 6: Dem vormaligen Erzstift wurde „der *Character Ecclesiasticus* ganz abgethan / die Capitul und andere *Collegia Ecclesiastica* mit allen ihren Recht / *administration* und Regierung auffgehoben / dasselbe zu einen weltlichen Hertzogthumb gemachet"; Hervorh. typograph.; eine stark umkämpfte Frage war, ob die Stadt Bremen noch ein Landstand des nach ihr benannten Territoriums oder inzwischen ein freier Reichsstand war. Schweden führte in den Jahren 1654 und 1665/1666 ohne Erfolg zwei Kriege, um die Stadt wieder vollständig in das Herzogtum einzugliedern, dazu vgl. *Fiedler*, Bremen und Verden, S. 235–240.

Administrative. Insbesondere verlor der alte Residenz- und Hauptort Vörde[152] seine Stellung. Stattdessen wurde nun in Stade eine neue Zentralverwaltung eingerichtet; diese maß den lokalen Verwaltungen zwar „lediglich dienende Funktionen zu",[153] ließ die erzbischöflichen Strukturen aber insoweit bestehen, als es die Leitgedanken und Interessen der schwedischen Großmachtpolitik gestatteten.[154]

II. Das Kehdinger Landrecht und die Schwedenzeit

Es ist kein Zufall, dass der Landessekretär Johannes Keller es gerade zu Beginn der 1660er Jahre unternahm, die alten Rechtsgewohnheiten Kehdingens aufzuzeichnen und so zu bewahren. Denn auch wenn die lokalen Selbstverwaltungsorgane durch die schwedische Krone kaum angetastet wurden, muss der Wechsel vom Ständestaat der innenpolitisch schwachen Erzbischöfe hin zur absolutistischen Zentralverwaltung für die autonomen Landesgemeinden als eine Bedrohung erschienen sein. Hinzu kam eine erhebliche finanzielle Belastung durch die schwedische Großmachtpolitik[155] und die Verwicklung des Gebiets in militärische Auseinandersetzungen.[156] Daneben mag Keller aber auch durch die allgemeine innenpolitische Lage jener Jahre ermutigt gewesen sein, die sich kurzzeitig wieder zugunsten landständischer Freiheiten zu entwickeln schien.[157] Diese Entwicklung war aber nicht von Dauer. Insbesondere ab dem Jahr 1690 „wurden die Bemühungen um eine Verwaltungsreform wieder verstärkt aufgegriffen."[158] Es wurde gerade auch darauf abgezielt, den politischen Einfluss der Landstände nahezu vollständig zurückzudrängen. Infolge dieser Reformen wurden „die lokalen Instanzen und die Gerichts- und Kirchenbehörden [...] zu Handlangern der Regierung."[159]

---

152 *Fiedler*, Verwaltung, S. 22; vgl. *Schleif*, S. 86 ff.

153 *Fiedler*, Verwaltung, S. 134.

154 Vgl. a.a.O., S. 172.

155 Vgl. *Fiedler*, Bremen und Verden, S. 205 ff.

156 Das Gebiet wurde während des ersten Nordischen Krieges (1655–1660) seit 1657 von Dänemark erobert und besetzt, vgl. *Fiedler*, Bremen und Verden, S. 191 ff.

157 Während der Vormundschaftsregierung für den minderjährigen König Karl XI. fand in den Jahren 1662/1663 eine Neuregelung des Verhältnisses zwischen der Krone und den Landständen statt, die zu einer Bestätigung und Ausweitung der ständischen Privilegien führte, vgl. *Fiedler*, Bremen und Verden, S. 198 f.

158 *Fiedler*, Bremen und Verden, S. 200.

159 *Fiedler*, Verwaltung, S. 249.

Da das letzte Protokoll des Landgerichts Kehdingen auf das Jahr 1691 datiert,[160] ist seine Abschaffung im Zusammenhang mit dieser Reform sehr wahrscheinlich. Denn weil ein Landgericht eben ein „gericht über ein land, ein ganzes gebiet“[161] ist, stellte es eine wichtige Klammer der in zwei Distrikte gegliederten Landesgemeinde dar. Hierdurch wurde auch die Basis für ein gemeinsames Gewohnheitsrecht im Land Kehdingen zerstört, denn die Gebräuche der beiden Gräfengerichte konnten nicht auf den jeweils anderen Landesteil übertragen werden.[162]

Im Zuge des Großen Nordischen Krieges gingen die Herzogtümer Bremen und Verden im Jahr 1719 auf das Kurfürstentum Hannover über. Damit erhielten sie „einen neuen Landesherrn, der jedoch zunächst alles im alten Zustand beließ.“[163] So blieb es auch in Kehdingen bei der Gliederung in Bützflethischen und Freiburgischen Teil.[164] Entwicklungen späterer Zeit sind hier nicht mehr von Bedeutung.

4. Unterabschnitt – Die Verfassung der Landesgemeinde

In diesem politischen Rahmen war die *universitas* Kehdingen nach außen eingebunden. Ihre innere Landesverfassung blieb von den wechselhaften Entwicklungen aber jedenfalls formell unberührt. Dies war der Rahmen, in dem sich ein lokales Gewohnheitsrecht bilden und entfalten konnte. Die Elemente der Verfassungsstruktur scheinen im Landrecht auch an vielen Stellen auf. Es beginnt schließlich bereits mit einer Widmung an die „*Vornehmen Herren Greven und Heuptleuten / auch sämbtlichen Eingesessenen von Adeln und Erbexen Landes Kedingen.*“[165]

---

160 Vgl. NLA ST, Rep. 72/172 Freiburg Nr. 4689, LG Kehdingen v. 22.06.1691.

161 DWB 12, Stichw. landgericht, Sp. 117.

162 In einem Verfahren vor dem Wismarer Tribunal bemühten die Appellationsführer einen Bericht der beiden Gräfen, wonach das Retraktrecht im Land Kehdingen in Gebrauch sei. Daraufhin wiesen die Appellationsgegner das Tribunal auf eben diese Zweiteilung des Landes und die getrennte Gerichtsbarkeit hin, vgl. NLA ST, Rep. 28 Nr. 885, Bl. 74r: „*Weilen nun daß Land Kehdingen in zwey theil separiret ist, und jedes theil seinen eigenen Greffen, seine eigene Haupt-Leute und sein Seperates Gerichte hat, so kan nach anleitung der Rechten nicht de loco ad locum und also daß was im Freyburgischen alß in alio disctrictu et in alio judicio in usance sein möchte, nicht ad alium locum et aliud Judicium auch ad aliam rem Extendiret werden.*“

163 *Drecktrah*, S. 36 f.

164 Vgl. a.a.O., S. 79.

165 KehdLR, S. 2.

A. *Die Eingesessenen von Adel und Erbexen*

Diese Aufzählung verkörpert in ihrer Gesamtheit die *universitas*. Bereits im Jahr 1423 waren Gräfen, Hauptleute und „de gantze menheid des Landes tho Kedinghe"[166] in Erscheinung getreten.[167] Mit dieser „Meenheit"[168] bzw. „Mannheit" des Landes meinte man den Adel und die freien Bauern als „die beiden Stände Kehdingens",[169] die Gerichte und Verwaltung selbst regelten.[170]

Die lokalen Adelsgeschlechter waren fest in die Verfassung eingebunden und besetzten entscheidende Ämter und Funktionen.[171] Trotz dieser aktiven Beteiligung am politischen Leben der *universitas* nahm der Adel aber Privilegien für sich in Anspruch, insbesondere unterfielen seine Güter nicht der Gerichtsbarkeit der Kirchspiele und des Landes.[172]

Die freien Bauern werden in den zeitgenössischen Quellen als *Hausmannsstand* bezeichnet.[173] Dieser setzte sich aus *Erbexen*, *Meyern* und *Häuerlingen* zusammen.[174] Der Unterschied rührte aus der Qualität ihres jeweiligen Grundbesitzes her: „Erbexen werden […] diejenigen Einwohner genannt, welche keine andere als ihre erbeigenen Güter im Besitz und Gebrauch haben und einigen von Adel oder andern Gutsherrn im geringsten nicht unterworfen sind."[175] Meyer und Häuerlinge waren dagegen lediglich Pächter gutsherrlicher Ländereien.[176]

Dies hatte Konsequenzen für die politische Teilhabe: Während im Bützflethischen Teil nur Erbexen politische Stimmrechte ausüben konnten, stand dies

---

166 *Poppe*, S. 41.

167 Sie hatten einen Vertrag mit benachbarten Kirchspielen abgeschlossen, vgl. *Poppe*, S. 41 f.

168 Vgl. *Hofmeister*, Art. Landesgemeinde, in: Lexikon Altes Land, S. 137 f.

169 *Kühlken*, S. 298; vgl. *Poppe*, S. 13 f.

170 *Kühlken*, S. 298.

171 *Merker*, S. 102.

172 *Hofmeister*, Elbmarschen I, S. 305; die Erzbischöfe hatten den lokalen Adel wohl bewusst gestärkt. Im Alten Land, Hadeln, Wursten oder Dithmarschen gab es dagegen keinerlei Adel mehr, vgl. a.a.O., S. 305 f.

173 Vgl. NLA ST, Rep. 7 Nr. 7, Bl. 14v: „*Benebenst denen zum teil auß den Eingeseßenen, von Adeln und zum teil von den Erbexen haußmans standes von seiten des Landes erwehlten Heübtleüten.*"

174 *Schlüter*, Kehdingen I, S. 130; im 17. Jahrhundert sprach man anstelle von Häuerlingen mitunter auch von Kötnern, vgl. NLA ST, Rep. 7 Nr. 7, Bl. 18v.

175 *Schlüter*, Kehdingen I, S. 128; diese Definition hat *ders.* aus der Landesbeschreibung übernommen, vgl. NLA ST, Rep. 7 Nr. 7, Bl. 19r.

176 Vgl. *Schlüter*, Kehdingen I, S. 128 f.

im Freiburgischen Distrikt sogar Häuerlingen zu. Im Mindestmaß war jeweils Eigentum bzw. Besitz von drei reduzierten Morgen Land erforderlich.[177] Zur Zeit Kellers scheinen aber auch dort nur die Erbexen berechtigt gewesen zu sein[178] und deswegen sind nur diese in der Widmung des Landrechts angesprochen.

B. Die Landesversammlung

Ein Mindestmaß an Landbesitz war in allen Landesgemeinden Voraussetzung zur politischen Teilhabe. Die zu diesem Kreis gehörenden Einwohner bezeichnete man als *Interessenten*.[179] Sie bildeten ein bäuerliches Patriziat,[180] das in einer Landesversammlung zusammentrat. Eine solche zählte allgemein zu den zentralen Elementen einer landesgemeindlichen Ordnung[181] und war zu allen Zeiten das wichtigste Organ landschaftlicher Selbstverwaltung.[182]

Die Kehdinger Landesversammlung trat am ehemaligen Hollerdeich zusammen,[183] an einem *„orthe, der Schenckel genandt"*[184] wird und sich auf der Grenze zwischen den Landesteilen befand.[185] Am „Schinkeltage",[186] der *„Jährlich einmahl und zwar am Sontage Trinitatis auff den Nachmittage unter dem Blawen*

177 Vgl. a.a.O., S. 130; der reduzierte Morgen war eine Recheneinheit, um der unterschiedlichen Wertigkeit von Ländereien gerecht werden zu können, vgl. *Poppe*, S. 14: „Ein 1 Hektar gleich großer Kehdinger Morgen ist reduziert gleich einem Kehdinger Morgen der denkbar besten Qualität, Weizenboden"; Höfe im Bützflethischen hatten in reduzierten Morgen gerechnet durchschnittlich nur 4/7 ihrer tatsächlichen Größe, vgl. *Hofmeister*, Elbmarschen II, S. 305 Anm. 73; angesichts dieses Zensuswahlrechts ist es verfehlt, wenn geäußert wird, in den Landesversammlungen sei die „Gesamtheit des Volkes" zusammengekommen, so nämlich: *Kühlken*, S. 298.

178 Vgl. NLA ST, Rep. 7 Nr. 7, Bl. 14v: *„Darauß die anwesende von Adel und Erbexen deßelben teils eine erwehlen."*

179 Vgl. *Kuschert*, S. 107; vgl. *Lorenzen-Schmidt*, S. 125; vgl. *Schlüter*, Kehdingen II, S. 211 ff.

180 Vgl. *Kuschert*, S. 112.

181 Vgl. *Köller*, S. 411 f.; vgl. *Hofmeister*, Art. Landesgemeinde, in: Lexikon Altes Land, S. 137 f.

182 *Kuschert*, S. 108.

183 *Mangels*, S. 40.

184 NLA ST, Rep. 7 Nr. 7, Bl. 14v.

185 *Schlüter*, Kehdingen II, S. 211; dieser *Schinkelplatz* liegt heute im Gebiet der Gemeinde Oederquart in der Nähe einer nach dem Schinkel benannten Straße.

186 Vgl. ebda.

Himmel“[187] stattfand, kamen Deputierte und Interessenten aus dem gesamten Land zusammen.[188] Dort beratschlagte man allgemeine Angelegenheiten und fasste entsprechende Beschlüsse.[189] Spuren dafür finden sich auch im Landrecht. So ist in Bezug auf die bisherige Erbfolgeordnung „*durch einhellige Bewilligung der sämbtlichen Eingesessenen des Landes zu Kedingen beschlossen / daß sothaner alter Gebrauch soll hinfürter nicht mehr gelten; sondern auffgehoben seyn.*“[190] Eine einhellige Bewilligung der Eingesessenen kann nichts anderes meinen, als einen Beschluss der Landesversammlung. Auch ein anderer „*Gebrauch ist ebenmässig abgeschafft / und einhellig bewilliget / daß nach beschriebenem Keyserlichem Rechte verfahren werden solle.*“[191]

C. Die Amtsträger der Landesgemeinde

Da eine lediglich einmal jährlich zusammentretende Versammlung die Geschicke der *universitas* aber nicht regeln konnte, bedurfte es hierzu einer Reihe von Amtsträgern.

I. Gräfen und Hauptleute

Neben den Eingesessenen ist das Landrecht auch den „*Greven und Heuptleuten*“ gewidmet,[192] die es mehrfach dezidiert gemeinsam als Obrigkeit nennt.[193]

1. Die Hauptleute

Die Hauptleute (*Höftlüde*),[194] die im Landrecht 15 mal genannt werden,[195] sind erstmals 1394 als „*capitanei terre Kedinghe*“ bezeugt[196] und vertraten

187 NLA ST, Rep. 7 Nr. 7, Bl. 14v.

188 *Schlüter*, Kehdingen II, S. 211.

189 Vgl. NLA ST, Rep. 7 Nr. 7, Bl. 15r: „*Sonsten auch bey dieser Versamblung auff dem Schenckel von Landessachen, bevorab, wie gute Ordnungen zuerhalten, hingegen alle Unordnungen, Mißbräuche und laster zu verwehren und abzuschaffen deliberiret, und was also beschloßen, wird den folgenden Sontage im nahmen Greffen und Heübtleüte, daß dem also nachgelebet werden solle, von den Cantzeln bey gewißer poen abgekündigt.*“

190 KehdLR Tit. XV § 1.

191 KehdLR Tit. XVI § 2.

192 KehdLR, S. 2.

193 Vgl. KehdLR Tit. XI § 1, 2, XIII § 4.

194 *Schlüter*, Kehdingen II, S. 207.

195 KehdLR, S. 1 f., Vorbem. zu Tit. I Nr. 4, 5, Tit. I § 2, XI §§ 1 ff., XIII §§ 4 f., XXIII § 2, XXVIII, XXIX, XXXIII §§ 1 f.

196 *Poppe*, S. 13; vgl. *Hofmeister*, Elbmarschen II, S. 308.

gemeinschaftlich „als Repräsentantenkollegium die Landesgemeinde."[197] Seit dem Verlauf des 14. Jahrhunderts sind ähnliche Organe auch für andere Landschaften nachweisbar.[198]

Solche gewählten Kirchspielsvertreter waren ein charakteristisches Element ihrer Selbstverwaltung,[199] sie formten eine „kollegiale Behörde ohne Spitze."[200] Wegen dieser Führungskollegien spricht man bisweilen auch von einer „Konsulatsverfassung der bäuerlichen Landesgemeinden."[201] Da Erzbischof Johann Rode sich noch um 1500 beklagte, dass die *capitanei* Kehdingens sich ohne seine Approbation als Richter betätigten, handelte es sich „wohl ursprünglich um revolutionäre Organe der Gemeinden."[202] Zahlenmäßig werden für Kehdingen in dieser Zeit insgesamt 12 Hauptleute genannt.[203] In der ersten Hälfte des 19. Jahrhunderts waren es mit 24 dagegen doppelt so viele.[204] Das Landgerichtsprotokoll von 1691 zeigt, dass diese Vergrößerung bereits bis zur zweiten Hälfte des 17. Jahrhunderts stattgefunden haben muss.[205]

---

197 *Hofmeister*, Elbmarschen II, S. 328; gelegentlich traten auch die Gräfen gemeinsam mit den Hauptleuten als Vertreter des Landes auf, deren Mitwirkung war aber nicht erforderlich, vgl. a.a.O., S. 314.

198 Vgl. a.a.O., S. 308 f.; so traten z.B. 1397 *hovedlude* in Hadeln hervor, bereits 1364 in der Wilstermarsch, 1375 als *capiteini* in Osterstade und auch für die friesischen Marschen sind die Bezeichnungen *hovetlinge*, *capitales* sowie *capitanei* belegt. 1361 traten die Hauptleute des Alten Landes auf, vgl. ebda.; in Eiderstedt wählte man sog. *Landpfennigmeister* an die Spitze der Verwaltung, vgl. *Kuschert*, S. 109 f.

199 Vgl. *Köller*, S. 411 f.; vgl. *Hofmeister*, Art. Landesgemeinde, in: Lexikon Altes Land, S. 137 f.

200 *Mangels*, S. 38.

201 *Scheper*, S. 242; Dithmarschen wurde durch das Kollegium der *Achtundvierziger* geführt, *Stoob*, S. 94 ff.; in Eiderstedt wurden die Kirchspielsvertreter als Lehnsmänner bezeichnet, *Kuschert*, S. 107 f.; in der Kremper- und Wilstermarsch gab es die Hauptleute und Großgevollmächtigten, *Lorenzen-Schmidt*, S. 125 f.

202 *Hofmeister*, Territorialstaat, S. 211.

203 *Hofmeister*, Elbmarschen II, S. 300; verbreitet waren wohl auch 16 Landesgeschworene (*sedecim conjurati de terra)*, vgl. *Scheper*, S. 242, 249.

204 Vgl. *Schlüter*, Kehdingen II, S. 210 f.; gewählt wurde im Freiburgischen ein Hauptmann für jede der insgesamt 13 Bauerschaften. Im Bützflethischen wurden die Hauptleute dagegen pro Kirchspiel gewählt, je drei für Bützfleth, Drochtersen und Assel sowie zwei für Hamelwörden, vgl. ebda.

205 Vgl. NLA ST, Rep. 72/172 Freiburg Nr. 4689, LG Kehdingen v. 22.06.1691: In diesem Protokoll wird die Anwesenheit von 22 Hauptleuten festgehalten.

Die Amtszeit der Hauptleute war nicht von bestimmter Dauer, ein Rücktritt konnte erst nach drei bis vier Jahren erfolgen.[206] Die Wahl fand bei der Landesversammlung am Schinkel statt, und zwar dergestalt, dass *„der jenige Heübtman, welchem nicht länger bey dem Ambte zu bleiben beliebet, schrifft- oder mundlich abdanckt, Und 3 düchtige persohnen in seiner stelle wieder vorschläget, darauß die anwesende von Adel und Erbexen deßelben teils eine erwehlen.“*[207] Bei Unstimmigkeiten sollte der andere Landesteil entscheiden.[208] Die Vereidigung der Gewählten geschah dann bei Beginn des Landgerichts in Hamelwörden.[209] Dies ist durch mehrere Protokolle belegt, einige von ihnen beginnen mit der Ablegung der Hauptmannseide.[210]

2. Die Gräfen

Neben den Hauptleuten standen die beiden Gräfen, bei denen es sich um Beamte des Landesherren handelte.[211] Der freiburgische Gräfe residierte in Freiburg, der bützflethische zunächst in Drochtersen und später in Wischhafen.[212] Eingesetzt wurden sie vom Landesherren, dem sie den Treueeid zu leisten hatten und dessen Rechte sie als seine Statthalter im Lande ausübten.[213]

---

206 Vgl. *Schlüter*, Kehdingen II, S. 210.

207 NLA ST, Rep. 7 Nr. 7, Bl. 14v.

208 Vgl. ebda.

209 NLA ST, Rep. 7 Nr. 7, Bl. 18r: *„Wan dieses Landtgerichte gehalten wird, werden die newerwehlete heubtleüte dazu schrifftlich eingeladen, welche aber vorher und ehe Sie mit admittiret werden, in erwehntem gerichte in dem Kirchthurm ihren Heübtmans eyd ablegen müßen.“*

210 Vgl. z.B. NLA ST, Rep. 72/172 Freiburg Nr. 4677, LG Kehdingen v. 19.06.1665: *„Erstlich haben folgende Heübtleüte als auß Butzfleth Johan Nagel, auß Aßel, Johan Sturen und Peter With ihren Heübtmans eyd würgklich abgeleget. Auß dem Freyburgeschen haben ihren Heübtmans eyd abgeleget, Jürgen Korff, Paul Steffens, Detlef Kemmen und Christoff Ölrich.“*

211 *Hofmeister*, Elbmarschen II, S. 343.

212 *Fischer*, S. 24 f.; eine Auflistung der Gräfen findet sich bei: *Bei der Wieden*, S. 230 f.

213 *Hofmeister*, Elbmarschen II, S. 315; diese Aufsichtsfunktion wird auch in einer archivalischen Quelle aus dem Jahr 1678 beschrieben. Dort heißt es, der Gräfe solle kraft seiner Bestallung die *„Landes Fürstl. regalia Geist. und weldliche jurisdiction und Rechte, hoch, benützbahr, und Gerechtigkeiten, sorgfältige, getrewe, und fleißige aufsicht zu haben, dieselbe zu vertheidigen, zu vertreten und eußerstes vermögens daran zu sein, damit Davon nichts abkomme, noch verschmeleret oder verringeret werden möchte“*, NLA ST, Rep. 30 Nr. 1034, Bl. 8r,v.

Solche Gräfen als Repräsentanten der Landesherrschaft gab es auch im Alten Land[214] und im Land Hadeln.[215] In Eiderstedt bezeichnete man sie als Staller.[216] Insofern sollte man sie nicht unbedingt als Ausdruck für eine besondere Schwäche der Autonomie Kehdingens werten. Zudem wurde die fürstliche Gewalt schließlich auch dadurch relativiert, dass die Gräfen üblicherweise Angehörige der örtlich ansässigen Adelsgeschlechter waren und insofern aus dem Land stammten.[217] Schließlich konnte der Freiburgische Teil später gar durchsetzen, den Gräfen selbst zu wählen.[218] Diese Reduktion auf eine Aufsichts- und Repräsentanzfunktion illustriert ein in Niedersachsen generell erkennbares „Absinken des Grafentitels; im benachbarten Niederhessen war *greve* schließlich die gebräuchliche Bezeichnung für den Dorfvorsteher."[219] Auch in Kehdingen standen die Gräfen zuletzt nur noch auf der Stufe von Schultheißen.[220]

3. Das Zusammenwirken von Gräfen und Hauptleuten

Kehdingen war „*schon undenckliche Jahre hero von Greffen und Heübtleüten* [...] *regieret worden.*"[221] Auch im Landrecht treten sie etliche Male gemeinsam auf.[222] Dies kommt nicht von ungefähr, denn für die Verfassung war ein Dualismus zwischen dem landesherrlichen Beamten und den Repräsentanten der Landesgemeinde prägend;[223] der Gräfe musste mit den Hauptleuten als den örtlichen Selbstverwaltungsorganen zusammenwirken.[224] Das Landrecht nennt als gemeinsame Aufgaben die Bestätigung von Vormündern[225] oder

---

214 *Hofmeister*, Elbmarschen II, S. 314 f.

215 *Dettmer*, S. 38.

216 *Kuschert*, S. 110.

217 *Hofmeister*, Elbmarschen II, S. 315; auch die Staller in Eiderstedt mussten ortsansässig sein und wurden dem Landesherren durch die Landschaft präsentiert, vgl. *Kuschert*, S. 110 f.

218 Vgl. *Merker*, S. 103; vgl. *Schlüter*, Kehdingen II, S. 203: „Der Gewählte muß vom Könige bestätigt werden. [...] Im Kehding-Bützflethschen wird der Grefe vom Königlichen Ministerio ernannt."

219 *Kroeschell*, Sassen, S. 95; Hervorh. wie Orig.

220 Vgl. *Mangels*, S. 41.

221 NLA ST, Rep. 7 Nr. 7, Bl. 14r.

222 Vgl. KehdLR, S. 1, 2, 5, Vorbem. zu Tit. I Nr. 4, Tit. XXIII § 2, XXVIII, XXIX.

223 *Hofmeister*, Elbmarschen II, S. 328.

224 Vgl. ebda.

225 Vgl. KehdLR Tit. XI §§ 2, 3.

Ehestiftungen,[226] die Proklamation schuldnerischer Güter[227] und die Verrichtung der Vollstreckung.[228]

Am wichtigsten aber war die gemeinsame Ausübung der Gerichtsbarkeit,[229] die Landesbeschreibung betont ausdrücklich: „*Und kan sonst der Greffe ohne zuziehung der Heübt-Leüte kein gericht halten, und hat der eine Heübtman so woll alß der ander, Er sey von Adell oder haußman, in allen gerichten ohne Unterschied sein votum.*"[230] Das meint allerdings kein individuelles Stimmrecht bei der Urteilsfindung, sondern eine gleichberechtigte Teilhabe an einem gemeinsamen und einheitlichen *votum curiatum* aller Hauptleute.[231] Die Entscheidung von Gräfen und Hauptleuten wurde also nicht nach Köpfen getroffen. Angesichts der zahlenmäßigen Verhältnisse – zwei Gräfen und bis zu 24 Hauptleute – ist das wenig verwunderlich; schließlich hätte die Stellung des Landesherren bei solchen Mehrheitsentscheidungen nicht gewahrt werden können.

Bei einem dieser Gerichtstage trat der dualistische Konflikt vollends zu Tage: Der Gräfe hatte drei neugewählte Hauptleute vereidigt, „*dagegen aber die andern Heubtleüte protestiret, daß es vom Lands Secretario geschehen müste, vermöge des Herkommen, damit solches nicht in consequentz gezogen, noch dem Land zum praejuditz gereichen mögte.*"[232] Daraufhin wurde noch ein weiterer Hauptmann, diesmal aber „*dem herkommen gemeß, vom Secretario in eydt genommen.*"[233] Als daraufhin neu bestellten Vormündern der Eid abgenommen werden sollte, bestanden die Hauptleute gegenüber dem Gräfen wiederum darauf, dass dies nicht ihm, sondern dem Landessekretär obliege. Dies hat „*der Hr. Greve zwar geschehen lassen, doch mit protestation, daß Es ihr Königl: Maytt: nicht praejudiciren, sondern künfftig darnach, was von Königl: Stadthaltern und Regirung hierin vor verordnung gemacht werden mögte, verfahren werden solte.*"[234] Hier zeigt sich klar die Konfliktstellung zwischen

226 Vgl. KehdLR Tit. XIII § 4.

227 Vgl. KehdLR Tit. XXIX.

228 Vgl. KehdLR Tit. XXXIII § 1.

229 Vgl. *Hofmeister*, Elbmarschen II, S. 328.

230 NLA ST, Rep. 7 Nr. 7, Bl. 16v–17r.

231 *Schlüter*, Kehdingen II, S. 214.

232 NLA ST, Rep. 72/172 Freiburg Nr. 4675, LG Kehdingen v. 03.07.1656.

233 Ebda.

234 Ebda.

dem Repräsentanten der Landesherrschaft und den Interessenvertretern der Landesgemeinde.[235]

II. Landessekretäre

Aus den Zeugnissen dieses Gerichtstags ist zugleich erkennbar, dass das Amt des Landessekretärs eine bedeutende Stellung im Gefüge der Verfassung hatte. Im Rahmen dieser Untersuchung ist es von besonderem Interesse, denn der Landrechtsherausgeber war „*Secretarium Landes Kedings Bützfletischen theils.*“[236]

1. Bezeichnungen

Im Landrecht taucht dieses Amt mehrfach auf,[237] zweimal als *Landschreiber.*[238] Unter dieser Bezeichnung sind die Sekretäre für Kehdingen zumindest seit dem späten 16. Jahrhundert nachweisbar. In einem Abschied, den der Landtag des Erzstifts im Jahr 1587 fasste, heißt es: „*Die Kedinger sollen Das Ihre, Iren Landtschreiberenn, denen die Alten Register zugestaldt werden sollen, erleggen.*“[239] Derartige „schreiber der gerichts- oder verwaltungsbehörde eines landes“[240] tauchen allgemein seit dem späten Mittelalter auf. Im süddeutschen und österreichischen Bereich waren sie in erster Linie als Kämmerer mit der Verwaltung der Finanzen oder der fürstlichen Domänen betraut, in den Küstengebieten Schleswigs und Holsteins hatten sie „die Kompetenz für die Verwaltung der an die Landesherren zu leistenden ordentlichen Abgaben.“[241] Auch in Kehdingen

---

235 Beleg für diesen Gegensatz mag auch ein Dokument sein, das sich in der gleichen Akte wie die erwähnte Landesbeschreibung befindet, vgl. NLA ST, Rep. 7 Nr. 7, Bl. 60r: Es handelt sich um ein „*Verzeichnuß des Kirchspiels Ballie waß daß selbe Kirchspiell von Jus unde gerechtigkeit hatt, und von alters hero gehabt.*“ Überwiegend geht es dort um Fragen des Deichrechts. Es heißt dort aber auch: „*So hatt der Herr Greffe Landes Kehding Freyburgischen theill nebenst seinen dehnen Heübtleuten die gerechtigkeit.*“ Diese kaum merkliche Korrektur weist darauf hin, dass die Hauptleute eben nicht dem landesherrlichen Gräfen zugeordnet waren, sondern der Landesgemeinde.

236 KehdLR, S. 1; eine Auflistung der Landessekretäre findet sich bei: *Bei der Wieden*, S. 230 f.

237 KehdLR, S. 1, Tit. VII § 2, IX § 3, X § 2, XI § 3, XIII § 4, § 5, XXIX.

238 KehdLR Tit. II, VII § 2.

239 *Mindermann*, Nr. A 215 (S. 329); vgl. a.a.O., Nr. A 221 (S. 335), Landtagsabschied v. 11.03.1589: „*Das diese Sache vor die Edlen, ErnVesten und Erbarn Johan Platen Greven, und Michell von Anckeln, Landtschreiber des Landes Kedingenn, In die guette zu verweisen sei.*“

240 DWB 12, Stichw. landschreiber, Sp. 135.

241 *Hoke*, Art. Landschreiber, in: HRG III (2016), Sp. 589 f.

waren sie jedenfalls in erzbischöflicher Zeit für die Erhebung der Schatzsammlung verantwortlich.[242]

2. Wahl und Amt

Diese Sekretäre wurden von den „*gesambten Eingeseßenen des Landes erwehlet und bestellet*",[243] ihre Besoldung erfolgte aus der Landeszehrung.[244] Die Vereidigung zu Beginn des Landgerichts in Hamelwörden ist archivalisch belegt.[245]

Im 19. Jahrhundert hieß es, die Sekretäre seien „die Consulenten des Landes und seiner Vorsteher, deren Organ sie sind."[246] Des Weiteren würden sie nicht nur „die Protocolle in den Landes-Versammlungen führen, sondern auch die Anträge derselben an die höheren Behörden entwerfen. Auch haben sie die ihren District betreffende Landesregistratur in Verwahrung."[247] Als besonders wichtige Aufgabe stellt sich die Protokollführung beim Landgericht[248] und bei den Deichgerichten dar,[249] wobei sie noch an anderen Gerichtsverhandlungen mitwirkten.[250] Weitere Aufgaben finden sich im Landrecht. Bereits erwähnt wurde die Vereidigung von Hauptleuten und Vormündern. Daneben hatte

---

242 *Schleif*, S. 66.

243 NLA ST, Rep. 7 Nr. 7, Bl. 18v; in späterer Zeit wurden Sekretäre dagegen nur noch von ihrem Landesteil auf einer separaten Versammlung gewählt. Die Wahl des freiburgischen Sekretärs erfolgte in Krummendeich, die des bützflethischen „unter der Ritscher-Mühle", *Schlüter*, Kehdingen II, S. 206.

244 NLA ST, Rep. 7 Nr. 7, Bl. 18v: „*Jeder Einwohner, Adel und Unadel, nach einem gewißen anschlage contribuiren muß, hergeschoßen, und wird insonderheit Jedes teils Secretarius,* [...] *also auch hierauß vom Lande salarijret.*"

245 Vgl. NLA ST, Rep. 72/172 Freiburg Nr. 4689, LG Kehdingen v. 22.06.1691: „*Nach Eröffnung der Diaet ist zufoderst der Anfang mit Beeydigung des Hn. Secretarii Frgschn Theils Nicolai Dukers gemacht worden, indem derselbe den gewohnl. Landes Secretarij Eyd abgelegt. Solchemnächst ist zur Beeydigung der Haubtleute geschritten*"; Nicolaus Dücker war von 1691 bis 1706 der Sekretär im Freiburgischen Teil, vgl. *Bei der Wieden*, S. 231.

246 *Schlüter*, Kehdingen II, S. 207.

247 Ebda.

248 Vgl. NLA ST, Rep. 7 Nr. 7, Bl. 17v–18r.

249 *Schlüter*, Kehdingen II, S. 269.

250 Vgl. NLA ST, Rep. 7 Nr. 7 Bl. 15v–16v: „*Und dem Landes Secretario übergeben müßen, der Sie in Staden auff dem Böttings gerichte verlieset* [...] *Weil der Greffe nebenst dem Landes Secretario von einem Kirchspiel zum andern ziehen, und sothane Kirchspielgerichte in Jedem Kirchspiel absonderlich neben den Heübtleüten deßelben Kirchspiels halten muß.*"

der Sekretär bei der Ladung des Beklagten mitzuwirken,[251] Zeugenaussagen zu protokollieren,[252] Kopien von Beweisurkunden anzufertigen,[253] Schenkungen auf den Todesfall zwischen Ehegatten zu beurkunden,[254] die Inventur von Mündel-[255] oder Ehegattenvermögen durchzuführen,[256] Gläubigerverzeichnisse anzulegen[257] und als „*Gerichts-Secretario*" Appellationsinstrumente aufzunehmen.[258] Schließlich besprachen sich die Hauptleute bei Gericht, wenn es nicht auf das Herkommen des Landes ankam, vor der Abgabe ihres Votums mit den Landessekretären.[259]

In ihrer tatsächlichen Bedeutung für die Verwaltung und Justiz der Landesgemeinde standen die Landessekretäre den Hauptleuten also in nichts nach. Die Wahl erfolgte ebenfalls auf der Landesversammlung und an die Wahlberechtigung waren die gleichen Voraussetzungen geknüpft. Ihrem Tätigkeitsbild nach waren sie leitende Verwaltungs- und öffentliche Urkundsbeamte in einer Person.[260] Es handelte sich also um ein bedeutsames Amt im Gefüge der Verfassungsstruktur, wie es in anderen Landesgemeinden der Fall war.[261] Dies manifestiert sich ja gerade auch in der von den Sekretären vorgenommenen Vereidigung der Hauptleute.

Das alles relativiert den Charakter des Landrechts als einer reinen Privatarbeit erheblich, was zu erklären vermag, warum das Druckwerk solch eine Resonanz fand. Im Übrigen liegt hier ein gewichtiges Argument für die Authentizität der geschilderten Gebräuche. Denn hätte Keller mit Widmung an die Gräfen und Hauptleute ein lediglich aus erfundenen Eigenschöpfungen bestehendes Landrecht herausgegeben, dann wäre er seines Amtes mit

---

251 KehdLR Tit. II § 1.
252 KehdLR Tit. VII § 2.
253 KehdLR Tit. IX § 3, X § 2.
254 KehdLR Tit. XIII § 4.
255 KehdLR Tit. XI § 3.
256 KehdLR Tit. XIII § 5.
257 KehdLR Tit. XXIX.
258 KehdLR Tit. XXXI.
259 *Schlüter*, Kehdingen II, S. 214.
260 Die Stadtsekretäre von Otterndorf hatten ein ganz ähnlich umfassendes Aufgabenfeld, vgl. *Dettmer*, S. 135 f.; selbiges gilt für die Landessekretäre in Eiderstedt, vgl. *Kuschert*, S. 110 f.
261 So war bspw. in Dithmarschen der Landschreiber Günther Werner eine entscheidende politische Gestalt in der ersten Hälfte des 16. Jahrhunderts, „seine Amtszeit als Landessekretär fällt mit dem Höhepunkt der politischen Bedeutung des Bauernstaates zusammen", *Stoob*, S. 163 ff.

ziemlicher Sicherheit verlustig gegangen. Auch in einem Prozess vor dem Wismarer Tribunal argumentierten die Appellationsführer, das Landrecht sei eben nicht durch einen Auswärtigen verfasst worden, sondern auf Veranlassung der Gräfen und Hauptleute durch den Landessekretär. Die schwedische Regierung hätte den Druck kraft ihrer Zensurgewalt doch wohl verhindert, wenn es sich nicht wirklich um ein altes Landrecht gehandelt hätte und das insoweit den lokalen Autoritäten bekannt gewesen sein muss.[262] Einem solchen gedruckten Landrechtsbuch würden zudem keine falschen Gewohnheiten beigegeben sein, denn wenn jemand eines solch „*straffbahren Dinges sich unternehmen solte, würde mann ihm bald als einen unzeitigen Gesetzgeber auff die Finger zu klopffen wißen, und deßen Schrifften sofort confiscatione gäntzlich aboliren.*“[263]

3. Zur Person Kellers

Tatsächlich aber hat Keller das Amt des Landessekretärs bis zu seinem Tod ausgeübt. Einem auf den 21. Juli 1674 datierten Schreiben lässt sich entnehmen, es sei „*der bisherige Landes Secretarius im Lande Kehdingen Butsfletischen Theilß Johan Keller ohnlängst todes verblichen und dadurch solche stelle erlediget.*“[264] An die Kehdinger erging daraufhin ein „*gnädigster Befehl, daß Ihr ermelten Heino zum Felde mit solchem erledigtem Landes Secretariat in erwehntem Lande Kehdingen würcklich accommodiret.*“[265] Der Befehl trägt die eigenhändige Unterschrift des in Stockholm residierenden Königs Karl XI.[266] Dieser Vorgang ist eine hervorragende Illustration für absolutistische Eingriffe in die althergebrachten Selbstverwaltungsrechte der Landesgemeinde und mithin ihre Bedrohung durch die politischen Veränderungen jener Zeit.[267]

---

262 Vgl. NLA ST, Rep. 28 Nr. 885, Bl. 12v: „*Obiges LandRecht nicht per extraneum, sondern dem Land Secretarium Keller, zweifels ohne auff veranlassung grefen hauptl. und der gemeinen, gar zum drucke befordert, welches das Königl. Gouvernement, so ja publicam censuram omnium librorum hat, nimmermehr permittiret haben würde, fals Es denen Einwohnern des Landes Keding nicht gerne gegönnet hätte, daß ein sothanes denen membris Regiminis selbst genugsam bekandtes Landrecht, um der Mühe des abschreibens hinführo überhoben zu seyn, vermittelst offentlichen druckes desto bequemer conserviret bleibe.*“

263 Vgl. NLA ST, Rep. 28 Nr. 885, Bl. 13r.

264 NLA ST, Rep. 5a Nr. 1808.

265 Ebda.

266 Ebda.: „*Gegeben Stockholm d. 21. Julij Ao. 1674. Carolus.*“

267 Vgl. NLA ST, Rep. 7 Nr. 7, Bl. 18v; natürlich kam die Landesgemeinde dem Befehl nach und bestellte Heino zum Felde zum Landessekretär. Er unterfertigte z.B. das Protokoll des Jahres 1675 (vgl. NLA ST, Rep. 72/172 Freiburg Nr. 4682).

Dabei ist das Wirken Kellers archivalisch nachweisbar, es sind zahlreiche durch ihn gefertigte Dokumente erhalten. So findet sich in einem Landgerichtsprotokoll folgender Vermerk: „*Daß von Mir Ends unterschriebenen des Bützfletischen teils Landes Kedingen bestalten Secretario dieß examen obbemelter maßen verrichtet worden, Solches bezeuget diese meine eigen händige Unterschrifft, Sambt neben gedrücktem pitschaffte, Drochtersen den 31t. Maij, Anno 1667. L.S. Johannes Kellern.*“[268]

Daneben ist durch Verfahrensakten des schwedischen Tribunals zu Wismar mehrfach belegt, dass Keller auch als Notar tätig war.[269] In den Aktenbeständen ist auch sein Notarssignet enthalten. Es zeigt eine schon weit niedergebrannte Kerze auf einem vergleichsweise überdimensioniert wirkenden Halter. Die Umschrift lautet: „*ALIIS INSERVIENDO CONSUMOR. Sign: Notar: J: K.*“[270] Das Bild der Hand- und Unterschrift der eindeutig Keller zuordenbaren Dokumente in Tribunalsakten[271] stimmt mit dem genannten Vermerk aus dem Protokoll vom 27. Juni 1667 vollkommen überein.[272]

Keller ist am 15. Januar 1656 vom Generalgouverneur ernannt worden, nachdem die Hauptleute ein entsprechendes und mit 26 Unterschriften versehenes Bestallungsgesuch eingereicht hatten. Laut diesem wurde Keller in Kehdingen geboren, erlernte in der Schule das Trivium und studierte danach Jura in Königsberg und Rostock. Er war „*der Landes statuten und vorfallenden Landessachen*“ kundig, weil er bereits seit vier Jahren seinen altersschwachen Vorgänger Hermann Grote zunehmend vertreten und sich dadurch „*ümb das Land* [...] *zimblich verdient gemacht*“ hatte.[273] Vom 24. Juli 1658 bis zum 8. September

268 NLA ST, Rep. 72/172 Freiburg Nr. 4678, LG Kehdingen v. 27.06.1667, Examen testium Schwartz / Dekens Erben; der Vermerk ist abgebildet bei *Ludewig*, S. 37.

269 Vgl. z.B. NLA ST, Rep. 28 Nr. 1173, Bl. 5r.: „*Und die weilen Ich Johannes Keller Imperiali autoritate publicus et in summô Tribunali Wismariensi approbatus et immatriculatus Notarius, Secretarius Landes Kedings Bützfletischen teils*“; ob das Notariat ein Teil des Landessekretariats war oder Keller es gewissermaßen als Zweiterwerb parallel ausübte, ist nicht ganz klar. Da die notarielle Tätigkeit sich aber ohne Weiteres in das Spektrum der mit dem Landessekretariat verknüpften Aufgaben einreiht, ist ein Amtsnotariat durchaus wahrscheinlich.

270 Vgl. NLA ST, Rep. 28 Nr. 1173, Bl. 5v; dieses Signet findet sich auch in anderen Verfahren, vgl. NLA ST, Rep. 28 Nr. 1117, Bl. 9v; es ist abgebildet bei *Ludewig*, S. 38.

271 NLA ST, Rep. 28 Nr. 1117, Bl. 9, 58, 81 f.; vgl. NLA ST, Rep. 28 Nr. 1173, Bl. 5.

272 Vgl. NLA ST, Rep. 72/172 Freiburg Nr. 4678, LG Kehdingen v. 27.06.1667.

273 NLA ST, Rep. 5a Nr. 7892, Bl. 61 f., 360v; für den Hinweis auf diese Archivale dankt der Verfasser Frau Dr.Beate-Christine Fiedler; die Immatrikulation von „Johannes

1660 agierte Keller zudem als kommissarischer Gräfe des Bützflethischen Teils während der Suspension des Amtsinhabers Christian Stucke.[274]

5. Unterabschnitt – Zusammenfassung

Diese Verfassung der Landesgemeinde, gerade auch die Doppelstruktur von Gräfen und Hauptleuten, hatte Fortbestand bis in das 19. Jahrhundert hinein.[275] Sie konnte sich erhalten, „denn auf dem genossenschaftlichen Zusammenwirken der Bauern beruhte der Deichschutz, den man nicht in Frage zu stellen wagte."[276] Zugleich waren die Gräfengerichte administrative Bezirke und verkörperten so eine überkommene Einheit von Verwaltung und Justiz: Mit dem Begriff der *jurisdictio* hatte man seit dem Mittelalter beides gemeint.[277] Erst im Jahr 1852 wurden diese beiden Elemente der Staatsgewalt im Königreich Hannover endgültig getrennt[278] und damit die letzten Reste der landesgemeindlichen Strukturen aufgelöst.[279]

Das Landrecht von 1662 ist ein Spiegel dieser Selbstverwaltung und lässt die Elemente der Verfassung an vielen Stellen sichtbar werden. So richtet sich die Widmung an den Adel und die Erbexen, die gemeinsam die Landesgemeinde konstituierten. Angesprochen sind zudem die Gräfen und die Hauptleute als gemeinsame Obrigkeit. Auch sonst erwähnt das Landrecht sie fast immer nur zusammen, wenn es ihre leitenden Tätigkeiten in der Rechtspflege und Verwaltung beschreibt. Das Landrecht veranschaulicht so den Dualismus zwischen Fürstenherrschaft und Landesgemeinde. Ebenfalls vielfache Erwähnung findet schließlich der Landessekretär, in Entsprechung seiner Tätigkeit als leitender Verwaltungs- und Urkundsbeamter.

Keller, Kedingio-Bremensis" an der Universität Königsberg datiert auf den 4. Mai 1646, *Erler*, S. 475.

274 Vgl. NLA ST, Rep. 5a Nr. 7899, Bl. 136–141.

275 Noch 1826 war man der Ansicht, „daß die Gerichte halb dem König, halb dem Lande gehören, und daß ersterer seinen Antheil am Gerichte durch den Grefen, letzteres durch die Hauptleute ausübt", *Schlüter*, Kehdingen II, S. 236 f.

276 *Hofmeister*, Elbmarschen II, S. 351.

277 *Eisenhardt*, Rn. 231.

278 Vgl. *Drecktrah*, S. 354 ff.

279 Vgl. *Poppe*, S. 29.

2. Abschnitt – Der allgemeine rechtshistorische Hintergrund

Vor dem Hintergrund der politischen Selbstverwaltungskörperschaft konnte in Kehdingen ein eigenes Landrecht entstehen. Denn „wo sich die Landeshoheit nur unvollkommen entwickelte, wie in Friesland und Dithmarschen, entstanden im Wege einer eigenartig volkstümlichen Selbstgesetzgebung Rechtsaufzeichnungen und -satzungen.“[280]

1. Unterabschnitt – Das uralte Kehdinger Landrecht

In einem solchen Rahmen ist vor „*langen und undencklichen Jahren*“[281] auch jenes „*uhralte Kedinger Landt-Recht*“ entstanden,[282] von dem der Landessekretär Keller in seinem Editorial spricht. Es ist davon auszugehen, dass sich dieses ursprüngliche Landrecht gemeinsam mit der Landesgemeinde im Spätmittelalter herausgebildet hat. Seine tatsächliche Gestalt lässt sich unmöglich rekonstruieren. Auch die im Keller'schen Druck bisweilen anzutreffenden Bezugnahmen auf frühere Rechtszustände sind – wie sich noch zeigen wird – mit Zurückhaltung zu betrachten und lassen keine sicheren Rückschlüsse zu. Gleichwohl können einige Charakteristika des spätmittelalterlichen Landrechts mit ziemlicher Wahrscheinlichkeit als gesichert gelten.

A. Sachsenrecht

Niedersachsen gehörte im Mittelalter zum Gebiet des sächsischen Landrechts;[283] dass dieses „einst in allen Teilen des späteren Kurfürstentums gegolten hatte, kann als unzweifelhaft betrachtet werden.“[284] Die klassische Manifestation des Sachsenrechts war der Sachsenspiegel,[285] also die etwa um das Jahr 1230 entstandene Aufzeichnung des sächsischen Gewohnheitsrechts durch den Ritter Eike von Repgow.[286] Der Sachsenspiegel hatte insoweit einen übermächtigen Einfluss auf die Rechtsentwicklung in Nordwestdeutschland und vermochte hier Traditionsinseln zu schaffen, „in denen sich die Rezeption des römischen

---

280 *Laufs/Schroeder*, Art. Landrecht, in: HRG III (2016), Sp. 555.
281 KehdLR, S. 2.
282 KehdLR, S. 3.
283 *Kroeschell*, Sassen, S. 182.
284 *Ebel*, Probleme, S. 81; vgl. *Sellert/Oestmann*, Nordwestdeutsche Landrechte, S. 159.
285 *Ebel*, Probleme, S. 81.
286 Vgl. *Eisenhardt*, Rn. 76; für eine eingehende Darstellung vgl. etwa *Kroeschell*, Sassen, S. 79–93.

Rechts nur sehr langsam durchsetzen konnte."[287] Vor diesem Hintergrund waren eigene lokale Rechtsbildungen eine Ausnahme,[288] die niedersächsischen Gewohnheiten und Statuten sind überwiegend „aus dem Wurzelgrund des Sachsenrechts erwachsen."[289] Dies gilt auch für das Herzogtum Bremen-Verden.[290]

Von der allgemeinen Geltung des Sachsenrechts waren in Niedersachsen nur die ursprünglich friesischen Gebiete ausgenommen, also v.a. Ostfriesland und das Land Wursten.[291] Zwar heißt es in der im 17. Jahrhundert über Kehdingen angefertigten Landesbeschreibung nun, das Land sei „*anfangs von den Friesen bewohnet worden.*"[292] Hierbei handelt es sich aber um eine Legende ohne Fundierung in der Realität. Die Stader Elbmarschen wurden im Mittelalter ausschließlich von einer alteingesessenen sächsischen Bevölkerung und holländischen Kolonisten bewohnt.[293]

B. Hollerrecht

Seit dem 12. Jahrhundert kam es an Weser und Elbe zur sogenannten *Hollerkolonisation*, d.h. zu einer maßgeblich von holländischen Siedlern durchgeführten Kultivierung der Sumpf- und Marschgebiete.[294] Die Kolonisten waren gezielt vom Landesfürsten angeworben worden, um die wirtschaftliche Leistungskraft des Landes zu heben. Denn erst durch die von ihnen durchgeführten Entwässerungs- und Eindeichungsmaßnahmen wurden zahlreiche Marschländer überhaupt agrarisch nutzbar.[295] Die Organisation der Herrschaft in den

---

287 *Sellert/Oestmann*, Nordwestdeutsche Landrechte, S. 159.

288 Ebda.

289 *Kroeschell*, Sassen, S. 182.

290 *Grefe*, Hannovers Recht I, S. 16; neben dem Sachsenspiegel war im altsächsischen Siedlungsraum noch das Magdeburger Stadtrecht besonders einflussreich. Im Laufe der Zeit durchdrangen diese beiden Normenkomplexe sich bald gegenseitig, wodurch ihre vormalige Trennung in ländliche und städtische Geltungsbereiche überwunden wurde. In dieser Verbindung entstand schließlich ein *gemeines Sachsenrecht*, das in vielen Städten und Landschaften Mittel-, Ost- und Norddeutschlands wirkte, auch in Niedersachsen, vgl. *Lück*, Art. Gemeines Sachsenrecht, in: HRG II (2012), Sp. 78.

291 *Grefe*, Hannovers Recht I, S. 15; vgl. *Ebel*, Probleme, S. 81 Anm. 29; vgl. *Sellert/Oestmann*, Nordwestdeutsche Landrechte, S. 159 f.

292 NLA ST, Rep. 7 Nr. 7, Bl. 13r.

293 Vgl. *Hofmeister*, Elbmarschen II, S. 329.

294 *Hofmeister*, Art. Hollerkolonisation, in: Lexikon Altes Land, S. 114 f.

295 *Hofmeister*, Elbmarschen II, S. 198, 222.

Gebieten regelte sich über Kolonisationsurkunden, also „Abkommen zwischen dem Erzbischof und den Siedlern."[296] Der Einfluss der holländischen Siedler war in den verschiedenen Landesgemeinden sehr unterschiedlich.[297] Während er im Alten Land recht groß war, fiel er in Kehdingen vergleichsweise geringer aus und konzentrierte sich dort im Norden auf das Kirchspiel Oederquart[298] und in Südkehdingen auf Schölisch.[299]

Dabei brachten die Kolonisten nicht nur ihre Entwässerungstechniken mit, sondern auch ihre Verfassungsformen und ihr eigenes Recht.[300] Insoweit ist zu beachten, dass das mittelalterliche Holland kein „einheitliches Recht aufweist. [...] Wir treffen eine Mischung aus friesischen und fränkischen Elementen an."[301] So hatte die Hollerkolonisation ebenso für die rechtliche Entwicklung der Marschländer an Weser und Elbe eine erhebliche Bedeutung. Zunächst ist hier die holländische Gerichtsverfassung mit Schulzen und Schöffen zu nennen, die sich von der sächsischen Verfassung mit Richter und Geschworenen unterschied.[302] Bei der Zubilligung einer eigenen Gerichtsverfassung handelte es sich um ein Privileg; man gewährte es den Kolonisten als „Ausgleich für die Lasten, die eine Urbarmachung, Entwässerung und Bedeichung" der Küstengebiete in tatsächlicher Hinsicht mit sich brachten.[303] Daneben sind auch in bestimmten Bereichen des materiellen Rechts starke holländische Einflüsse erkennbar, die „ohne Annahme einer starken holländischen Bevölkerung kaum verständlich" sind.[304] In den Urkunden jener Zeit ist wiederkehrend von einem Holländischen Recht (*Jus Hollandicum*) oder Flämischen Recht (*Jus Flamingicum*) die Rede, was bereits für eine größere Bedeutung desselben spricht.[305] Mit Sicherheit wird sich dieses *Jus Hollandicum* begrifflich nicht lediglich in der andersartigen Gerichtsverfassung erschöpft haben, sondern zusätzlich mit materiellen Abweichungen vom sächsischen Landrecht verknüpft gewesen sein; letztlich war das spätere *Hollerrecht* eine Weiterentwicklung des vormaligen Kolonistenrechts.[306]

---

296 A.a.O., S. 82.
297 Vgl. *Mangels*, S. 134 ff.
298 *Hofmeister*, Elbmarschen II, S. 5 f.; vgl. *Kersting*, Hollisches Recht I, S. 47 f.
299 *Hofmeister*, Elbmarschen II, S. 19 f.
300 A.a.O., S. 329; *Kersting*, Hollisches Recht II, S. 39.
301 *Kersting*, Hollisches Recht I, S. 23; vgl. *Boeselager*, S. 351.
302 *Hofmeister*, Elbmarschen II, S. 4.
303 *Kersting*, Hollisches Recht II, S. 77; vgl. *Boeselager*, S. 351.
304 *Hofmeister*, Elbmarschen II, S. 4.
305 *Kersting*, Hollisches Recht I, S. 19.
306 *Kersting*, Hollisches Recht II, S. 79.

Der hier anklingende Gegensatz zwischen der alteingesessenen sächsischen Bevölkerung und den holländischen Neuankömmlingen hat tiefe Spuren hinterlassen und konnte erst im Laufe eines längeren Prozesses überwunden werden.[307] Dies führte auch zu einer rechtlichen Differenzierung der Gemeinden im Kolonisationsgebiet[308] und „als Erbe der Kolonisationszeit blieben in den Stader Elbmarschen bis weit in die Neuzeit sassische und hollersche Gerichte nebeneinander erhalten";[309] das Gleiche gilt für die holsteinischen Elbmarschen.[310]

C. Der Charakter des alten Kehdinger Landrechts

Vor diesem Hintergrund ist anzunehmen, dass das mittelalterliche Kehdinger Landrecht Elemente des sächsischen Landrechts und des Hollerrechts in sich vereint haben muss. Äußerlich wird es sich um *Weistümer* gehandelt haben, die im Mittelalter die typische Erscheinungsform des Rechts in der bäuerlichen Bevölkerung waren.[311] Durch die zunehmende Verschriftlichung der Rechtsgebräuche tritt ein Paradigmenwechsel ein: „Mit der Aufzeichnung des gewiesenen Rechts vollzieht sich seine Anerkennung [...]. Der aufgezeichnete Rechtssatz wird zur kaum mehr anfechtbaren Regel und damit zur Norm für künftige Fälle. Das geschriebene Recht tritt an die Stelle des rechtsfindenden Schöffen."[312] Daher gelangten auch privat aufgezeichnete Rechtsbücher – wie eben der Sachsenspiegel – im Laufe der Zeit zu einer quasi gesetzesgleichen Geltung;[313] durch ihre Aufzeichnung wird die Gewohnheit zum *ius*.[314]

2. Unterabschnitt – Die beschriebenen kaiserlichen Rechte

Das sächsische Landrecht, das also auch im mittelalterlichen Kehdingen das allgemeine Fundament der Rechtsordnung bildete, wurde in den meisten hannoverschen Landschaften „durch die sog. gemeinen Rechte nach und nach [...] fast ganz und so verdrängt, daß seine Gültigkeit nur als Ausnahme von der

---

307 *Hofmeister*, Elbmarschen II, S. 329.

308 *Lorenzen-Schmidt*, S. 117.

309 *Hofmeister*, Elbmarschen II, S. 271; vgl. *Mangels*, S. 126; vgl. *Drecktrah/Hofmeister*, Art. Altländer Recht, in: Lexikon Altes Land, S. 18 f.

310 Vgl. *Lorenzen-Schmidt*, S. 118.

311 Vgl. *Eisenhardt*, Rn. 62 f.; vgl. *Kroeschell*, Sassen, S. 190.

312 *Eisenhardt*, Rn. 71.

313 A.a.O., Rn. 63.

314 Vgl. *Kannowski*, Art. Aufzeichnung des Rechts, in: HRG I (2008), Sp. 352 f.

Regel erscheint."[315] Dieser Verdrängungsprozess des überkommenen Gewohnheitsrechts ist im Editorial des Kehdinger Landrechts ausdrücklich festgehalten. Keller berichtet dort, das uralte Landrecht sei von seinen *„ungereimbten und den gemeinen Rechten gar zuwider gelauffenen Satzungen emendiret und gesaubert"* worden.[316]

A. Das gemeine Recht

Mit diesen *gemeinen Rechten* ist das römisch-kanonische Recht gemeint, das sich auf dem Fundament der mittelalterlichen Rechtswissenschaft entwickelt hat und die einheitliche Grundlage der Rechtsordnung in weiten Teilen Europas wurde.[317] Zwei Mal ist im Landrecht zudem von *beschriebenen kaiserlichen Rechten* die Rede,[318] was ebenfalls eine zeittypische Bezeichnung des römischen Rechts war.[319]

I. Das römische Recht

Die maßgebliche Quelle des römischen Rechts, mit der die mittelalterliche Rechtswissenschaft arbeitete, war die auf Initiative des oströmischen Kaisers Justinian ab dem Jahr 528 geschaffene Gesetzessammlung, die spätestens seit dem 16. Jahrhundert als *Corpus iuris civilis* betitelt wird.[320] Dabei ging „der entscheidende Anstoß zu einer europäischen Neuentwicklung des römischen Rechts" im 12. Jahrhundert von Bologna aus,[321] wo es unter Anwendung der scholastischen Methode wissenschaftlich bearbeitet wurde.[322] Diese Lehrtradition nahm ihren Ausgang bei dem Gelehrten Irnerius:[323] Er begann „die Quellentexte mit Randerläuterungen (Glossen) zu versehen und begründete damit die Schule der Glossatoren",[324] die „den ursprünglichen Sinn der römischen

315 *Grefe*, Hannovers Recht I, S. 16 f.
316 KehdLR, S. 3.
317 Vgl. *Eisenhardt*, Rn. 257; vgl. *Coing*, S. 7.
318 Vgl. KehdLR Tit. XIV § 2, XVI § 2.
319 Vgl. *Oestmann*, Butjadingen, S. 175; vgl. *Sellert/Oestmann*, Nordwestdeutsche Landrechte, S. 167.
320 *Eisenhardt*, Rn. 113 ff.; vgl. *Manthe*, Art. Corpus Iuris Civilis, in: HRG I (2008), Sp. 903; im Mittelalter sprach man dagegen von den *libri legales*, vgl. *Schlosser*, S. 39; die sich mit dem römischen Recht befassende Teildisziplin der mittelalterlichen Rechtswissenschaft wurde deshalb als *Legistik* bezeichnet, vgl. *Eisenhardt*, Rn. 123.
321 *Schlosser*, S. 37.
322 Vgl. *Eisenhardt*, Rn. 121 f.
323 A.a.O., Rn. 124; vgl. *Schlosser*, S. 41.
324 *Eisenhardt*, Rn. 128.

Gesetze herauszufinden und zu erklären" versuchte.[325] Sukzessive entstanden immer mehr Wortdeutungen und Verweise auf andere Stellen der römischen Quellen, die schließlich von dem Gelehrten Accursius zusammengefasst wurden.[326] Sein monumentales und als *Glossa ordinaria* bekanntes Sammelwerk[327] genoss noch für lange Zeit eine überragende Autorität.[328]

Durch all diese Faktoren waren die Arbeiten der Glossatoren die grundlegende Vorbedingung für das spätere *Ius commune*, weshalb sie als „Begründer einer wissenschaftlichen Rechtskultur" gelten.[329] Die auf sie folgende Gelehrtenschule der Kommentatoren begnügte sich dagegen nicht mehr mit kurzen Erläuterungen des justinianischen Gesetzeswerks, sondern fertigte eingehende Darstellungen an.[330] Nach diesem neuen Ansatz wurde das römische Recht „von späteren Zusätzen gereinigt und zugleich umgewandelt [...], seine Darstellung in einer Weise systematisiert, die sich vom Chaos der Digesten und vom kasuistischen und empirischen Denken der römischen Juristen sehr unterscheidet."[331]

II. Das kanonische Recht

Das zweite Element des *Ius commune* war das kanonische Recht, also das Recht der katholischen Kirche. Seine wissenschaftliche Bearbeitung wurde durch den Mönch Gratian angestoßen, der als Zeitgenosse des Irnerius ebenfalls in Bologna wirkte.[332] Er stellte eine Sammlung des bisherigen Kirchenrechts zusammen, die man später nach ihm als *Decretum Gratiani* benannte.[333] Eine weitere Quelle des kanonischen Rechts war die schnell anschwellende Masse von *Dekretalen,* d.h. von päpstlichen „Rechtsäußerungen, die sich überwiegend an Einzelpersonen zu von ihnen an den Papst gerichteten Einzelfragen und Einzelfällen richteten."[334] Insbesondere ist im Jahr 1234 von Papst Gregor IX. eine bereinigte Sammlung promulgiert worden, die als *Liber Extra*

325 *David/Grasmann*, S. 90.

326 *Eisenhardt*, Rn. 124 f.; vgl. *David/Grasmann*, S. 91.

327 *Schlosser*, S. 42.

328 Vgl. *Eisenhardt*, Rn. 125 f.; vgl. *Schlosser*, S. 42; mitunter wird sie gar als „Gesetzbuch" des *Ius commune* bezeichnet, vgl. *Manthe*, Art. Corpus Iuris Civilis, in: HRG I (2008), Sp. 904.

329 *Eisenhardt*, Rn. 125.

330 A.a.O., Rn. 128 f.; *Schlosser*, S. 44 ff.

331 *David/Grasmann*, S. 91.

332 *Eisenhardt*, Rn. 131.

333 *Thier*, Art. Corpus Iuris Canonici, in: HRG I (2008), Sp. 895.

334 *Eisenhardt*, Rn. 132.

bekannt wurde.[335] In späterer Zeit entstanden weitere Dekretalensammlungen, die mit dem *Decretum Gratiani* schließlich zum *Corpus iuris canonici* zusammengefasst wurden.[336] Mit dieser Bezeichnung stellte man die Kompilation des katholischen Kirchenrechts bewusst der Gesetzessammlung des oströmischen Kaisers als „zweite große Rechtsmasse zur Seite."[337] Obwohl sie in verschiedenen Disziplinen gelehrt wurden, verschmolzen das kanonische und das römische Recht in ihrem gemeinsamen akademischen Umfeld zu einer innerlichen Einheit, die als *utrumque ius* bezeichnet wird.[338] Beide Rechte ergänzten sich gegenseitig und waren „nach Möglichkeit so auszulegen, daß sie übereinstimmten (*consonantia*)."[339]

B. Die Rezeption

Seit dem Mittelalter hatte man geglaubt, die Geltung des wiederentdeckten römischen Rechts in Deutschland sei auf einen Gesetzgebungsakt Kaiser Lothars III. zurückzuführen. Diese *Lotharingische Legende* wurde durch Hermann Conring in seiner 1643 erschienenen Schrift *De origine iuris Germanici* widerlegt. Er wies nach, dass die Stellung des römischen Rechts auf einem Vorgang beruhte, den er als *usu receptum* bezeichnete.[340]

Dieser *Rezeption* des römischen Rechts lag ein kultur- und bildungsgeschichtlicher Vorgang zu Grunde.[341] Sie vollzog sich nicht „mittels positiver Einführungsgesetze, sondern zuallererst durch die zahlreichen Scholaren, die sich auf Bildungswanderung begaben."[342] Weil die oberitalienischen Zentren der Rechtsgelehrsamkeit eine große Strahlkraft ausübten, zogen angehende Juristen aus ganz Europa dorthin, um das *utrumque ius* zu studieren. Nach Abschluss ihres *studium in terra aliena* kehrten sie in ihre Heimat zurück,[343] wo sie dann in großer Zahl Stellen in Gerichten und Verwaltungen besetzten.[344] Es handelte sich um einen gesamteuropäischen Vorgang, der ohne die lateinische

335 Vgl. *Thier*, Art. Corpus Iuris Canonici, in: HRG I (2008), Sp. 895 f.
336 A.a.O., Sp. 894.
337 *Eisenhardt*, Rn. 139.
338 *Schlosser*, S. 56; vgl. *Eisenhardt*, Rn. 146; vgl. *Kroeschell*, Sassen, S. 178.
339 *Coing*, S. 103; Hervorh. wie Orig.
340 *Schlosser*, S. 59; vgl. *Kroeschell*, Sassen, S. 175 f.; vgl. *Eisenhardt*, Rn. 254; vgl. *Coing*, S. 93.
341 *Schlosser*, S. 60.
342 *Andermann*, S. 101.
343 *Schlosser*, S. 45.
344 *Eisenhardt*, Rn. 142.

Schriftkultur der Kirche undenkbar gewesen wäre[345] und der sich zuerst auch über Kleriker vollzog.[346] Stießen diese im römisch-kanonischen Recht ausgebildeten Juristen bei ihrer beruflichen Tätigkeit in den lokalen Rechten auf Lücken – und dies musste häufig vorkommen – dann griffen sie auf das an der Universität Gelernte zurück; denn „die gelehrten Rechte bieten […] einen großen Reichtum sowohl an Kasuistik, wie an allgemein verwendbaren Gesichtspunkten und Argumenten."[347]

Diese Entwicklungen hatten das römische Recht in den meisten Ländern Kontinentaleuropas zum maßgeblichen Faktor des Rechtslebens gemacht und wo dies nicht der Fall war, bildete es „jedenfalls die begriffliche und methodische Grundlage der Jurisprudenz."[348] So kam es vor diesem akademischen Hintergrund zwangsläufig zu einem allgemeinen „Prozeß der Verwissenschaftlichung des Rechtsdenkens."[349] Durch seine Verbreitung im größten Teil von West- und Mitteleuropa wurde dieses auch als *gelehrt* bezeichnete Recht[350] zu einem gemeinsamen Recht vieler Länder, zu einem *Ius commune*.[351] Die zeitliche Dauer und die Intensität der Beeinflussung waren dabei regional höchst unterschiedlich,[352] der Vorgang zog sich über Jahrhunderte hin.[353] In Deutschland war die allgemeine Verbreitung des gemeinen Rechts bis zum Beginn des 16. Jahrhunderts erfolgt.[354]

So war das römisch-kanonische Recht zwar nicht durch Gesetze zum Fundament der Rechtsordnung geworden. Jedoch wurde es nach seiner Rezeption häufig von der Gesetzgebung bestätigt,[355] etwa in der Reichskammergerichtsordnung von 1495.[356] Auch in Niedersachsen ist die sukzessive Verdrängung überkommener Gewohnheitsrechte – d.h. in der Regel des Sachsenspiegels – durch das römische Recht zugleich formell mit landesherrlichen Verordnungen verstärkt worden.[357]

345 A.a.O., Rn. 141; vgl. *Coing*, S. 7 f., 14.
346 *Schlosser*, S. 60 f.; vgl. *Eisenhardt*, Rn. 143; vgl. *Andermann*, S. 101.
347 *Coing*, S. 12 f.
348 *Eisenhardt*, Rn. 142.
349 *Landwehr*, S. 30 f.
350 Vgl. *Coing*, S. 37 f.; vgl. *Andermann*, S. 100 ff.
351 *Coing*, S. 7; vgl. *Eisenhardt*, Rn. 257.
352 Vgl. *Coing*, S. 13 f.; zu den Entwicklungen in einzelnen Ländern vgl. ebda.
353 *Coing*, S. 7 f.
354 A.a.O., S. 14 f.
355 *Eisenhardt*, Rn. 145.
356 Vgl. *Luig*, S. 220.
357 *Ebel*, Probleme, S. 81.

C. *Exkurs: Das kanonische Recht in protestantischen Territorien*

Das kanonische Recht leitete seine Geltung aus der Autorität der Päpste ab.[358] Das Erzstift Bremen war im Zuge der Reformation jedoch zu einem lutherischen Fürstbistum geworden. Dies wirft die Frage auf, inwiefern die kanonischen Bestandteile des *Ius commune* oder davon inspirierte Gewohnheitsrechte weitergelten konnten.[359] Insoweit ist festzuhalten, dass das kanonische Recht in lutherischen Territorien tendenziell zwar hinter das römische Recht trat;[360] die prinzipielle Weitergeltung änderte sich durch die Reformation aber nicht, obwohl Martin Luther eine besonders scharfe Aversion gegen das päpstliche Rechtssystem gehegt hatte.[361] Denn das kanonische Recht hatte einen gewichtigen Fürsprecher in der Person Philipp Melanchthons, was maßgeblich dazu beitrug, dass es seinen Stellenwert in protestantischen Gebieten behaupten konnte.[362]

Den Geltungsgrund suchte man – da eine Unterordnung unter die Autorität des Papstes dafür nicht mehr herhalten konnte – nunmehr in einer Rezeption mit Zustimmung des Landesherren.[363] Daneben gab es vor allem Gründe praktischer Natur. Ein Zusammenbruch des jahrhundertelang gewachsenen Systems des *Ius utrumque* hätte schließlich unübersehbare Konsequenzen nach sich gezogen. Denn das päpstliche Recht war in vielen Bereichen unverzichtbar geworden,[364] weil es weit über die geistliche Sphäre der Kirche hinaus in Bereichen des gesellschaftlichen Lebens Einfluss erlangt hatte.[365] Vor diesem

---

358 *Coing*, S. 102; vgl. *Kroeschell*, Sassen, S. 173; vgl. *Eisenhardt*, Rn. 144; vgl. *Wolter*, Fortgeltung, S. 32 f.

359 Hier stellt sich diese Frage besonders im Zusammenhang mit den durch kanonische Formen inspirierten Möglichkeiten einer Testamentserrichtung, die in KehdLR Tit. XIV § 1 sichtbar werden, vgl. unten: III. Teil, 5. Abschnitt, 1. Unterabschnitt, Kapitel C.-II.

360 *Kroeschell*, Sassen, S. 180; vgl. *Wolter*, Fortgeltung, S. 18.

361 *Wolter*, Fortgeltung, S. 14 f.; diese fand ihren sichtbarsten Ausdruck darin, dass er die päpstlichen Rechtsbücher gemeinsam mit der gegen ihn verhängten Bannbulle 1520 in Wittenberg verbrennen ließ, vgl. ebda.

362 Vgl. *Wolter*, Fortgeltung, S. 16 ff.

363 Vgl. a.a.O., S. 34 f.; das war z.B. auch die Auffassung Samuel Stryks, vgl. *Schmoeckel*, Usus modernus, S. 16.

364 *Wolter*, Fortgeltung, S. 18.

365 *Becker*, Art. Kanonisches Recht, in: HRG II (2012), Sp. 1574; das galt insbesondere für das Prozessrecht, vgl. *Wolter*, Fortgeltung, S. 25; sowohl der Zivil- als auch der Strafprozess waren durch das kanonische Recht in wesentlichem Maße umgestaltet worden, vgl. *Eisenhardt*, Rn. 138; besonders hervorzuheben ist, dass der prozessuale Protokollierungszwang auf päpstliche Rechtssetzungen zurückgeht, vgl. *Schlosser*,

Hintergrund meinten zeitgenössische Autoren, „daß das kanonische Recht ohne die schwersten Nachteile für den Staat nicht beseitigt werden könne."[366] Infolge der allgemeinen Säkularisierung verlor das kanonische Recht trotzdem an Bedeutung.[367] Es sollte bald nur noch die Lücken des römischen Rechts füllen und in Einzelfragen korrigierend wirken.[368]

Dennoch propagierten einzelne Stimmen einen generellen Vorzug des kanonischen Rechts.[369] Im Königreich Hannover soll dies allgemein der Fall gewesen sein.[370] Und auch in einer Entscheidung des Reichsgerichts heißt es, dass die Bestimmungen des kanonischen Rechts „dem römischen Rechte vorgehen."[371] Auf jeden Fall bestand solch ein allgemeiner Vorrang in den *Terris Ecclesiae*,[372] zu denen das Erzstift als Fürstbistum gehörte.

3. Unterabschnitt – Das Landrecht und die zeitgenössische Gesetzgebung

Neben dem allgemeinen Hintergrund von Sachsenspiegel, Hollerrecht und *Ius commune* spielte auch die landesherrliche Gesetzgebung eine bedeutende Rolle im Rechtsleben der Landesgemeinde Kehdingen.

A. *Verstärkte staatliche Rechtsetzung*

In einem Beschwerdeverfahren aus dem Jahr 1678 trugen Deputierte der Landesgemeinde gegenüber der braunschweigisch-lüneburgischen Besatzungsmacht vor, die von Keller aufgezeichneten Gewohnheiten *„haben weder vim*

S. 62; besonders wirkmächtig war das kanonische Recht im Bereich des Appellationswesens, vgl. *Becker*, S. 21 f.; im materiellen Zivilrecht hatte der kanonische Einfluss zur Wiederbelebung des Testamentsgedankens und zur Beseitigung des römischen Typenzwangs geführt, vgl. *Eisenhardt*, Rn. 138, 151; besonders bedeutsam war der kanonische Einfluss im Eherecht, denn mit dem römischen Recht und biblischen Maßstäben allein ließen sich die Probleme dieses Bereichs nicht befriedigend lösen, vgl. *Wolter*, Fortgeltung, S. 18 f., 35 ff.

366 *Wolter*, Fortgeltung, S. 25.

367 A.a.O., S. 18.

368 A.a.O., S. 30.

369 Entsprechende Ansichten vertraten Christian Thomasius und Justus Henning Boehmer, vgl. *Wolter*, Fortgeltung, S. 40 f., 45.

370 *Grefe*, Hannovers Recht I, S. 20.

371 Vgl. RG, Urt. v. 05.07.1881, III 409/81 = RGZ 5, 130 (134).

372 *Coing*, S. 104.

probandi noch obligandi, mögen demnach dem juri Superioritatis nicht derogiren.“[373] Das heißt, das Kehdinger Landrecht sei mangels Beweiskraft und Verbindlichkeit nicht in der Lage, dieses *jus Superioritatis* – das Recht der Obrigkeit – zu verdrängen; damit waren die Gesetze des Landesherren gemeint. Deren verstärktes Auftreten war neben der Rezeption die zweite entscheidende Entwicklung im Rechtsleben der Frühen Neuzeit.[374]

In der Epoche des Absolutismus gelang die endgültige Durchsetzung des staatlichen Gewaltmonopols, und „der Fürst und seine Behörden vereinigen alle Rechte der Staatsgewalt in ihren Händen.“[375] Es war also „der Herrscher allein [...] die Quelle allen Rechts.“[376] Die Gesetze wurden „als Ausdruck des rechtsetzenden Willens des Herrschers und das Recht zur Gesetzgebung als Majestätsrecht angesehen.“[377] Ein gutes Beispiel für dieses Selbstverständnis ist die Reichsnotariatsordnung von 1512, in deren Präambel es heißt, man habe durch „kaiserliche Macht die gegenwärtige Ordnung erstellt.“[378] Das Gesetz stellte nach dem neuen Verständnis sowohl das Medium als auch die Manifestation des absoluten Herrscherwillens dar.[379] Insofern verwundert es nicht, dass die unbegrenzte Gesetzgebungsbefugnis auch das Zentrum der von Jean Bodin begründeten Souveränitätslehre bildete:[380] „Das hervorragendste Merkmal der fürstlichen Souveränität besteht in der Machtvollkommenheit, Gesetze für alle und für jeden einzelnen zu erlassen. [...] Diese Gewalt, Gesetze zu machen oder aufzuheben, umfaßt zugleich alle anderen Rechte und Kennzeichen der Souveränität, so daß es strenggenommen nur dieses eine Merkmal der Souveränität gibt. Alle anderen Souveränitätsrechte sind darunter subsumierbar.“[381] Dem lässt sich entnehmen, dass die Gesetzgebung (*potestas legislatoria*) nicht wie im modernen Verständnis eine von drei gleichrangigen Gewalten war, sondern vielmehr lediglich „eine Teilfunktion dieser einheitlich gedachten Staatsgewalt“, die außer mit dem Begriff der *souveraineté* noch als *majestas*, *plenitudo potestatis* oder *summum imperium* bezeichnet wurde.[382] In dieser Aufwertung

---

373 NLA ST, Rep. 30 Nr. 1034, Bl. 6v.
374 Vgl. *Eisenhardt*, Rn. 263 f.
375 *Coing*, S. 50.
376 *Mohnhaupt*, in: Ius Commune IV (1972), S. 203.
377 *Eisenhardt*, Rn. 298.
378 Zit. nach: *Grziwotz*, S. 19.
379 Vgl. *Mohnhaupt*, in: Ius Commune IV (1972), S. 200 ff.
380 *Eisenhardt*, Rn. 265.
381 *Bodin*, S. 42 f.
382 *Mohnhaupt*, in: Ius Commune IV (1972), S. 188 f.

des Gesetzes lag „eine Umkehrung der Rangfolge gegenüber der mittelalterlichen Auffassung, denn ursprünglich war das Recht des Monarchen zur Gesetzgebung nicht als höchste Aufgabe ausgegeben worden. Die Gesetzgebung galt lediglich als Annex oder Bestandteil der dem Regenten zustehenden höchsten Gerichtsbarkeit."[383]

Von dieser Gesetzgebungsbefugnis machten sowohl der Kaiser als auch die Territorialfürsten seit Beginn der Frühen Neuzeit reichlich Gebrauch, es kam zu einer „ungeheuren Normenflut."[384] Unter dem Begriff der *guten Polizei* strebte man danach, die Arbeitsweise der Verwaltung festzulegen, die allgemeine Wohlfahrt zu sichern, die wirtschaftlichen Verhältnisse zu regeln und die Justiz zu reformieren. Die nach diesem Oberbegriff als *Polizeiordnungen* bezeichneten Gesetzeswerke sollten „das Land in Ordnung bringen und halten."[385] Ihre Regelungsmaterien waren vielfältig, sie wiesen aber auch einen „in das Privatrecht schlagenden Gehalt" auf;[386] inhaltlich waren sie Ausdruck „einer zwar ‚wohlmeindenden, aber schrankenlosen und willkürlichen Gewalt'."[387]

In diesem Zusammenhang gab es auch die ersten Bestrebungen, die subsidiäre Geltung des *Ius commune* gesetzgeberisch zurückzudrängen.[388] Dies kommt nicht von ungefähr, denn gewandelte philosophische Anschauungen ließen zunehmend „das Gesetz als die richtige Form der Rechtssetzung erscheinen",[389] bis es schließlich im 18. Jahrhundert „in der Gestalt, die die Aufklärung für es entworfen hat, immer mehr als die einzig legitime Rechtsquelle angesehen" wurde.[390] Es begann das Zeitalter der Kodifikationsbewegung,[391] in Deutschland eingeleitet durch die von Wiguläus von Kreittmayr geschaffenen Kodifikationen des Kurfürstentums Bayern.[392]

383 A.a.O., S. 189.
384 *Oestmann*, Gemeines Recht, S. 31.
385 *Eisenhardt*, Rn. 231; um begriffliche Trennschärfe zum modernen Polizeibegriff zu gewährleisten, wird in diesem Zusammenhang in der Rechtshistoriographie bisweilen auch die zeitgenössische Schreibweise *Policey* verwendet, vgl. bspw. *Oestmann*, Gemeines Recht, S. 31 ff.
386 *Schmelzeisen*, S. 9.
387 A.a.O., S. 11.
388 *Kroeschell*, Sassen, S. 192.
389 *Coing*, S. 77; vgl. *Schlosser*, S. 80.
390 *Coing*, S. 78.
391 Vgl. ebda.
392 *Eisenhardt*, Rn. 299.

B. Das Kehdinger Landrecht als Rechtsreformation

Die Regelungsbereiche der frühneuzeitlichen Polizeiordnungen waren sehr heterogen,[393] sie sind „schwer zu durchschauen."[394] Aber auch wenn „der privatrechtliche Gehalt dieser staatlichen Gesetzgebung des *Ancien Régime* [...] relativ gering" war,[395] so behandelte sie doch durchaus solche und zivilverfahrensrechtliche Materien, wie beispielsweise Fragen des Urkunden- und Notariatswesens, oder das Ehegüter-, Erb- und Vormundschaftsrecht;[396] gerade im letzteren Bereich hatten die Reichspolizeiordnungen des 16. Jahrhunderts einen ziemlich prägenden Einfluss.[397]

I. Die Stadt- und Landrechtsreformationen

Insbesondere blieb hier die Rezeption des römischen Rechts für die Partikularrechte nicht ohne Folge. Seit der Wende vom 15. zum 16. Jahrhundert hatte man in Deutschland unter dem Eindruck der Rezeption vermehrt mit der Aufzeichnung von Stadt- und später auch Landrechten begonnen,[398] „welche das partikuläre Recht eines Gebietes unter Anpassung an die veränderten Verhältnisse festzustellen und zu sichern suchten."[399] Dabei war man bestrebt, das gelehrte und das einheimische Recht „miteinander in Einklang zu bringen und [...] in eine verständliche gesetzliche Form zu übertragen."[400] Die Ergebnisse dieser Erneuerungs- und Verbesserungsbestrebungen bezeichnet man als *Reformationen*.[401] Neben dem Vordringen des gelehrten Richtertums und des schriftlichen Prozesses sind diese romanisierenden Gesetzgebungen die zweite große Erscheinung der Rezeption in Deutschland.[402]

Insbesondere die Stadtrechte traten in Deutschland früh in eine Wechselbeziehung zum römischen Recht, „die darauf beruht, daß beide auf strukturell ähnliche Wirtschaftsverhältnisse abgestellt sind."[403] „Unter Berücksichtigung der Zeitbedürfnisse sowie unter dem (mehr oder weniger starken) Einfluß des

393 Vgl. *Schlosser*, S. 81.
394 *Oestmann*, Gemeines Recht, S. 31.
395 *Coing*, S. 112; Hervorh. wie Orig.
396 Vgl. ebda.
397 Vgl. *Oestmann*, Gemeines Recht, S. 33.
398 *Gierke*, Privatrecht I, S. 63, 66.
399 A.a.O., S. 63.
400 *Eisenhardt*, Rn. 274; vgl. *Andermann*, S. 109 f.
401 *Eisenhardt*, Rn. 272 ff.
402 Vgl. *Kroeschell*, Sassen, S. 178.
403 *Dilcher*, Art. Stadtrecht, in: HRG IV (1990), Sp. 1870.

römischen Rechts“ kam es dann zu zahlreichen Neu- oder Erstaufzeichnungen von Stadtrechten.[404] Bei diesen von der städtischen Obrigkeit veranlassten und mit Geltungskraft versehenen Gesetzeswerken[405] lassen sich regionale Unterschiede hinsichtlich der Intensität des römischrechtlichen Einflusses feststellen;[406] entscheidend war die Person des jeweiligen Verfassers.[407]

Auch im Bereich der Landrechte gab es eine solche Reformationsbewegung,[408] die sich seit Beginn des 16. Jahrhunderts abzeichnete.[409] Wie schon die Stadtrechte, hatten diese reformierten Landrechte das Ziel, „neu entstandene Verhältnisse zu regeln, römischrechtliche Institute dem territorialen Bedürfniss anzupassen, Streitfragen zu entscheiden und die Rechtseinheit zu fördern.“[410] Der Umfang und die Vollständigkeit dieser Landrechte waren sehr unterschiedlich.[411] Primär zielten sie lediglich darauf ab, „das in ihrem Gebiete eigenthümliche Privatrecht“ zu umfassen.[412] Gerade in „den kleineren Landstrichen beschränkte man sich auf die Aufzeichnung des Gewohnheitsrechts, sei es, dass man dabei nichts weiter beabsichtigte, als die bisher in dem Bewusstsein der Einzelnen lebenden Sätze durch die Schrift zu befestigen, sei es, dass man sie gegenüber dem römischen Recht in ihrer Existenz sichern wollte.“[413] Mehr war aber auch gar nicht beabsichtigt, im Vordergrund standen als Ziele die Feststellung des bestehenden Herkommens sowie die Erhöhung von Rechtssicherheit

404 *Schulze*, Art. Reformation (Rechtsquelle), in: HRG IV (1990), Sp. 469; hervorzuheben sind Nürnberg (1479), Worms (1499), Freiburg (1520), Frankfurt (1509/78), Lübeck (1586) und Hamburg (1603), vgl. *Dilcher*, Art. Stadtrecht, in: HRG IV (1990), Sp. 1871.

405 *Schulze*, Art. Reformation (Rechtsquelle), in: HRG IV (1990), Sp. 470.

406 Generell lässt sich die Tendenz erkennen, dass die süddeutschen Stadtrechtsreformationen sich dem römischen Recht stärker öffneten, vgl. *Schulze*, Art. Reformation (Rechtsquelle), in: HRG IV (1990), Sp. 471; dies dürfte mit der größeren Nähe zum oberitalienischen Wirtschaftsraum zu tun haben. In Norddeutschland (Lübeck und Hamburg) ist der römische Einfluss geringer gewesen, vgl. *Dilcher*, Art. Stadtrecht, in: HRG IV (1990), Sp. 1870 f.

407 *Eisenhardt*, Rn. 274.

408 Vgl. *Laufs/Schroeder*, Art. Landrecht, in: HRG III (2016), Sp. 555 ff.

409 Zu erwähnen sind z.B. Bayern (1518), Tirol (1526), Brandenburg (1527), Württemberg (1555), Solms (1571), Kursachsen (1572) und Preußen (1620), vgl. *Schulze*, Art. Reformation (Rechtsquelle), in: HRG IV (1990), Sp. 470.

410 *Gierke*, Privatrecht I, S. 66.

411 *Stobbe*, Rechtsquellen II, S. 215; vgl. *Gierke*, Privatrecht I, S. 63.

412 *Gierke*, Privatrecht I, S. 63.

413 *Stobbe*, Rechtsquellen II, S. 215.

und territorialer Rechtseinheit. Die Vollständigkeit einer Kodifikation wurde deshalb nicht angestrebt.[414] Stattdessen konzentrierte man sich auf „eine Auswahl der wichtigsten Rechtssätze", die bei erfahrungsgemäß wiederkehrenden Streitfällen von Bedeutung waren.[415] Typische Materien waren Prozess- und Privatrecht, hier v.a. Erb-, Ehegüter- und Vormundschaftsrecht.[416] Im Aufbau war es verbreitet, das Zivilverfahren dem materiellen Recht voranzustellen.[417]

Die subsidiäre Geltung des gemeinen Rechts wurde dagegen nicht angetastet,[418] ja war sogar stillschweigend vorausgesetzt.[419] Die in diesen Gesetzen erkennbare „Verknüpfung zweier Rechtsüberlieferungen"[420] wird inzwischen zunehmend als Ausdruck einer „schöpferischen Eigenleistung" gewürdigt.[421]

II. Der Editionsbericht Kellers

Es zeigt sich, dass auch der Landessekretär Keller genau von solchen Intentionen geleitet worden ist. Dies ergibt sich aus dem ausführlichen Vorwort, das dem Landrecht vorangestellt ist und in dem Keller seine Beweggründe und Vorgehensweise geschildert hat. Bereits auf der Titelseite steht, dass das Kehdinger Landrecht „*bißhero in unterschiedlichen geschriebenen Exemplarien verhanden gewesen / nunmehro aber zu mehrem der Eingesessenen Nutzen zum Druck befordert wurde.*"[422] Im Weiteren präzisiert Keller diese Zielrichtung.

Es sei zunächst allgemein bekannt, dass „*in vielē[n] Fürstenthümbern / Provincien / Städten und Ländern gewisse un[d] besondere Statuta, Satzungen un[d] Rechte gefunden werden / nach welchē[n] in vorfallenden Streitigkeiten [...] decidiret und erkant wird.*"[423] Es habe „*auch in hiesigem Lande von langen und undencklichen Jahren hero ein geschriebenes Landt-Recht*"[424] gegeben. Dieses

---

414 Vgl. *Laufs/Schroeder*, Art. Landrecht, in: HRG III (2016), Sp. 556 f.; vgl. *Coing*, S. 118.

415 Vgl. *Laufs/Schroeder*, Art. Landrecht, in: HRG III (2016), Sp. 557; vgl. *Eisenhardt*, Rn. 272.

416 *Schulze*, Art. Reformation (Rechtsquelle), in: HRG IV (1990), Sp. 470; vgl. *Coing*, S. 111, 118.

417 Vgl. *Schulze*, Art. Reformation (Rechtsquelle), in: HRG IV (1990), Sp. 470.

418 *Gierke*, Privatrecht I, S. 63.

419 Vgl. *Laufs/Schroeder*, Art. Landrecht, in: HRG III (2016), Sp. 557; vgl. *Eisenhardt*, Rn. 272.

420 *Schulze*, Art. Reformation (Rechtsquelle), in: HRG IV (1990), Sp. 471.

421 Ebda.

422 KehdLR, S. 1.

423 KehdLR, S. 2.

424 KehdLR, S. 2 f.

dürfte, wie oben dargestellt, im Wesentlichen das aus dem Mittelalter überkommene sächsische Gewohnheitsrecht gewesen sein. Doch es wurde von den Vorfahren nicht so hinterlassen, „*wie das uhralte Kedinger Landt-Recht gelautet.*“[425] Sondern nur in einer Gestalt, in der es „*von denen in demselben gewesenen* [...] *den gemeinen Rechten gar zuwider gelauffenen Satzungen emendiret und gesaubert*“ worden war.[426] Hier zeigt sich ganz deutlich der Einfluss der Rezeption. Dabei beschränkte sich die Romanisierung nicht nur inhaltlich auf das Beseitigen entgegenstehender Gewohnheiten. Sie äußert sich auch in der Sprache des Landrechts selbst, das mit lateinischen Vokabeln gespickt ist. Keller erklärt, dass er diese „*Lateinische Wörter zwar / wie ich sie gefunden / stehen lassen / doch denen der Lateinischen Sprache nicht erfahrnen zum besten / und deren vorberegtem desiderio ein genügen zuthun / den Teutschen Einhalt dabey in parenthesi mit kleinern Buchstaben gesetzt.*“[427] Das heißt, er bemühte sich um eine Erklärung dieser bereits in seinen Vorlagen enthaltenen Begriffe. Wenn Freudentheil Keller also später vorwirft, er habe „das alte einfache Landrecht mit subtilen römischen Rechtsbegriffen“[428] ausstaffiert und damit sein Ziel verfehlt, ein „Landrecht für unstudirte Landleute“ zu liefern,[429] geht dies geradewegs an der Sache vorbei.

Von dem alten Landrecht seien laut Keller bisher „*nur wenige geschriebene Exemplaria verhanden*“,[430] in denen sich auch noch durch das Abschreiben bedingte Fehler fänden, sodass diese „*doch zum Theil sehr incorrect*“[431] seien. Er berichtet, dass ihn „*offters gute Freunde angelanget haben*“,[432] eine richtige Abschrift zu geben. Weil dies bei der Häufung der Anfragen aber zu mühsam sei, habe er sich entschlossen, sich „*auff einmahl solcher Mühe zuentheben*“[433] und aus den alten und ihm am richtigsten erscheinenden Exemplaren „*eines mit eigener Hand ins reine*“[434] zu schreiben, um es auf eigene Kosten in Druck zu geben, was er „*zum guten und besserer Erhaltung solcher Statuten angesehen und gemeinet*“[435] habe. In späterer Zeit sprach man dementsprechend davon,

425 KehdLR, S. 3.
426 Ebda.
427 Ebda.
428 *Freudentheil,* S. 125.
429 Ebda.
430 KehdLR, S. 3.
431 Ebda.
432 Ebda.
433 Ebda.
434 Ebda.
435 Ebda.

dass das Landrecht „*vermittelst offentlichen druckes desto bequemer conserviret bleibe.*“[436]

Dabei hat Keller die alten Vorlagen offenbar tatsächlich nur minimal überarbeitet und großteils wortwörtlich übernommen. Dafür sprechen nicht nur die bereits angesprochenen uneinheitlichen Bezugnahmen auf die erzbischöfliche und schwedische Landesherrschaft. Insbesondere das Vorhandensein von vier verschiedenen Schreibweisen für die zentrale Institution der Hauptleute[437] deutet darauf hin, dass Keller lediglich Abschriften aus unterschiedlichen Vorlagen unverändert zusammengestellt hat;[438] nicht einmal eine orthographische Angleichung wurde vorgenommen.

Kellers Intention waren also Rechtsbereinigung, Rechtssicherheit und der Erhalt der alten lokalen Gewohnheiten, in jener veränderten Gestalt, die sie durch die Rezeption des *Ius commune* erhalten hatten. Damit stellt das Kehdinger Landrecht von 1662 schon in seiner Zielrichtung eine geradezu typische Landrechtsreformation dar.

C. Andere Landrechte in Nordwestdeutschland

Als Landrechtsreformation ist das Kehdinger Landrecht nicht nur Ausdruck eines allgemeinen rechtshistorischen Phänomens. Es liegt auch geographisch im Zentrum eines Panoramas kleinerer Partikularrechte und fügt sich in diese Reihe beispielhafter norddeutscher Rezeptionsgesetze.[439] Zu erwähnen ist in diesem Zusammenhang noch das Bremische Ritterrecht von 1577, bei dem es sich aber nicht um ein städtisches oder landschaftliches Partikularrecht handelte, sondern um ein besonderes Privatgüterrecht der Ritterschaft des Erzstifts Bremen.[440]

I. Wesermarschen

Zunächst ist an die Partikularrechte der Landesgemeinden an den Ufern der unteren Weser zu denken.

---

436 NLA ST, Rep. 28 Nr. 885, Bl. 12v.

437 Es finden sich im KehdLR nämlich die Varianten „*Häubtleute*“ (Tit. XIII § 5), „*Häuptleute*“ (Tit. XI §§ 2, 3, XIII § 4), „*Heuptleute*“ (S. 2) und „*Heubtleute*“ (S. 1, Vorbem. zu Tit. I Nr. 4, 5, Tit. XI § 1, XXIII, XXVIII, XXIX, XXXIII §§ 1, 2).

438 Derart unterschiedliche Schreibweisen gibt es sogar innerhalb eines Titels (Tit. XI, XIII) oder eines Paragraphen (Tit. II § 1).

439 Vgl. *Landwehr*, S. 23 Anm. 15.

440 *Grefe*, Hannovers Recht I, S. 30 f.

1. Butjadinger Landrecht von 1664

„Butjadingen ist heute der Name des Landstrichs zwischen Jadebusen und Unterweser."[441] Im Mittelalter war es ein Teil Ostfrieslands und gehörte deshalb zum Gebiet des rüstringisch-friesischen Rechts, das dort lange Bestand hatte; diese rechtliche Autonomie der Landesgemeinde endete mit der Unterwerfung durch die Grafen von Oldenburg im Jahr 1514.[442]

Zwischen den neuen Landesherren und den in der friesischen Rechtstradition verwurzelten Untertanen kam es zu einem lang anhaltenden Konflikt über die Reform des Rechtssystems in Butjadingen.[443] Dieser endete im Wesentlichen mit dem Erlass des neuen Landrechts im Jahr 1664.[444] Das Urteil über dessen dogmengeschichtliche Einordnung fällt unterschiedlich aus. Nach Stobbe benutzt es „nicht blos die römische Terminologie, sondern auch die römischen Bestimmungen."[445] Ähnlich ist es für Kroeschell „im Ganzen doch weithin durch das gemeine Recht geprägt"[446] und auch Landwehr sieht es als Rezeptionsgesetz.[447] Dagegen bestehen für Oestmann „erhebliche Unterschiede zum rezipierten römisch-rechtlichen Gedankengut."[448] Das Butjadinger Landrecht hat hiernach in jenen Bereichen, die es regelte – also Ehegüterrecht, Immobilienrecht und Erbrecht – durchaus friesische Elemente bewahrt. In den vielen nicht geregelten Bereichen galt hingegen das *Ius commune.*[449]

2. Osterstader Landrecht von 1580

Verglichen mit anderen Landesgemeinden zeigte das an der rechten Unterweser gelegene Osterstade im Amt Hagen eher weniger Eigenständigkeit.[450] Dennoch gab es hier ein gewohnheitsmäßiges Landrecht, dessen quasigesetzliche Geltung bis ins 19. Jahrhundert hinein anerkannt war.[451] Es entstand im Zuge mit der letztlich gescheiterten Justizreform, die 1580 von Erzbischof Heinrich III. angestoßen wurde und in deren Zusammenhang bei den örtlichen

441 *Oestmann*, Butjadingen, S. 173.
442 A.a.O., S. 174 f.
443 Vgl. a.a.O., S. 177 ff.
444 *Sellert/Oestmann*, Nordwestdeutsche Landrechte, S. 164.
445 *Stobbe*, Rechtsquellen II, S. 345.
446 *Kroeschell*, Sassen, S. 188.
447 Vgl. *Landwehr*, S. 23 Anm. 15.
448 *Oestmann*, Butjadingen, S. 180.
449 A.a.O., S. 180 f.
450 *Hofmeister*, Territorialstaat, S. 206.
451 Vgl. *Grefe*, Hannovers Recht I, S. 116 f.

Behörden auch die Aufzeichnung lokaler Gewohnheitsrechte angeordnet worden war.[452] Dies führte nur im Amt Hagen zu einem nachhaltigen Resultat, wo der Amtmann die Rechtsgewohnheiten der in seinem Bezirk gelegenen Osterstader Marsch niederschrieb.[453] Dabei muss aber beachtet werden, dass es sich nicht um ein einheitliches Landrecht für die gesamte Marsch handelt, sondern um eine separate Aufzeichnung für jedes der in diesem Bezirk gelegenen vier Gerichte Neuenland, Rechtenfleth, Osterstade und Bruch.[454] Es ist also letztlich „eine Reihe von Weisthümern kleiner Gemeinden, in welchen sie ihr althergebrachtes Recht in Bezug auf einzelne Fragen erklären",[455] sodass eher im Plural von Osterstader Landrechten gesprochen werden sollte.[456]

3. Wurster Landrecht von 1611

„Unter den Landesgemeinden auf dem rechten Weserufer stellte vornehmlich das Land Wursten eine wirtschaftliche und politische Potenz dar"[457] und

---

452 Vgl. *Schleif*, S. 121; vgl. *Pufendorf*, Observationes III, App., S. 4 Anm.: „Daß Montags nach Fabiani in der Stadt Bremen eine Zusammenkunfft gehalten, und allda von Reformation der Untergericht und Policey tractiret, und alles in Richtigkeit gebracht werden sollte, und damit solches desto besser geschehen, und man Gewisheit von dem, was bey den Gerichten für Gebräuche vorhanden, erlangen möchte, seyn gewisse Articul, und unter andern etliche von Erbfällen aufgesetzt, den Beambten zugeschickt und ihnen anbefohlen, daß sie darüber, und was an jedem Ort von Alters darin gebräuchlich gewesen, beständigen Bericht aufnehmen und zu Papier bringen sollten, […] aber erwehnte Reformation der Untergericht damals ihre Endschaft und Richtigkeit nicht erlangt."

453 Vgl. *Grefe*, Hannovers Recht I, S. 116; vgl. *Pufendorf*, Observationes III, App., S. 4 Anm.: „Deme zu Folge hat Erzbischoff Heinrich im Jahr 1581. solche Articul unter andern dem Amtmann zu Hagen gesandt und ihme durch ein Schreiben ernstlich anbefohlen, daß er die geschworne Vögte, Belehnte und Eltisten eines jeden Gerichts über solche Articul examiniren, eines jeden Gerichts-Gebrauch erkundigen und dieselbe zu Papier setzen […]. Worauf dann derselbe Amtmann die belehnte Voigte und Eltiste der Gericht nach dem Amthaus Hagen bescheiden, und in Beyseyn des Hauptmanns über die von I.F.G. empfangene Articul, und über alle Landes- und Gerichts-Gewohnheiten mit Fleiß examiniret und befragt, auch ihre Aussag in scripturam redigirt."

454 *Grefe*, Hannovers Recht I, S. 116 f.

455 *Stobbe*, Rechtsquellen II, S. 338.

456 Vgl. ebda.: „Die Aussagen stimmen zum Theil vollkommen überein, zum Theil weichen sie voneinander ab und sind mehr oder weniger vollständig."

457 *Scheper*, S. 243.

es ist „häufig als Bauernrepublik bezeichnet worden."[458] Dieses ursprünglich von Friesen besiedelte Gebiet gelangte zu großer Unabhängigkeit[459] und war dem Zugriff der Erzbischöfe von Bremen vollkommen entrückt, bis diese das Land im Jahr 1524 militärisch endgültig besiegten und ihrer Kontrolle unterwarfen.[460]

Das letzte Wurster Landrecht wurde auf einen Erlass des Erzbischofs Johann Friedrich hin aufgezeichnet:[461] In einem Bescheid vom 4. September 1611 hatte er den Eingesessenen des Landes ausdrücklich die Konfirmation ihres Landrechts in Aussicht gestellt, wenn die dortigen Samtvögte ein solches in die erzbischöfliche Kanzlei einschicken würden.[462] Obwohl dies noch im gleichen Jahr erfolgte, kam es nicht zu der in Aussicht gestellten Bestätigung. Im Jahr 1642 suchte man nochmals erfolglos beim Erzbischof darum nach.[463] Daher konnte das gewohnheitsmäßige Landrecht von Wursten sich genauso wenig in Geltung halten, wie das von Kehdingen. Im 19. Jahrhunderts sah man nur noch den Gebrauch einzelner Rechtssätze für „erwiesen und kann jezt wohl für notorisch gehalten werden, namentlich der Gütergemeinschaft unter den Ehegatten und des Retractrechts."[464]

Inhaltlich meinte man im älteren Schrifttum, das Wurster Landrecht sei „rein deutsches Recht."[465] Dagegen wird es in neuerer Zeit als ein Rezeptionsgesetz gesehen,[466] das „jedenfalls in der Diktion bereits durch das gemeine Recht geprägt" ist.[467] Insofern beendete diese Rechtsaufzeichnung zugleich die Tradition des friesischen Rechts, zu der die Wurster Willkür von 1508 noch gehört hatte.[468]

---

458 A.a.O., S. 243, 248.

459 *Köller*, S. 418 ff.

460 A.a.O., S. 420 f.

461 *Stobbe*, Rechtsquellen II, S. 342.

462 Vgl. NLA ST, Rep. 5b Nr. 3226, Bl. 9r: „*Uff Ahnsuchen des Landes Wursten Abgeordneter Ihr gewhonlich angezogen Landtrecht betreffend, Ist der bescheidt: Würden die sampt Vögte und eingeseßene bemeltes Landes solch Ihr LandRecht einhelliglich zu pappier bringen und zu der fürstlichen Canzlei einschicken, daß solchs reifflich erwogen und nach befundenen Dingen durch Unsern g[nädigsten] fürst[en und] Herrn, alß der ordentlichen Obrigkeit gebürlich confirmirt werden sol. Signatum unter fürstlich auffgetrucktem Cantzlei Secret. Harsefeldt den 4. Septemb. A. 1611.*"

463 *Gabriel*, S. 118 f.

464 *Grefe*, Hannovers Recht I, S. 120.

465 *Stobbe*, Rechtsquellen II, S. 343.

466 Vgl. *Landwehr*, S. 23 Anm. 15.

467 *Kroeschell*, Sassen, S. 189.

468 Vgl. *Sellert/Oestmann*, Nordwestdeutsche Landrechte, S. 164.

II. Niedersächsische Elbmarschen

Die Landesgemeinde Kehdingen lag an der Elbe. Im Norden grenzte sie an das Land Hadeln, im Süden an das Alte Land.

1. Hadeler Landrecht von 1583

Das Land Hadeln gehörte nicht zum Erzstift Bremen,[469] sondern war eine Exklave des Herzogtums Sachsen-Lauenburg, die erst 1731 an Kurhannover fiel.[470] Seit dem 13. Jahrhundert ist dort eine landesgemeindliche Ordnung erkennbar. Der zahlenmäßig ohnehin nur sehr kleine Adel spielte überhaupt keine Rolle und verschwand bereits im 14. Jahrhundert als eigene Gruppe.[471]

Obwohl es nicht zum Erzstift gehörte, wurde das Land Hadeln aber seit 1581 für kurze Zeit von Erzbischof Heinrich III. in Personalunion regiert. Denn sein Vater, der Herzog von Sachsen-Lauenburg, hatte es ihm testamentarisch vermacht.[472] Im Jahr 1583 – also in zeitlicher Nähe zu den im Erzstift angestrengten Justizreformen – erließ der Erzbischof auch für Hadeln ein Landrecht, das in „Anlehnung an […] die peinliche Halsgerichtsordnung Kaiser Karls V. von 1532, oder an die Reichspolizeiordnung von 1577 den überlieferten Rechtsstoff teilweise modifiziert."[473] Daneben erinnern einzelne Rechtssätze „an den Sachsenspiegel, bei anderen ist der sächsische Ursprung nicht zu verkennen."[474] Dies ist wenig verwunderlich, da der Sachsenspiegel vormalig in Hadeln gegolten haben muss. Darüber hinaus finden sich infolge der mittelalterlichen Hollerkolonisation zudem holländische Rechtssätze.[475] Der Einfluss des römischen Rechts ist demgegenüber vergleichsweise gering;[476] das Hadeler Landrecht wird

---

469 *Köller*, S. 148.

470 *Grefe*, Hannovers Recht I, S. 122.

471 *Köller*, S. 148.

472 Vgl. *Schleif*, S. 263; darauf nimmt auch die Präambel zum HadelerLR ausdrücklich Bezug: „*Wir* […] *Heinrich, postulirter Erz-Bischoff zu Bremen* […] *thun kund und zu wissen, nachdem Weyland der hochgebohrner Fürst, Herr Franz, Herzog zu Sachsen* […] *Unser freundlicher lieber Herr-Vater* […] *Hadlen mit gutem reifen Raht aus allerhand erheblichen Ursachen uns erblich cediret*", *Pufendorf*, Observationes I, App., S. 4; nach dem Tode von Erzbischof Heinrich III. im Jahr 1585 fiel das Land Hadeln wieder zurück an seinen Bruder Herzog Franz II. von Sachsen-Lauenburg, vgl. *Boeselager*, S. 336.

473 *Kroeschell*, Sassen, S. 187 f.

474 *Stobbe*, Rechtsquellen II, S. 339.

475 *Boeselager*, S. 350 f.

476 Vgl. a.a.O., S. 339 f.

aber trotzdem als teilweise von der Rezeption geprägt gesehen[477] und soll mit dem Kehdinger Landrecht verwandt sein.[478]

2. Reformatio des Alten Landes von 1585

Im Alten Land bildete sich im 13. Jahrhundert eine Landesgemeinde heraus,[479] die mehrere partikularrechtliche Ordnungen hervorbrachte. Hier ist zunächst „‚Des Olden Landes Ordeninge und Rechte-Boeck' von etwa 1580" zu nennen, wobei es sich um eine Sammlung von Urteilen diverser Altländer Gerichte handelt,[480] die auch Formeln für die Prozessführung enthält.[481] Im Zusammenhang mit dieser Kompilation wird eine Landesordnung gebracht, die Erzbischof Christoph im Jahr 1517 errichtete;[482] damit wurde der relativen Selbstständigkeit der Landesgemeinde ein Ende bereitet.[483]

Neben dieser *Constitutio* gab es noch die *Reformatio sive Additio* aus dem Jahr 1585.[484] Dieses Partikularrecht steht im Zusammenhang mit der von Erzbischof Heinrich III. angeordneten Aufzeichnung der Partikularrechte;[485] trotzdem erhielt diese Reformatio – die also bereits dem Namen nach eine Rechtsreformation ist – keine landesherrliche Bestätigung.[486] Inhaltlich finden sich in ihr „alte Gebräuche über Erbrecht, Verkauf von Immobilien, Schulden, Arrest, Injurien und Verwundung."[487] Sowohl die Reformatio als auch die Landesordnung wurden im 19. Jahrhundert nicht mehr beachtet. Ihre Grundsätze über die eheliche Gütergemeinschaft und das Retraktrecht galten aber als notorische Gewohnheitsrechte.[488]

---

477 Vgl. *Landwehr*, S. 23 Anm. 15.

478 Vgl. *Schwartz*, S. 53.

479 *Köller*, S. 414.

480 *Kroeschell*, Sassen, S. 189.

481 *Drecktrah/Hofmeister*, Art. Altländer Recht, in: Lexikon Altes Land, S. 18 f.

482 *Kroeschell*, Sassen, S. 189.

483 *Köller*, S. 415; zu dieser Landesordnung, die den Charakter einer Landesverfassung hat, vgl. auch *Hofmeister*, Elbmarschen II, S. 297 f.

484 *Drecktrah/Hofmeister*, Art. Altländer Recht, in: Lexikon Altes Land, S. 18 f.

485 Vgl. *Stobbe*, Rechtsquellen II, S. 337.

486 *Grefe*, Hannovers Recht I, S. 117 f.

487 *Stobbe*, Rechtsquellen II, S. 337.

488 Vgl. *Grefe*, Hannovers Recht I, S. 119.

III. Schleswig-Holsteinische Marschländer

Eine besonders große partikularrechtliche Vielfalt gab es im Gebiet des heutigen Schleswig-Holstein, wobei die Darstellung hier auf die Elbmarschen und die Nordseeküste zu beschränken ist.

1. Holstein

In den meisten Teilen Holsteins war der Sachsenspiegel das allgemeine Fundament der Rechtsordnung. Erst nach diesem galt das *Ius commune* subsidiär.[489]

a) Holsteinische Elbmarschen

Die an der Elbe gelegenen Landschaften Wilster- und Krempermarsch hatten eine ähnliche Siedlungsgeschichte wie das Alte Land.[490] Seit dem 16. Jahrhundert bestand dort eine Landesgemeinde, die als *Kremper-Marsch-Kommüne* bezeichnet wurde.[491] Deren Autonomie wurde aber von den holsteinischen Grafen stark behindert.[492] Als Partikularrecht galt dort bis ins 19. Jahrhundert das sogenannte *Land- und Marschrecht*,[493] das aber niemals kodifiziert wurde; seine Inhalte waren „nirgends vollständig zusammengestellt, man findet sie vielmehr zerstreut in Erkenntnissen der Ober- und Untergerichte, in speciellen gesetzlichen Verfügungen."[494] Die dort aufscheinenden Gewohnheiten bezogen sich auf Fragen der Verwandtenerbfolge und der Gütergemeinschaft, „die Herrschaft des Land- und Marschrechts beschränkt sich mithin auf das Gebiet [...] des Erb- und Familienrechts."[495]

b) Dithmarschen

„In Dithmarschen herrschte zwischen 1227 und 1559 eine weitgehende Unabhängigkeit und Selbständigkeit der Landesgemeinde."[496] Im Jahr 1447 beschloss die dortige Landesversammlung ein Landrecht (*Landesboek*), das zwischenzeitlich verändert und 1539 revidiert wurde. Es weist für seine Zeit vergleichsweise

---

489 *Roth*, System I, S. 76; nur in der Grafschaft Pinneberg war das Sachsenrecht vollständig abgeschafft worden, vgl. a.a.O., S. 75 f.; vgl. *Paulsen*, S. 7.

490 *Hofmeister*, Territorialstaat, S. 206.

491 Vgl. *Lorenzen-Schmidt*, S. 124 f.

492 *Hofmeister*, Territorialstaat, S. 206.

493 Vgl. *Roth*, System I, S. 77.

494 *Fischer-Benzon*, S. 16.

495 A.a.O., S. 7; vgl. *Roth*, System I, S. 77.

496 *Köller*, S. 411.

altertümliche Charakteristika auf und fällt insbesondere durch ein Anwendungsverbot des *Ius commune* auf.[497]

Nachdem die alte Bauernrepublik im Jahre 1559 untergegangen war, „wurden einzelne Veränderungen im Rechtszustande, besonders durch die vorläufige Gerichtsordnung von 1559 vorgenommen. In ihr wurde auch das Bedürfnis der Revision des Dithmarsischen Landrechts anerkannt."[498] Die Ablösung des alten durch ein neues Landrecht geschah dann im Jahr 1567. Dabei handelte es sich aber nicht mehr um eine Sammlung alter Rechtssprüche, sondern um das Werk eines gelehrten Juristen,[499] nämlich des holstein-gottorfischen Hofkanzlers Adam Tratziger,[500] sodass es sich als von der Rezeption beeinflusst zeigt.[501]

Dieses in niederdeutscher Sprache verfasste Landrecht von 1567 war im Prinzip bis zum Ende des 19. Jahrhunderts noch in Geltung.[502] Inhaltlich bestand es aus 135 Artikeln, die keiner Gliederung unterworfen sind, sich aber in mehrere Themenblöcke aufteilen lassen.[503] Ausdrücklich bestimmt es „die subsidiäre Geltung des sächsischen Rechts; wo dies nichts enthalte, solle das Gericht nicht seinem Sinne, sondern dem gemeinen beschriebenen Rechte folgen."[504] Insgesamt hatte dieses neue Dithmarscher Landrecht für viele andere Partikularrechte in der Region eine starke Vorbildwirkung.[505]

2. Schleswig

Etwas anders stellte sich die Gemengelage im Herzogtum Schleswig dar, weil hier das gemeine Recht grundsätzlich nicht anwendbar war.[506]

a) Eiderstedter Landrecht

Das *Ius commune* galt in Schleswig nur ausnahmsweise, so auch in der Landschaft Eiderstedt.[507] Diese war aus den vormaligen sogenannten Dreilanden

497 *Kannowski*, Art. Dithmarscher Landrecht, in: HRG I (2008), Sp. 1092 f.

498 *Stobbe*, Rechtsquellen II, S. 348.

499 *Kannowski*, Art. Dithmarscher Landrecht, in: HRG I (2008), Sp. 1093.

500 *Löw*, S. 54 ff.

501 Vgl. *Landwehr*, S. 23 Anm. 15.

502 *Roth*, System I, S. 78.

503 *Löw*, S. 56 f.; diese Themenblöcke sind Verfahrensrecht (Art. 4–18), Vormundschaft (Art. 19–25), Erbfolge (Art. 26–42), Schuld- und Sachenrecht (Art. 43–101), Schadensrecht (Art. 102–108) und Strafrecht (Art. 109–131), vgl. ebda.

504 *Stobbe*, Rechtsquellen II, S. 349.

505 Vgl. *Löw*, S. 52.

506 *Paulsen*, S. 4 f.

507 Vgl. *Roth*, System I, S. 79.

entstanden, die ihrerseits zu den vornehmlich von Friesen besiedelten *Uthlanden* gehörten;[508] daher galt in Eiderstedt ursprünglich friesisches Recht.[509] Die Geschichte der Rechtsaufzeichnung begann dort im Jahr 1426 mit einer als *Krone der rechten Wahrheit* bezeichneten Beliebung,[510] bis 1466 ein neues Landrecht in Kraft trat.[511] Nachdem Dithmarschen 1567 ein neues Landrecht erhalten hatte, erarbeitete der dort verantwortliche Hofkanzler Adam Tratziger auch für Eiderstedt ein Konzept, auf dessen Grundlage es 1572 zu einem neuen Landrecht kam. Dieses war dem Dithmarscher Landrecht „in weiten Teilen nachgebildet"[512] bzw. stellte eine nahezu wortwörtliche Übernahme desselben dar. Im Jahr 1591 wurde es dann revidiert und erweitert.[513] Die spätere Revision war dann mit einer Vielzahl von Latinismen versehen und insbesondere nicht mehr in niederdeutscher, sondern in hochdeutscher Sprache verfasst.[514] Es blieb, obgleich es im Verlaufe der späteren Zeit durch zahlreiche landesherrliche Verordnungen durchbrochen und überlagert wurde,[515] im Grunde bis zum Inkrafttreten des BGB in Geltung.[516]

b) Friesisches und Jütisches Recht

Als im Jahr 1426 in Eiderstedt die Krone der rechten Wahrheit erlassen wurde, kam es in den nördlicher gelegenen Harden unter dem Titel der *Siebenhardenbeliebung* ebenfalls zu einer Rechtsaufzeichnung, die aber rein friesischen Charakter hatte und in das 1572 kodifizierte Nordstrander Landrecht überführt wurde.[517] Dieses blieb so „ein der altfriesischen Rechtskultur verbunden gebliebenes Werk"[518] und stellte im 19. Jahrhundert den letzten Rest des friesischen Rechtsgebiets im Herzogtum Schleswig dar;[519] hierzu zählten neben den

508 Vgl. *Löw*, S. 8 ff.
509 *Roth*, System I, S. 79.
510 Vgl. *Löw*, S. 23 ff.
511 Vgl. a.a.O., S. 40 ff.
512 A.a.O., S. 58.
513 *Roth*, System I, S. 79.
514 *Löw*, S. 66 f.; eine Gesamtschau der regionalen Partikularrechte legt nahe, dass das Mittelniederdeutsche in Nordwestdeutschland als Gesetzessprache in den späten 1570er Jahren vom Frühneuhochdeutschen flächendeckend abgelöst wurde.
515 Vgl. a.a.O., S. 174 ff.
516 A.a.O., S. 185.
517 A.a.O., S. 28 f.; vgl. *Sellert/Oestmann*, Nordwestdeutsche Landrechte, S. 162 f.
518 *Löw*, S. 51 f.; vgl. *Köbler*, Art. Friesisches Recht, in: HRG I (2008), Sp. 1852.
519 Vgl. *Roth*, System I, S. 84; vgl. *Paulsen*, S. 8.

Überresten der vormaligen Insel Strand nur noch die Harden des Amts Tondern, also auch die Inseln Sylt und Föhr.[520]

In den übrigen Teilen Schleswigs galt bis 1900 das Jütische Recht (*Jyske Lov*), das 1241 vom dänischen König Waldemar II. als Gesetzbuch für ganz Jütland promulgiert worden war.[521] Diesem Gesetz ist eine Vorrede vorangestellt, die starke Einflüsse des kanonischen Rechts erkennen lässt.[522] Strukturell ist das Jütische Recht in drei Bücher gegliedert. Im 15. Jahrhundert wurde es durch eine lateinische Glosse erläutert,[523] im Jahr 1717 schließlich auf Deutsch durch Joachim Blüting kommentiert.[524] Es blieb im Herzogtum Schleswig weiter in Kraft, obwohl Dänemark selbst im Jahr 1683 ein neues Gesetzbuch erhalten hatte.[525]

IV. Stadtrechte

Auf Stadtrechte wird in dieser Untersuchung bewusst nur am Rande eingegangen, denn sie betrachtet primär die Partikularrechte nordwestdeutscher Landesgemeinden; einige sollen gleichwohl nicht unerwähnt bleiben.

Stade hatte ein aus dem Jahr 1279 herrührendes Stadtrecht, das sich nur als „eine wenig veränderte Fassung des Hamburger Ordeelbooks von 1270" erweist,[526] sodass es ein Tochterrecht der mittelalterlichen Hamburger Stadtrechtsfamilie ist.[527] Daneben gab es in Stade mehrere Gewohnheitsrechte und einzelne Stadtgesetze, die noch bis ins 19. Jahrhundert in Geltung waren, wovon in dieser Untersuchung vor allem die Niedergerichtsordnung aus dem Jahr 1606 Beachtung erfährt.[528] Das Stadtrecht und die Gerichtsordnung von Buxtehude waren den entsprechenden Stader Gesetzen nachgebildet.[529] Der im Land Hadeln befindlichen Stadt Otterndorf schließlich wurde im Jahr 1541 durch den sachsen-lauenburgischen Herzog Magnus ein von ostsächsischen

520 *Paulsen*, S. 8.

521 *Tamm*, Art. Jütisches Recht, in: HRG II (2012), Sp. 1482; vgl. *Löw*, S. 14 f.; vgl. *Paulsen*, S. 9.

522 *Tamm*, Art. Jütisches Recht, in: HRG II (2012), Sp. 1482 f.

523 A.a.O., Sp. 1483.

524 *Roth*, System I, S. 81 Anm. 51.

525 *Löw*, S. 15; vgl. *Tamm*, Art. Jütisches Recht, in: HRG II (2012), Sp. 1482.

526 *Kroeschell*, Sassen, S. 121.

527 A.a.O., S. 114.

528 Vgl. *Grefe*, Hannovers Recht I, S. 108 ff.

529 A.a.O., S. 111.

Rechtssätzen beeinflusstes Stadtrecht verliehen, „das ergänzend auf das sächsische Weichbildrecht verwies – für Niedersachsen eine Singularität.“[530]

Neben diesen kleineren Partikularordnungen gab es auch noch überregional wirkmächtige Stadtrechte, wobei natürlich vor allem an Lübeck zu denken ist. Zu einer bedeutenden Revision des dortigen Stadtrechts kam es im Jahr 1586,[531] die eine wissenschaftliche Bearbeitung durch den bedeutenden Rechtsgelehrten David Mevius erfuhr. Infolge seines *Commentarius in jus Lubecense* erlangte das revidierte Lübecker Stadtrecht „Geltung und Anerkennung weit über seinen räumlichen Anwendungsbereich hinaus“[532] und es wurde so „Gegenstand einer umfangreichen und in seiner Gestalt in Deutschland einmaligen partikularrechtlichen Wissenschaft, der *Jurisprudentia Lubecensis*.“[533] Mevius verstand das Lübecker Stadtrecht als ein partikularrechtliches „in sich geschlossenes System, das nicht vor dem Hintergrund des römischen Rechts gesehen werden dürfe.“[534] Tatsächlich ist das revidierte Stadtrecht von 1586 nur wenig vom römischen Recht beeinflusst. Trotzdem finden sich in ihm viele Latinismen; zudem ist die stoffliche Ordnung seiner 418 Artikel locker an die Institutionen des *Corpus iuris civilis* angelehnt.[535] Echte inhaltlich stark romanisierte Rezeptionsgesetze sind im Gegensatz dazu die Stadtrechte von Lüneburg (1577) und Hamburg (1603).[536]

4. Unterabschnitt – Das Landrecht und der Usus modernus pandectarum

Das Kehdinger Landrecht wurde zur Mitte des 17. Jahrhunderts publiziert. Damit fällt es in „die lange und vielseitige Epoche zwischen der spätmittelalterlichen Jurisprudenz und ihrer Rezeption in Deutschland und der geistigen Revolution des Vernunftrechts“, die gemeinhin als *Usus modernus pandectarum* bezeichnet wird.[537]

---

530 *Kroeschell*, Sassen, S. 185 f.; vgl. *Grefe*, Hannovers Recht I, S. 124.
531 *Cordes*, Art. Lübisches Recht, in: HRG II (2012), Sp. 1077; vgl. *Landwehr*, S. 23 f.
532 *Landwehr*, S. 35.
533 Ebda.; Hervorh. wie Orig.
534 *Eisenhardt*, Rn. 322.
535 Vgl. *Landwehr*, S. 27 ff.
536 A.a.O., S. 29.
537 *Wieacker*, S. 214.

A. *Charakteristika des Usus modernus pandectarum*

Der Name der Epoche leitet sich von dem Hauptwerk des brandenburgischen Rechtsgelehrten Samuel Stryk ab, das den Titel *Specimen Usus Moderni Pandectarum* trug,[538] was einen aus damaliger Perspektive zeitgemäßen Umgang mit dem römischen Recht meint.[539] Dieses Werk selbst hat „die Aufgabe, die Digesten durchzugehen und Punkt für Punkt zu zeigen, wo die deutsche Praxis (Rechtsprechung) vom römischen Recht abweiche.“[540] Dementsprechend war es auch das allgemeinste Charakteristikum der hiernach benannten rechtswissenschaftlichen Epoche, eine praxisbezogene und zeitgemäße Beschäftigung mit dem römischen Recht anzustreben.[541]

Über die genaue zeitliche Eingrenzung dieser Epoche besteht eine große Uneinigkeit, was sicherlich auch an ihrer Vielgestaltigkeit liegt; „ein solches Zeitalter kann ohne Gewaltsamkeit nicht auf einen Generalnenner gebracht werden.“[542] Gerade aber „aus diesen Gründen bietet sich die Verwendung eines weitgefaßten Epochenbegriffes [...] an, dessen Gemeinsamkeiten eben noch definierbar sind und der dann natürlich im Inneren weiter in einzelne Strömungen und Bewegungen unterteilt und genauer beschrieben werden muß.“[543] Hier wird unter der Bezeichnung *Usus modernus* die deutsche Privatrechtsgeschichte im Zeitraum vom frühen 16. bis in die zweite Hälfte des 18. Jahrhunderts hinein verstanden, ohne dass es auf eine allzu genaue Datierung ankäme.[544]

---

538 *Kroeschell*, Rechtsgeschichte III, S. 2; vgl. *Eisenhardt*, Rn. 251.

539 Vgl. *Wieacker*, S. 205 f.; vgl. *Kroeschell*, Rechtsgeschichte III, S. 2.

540 *Luig*, S. 223; vgl. *Schlosser*, S. 78; vgl. *Schmoeckel*, Usus modernus, S. 4 ff.; die Digesten oder Pandekten sind der umfangreichste und inhaltlich bedeutsamste Teil des antiken *Corpus iuris civilis*. Es handelt sich um eine in 50 Bücher unterteilte Stoffsammlung aus den Werken von etwa 40 antiken römischen Juristen, vgl. *Eisenhardt*, Rn. 120; vgl. *Manthe*, Art. Corpus Iuris Civilis, in: HRG I (2008), Sp. 902.

541 *Eisenhardt*, Rn. 251.

542 *Wieacker*, S. 214.

543 *Luig*, Art. Usus modernus, in: HRG V (1998), Sp. 630.

544 Die hier gewählte vergleichsweise weite Zeitspanne dürfte in etwa die herrschende Auffassung spiegeln. Ähnliche Zeiträume wählen bspw. Coing (1500 bis 1800) oder Eisenhardt (Mitte des 16. bis Mitte des 18. Jahrhunderts). Hattenhauer konzentriert sich bei der Betrachtung des *Usus modernus* dagegen auf die Personen Stryk und Leyser, was einer Zeitspanne von der Mitte des 17. bis in die Mitte des 18. Jahrhunderts entspricht. Nach der engsten Auffassung würde man dagegen lediglich auf die Zeit von 1690 bis 1725 abstellen, die zwischen dem Erscheinen von Stryks Werk und dem nach neuer axiomatischer Methode verfassten Lehrbuch von Heineccius liegt,

Als Begriff umfasst der *Usus modernus* „mannigfache Denkstile und Methoden“,[545] die auf einen „wissenschaftlichen Brückenschlag zwischen dem antiken römischen Recht und den Bedürfnissen der zeitgenössischen Gerichtspraxis“ abzielten;[546] darauf deuten schon die Titel juristischer Werke jener Zeit hin.[547] Es war der Prozess einer schrittweisen „Assimilation und endlich eine lebendige Rechtsfortbildung, die das römische Recht für die von der Zeit gestellten Aufgaben geeignet machte.“[548] So war der *Usus modernus* eine „Periode der praktisch pragmatischen Anwendung des römischen Rechts.“[549]

Der unter dieser Bezeichnung zusammengefasste Wissenschaftsstil ähnelt in seinem Grundansatz der mittelalterlichen Kommentatorenschule.[550] Diese hatte sich, anders als die vorangegangene Gelehrtengeneration der Glossatoren, nicht mehr mit dem Erstellen kurzer Erläuterungen begnügt, sondern damit begonnen, eingehende Kommentare zu verfassen oder durch Gutachten (*consilia*) auf die Rechtspraxis einzuwirken, „um eine Anpassung des römischen Rechts an die Erfordernisse der Zeit“ zu erreichen.[551] Gerade auch Stryk ging es um eine Angleichung des rezipierten römischen Rechts „an die Gerichtspraxis – aber nicht deshalb, weil dieser Praxisbezug bisher gefehlt hat, sondern um dem einheimischen Recht auch in der Wissenschaft Anerkennung zu verschaffen. […] Stryk hat das Ziel vor Augen, in Abkehr von einer übermächtigen Tradition gemeinrechtlicher Quellen und Autoritäten die Geltung des einheimischen deutschen Rechts zu begründen.“[552]

Auch die deutschen Vertreter des späteren *Usus modernus* waren praktisch orientiert, indem sie in Anknüpfung an den *Mos italicus* versuchten, das römische Recht unter Verarbeitung des Partikularrechts „an die in Deutschland bestehenden Verhältnisse anzupassen“[553] oder umgekehrt die Partikularrechte

---

zu alledem vgl. *Luig*, S. 220; auch *ders.* wählt die weite von 1500 bis 1800 reichende Umgrenzung, vgl. *Luig*, Art. Usus modernus, in: HRG V (1998), Sp. 630; wenn *Wieacker* den *Usus modernus* als die zwischen der spätmittelalterlichen Jurisprudenz und den vernunftrechtlichen Kodifikationen angesiedelte Periode betrachtet, läuft das auf dieselbe Zeitspanne hinaus, vgl. *Wieacker*, S. 214.

545 *Wieacker*, S. 214.

546 *Kroeschell*, Rechtsgeschichte III, S. 2.

547 Vgl. ebda.

548 *Luig*, Art. Usus modernus, in: HRG V (1998), Sp. 628.

549 *Kaser/Knütel/Lohsse*, S. 10.

550 *Schlosser*, S. 77.

551 *Eisenhardt*, Rn. 128.

552 *Willoweit*, S. 238.

553 *Eisenhardt*, Rn. 251 f.

dem gemeinen Recht anzugleichen.[554] Es lief also darauf hinaus, die verschiedenen Rechtsmassen zu einer Synthese zu verschmelzen,[555] zumindest aber möglichst stark zu harmonisieren. „Der dauernde Gewinn dieser Literaturformen war eine stärkere Durchdringung der Rechtswissenschaft und der gelehrten Rechtsanwendung mit den Realitäten des zeitgenössischen Sozial- und Wirtschaftslebens."[556] Zu den namhaften Vertretern dieser Strömung zählen neben Stryk unter anderem noch Georg Adam Struve, Wolfgang Adam Lauterbach, Joachim Mynsinger von Frundeck,[557] Justus Henning Böhmer und Augustin Leyser.[558] Die von solchen Gelehrten geprägte herrschende Meinung (*communis opinio doctorum*) war maßgeblich für die praktische Anwendung des römisch-kanonischen Rechts durch die Gerichte.[559]

Es gelang diesen gelehrten Praktikern[560] des 17. und 18. Jahrhunderts letztlich auch, die eigenen „Institutionen des deutschen Rechtslebens in die Denkformen der gemeinrechtlichen Dogmatik" einzuordnen.[561] Dadurch schufen sie „eine einheitliche, wissenschaftlich begründete Rechtsordnung, in der Normen und Institutionen römischer, germanischer und kanonischer Herkunft eine nicht mehr auflösbare geschlossene Doktrin bildeten."[562] Das rezipierte *Ius commune* und die einheimischen Partikularrechte gingen so „eine fruchtbare Symbiose" ein.[563] Durch diese Einebnung des starren Gegensatzes zwischen einheimischem und gemeinem Recht entstand ein kaum wieder zerlegbares Mischrecht.[564] Daher lässt sich sagen, dass der *Usus modernus* die akademische

---

554 *Schlosser*, S. 76.

555 *Eisenhardt*, Rn. 252.

556 *Wieacker*, S. 211.

557 *Schlosser*, S. 78.

558 *Wieacker*, S. 220 f.

559 *Coing*, S. 131.

560 Vgl. *Wieacker*, S. 216: „Für die praktische Orientierung dieser Zeit ist es kennzeichnend, daß ihre bedeutendsten Juristen auf vielen Rechtsgebieten zugleich tätig waren. Als Gerichtsvorsitzende und Beisitzer, Kronjuristen und Gutachter haben sie in Urteil und Gutachten, in Lehre und Literatur oft Privatrecht und Lehnrecht, Prozeß- und Strafrecht, Staats- und Kirchenrecht nebeneinander gepflegt und dargestellt."

561 *Wieacker*, S. 212.

562 A.a.O., S. 228; ein konkretes „Einzelbeispiel für die Verschmelzung römischer und deutscher Prinzipien zu einem neuen Mischgebilde ist der gutgläubige Fahrniserwerb (vgl. §§ 932 ff. BGB)", a.a.O., S. 242.

563 *Kaser/Knütel/Lohsse*, S. 10.

564 *Oestmann*, Gemeines Recht, S. 21.

Entsprechung und Konsequenz jener Entwicklungen ist, die in der gesetzgeberischen Sphäre mit den Stadt- und Landrechtsreformationen bereits vonstatten gegangen waren.

Dem tut keinen Abbruch, dass man „die bedeutenden Schriftsteller der Zeit eher Synthetiker oder Synoptiker als eigentliche Systematiker nennen müssen" wird.[565] Denn auch bei einer Neigung zu zusammenhängenden und übersichtlichen Gesamtdarstellungen blieb die innere Ordnung ihrer Werke „entsprechend ihrer Zweckbestimmung für die Praxis [...] freilich kasuistisch."[566] Dabei lag hier ein Stilbruch zu den Methoden der späthumanistischen Jurisprudenz vor, es handelt sich hier „nicht um eine Methode, die das Pandektenrecht praktikabler gemacht hätte."[567] Dabei konstatierten die Juristen des *Usus modernus* eben nicht nur, welche Teile des *Corpus iuris civilis* anzuwenden waren. Vielmehr maßen sie „sich als Sachverständige die Rolle zu, zu entscheiden, was gelten und angewandt werden sollte."[568] Ihr zunehmender Rückgriff auf Texte des einheimischen Rechts anstelle auf Autoritäten des römischen Rechts ist eine „Zäsur, die zu denken gibt."[569]

Die Historische Rechtsschule des 19. Jahrhunderts hat diese an den gewandelten Zeitbedürfnissen orientierten Weiterbildungen des römischen Rechts aus ihrer klassizistisch-idealistischen Haltung heraus abgelehnt.[570] Dies vermochte an der Bedeutung des *Usus modernus* aber nichts zu ändern. Er wird als eine „für die Entwicklung der einzelnen Rechtsinstitute des Privatrechts bedeutungsvolle, vielleicht sogar die folgenreichste Epoche der neueren Rechtsgeschichte angesehen."[571] Denn sie verlieh im Ergebnis vielen Lehren des *Ius commune* jene „abschließende dogmatische Gestalt, in der sie, vom Vernunftrecht kritisiert und systematisiert, in den älteren Gesetzbüchern des

565 *Wieacker*, S. 211.
566 Ebda.
567 *Willoweit*, S. 239.
568 *Schmoeckel*, Usus modernus, S. 19.
569 *Willoweit*, S. 239.
570 *Kaser/Knütel/Lohsse*, S. 12.
571 *Eisenhardt*, Rn. 251; für *Wieacker* sind die exegetisch-kasuistischen Methoden der oberitalienischen Schulen und des *Usus modernus* die Vorbedingung für das axiomatische Begriffssystem des Vernunftrechts, der Pandektenwissenschaft und damit auch der heutigen Zivilrechtlehre, vgl. *Wieacker*, S. 228 f.; ganz im Gegensatz dazu *Schmoeckel*, Usus modernus, S. 4: „Es zeigt sich, dass die Rechtsgeschichte sehr wohl ohne diesen Begriff geschrieben werden kann. Ihm wohnt keine große Anciennität inne."

Vernunftzeitalters kodifiziert, von der Pandektenwissenschaft erneuert wurden."[572] Zugleich griff der *Usus modernus* diesen Epochen voraus, denn in ihm tritt „ein neues Verständnis für das Problem der Rechtsgeltung zutage, in dem sich der Rechtspositivismus des 19. Jahrhunderts bereits ankündigt."[573]

B. Die zeitgenössische Rechtsquellenlehre

Entscheidende Bedeutung für die Einordnung des Kehdinger Landrechts kommt der zeitgenössischen Rechtsquellenlehre zu; dabei werden hier als Rechtsquelle „nur Rechtssätze verstanden, ‚die normative Geltung im Sinne der Verbindlichkeit' beanspruchen."[574] Die heute herrschende Ansicht geht insoweit davon aus, dass es nur zwei Rechtsquellen gibt, nämlich das Gewohnheitsrecht und die von den gesetzgebenden Körperschaften erlassenen Gesetze.[575]

I. Allgemeine Hintergründe

„Wer im 17. Jahrhundert in Deutschland einen konkreten Fall zu beurteilen oder zu entscheiden hatte, sah sich einer Fülle von Normkomplexen gegenüber, die entscheidungsrelevant sein konnten."[576] Denn infolge der Rezeption des römisch-kanonischen Rechts war es „zu einem Nebeneinander verschiedener Rechtsmassen" gekommen.[577] Das gelehrte *Ius commune* trat „neben die unsystematische, häufig kurzlebige Regelungsvielfalt des partikularen einheimischen Rechts (*ius proprium*)", das aus althergebrachten Gewohnheiten sowie Stadt- und Landrechten bestand.[578] Das römisch-kanonische Recht und die

---

572 *Wieacker*, S. 213; vgl. *Luig*, Art. Usus modernus, in: HRG V (1998), Sp. 628.

573 *Willoweit*, S. 231.

574 *David/Grasmann*, S. 189; hierbei handelt es sich um einen *engen* Rechtsquellenbegriff, der auch in Deutschland vorherrschend ist. Daneben gibt es noch einen *weiten* Rechtsquellenbegriff. Nach diesem gelten als Rechtsquelle „alle Faktoren […], die bei der Schaffung und Fortentwicklung des Rechts mitwirken", ebda.

575 *David/Grasmann*, S. 189.

576 *Wiegand*, Rechtsquellen, S. 237; in diesem Zusammenhang wird häufig auf § 3 der Reichskammergerichtsordnung von 1495 verwiesen. Hiernach hatten Richter zu schwören, ihre Urteile nach den gemeinen Rechten des Reiches sowie den redlichen, ehrbaren und leidlichen Ordnungen, Statuten und Gewohnheiten der verschiedenen Autoritäten zu sprechen, vgl. *Schlosser*, S. 61; vgl *Luig*, S. 220; vgl. *Wiegand*, Rechtsanwendungslehre, S. 163 f.; vgl. *Kroeschell*, Sassen, S. 173; ähnliche Aufzählungen lassen sich in den Prozessordnungen von Bremen-Verden ausmachen, vgl. HGO 1,4,9 und UGO Tit. IX § 3.

577 *Eisenhardt*, Rn. 257.

578 Ebda.; Hervorh. Verf.

lokalen Partikularrechte standen hiernach im Gegensatz zueinander.[579] „Diese Differenzierung ist sowohl für das Rechtsquellen-Konzept wie auch für die Rechtsanwendung von fundamentaler Bedeutung."[580]

Das Verhältnis der verschiedenen Rechtsquellen zueinander musste geklärt werden, denn wenn sich mehrere von ihnen „auf dasselbe Lebensverhältnis beziehen, so kann nur eine von ihnen es wirklich beherrschen. Es liegt daher ein Zusammenstoss (Kollision) vor, bei dem die eine Rechtsquelle sich behauptet, die andere oder die anderen vor ihr zurückweichen. Die Regeln, nach denen die Entscheidung fällt, werden durch das rechtlich geordnete Verhältniss der Rechtsquellen zueinander bestimmt."[581] Deshalb waren die Gerichte der Frühen Neuzeit mit der Frage konfrontiert, welches Recht anzuwenden war.[582]

Vor diesem Hintergrund könnte man durchaus sagen, dass „die Suche nach der ‚richtigen' Rechtsquelle zu den signifikantesten Merkmalen des *Usus modernus* gehört."[583] Manche Stimmen sehen darin gar dessen eigentlichen Kern.[584] Daher beginnen die meisten zeitgenössischen Werke – beispielsweise auch das von Stryk – mit einer Rechtsquellenlehre, „um den Rang des römischen Rechts im Gefüge der neuzeitlichen Rechtsordnung zu klären."[585] Dabei glich der Grundansatz des *Usus modernus* zur Lösung der Kollisionsproblematik den Methoden der mittelalterlichen italienischen Kommentatorenschule.[586] Bereits diese Gelehrten waren mit einer „verwirrenden Fülle der geltenden partikularen Rechte" konfrontiert gewesen,[587] weil sie neben dem römisch-kanonischen Recht die Rechtsordnungen der oberitalienischen Städte zu beachten hatten; diese bestanden „aus lokalen, ungeschriebenen Gewohnheitsrechten (*consuetudines*) und aus einer ungeordneten Vielzahl schriftlicher, kraft

579 *Nörr*, Prozessrecht, S. 179; vgl. *Eisenhardt*, Rn. 257.

580 *Wiegand*, Rechtsquellen, S. 238.

581 *Gierke*, Privatrecht I, S. 183.

582 *Eisenhardt*, Rn. 258; vgl. *Schlosser*, S. 76.

583 *Wiegand*, Rechtsquellen, S. 237; Hervorh. Verf.

584 Vgl. *Luig*, S. 221; kritisch hingegen *Schmoeckel*, Usus modernus, S. 5: „Problematischer ist es dagegen, wenn der *Usus modernus* mit einer bestimmten Rechtsquellenlehre erklärt wird. Fraglich ist, ob diese Rechtsquellenlehre tatsächlich typisch für die gesamte Periode seit dem 16. Jahrhundert und die gesamten deutschen Lande sein kann. Der Schluss aus einem Buchtitel allein ist dabei sicherlich ganz unwissenschaftlich"; Hervorh. Verf.

585 *Schmoeckel*, Usus modernus, S. 15.

586 Vgl. *Wiegand*, Rechtsquellen, S. 245.

587 *Eisenhardt*, Rn. 127.

der munizipalen Satzungsautonomie geschaffener Rechtsnormen (*statuta*)."[588] Diese Begrifflichkeiten blieben auch in der späteren Gemeinrechtswissenschaft maßgeblich für die Bewältigung der Kollisionsproblematik.[589] Man unterteilte hiernach drei fundamentale Kategorien von Rechtsquellen: Gemeines Recht, partikulare Gesetze und partikulare Gewohnheiten.

II. Der Rechtsquellentypus der Gewohnheitsrechte

Da über die Rezeption des *Ius commune* und die verstärkte landesherrliche Gesetzgebung bereits gesprochen worden ist, steht hier nur noch die Darstellung des Gewohnheitsrechts aus. Dieses wurde im Mittelalter[590] und auch später noch als *consuetudo* bezeichnet.[591] Nur in Gestalt einer Sammlung privat verschriftlichter Gewohnheitsrechte – als *consuetudo in scriptis redacta*[592] – war das Kehdinger Landrecht ein Bestandteil der damaligen Rechtsordnung. Denn obgleich Keller im Titel die Bezeichnung *Statuta Kedingensia* wählte, kann es sich mangels einer Bestätigung durch den Landesherren (*auctoritas pulica*) nicht um ein Werk mit Gesetzeskraft gehandelt haben.[593]

---

588 *Schlosser*, S. 44; Hervorh. wie Orig.

589 Vgl. *Coing*, S. 86, 111; vgl. *Eisenhardt*, Rn. 257; vgl. *Nörr*, Prozessrecht, S. 179.

590 *Eisenhardt*, Rn. 62.

591 *Coing*, S. 109; dieser Begriff taucht erstmals in der klassischen Rechtslehre der römischen Republik auf. Hier beschreibt er eine allgemeine Gewohnheit des Rechts, die im Gegensatz zum positiven und jeder Bürgerschaft verschiedenen Gewohnheitsrecht des *mos maiorum* steht. Man verband mit einer *consuetudo* also eher ein naturphilosophisches Konzept und meinte damit „das bewußte Rechtsleben, das Leben nach dem Recht, etwas, was die Geltung des Rechts insgesamt befestigt. [...] Diese *consuetudo*, die mit dem Übertritt von dem Naturzustand in den Rechtszustand beginnt, hat ihre letzten Voraussetzungen in der nach klassischer Auffassung dem Menschen von Natur aus keimhaft innewohnenden Fähigkeit, die Regeln des Rechts zu formulieren und zu begreifen, die sie tragenden Prinzipien zu fühlen und auf diese Weise die Gebote des Rechts als verbindlich zu erfahren", *Behrends*, S. 21 f.; Hervorh. wie Orig.

592 *Oestmann*, Rechtsvielfalt, S. 33.

593 Wie eine solche Konfirmation vermutlich ausgesehen hätte, lässt sich am Beispiel der Insel Helgoland illustrieren. Die „Helgoländer willkührliche Beliebung" vom 25. Januar 1387 wurde am 3. Mai 1606 durch ein Edikt des Herzogs Johann Adolf von Schleswig-Holstein-Gottorf bestätigt. In diesem wird der Wortlaut der verschriftlichen Gewohnheiten wiedergegeben und gewissermaßen eingerahmt durch eine Präambel und eine abschließende Konfirmationsformel, vgl. bei *Camerer*, S. 62: „*Wenn nun gedachte Unsere Unterthanen des Heiligen Landes ob specificirte uhralten Beliebungs-Puncte, ihnen ganz nöthig und nützlich zu seyn erachteten, und*

1. Begriff und Bedeutung des Gewohnheitsrechts

„Unter Gewohnheitsrecht versteht man dasjenige Recht, welches ohne vom Staate gesetzt worden zu sein, thatsächlich geübt wird."[594] Gewohnheitsrecht bildet sich also „ohne die Tätigkeit von Organen [...], die in einer Rechtsgemeinschaft zur Rechtssetzung formell berufen sind."[595] Dieses aus der Gewohnheit der Menschen heraus entstandene Recht steht im Gegensatz zu jenem Recht, das „durch eine bewusste und gewollte Einzelhandlung in einem allgemein anerkannten Verfahren" geschaffen bzw. gesetzt wird.[596] Das vom Staat gesetzte Recht ist das Gesetz und „der Staat setzt Recht durch das verfassungsmässig dazu berufene Staatsorgan."[597] Stark vereinfacht könnte man sagen, dass Gesetze auf dem ausgesprochenen Willen des Staates beruhen, während Gewohnheitsrecht sich auf Grundlage einer gemeinschaftlichen Überzeugung unmittelbar im Volk bildet,[598] also „Recht aus den Reihen der gesamten Rechtsgemeinschaft" ist.[599]

Im modernen Staat ist die Rechtsordnung weit überwiegend durch Gesetze geprägt, das Gewohnheitsrecht spielt eine praktisch nur ziemlich untergeordnete Rolle.[600] Im Mittelalter war das ungeschriebene Gewohnheitsrecht hingegen die hauptsächliche Rechtsquelle.[601] Die Verschiebung zugunsten des hoheitlich gesetzten Rechts fand seit Beginn der Frühen Neuzeit statt, zunächst mit der Polizeigesetzgebung[602] und später in der Epoche der naturrechtlichen Kodifikationen.[603]

---

inständigen Fleißes gebethen, Wir als ihre Landes Fürstl. Obrigkeit solche Beliebung, weil zu der ganzen Gemeinde besten und gedeylichen Wohlfahrt gemeinet, gnädigst confirmiret und bestättigen wollen. Als thun Wir dieselben in allen Puncten und Clausuln, Kraft dieses confirmiren und bekräftigen. Auch allen und jeden Unsern Unterthanen, des Heiligenlandes ganz ernstlich befehlen, daß sie denselben, wie der Buchstäbliche Einhalt lautet, würckliche gehorsame Folge thun; Daß ist unsere ernstliche Meynung."

594 *Windscheid*, Lehrbuch I, S. 43.

595 *Eisenhardt*, Rn. 262.

596 *Krause/Köbler*, Art. Gewohnheitsrecht, in: HRG II (2012), Sp. 364.

597 *Gierke*, Privatrecht I, S. 128.

598 Vgl. *Stobbe*, Handbuch I, S. 147.

599 *Krebs/Becker*, in: JuS 2013, S. 98.

600 *Eisenhardt*, Rn. 261; vgl. *Krause/Köbler*, Art. Gewohnheitsrecht, in: HRG II (2012), Sp. 373 f.

601 *Eisenhardt*, Rn. 62; leicht romantisierend heißt es bei *Stobbe*, Handbuch I, S. 143: „In alter Zeit war alles Recht Gewohnheitsrecht."

602 *Oestmann*, Rechtsvielfalt, S. 28.

603 *Krause/Köbler*, Art. Gewohnheitsrecht, in: HRG II (2012), Sp. 371.

2. Voraussetzungen für die Entstehung von Gewohnheitsrecht

Nach der Rechtsprechung des Bundesverfassungsgerichts entsteht Gewohnheitsrecht „durch längere tatsächliche Übung, die eine dauernde und ständige, gleichmäßige und allgemeine ist und von den Beteiligten als verbindliche Rechtsnorm anerkannt wird."[604] Vergleichbare Definitionen finden sich auch bereits im Schrifttum des 19. Jahrhunderts[605] und in der Rechtsprechung des Reichsgerichts.[606]

Die in der Zeit des *Ius commune* geforderten Kriterien wirken ganz ähnlich: „Gewohnheitsrecht entsteht durch *usus* und *mores* des Volkes während längerer Zeit."[607] Diese lange praktische Übung „zeigt sich in der tatsächlichen Anwendung der Regel durch Rechtsanwender."[608] Sie sollte, um mit dem kurbayerischen Zivilgesetzbuch zu sprechen, „*offentlich, widerholt, beständig, gleichförmig, und zwar in- oder ausser gerichtlich seyn.*"[609] Auch musste diese Übung über einen gewissen Zeitraum lang bestanden haben;[610] die notwendige Zeitspanne dieser *legitima praescriptio* bemaß die ältere kanonistische Lehre mit 40 Jahren,[611] partikularrechtlich wurden z.B. auch 30 Jahre verlangt.[612] In der Gemeinrechtswissenschaft verzichtete man seit dem 17. Jahrhundert allerdings auf ein genaues Zeitmaß und überließ die Entscheidung, „ob die Dauer der Übung ausreicht [...] dem *arbitrium* des Richters."[613]

---

604 BVerfG, Beschl. v. 14.02.1973, 2 BvR 667/72 = BVerfGE 34, 293 (303 f.); vgl. BVerfG, Beschl. v. 28.06.1967, 2 BVR 143/61 = BVerfGE 22, 114 (121); vgl. BGH, Urt. v. 24.01.2020, V ZR 155/18 = NJW 2020, 1360 (1361).

605 Vgl. *Windscheid*, Lehrbuch I, S. 43: „Unter Gewohnheitsrecht versteht man dasjenige Recht, welches, ohne vom Staate gesetzt worden zu sein, thatsächlich geübt wird. In der Uebung tritt hervor die Ueberzeugung der Uebenden, daß das, was sie üben, Recht sei, und in dieser Ueberzeugung liegt der Grund der verbindenden Kraft des Gewohnheitsrechts."

606 Vgl. RG, Urt. v. 16.12.1910, VII 21/10 = RGZ 75, 40 (41): „Rechtsbildend ist eine Gewohnheit nur, wenn sie sich durch lange dauernde Übung äußerlich betätigt und wenn sie auf der ernstlichen, gemeinsamen Überzeugung beruht, daß damit Recht geübt werde."

607 *Coing*, S. 108; Hervorh. wie Orig.

608 *Krebs/Becker*, in: JuS 2013, S. 99.

609 CMBC 1,2,15.

610 *Coing*, S. 109.

611 *Wolter*, Consuetudo, S. 108; vgl. *Coing*, S. 109.

612 Vgl. CMBC 1,2,15.

613 *Coing*, S. 109; Hervorh. wie Orig.; heute stellt man wohl wieder auf eine wenigstens abstrakte Zeitspanne ab und bewegt sich in ähnlichen Bereichen wie die Gemeinrechtswissenschaft. Jedenfalls heißt es bei *Krebs/Becker*, in: JuS 2013, S. 100: „Die

Neben dem *usus* erforderte die Entstehung einer *consuetudo* einen *consensus*,[614] also eine „Einwilligung, Verwilligung, Einhelligkeit, Ubereinstimmung."[615] Erst ein solcher Zustimmungsakt verlieh dem Gewohnheitsrecht seine gesetzesgleiche Kraft.[616] Ursprünglich sollte dieser von der Mehrheit der Bevölkerung herrühren.[617] Später kam es dann zu einer Verschiebung und es wurde „der *consensus* des Fürsten als Träger der Gesetzgebungsgewalt gefordert. Allerdings genügt dessen stillschweigende Duldung."[618] Diese Lehre von einem erforderlichen *tacitus consensus Superioris* spielte seit dem *Usus modernus* eine wachsende Rolle,[619] „ging sogar in Gesetzbücher über"[620] und war bis ins 19. Jahrhundert im juristischen Schrifttum eine weit verbreitete Annahme.[621] Schließlich hatte bereits die mittelalterliche Kanonistik gelehrt, dass Gewohnheitsrecht auf einen stillschweigenden Zustimmungsakt des Gesetzgebers zurückgeführt werden müsse.[622] Insoweit formulierte auch

---

längste Fristenregelung, die das deutsche Recht kennt, ist die 30-Jahres-Frist. Spätestens nach deren Ablauf liegt bei Erfüllung der übrigen Voraussetzungen Gewohnheitsrecht vor."

614 *Coing*, S. 109.

615 *Oberländer*, Stichw. Consensus, S. 178.

616 *Wolter*, Consuetudo, S. 89.

617 Vgl. *Coing*, S. 109; mit dieser im Spätmittelalter herausgebildeten Lehre vom *tacitus consensus populi*, also der schweigenden Zustimmung des Volkes, sieht man allmählich den Gedanken des Mehrheitsprinzips Fuß fassen, vgl. *Krause/Köbler*, Art. Gewohnheitsrecht, in: HRG II (2012), Sp. 369; Anhaltspunkte für diese Vorstellungen lassen sich bereits in den antiken Rechtsquellen (D. 1,3,32,1) finden, vgl. *Kaser/Knütel/Lohsse*, S. 34.

618 *Coing*, S. 109; Hervorh. wie Orig.; dementsprechend wurde die *consuetudo* zeitgenössisch definiert als „ein ungeschriebenes Recht, so durch der Unterthanen Gebrauch eingeführet, und durch den stillschweigenden Consens des Oberherrn *approbirt*", *Oberländer*, Stichw. Consuetudo, S. 182; Hervorh. typograph.

619 *Krause/Köbler*, Art. Gewohnheitsrecht, in: HRG II (2012), Sp. 370.

620 *Gierke*, Privatrecht I, S. 162; *ders.* verweist ebda. auf CMBC 1,2,15: „*Gewohnheits-Recht oder Herkommen (Jus Consuetudinarium) beruhet 1mò auf einem solchen Gebrauch, welcher nicht nur den Willen der Gemeinde, sondern auch die Landesherrschaftliche Miteinstimmung muthmaslich anzeigt*"; vgl. auch CMBC 1,2,14: „*Jus scriptum gründet sich 1mò auf ausdrücklichen, ungeschriebenes hingegen nur auf stillschweigenden Willen des Gesätzgebers.*"

621 Vgl. *Gierke*, Privatrecht I, S. 163, m.w.N.

622 *Eisenhardt*, Rn. 262; vgl. *Wolter*, Consuetudo, S. 116: Nach der kanonistischen Lehre wird die „Geltung der *consuetudo* auf den *tacitus consensus* des Gesetzgebers, also des Papstes" zurückgeführt; Hervorh. wie Orig.; „Tatsächlich fiel schon die Ausbildung des römisch kanonischen Rechts in Italien in eine „Periode des absoluten

Bodin, Gewohnheitsrecht sei „in seiner Wirksamkeit abhängig vom souveränen Fürsten, so daß positive Gesetze wie Gewohnheitsrecht durch ihn Autorität erfahren."[623] Auch bei einem Prozess vor dem Wismarer Tribunal betonte man in diesem Sinne, dass das Kehdinger Landrecht, wenn *„nicht gar expressus, wenigstens tacitus principis consensus"* für sich hätte.[624]

Nach heutiger Auffassung setzt die Bildung von Gewohnheitsrecht das objektive Element der langen Übung (*longa consuetudo*) und die allgemein verbreitete Überzeugung von der Gültigkeit (*opinio iuris sive necessitatis*) als subjektives Element voraus.[625] Von einem *consensus* ist dagegen begrifflich keine Rede mehr.[626]

Autoritätsglaubens. Quelle des Rechts kann nur die gesetzgebende Gewalt, kirchliche oder weltliche, sein. Wenn scheinbar eine Rechtserzeugung aus dem Volke [...] stattfindet, so gilt diese doch nur so weit, als die gesetzgebende Macht dieselbe innerhalb gewisser Grenzen billigt", *Endemann*, Civilprozeß I, S. 22.

623 *Bodin*, S. 43.

624 NLA ST, Rep. 28 Nr. 885, Bl. 14r.

625 *Krebs/Becker*, in: JuS 2013, S. 98; Hervorh. wie Orig.; diese *opinio necessitatis* meint „nicht die Überzeugung, dass etwas Recht sein sollte, sondern dass etwas positives Recht ist", a.a.O., S. 100; die Frage nach der Erforderlichkeit eines solchen Rechtsgeltungswillens kam im 19. Jahrhundert auf und war seinerzeit umstritten, vgl. *Krause/Köbler*, Art. Gewohnheitsrecht, in: HRG II (2012), Sp. 373; die bejahende Auffassung setzte sich durch und auch das Reichsgericht hielt eine solche Rechtsüberzeugung bald für notwendig, vgl. RG, Urt. v. 08.12.1884, IV 227/84 = RGZ 12, 292 (293): „Wie das objektive geschriebene Recht auf den urkundlichen Willen des Gesetzgebers zurückgeführt wird, so ist der innere Grund für die Entstehung des Gewohnheitsrechts die Überzeugung der Übenden, daß das, was sie üben und gleichmäßig befolgen, für das gegebene Verhältnis das, aus den zwingenden Umständen geschöpfte – notwendige – Recht ist"; das Schrifttum griff schließlich die Formel der *opinio necessitatis* auf, vgl. z.B. *Stobbe*, Handbuch I, S. 147.

626 Allerdings klingt in der Rechtsprechung deutlich an, dass eine stillschweigende Duldung durch die betroffenen Verkehrskreise bei der Bildung von Gewohnheitsrecht eine Rolle spielen kann, insoweit vgl. BVerfG, Beschl. v. 14.02.1973, 2 BvR 667/72 = BVerfGE 34, 293 (304 f.): „Angesichts der besonderen Beschaffenheit des hier zu ermittelnden Rechtssatzes [...] muß es sich um einen Gerichtsgebrauch handeln, der die Billigung der betroffenen Kreise – vor allem also der Anwaltschaft – gefunden hat, zumindest aber geduldet worden ist, ohne auf ernstlichen Widerspruch zu stoßen. [...] Vor allem fehlt es an der billigenden Aufnahme dieser Rechtsprechung durch die beteiligten Kreise. Die organisierte Anwaltschaft ist ihr vielmehr unmißverständlich entgegengetreten."

III. Die konkrete Ausgestaltung der Rechtsquellenlehre

Das Gewohnheitsrecht war aber nur eine von mehreren Rechtsquellen, deren Verhältnis zueinander durch verschiedene Kollisionsregeln bestimmt wurde. Im Zentrum dieser Lehren „steht die Aufteilung des Rechts in zwei Blöcke, die im Prozeß unterschiedlich behandelt werden. Während der eine Teil vom Richter *ex officio* anzuwenden ist, kommt der andere nur zur Anwendung, wenn eine Partei dieses Recht im Prozeß einführt und seine Geltung, sofern sie bestritten wird, beweist."[627]

1. Allgemeiner Ausgangspunkt

Die Ordnungsprinzipien der gemeinrechtlichen Rechtsquellenlehre lassen sich mittels eines Dreischritts zusammenfassen, der „den Interpretationsmaßstab für die einzelnen Rangstufen sowie die gerichtliche Behandlung der verschiedenen Rechtsmassen" festlegt.[628] Hiernach ergeben sich die drei folgenden Grundregeln:

- Erstens verdrängt das Recht des engeren Rechtskreises das Recht des weiteren Rechtskreises, also das speziellere Recht das allgemeinere;[629] gemeint ist ein Vorrang des Partikularrechts vor dem gemeinen Recht. Dieser Gedanke „gehört von Anfang an zu den prägenden Elementen der Rechtsanwendungslehre."[630]
- Zweitens verlangte man von den im *Ius commune* geschulten Richtern keine Kenntnis partikularrechtlicher Besonderheiten. Vielmehr hielt man es für eine Aufgabe „der Parteien, das Gericht über die Existenz und den Inhalt des Statutarrechts zu informieren."[631]
- Drittens musste man „bei der Auslegung des Statutarrechts [...] versuchen, ein Ergebnis zu erzielen, das möglichst wenig vom römisch-kanonischen Recht abwich."[632] Es ging letztlich um eine an gemeinrechtlichen Wertungsmaßstäben orientierte Inhaltskontrolle des Partikularrechts.[633]

---

627 *Wiegand*, Rechtsanwendungslehre, S. 148; Hervorh. Verf.
628 *Oestmann*, Rechtsvielfalt, S. 6.
629 *Oestmann*, Gemeines Recht, S. 12.
630 *Wiegand*, Rechtsanwendungslehre, S. 178.
631 *Oestmann*, Gemeines Recht, S. 13 f.
632 A.a.O., S. 13.
633 Ebda.

Das Zusammenwirken dieser drei Grundprinzipien führte zum weitestgehenden Verschwinden der *consuetudines* aus dem allgemeinen Rechtsleben und vermag auch die Veränderung des mittelalterlichen Kehdinger Landrechts zu erklären.

2. Das Rangverhältnis

An erster Stelle steht die Frage nach dem Rang der verschiedenen Rechtsquellen zueinander. Ausgangspunkt ist hier der Gegensatz zwischen *Ius commune* und *Ius proprium*.

a) Partikularrecht und Ius commune

Der fundamentalste Grundsatz der gemeinrechtlichen Rechtsquellenlehre lautet: „Das Recht des engeren Rechtskreises hat den Vorrang vor dem Recht des weiteren Rechtskreises.“[634] Hiermit ist gemeint, dass das örtliche Partikularrecht Vorrang vor dem allgemeinen *Ius commune* hat, sodass dieses nur subsidiär gelten sollte[635] und demnach an der letzten Stelle der Normenhierarchie stand.[636] Konkret gesprochen heißt dies: „Stadtrecht vor Landrecht, Landrecht vor römisch-kanonischem Recht.“[637] Bisweilen wurde dieser Grundsatz sogar kodifiziert;[638] hätte er nicht bestanden, dann wäre „damit eben die Existenz des Partikularrechts verneint“ worden.[639]

b) Gesetz und Gewohnheitsrecht

Der Vorrang des Partikularrechts vor dem *Ius commune* regelt indes nicht die Frage, in welchem Verhältnis partikulare Gesetze und Gewohnheiten zueinander standen. Insoweit ist festzuhalten, dass die Gemeinrechtswissenschaft diese beiden Rechtsquellen grundsätzlich gleichstellte.[640] Deshalb hielt man es

---

634 *Luig*, S. 221.

635 Ebda.; vgl. *Kroeschell*, Sassen, S. 173.

636 *Oestmann*, Gemeines Recht, S. 12.

637 A.a.O., S. 17; vgl. *Gierke*, Privatrecht I, S. 183: „Willkür bricht Stadtrecht, Stadtrecht bricht Landrecht, Landrecht bricht gemein Recht.“

638 Vgl. CMBC 1,2,13: „*Imò wird dem willkürlichen gemeinen Recht durch das Land-Recht, und diesem hinwiederum 2dò durch das Stadt- oder andere dergleichen Particular-Recht derogirt.*“

639 *Gierke*, Privatrecht I, S. 183.

640 *Oestmann*, Rechtsvielfalt, S. 7; vgl. *Windscheid*, Lehrbuch I, S. 51; vgl. RG, Urt. v. 05.07.1881, III 409/81 = RGZ 5, 130 (134): „Im kanonischen Rechte [...] wird dem Gewohnheitsrechte dieselbe Kraft und Geltung beigelegt, wie sie einem Gesetze im engeren Sinne zukommt“; diese Ansicht herrscht auch noch heute vor, vgl. *Krebs/Becker*, in: JuS 2013, S. 97; vgl. *David/Grasmann*, S. 191.

auch für möglich, dass eine *consuetudo* nicht nur das gemeine Recht, sondern auch geschriebene Gesetze zu brechen vermochte.[641] Man spricht insoweit von einer „derogatorischen Kraft“ des Gewohnheitsrechts.[642] Daher heißt es in einer Archivale aus dem Jahr 1678, dass die von Keller aufgezeichneten Gebräuche des Kehdinger Landrechts das Recht der Obrigkeit nicht derogieren könnten, weil sie weder Beweiskraft noch Verbindlichkeit hätten;[643] im Umkehrschluss bedeutet dies, dass sie andernfalls dazu in der Lage gewesen wären.

Dieser theoretischen Gleichrangigkeit von Gesetzen und Gewohnheiten allzu viel Gewicht beizumessen, würde aber den Blick auf die Wirklichkeit des neuzeitlichen Gesetzgebungsstaates verzerren. Denn „im kodifizierten System ist gesetzliche Regelung die Regel, alles andere die begründungsbedürftige Ausnahme.“[644] Damit korrespondiert, dass Gewohnheitsrecht jederzeit durch den souveränen Fürsten beseitigt werden kann: „Gesetz kann Gewohnheitsrecht brechen, dieses aber kann nicht widergesetzlich sein.“[645] Der Erlass eines entgegenstehenden Gesetzes bedeutet schließlich zwangsläufig auch einen Entzug der stillschweigenden Zustimmung (*tacitus consensus*). Auch heute noch sieht man in der Kodifizierung einer abweichenden Regel die Beseitigung des Gewohnheitsrechts.[646]

Daraus muss geschlussfolgert werden, dass im absolutistischen Staat jedenfalls ein faktischer Geltungsvorrang landesherrlicher Gesetze bestand; dass die Untertanen durch ihr tatsächliches Verhalten eigenmächtig Recht bilden konnten, verträgt sich selbst bei der konzeptionellen Zwischenschaltung einer fürstlichen Duldung auch nicht „mit dem Gedanken der im Herrscher sich manifestierenden Staatsallmacht.“[647] Es ist gerade im Fall von Kehdingen kaum vorstellbar, dass die kleine Landesgemeinde in der Lage gewesen sein könnte,

---

641 *Coing*, S. 109; vgl. *Oestmann*, Rechtsvielfalt, S. 7; vgl. *Windscheid*, Lehrbuch I, S. 51; vgl. RG, Urt. v. 05.07.1881, III 409/81 = RGZ 5, 130 (134): „Es vermag daher ein Gewohnheitsrecht ebensowohl gegen gebietende und verbietende Gesetze ein neues Rechtsinstitut einzuführen, wie abändernd zu wirken.“

642 *Krause/Köbler*, Art. Gewohnheitsrecht, in: HRG II (2012), Sp. 370.

643 Vgl. NLA ST, Rep. Nr. 1034, Bl. 6v: „*Die Kehdinger Landesgebräuche, welche auf 3 ½ bogen papiers in A. 1662 von damahligem Landt Secretario Bützflethischen theils, absque autoritate publica zum abtrucke befodert, haben weder vim probandi noch obligandi, mögen demnach dem juri Superioritatis nicht derogiren.*“

644 Herresthal/Kaiser/Stoffels-*Baldus*, Rn. A-468.

645 *Bodin*, S. 43; vgl. *Windscheid*, Lehrbuch I, S. 52: „Keine Kraft hat das Gewohnheitsrecht, so weit es durch Gesetz für unverbindlich erklärt ist.“

646 *Krebs/Becker*, in: JuS 2013, S. 101.

647 *Krause/Köbler*, Art. Gewohnheitsrecht, in: HRG II (2012), Sp. 371.

Gewohnheitsrechte weiter zu praktizieren, die durch die Gesetzgebung der schwedischen Krone ausdrücklich kassiert wurden.

3. Voraussetzungen der Anwendbarkeit

Zu dieser Verdrängung durch landesherrliche Gesetzgebung kam, dass auch der theoretische Vorrang einheimischer *consuetudines* vor dem *Ius commune* sich in der Prozesswirklichkeit ins Gegenteil verkehrte.[648] Die Ursache war die praktische Ausgestaltung der vorgenannten Grundsätze; es geht also um die „im Spannungsfeld von Prozeßrecht und Rechtsquellentheorie angesiedelte Rechtsanwendungslehre."[649]

a) Consuetudo est facti

Der faktische Vorzug des römisch-kanonischen Rechts vor den Gewohnheiten wurde subtil dadurch gewahrt, dass jener, der „die Anwendung des verdrängenden Rechts fordert, [...] dessen Anwendbarkeit beweisen" musste.[650]

aa) Allgemeine Regeln

Man ging insoweit davon aus, dass das Vorhandensein des örtlichen Partikularrechts eine dem Beweis zugängliche Tatsache war; und für deren Beibringung waren im Zivilprozess die Parteien verantwortlich. Die entsprechenden Formeln lauteten „*Statuta sunt facti*" und „*consuetudo est facti.*"[651] Es musste deshalb jegliches Partikularrecht „wie eine Tatsache vorgetragen und bewiesen werden. Dies galt ohne Rücksicht darauf, ob es sich um einen Satz des Gewohnheitsrechts oder um geschriebenes Recht handelt."[652] Die Darlegungslast – zeitgenössisch sprach man von *Allegation* – war bei demjenigen, der sich auf den lokalen Rechtssatz berief.[653] In diesem Sinne sah auch die Stader Hofgerichtsordnung vor, dass die Parteien ihren Schriftsätzen die allegierten *statuta* und *consuetudines* beizulegen hatten.[654] Diese Qualifizierung des Gewohnheitsrechts als einer Tatsache ist der „Kristallisationspunkt",[655] aber auch „das

648 *Kroeschell*, Sassen, S. 173; vgl. *Luig*, S. 220 f.

649 *Wiegand*, Rechtsanwendungslehre, S. 2.

650 A.a.O., S. 9.

651 *Oestmann*, Gemeines Recht, S. 14; vgl. *Coing*, S. 132; vgl. *Stobbe*, Handbuch I, S. 145.

652 *Luig*, S. 221; vgl. *Coing*, S. 132; vgl. *Kroeschell*, Sassen, S. 182; vgl. *Schmoeckel*, Usus modernus, S. 15; vgl. CIBI Tit. IX § 3: „*Soll man nur die Geschicht, nicht aber das Recht selbst beweisen, Particular-Statuta, und Gewohnheiten ausgenohmen, welche, wann sie nicht offentlich kundbar seyn, ebenfalls dargethan werden müssen.*"

653 *Oestmann*, Gemeines Recht, S. 14.

654 Vgl. HGO 2,19,6.

655 *Wiegand*, Rechtsanwendungslehre, S. 10.

auffälligste und zugleich befremdlichste Phänomen“ der gemeinrechtlichen Rechtsquellenlehre.[656]

Konnte die belastete Partei ihren Vortrag wegen der Existenz einer Norm insoweit „nicht erhärten [...], griff das Gericht ohne weiteres auf das römisch-kanonische Recht zurück.“[657] Die Chancen auf eine erfolgreiche Beweisführung waren hierbei höchst unterschiedlich. Der Nachweis der formell gesetzten Statuten als niedergeschriebenem und publiziertem Recht ließ sich „meistens gut behaupten“;[658] bereits „der Hinweis auf ein Statutenbuch genügt.“[659] Deswegen war der Beweis über geschriebene Gesetze nur selten zu führen.[660] Bei den ungeschriebenen Gewohnheitsrechten verhielt es sich anders, Beweisaufnahmen über sie „kamen um ein Vielfaches häufiger vor als solche über geschriebenes Recht.“[661]

In diesem Zusammenhang drängt sich sogleich „die Frage auf, wie dieser Beweis zu erbringen ist.“[662] Hier galt, dass für eine *consuetudo* „voller Beweis unter Einhaltung der üblichen Regeln zu erbringen [war], etwa durch Zeugenaussagen nach Vorbereitung gegebenenfalls in den Formen der *articuli* und *interrogatoria*.“[663] Auch durch Vorlage von Gerichtsurteilen konnte der *usus* belegt werden.[664] Für Kehdingen lassen sich solche Versuche einer

---

656 A.a.O., S. 91.

657 *Oestmann*, Gemeines Recht, S. 14.

658 *Kroeschell*, Sassen, S. 182; es ist hier auch zu beachten, dass die Gemeinrechtswissenschaft im Zusammenhang mit dem Dogma *Statutum est facti* gewisse Ausnahmen kannte. So ist nach Bartolus de Saxoferrato das geschriebene Ortsrecht als *Ius commune in loco* allgemein bekannt. Es muss daher von keiner Partei allegiert werden und ist vom Richter *ex officio* anzuwenden, vgl. *Wiegand*, Rechtsanwendungslehre, S. 126 f.

659 *Coing*, S. 132.

660 *Kannowski*, Art. Aufzeichnung des Rechts, in: HRG I (2008), Sp. 353 f.; dabei war die pauschale Gleichstellung von Gewohnheiten und Statuten ohnehin eine Besonderheit der deutschen Entwicklung; die italienische Doktrin hatte hier ursprünglich feiner differenziert, vgl. *Wiegand*, Rechtsanwendungslehre, S. 178 f.; vgl. *Nörr*, Prozessrecht, S. 179 f.

661 *Kannowski*, Art. Aufzeichnung des Rechts, in: HRG I (2008), Sp. 353 f.

662 *Wiegand*, Rechtsanwendungslehre, S. 11.

663 *Nörr*, Prozessrecht, S. 179; Hervorh. wie Orig.; vgl. *Wiegand*, Rechtsanwendungslehre, S. 11 f.

664 *Coing*, S. 133.

Beweisführung durch Zeugenaussagen und lokale Gerichtsurteile archivalisch nachweisen.[665]

bb) Ausnahme bei Notorietät

Die Beweisbedürftigkeit entfiel jedoch, wenn die *consuetudo* „als gerichtsnotorisch einzustufen war."[666] Nach der Lehre von der sogenannten *Notorietät* konnte das Gericht eine notorische Tatsache als allgemein bekannt annehmen und im Prozess als wahr unterstellen.[667] Ein Beweis war dann nicht mehr erforderlich;[668] allerdings musste auch eine nicht beweisbedürftige *consuetudo notoria* in jedem Fall durch die Parteien dargelegt werden.[669] Der Zweck der Rechtsfigur der Notorietät war gewiss eine Entlastung der Gerichte durch Vereinfachung des Verfahrens.[670] Daneben bot gerade dieses Instrument „sehr viel Spielraum, sowohl für eine breite Anerkennung partikularen Rechts als auch für eine weitgehende Zurückdrängung durch eine straffe Handhabung."[671]

b) Fundata intentio

„Wer sich dagegen auf Römisches Recht stützt, ist von jeglicher Beweispflicht, insbesondere vom Nachweis der *observantia* befreit, er hat mit anderen Worten die später so genannte ‚*praesumptio pro Jure Romano*' für sich."[672] Im Gegensatz zum Partikularrecht galt das *Ius commune* also als gerichtsbekannt.[673]

665 Sie gehören zu dem Tribunalsprozess der Juraten der Kirche von Krautsand (NLA ST, Rep. 28 Nr. 885); eines dieser Gerichtsurteile findet sich unten im Anhang Q3.9.

666 *Nörr*, Prozessrecht, S. 179, vgl. a.a.O., S. 124.

667 *Schmoeckel*, Notorietät, in: ZRG KA 102 (2016), S. 201; notorisch in diesem Sinne konnten gerichtliche Feststellungen (*notorium iuris*), allgemein bekannte Tatsachen (*notorium facti*) und Verdachtsgründe (*notorium praesumptionis*) sein, vgl. a.a.O., S. 202 f.; vgl. *Nörr*, Prozessrecht, S. 126.

668 Vgl. *Schmoeckel*, Notorietät, in: ZRG KA 102 (2016), S. 205; bei allen Unterschieden entsprach diese Lehre im Kern also dem heutigen Begriff der Offenkundigkeit in § 291 ZPO, vgl. ebda.

669 *Wiegand*, Rechtsanwendungslehre, S. 122, 155.

670 *Schmoeckel*, Notorietät, in: ZRG KA 102 (2016), S. 203 f.

671 *Wiegand*, Rechtsanwendungslehre, S. 179; vielleicht auch deshalb war die Prozessfigur der Notorietät seit dem 16. Jahrhundert der Kritik ausgesetzt, vgl. *Schmoeckel*, Notorietät, in: ZRG KA 102 (2016), S. 216; im 18. Jahrhundert schließlich wurde ihr „in den deutschen Gerichtshöfen keine große Bedeutung mehr" zugemessen, a.a.O., S. 234.

672 *Wiegand*, Rechtsanwendungslehre, S. 1 f.; Hervorh. wie Orig.

673 *Luig*, S. 221; in Abgrenzung dazu gab es aber auch durchaus zeitgenössische Rechtsgelehrte, welche die Gedanken der *fundata intentio* zugunsten des einheimischen Rechts vertraten, vgl. *Wiegand*, Rechtsquellen, S. 250 f.: „Schneidewein und Mevius

Daraus resultierte eine Lehre von einer Anwendungsvermutung, die man ab dem 17. Jahrhundert als *fundata intentio* bezeichnete.[674] In der Sache war das gemeine Recht deshalb von Amts wegen zu berücksichtigen.[675]

Insofern galt hier der Grundsatz *Iuria novit curia*,[676] es ist also eine „*probatio iuris vel legis* [...] deßwegen nicht nöthig, weil die Gesetze ihre Gewißheit haben, und der Richter selbst wissen muß, was Rechtens ist."[677] Diese Lehre legitimierte sich aus einer allgemeinen Regel des Beweisrechts, wonach eine Vermutung dafür spricht, „daß das, was im allgemeinen rechtlich und moralisch gültig ist, auch im konkreten Falle Geltung beanspruchen kann."[678] Und das römische Recht galt als Inbegriff der *ratio* und *aequitas* schlechthin, es sollte nach der Vorstellung der Gelehrten „eine inhaltliche Leitlinie gerade wegen seiner inhaltlichen Qualität bilden."[679]

In der Konsequenz ist die Beweispflichtigkeit abweichenden Partikularrechts somit spiegelbildlich als Gegenbeweis zur Geltung des gemeinen Rechts zu begreifen. Denn das *Ius commune* war solange die Grundlage des Urteils, „bis seine Unanwendbarkeit im konkreten Falle nachgewiesen wird."[680] Gerade dieses Prinzip der Rechtsquellenlehre „dürfte in der Sache erheblich dazu beigetragen haben, dass [...] ein auch praktisch wirksames überregionales gemeines Recht entstand."[681]

4. Inhaltskontrolle

Doch auch der erfolgreiche Beweis einer *consuetudo* bedeutete nicht, dass sie ohne Weiteres angewendet werden konnte. Sie musste noch eine dritte Hürde nehmen, nämlich eine Inhaltskontrolle am Maßstab des *Ius commune*.[682] Es gab

---

verwenden die *fundata intentio* zugunsten des sächsischen und lübischen Rechts; bei Carpzov und Mevius findet sich eine Vermutung für die Geltung von Statuten [...] Leyser will es dagegen genügen lassen, wenn jemand die ‚*observantia generalis*' des Sachsenrechts in Magdeburg behauptet und keinen weiteren Beweis im einzelnen fordern"; Hervorh. Verf.

674 *Oestmann*, Gemeines Recht, S. 14; vgl. *Luig*, S. 221.

675 *Oestmann*, Gemeines Recht, S. 14.

676 *Coing*, S. 87.

677 *Seyfart*, S. 157.

678 *Coing*, S. 135.

679 *Schmoeckel*, Usus modernus, S. 18.

680 *Wiegand*, Rechtsanwendungslehre, S. 10.

681 *Oestmann*, Gemeines Recht, S. 14; vgl. *Luig*, Art. Usus modernus, in: HRG V (1998), Sp. 630 f.

682 *Oestmann*, Gemeines Recht, S. 13.

diesbezüglich den Grundsatz, dass Gewohnheiten besonders eng und im Geiste des gemeinen Rechts auszulegen waren, um dessen Anwendungsbereich möglichst wenig einzuschränken.[683] Die dazugehörige Lehrformel lautete „*Statuta sunt stricte interpretanda, ut minime laedant ius commune.*“[684] Das Ziel der Auslegung war eine *consonantia*, d.h. eine „Übereinstimmung der Wertungen.“[685] Hinter dieser Lehre stand letztlich der Gedanke, dass das gemeine Recht eine Verkörperung von Vernunft und Billigkeit (*ratio et aequitas*) war.[686] Deshalb mussten *consuetudines* nach den allgemeinen Wertungen des *Ius commune* inhaltlich rational sein, nämlich „redlich, ehrbar und leidlich.“[687] Es kam „der Satz auf, daß nur *consuetudines laudabiles*, aber nicht die *irrationales*, die bösen Gewohnheiten zu beachten seien.“[688] Erfüllte das Partikularrecht das Kriterium der Vernünftigkeit nicht, so war es unbeachtlich.[689] Insbesondere der Sachsenspiegel hat diese Inhaltskontrolle vielfach nicht überstanden.[690] Und überhaupt war man zu „jeder Zeit geneigt, deutschrechtliche Gewohnheiten für *irrationales* zu erklären, weil sie der *ratio* des römischen Rechts widersprächen.“[691] In dieser restriktiven Kontrolle liegt eine entscheidende Relativierung des formellen Vorrangs des Partikularrechts.[692]

5. Zusammenfassung

Nach alledem ergibt sich eine dreistufige Hierarchie der Rechtsquellen: An vorderster Stelle stand die stetig wachsende Masse der formellen Gesetze, die ihre Verbindlichkeit aus der Gesetzgebungsgewalt des Landesherren ableiteten und deshalb einen faktischen Anwendungsvorrang in sich trugen. Kraft dessen verdrängten sie die lokalen *consuetudines*. Diese wiederum gingen als Partikularrecht dem *Ius commune* vor, das an dritter Stelle stand und nur subsidiär

683 *Oestmann*, Rechtsvielfalt, S. 7.
684 *Oestmann*, Gemeines Recht, S. 13.
685 *Wiegand*, Rechtsquellen, S. 241; vgl. *Coing*, S. 128.
686 *Coing*, S. 13.
687 *Luig*, S. 221; vgl. *Oestmann*, Gemeines Recht, S. 13.
688 *Stobbe*, Handbuch I, S. 145; Hervorh. typograph.; „Ein frühneuzeitlicher Paradefall stammte aus Erfurt. Angeblich durfte dort niemand in den Rat aufgenommen werden, der Peter hieß“, *Oestmann*, Gemeines Recht, S. 13; vgl. *Wiegand*, Rechtsquellen, S. 241.
689 *Oestmann*, Gemeines Recht, S. 13.
690 *Kroeschell*, Sassen, S. 173.
691 *Stobbe*, Handbuch I, S. 145; Hervorh. typograph.
692 *Wiegand*, Rechtsquellen, S. 240.

gelten sollte.[693] Ihm kam in der Theorie lediglich die Aufgabe zu, jene Lücken zu füllen, die von den *statuta* und *consuetudines* noch offen gelassen wurden. In der Gerichtspraxis aber war das gemeine Recht durch die prozessuale Ausgestaltung der Rechtsquellenlehre deutlich bevorzugt: Aufgrund seiner *fundata intentio* wurde es als gerichtsbekannt vorausgesetzt und von Amts wegen angewendet. Dagegen mussten jene, die sich auf eine *consuetudo* bezogen, deren tatsächliche Übung beweisen; das war oftmals kaum oder überhaupt nicht mehr möglich.

IV. Konsequenzen der Rechtsquellenlehre für Gewohnheitsrechte

Es liegt auf der Hand, dass diese scheinbar rein prozessualen Lehren einen zentralen Einfluss auf den Bestand der *consuetudines* hatten, weil sie einen faktischen Anwendungsvorrang des *Ius commune* mit sich brachten.[694] Zudem greift das Erfordernis der Beweisbedürftigkeit auch das Fundament des Gewohnheitsrechts an. Denn die tatsächliche Übung ist nicht nur Bedingung für die Entstehung neuer Gebräuche, sondern ihr Wegfall führt auch zum Untergang bereits existierender; diese Aspekte sind insoweit spiegelbildlich.[695] Gegenstand der Beweisführung war schließlich die tatsächlich feststellbare Übung der Gewohnheit,[696] ihre sogenannte *observantia*.[697] Nach der Lehre der *viridis observantia* (grünende Observanz) „sollten nur diejenigen Rechtsquellen beachtlich sein, die in der Praxis tatsächlich gebräuchlich waren.“[698] Wenn die Anwendung und damit die künftige Übung einer *consuetudo* nun ihrerseits vom Beweis einer früheren Übung abhängig gemacht wird, entsteht ein Dilemma: Je weniger eine Rechtsregel durch das Gericht geübt wird, desto schwieriger wird ihr Nachweis, was wiederum zu noch weniger Präzedenzfällen führt.

---

693 Samuel Stryk leitete diese dreistufige Rangfolge von Territorialrecht, einheimischen Gewohnheiten und römischem Recht aus § 105 des Jüngsten Reichsabschieds von 1654 ab, vgl. *Luig*, S. 223.

694 Vgl. *Wiegand*, Rechtsanwendungslehre, S. 2.

695 Vgl. *Krebs/Becker*, in: JuS 2013, S. 102 f.

696 Vgl. *Windscheid*, Lehrbuch I, S. 50: „Erkannt wird das Gewohnheitsrecht theils unmittelbar aus den Acten seiner Uebung, theils mittelbar durch glaubwürdige Zeugnisse über sein Bestehen“; vgl. *Seyfart*, S. 157 f.: „Wann es aber eine Gewohnheit betrifft, und ist es zweiffelhafft, ob sie *recipiret* sey; so entstehet daraus eine *quaestio facti*, weil die *consuetudo per pluralitatem actuum induciret* wird, und muß demnach dieselbe erwiesen werden“; Hervorh. typograph.

697 Vgl. *Wiegand*, Rechtsanwendungslehre, S. 2.

698 *Oestmann*, Gemeines Recht, S. 21.

So wurden Gewohnheitsrechte schnell unbeweisbar, weil die gemeinrechtliche Lehre einen Zirkelschluss zum Dogma erhoben hatte: „Eine Rechtsnorm galt, wenn und weil sie bewiesen war, und die Beweisaufnahme war gelungen, weil die Rechtsnorm galt.“[699] In der Dogmatik gab es nur zwei echte Alternativen. Entweder war der Beweis der Gewohnheit erbracht und sie wurde angewandt. Oder aber die Beweisführung gelang nicht, woraus man die Nichtexistenz der Gewohnheit folgerte. Die Möglichkeit, dass „ein Gericht eine existierende Gewohnheit nicht beachtete, war in diesem geschlossenen System undenkbar. [...] Denn der gescheiterte Beweisversuch, der einer Nichtanwendung der behaupteten Rechtsquelle vorausging, bewies ja gerade, daß die fragliche Norm nicht existierte.“[700] Vor diesem Hintergrund lässt sich sagen, dass die Rechtsquellenhierarchie und die Rechtsanwendungslehre des *Usus modernus* maßgeblich dazu beitrugen, „die vergleichsweise kleinräumigen mittelalterlichen Rechtskreise aufzubrechen und einen europäischen Rechtsraum zu schaffen.“[701]

V. Die Rechtsquellenlehre und das Kehdinger Landrecht

Dabei ist es nicht das Anliegen dieser Untersuchung, den Umgang der bremenverdischen Gerichtsbarkeit oder des Wismarer Tribunals mit vor sie gebrachtem Partikularrecht zu analysieren.[702] Vielmehr geht es nur um die Darstellung eines allgemeinen Erklärungsmodells, das nachvollziehbar macht, warum die von Keller im Jahr 1662 festgehaltenen Bestimmungen zu einem früheren Zeitpunkt durchaus geltendes Gewohnheitsrecht gewesen sein können, obwohl es einige Jahrzehnte später hieß, außer dem Retraktrecht gälte nichts vom Kehdinger Landrecht. Denn durch die Mechanismen der Rechtsanwendungslehre wurde der Rechtsquellentypus der *consuetudines* regelrecht zerrieben: Er geriet zwischen die Gesetze des absoluten Monarchen einerseits und das von der *fundata intentio* gestützte *Ius commune* andererseits. Dafür, dass genau dies in Kehdingen geschehen ist, gibt es deutliche Anhaltspunkte sowohl im älteren Schrifttum als auch in Archivalien.

---

699 *Oestmann*, Rechtsvielfalt, S. 25.

700 Ebda.

701 *Oestmann*, Gemeines Recht, S. 14.

702 Dieser Ansatz liegt zu Grunde bei: *Oestmann*, Rechtsvielfalt vor Gericht. Rechtsanwendung und Partikularrecht im Alten Reich, Frankfurt a.M. 2002.

1. Zum möglichen Einfluss landesherrlicher Gesetzgebung

Der Verlust der Geltungskraft, den das Landrecht bis zur Mitte des 18. Jahrhunderts erlitt, kann nämlich nicht nur auf fürstliche Gesetzgebung zurückzuführen sein. Zwar gingen auch die Landesherren im niedersächsischen Raum dazu über, ihre „zahlreichen Ordnungen, Konstitutionen, Edikte und Mandate unter dem Titel Corpus Constitutionum in großen amtlichen Sammlungen“ zusammenzufassen, was „den Anspruch auf eine umfassende Gesetzgebungsgewalt erkennen“ lässt.[703] Aber die spätere „naturrechtlich inspirierte Kodifikationsbewegung freilich, die das gemeine Recht endgültig zu überwinden suchte, hat Niedersachsen nie wirklich erreicht.“[704] Das kurhannoversche Landrecht, das *Codex Georgianus* hätte heißen sollen, blieb ein bloßes Projekt;[705] der entsprechende Entwurf des Friedrich Esaias Pufendorf hat niemals Gesetzeskraft erlangt.[706] Mangels eines solchen kurhannoverschen Landrechts wurde auch die Justiz in Kehdingen „nach gemeinem Rechte verwaltet.“[707] Auf dieses muss der Geltungsverlust der *Statuta Kedingensia* zurückzuführen sein. Denn würde das Verschwinden der privatrechtlichen *consuetudines* auf landesherrlicher Gesetzgebung beruhen, hätte diese gleichzeitig auch das *Ius commune* verdrängt.

2. Der Bericht des Landessekretärs Vagt

In einer Abhandlung aus dem Jahr 1772 hatte der kehdingen-freiburgische Landessekretär Vagt dem Landrecht die Qualität eines Gesetzes abgesprochen und es ausdrücklich als Sammlung „von alten Herkommen“ eingeordnet.[708]

Die Abhandlung selbst drehte sich um das Retraktrecht nach Tit. XXI des Landrechts. Bei diesem Rechtsinstitut handelte es sich um ein gewohnheitsrechtliches dingliches Vorkaufsrecht,[709] das an Grundstücken sowohl zu Gunsten von Verwandten (*ius retractus consanguinitatis*) als auch von Nachbarn (*ius retractus vicinitatis*) bestehen konnte.[710] Dieses Vorkaufsrecht war nach einhelliger Auffassung der einzige Teil des Landrechts, der seine gewohnheitsrechtliche

---

703 *Kroeschell*, Sassen, S. 195.
704 A.a.O., S. 174.
705 A.a.O., S. 196.
706 *Krause*, Art. Pufendorf, Friedrich Esajas v., in: HRG IV (1990), Sp. 104.
707 *Schlüter*, Kehdingen II, S. 220.
708 Vgl. *Vagt*, S. 173.
709 *Schlosser*, Art. Vorkaufsrecht, in: HRG V (1998), Sp. 1045 f.
710 *Coing*, S. 384.

Geltung behaupten konnte und zwar bis in die zweite Hälfte des 19. Jahrhunderts hinein.[711] Erst durch ein preußisches Gesetz vom 24. Dezember 1872 wurden die Retraktrechte in der gesamten Provinz Hannover abgeschafft.[712]

Gleichwohl gab es selbst bei dieser *consuetudo* schon im 18. Jahrhundert Schwierigkeiten bei der notwendigen Beweisführung, die vom Landessekretär Vagt ausführlich geschildert werden:

> „Das *ius retractus* so wohl *ex capite vicinitatis*, als auch *consanguinitatis*, ist in einigen Gegenden hiesiger Herzogthümer ein Gewohnheits-Recht, das an den mehresten Orten, von dem *Allegante* muß bewiesen werden. Dieser Beweis fält ofte sehr schmer, [sic!] ja! von vielen Orten kan er so nicht geführet werden, als es erfordert wird. [...] Im Lande Kehdingen, Freyburgschen Antheils, wird der Beweis, daß das Beyspruchs-Recht *ex capite vicinitatis* hergebracht sey, nicht ofte gefordert. Man tritt, überzeugt von der Notorietät desselben, die beygesprochenen Ländereien, in Güte, ab, oder befriediget auf andere Art den Retrahenten. [...] Es giebt also wenige Proceße *in puncto retractus*. Eben deshalben wird aber der Beweis dieses *iuris non scripti* allemal, in der Folge der Zeit, schwerer. Wie bald können nicht diejenigen sterben, die von einem gerichtlichen Verfahren *in puncto retractus* Nachricht haben? Und wie wenige sind nicht derer, die von allen vier Kirchspielen sich der Exempel, die eine gerichtliche Entscheidung erlangt haben, erinnern können?"[713]

An dieser Stelle kündigt sich ein Paradoxon an: Gerade wenn die Rechtsgemeinschaft von der Geltung einer *consuetudo* allgemein so überzeugt ist, dass sie vor Gericht nicht mehr in Streit gestellt wird, fehlen die für künftige Prozesse notwendigen Präzedenzfälle, was dann zu einer Nichterweislichkeit und damit zum Verschwinden dieser Gewohnheit führt. Es liegt auf der Hand, dass das Instrument der Notorietät hier *ad absurdum* geführt und prozessual vollständig entwertet wird.

3. Illustration anhand eines Tribunalsprozesses

Deutlich werden diese Mechanismen in einem Prozess, der zu Beginn des 18. Jahrhunderts vor dem Wismarer Tribunal geführt wurde. Auch hier ging es um das Retraktrecht. Die Appellationsführer waren die Juraten (Geschworenen) der Kirche auf der Elbinsel Krautsand. In Prozessstandschaft machten sie

---

711 Vgl. *Mascov*, S. 149: „*Illud certum, obtinere ejus articulum. XXI. in quo jus Retractus vicinis tribuitur*"; vgl. *Grefe*, Hannovers Recht I, S. 121: „Die Gültigkeit des Tit. 21 über Retractrecht ist ausser Zweifel."

712 Vgl. Gesetz betreffend die Aufhebung der in der Provinz Hannover bestehenden Vorkaufs-, Näher- und Retraktrechte v. 24.12.1872, PrGS. 1873, S. 2.

713 *Vagt*, S. 171 f.; Hervorh. typograph.

ein Retraktrecht der Kirche geltend: Es war ein Grundstück verkauft worden, zu welchem die Kirche westlich benachbart lag. Nach dem Kehdinger Land- und Gewohnheitsrecht wäre die Kirche zum Retrakt berechtigt gewesen, d.h. sie hätte anstelle der Erwerber in den Kaufvertrag eintreten können.[714]

In erster Instanz führten die Appellationsführer *„den Beweiß, und bezogen uns demnechst (1) auff das Landkehdingische gedruckte Landrecht, als woselbst tit. 21. §. 1. n. 4. klar enthalten"*, dass die westlich gelegenen Grundstücksnachbarn zum Retrakt berechtigt sind.[715] Zusätzlich fügten sie *„ein attestatum judiciale* [...] *von grefen und Hauptleuthen Landes Keding Freyburgischen theils bey"*, worin diese bestätigten, dass die westlich belegenen Nachbarn zum Retrakt berechtigt und in hergebrachter Observanz auch zugelassen werden.[716] Hinzu kamen noch Zeugenaussagen und ein Bericht beider Gräfen, wonach das Retraktrecht nach Tit. XXI § 1 Nr. 4 des Landrechts so allgemein anerkannt sei, dass *„es bey ihnen desfals keines Rechtsstreits, noch litigirens, noch judicirens, weilen darunter clara verba statutorum richtige maaßen wegen."*[717] Bereits dieser Aufwand bei der Beweisführung mutet erstaunlich an, war das Retraktrecht der westlichen Nachbarn bis ins 19. Jahrhundert hinein doch ein allgemein anerkanntes Gewohnheitsrecht. Dass es trotzdem zum Prozess darüber gekommen ist, erklären die Juraten der Kirche mit unlauteren Absichten des Grundstückserwerbers: Er habe aus Rache danach gestrebt *„diese von jeher unstrittige gewohnheit unverantwortlicher Weise zu impugniren, ihren Nutzen zu hindern, und dergestalt eine ungeziemende revanche"* gegen die Kirche zu üben.[718]

Trotz alledem hatte das Stader Hofgericht die Klage wegen Beweisfälligkeit abgewiesen.[719] Dagegen legten die Juraten der Kirche bei dem Wismarer Tribunal die Appellation ein. Der Appellationsschriftsatz enthält zahlreiche Anlagen,

---

714 NLA ST, Rep. 28 Nr. 885, Bl. 10r.

715 Ebda.

716 NLA ST, Rep. 28 Nr. 885, Bl. 11r.

717 NLA ST, Rep. 28 Nr. 885, Bl. 11v.

718 NLA ST, Rep. 28 Nr. 885, Bl. 10r; es hatte zwischen der Kirche und dem jetzigen Grundstückserwerber einen Rechtsstreit wegen eines Moores und eines Weges gegeben. Der Erwerber war unterlegen und hätte nun wegen *„Verlust seiner bösen Sache in seinem hertzen einen solchen unverdienten haß und wiederwillen gegen unsere arme Kirche erwecket, und hinterlaßen gehabt, daß ihm gleichsam es eine erwünschte gelegenheit gewesen, unsere Kirchen immerdar sich zu opponiren"*, NLA ST, Rep. 28 Nr. 885, Bl. 9v–10r.

719 Vgl. NLA ST, Rep. 28 Nr. 885, Bl. 3v, HofG Stade v. 02.10.1702, Stubben etc. / Romundt etc.: Das Hofgericht erkannte *„für Recht, das Kläger reservirte und übernommenen probendo kein rechtliches genüge gethan, undt demnach die den 2 Octobr.*

um den Beweis der eigentlich notorischen *consuetudo* zu erbringen. Zu nennen sind hier Zeugenaussagen, amtliche Dokumente aus dem königlichen Archiv und eine Reihe von Urteilen, in denen das Retraktrecht zuvor bestätigt worden war. Man betonte insoweit, dass man noch weitaus mehr Belege hätte vorlegen können, wenn „*die Secretarij größeren fleiß anwenden würden*" um solche aufzustöbern.[720]

Die Appellationsgegner wendeten ein, die vorgebrachten Präzedenzfälle würden nicht „*die terminos speciales hujus casus berühren*";[721] d.h. sie stellten deren Vergleichbarkeit mit dem Rechtsstreit in Abrede. Sie beriefen sich insoweit darauf, dass sie „*nicht nur Keuffere, besondern überdehme benachbaret sind, also duplex vinculum* [...] *haben, welches in jenen casu sich nicht finden wirdt.*"[722] Sie meinten also, dass sie nicht nur Käufer, sondern zugleich Nachbarn und damit ebenfalls zum Retrakt berechtigt wären. Diese doppelte Legitimation (*duplex vinculum*) fände sich in den Präzedenzfällen nicht. Tatsächlich genügte dieser Einwand offenbar, um die sich über 40 Aktenseiten erstreckende Beweisführung der Kirche vollkommen ins Leere gehen zu lassen.

Das Tribunal wies die Berufung am 5. Mai 1710 ab und erkannte „*daß woll gesprochen, übel appelliret, solchemnach die Urtel à qua zu confirmiren.*"[723] Zwar sind Entscheidungsgründe, wie damals üblich, nicht vorhanden.[724] Jedoch führte der spätere Vizedirektor des Stader Hofgerichts in Bezug darauf aus, es hätte eben nicht genügt, den gewohnheitsmäßigen Vorrang der Nachbarn im Westen vor den Nachbarn in anderen Himmelsrichtungen zu beweisen. Vielmehr wäre zusätzlich zu beweisen gewesen, dass dies auch in solchen Fällen gilt, in denen der Käufer zugleich ein Nachbar ist und ein *duplex vinculum* zu dem Grundstück hat.[725] Die Gründe für die andersartige Behandlung

---

1699 pulicirte Urthel zu purificiren sey; Alß wir dieselbe hiermit purificiren, compensatis expensis V.R.W."

720 Vgl. NLA ST, Rep. 28 Nr. 885, Bl. 15v.

721 NLA ST, Rep. 28 Nr. 885, Bl. 74r.

722 NLA ST, Rep. 28 Nr. 885, Bl. 74v.

723 NLA ST, Rep. 28 Nr. 885, Bl. 81r.

724 *Werkmüller*, Art. Urteilsbegründung, in: HRG V (1998), Sp. 613 f.

725 Vgl. die Zitate aus dem Scharnhorst'schen Manuskript von 1736 bei: *Schlüter*, Retractrecht, S. 36 f.: „Wann aber der eine *vicinus* zugleich *emtor*, also *duplex vinculum* hat; so ist von dem andern *vicino* an der See-Seite oder ins Westen, daß ihm die *praeference* demnach vor jenem zustehe, in Sachen Johann Stubben und Consorten als Juraten auf dem Krautsande, Klägern, gegen Jacob Romund und Consorten nicht dargethan, also *per Sententiam* vom 2. October 1702 Beklagter *pure* absolviret, so zu Wismar confirmiret den 5. Mai 1710"; Hervorh. typograph.

dieser Sonderkonstellation bleiben im Dunkeln.[726] Erkennbar wird hier aber eine prozessuale Finte, mit der jedes Gewohnheitsrecht zu Fall gebracht werden konnte: Es genügte der Einwand, die – eigentlich erwiesene – *consuetudo* ließe sich auf den jeweiligen Rechtsstreit nicht anwenden, weil dieser eine weitere Besonderheit enthalte. Da Gewohnheitsrechte ihrer Natur nach von vornherein nicht hochgradig ausdifferenziert sein können, war es leicht, den Prozessgegner so in Beweisnot zu bringen.[727]

4. Machtpolitische Dimension der Rechtsquellenlehre

Abschließend hatte die Rechtsquellenlehre auch eine machtpolitische Dimension. Denn die Frage nach den Erfordernissen an einen Beweis des Partikularrechts gab den Gerichten die indirekte Möglichkeit, deren Anwendung zu lenken; schließlich können die Anforderungen „je nach Zielsetzung und Konzeption der Rechtsprechung – zu einer weitgehenden Verdrängung, aber auch zu einer großflächigen Anerkennung des partikularen Rechts führen."[728] Die Rechtsprechung konnte und musste „sowohl die Rolle eines ‚Gesetzgebers', wie die eines das Gesetz anwendenden Richters zugleich einnehmen."[729] Dies gilt insbesondere vor dem Hintergrund, dass die Justiz im frühneuzeitlichen Staat ein machtpolitisches Instrument der jeweiligen Herrscher war, die als höchste Richter ein Weisungsrecht besaßen und insbesondere im 17. Jahrhundert regelmäßig in die Rechtspflege eingriffen.[730] Es liegt nahe, dass gerade die schwedische Krone, die Bremen-Verden straff verwaltete und die lokalen Autoritäten in den Dienst ihrer absolutistischen Großmachtpolitik zwang, kein Interesse am Fortbestand autonomer Rechtsräume gehabt haben dürfte.

---

726 Möglicherweise hängt dies auch mit einer Auffassung zusammen, wonach ein nachbarlicher Beispruch nur statthaft sein sollte, wenn es sich um einen Verkauf an Dritte handelte, zu denen man andere Nachbarn aber gerade nicht rechnete, vgl. *Walch*, S. 476.

727 Es ist insoweit von *Oestmann* nachgewiesen worden, dass ein nicht ausreichend konkretisiert dargelegtes Gewohnheitsrecht in der damaligen Gerichtspraxis für unbeachtlich angesehen wurde, vgl. *Oestmann*, Rechtsvielfalt, S. 196 ff.

728 *Wiegand*, Rechtsanwendungslehre, S. 11.

729 *Kaufmann*, Art. Urteil (rechtlich), in: HRG V (1998), Sp. 604.

730 Vgl. *Eisenhardt*, Rn. 389 ff.

III. Teil Der Inhalt des Landrechts

Nachdem die Stellung des Kehdinger Landrechts in der zeitgenössischen Rechtsquellenlehre beleuchtet wurde, folgt nun seine dogmengeschichtliche Analyse und Einordnung.

1. Abschnitt – Vorbemerkungen

Vorab sind aber noch einige Bemerkungen zum Druck selbst und zu seiner Struktur zu machen.

A. Der Druck und seine Überlieferung

Gedruckt wurde das Landrecht „*bey Elias Holwein sehl: nachgelassener Wittibe.*“[731] Elias Holwein aus Celle war 1651 der erste in Stade privilegierte Drucker. Nach seinem Tod 1659 wurde die Druckerei dann zunächst von seiner Witwe und später von seinem Sohn Caspar fortgeführt. Dort wurden u.a. auch die Sachen der Regierung und des Magistrats gedruckt,[732] die Familie Holwein wurde sogar amtlich besoldet.[733]

Wie bereits zu Beginn der Untersuchung gesagt, gibt es nur noch wenige vollständig erhaltende Exemplare des Landrechts. Aus den Beständen des ehemaligen Amtsgerichts Freiburg stammt noch eine Abschrift,[734] die also vermutlich für den Gerichtsgebrauch gedacht war. Sie ist allerdings mit ziemlicher Sicherheit frühestens 1780 entstanden.[735] Wenn bereits in den Gerichtsbeständen nur

731 KehdLR, S. 1.

732 *Bohmbach*, Kultur und Bildung in der Schwedenzeit, S. 250; vgl. *Fiedler*, Verwaltung, S. 173.

733 *Fiedler*, Verwaltung, S. 173.

734 NLA ST, Rep. 72/172 Freiburg Nr. 4674.

735 Vgl. ebda.: In Tit. 28 hat der Kopist zunächst versehentlich 1780 statt 1580 geschrieben und dies später korrigiert. Da Verschreibungen bei Jahreszahlen nach allgemeiner Lebenserfahrung niemals in Richtung eines in der Zukunft liegenden Datums geschehen, wird die Abschrift mit an Sicherheit grenzender Wahrscheinlichkeit nicht vor 1780 entstanden sein können. Im Übrigen fehlen die Titelseite, der Editionsbericht und die Zuständigkeitsregelung. Ansonsten richtet sie sich bis auf orthographische Abweichungen nach der Druckvorlage und ist inhaltlich recht vollständig. Die Tituli sind durchweg mit arabischen statt mit römischen Ziffern nummeriert. Meistens nicht wiedergegeben sind Kellers in Klammern gesetzte

noch eine Abschrift zu finden ist, zeigt dies, dass es kaum noch Originale gegeben haben kann. So bedauert Schlichthorst, der selbst eine Edition des Landrechts herausgab,[736] im dazugehörigen Begleitwort ausdrücklich, der Druck habe sich „so selten gemacht, daß schon der ehemalige Vicepräsident von Puffendorf […] blos eine Abschrift gehabt zu haben scheint. Auch ich besitze eine bloße Abschrift, die gleichwol authentischer zu seyn scheint, als die eben genannte. […] Wer ein gedrucktes Exemplar besitzt, wird mir durch Communicacion desselben eine Gefälligkeit erzeigen."[737] Auch Spangenberg meint im Jahr 1823: „Der Abdruck muß sich gänzlich verlohren haben."[738] In Bezug darauf erwidert aber Freudentheil: „Ich besitze noch einen Abdruck des […] Kehdinger Landrechts."[739]

Die das Landrecht thematisierende Literatur bezog sich daher nur auf sekundäre Editionen. In der Regel war dies jene Version, die sich im 1744 erschienenen ersten Band der *Observationes Juris Universi* von Pufendorf befindet.[740] Auch Kroeschell verweist noch auf dieses „große Sammelwerk des Friedrich Esaias Pufendorf, aus der Rechtsprechung des Oberappellationsgerichts Celle schöpfend",[741] dessen Vizepräsident Pufendorf gewesen ist.[742] Ein

---

Erläuterungen der Latinismen. Daneben sind vereinzelt einige Passagen ausgelassen.

736 Vgl. bei *Schlichthorst*, S. 83–120.

737 *Schlichthorst*, S. 85 f.

738 *Spangenberg*, Rechtszustand, S. 79.

739 *Freudentheil*, S. 125.

740 Vgl. *Pufendorf*, Observationes I, App., S. 141–162; in den *Observationes* Friedrich E. Pufendorfs sind noch viele andere „wichtige territoriale und lokale Rechtsquellen abgedruckt […], die z.T. noch heute in keinem neueren Druck benutzbar sind", vgl. *Krause*, Art. Pufendorf, Friedrich Esajas v., in: HRG IV (1990), Sp. 105.

741 *Kroeschell*, Sassen, S. 191, 189 Anm. 62.

742 *Krause*, Art. Pufendorf, Friedrich Esajas v., in: HRG IV (1990), Sp. 103; Friedrich Esaias von Pufendorf (1707–1785) war der Großneffe des Naturrechtsphilosophen Samuel von Pufendorf. Er war von großer schriftstellerischer Schaffenskraft und legte auch einen Entwurf für ein kurhannoversches Landrecht vor. Sein Lebenswerk aber waren die angesprochenen vierbändigen *Observationes Juris Universi*, bei denen es sich „um über 1000 meist kurze Betrachtung aus allen Rechtsgebieten [handelte], die sich oft an Gerichtsentscheidungen vornehmlich des OAG Celle anlehnen und diese erläutern", a.a.O., Sp. 102 ff.; Pufendorf zeigt sich in seinen Werken „zwar als ein Kenner u. Bewunderer, nicht aber als ein bedingungsloser Anhänger des röm. Rechts, indem er auch dem deutschen Recht, namentlich im Anschluß an territoriale u. lokale Rechtsquellen, zur Geltung verhilft", a.a.O., Sp. 105; angesichts dieser

Vergleich beider Editionen mit dem Original ergibt, dass diese ziemlich akkurat sind.[743]

B. Die Vorlagen Kellers

Nach eigenen Angaben hat Keller das Landrecht aus schriftlichen Vorlagen zusammengestellt. In einer Akte aus den Beständen der erzbischöflichen Archive finden sich Hinweise auf diese Vorlagen.[744] Zu dieser Archivale gehören eine spätere Abschrift der mehrfach erwähnten Landesbeschreibung und zwei Anschreiben.

Das erste dieser Anschreiben stammt vom 6. Oktober 1617 und wurde von sämtlichen Hauptleuten des Landes Kehdingen unterzeichnet. Zunächst beziehen diese sich darauf, der Erzbischof hätte ihnen „*gnedigst anbefohlen, Das wir die landesgebreuche, so in gerichtlichen fellen von altershero gehaltten worden, soltten lassen zu pappiere bringen, und in E.f.g. Cantzeley einschickken.*“[745] Auf Grund des engen zeitlichen Umfelds kann kein Zweifel bestehen, dass dieser Befehl zur Aufzeichnung des Gewohnheitsrechts im Zusammenhang mit dem oben angesprochenen Versuch einer Verwaltungs- und Justizreform steht, der in den Jahren 1616/1617 vergeblich unternommen wurde.

Die Hauptleute haben diesen Befehl befolgt und schickten laut eigener Aussage „*nun dieselbe landes gebreuche, wie dieselbe von unserm Vorfahren im landtgerichte gehaltten worden, Undt wie dieselbe theils geendert, und Itziger tzeitt in observantz werden gehaltten.*“[746] Genau dieses Muster begegnet einem im Kehdinger Landrecht immer wieder. Auch dort wird in schematischer Weise dargelegt, wie etwas „*von alters hero*“[747] oder „*von langen Jahren her*“[748] gehalten

Harmonisierungsbestrebungen wird man Pufendorf wohl als einen späten Vertreter des *Usus modernus* ansehen können. Nicht ohne Grund rechnet schließlich Coing seinen Landrechtsentwurf zu den wichtigen Werken dieser Epoche, vgl. *Luig*, S. 220.

743 Ohne das Original zu kennen, mutmaßte *Schlüter*, die „von Schlichthorst benutzte [Abschrift], ist genauer und richtiger als die Puffendorffsche“, *Schlüter*, Kehdingen II, S. 222; diese Einschätzung war zutreffend.

744 NLA ST, Rep. 5b Nr. 3526.

745 NLA ST, Rep. 5b Nr. 3526, Bl. 1r; *E.f.g.* steht für *Euer fürstliche Gnaden*, vgl. *Decken-Offen*, S. 73.

746 NLA ST, Rep. 5b Nr. 3526, Bl. 1r.

747 KehdLR Tit. IV § 1, VI § 1, XV § 1, XVII § 1; vgl. auch Tit. XV § 1 („*sothaner alter Gebrauch*“) und Tit. XVI § 1 („*HIer saget das alte Kedinger Landt-Recht*“).

748 KehdLR Tit. I § 1, XXII.

worden ist. Einige Gebräuche davon wären auch noch „*in observantz*",[749] während andere dagegen „*geendert*",[750] „*auffgehoben*"[751] oder „*abgeschafft*"[752] worden sind. Diese begrifflichen Übereinstimmungen sind ein klares Indiz dafür, dass die ursprüngliche Beilage zu diesem Anschreiben jedenfalls zum Teil die von Keller benutzten Vorlagen enthalten haben muss.

Anbei findet sich ein zweites Anschreiben vom 9. Oktober 1617. Unterzeichner ist ein gewisser Nicolaus Camper.[753] Dieser (1558–1623) war ein erzbischöflicher Beamter, der zunächst in der Vörder Kanzlei und später von 1615 bis 1621 als Gräfe fungierte.[754] Er merkt nun an, dass er „*dieses Landes gebräuche für lengst hätte gerne eingeschicket, So habe Ich doch von den Haubtleuten bißhero dieselbe nicht mechtig werden konnen. Wie Sie mir nun selbige versiegelt sambt einem Nebenschreiben Ingeschicket, Alß thue E.F.Gd. Ich Sie also in underthenigkeit ubersenden.*"[755]

Über der Adresszeile dieses am 16. Oktober 1617 in Vörde eingegangenen Schreibens befindet sich folgender Vermerk: „*Land Kedingen uberschicken Ihre Consuetudines.*"[756] Wenn hier der Begriff der *consuetudines* verwendet wird, kann kein Zweifel mehr bestehen, dass der Inhalt dieses Schreibens tatsächlich Gewohnheitsrecht gewesen ist. Diese laut Camper versiegelten *consuetudines* liegen dem Anschreiben aber nicht mehr bei. Dort befindet sich lediglich eine weitere Abschrift der aus schwedischer Zeit herrührenden Landesbeschreibung, bei der es sich unmöglich um das gemeinte Dokument gehandelt haben kann.[757] Dies bestätigt auch ein Vermerk auf einem anderen Briefbogen: „*Fehlet*

---

749 KehdLR Tit. IX § 1, XXII; vgl. auch Tit. XIII § 4 („*noch in viridi observantiâ*") und Tit. XIV § 2 („*Und ob woll dasselbe nochmahlen observiret und in seinen Würden gehalten wird*").

750 KehdLR Tit. VI, XI § 2.

751 KehdLR Tit. XV §§ 1 f.

752 KehdLR Tit. XVI § 2, vgl. Tit. XXIII.

753 NLA ST, Rep. 5b Nr. 3526, Bl. 3r.

754 *Schleif*, S. 198; er war für den Bützflethischen Teil zuständig, denn das Schreiben wurde in Drochtersen unterzeichnet, vgl. NLA ST, Rep. 5b Nr. 3526, Bl. 3r.

755 NLA ST, Rep. 5b Nr. 3526, Bl. 3r; *E.F.Gd.* = Eure fürstliche Gnaden.

756 NLA ST, Rep. 5b Nr. 3526, Bl. 12v.

757 Es wäre auch kaum erklärlich, warum ein Manuskript, dessen Inhalt auf Ereignisse des Jahres 1663 Bezug nimmt, sich bei einem Anschreiben aus dem Jahr 1617 finden sollte. *Decken-Offen* erklärt dies damit, es habe sich um eine spätere Überarbeitung der ursprünglich ebenfalls von 1617 stammenden Landesbeschreibung gehandelt, vgl. *Decken-Offen*, S. 54. Dies ist aber nicht zutreffend. Das anliegende Manuskript hat mit diesen beiden Anschreiben inhaltlich nichts gemein. Auch das Schriftbild

aber die beilage.“[758] Mit dieser fehlenden Beilage können nur die versiegelten Landesgebräuche, also die *consuetudines*, gemeint sein. Auch Wilhelm von der Decken-Offen, der diese andere Version der Landesbeschreibung aus den 1670er Jahren ediert hat, ging nicht davon aus, dass es sich bei dieser um die in dem Anschreiben erwähnten Gewohnheiten handelte.[759] Dass es hierbei wirklich um *consuetudines* gegangen sein muss, ergibt sich zuletzt auch dem Tribunalsverfahren zu Beginn des 18. Jahrhunderts wegen des Retraktrechts der Kirche von Krautsand. Dort bemühte man bereits Kopien dieser Anschreiben – inklusive des Vermerks zu den *consuetudines* – als Beweise für das in Kehdingen bestehende Retraktrecht, obwohl aus den Anschreiben selbst ja gar nichts hierzu hervorgeht.[760]

C. Grundsätzliche Struktur

Obwohl die kehdingschen „*gerichte aber so woll in criminalibus alß civilibus*“[761] zuständig waren – also „auch die peinliche Rechtspflege [...] von dem Grefen und den Hauptleuten verwaltet“ wurde[762]– enthält das Landrecht ausschließlich privat- und prozessrechtliche Normen. Strafrecht fehlt dagegen völlig. Dies dürfte wohl daran liegen, dass Erzbischof Johann Friedrich im Jahre 1603 eine an die *Constitutio Criminalis Carolina* angelehnte Kriminalgerichtsordnung erlassen hatte, die später von den Schweden bestätigt wurde.[763] Falls das im Editionsbericht angesprochene uralte Landrecht einst Strafrecht enthalten hat, wäre dieses deshalb jedenfalls zu Zeiten von Kellers Druck irrelevant gewesen.

Inhaltlich beginnt das Landrecht mit dem Editorial Kellers. Auf dieses folgen Vorbemerkungen, in denen die Zuständigkeiten des Landgerichts geregelt sind.[764] Das weitere Landrecht ist in 33 Titel gegliedert, die sich ihrerseits

---

deutet auf das 18. Jahrhundert hin. Man muss aus alledem den Schluss ziehen, dass dieses Manuskript den Anschreiben erst in späterer Zeit beigelegt wurde.

758 NLA ST, Rep. 5b Nr. 3526, Bl. 14v.

759 Er äußerte insoweit nämlich die Hoffnung, dass es gelänge „diese niedergeschriebenen Landes-Gebräuche Kehdingens in Bezug auf das Gerichtswesen aus unseren heimatlichen Archiven zu Tage zu fördern, sie würden uns einen interessanten Einblick in das Rechtsleben der Marschenbewohner längst vergangener Zeiten gewähren“, *Decken-Offen*, S. 71.

760 Vgl. NLA ST, Rep. 28 Nr. 885, Bl. 21 f.

761 NLA ST, Rep. 7 Nr. 7, Bl. 14v.

762 *Schlüter*, Kehdingen II, S. 242.

763 Vgl. *Krause*, S. 20 f.

764 Vgl. KehdLR, S. 3; im weiteren Fortgang der Studie werden diese Zuständigkeitsnormen zitiert als: KehdLR Vorbem. zu Tit. I.

wiederum meist weiter in Paragraphen unterteilen. Sie handeln inhaltlich in dieser Reihenfolge „vom Gerichtswesen, Vormundschaft, Schenkungen, Erbrecht, Erbgütern, Concurs, Bürgschaft, Schuldverfahren, Appellation, Execution."[765] Anders als einige andere Partikularrechte ist das Kehdinger Landrecht aber nicht in Abschnitte gegliedert.[766] Gleichwohl lassen sich inhaltlich die folgenden Blöcke bilden:

- prozessrechtlicher Teil (Vorbem. zu Tit. I–X)
- Vormundschaftsrecht (Tit. XI)
- Schenkungsrecht (Tit. XII–XIII)
- Erbrecht (Tit. XIV–XIX)
- Retraktrecht (Tit. XX–XXI)
- Konkurs- und Vollstreckungsverfahren (Tit. XXII–XXIX)
- Abzugsgeld (Tit. XXX)
- Rechtsmittel und Rechtskraft (Tit. XXX–XXXIII)

2. Abschnitt – Prozessrecht (Vorbem. zu Tit. I–X)

Das Kehdinger Landrecht ist nach seiner eigenen Bezeichnung jenes Recht, „*wornach Greven und Heubtleute im Landt-Gerichte zu Hamelwührden zurichten haben.*"[767] Dieses Landgericht zu Hamelwörden war aber nur eines von vielen Gerichten in Kehdingen.[768] Der bedeutende zeitgenössische Rechtsgelehrte David Mevius hielt fest: „Dies Hertzogthum Bremen hat sehr viel *species* der Gericht."[769]

1. Unterabschnitt – Das Justizwesen

Dabei gehörte die selbstständige Ausübung der Gerichtsgewalt zu den zentralen Elementen einer landesgemeindlichen Ordnung:[770] „*Dat Lant* nannte man daher die Gerichtsgemeinde, die vom Adel bis zu den bäuerlichen Eigenleuten sämtliche Stände umfaßte."[771]

765 *Stobbe,* Rechtsquellen II, S. 341.

766 So ist das EiderstedtLR in vier, das HadelerLR in fünf und das LübStR in sechs Teile bzw. Bücher untergliedert.

767 KehdLR, S. 1.

768 Eine grafische Übersicht für die Spruchkörper und Instanzenzüge der Zivil-, Straf- und Deichgerichtsbarkeit findet sich bei: *Mangels*, S. 43 f.

769 *Mevius*, P. II, Cap. 8, § 3; Hervorh. typograph.

770 Vgl. *Hucker*, S. 101.

771 *Kroeschell*, Sassen, S. 98; Hervorh. wie Orig.; wohl nicht von ungefähr ist bereits in der ersten urkundlichen Erwähnung Kehdingens im Briefbuch des Wibald von

A. *Die Organisation der Gerichte in Kehdingen*

Grundsätzlich gilt es zu bedenken, dass „als Erbe der Kolonisationszeit […] in den Stader Elbmarschen bis weit in die Neuzeit sassische und hollersche Gerichte nebeneinander erhalten“ blieben.[772] Ihre Gerichtsverfassung unterschied sich naturgemäß voneinander.[773] Weil das Landrecht ausschließlich Privat- und Zivilprozessrecht enthält, soll es auch im folgenden nur um die Zivilgerichtsbarkeit gehen; in Strafsachen folgten die Zuständigkeiten anderen Regeln.[774]

I. *Die Gräfengerichte*

Die Rechtsprechung vieler Marschländer fußte auf sogenannten Kirchspielsgerichten.[775] Auch in den Altsiedlungen Kehdingens war das Kirchspiel „die räumliche Grundlage der Gerichtsbildung.“[776] In erster Instanz wurden dort durch den

Corvey (1156/57) von einem Gericht über dieses Land die Rede (*centuriatum de illa terra*), welches dem Kloster Kemnade zustünde, vgl. *Hofmeister*, Elbmarschen I, S. 207 ff.

772 *Hofmeister*, Elbmarschen II, S. 271.

773 A.a.O., S. 177.

774 Im Bützflethischen Distrikt wurden leichtere Delikte vom Gräfengericht abgeurteilt, schwerere Taten fielen in die Zuständigkeit des Bottings zu Stade. Im Freiburgischen Teil unterschied man nach der Zeit der Begehung. Alle Delikte, die zwischen dem Bartholomäustag und dem Gedenktag des St. Dionysius verübt wurden, kamen vor das Botting. Alle übrigen urteilte das Gräfengericht ab. Es wurde dann ein örtlicher Advokat zum Ankläger (*Fiscal*) bestellt und dem Angeklagten ein Verteidiger (*Defensor*) beigeordnet, vgl. NLA ST, Rep. 7 Nr. 7, Bl. 15v–17r; dabei stand der Landesgemeinde die Halsgerichtsbarkeit zu, d.h. das Recht die Todesstrafe zu verhängen, vgl. a.a.O., Bl. 61r: „*Erstlichen undt vors Erste, haben die Vier Kirchspell Im Landt zu Kehding Bützfletischen theilß Ein Halßgerichte,* […] *an Seiten der Crone sitzen der Landes Greve nebenst der Heübtleüten; Undt* […] *die verordneten Landtschwaren*“; die Landesgemeinde vollstreckte die Todesstrafe auch selbst, vgl. NLA ST, Rep. 7 Nr. 7, Bl. 17r,v: „*Nach vollführtem process wird von Greffen und Heübtleüten ein Tage zur execution angesetzet, und von den Landtgeschwornen und findungsleüten, mit denen der Greffe das peinliche gericht heget, dem Mißthäter der befindung nach das leben aberkandt, die Urteil eingebracht, und darauff exequiret*“; für spätere Zeiten vgl. *Schlüter*, Kehdingen II, S. 242–248.

775 So in Dithmarschen (vgl. *Stoob*, S. 142 ff.), in Eiderstedt (vgl. *Kuschert*, S. 107 f.), in der Kremper- und Wilstermarsch (vgl. *Lorenzen-Schmidt*, S. 119 f.) oder im Amt Neuhaus (vgl. *Mangels*, S. 26 ff.).

776 *Hofmeister*, Elbmarschen II, S. 179.

Gräfen und die versammelten Hauptleute eines Kirchspiels auf dem sogenannten „Parten Tage" die streitigen Sachen angehört und eine Entscheidung getroffen.[777] Auch in späteren Gerichtszeugnissen ist noch von Protokollen des „*Parthengerichts*" die Rede.[778] Mit den *Parten* sind die Parteien gemeint; die Landgerichtsprotokolle sprechen von „*Parteysachen.*"[779] Diese von den Gräfen und Hauptleuten gebildeten Spruchkörper waren ihrem Ursprung nach sassische Gerichte.[780] Den Vorsitz führten wie im Alten Land die Gräfen.[781] Die Hauptleute erhielten keine Einsicht in die Prozessakten.[782] In ihrer weiteren Gerichtsverfassung unterschieden sich die Gräfengerichte der beiden Landesteile aber voneinander.[783]

Im Freiburgischen Teil gab es nur ein einheitliches Kirchspielsgericht „*im flecken Freyburg, dahin die Parteyen auß alle Kirchspielen selbiges teils kommen müßen.*"[784] In späterer Zeit fand dieses in einem besonderen Gerichtsgebäude statt.[785] Dabei war nicht die gleichzeitige Anwesenheit aller Hauptleute erforderlich, sondern vielmehr mussten diejenigen aus den weiter entfernten Bauerschaften im Sommer teilnehmen, die aus den näher gelegenen dagegen im Winter.[786] Weil dieses Kirchspielsgericht für den ganzen Landesteil tagte, wurde es bisweilen auch als Landgericht bezeichnet.[787]

Das bützflethische Gräfengericht kam hingegen nicht einheitlich zusammen, sondern „die Gerichtsbarkeit wird in jedem der vier Kirchspiele [...] besonders

---

777 *Mevius*, P. II, Cap. 8, § 3: „Im Landt-Kehdingen seyn Erstlich die Parten Tage / da [...] der Gräffe mit den Hauptleuten eines jedweden Kirchspiels zusammen kommen / die streitige Sachen hören und [...] für sich entscheiden."

778 NLA ST, Rep. 28 Nr. 885, Bl. 26r: „*Extract Freyburgischen Landt und Parthengerichts-protocolli vom 11. December: Ao. 1694.*"

779 NLA ST, Rep. 72/172 Freiburg Nr. 4675, LG Kehdingen v. 03.07.1656; vgl. auch NLA ST, Rep. 72/172 Freiburg Nr. 4679, LG Kehdingen v. 25.06.1668.

780 Vgl. *Hofmeister*, Elbmarschen II, S. 272 f.

781 A.a.O., S. 314.

782 *Schlüter*, Kehdingen II, S. 214.

783 Vgl. a.a.O., S. 237 f.

784 NLA ST, Rep. 7 Nr. 7, Bl. 17v.

785 *Schlüter*, Kehdingen II, S. 238.

786 Ebda.

787 Jedenfalls heißt es in der Landesbeschreibung, wenn auch in Bezug auf Strafverfahren: „*Im Freybürgischen teil aber deßwegen das Landtgerichte geheißen, weil daselbst der Greffe mit allen heübtleüten des gantzen teils im flecken Freyburg zuzusamen kombt*", NLA ST, Rep. 7 Nr. 7, Bl. 16v.

verwaltet",[788] und zwar wird *„so offt streitige sachen vorfallen, in jeglichem Kirchspiel ein gerichtstag angestellet."*[789] Zur Abhaltung dieser Verhandlungen musste *„der Greffe nebenst dem Landes Secretario von einem Kirchspiel zum andern ziehen."*[790] Der Gerichtstag wurde dann nur mit den Hauptleuten des jeweiligen Kirchspiels veranstaltet.[791] Ein in der zweiten Hälfte des 18. Jahrhunderts unternommener Versuch, die bützflethischen Kirchspielsgerichte wie im freiburgischen Teil zusammenzulegen, scheiterte.[792] Gleichwohl wird man die bützflethischen Kirchspielsgerichte in den Kategorien des heutigen Prozessrechts als die einzelnen Spruchkörper des dortigen Gräfengerichts betrachten können.[793]

II. Das Land- oder Turmgericht in Hamelwörden

Wenn sich jemand durch ein von den Gräfengerichten *„abgesprochenes Urteil beschweret befindt, mag Er davon an das Landtgerichte, so jährlich von denen Greffen und Heübtleüten auß beiden teilen in der Kirche, oder vielmehr im Kirchthurm zu Hamelwürden gehalten wird, appeliren."*[794] Dieses Landgericht für ganz Kehdingen – das wegen seiner Abhaltung im Kirchturm auch als *Turmgericht* bezeichnet wurde[795] – war demnach die den Gräfengerichten übergeordnete Berufungsinstanz. Unterhalten wurde es durch eine im ganzen Land erhobene Abgabe, die sogenannte *Landeszehrung*.[796]

Laut Mevius wurde dieses „*ordinarie* Land-Gericht / so gehalten wird im Thurmb zu Hamelworden [...] so woll *per appellationem* als *in prima instantia*"[797] tätig, das heißt nicht nur als Berufungsgericht, sondern auch in erster

788 *Schlüter*, Kehdingen II, S. 240.
789 NLA ST, Rep. 7 Nr. 7, Bl. 17v.
790 NLA ST, Rep. 7 Nr. 7, Bl. 16r.
791 *Schlüter*, Kehdingen II, S. 240; vgl. NLA ST, Rep. 7 Nr. 7, Bl. 16v.
792 Vgl. *Schlüter*, Kehdingen II, S. 237.
793 In den Urteilen der Kirchspielsgerichte ist nämlich davon die Rede, dass der Gräfe und die Hauptleute des Landes Kehdingen-Bützfleth etwas für Recht erkennen, nicht nur die Hauptleute des betreffenden Kirchspiels, vgl. NLA ST, Rep. 28 Nr. 885 Bl. 25r, GräfenG Bützfleth v. 19.08.1699, Köser / Krabben.
794 NLA ST, Rep. 7 Nr. 7, Bl. 17v–18r.
795 *Mangels*, S. 39; vgl. *Poppe*, S. 18.
796 Vgl. NLA ST, Rep. 7 Nr. 7, Bl. 18r,v: *„Die Mittele zu Unterhaltung dieses gerichts, muß das gantze Landt auß einer, so offt es nötig, anlegenden Collecte, die Landes Zehrung genandt, worzu ein Jeder Einwohner, Adel und Unadel, nach einem gewißen anschlage contribuiren muß, hergeschoßen."*
797 *Mevius*, P. II, Cap. 8, § 3; Hervorh. typograph.

Instanz. Solche Berufungsprozesse sind archivalisch nachweisbar,[798] die erstinstanzliche Zuständigkeit des Landgerichts wird dagegen in den Vorbemerkungen zu Tit. I des Landrechts geregelt. In Übereinstimmung mit der Landesbeschreibung wird das Landgericht nach Mevius „von den Gräffen und Hauptleuten aus allen des Landes Kirchspielen besetzt."[799] Da bereits in den Kirchspielen durch die Hauptleute und den Gräfen des jeweiligen Landesteils Recht gesprochen wurde, war das Landgericht demnach faktisch nur eine Zusammenlegung der beiden Gräfengerichte; eine personelle Teilidentität zwischen der ersten Instanz und dem Berufungsgericht war damit die zwangsläufige Folge.

Diese Teilnahme aller Hauptleute führte zu einer beträchtlichen Größe des Spruchkörpers. Das Protokoll des Gerichtstages von 1656 verzeichnet die Anwesenheit der beiden Gräfen und von 10 Hauptleuten.[800] Am letzten Gerichtstag im Jahr 1691 waren außer den Gräfen gar 22 Hauptleute anwesend, sodass 24 Richter an der Urteilsfindung mitwirkten.[801] Solche Landgerichte waren in Niedersachsen allgemein aus den mittelalterlichen Gogerichten entstanden,[802] bei denen es sich um „Versammlungen der Landleute" gehandelt hatte.[803] Dies wird für Kehdingen umso mehr gelten, als die Hauptleute ja die Repräsentanten der einzelnen Bauerschaften waren.

---

798 Vgl. NLA ST, Rep. 72/172 Freiburg Nr. 4678, LG Kehdingen v. 27.06.1667, Meyer / Titkens; vgl. NLA ST, Rep. 72/172 Freiburg Nr 4679, LG Kehdingen v. 25.06.1668, Beyen Erben / Stüven Erben; vgl. NLA ST, Rep. 72/172 Freiburg Nr. 4681, LG Kehdingen v. 11.09.1671, Hilcken / Borstel; vgl. NLA ST, Rep. 72/172 Freiburg Nr. 4682, LG Kehdingen v. 25.06.1675, Deden Erben / Wilckens.

799 *Mevius*, P. II, Cap. 8, § 3.

800 Vgl. NLA ST, Rep. 72/172 Freiburg Nr. 4675, LG Kehdingen v. 03.07.1656 (= Anhang Q3.1).

801 Vgl. NLA ST, Rep. 72/172 Freiburg Nr. 4689, LG Kehdingen v. 22.06.1691: „*Praesentes. Die beeden Hrn. Grefen Hinrich Rhode und Hinrich Schroder. Adeliche Haubtleute aus beeden Teilen. Hr. Rittmeister Daniel von Estorff, Hr. Ernst Henning von Tetenborn, Hr. Garleff Plate, Augstin Drewes, Cajus Benedictij von der Deken, Otto Gruben. Ohnadeliche Haubtleute aus beeden Teilen. Hein Balcke, Johan von Borstell, Matthias von Hadeln, Johan Siethwende, Johan Plate, Claus Hußman, Basilij von Hein, Hinrich von Hadeln, Peter Brunschwieg, Dirck Groteman, Peter Hollander, Michell Meyn, Claus Steffens, Peter Stelling, Jacob Rumund, Claus Stelling*"; dieses Protokoll ist auch abgedruckt in: *Pratje*, Botting, S. 292.

802 *Kroeschell*, Sassen, S. 205.

803 A.a.O., S. 97.

Erwähnenswert ist schließlich noch die Protokollführung durch die Landessekretäre. Deren Teilnahme am Landgericht und bei den Kirchspielsgerichten sollte man nicht als Trivialität betrachten, denn sie waren wohl die einzigen Juristen auf Seiten der Justiz. Dementsprechend wurden die Gräfen jedenfalls später regelmäßig von einem studierten Assistenten unterstützt, welcher auch im eigenen Namen die Urteile unterschrieb.[804] Noch weniger ist eine akademisch-juristische Schulung für die von den Bauerschaften gewählten Hauptleute anzunehmen. In einer Archivale von 1678 heißt es sogar, sie wären „*illiteratis*",[805] also Analphabeten oder doch wenigstens ungebildet. Unstimmigkeiten bei der Rechtsfindung wurden bisweilen wohl auch handfest ausgetragen, denn in dem gleichen Bericht findet sich die Aussage, „*daß zweene Hauptleuthe auf dem gerichts hause berichts in abgewichenem Winter sich mit einander geschlagen*" hätten.[806]

Wie oben gesagt, wurde das Landgericht zu Hamelwörden im Zusammenhang mit der Verwaltungsreform der 1690er Jahre abgeschafft. Gut ein Jahrzehnt später drohte der Landesgemeinde schließlich der vollständige Verlust ihrer Gerichtshoheit, die noch in Gestalt der Gräfengerichte verblieben war.[807]

804 Vgl. *Schlüter*, Kehdingen II, S. 202 f.

805 NLA ST, Rep. 30 Nr. 1034, Bl. 7r.

806 NLA ST, Rep. 30 Nr. 1034, Bl. 9r.

807 Zum Folgenden vgl. NLA ST, Rep. 28 Nr. 881: Weil in den vorangegangenen zehn Jahren aus dem Freiburgischen Teil nur drei Straftaten beim Botting verhandelt worden waren, vermutete der schwedische Generalgouverneur Nils Gyllenstierna, „*daß ein großer Unterschleiff darunter wäre*", d.h. eine ausgedehnte Korruption. Bei einer persönlichen Vernehmung eröffnete man den Hauptleuten am 5. Juni 1703, „*daß hinführo im gantzen Lande Kehdingen überall ein Landgerichte gehalten würde*" (Bl. 3v). Gemeint war ein königliches Landgericht, das also anstelle der Landesgemeinde die gesamte Jurisdiktion ausüben sollte. Dagegen appellierten die Hauptleute noch am selben Tag, woraufhin eine Reihe von Schriftsätzen folgte. Nach den abschließenden Stellungnahmen der Stader Regierung (Bl. 31r) und der Hauptleute (Bl. 34r) verfügte das Tribunal am 2. März 1706, dass zunächst eine Untersuchung „*beym Hoffgericht anzustellen*" und die Landesgemeinde so lange „*bey bisheriger possession zu schützen*" sei (Bl. 41r). Weiteres ist nicht überliefert.

III. Deichgerichtsbarkeit

Darin erschöpfte sich die Gerichtsbarkeit Kehdingens aber nicht, denn es gab grundsätzlich „*zweyerley gerichte, Alß das Landt- und Teichgerichte.*"[808] Weil Kellers Landrecht laut Selbstbeschreibung ausschließlich jenes Recht war, wonach „*im Landt-Gerichte zu Hamelwührden zurichten*" war,[809] haben die Deichgerichte nicht nach diesem Landrecht geurteilt.[810]

Diese Deichgerichte hatten eigene Bezirke (Schauungen)[811] und wurden nicht von Gräfen und Hauptleuten abgehalten, sondern von den Deichgräfen und den Landgeschworenen.[812] Naturgemäß oblag ihnen die Aufsicht über das Deichwesen,[813] denn der „Deichbau wurde als nur in Gemeinschaft zu erbringende Leistung angesehen."[814] Daher kam es zur zwangsläufigen Ausbildung von Deichgenossenschaften, die ihrerseits Aufsichtsorgane ausformten, welche über die Einhaltung der Deichpflichten wachten.[815] Deshalb unterstanden in Kehdingen alle Einwohner den Deichgerichten, auch die Adeligen.[816] Wichtig ist in diesem Zusammenhang aber, dass die Deichgerichte auch für zahlreiche zivilrechtliche Streitigkeiten zuständig waren, die sachlich gar nichts mit dem Deichwesen zu tun hatten, nämlich „*streit zwischen benachbahrten wegen der gräntze oder scheidung vorfält, auch wan einer dem andern durch sein Viehe oder sonsten schaden im Korn, grase und dergleichen geschehen laßen. Item über gründthaur, Verdient lohn, Verzehrtes Kost- und bier-geldt, auch maße und*

808 NLA ST, Rep. 7 Nr. 7, Bl. 15r.

809 KehdLR, S. 1.

810 Ein Protokoll eines Deichgerichts aus dem Jahr 1672 findet sich bei: *Schlüter*, Kehdingen II, S. 271 f.

811 *Schlüter*, Kehdingen II, S. 257 f.; eine ausführliche Darstellung der Schauungen findet sich a.a.O., S. 259–263.

812 Vgl. a.a.O., S. 267, 270 f.; vgl. *Mevius*, P. II, Cap. 8, § 3: „Zum Vierdten ist noch das Teich-Gerichte / worin *praesidieren* die Teich-Gräffen und finden die Landtschwaren"; Hervorh. typograph.

813 *Schlüter*, Kehdingen II, S. 257; vgl. NLA ST, Rep. 7 Nr. 7, Bl. 20v: „*Obberegtes Teichgerichte belangend, haben die Teichgreffen vorerst über teiche, dämme, wettring Schleüsen, wege und stege zurichten, welche Sie zu gewißen zeiten mit ihren geschwornen beschawen.*"

814 *Boeselager*, Art. Deichrecht, in: HRG I (2004), Sp. 941.

815 Vgl. a.a.O., Sp. 941 f.

816 Vgl. NLA ST, Rep. 7 Nr. 7, Bl. 20v: „*Undt erstrecket sich solches Teichgerichte über alle und jede Eingeseßene des Landes Adell und Unadell, welchen allen und jeden die Teichgreffen poen und gebott zulegen.*"

gewichte.“[817] Diese eigentlich sachfremden Zuständigkeiten verblieben bis in das 19. Jahrhundert in der Jurisdiktionsgewalt der Deichgerichte.[818] Der Grund hierfür waren wohl Erwägungen der Billigkeit bzw. der Rechtsschutzgewährung.[819]

IV. Patrimonialgerichtsbarkeit

Der Jurisdiktion das Landgerichts unterworfen waren im 16. Jahrhundert nur die freien Bauern des Hausmansstandes. Für die auf den adeligen Gütern ansässigen Pächter galt dies allerdings nur in Berufungsverfahren,[820] denn „*die mit im Lande wohnende von Adel über ihre Meyere und Kötenere die erste instantz praetendiren.*“[821] Diese Ausnahme, die auf einem von der Krone gewährten Privileg der Ritterschaft beruhte, galt allerdings „*nur wegen Liquider schuldtsachen.*“[822] In Strafsachen unterstanden auch solche Pächter der Gewalt des Landgerichts in Hamelwörden.[823]

Eine solche Jurisdiktion adeliger Gutsherren über auf ihren Gütern ansässige Personen bezeichnet man als *Patrimonialgericht.*[824] In Kehdingen gab es

---

817 NLA ST, Rep. 7 Nr. 7, Bl. 20v.

818 Vgl. *Schlüter,* Kehdingen II, S. 264 f.

819 Vgl. a.a.O., S. 265: „Diese eigenthümliche Ausdehnung der Competenz der Deichgerichte hat den sehr großen Nutzen, daß Sachen, welche ihrer Natur nach keinen großen Zeit- oder Kosten-Aufwand vertragen, vor einem Untergerichte auch dann verhandelt werden, wenn der Beklagte canzleisäßig ist, indem vor dem Deichrichter kein privilegiirtes forum gilt; bei der großen Menge der canzleisäßigen Grundbesitzer würde namentlich den geringen Taglöhnern und Dienstboten die Justiz äußerst erschwert werden“; damit ist gemeint, dass diese Personen der sogleich unten thematisierten Patrimonialgerichtsbarkeit ihrer Grundherren unterstanden.

820 Vgl. *Mangels,* S. 39; vgl. NLA ST, Rep. 7 Nr. 7 Bl. 18v: „*Die Persohnen betreffend welche diesem Landtgerichte, und Greffen und Heübtleüte bottmeßigkeit unterworffen, seind alle und jede Eingeseßene haußmans standes, so woll Erbexen alß auch Meyere und Köt[n]ere.*“

821 NLA ST, Rep. 7 Nr. 7, Bl. 18v.

822 Ebda.

823 Vgl. ebda.; in späterer Zeit war dies wohl infrage gestellt, denn zu dieser Jurisdiktionsgewalt heißt es bei *Schlüter,* Kehdingen II, S. 242: „Dieses hat der Bützflethische District in einem Processe des *Advocati cammerae ctra.* Grefen und Hauptleute *in pcto jurisdictionis criminalis* durch ein rechtskräftiges Urtheil des K. A. G. zu Celle vom 20sten Januar 1720 ausdrücklick erstritten“; Hervorh. typograph.

824 Vgl. *Kroeschell,* Sassen, S. 209 f.

zu Beginn des 19. Jahrhunderts davon noch 144 an der Zahl.[825] Neben ihren Pächtern unterstanden auch die Adeligen selbst – wie Hauptleute – nicht dem Landgericht. Dies war aber möglicherweise nicht von Anfang so, denn die Adeligen mussten trotzdem die Abgabe im Rahmen der Landeszehrung leisten, mit welcher das Gericht unterhalten wurde.[826]

Unter den grundherrlichen Gerichten besonders hervorzuheben ist das im östlichen Teil des Kirchspiels Oederquart belegene *Dösegericht*, das bereits 1474 urkundlich erwähnt wird[827] und bei dem es sich ursprünglich um ein hollisches Gericht handelte;[828] es war das einzige Schultheißengericht in ganz Kehdingen.[829] Dieses *siedeste Gericht zur Döse*, das auch die Deichgerichtsbarkeit ausübte, war „nacheinander mehrere Familien zu Lehn aufgetragen, bis es nach Aussterben der letztern [...] vom Landesherrn eingezogen wurde."[830]

Neben diesen adeligen Gerichten gab es auch noch die sogenannten kirchlichen *Juratengerichte*, welche die Jurisdiktion über die auf den Kirchengütern ansässigen Pächter ausübten.[831]

B. *Die landesherrlichen Obergerichte*

Da die Landesgemeinde Kehdingen stets in einen höheren Herrschaftsverband eingegliedert blieb, endete der Instanzenzug nicht im Kirchturm von Hamelwörden. Denn auch für die Landesherrschaften war die Gerichtsgewalt von zentraler Bedeutung und stellt neben der Gesetzgebungsbefugnis eine der beiden Keimzellen für die Entstehung moderner Staatlichkeit dar – vielleicht sogar die bedeutendere.[832] Die Struktur des landesherrlichen Obergerichtswesens wird aber an anderer Stelle im Zusammenhang mit den Tit. XXXI, XXXII des Landrechts dargestellt, in denen das Berufungsverfahren geregelt

---

825 Nämlich 80 im Freiburgischen Teil und 64 im Bützflethischen, vgl. *Schlüter*, Kehdingen II, S. 253 f.

826 So die nachvollziehbare Schlussfolgerung bei: *Mangels*, S. 39.

827 *Hofmeister*, Elbmarschen II, S. 155; vgl. *Schlüter*, Kehdingen II, S. 278.

828 Vgl. *Hofmeister*, Elbmarschen II, S. 271; benannt war das Gericht nach der gleichnamigen Familie, bei denen es sich um die Lokatoren der ursprünglichen Hollerkolonie gehandelt hatte, vgl. a.a.O., S. 155; die von den Hauptleuten formierten Kirchspielsgerichte waren dagegen sassischer Herkunft, vgl. a.a.O., S. 177, 272 ff.

829 *Mangels*, S. 44.

830 *Schlüter*, Kehdingen II, S. 277.

831 Vgl. a.a.O., S. 255.

832 Vgl. *Eisenhardt*, Rn. 230.

ist.[833] Wenn im Fortgang dieser Untersuchung von einem *Tribunal* die Rede ist, so meint dies das *Wismarer Tribunal* als das letztinstanzliche Obergericht der schwedischen Zeit.

2. Unterabschnitt – Die Zuständigkeit des Landgerichts (Vorbem. zu Tit. I)

Vorbedingung für ein Verfahren vor dem Kehdinger Landgericht war naturgemäß dessen Zuständigkeit. Deshalb finden sich im Landrecht Vorbemerkungen dazu, „*Vber was Sachen Greven und Heubtleute im Gerichte zu Hamelwührden zurichten haben.*“[834]

A. Streitigkeiten um Erbschaften und Eigentum (Vorbem. zu Tit. I Nr. 1)

„Beispruchsklagen und Prozesse um Erb und Eigen“ gehörten in Kehdingen nicht vor die Kirchspielsgerichte, sondern vor das gemeinsame Landgericht, womit sich die dortige Gerichtsverfassung in diesem Punkt von den anderen Elbmarschen unterschied und dem Sachsenspiegel entsprach.[835] Auch bei Mevius heißt es, das Landgericht sei zuständig für „alle streitige Sachen über Erb Contracte Schulde oder wie sie vorkommen.“[836] Tatsächlich ist aus dem Jahr 1664 ein Verfahren „*streitige Erbteilung betreffend*“ überliefert.[837] Die Beklagte hatte bei der 1.000 lübsche Mark umfassenden Erbschaft ihres verstorbenen Ehegatten zunächst nur 400 Mark im Inventar verzeichnen lassen. Sie wurde vom Landgericht zu Hamelwörden nun in erster Instanz dazu verurteilt, die Hälfte der übrigen 600 Mark herauszugeben. Die Kläger waren die Kinder ihres verstorbenen Ehegatten bzw. eigentlich deren in Prozessstandschaft auftretende Vormünder.[838]

B. Ausübung des Retraktrechts (Vorbem. zu Tit. I Nr. 2)

Weiter ist das Landgericht erstinstanzlich zuständig für Streitigkeiten, in denen jemand einen „*Erbkauff jure retractus (durch beyspruchs-Recht) aufftreibet.*“[839]

---

833 Vgl. unten: III. Teil, 9. Abschnitt, 1. Unterabschnitt, Kapitel B.
834 KehdLR, S. 5; im Fortgang der Studie zitiert als: Vorbem. zu Tit. I.
835 *Mangels*, S. 38.
836 *Mevius*, P. II, Cap. 8, § 3.
837 NLA ST, Rep. 72/172 Freiburg Nr. 4676, LG Kehdingen v. 28.07.1664, Hein / Heinsohns Wittiben.
838 Vgl. ebda.
839 KehdLR Vorbem. zu Tit. I Nr. 2.

Gemeint sind also Prozesse wegen der Ausübung des Retraktrechts nach Tit. XX, XXI.

Die in der Abhandlung Vagts wiedergegebenen Prozesse *in puncto retractus* fanden vor dem Gräfengericht Freiburg statt. Sie stammen allerdings bis auf eine Ausnahme aus den Jahren 1694 bis 1756,[840] also nach der Abschaffung des gemeinsamen Landgerichts zu Beginn der 1690er Jahre. Aus ihnen lässt sich daher kein Rückschluss über die tatsächlichen Zustände des Jahres 1662 ziehen. In dieser Auflistung befindet sich allerdings auch ein Verfahren aus dem Jahr 1653, das ebenfalls vor dem freiburgischen Gräfengericht stattfand, damals in Krummendeich tagend.[841] Dieses Urteil, aus dem sich eine erstinstanzliche Zuständigkeit des Gräfengerichts für solche Streitsachen entnehmen lässt, erging neun Jahre vor dem Druck des Landrechts. Somit ist die in Vorbem. zu Tit. I Nr. 2 festgehaltene Erstzuständigkeit des Turmgerichts für Retraktsachen als nicht authentisch einzustufen; dass es zwischen 1653 und 1662 eine gewohnheitsrechtliche Verschiebung hin zum gemeinsamen Landgericht gab, die sogleich wieder verschwand, kann nicht angenommen werden.

Dessen ungeachtet hat es in Kehdingen aber ohne Zweifel gemeinsame *consuetudines* in Bezug auf das Retraktrecht gegeben, nach denen sich das Landgericht dann zumindest als Appellationsinstanz richten musste. Dass diese gewohnheitsrechtlichen Bräuche sich in den zwei Gräfengerichten theoretisch auseinander entwickeln konnten – und dies vielleicht auch taten – ist in diesem Zusammenhang nicht von Bedeutung.

C. Streitigkeiten über Siegel und Briefe (Vorbem. zu Tit. I Nr. 3)

Nach der Vorbem. zu Tit. I Nr. 3 ist das Turmgericht auch zuständig, „*wan Streit vorfället über Siegel und Brieffe.*“[842] Das Begriffspaar von Siegeln und Briefen taucht in Tit. XXVIII wieder auf. Dort heißt es, in Schuldsachen werde dem säumigen Schuldner ein Auszug aus einem erzbischöflichen Mandat über wucherliche Contracte präsentiert.[843] Angesprochen wird hier eine Konstitution, die der Landtag des Erzstifts am 9. Dezember 1580 verabschiedet hat.[844] In dem in Tit. XXVIII wiedergegebenen Auszug aus diesem Mandat geht es um

840 Vgl. *Vagt*, S. 174–184.
841 Vgl. a.a.O., S. 175.
842 KehdLR Vorbem. zu Tit. I Nr. 3.
843 Vgl. KehdLR Tit. XXVIII.
844 Sie ist abgedruckt bei: *Mindermann*, Nr. A 189 (S. 297–303).

die Vollstreckung aus solchen Briefen und Siegeln. Damit ist ein sogenannter Exekutivprozess gemeint, der an anderer Stelle erläutert wird.[845]

Einwendungen gegen solche Vollstreckungsmaßnahmen sollten auf dem Oberlandgericht in Vörde summarisch verhandelt werden. Für einige Gebiete gilt allerdings eine Ausnahme und in dem erzbischöflichen Mandat heißt es: „*Da auch hiebevor Greven und Heubtleute im Lande zu Kedingen* [...] *die Findung und Erkäntnuß über Siegel und Brieffe von altershero gehabt / soll denselbigen ihre gemelte Findung und Recht / wie sie das von altershero gehabt und hergebracht / hiermit / nicht benommen; sondern vielmehr außtrücklich vorbehalten sein.*“[846] Den Gräfen und Hauptleuten Kehdingens wurde also durch den Landesherren die althergebrachte Findung und Erkenntnis über Siegel und Briefe ausdrücklich bestätigt. Die Zuständigkeitsregelung in der Vorbem. zu Tit. I Nr. 3 ist demnach definitiv authentisch – jedenfalls solange sie nicht durch spätere Gesetze aufgehoben wurde. Andererseits stellt diese Regelung als Wiedergabe eines landesherrlichen Gesetzes materiell aber auch keine *consuetudo* mehr dar.

D. Zuständigkeit in Ehesachen (Vorbem. zu Tit. I Nr. 4)

Die Zuständigkeit des Turmgerichts liegt „*zum vierdten in Ehesachen.*“[847]

I. Ehegerichtsbarkeit im Allgemeinen

„Die römische Anschauung von der Ehe ist von der neuzeitlichen, die durch christliche Motive bestimmt wird, grundverschieden.“[848] Rezipiert wurde deshalb nur das Konsensprinzip des römischen Rechts,[849] im Übrigen war „das Eherecht des *Ius Commune* [...] von christlichen Anschauungen geprägt.“[850] Schon in frühmittelalterlicher Zeit galt die Ehe im Prinzip deshalb als göttlich gestiftet und der menschlichen Verfügbarkeit entzogen,[851] ihre rechtliche Dimension wurde durch das kanonische Recht bestimmt.[852] Trotz

845 Vgl. unten: III. Teil, 7. Abschnitt, 3. Unterabschnitt, Kapitel B.
846 KehdLR Tit. XXVIII; diese Stelle findet sich bei: *Mindermann*, Nr. A 189 (S. 302).
847 KehdLR Vorbem. zu Tit. I Nr. 4.
848 *Kaser/Knütel/Lohsse*, S. 344.
849 *Buchholz*, Art. Ehe, in: HRG I (2008), Sp. 1192.
850 *Coing*, S. 224; Hervorh. wie Orig.
851 *Buchholz*, Art. Ehe, in: HRG I (2008), Sp. 1192; vgl. *Eisenhardt*, Rn. 338.
852 *Coing*, S. 224.

konfessioneller Unterschiede im Gefolge der Reformation[853] blieb dies auch in den protestantischen Gebieten so.[854]

Weil das Eherecht in der christlichen Religion wurzelte, „hatte die Kirche des Mittelalters Rechtssetzung und Rechtsprechung auf dem Gebiet des Eherechts in Anspruch genommen und durchgesetzt",[855] sodass die Ehegerichtsbarkeit in der *iurisdictio ecclesiastica* der katholischen Bischöfe lag.[856] Deren *Jus episcopale* ging mit dem Augsburger Religionsfrieden von 1555 in protestantischen Territorien auf den jeweiligen Landesfürsten über,[857] der nun als *Summus Episcopus* auch Inhaber der kirchlichen Gewalt war. Später wurde die Ehegerichtsbarkeit in protestantischen Territorien dann durch sogenannte *Konsistorien* ausgeübt,[858] bei denen es sich um mit Theologen und Juristen besetzte Kirchenbehörden handelte,[859] die auch im Schul- und Armenwesen die Aufsicht führten.[860]

II. Ehegerichtsbarkeit in Kehdingen

Im Erzstift Bremen hatte es aber kein Konsistorium gegeben,[861] die Einrichtung einer solchen Behörde war lediglich im Rahmen der im Jahr 1616/1617 angestrengten Verwaltungsreform geplant.[862] Da dieses Vorhaben insgesamt scheiterte, wurden die entsprechenden Aufgaben durch die Räte in der Vörder Kanzlei wahrgenommen,[863] die sich aber an der konzipierten Konsistorialordnung orientiert haben dürften.[864] Letztlich wurde ein Konstorium erst 1651 errichtet, also in der Schwedenzeit.[865]

In einer archivalischen Quelle aus dem Jahr 1678 heißt es deshalb auch, es sei bekannt, „*daß tempore Archi Episcoporum da kein Consistorium im Lande gewesen, und Städte und Noblesse jura Episcopalia zu exerciren, ihnen*

---

853 Vgl. *Eisenhardt*, Rn. 338; vgl. *Buchholz*, Art. Ehe, in: HRG I (2008), Sp. 1199 ff.
854 *Coing*, S. 224; vgl. *Wolter*, Fortgeltung, S. 19, 35 ff.; vgl. *Eisenhardt*, Rn. 151.
855 *Coing*, S. 224.
856 *Wolter*, Fortgeltung, S. 20; vgl. *Eisenhardt*, Rn. 158.
857 Vgl. *Fiedler*, Verwaltung, S. 68.
858 *Coing*, S. 225; vgl. *Buchholz*, Art. Ehe, in: HRG I (2008), Sp. 1202 f.
859 *Coing*, S. 225.
860 *Fiedler*, Verwaltung, S. 68.
861 *Poppe*, S. 111.
862 *Fiedler*, Verwaltung, S. 24.
863 A.a.O., S. 119; vgl. *Poppe*, S. 111.
864 *Fiedler*, Bremen und Verden, S. 94.
865 *Drecktrah*, S. 65.

unternommenen, die Kehdinger Greffen und Hauptleuthe Ehesachen vor sich zu ziehen und zu entscheiden ihnen angemaßet haben."[866] In schwedischer Zeit sei diese Gerichtsbarkeit dann aber – wie allgemein üblich – durch ein Konsistorium ausgeübt worden; die ungebildeten Gräfen und Hauptleute wären auch ungeeignet, alleine über solche Fragen zu befinden.[867] Tatsächlich geht es in dieser Archivale auch um die Zuständigkeitsregelung nach der Vorbem. zu Tit. I Nr. 4: Eine Abschrift dieser Norm und eine vollständige Druckausgabe des Landrechts sind dem Schreiben als Anlage beigegeben. Gegenstand dieses Verfahrens waren „*Gravamina der Deputirten des Landes Kedingen butzfletischen Theils.*"[868] Mit dem Begriff *Gravamina* bezeichnete man Beschwerden der Landstände, in denen sie gegenüber dem Landesherren die Verletzung ihrer althergebrachten Privilegien rügten.[869]

Die Beschwerdeführer legten nun dar, trotz der Zuständigkeit des Konsistoriums wären „*einmahl schon vorhero derogleichen Casus Matrimoniales aus dem Bützflethischen theile Landes Kehdingen, und inspecie auch aus dem Kirchspiel Drochtersen alhie anhängig gemachet, und erörteret worden.*"[870] Damit waren die Beschwerdeführer aber ganz offenbar nicht einverstanden. Denn nachdem das Kirchspielsgericht Drochtersen diese Entscheidung getroffen hatte, wurde sie nicht befolgt. Als die obsiegende Partei dies nun rügte, versuchte man nicht, ihrem Ansinnen zum Erfolg zu helfen und das Urteil durchzusetzen. Im Gegenteil wurden jene, die durch das Erkenntnis über diese Ehesache „*eingriffe in jura Episcopalia*" getätigt hatten, für „*Ihr freches unternehmen mit einer geringen mulcta von 12 Rtlr.*" belegt;[871] d.h. es erging eine Geldstrafe gegen sie. Zudem begehrten die Beschwerdeführer noch, den „*Advocatus welcher darzu*

---

866 NLA ST, Rep. 30 Nr. 1034, Bl. 6v.

867 NLA ST, Rep. 30 Nr. 1034, Bl. 6v–7r: „*So ist doch Landkündig und ohnstreitig, daß unter Schwedischer Regierunge ihnen solches nimmer gestattet, sondern alle und jede Ehesache so im gantzen Hertzogthumb vorgefallen* [...] *fürs Consistorium gebracht, und daselbst ausgeübt worden; Gestalt auch absurdum sein würde, Greffen und Hauptleuthen alß illiteratis die Ehesachen zu committiren, welche in terris protestantium nirgends dem Magistratui Politico allein gelaßen, sondern ad Consistoria so zugleich mit geistlichen persohnen besetzet, verwiesen worden.*"

868 NLA ST, Rep. 30 Nr. 1034; die genannte Beschwerde vom 31. Mai 1678 war an die braunschweigisch-lüneburgische Administration gerichtet, denn das Herzogtum Bremen-Verden war im Rahmen einer Reichsexekution gegen Schweden von 1676 bis 1679 besetzt, dazu vgl. *Fiedler*, Bremen und Verden, S. 194 f.

869 Vgl. *Fiedler*, Verwaltung, S. 31.

870 NLA ST, Rep. 30 Nr. 1034, Bl. 7v.

871 NLA ST, Rep. 30 Nr. 1034, Bl. 7v–8r.

sich gebrauchen laßen, nach austrucklichem einhalte der ordnungen, darüber billig zubestraffen.“[872] Insbesondere wurde aber das Verhalten des Gräfen Stein moniert, dem man vorwarf, durch die Mitwirkung seine Eidespflicht verletzt und die landesherrlichen Rechte geschmälert zu haben.[873] Daraus lässt sich aber ersehen, dass die kehdingschen Gerichte faktisch tatsächlich über Ehesachen entschieden haben; ob dies mit landesherrlichen Vorrechten vereinbar war, ist in diesem Sinne unbeachtlich. Die von Keller festgeschriebene Zuständigkeit der örtlichen Gerichte spiegelt somit nämlich eine wirklich gelebte Rechtsgewohnheit wider.

Auch das war wohl nicht ungewöhnlich. Für das Mittelalter ist erkennbar, dass das niedersächsische „Gogericht auch andere Aufgaben an sich zog, zu deren Erledigung die regelmäßigen Versammlungen der Landleute willkommene Gelegenheit boten. […] Ob man freilich von einer entsprechenden ‚Zuständigkeit‘ des Gogerichts sprechen kann, ist zweifelhaft.“[874] Und da in geistlichen Territorien die kirchlichen Gerichte bisweilen über weltliche Angelegenheiten verhandelten,[875] mögen bei der naturgemäßen Verquickung beider Sphären umgekehrt durchaus auch weltliche Gerichte mitunter dem geistlichen Bereich zugeordnete Angelegenheiten an sich gezogen haben.

III. Subsidiarität zur gütlichen Einigung vor dem Kirchspielsgericht

Von der vorgenannten Entscheidung des Gräfengerichts über Ehesachen zeigen sich die Beschwerdeführer verwundert; schließlich sind es nicht die Kirchspielsgerichte, sondern das Landgericht zu Hamelwörden, „*worauf die Kehdingische Landtgebräuche zielen wollen.*“[876] Aber auch im Landrecht ist eine Zuständigkeit des Landgerichts nur als subsidiär angelegt. Denn die Vorbem. zu Tit. I Nr. 4 legt fest, dass die Sache nur dann verwiesen wird, wenn die Sachen „*in den Kirchspielen* […] *von Greven und Heubtleuten eines jedē[n] Kirchspiels nicht können in Güte verglichen werden.*“[877]

Eine solche gütliche Einigung durch einen Vergleichsvertrag kannte schon das römische Recht. Seit dem ausgehenden 15. Jahrhundert traten gerichtliche Vergleiche dann als Urteilen gleichgestellte Vollstreckungstitel auf.[878] Dabei

---

872 NLA ST, Rep. 30 Nr. 1034, Bl. 8r.

873 Vgl. NLA ST, Rep. 30 Nr. 1034, Bl. 8r–9r.

874 *Kroeschell*, Sassen, S. 97.

875 *Eisenhardt*, Rn. 158.

876 NLA ST, Rep. 30 Nr. 1034, Bl. 7v.

877 KehdLR, Vorbem. zu Tit. I Nr. 4.

878 *Saar*, Art. Vergleich, in: HRG V (1998), Sp. 724.

waren die Gerichte durchaus auch bestrebt, solche herbeizuführen. So war das schwedische Justizkollegium in Stade dazu angehalten, mittels einer *clausula monitoria* im schriftlichen Vorverfahren sowie nochmals zu Beginn der mündlichen Verhandlung einen Vergleich zwischen den Parteien herbeizuführen.[879] Dies war schließlich auch in der Hofgerichtsordnung von 1672 festgehalten worden.[880] Derartige Einigungsversuche wurden im gemeinrechtlichen Zivilverfahren als eine wichtige Pflicht des Richters angesehen, dessen Dominanz dann dazu führte, dass Vergleiche „faktisch [...] mehr von dem Gerichte gemacht oder gestiftet, als von den Parteien aus eigener Intention geschlossen" wurden.[881] Gleichwohl konnte der Prozess auch durch einen außergerichtlichen Vergleich beendet werden, der bei dem Gericht aber anzuzeigen und von diesem zu bestätigen war.[882] Allgemein üblich war es in Deutschland zudem, dass das Gericht besondere Kommissionen einsetzte, welche die gütliche Einigung herbeiführen sollten.[883] Bedeutsam wird dieses Thema noch einmal im Zusammenhang mit Tit. V § 2 des Landrechts, wo der sogenannte *Kommissionsprozess* zum Zwecke einer gütlichen Einigung geregelt ist.[884]

Solche Prozessbeendigungen durch Vergleiche sind für Kehdingen zunächst für beide Gräfengerichte nachweisbar; und zwar sowohl im mündlichen Termin[885] als auch noch danach.[886] Zudem meldet das Protokoll des Landgerichts

879 *Fiedler*, Verwaltung, S. 110.

880 Vgl. HGO 2,3,1: „*Wann einer jeden Obrigkeit fürnehmblich wol anstehet / zuforderst dahin zutrachten / daß dero Unterthanen ohne Noht nicht zu weitläufftigen geldfressenden Processen gelangen / sondern ehe un besser in güte über den entstehenden Zwistigkeitē[n] entschieden werden / so wollen wir auch / daß in unsern Landen bey Unsern Unterthanen / ehe sie zum Rechtsstreit für Unserm Hoffgericht gelangen / solches nicht ausser acht gelassen / sondern versuchet werde / ob sie vorhero zur Einigung mögen gebracht und verglichen werden.*"

881 *Endemann*, Civilprozeß I, S. 394 f.

882 Ebda.

883 Vgl. *Seyfart*, S. 73.

884 Vgl. unten: III. Teil, 2. Abschnitt, 3. Unterabschnitt, Kapitel B.-V.-3.

885 NLA ST, Rep. 28 Nr. 885, Bl. 24r, GräfenG Bützfleth v. 06.09.1698, Hilke / König: „*Diese sache ist in güte dahin verglichen, daß retrahatus das Landt quaestionis wieder abgetreten, jedoch daß retrahens die heutigen vorerwehnten kosten zu bezahlen über sich genommen.*"

886 NLA ST, Rep. 28 Nr. 885, Bl. 27r, GräfenG Freiburg v. 22.04.1702, Sietwende / Tiedemann: „*Post plublicationem sententiae, verglichen sich partes, daß Sietwende dem Peter Tiedemann vor das Knakische hauß 100 Mk.L. giebt, und hingegen Knake sein hauß behält.*"

wegen einer Verhandlung vom 19. Juni 1665: „*Diese Urteil ist nicht publiciret, weil die Parteyen sich inzwischen verglichen.*“[887] Der Kläger hatte von der Beklagten die Zahlung einer Schuldforderung über 30 Mark lübsch begehrt. Diese wendete ein, die Schuld sei bereits beglichen. Das Landgericht hatte sie nunmehr dazu verurteilt, dies zu beweisen, wovon der Ausgang des Rechtsstreits abhängen würde.[888] Diese Ungewissheit zwischen den Parteien sollte der Vergleich beseitigen.

E. Verweisung durch die Gräfengerichte (Vorbem. zu Tit. I Nr. 5)

Nach der Vorbem. zu Tit. I Nr. 5 werden überhaupt alle Streitigkeiten, welche das Kirchspielsgericht nicht schlichten konnte, „*Auch an das Gerichte zu Hamelwührden remittiret (oder verwiesen).*“[889] Tatsächlich heißt es bei Mevius, von den Kirchspielsgerichten würden Rechtsstreitigkeiten an das Landgericht „auff Ansuchung der Partheyen vorwiesen werden.“[890] Es war in diesem Sinne im gemeinen Prozess auch durchaus üblich, dass Gerichte schwierigere Fälle (*causae maiores*) im Wege einer *remissio* an eine höhere Instanz verwiesen.[891] Von daher ist die Regelung als authentisch zu bewerten. Indessen wird in dieser Regelung über das Landgericht aber nicht gesagt, „daß es eine Appellations-Instanz gewesen sey.“[892]

F. Örtliche Zuständigkeit

In den Vorbem. zu Tit. I werden nur sachliche Kompetenzen thematisiert. In welchen Fällen das Landgericht zu Hamelwörden örtlich zuständig war, ist dagegen nicht geregelt. Insoweit wird auch hier auf die gemeinrechtliche Doktrin zurückgegriffen worden sein, die eine Vielzahl von örtlichen Gerichtsständen vorsah.[893]

---

887 NLA ST, Rep. 72/172 Freiburg Nr. 4677, LG Kehdingen v. 19.06.1665, Broyer / Rumundts Erben.

888 Vgl. ebda.: „*Daß beklagtin innerhalb 6 wochen, daß die obligation völlig bezahlt zu beweisen, oder im widrigen die geklagte 30 Mk.L. Capital sambt der Zinse ad alterum tantum alß auch 30 Mk.L. zu bezahlen schuldig, wie Sie dan darzu schuldig erkandt.*“

889 KehdLR Vorbem. zu Tit. I Nr. 5.

890 *Mevius*, P. II, Cap. 8, § 3.

891 Vgl. *Nörr*, Prozessrecht, S. 186.

892 *Pratje*, Botting, S. 288 Anm. 2.

893 Anknüpfungspunkte dafür waren etwa der Wohnsitz des Beklagten (*forum domicili*) sowie die Orte der Vertragserfüllung (*forum solutionis*), der Vermögensverwaltung (*forum administrationis*) oder der Belegenheit der Sache (*forum rei*). Bei mehreren Gerichtsständen hatte der Kläger die Wahl. Ermöglicht war schließlich

3. Unterabschnitt – Das Verfahren vor dem Landgericht (Tit. I–X)

Im Anschluss an die Zuständigkeitsregelung beginnt das eigentliche Landrecht. Die ersten zehn Tituli beschreiben das Verfahren vor dem Landgericht in Hamelwörden. Sie setzen damit den Rahmen für den Zivilprozess.

A. Vorbemerkungen

Nach gemeinrechtlichem Verständnis war „der Proceß […] eine rechtmäßige Art und Ordnung, die streitigen Sachen in dem Gericht zu bringen, und dieselben, wann vorhero der andere Theil ist gehöret, und die Wahrheit der Sache erwogen, durch die Sentenz zu endigen. Diese vier Capita, nemlich die Klage, Antwort, Beweiß, und Sentenz, machen das Weesen des Processes aus."[894] Auch das Landrecht spiegelt diese Kernelemente wider: Zu seinem Beginn behandelt es den allgemeinen Ablauf, die Beteiligten und insbesondere das Beweisverfahren, während am Ende noch das rechtskräftige Urteil und Rechtsmittel angesprochen werden.

I. Geltungskraft

Zur Geltungskraft der prozessualen Regelungen des Landrechts bemerkt Schlüter, diese seien schon wegen der entgegenstehenden Vorschriften der Untergerichtsordnung unbrauchbar.[895] Gemeint ist jene Untergerichtsordnung, die im Jahr 1753 für alle bremen-verdischen Instanzgerichte ergangen war, weil sich an der überkommenen Rechtszersplitterung nichts geändert hatte.[896] In ihr wird „ein bedeutender Ansatz zur Vereinheitlichung der Justiz erkennbar."[897] Soweit Schlüter in diesem Zusammenhang auch die Hofgerichtsordnung von 1672 anspricht, betrifft dies nur das in den Tit. XXXI, XXXII geregelte Appellationsverfahren.[898]

---

auch eine Gerichtsstandsvereinbarung (*prorogatio fori*), vgl. *Nörr*, Prozessrecht, S. 61 ff.; eine ausführliche Auflistung von zeittypischen Gerichtsständen findet sich bspw. in der kurbayerischen Zivilprozessordnung von 1753, vgl. CIBI Cap. I §§ 2–9.

894 *Scopp*, S. 12 f.

895 *Schlüter*, Kehdingen II, S. 224 f.

896 *Drecktrah*, S. 165.

897 Ebda.

898 Vgl. *Schlüter*, Kehdingen II, S. 224 f.

II. Der gemeinrechtliche Zivilprozess

Nach der Einschätzung von Schwartz sind die prozessualen Bestimmungen des Kehdinger Landrechts „sehr mäßig romanisierend.“[899] Damit gehören sie in das Panorama des gemeinen Zivilprozesses, der sich aus dem römisch-kanonischen Prozessrecht und Gesetzen des Heiligen Römischen Reiches speiste.[900] Dieser römisch-kanonische Prozess war in Italien entstanden[901] und setzte sich in Deutschland zunächst in der kirchlichen Rechtspflege durch.[902] Auf Grundlage dieser Vorbilder in der geistlichen Gerichtsbarkeit entwickelte das Reichskammergericht den sogenannten älteren *Kameralprozess*. Dessen Grundpfeiler waren die Verhandlungsmaxime, die Schriftlichkeit des Verfahrens und das Artikel- oder Positionalverfahren.[903] Dieser Kameralprozess wurde „in der Mitte des 17. Jahrhunderts von dem sog. gemeinen Zivilprozess abgelöst.“[904] Bedeutsam für die Herausbildung dieser neuen Entwicklungsstufe war auch der Jüngste Reichsabschied von 1654; er zielte auf eine Reform des Kameralprozesses in Anlehnung an den sächsischen Prozess, der sich auf Grundlage des älteren sächsischen Rechts entwickelt hatte.[905] Der aus dieser Verbindung entstandene gemeine Prozess prägte die Gesetzgebung des deutschen Zivilprozessrechts bis in das 19. Jahrhundert hinein.[906]

III. Lokales Zivilprozessrecht

Auch im Bereich des Verfahrensrechts können sich in Kehdingen *consuetudines* gebildet haben, denn „die Möglichkeit der Rechtserzeugung im Wege der Gewohnheit auch für das Gebiet des Civilprozesses ist nicht zweifelhaft. In Bezug auf die Voraussetzungen, Anwendbarkeit, Rechtsbeständigkeit und Wirksamkeit gelten die allgemeinen Rechtsregeln.“[907] Solche lokalen Rechte wurden mancherorts zum gemeinen Prozess parallel angewandt, bisweilen aber sind „Regeln und Figuren partikularrechtlicher Herkunft in das

---

899 *Schwartz*, S. 52.

900 *Nörr*, Wissenschaft, in: Ius Commune X (1983), S. 161.

901 *Deutsch*, Art. Beweis, in: HRG I (2008), Sp. 562; vgl. *Nörr*, Prozessrecht, S. 1 f.; vgl. *Eisenhardt*, Rn. 395; vgl. *Endemann*, Civilprozeß I, S. 21 f.

902 *Deutsch*, Art. Beweis, in: HRG I (2008), Sp. 562.

903 *Eisenhardt*, Rn. 395 f.

904 A.a.O., Rn. 395.

905 A.a.O., Rn. 396 f.; vgl. *Mitteis*, S. 269.

906 *Eisenhardt*, Rn. 395.

907 *Endemann*, Civilprozeß I, S. 17.

romanisch-kanonische Prozessrecht integriert worden."[908] Insofern gab es – und das entspricht ja der Harmonisierungstendenz des *Usus modernus* – eine „‚Toleranz' des romanisch-kanonischen Prozessrechts gegenüber den Partikularismen."[909] Ob landesherrliche Zivilprozessordnungen solche Gewohnheitsrechte später beseitigt haben, ist eine davon unabhängige Frage.

B. Allgemeiner Ablauf und Prozessbeteiligte (Tit. I–VI)

In den Tit. I bis VI des Landrechts werden zunächst Fragen des allgemeinen Verfahrensablaufs und der Prozessbeteiligten geregelt.

I. Der Gerichtstag (Tit. I)

Der erste Titel des Landrechts widmet sich der Terminierung eines Gerichtstags.

1. Bekanntmachung des Gerichtstags

Festgesetzt wird der Gerichtstag nach Tit. I § 1 alleine von den Gräfen. Dies scheint plausibel, denn sie leiteten die Gerichtsverhandlungen und waren „die höchsten Richter in ihrem Lande."[910] Der von ihnen bestimmte Termin wird nach Tit. I § 1 am „*Sontag zuvor von den Cantzeln im gantzen Lande Kedingen* […] *abgekündiget / als / daß dan den Donnerstag oder Freytag nach beschehener Abkündigung das Gerichte zu Hamelwührden solle gehalten werden.*"[911] Diese Regelung ist definitiv authentisch. Die Kanzeln hatten im Erzstift bei der Schatzsammlung, bei der Ausschreibung der Gerichte sowie bei anderen die Landesverwaltung betreffenden Ankündigungen und Maßnahmen eine nicht zu unterschätzende Funktion als „Hilfsorgan der landesherrlichen Lokalverwaltung"; insbesondere bei den Schatzsammlungen erließen der Erzbischof oder das Domkapitel Mandate an die Pastoren, welche sie an den Kanzeln zu verlesen hatten.[912] Auch die Beschlüsse der jährlich am Schinkelplatz tagenden Landesversammlung wurden „*den folgenden Sontage im nahmen Greffen und Heübtleüte* […] *von den Cantzeln bey gewißer poen abgekündigt.*"[913] Diese Praxis behielt man auch in der Schwedenzeit bei: Amtlich gedruckte Plakate wurden

---

908 *Nörr*, Prozessrecht, S. 2.
909 A.a.O., S. 4.
910 *Hofmeister*, Elbmarschen II, S. 314.
911 KehdLR Tit. I § 1.
912 *Schleif*, S. 66 f.
913 NLA ST, Rep. 7 Nr. 7, Bl. 15r.

zumeist an den Kirchentüren befestigt und alle die Landesverwaltung betreffenden Mandate wurden von den Kanzeln verlesen, das gilt insbesondere für Steuern oder die Ankündigung von Gerichtstagen.[914] Auf Bestreben der Geistlichkeit wurde „die Verkündigung weltlicher Dinge [...] von der Kanzel" im September 1693 allerdings per Verordnung verboten.[915] Die Bekanntgabe sollte nun anderweitig erfolgen. Das neue Vorgehen war allerdings derart unzulänglich, dass der Generalgouverneur bereits im November 1694 beim König um eine Rückgängigmachung bat. Spätestens im Juni 1696 war man zur alten Praxis zurückgekehrt.[916]

2. Verteilung der Streitsachen

Die Anzahl der auf dem Gerichtstag verhandelbaren Streitsachen war in Tit. I § 2 auf zwölf begrenzt. Da es sich um ein Gericht für das gesamte Land handelte, war man auf eine paritätische Aufteilung bedacht, denn es werden „*sechs aus den vier Kirchspielen / Hamelwührden / Drochtersen / Assel und Butzfleth: Und sechs Sachen aus den dreyen Kirchspielen Freyburg / Oderquart und Ballie gehöret / tractiret und gehandelt.*"[917] Die Begrenzung dürfte dazu gedient haben, die Durchführung an tatsächlich einem einzigen Tag zu gewährleisten. Denn in vormotorisierter Zeit war die Anreise der Gräfen und Hauptleute aus den weiter entfernten Landesteilen gewiss mit einem erheblichen mehrstündigen Aufwand verbunden.[918] Insofern ist es beachtlich, wenn der Gerichtstag laut Tit. I § 1 bereits am Donnerstag oder Freitag nach der Bekanntmachung am Sonntag stattfand. Im Einzelnen lassen sich die folgenden 16 Gerichtstage nachweisen:

- 3. Juli 1656,[919]
- 6. September 1660,[920]

914 *Fiedler*, Verwaltung, S. 174.

915 Ebda.; diese „Verordnung gegen Abkündigung weltlicher Sachen von den Cantzeln" ist abgedruckt in: PolizeiO-1693, S. 792 f.

916 *Fiedler*, Verwaltung, S. 174.

917 KehdLR Tit. I § 2.

918 Vgl. *Schlüter*, Kehdingen I, S. 90: „Die Communication zu Lande ist dagegen durch die Beschaffenheit des Erdbodens im Winter überhaupt und bei anhaltendem Regenwetter, auch in andern Jahrszeiten, sehr erschwert, weil die Wege und Straßen fast gar nicht zu passiren sind."

919 NLA ST, Rep. 72/172 Freiburg Nr. 4675; auszugsweise abgedruckt bei: *Pratje*, Botting, S. 289 ff.

920 NLA ST, Rep. 72/172 Freiburg Nr. 4675.

- 28. Juli 1664,[921]
- 19. Juni 1665,[922]
- 27. Juni 1667,[923]
- 25. Juni 1668,[924]
- 23. Juni 1670,[925]
- 11. September 1671,[926]
- 25. Juni 1675,[927]
- 15. Oktober 1677,[928]
- 11. Juni 1680,[929]
- 16. Juni 1683,[930]
- 16. Oktober 1684,[931]
- 7. Februar 1688,[932]
- 31. März 1690,[933]
- 22. Juni 1691.[934]

Die meisten Gerichtstage fanden also in der warmen Jahreszeit statt. Die Hälfte der nachweisbaren Termine lag im Juni. Dies dürfte damit zusammenhängen, dass beim Gerichtstag die neuen Hauptleute vereidigt wurden, deren Wahl an dem auf Pfingsten folgenden Sonntag stattfand.

Die Landesbeschreibung sagt, dass das Turmgericht jährlich tagte.[935] Es gibt aber Indizien dafür, dass es auch bei Bedarf abgehalten wurde. So fand der bereits angesprochene Gerichtstag des Jahres 1671 am 11. September statt. Auf

921 NLA ST, Rep. 72/172 Freiburg Nr. 4676.
922 NLA ST, Rep. 72/172 Freiburg Nr. 4677.
923 NLA ST, Rep. 72/172 Freiburg Nr. 4678.
924 NLA ST, Rep. 72/172 Freiburg Nr. 4679.
925 NLA ST, Rep. 72/172 Freiburg Nr. 4680.
926 NLA ST, Rep. 72/172 Freiburg Nr. 4681.
927 NLA ST, Rep. 72/172 Freiburg Nr. 4682.
928 NLA ST, Rep. 72/172 Freiburg Nr. 4683; auszugsweise abgedruckt bei: *Pratje*, Botting, S. 291 f. (dort ist wegen eines Druckfehlers fälschlich von 1667 die Rede).
929 NLA ST, Rep. 72/172 Freiburg Nr. 4684.
930 NLA ST, Rep. 72/172 Freiburg Nr. 4685.
931 NLA ST, Rep. 72/172 Freiburg Nr. 4686.
932 NLA ST, Rep. 72/172 Freiburg Nr. 4687.
933 NLA ST, Rep. 72/172 Freiburg Nr. 4688.
934 NLA ST, Rep. 72/172 Freiburg Nr. 4689; auszugsweise abgedruckt bei: *Pratje*, Botting, S. 292.
935 Vgl. NLA ST, Rep. 7 Nr. 7, Bl. 17v–18r.

diesem wurde einzig eine Berufung gegen ein Urteil verhandelt, welches das Kirchspielsgericht Assel genau einen Monat zuvor gesprochen hatte.[936] Zudem finden sich keine Notizen über die Eidesleistung der Hauptleute, obwohl auch in jenem Jahr entsprechende Wahlen stattgefunden haben müssen. Vor diesem Hintergrund ist davon auszugehen, dass es im Jahr 1671 mehr als einen Gerichtstag gab und die Protokolle insoweit nicht vollständig überliefert sind.

II. Die Ladung der Parteien (Tit. II)

In Tit. II wird die Ladung der Parteien geregelt.

1. Die Parteien

Der römisch-kanonische Zivilprozess war kontradiktorischer Natur,[937] denn „kein Rechtsstreit ist denkbar ohne zwei sich gegenüberstehende Personen, welche in Bezug auf die Lösung oder Realisirung des zwischen ihnen im Streit befindlichen Rechtsverhältnisses uneinig sind."[938] Die beiden sich gegenüberstehenden Parteien waren der Kläger und der Beklagte:[939] „Der Kläger ist diejenige Person, welche in denen Gerichten von dem Gegentheil etwas fodert, und der Beklagte ist, von welchem etwas gefodert wird."[940] In manchen Prozessarten wurden die Parteien bisweilen anders bezeichnet, beispielsweise als *Implorant* und *Implorat* im summarischen Prozess[941] oder als *Appellant* und *Appellat* im Berufungsprozess.[942] Standen auf einer Seite mehrere Parteien, so waren sie Streitgenossen (*litisconsortes*).[943]

Zur Ordnung der Prozessbeteiligten formte die gemeinrechtliche Lehre eine Unterscheidung in drei Gruppierungen aus, nämlich in Parteien (*qui suo nomine agunt*), ihre Prozessvertreter (*qui alieno nomine agunt*) sowie unterstützende Dritte (*qui adminiculum causae praestant*).[944] In Tit. II § 1 sind nur die eigentlichen Parteien angesprochen. Von den Prozessvertretern ist in Tit. IV noch die Rede. Dritte *qui adminiculum causae praestant* fehlen dagegen im

---

936 Vgl. NLA ST, Rep. 72/172 Freiburg Nr. 4681.

937 Vgl. *Nörr*, Prozessrecht, S. 21; vgl. *Kaser/Knütel/Lohsse*, S. 479.

938 *Endemann*, Civilprozeß I, S. 242; vgl. a.a.O., S. 362: „In diesem Sinn erscheint die Zweiseitigkeit als Fundamentalsatz eines jeden Proceßverfahrens."

939 *Seyfart*, S. 12 f.

940 A.a.O., S. 12; vgl. *Endemann*, Civilprozeß I, S. 242 f.

941 *Seyfart*, S. 13.

942 A.a.O., S. 490.

943 *Nörr*, Prozessrecht, S. 23 f.

944 A.a.O., S. 21.

Landrecht; es kennt also noch nicht die Nebenintervention. Mit Hilfe dieser Rechtsfigur konnten Dritte akzessorisch dem Rechtsstreit beitreten, wenn sie ein Interesse an dessen Gegenstand glaubhaft machen konnten, was vor allem bei einer möglichen Präjudizwirkung des Urteils der Fall war.[945] Ermöglicht wurde dies z.B. durch die Hofgerichtsordnung von 1672[946] oder die Untergerichtsordnung von 1753.[947]

2. Die Ladung

Die Ladung der Parteien zum Prozess wird dann in Tit. II § 1 weiter beschrieben.

a) Ablauf

Der gemeinrechtliche Zivilprozess wurde durch die ordnungsgemäße Erhebung einer Klage und deren Zustellung (Insinuation) an den Beklagten eingeleitet.[948] Vorschriften über die Erfordernisse an eine ordnungsgemäße Klageerhebung enthält das Kehdinger Landrecht nicht. Im Zeitalter des *Ius commune* stellte die Übergabe der Klageschrift an das Gericht den Beginn allen prozessualen Handelns dar.[949] Diese Klageschrift hatte den Richter und die Parteien zu bezeichnen[950] und musste inhaltlich „drei Hauptbestandteile aufweisen: den Rechtsgrund des klägerischen Vorbringens (*causa petendi*), die Darstellung des Lebenssachverhalts (*factum*) sowie einen Antrag (*petitum*), der das Begehren des Klägers gegenüber dem Beklagten präzise benannte."[951] Bei dem Gericht

---

945 A.a.O., S. 25 f.; war ein Beitritt erfolgt, konnte „der akzessorisch Intervenierende [...] sich unabhängig von der Partei aller Angriffs- und Verteidigungsmittel bedienen und jeden Beweis antreten, soweit nicht bereits Präklusion eingetreten war. Das Urteil wurde zwischen den Parteien gefällt, erzeugte aber Rechtskraft für und gegen den Dritten. Die Appellation gegen das Urteil stand ihm wiederum als selbständiges Rechtsmittel zu", a.a.O., S. 26 f.

946 Vgl. HGO 2,10: „*WEr an denen Sachen / so für Gerichte kommen und getrieben werden / ein merckliches Interesse, und solches fort darzu thun hat / mag sich bey dem Proceß interveniendo anmelden* [...] *2. Gereichet die Intervention einem dero im Gericht streitender Partheyen zur Assistentz, so geschiehet die Beytretung in dem Stande / worin zu jederzeit der Proceß sich befindet / und wird durch die Intervention nicht behindert noch geändert.*"

947 Vgl. UGO Tit. V §§ 9, 10.

948 *Schlinker*, Prozesseinleitung, in: ZRG GA 128 (2011), S. 95.

949 A.a.O., S. 74.

950 Ebda.

951 Ebda.; Hervorh. wie Orig.; vgl. *Seyfart*, S. 24: „Endlich so muß vor allen Dingen die Klage geschickt, oder wie man es zu nennen pfleget, *libellus aptus* seyn, worunter

versah man die Klage dann mit einem Eingangsvermerk (*registraturam praesentationis*).[952]

Das Landrecht trifft keine Aussage darüber, wo die Klage einzureichen ist. In Tit. II § 1 geht es lediglich um die Ladung; und diese geschieht, indem der Kläger bei demjenigen Landessekretär vorstellig wird, in dessen Bezirk der „*Citandus (welcher vorbeschieden werden soll) wohnet / oder sonsten anzutreffen ist.*"[953] Da die schriftliche oder mündliche Einreichung der Klage im gemeinrechtlichen Zivilverfahren aber üblicherweise mit dem Antrag auf Ladung der Gegenpartei zusammenfiel,[954] wird die Klage erst recht bei dem Landessekretär erhoben worden sein. Deshalb musste auch die Ladung durch die Verwaltungsorgane der Landesgemeinde zugestellt werden, während die *citatio* im gemeinrechtlichen Verfahren üblicherweise durch den Richter veranlasst wurde. Sie erfolgte dann entweder mündlich (*viva voce*) oder schriftlich (*per litteras*).[955]

In Kehdingen leitete nach Tit. II § 1 des Landrechts der Landessekretär auf den Antrag des Klägers „*einen Tage-Zettul* [...] *an den Haubtman / in dessen Baurschafft der Citandus*" wohnhaft ist.[956] Der Begriff *Tagzettel* ist die deutschsprachige Entsprechung zur *citatio*.[957] Der jeweilige Hauptmann ist dann dazu verpflichtet, den Beklagten „*auff den angeordneten Gerichts-Tag zu erscheinen / hinzubescheiden.*"[958] Diese Regelung ist authentisch, auch noch zu Beginn des 19. Jahrhunderts wurden die Ladungen gemeinschaftlich durch die Landessekretäre und Hauptleute besorgt.[959] In der rudimentären Verwaltungsorganisation

so viel verstanden wird, daß der Kläger so wohl eine richtige *causam petendi* zum Grund der Klagen setzen, a) als auch daraus darnach ein wohlschlüssendes *petitum* formieren müsse"; Hervorh. typograph.

952 *Seyfart*, S. 39.

953 KehdLR Tit. II § 1; vgl. die ähnliche Regelung in EiderstedtLR I,5.

954 Vgl. *Nörr*, Prozessrecht, S. 68 f.

955 A.a.O., S. 69.

956 KehdLR Tit. II § 1.

957 Vgl. DWB 21, Stichw. Tagzettel, Sp. 91; diese Form der *citatio*, die insbesondere in Sachsen gebräuchlich war, wurde auch als *Denkzettel* bezeichnet. Ein Formular findet sich bei *Ludovici*, Civil-Proceß, S. 104: „Zu gedencken, daß auf Caji übergebenes Klage-Schreiben der *** zum Termin anberaumet, und Beklagter alsdann zu erscheinen vorgeladen worden. Dannenhero Kläger sich gleichergestalt darnach zu achten, bemeldeten Tages vor **** zu früher Tages-Zeit erscheinen und mit Gegentheil gütlichen Vergleich pflegen, in Verbleibung dessen aber kürtzlich seine Klage wiederholen, und wenn Beklagter darauf gebührend geantwortet, rechtlichen Bescheides gewärtig seyn wird. Wornach er sich zu achten."

958 KehdLR Tit. II § 1.

959 *Schlüter*, Kehdingen II, S. 214.

der Landesgemeinde stellte dies sicherlich den naheliegendsten und auch zuverlässigsten Weg dar. In Eiderstedt dagegen ließ man die Ladung beispielsweise durch zwei „*Erbhaußgesessene glaubwirdige Leüte uberantworten.*"[960] Anders als in der Hofgerichtsordnung findet sich aber keine Regelung dazu, wie außerhalb der Landesgemeinde wohnhafte Beklagte zu laden waren.[961]

Im Hinblick auf die Zustellung selbst verlangt das Landrecht, dass im Tagzettel „*dem Beklagten die Klage mit wenig Worten werde vermeldet*",[962] er aus ihr also den Inhalt erfahren kann. Dies ist archivalisch nachweisbar. So teilte der Prozessvertreter des Beklagten in einem im Jahr 1665 geführten Rechtsstreit mit, er hätte „*haubtsachlich ex citatione vernommen, daß zwischen Klägers Sehl: Haußfrawen und seines Principalen freünden ein vermeinter Vertrag vollenzogen sein solte.*"[963]

b) Frist

Im gemeinen Zivilverfahren waren bei der Ladung bestimmte Fristen einzuhalten. So galt für Prozesse bei dem Reichskammergericht eine grundsätzliche Frist von 30 Tagen, die bei einem entsprechend weiter entfernten Wohnsitz des Beklagten anzupassen war.[964] Die Stader Hofgerichtsordnung forderte, dass die Ladung „*zum wenigsten vier Wochen für dem Gerichtstage* [...] *den citandis verkündet werde.*"[965] Die Wismarer Tribunalsordnung sah eine Frist von 14 Tagen vor,[966] die Untergerichtsordnung von 1753 verlangte acht Tage.[967]

Von solchen vergleichsweise großzügigen Fristen weicht das Landrecht deutlich ab. Es bestimmt hier die denkbar geringste Minimalfrist, indem es festschreibt, es solle „*dem Beklagten zum wenigsten der Tage-Zettul einen Tag zuvor überantwortet werden.*"[968] Auch wenn solche 24-stündigen Ladungsfristen selbst nach heutigem Zivilprozessrecht in einigen Verfahren zulässig sind,[969] mutet dies doch unbotmäßig kurz an; erst recht, wenn man die Kommunikations- und Fortbewegungsmöglichkeiten des 17. Jahrhunderts

---

960 EiderstedtLR I,5.
961 Vgl. HGO 2,2,7.
962 KehdLR Tit. II § 1.
963 NLA ST, Rep. 72/172 Freiburg Nr. 4677, LG Kehdingen v. 19.06.1665, Stüwen / Deden.
964 *Sellert*, Art. Ladung, in: HRG III (2016), Sp. 394.
965 HGO 2,2,2.
966 Vgl. WTO 2,4,1.
967 Vgl. UGO Tit. IV § 7.
968 KehdLR Tit. II § 1.
969 Vgl. § 604 Abs. 2 S. 1, Abs. 3 HS. 1 ZPO.

betrachtet und bedenkt, dass die Landesgemeinde Kehdingen eine Ausdehnung von über 37 km hatte. Allerdings sind auch nach dem Hadeler Landrecht nur zwei Tage für die Ladung vorgesehen. Dieses sollte vollkommen ausreichen, damit der Beklagte „*sich darauf könne mit seiner Einrede, Defension und Jegenwehr gefast machen* [...] *auf daß er zeitlich sich um einen Fürsprecher oder Procuratorn bewerben und mit seiner Notturft sich gefast machen könne.*“[970]

Zwar sind aus Kehdingen auch Ladungen mit acht Tagen Vorlauf überliefert.[971] Gleichwohl wurde die Ladung am Vortag in der Prozesspraxis tatsächlich gelebt. So rügte im Jahr 1671 der Advokat Johannes Knippenberg, es sei „*erste gester Morgen die citatio insinuiret worden.*“[972] Er meinte, die Ladung hätte wenigstens drei Tage vorher erfolgen müssen und er „*protestirte wieder die darunter gebrauchte informität.*“[973] Zudem mutmaßte Knippenberg sogar, man war „*vielleicht der Meinung, Er solte auß bleiben*“;[974] d.h. er unterstellte dem Gericht, es wollte mit der kurzfristigen Ladung seine unentschuldigte Säumnis herbeiführen. Tatsächlich sind sogar Zustellungen mit noch weniger Vorlauf überliefert. So hatte im Vorjahr eine Partei gerügt, sie „*wehre erst gestern abend citiret*“ worden.[975] Die im Landrecht festgehaltene eintägige Ladungsfrist kann daher als authentisch eingestuft werden.

Wird diese nicht eingehalten, dann soll der Beklagte nach dem Landrecht „*zuerscheinen nicht schuldig seyn.*“[976] Auch wenn er bei der Zustellung des Tagezettels durch den Hauptmann abwesend und „*seiner Gewerbe halber verreiset / kan er seines ungehorsahmen Aussenbleibens halber nicht beschuldigt werden / wie solches bißhero gehalten.*“[977] Eine Ersatzzustellung an Familienangehörige

---

970 HadelerLR I,3.

971 Vgl. NLA ST, Rep. 72/172 Freiburg Nr. 4676, LG Kehdingen v. 28.07.1664, Beyen Erben / Stüwens Erben: „*Es wehre vor 8 tagen Princ: anhero citiret, da der gerichtstage biß heüte differiret.*“

972 NLA ST, Rep. 72/172 Freiburg Nr. 4681, LG Kehdingen v. 11.09.1671, Hilcken / Borstel.

973 Ebda.

974 Ebda.

975 NLA ST, Rep. 72/172 Freiburg Nr. 4680, LG Kehdingen v. 23.06.1670, Koppelman / Richters; es drängt sich insoweit die Frage auf, wie die Beklagten es im 17. Jahrhundert in diesem ländlichen Raum vollbrachten, im wahrsten Sinne über Nacht einen Anwalt zu beauftragen und mit diesem am nächsten Morgen beim Landgericht in Hamelwörden zu erscheinen.

976 KehdLR Tit. II § 1.

977 KehdLR Tit. II § 2.

oder Hausgesinde, die gemeinrechtlich verbreitet war[978] und auch in der Hofgerichtsordnung vorgesehen ist,[979] erwähnt das Landrecht noch nicht.

III. Die Säumnis des Beklagten (Tit. III)

Welche Folgen ein solches ungehorsames Ausbleiben im Gerichtstermin hatte, wird im nachfolgenden Tit. III geregelt.

1. Das gemeinrechtliche Kontumazialverfahren

„Grundsätzlich können alle in einem gerichtlichen Prozeß angeordneten, aber von den Parteien ohne triftige Verhinderungsgründe […] unentschuldigt versäumten Ladungen, Termine und Fristen Rechtsnachteile auslösen."[980] In der Rechtshistoriographie werden die damit verbundenen prozessualen Vorgänge wahlweise als Versäumnis-, Ungehorsams- oder Kontumazialverfahren bezeichnet.[981] Der letztgenannte Begriff wurzelt in der lateinischen Vokabel *contumacia*, unter der das Thema im römisch-kanonischen Prozessrecht behandelt wurde.[982] Diese Semantik wird im Landrecht gespiegelt: Dort ist davon die Rede, dass ein *„Beklagter zum ersten mahle nicht erscheinet / und contumaciter (vorsetzlicher Weise) ausbleibet."*[983]

Contumacia bedeutet Ungehorsam. Als solchen wertete man das Fernbleiben von der Verhandlung nämlich,[984] denn „die Ladung vor Gericht wurde als Herrschaftsakt betrachtet."[985] Daran ist erkennbar, dass der gemeine Zivilprozess den Charakter eines obrigkeitlichen Verfahrens hatte.[986] Es wurden „deßhalb verschiedene Straffen in denen Gesetzen *disponieret*, damit die Partheyen

978 Vgl. *Sellert*, Art. Ladung, in: HRG III (2016), Sp. 395.

979 Vgl. HGO 2,2,6.

980 *Sellert*, Art. Versäumnisverfahren, in: HRG V (1998), Sp. 798.

981 A.a.O., Sp. 798 f.

982 Vgl. *Nörr*, Prozessrecht, S. 72 ff.

983 KehdLR Tit. III § 1.

984 *Nörr*, Prozessrecht, S. 72 f.; Ungehorsam konnte auch in anderem Verhalten bestehen, etwa einer unerlaubten Entfernung, einer Verweigerung von Antworten oder Eidesleistungen, vgl. ebda.; vgl. *Seyfart*, S. 58: „WEnn die Partheyen auf einem gewissen *termin* oder Tagefarth gehörig *citiret* worden, und alsdenn entweder gar nicht erscheinen, oder zwar erscheinen, dennoch aber dasjenige nicht verrichten, was die *citation* mit sich bringet; so wird solches *contumacia* oder der Ungehorsam genennet"; Hervorh. typograph.

985 *Nörr*, Prozessrecht, S. 74.

986 *Schlinker*, Prozesseinleitung, in: ZRG GA 128 (2011), S. 104.

nicht beständig aussen bleiben, und den Proceß nicht nach Belieben aufhalten können."[987] Diese rechtlichen Nachteile, die mit dem Ungehorsam verbunden sein mussten, wurden entsprechend der Verhandlungsmaxime allerdings nur auf Antrag verhängt (*contumacia non accusata non nocet*).[988]

Der unmittelbarste und allgemeinste Rechtsnachteil des Ungehorsams (*poena contumaciae generalis*) war die Pflicht, die finanziellen Folgen der Säumnis zu tragen, also jene Kosten, „welche dem Gegner durch den vereitelten Termin und sonst durch die Versäumniß des *contumax* erwachsen sind."[989] Solche Kostentragungspflichten waren im gemeinen Zivilprozess allgemein üblich[990] und bestanden selbst dann, wenn es der säumigen Partei später gelang, die anderen Folgen des Ungehorsams zu beseitigen.[991]

In jedem Fall erforderte *contumacia* eine Wirksamkeit der Ladung. Darüber hinaus lag Ungehorsam nicht vor, wenn die Partei einen Entschuldigungsgrund hatte.[992] Nach Tit. II § 2 des Landrechts ist dies ein Aufenthalt außer Landes bei Zustellung der Ladung; auch im Sachsenspiegel entbindet dies von der Pflicht, bei Gericht zu erscheinen.[993] Das Otterndorfer Stadtrecht beispielsweise nennt als weitere Entschuldigungsgründe noch Krankheiten oder Überschwemmungen.[994]

Darüber hinaus gab es verschiedene denkbare Konstellationen. Zunächst unterschied die gemeinrechtliche Lehre danach, ob die Säumnis vor oder nach der sogenannten *Litiskontestation* erfolgte;[995] diese zentrale Prozesshandlung des gemeinen Zivilverfahrens wird in Tit. V § 1 mit dem Begriff der Kriegsbefestigung angesprochen. Des Weiteren unterschied man bei der *contumacia* danach, ob der Kläger oder der Beklagte ausgeblieben war,[996] weil „des Klägers und des Beklagtens Ungehorsam von einander sehr unterschieden seyn, und

987 *Seyfart*, S. 58; Hervorh. typograph.
988 *Endemann*, Civilprozeß I, S. 468; Hervorh. typograph.
989 A.a.O., S. 466; Hervorh. typograph.
990 *Nörr*, Prozessrecht, S. 75.
991 *Endemann*, Civilprozeß I, S. 467.
992 *Nörr*, Prozessrecht, S. 73 f.
993 *Kocher*, Prozessrecht, S. 75; vgl. Ssp. LdR II 7.
994 Vgl. OtterndorfStR Art. 3.
995 *Nörr*, Prozessrecht, S. 74; vgl. *Sellert*, Art. Versäumnisverfahren, in: HRG V (1998), Sp. 802.
996 Vgl. *Sellert*, Art. Versäumnisverfahren, in: HRG V (1998), Sp. 802.

auf verschiedene Art bestraffet werden."[997] Im Falle einer „*contumacia* beider Parteien wurde der angesetzte Termin aufgehoben."[998]

2. Contumacia im Kehdinger Landrecht

In Tit. III des Kehdinger Landrechts wird ausschließlich die Säumnis des Beklagten thematisiert. Bleibt dieser zum ersten Mal aus, wird er auf Antrag des Klägers dazu verurteilt, die Kosten des Termins zu tragen, wobei dies unter dem Vorbehalt einer Ermäßigung durch das Gericht steht.[999] Ein Hinweis auf eine solche findet sich auch in Otterndorf oder Eiderstedt.[1000] Derartige Kostenentscheidungen zulasten säumiger Parteien sind für das Landgericht Kehdingen archivalisch nachweisbar, wenn auch nur für das Ausbleiben des Klägers.[1001] Wesentlich altertümlicher muten dagegen die Kontumazialfolgen im Hadeler Landrecht an: Hiernach sollte der ausbleibende Beklagte für die ersten zwei Säumnistermine mit einer Tonne Bier einstehen müssen.[1002]

Die erstmalige Säumnis führte aber noch nicht zum Verlust des Rechtsstreits, es wurde ohne Entscheidung weiter prozessiert. Insoweit wurde bei einem unentschuldigten Ausbleiben des Beklagten im ersten Termin zunächst nur die Litiskontestation fingiert[1003] und „*gegen den nechsten Gerichtstag das Fürbringen zur Erwegung / und mittelst solcher alßdenn lis pro contestata in contumaciam angenomen.*"[1004] Bleibt der Beklagte dann ein zweites Mal aus, ist er nach Tit. III § 2 des Landrechts auf Antrag des Klägers erneut „*in die Expensen, salvâ moderatione (mit vorbehalt richterlicher Ermessigung)*" zu verurteilen.[1005] Zugleich soll seine Ladung zum nächsten Gerichtstag mit der Strafandrohung versehen werden, den Rechtsstreit bei einem weiteren dritten Ausbleiben „*sub*

---

997 *Seyfart*, S. 59; ausdrücklich unterschieden wurde beispielsweise in Hamburg, vgl. HambStR 1, 15–16.

998 *Nörr*, Prozessrecht, S. 77; Hervorh. wie Orig.; das zeitgenössische Schrifttum begründete dies damit, dass die *contumacia* der beiden Parteien einander gewissermaßen ausgleichen würden, vgl. *Seyfart*, S. 67.

999 Vgl. KehdLR Tit. III § 1.

1000 Vgl. OtterndorfStR Art. 3; vgl. EiderstedtLR I,6.

1001 Vgl. NLA ST, Rep. 72/172 Freiburg Nr. 4676, LG Kehdingen v. 28.07.1664, Beyen Erben / Stüwens Erben: „*Streitige sachen betreffend, geben Greffen und Heübtleüte diesen bescheid daß Klägere wegen ihres außenbleibens in expensas hujus termini zu verteilen.*"

1002 Vgl. HadelerLR I,3.

1003 Vgl. *Seyfart*, S. 61 f.

1004 HGO 2,21,3.

1005 KehdLR Tit. III § 2.

poenâ confessi“ zu verlieren.[1006] Die Säumnis wurde also mit einem Anerkenntnis (*confessio*) des klägerischen Anspruchs gleichgesetzt.[1007]

Erst bei der dritten Säumnis wird der Beklagte dann „*der Sache verlustig erkandt / cum Immissione ex primô decreto.*“[1008] Ein Prozessverlust bei der dritten Säumnis findet sich auch in Lübeck,[1009] Eiderstedt,[1010] Hadeln,[1011] Otterndorf[1012] oder Stade.[1013] Dies kommt nicht von ungefähr, denn es handelt sich hier um das Recht des Sachsenspiegels.[1014] Angesichts dessen sind die in Tit. III des Landrechts festgehaltenen Bestimmungen als authentisch zu bewerten. Vor allem wird hier aber auch eine zeittypische Verbindung einheimischer und gemeinrechtlicher Elemente zu einem neuen einheitlichen Mischrecht erkennbar.

IV. Prozessvertreter (Tit. IV)

„Daß die Partheyen *in termino* erscheinen sollen, wann sie die *poenam contumaciae* vermeiden wollen, ist aus dem vorhergehenden bekannt.“[1015] Sie müssen allerdings nicht selbst im Termin anwesend sein, denn „ob sie mit einem *Procuratore*, oder *per Procuratorem*, oder ohne denselben erscheinen, ist gleich viel.“[1016] In diesem Sinne regelt Tit. IV des Landrechts die Möglichkeit der Parteien, sich vor dem Landgericht anwaltlich vertreten zu lassen.

1006 KehdLR Tit. III § 2.

1007 Vgl. *Nörr*, Prozessrecht, S. 78.

1008 KehdLR Tit. III § 3.

1009 Vgl. LübStR 5,4,1.

1010 Vgl. EiderstedtLR I,6.

1011 Vgl. HadelerLR I,3; dort konnte der Beklagte auf Antrag des Klägers sogar in Haft genommen werden.

1012 Vgl. OtterndorfStR Art. 3.

1013 Vgl. StadeGO Tit. 16: „*So der Beklagter im ersten termin nicht erscheinet, ist er dem Klägern die Gerichts-Kosten zu erstatten schuldig. §. 1. Bleibt er zum andernmahl auß, soll er neben den Gerichts-Kosten acht Schill. L. am Niedern- am Ober-Gerichte aber ein Marck L. dem Gericht erlegen;* […] *§. 2. Wird er zum drittenmahl citiret, und bleibet aus, soll die Klag in Schuld und Persönlichen Sachen, vor bekandt angenommen, und der Beklagter, beneben den Gerichts-Kosten, der Sachen verlustig ertheilet werden.*“

1014 *Kocher*, Prozessrecht, S. 76; vgl. Ssp. LdR III 39 § 3, I 70 § 1.

1015 *Scopp*, S. 107; Hervorh. typograph.

1016 Ebda.; Hervorh. typograph.

1. Berufsbezeichnungen

In der Überschrift von Tit. IV ist die Rede *„von Fürsprechern und Procuratoren“*,[1017] an anderer Stelle wird von einem *„Procurator oder Anwaldt“* gesprochen.[1018] Diese Synonyme weisen darauf hin, dass es in der Frühen Neuzeit in diesem Bereich eine Vielzahl von unterschiedlichen Berufsbildern gab, die heute in der rechtsanwaltlichen Tätigkeit zusammenfallen.

Zunächst hatte sich im mittelalterlichen Deutschland der Beruf des *anawalto* herausgebildet. Ursprünglich meinte man damit den Stellvertreter eines Fürsten oder Geistlichen, später dann auch den privatrechtlichen Prozessvertreter. Diese Anwälte standen allerdings im Hintergrund; bedeutender waren die *Fürsprecher*[1019] als die eigentlichen Wortführer einer Partei im mittelalterlichen Prozess. Es handelt sich hier um „eine typische Erscheinung in einem Gerichtsverfahren, das ganz weitgehend von der Beteiligung ungelehrter Laienrichter u. Schöffen lebt.“[1020] Ihre Aufgabe war es, das Risiko der Gefahr im Rechtsgang auszuschalten, d.h. eines Prozessverlustes wegen des Gebrauchs falscher Formulierungen, wie er auch im Sachsenspiegel vorgesehen war.[1021]

Diese überkommene Unterscheidung von Anwälten und Fürsprechern „trifft in der Rezeptionszeit mit dem [...] Gegensatz von *procurator* und *advocatus* zusammen“, der aus dem mittelalterlichen kanonischen Recht herrührt[1022] und auch in Niedersachsen rezipiert wurde.[1023] Diese beiden anwaltlichen Berufsgruppen hatten unterschiedliche Aufgaben: „Als Faustregel galt, dass der Prokurator für die *facta*, der Advokat für das *ius* zuständig ist.“[1024]

„Die eigentlichen Parteibevollmächtigten waren die Prokuratoren.“[1025] Sie waren im Innenverhältnis rechtsgeschäftlich durch einen Geschäftsbesorgungsvertrag (*mandatum*) mit der Partei verbunden.[1026] Zu ihren Aufgaben gehörten u.a. die Terminswahrnehmung, die Überreichung der Schriftsätze und der Empfang der Urteilsausfertigung[1027] sowie überhaupt die Abgabe aller

1017 KehdLR Tit. IV.
1018 KehdLR Tit. IV § 4.
1019 *Buchda/Cordes*, Art. Anwalt, in: HRG I (2008), Sp. 255 f.
1020 *Oestmann*, Art. Fürsprecher, in: HRG I (2008), Sp. 1883.
1021 *Kocher*, Prozessrecht, S. 75; vgl. Ssp. LdR I 60 § 1.
1022 *Buchda/Cordes*, Art. Anwalt, in: HRG I (2008), Sp. 257; Hervorh. wie Orig.
1023 *Kroeschell*, Sassen, S. 255.
1024 *Nörr*, Prozessrecht, S. 35 Anm. 187; Hervorh. wie Orig.
1025 *Kroeschell*, Sassen, S. 255.
1026 Vgl. *Coing*, S. 462 f.
1027 *Kroeschell*, Sassen, S. 255.

prozessualen Erklärungen.[1028] Erkennbar ist, dass „in der Prokuratur das bisherige Fürsprecherwesen stark nachwirkt. Diese beiden Berufsbezeichnungen bleiben noch lange Zeit nebeneinander in Gebrauch."[1029] Auch im Landrecht werden gerade diese beiden Begriffe offenbar als Synonyme verstanden und gebraucht. Dabei unterlagen die Prokuratoren aber strengen Regularien, denn sie waren „bei einem bestimmten Gericht zugelassen und [...] dort residenzpflichtig. Ihre Zahl war begrenzt."[1030] Die Stader Gerichtsordnung von 1606 beschränkte sie z.B. auf vier.[1031]

Verglichen damit war „die Advokatur [...] ein freier Beruf, ohne *numerus clausus*, und auch seinen Wohnsitz konnte der Advokat nehmen wo er wollte. Einer Gerichtszulassung bedurfte es nicht."[1032] Dies liegt darin begründet, dass die Advokaten lange Zeit auf die Funktion von im Hintergrund stehenden Rechtsberatern beschränkt waren;[1033] im Rahmen der Zivilprozesse waren sie nicht mehr „als namenlose Schriftsatzverfasser."[1034] Daher unterschieden sich die Ausbildungen: „Die Advokaten waren rechtsgelehrt, die Prokuratoren gewöhnlich bloß praktisch ausgebildet [...]. Von gleichmäßigen Anforderungen an ihre Fähigkeiten konnte zunächst keine Rede sein."[1035] Dabei genossen die Advokaten als die eigentlichen Rechtsgelehrten das höhere Ansehen.[1036]

Trotz dieser formalen Unterscheidung war es jedoch grundsätzlich durchaus zulässig, dass Advokatur und Prokuratur gemeinsam ausgeübt wurden.[1037] Dies führte dazu, dass sie im 18. Jahrhundert in Deutschland im einheitlichen Berufsbild eines prozessualen Sachwalters verschmolzen waren. Daher verloren

---

1028 *Buchda/Cordes*, Art. Anwalt, in: HRG I (2008), Sp. 257.

1029 Ebda.

1030 *Kroeschell*, Sassen, S. 255.

1031 Vgl. StadeGO Tit. 9 § 1.

1032 *Kroeschell*, Sassen, S. 256; Hervorh. Verf.

1033 *Buchda/Cordes*, Art. Anwalt, in: HRG I (2008), Sp. 257; vgl. *Schmitt*, S. 105.

1034 *Kroeschell*, Sassen, S. 256; diese Anonymität führte bisweilen dazu, dass die Advokaten eine unangemessene Sprache benutzten. Die Stader Hofgerichtsordnung verpflichtete sie deshalb dazu, ihre Schriftsätze zu unterzeichnen, vgl. HGO 1,8,2: „*Und damit die Advocaten so vielmehr Respect gegen das Gerichte tragen / und sich für den Excessen scheuen / sollen entweder Sie selbsten / oder auch / da es von ihnen nicht geschehe / ihre Nahmen von den Anwälden oder den Parten selbst gemeldet und unterschrieben werden / sonst im widrigen auff den Nachlaß der Anwalt jederzeit für die Mißhandlung des Advocati gestraffet werden.*"

1035 *Buchda/Cordes*, Art. Anwalt, in: HRG I (2008), Sp. 259.

1036 *Kroeschell*, Sassen, S. 256.

1037 Ebda.

auch die verschiedenen Berufsbezeichnungen, obwohl sie noch längere Zeit nebeneinander fortlebten, an tatsächlicher Relevanz.[1038] Der Sache nach dürfte diese Entwicklung wohl praktischen Bedürfnissen entsprungen sein: „Neben einem Prokurator noch einen Advokaten anzunehmen, war niemand genötigt, und die reine Advokatur ließ sich auch örtlich kaum binden."[1039] Umgekehrt waren die Prokuratoren zunehmend auf die Advokaten angewiesen. Beispielsweise galt am Oberappellationsgericht zu Celle ein Advokatenzwang, der alle Prokuratoren dazu zwang, die Schriftsätze von Advokaten abfassen zu lassen, die in die *Matricula advocatorum* eingetragen waren.[1040] Auch die Stader Hofgerichtsordnung von 1672 statuiert einen solchen Anwaltszwang.[1041]

Diese allmähliche Zusammenführung der beiden Berufsbilder scheint in Tit. IV des Kehdinger Landrechts bereits angedeutet zu sein. Zwar ist die Vorschrift nach ihrem Wortlaut und Inhalt noch sehr stark auf das klassische Fürsprecher- und Prokuratorenwesen zugeschnitten. Vor dem Hintergrund, dass nur die Prokuratoren tatsächlich im Prozess auftraten, ist dies für eine prozessrechtliche Norm aber nur wenig verwunderlich. Entscheidend ist hier vielmehr, dass die angeblich neue Zulässigkeit des Prokuratorenwesens in Tit. IV § 2 mit der zunehmenden Komplexität der Rechtsstreitigkeiten begründet wird.[1042] Deren geistige Durchdringung war aber gerade dem Berufsbild der Advokaten zugeordnet, die insoweit den Prokuratoren ihrer jeweiligen Partei gutachterlich zuarbeiteten.[1043]

1038 *Buchda/Cordes*, Art. Anwalt, in: HRG I (2008), Sp. 257.

1039 A.a.O., Sp. 259.

1040 *Kroeschell*, Sassen, S. 256.

1041 Vgl. HGO 1,8,1: „*ES mögen die bey dem Hoff-Gerichte in gerichtlichen Sachen mit Klagen und Antworten zuhandeln haben / zu Beybring- und Außführung ihrer Nohtturfft sich so wol außheimbsch als einheimbscher Advocaten gebrauchen.*"

1042 Vgl. KehdLR Tit. IV § 2: „*Dieweilen aber sich befindet / daß die Sachen zu itzigen Zeiten etwas intricat (schwer und verwirret) dahero die schlechten Procuratoren die Sachen / ihrer Notturfft und Beschaffenheit nach / dem Richter gebühr- und bescheidentlich nicht können andeuten / und also dadurch die Parteyen mercklich benachteiliget / daß der Richter nicht genugsahmen Bericht einnehmen können; So ist hierumb zugelassen / daß die Parteyen jederseits sich mit einem guten gelahrten Procuratoren versehen mögen / damit sie in ihren habenden Rechten nicht mögen verkürtzet noch gefehret werden.*"

1043 Vgl. *Buchda/Cordes*, Art. Anwalt, in: HRG I (2008), Sp. 257.

2. Prozessvollmacht

Die Mitwirkung derartiger Prozessvertreter an Verfahren vor dem Landgericht Kehdingen ist durch zahlreiche Protokolle belegt. Das gilt sowohl für einseitige als auch beidseitige anwaltliche Vertretung. Typischerweise wird dies in den Protokollen durch die Abkürzung „*nōie*" kenntlich gemacht,[1044] was *in nomine* bedeuten muss. Dies weist darauf hin, dass im gemeinrechtlichen Zivilprozess ein „wirksames Handeln des Prokurators [...] grundsätzlich eine gültige Prozessvollmacht (*mandatum, procuratorium, constitutio*)" voraussetzte.[1045] Bereits im Mittelalter hatte eine solche „die Legitimation und den Handlungsrahmen für den Parteivertreter" dargestellt.[1046]

Die Erteilung der Vollmacht erfolgte mündlich, zu Protokoll des Gerichts (*apud acta*) oder schriftlich in Form einer Urkunde.[1047] Das Landrecht verlangt eine ausdrückliche Vollmacht offenbar bei Abwesenheit der Partei. Denn es heißt in Tit. IV § 4 für den Fall, dass „*der Principal nicht für Gerichte zur Stelle wehre / und der Procurator oder Anwaldt sich für ihn zu Rechte einlassen wolte / soll er anderer gestalt dazu nicht verstatet werden / Er bringe dan einen formlichen Gewalt von seinem principalen ins Gerichte.*"[1048] Diesfalls ist der Prokurator also dazu verpflichtet, eine schriftliche Vollmacht vorzulegen. Die Stader Gerichtsordnung von 1606[1049] und die Hofgerichtsordnung von 1672 schlagen inhaltlich in die gleiche Richtung.[1050] Jedenfalls vor dem Reichskammergericht war es seit der zweiten Hälfte des 16. Jahrhunderts insoweit zur Regel geworden, dass die schriftliche Vollmacht mittels vorgedruckter Formulare erteilt

---

1044 Vgl. z.B. NLA ST, Rep. 72/172 Freiburg Nr. 4675, LG Kehdingen v. 03.07.1656, Nagell / Groteman; vgl. NLA ST, Rep. 72/172 Freiburg Nr. 4676, LG Kehdingen v. 28.07.1664, Beyen Erben / Stüwens Erben; vgl. NLA ST, Rep. 72/172 Freiburg Nr. 4681, LG Kehdingen v. 11.09.1671, Hilcken / Borstel.

1045 *Nörr*, Prozessrecht, S. 30; Hervorh. wie Orig.

1046 *Kocher*, Art. Prozeßvollmacht, in: HRG III (1984), Sp. 74.

1047 *Nörr*, Prozessrecht, S. 30.

1048 KehdLR Tit. IV § 4.

1049 Vgl. StadeGO Tit. 9 § 12: „*In den Gerichten sollen sie sich in Abwesen ihrer principalen legitimiren, und beständige genugsahme Vollmacht oder Actorium cum curatorio [...] wegen ihrer principalen, zur gantzen Sache übergeben.*"

1050 Vgl. HGO 1,9,5: „*So bald jemand sich in einer Sachen zur Procurator bestellen lässet / soll er mit einem zu seiner Persohn Legitimation gnugsahmben Mandato sich versehen / und von dem / der ihn bestellet / geben lassen / dasselbe auch / bey erstem in der Sache anruffen / in origine ad acta legen.*"

wurde.[1051] Dabei waren die Formulare des römisch-kanonischen Prozesslebens durch eine große Ausführlichkeit gekennzeichnet.[1052] Dies lag daran, dass bestimmte Prozesshandlungen von der Generalvollmacht nicht gedeckt waren und deshalb einer Spezialvollmacht bedurften; die entsprechenden Muster enthielten regelrecht Listen.[1053] Typische Beispiele für solche überaus detaillierten Formularvordrucke finden sich in Verfahrensakten des Wismarer Tribunals.[1054]

Gab es dennoch Mängel der Vollmacht, konnten diese von der Gegenseite mit einer Einrede gerügt werden; allerdings hatte der Richter das Vorliegen einer ordnungsgemäßen Vollmacht ohnehin von Amts wegen zu prüfen. Fehlte eine solche oder waren die Prozesshandlungen unter ihrer Überschreitung vorgenommen worden, führte dies zur Nichtigkeit des Urteils.[1055] Nur mit wirksamer Vollmacht konnte der Prozessvertreter „im Namen und mit unmittelbarer Folge für die Partei, in neuzeitlichen Quellen *Prinzipal* genannt, tätig werden."[1056] Dieser Begriff des *Principal* wird auch in Tit. IV § 4 des Kehdinger Landrechts verwendet, ebenso in der Stader Gerichtsordnung von 1606;[1057] er ist zudem in mehreren Protokollen des Landgerichts zu Hamelwörden nachweisbar.[1058] In zeitgenössischer Diktion verstand man als Prinzipal allgemein denjenigen, „der seine Sach durch einen Abgeordneten oder *Commissarium*, auf seinen Nahmen und Befehl *tractiren* lässet."[1059]

Falls der Prozessvertreter die Vollmacht nicht vorlegen konnte, verlangte das Landrecht von ihm, dass er *„cavire de rato, (verspreche daß er den Gewalt oder Vollmacht beyschaffen wolle)."*[1060] Das entspricht einer gemeinrechtlichen Praxis: Nach der herrschenden Lehre hatte der Prokurator bei Zweifeln über die Wirksamkeit einer Vollmacht „die Wahl, ob er für die Vollmacht Beweis

1051 *Buchda/Cordes*, Art. Anwalt, in: HRG I (2008), Sp. 259; vgl. *Ludovici*, Civil-Proceß, S. 298.

1052 *Kocher*, Art. Prozeßvollmacht, in: HRG III (1984), Sp. 75.

1053 *Nörr*, Prozessrecht, S. 30; in der Aufzählung dieser *Substantialklauseln* spiegelt sich noch eine allgemeine Lehre vom *speciale* und *generale mandatum* wider, vgl. *Kocher*, Art. Prozeßvollmacht, in: HRG III (1984), Sp. 75.

1054 Das Transkript eines solchen Formularvordrucks findet sich unten im Anhang Q4.

1055 *Nörr*, Prozessrecht, S. 32.

1056 *Kocher*, Art. Prozeßvollmacht, in: HRG III (1984), Sp. 74; Hervorh. wie Orig.

1057 Vgl. StadeGO Tit. 9 §§ 12 f.

1058 Vgl. NLA ST, Rep. Rep. 72/172 Freiburg Nr. 4677, LG Kehdingen v. 19.06.1665, Bohms / Hilcken sowie Stüwen / Deden; vgl. NLA ST, Rep. 72/172 Freiburg Nr. 4682, LG Kehdingen v. 25.06.1675, Deden Erben / Wilckens.

1059 *Oberländer*, Stichw. Principal, S. 558; Hervorh. typograph.

1060 KehdLR Tit. IV § 4.

erbringt oder Sicherheit *de rato* leistet."[1061] Bei einer solchen *Cautio ratio* oder *ratihabitionis* handelte es sich ganz allgemein um eine „Versicherung, daß ein anderer das vor genehm halten werde, was einer thut."[1062] Damit meinte man eine Zusage des Auftraggebers, sämtliche Handlungen des Prokurators zu genehmigen. Begrifflich verwandt ist die *clausula de rato* für die Vollmachtsurkunden selbst.[1063] Inhaltlich dahingehende Regelungen, auch die Formel eines *de rato cavirens*, finden sich z.B. in der Hofgerichtsordnung von 1672[1064] oder im Hamburger Stadtrecht von 1603.[1065] Man kann daher von einer authentischen Regelung ausgehen. Dagegen verschwand im späteren gemeinen Zivilprozess „die Gelegenheit zu einer Ratihabition [...], je mehr schon von Amts wegen auf sofortiger Beibringung der Vollmacht bestanden wird."[1066]

3. Regularien

Neben der Pflicht zur Vorlage einer Vollmacht erlegte das Landrecht den Prokuratoren noch anderes auf. Insbesondere hält es sie dazu an, dass sie *„mit kurtzem Grunde / ordentlich / deutlich und rund vortragen."*[1067] Derartige Ermahnungen waren zeitgenössisch durchaus üblich. So sollen sich in Hadeln die Prokuratoren *„alles weitläuftigen Geschwetzes enthalten und allein mit kurzen Worten anzeigen der Sachen Grund und Bitte."*[1068] Nach dem Hamburger Stadtrecht müssen sie jederzeit *„dergestalt reden / das solches protocolliret werden könne."*[1069] Auch die Stader Hofgerichtsordnung von 1672 fordert von den Anwälten einen kompakten, zielführenden und wahrheitsgemäßen Vortrag, der mit sicherer Rechtskenntnis und einer angemessenen Wortwahl verbunden sein muss. Für Verstöße dagegen wurde nicht nur eine Zurückweisung des

1061 *Nörr*, Prozessrecht, S. 31; Hervorh. wie Orig.

1062 *Oberländer*, Stichw. Cautio rati, ratihabitionis, S. 118.

1063 *Nörr*, Prozessrecht, S. 30.

1064 Vgl. HGO 1,9,5: *„Möchte aber durch einige Verhindernüß der Procurator so fort zu dem Mandato nicht gelangen / soll er solches / und dessen Ursache / glaublich anzeigen / de rato caviren, biß zum nechstem Gerichtstage die Cautio angenommen / dann aber ohnaußbleiblich das Mandatum eingebracht werden."*

1065 Vgl. HambStR 1,8,3: *„VNd ob dieselbige Gewalt angefochten vnd für vngenugsam erkandt würde / So mag der Anwaldt mit Handtgegebener trew caviren, das er in einer von dem Gericht ihm angesetzteer frist / eine gnugsame Vollmacht / mit ratification voriger handlung einbringen wil."*

1066 *Endemann*, Civilprozeß I, S. 318.

1067 KehdLR Tit. IV § 3.

1068 HadelerLR I,5.

1069 HambStR 1,7,5.

Schriftsatzes, sondern auch ein Berufsverbot in Aussicht gestellt.[1070] Solch eine aus heutiger Sicht rigide anmutende Standesaufsicht entsprach durchaus der Praxis der königlich-schwedischen Justiz zu Stade.[1071]

Im Übrigen ermahnt Tit. IV § 3 des Landrechts die Anwälte dazu, nur eine tatsächlich leistbare Anzahl an Verfahren zu bearbeiten und von den Mandanten keine unangemessen hohen Gebühren zu fordern.[1072] Ganz ähnlich verbietet

---

1070 Vgl. HGO 1,8,3: „*Die Advocati sollen bey ihrer Bedienung in ihren Satzschrifften alles deutlich und ordentlich fürtragen / dabey sich der Bescheidenheit und Kürtze befleissigen / nichtes / dann was zur Sachen Nohtturfft gehörig / einmischen / keiner vergeblichen unnd unnöhtigen / Insonderheit keiner falschen Allegaten sich gebrauchen / sondern allein Leges, Statuta und Ordnungen / oder auch bewehrter Rechts-Gelahrten Decisiones unnd Schrifften in Terminis anzuführen haben / dieselbe allegiren, sich aller Holhipperey / cavillirens, scoptisirens, ehrenrührigen Antastungen / oder unglimpfflichen Anstechungen wieder das Gerichte / dessen Bediente / auch Partheyen unnd Anwälden enthalten / in allem guten Glimpffs sich gebrauchen / sonst nicht allein die Schrifft verworffen / sondern auch nach Befindung die Ungebühr mit ernstem Einsehen / auch gäntzlicher Exclusion von der Advocatur, sie seyn Frembde oder Einheimbsche / gestraffet werden.*"

1071 Ein Paradebeispiel – das zugleich den obrigkeitlichen Charakter des frühneuzeitlichen Zivilprozesses illustriert – ist der Fall des Advokaten Johannes Knippenberg (1642–1717), der von 1697 bis zu seinem Tode Bürgermeister von Stade war, vgl. *Bohmbach*, Stadtverfassung, S. 111. Zum Folgenden vgl. NLA ST, Rep. 28 Nr. 876: Am 14. Februar 1698 hatte das Justizkollegium zu Stade „*mit nicht geringer Befremdung vernommen*", dass der Anwalt Knippenberg nicht mehr erscheinen wollte, bis man ihm in der Gerichtsverhandlung einen Stuhl zur Verfügung stellen würde. Das Privileg einer Sitzgelegenheit stünde ihm aufgrund seiner Stellung als Bürgermeister zu. Dem Justizkollegium war solch eine Sitte völlig unbekannt. Falls Knippenberg „*auf seine irrige Meinung bestehen, und* [...] *zu erscheinen, ferner Bedenken haben sollte, würde man ihn von der Advocatur dimittiren, und gehöriger ordre stellen, daß keine Schrifften weiter von ihm angenommen werden sollen.*" Dem Advokaten wurde aufgegeben, schriftlich zu erklären, dass er seinen Standpunkt nunmehr geändert habe (Bl. 4a.r,v). Weil dies nicht geschah, verfügte das Justizkollegium daraufhin tatsächlich, „*keine productes anzunehmen, so lange Er* [...] *geziemende Erklärung zum Gericht einzubringen unterlaßen wird*" (Bl. 6r). Gegen dieses Berufsverbot legte Knippenberg einen Rechtsbehelf beim Wismarer Tribunal ein, der aber erfolglos blieb. Daraufhin gab er die verlangte Erklärung ab, wollte jedoch weiterhin beweisen, dass seinem Amtsvorgänger „*ein Stuhl im Königl. Justitz Collegio gesetzet*" worden sei (Bl. 20v).

1072 Vgl. KehdLR Tit. IV § 3: „*Und sollen die Procuratoren mit kurtzem Grunde / ordentlich / deutlich und rund vortragen / auch nicht mehr Sachen / wie sie woll verrichten können / sich unternehmen / die Parteyen auch am Lohne nicht übersetzen.*"

das Hadeler Landrecht den Anwälten, „*daß sie sich mit vielen Sachen überladen und sich vorher deroselben nicht nottürfftlich berichten lassen* [...] *auch sich nicht mehr, als sie wol verrichten können, unternehmen, die Parthe nicht am Lohn übersetzen.*“[1073] Regeln mit solchen Inhalten betreffen streng genommen gar nicht den Prozess vor dem Landgericht selbst, sondern widmen sich eher allgemein der Ordnung der Rechtspflege; man kann hier einen Ausdruck zeittypischer Polizeigesetzgebung sehen. Dabei wird dies sowohl im Kehdinger als auch im Hadeler Landrecht ausdrücklich mit dem bisherigen Wirken schlechter Prokuratoren begründet.

4. Bewertung

Überhaupt weist Tit. IV des Kehdinger Landrechts auch im Wortlaut frappierende Ähnlichkeiten mit der entsprechenden Regelung des Hadeler Landrechts auf. Es handelt sich hier um ein Phänomen, das noch an einigen anderen Stellen zu beobachten ist.[1074] Ansonsten zeigen sich in dieser Bestimmung viele zeittypische Erscheinungen und der Einfluss der römisch-kanonischen Prozesslehre. Erkennbar werden die Vielgestaltigkeit der anwaltlichen Berufsbilder, die überragende Bedeutung einer wirksamen Prozessvollmacht und standesrechtliche Regulierungen, wie sie üblich und weit verbreitet waren.

V. Das Verfahren im ersten Termin (Tit. V)

Tit. V des Landrechts stellt dar, „*wie es mit der ersten Klage gehalten wird.*“[1075] Diese Norm ist mit zahlreichen Latinismen gespickt und spiegelt in äußerst stark komprimierter Form zentrale Elemente des gemeinrechtlichen Prozesses wider. Aus sich selbst heraus ist sie praktisch unverständlich. Soweit dort von einer *ersten Klage* die Rede ist, ist damit entweder die erstinstanzliche Klage oder aber – was nach dem Regelungsinhalt sehr viel wahrscheinlicher ist und hier angenommen wird – der erste Termin des Prozesses gemeint; das klassische gemeinrechtliche Zivilverfahren gliederte sich nämlich in eine Vielzahl von einzelnen Terminen.[1076] Wie der erste Termin vonstatten ging, beschreibt beispielsweise die bremen-verdische Untergerichtsordnung von 1753. Zunächst hatte der Kläger „*mit kurzer Erzehlung der Geschichte und deren Umstände die Klage in Person, münd- und deutlich ad Protocollum zu bringen.*“[1077] Daraufhin

---

1073 HadelerLR I,5.
1074 Vgl. HadelerLR I,5; eine Synopse findet sich im Anhang Q2.
1075 KehdLR Tit. V.
1076 *Nörr*, Prozessrecht, S. 38 f.
1077 UGO Tit. V § 1.

sollte die Klage nochmals durch das Gericht verlesen werden und der Beklagte alle seine Einreden vorbringen, bevor dieser dann „*lis zu contestiren*" habe,[1078] d.h. die *Litiskontestation* erklären muss.

1. Die litis contestatio

Diese Verfahrensweise ist in gedrängter Form auch im Kehdinger Landrecht aufgezeigt: Sofern der Beklagte auf die Klage hin seine Gegenrede vorbringt und „*keine dilatoriam (darin er anstand suchet) einwendet / wird der Krieg befestiget durch ja oder nein.*"[1079] Mit dieser Befestigung des Krieges war im deutschsprachigen Raum die gemeinrechtliche Prozessfigur der *litis contestatio* gemeint.[1080] Diese war „der Eckstein, das Fundament und die Substanz des Prozesses"[1081] und stellte nach der Klage und deren Zustellung die dritte Voraussetzung dar, die für das Zustandekommen eines Zivilverfahrens zwingend erforderlich war.[1082] Fehlte sie, „waren der Prozess und das Urteil unheilbar nichtig."[1083]

Im Verfahrensablauf bildete die Litiskontestation den Trennstrich zwischen den beiden grundlegenden Verfahrensteilen des römisch-kanonischen Zivilprozesses, nämlich zwischen den vorangehenden *praeparatoria iudicii* und dem sich anschließenden *iudicium.*[1084] Letzteres begann erst mit der *litis contestatio*, weshalb auf sie auch nicht verzichtet werden konnte.[1085]

In der Sache bekundete die *litis contestatio* „die Bereitschaft des Beklagten, den von dem Kläger in der Klage programmierten Streit nun seinerseits aufzunehmen."[1086] Sie geschah dadurch, dass am Beginn der richterlichen Anhörung die Aufforderung an den Beklagten erging, „auf die Klage zu antworten und die *litis contestatio* herbeizuführen. Es bestand also ein Einlassungszwang, den der Richter ausübte."[1087] Materiell war die Litiskontestation „der Widerspruch

---

1078 UGO Tit. V § 3.

1079 KehdLR Tit. V § 1.

1080 Vgl. *Sellert*, Art. Litis contestatio, in: HRG III (2016), Sp. 1020.

1081 *Schlinker*, Litis Contestatio, S. 140.

1082 *Schlinker*, Prozesseinleitung, in: ZRG GA 128 (2011), S. 95.

1083 *Schlinker*, Litis Contestatio, S. 140; vgl. *Sellert*, Art. Litis contestatio, in: HRG III (2016), Sp. 1022.

1084 *Nörr*, Prozessrecht, S. 59.

1085 *Schlinker*, Litis Contestatio, S. 140; vgl. *Sellert*, Art. Litis contestatio, in: HRG III (2016), Sp. 1022.

1086 *Nörr*, Prozessrecht, S. 109.

1087 *Schlinker*, Litis Contestatio, S. 141; Hervorh. wie Orig.

des Beklagten gegen den Klageantrag",[1088] sodass sie im älteren Kameralprozess schlicht durch den Antrag auf Klageabweisung[1089] oder bereits das Bestreiten des klägerischen Vorbringens vollzogen wurde.[1090]

Die Litiskontestation führte zur Rechtshängigkeit der Hauptsache[1091] und band den Prozessprokurator an seine Stellung;[1092] dieser konnte das Mandat nun nur noch unter erschwerten Umständen abgeben.[1093] Damit verknüpft ist auch „das Verbot, den Streitgegenstand, der dadurch zur *res litigiosa* geworden, zu veräußern, bzw. den in Streit befangenen Anspruch abzutreten."[1094] Der Beklagte wurde durch die Litiskontestation in Verzug gesetzt und einem verschärften Haftungsmaßstab ausgesetzt.[1095] Die Beteiligten traten nunmehr in die tatsächliche Verhandlung ein. Sämtliche Fragen, welche die Zulässigkeit des Prozesses betrafen, mussten vorher positiv geklärt werden.[1096] Dementsprechend hatte auch die Prüfung diesbezüglicher Rügen des Beklagten vor der *litis contestatio* zu erfolgen.[1097] Danach konnten solche *exceptiones dilatoriae* nicht mehr vorgebracht werden, sodass diesem Verfahrensabschnitt auch eine präkludierende Wirkung zukam.[1098]

1088 *Schlinker*, Prozesseinleitung, in: ZRG GA 128 (2011), S. 95.

1089 Vgl. *Schlinker*, Litis Contestatio, S. 141.

1090 Vgl. a.a.O., S. 144; als für die Litiskontestation ausreichend wurde in „einer Art Standardformel folgender Wortlaut anerkannt: *nego narrata prout narrantur et dico petita fieri non debere.* Andere Formulierungen waren möglich", *Nörr*, Prozessrecht, S. 110; Hervorh. wie Orig.; im Prinzip erklärte man also, der Klage nicht geständig zu sein und bat darum, von der Kostenerstattung entbunden zu werden, vgl. *Ludovici*, Civil-Proceß, S. 125.

1091 *Schlinker*, Litis Contestatio, S. 159.

1092 *Nörr*, Prozessrecht, S. 112.

1093 A.a.O., S. 31; die Übertragung auf einen Untervertreter war dagegen ohne Weiteres möglich, vgl. a.a.O., S. 30.

1094 *Endemann*, Civilprozeß I, S. 407; Hervorh. typograph.

1095 *Schlinker*, Litis Contestatio, S. 159.

1096 A.a.O., S. 146.

1097 A.a.O., S. 151.

1098 *Nörr*, Prozessrecht, S. 111; „Präkludierend wirkte der Formalakt [...] auch auf die *interrogationes* zur Klärung der Sachbefugnis des Beklagten, die Möglichkeit der zustimmungsfreien Klageänderung und die Erhebung einer Widerklage im engeren Sinn", a.a.O., S. 112; Hervorh. wie Orig.

2. Die exceptiones

Diese *exceptiones dilatoriae* werden auch im Kehdinger Landrecht im Zusammenhang mit der Litiskontestation gebracht: Die Kriegsbefestigung wird im Landrecht davon abhängig gemacht, dass der Beklagte *„seine Exceptionem (und Gegenrede) und keine dilatoriam (darin er anstand suchet) einwendet.“*[1099]

Mit einer *exceptio* bezeichnete man im römischen Recht eine Einrede.[1100] Diese waren allgemein „zur Verteidigung derer geschaffen worden, gegen die geklagt wird.“[1101] Andere Verteidigungsmöglichkeiten waren die Erklärung der Aufrechnung (*compensatio*) oder die Erhebung einer Widerklage (*reconventio*).[1102] Wollte der Beklagte sich nicht verteidigen, konnte er den Prozess durch ein Anerkenntnis des Anspruchs (*confessio*) aus der Welt schaffen;[1103] eine „Beförderung der Streiterledigung in diesem Sinne liegt allen Prozeßrechten am Herzen.“[1104]

Die gemeinrechtliche Dogmatik formte im Bereich der Lehre von den Exzeptionen mehrere Dichothomien aus. Eine davon war diejenige zwischen den dilatorischen und den peremptorischen Einreden.[1105] Diese begriffliche Unterscheidung geht schon auf das justinianische Gesetzeswerk zurück. Hiernach schieben *exceptiones dilatoriae* den Anspruch nur zeitlich auf, *exceptiones peremptoriae* dagegen dauerhaft.[1106] In diesem Sinne werden dilatorische und peremptorische Einreden auch im heutigen Zivilrecht verstanden.[1107] Im gemeinen Zivilprozess wurde diese Terminologie dagegen vollkommen anders gebraucht. Die Differenzierung richtete sich dort nicht nach der materiell-rechtlichen Wirkung der Einrede, sondern nach dem prozessualen Zeitpunkt ihrer Geltendmachung: Die dilatorischen Einreden waren grundsätzlich vor der *litis contestatio*

1099 KehdLR Tit. V § 1.

1100 Vgl. *Kaser/Knütel/Lohsse*, S. 46.

1101 Inst. 4,13,pr.; den Einreden des Beklagten konnte der Kläger eine als *replicatio* bezeichnete Gegeneinrede erwidern, worauf der Beklagte wiederum mit einer *duplicatio* antworten konnte. Diese Begriffe haben bis ins heutige Zivilprozessrecht überdauert, vgl. *Kaser/Knütel/Lohsse*, S. 46; vgl. Inst. 4,14,pr. f.

1102 Vgl. *Nörr*, Prozessrecht, S. 105 ff.; die Möglichkeit der Widerklage wird in zahlreichen Partikularrechten explizit geregelt, vgl. StadeGO Tit. 18; EiderstedtLR I,7; UGO Tit. V § 4; auch die Aufrechnung wird bisweilen behandelt, vgl. HambStR 1,22.

1103 *Nörr*, Prozessrecht, S. 78.

1104 *Endemann*, Civilprozeß I, S. 387.

1105 Vgl. *Nörr*, Prozessrecht, S. 96.

1106 Vgl. Inst. 4,13,8 ff.

1107 Vgl. Herresthal/Kaiser/Stoffels-*Kern*, Rn. J-8.

vorzunehmen, die peremptorischen hingegen danach.[1108] „Zu den dilatorischen gehörte die Mehrzahl der prozessualen Exzeptionen und von [den] materiellrechtlichen diejenigen, welche der Klage eine derzeitige Unbegründetheit entgegenhielten."[1109] Eine „*Exceptio dilatoria*, eine verzögerliche Schutz-Rede, ist, wenn ich durch mein Einwenden die Einlassung auf die Klage aufzuhalten oder gar zu verhindern suche."[1110] Die peremptorischen Einreden dagegen waren eine Verteidigung gegen das Klagebegehren in der Hauptsache, weshalb sie erst nach der Litiskontestation in der Verhandlung zur Sache geltend gemacht werden konnten;[1111] „so lautete der ‚große' Grundsatz, der aber nicht durchzuhalten war."[1112]

Auch im Landrecht werden die Begrifflichkeiten in diesem Sinne gebraucht. Es heißt in Tit. V § 1 nämlich, dass die Kriegsbefestigung erst dann erfolgt, wenn der Beklagte „*keine dilatoriam* [...] *einwendet.*"[1113] Demnach ist die dilatorische Einrede der Litiskontestation vorgeschaltet, wie es auch der gemeinrechtlichen Lehre entspricht; die Hofgerichtsordnung von 1672 verlangt insoweit eine gleichzeitige Erklärung.[1114] Die Wismarer Tribunalsordnung forderte hingegen, dass sämtliche Einreden ohne Unterschied „*auff einmahl vor oder nach der Litis Contestation*" vorgebracht werden.[1115]

1108 Vgl. *Nörr*, Prozessrecht, S. 96 ff.; vgl. *Schlinker*, Litis Contestatio, S. 145; vgl. HGO 2,5,1: „*HAt jemand* [...] *einige Exceptiones und Einreden einzuwenden / mag er* [...] *die / so man temporales oder Dilatorias nennet* [...] *für der Litis-Contestation oder Antwort in der Hauptsache / die andern nach derselben fürbringen.*"

1109 *Nörr*, Prozessrecht, S. 97; für eine beispielhafte Auflistung vgl. a.a.O., S. 97 f.

1110 *Seyfart*, S. 95; Hervorh. typograph.

1111 *Schlinker*, Litis Contestatio, S. 145; vgl. *Nörr*, Prozessrecht, S. 100; vgl. *Seyfart*, S. 121: „*Exceptio peremtoria* aber ist, eine von dem Beklagten vorgebrachte Schutz-Rede, wodurch die gantze Klage aufgehoben wird. Man nennet es deßhalb zerstöhrliche Schutz-Reden, weil sie den Grund der Klage zerstöhren und aufheben, immaassen wenn der Beklagte eine *exceptionem peremtoriam* erweiset, als denn derselbe von der Klage *absoluiret* werden muß"; Hervorh. typograph.

1112 *Nörr*, Prozessrecht, S. 100; die verschiedenen *exceptiones* untergliederten sich mannigfaltig weiter, vgl. die zahlreichen Formen bei: *Seyfart*, S. 95 ff., 121 ff.

1113 KehdLR Tit. V § 1.

1114 Vgl. HGO 2,4,2: „*Hätte der Beklagte einige Exceptiones Dilatorias, oder temporales, mag er dieselbe zwar / jedoch also / wie darunten von denen verordnet / in primo termino Fürbringen / soll aber doch dabey litem eventualiter contestiren, auff das Klag Libell antworten.*"

1115 WTO 2,12,1.

3. Das Verfahren nach der litis contestatio

Im Anschluss an die Litiskontestation sieht das Kehdinger Landrecht in Tit. V § 2 zunächst den Versuch einer gütlichen Einigung außerhalb des eigentlichen Streitverfahrens vor: Es würden die Parteien „*für erst zur Freundschafft verwiesen / darzu dan etzliche der Gerichts-Persohnen / nach Wichtigkeit der Sachen zween oder drey zu Commissarien deputiret und verordnet / so die Güte an die Hand nehmen.*“[1116]

a) Die gütliche Einigung im Kommissionsprozess

Es ist bereits dargestellt worden, dass das gemeine Zivilverfahren die Möglichkeit einer einvernehmlichen Beendigung des Rechtsstreits durch einen Vergleichsvertrag kannte, die auch gefördert wurde.[1117] Denn es ist „bekandt, daß die Partheyen offt über einen Trut-Hahn, oder wilden Pirn-Baum, oder andere schlechte *obiecta litis*, grosse summen Geldes *verprocessiren*. Es ist dannenhero sehr gut, wenn der *iudex* [...] ein gutes *donum persuandi* besitzet, und die bey dem Proceß vorfallende Verdrießlichkeiten und Unkosten deutlich abmahlen, und die Partheyen zum Vergleich bereden kan.“[1118]

Vorgeschaltete Güteverfahren gab es in Otterndorf und im Land Hadeln.[1119] Die Untergerichtsordnung von 1753 sieht solche Vergleichsgespräche ausdrücklich für den Zeitpunkt der Litiskontestation vor, gegebenfalls sind vom Richter eigene Vorschläge zu unterbreiten.[1120] Die Wismarer Tribunalsordnung hält dazu an, eine gütliche Einigung zu erreichen.[1121] Auch die Hofgerichtsordnung von 1672 erklärte solche Versuche für obligatorisch.[1122] Diese Aufforderung war dabei nicht ausschließlich an die Justiz adressiert; bei den Parteien betrachtete man es ausdrücklich mit Missfallen, wenn „*jemand leicht die gütliche Handlung*

1116 KehdLR Tit. V § 2.

1117 Vgl. oben: III. Teil, 2. Abschnitt, 1. Unterabschnitt, Kapitel D.-III.

1118 *Seyfart*, S. 73 f.; Hervorh. typograph.

1119 *Dettmer*, S. 156.

1120 Vgl. UGO Tit. V § 13: „*Ist also die Sache mit Klage und Antwort befasset, so hat der Richter aus demjenigen, welches beyde Theile angebracht, ihnen zuzureden, und vor allen Dingen die Güte zu versuchen. Die Vorschläge, so von ein- oder andern Theil geschehen, sind hierauf ad Protocollum zu nehmen. Wolte aber kein Theil Propositiones zum Vergleich thun, sind dieserhalb von dem Richter in allen und jeden Sachen billige Conditiones ex officio vorzuschlagen.*“

1121 Vgl. WTO 2,7,1.

1122 Vgl. HGO 2,3,2: „*Solchem nach wollen wir / daß bey Unserm Hoffgerichte / wann die Parten [...] auch gegenwärtig seyn / zwischen ihnen so fort in primo termino nach erkündigter Sachen Bewandnüß die gütliche Handlung versuchet.*“

ohne eintzige Ursache außschlage.“[1123] Die Gelegenheit für eine Beendigung des Rechtsstreits durch einen Vergleich war „durch den ganzen Prozeß hin geboten.“[1124] Deshalb soll der Richter „in jeder Lage des Prozesses, wo möglich gleich zu Eingang desselben [...] befugt sein, einen Sühneversuch, wozu er auf persönlichem Erscheinen der Parteien bestehen mag, anzustellen.“[1125]

Allerdings konnte das Gericht die Parteien auch an besondere Kommissionen verweisen, die außerhalb des eigentlichen Streitverfahrens eine gütliche Einigung herbeiführen sollten. Insoweit ist in der Stader Hofgerichtsordnung von 1672 ausdrücklich vorgesehen, dass zum Zwecke einer Einigung „*den Partheyen dazu gewisse Commissarios zubenenen frey gelassen werde.*“[1126] In Tit. V § 2 des Kehdinger Landrechts erscheint dies nicht nur als Möglichkeit, sondern gar als Regelfall.

Derartige *Kommissionsprozesse* waren eine allgemeine Erscheinung des gemeinrechtlichen Zivilverfahrens. Die Kommissionen konnten die Entscheidung der gesamten Sache, die Untersuchung besonders streitiger Punkte oder die Verrichtung besonderer gerichtlicher Handlungen übernehmen. Das war erforderlich, „weilen der *iudex ordinarius* nicht allezeit alle Sachen bestreiten kan.“[1127] Diese Unfähigkeit der eigentlich zuständigen Gerichte, alle vor sie gebrachten Streitigkeiten ordnungsgemäß abzuurteilen, machte die Entstehung des Kommissionsprozesses zwangsläufig. Denn der Staat war verpflichtet, „trotz der vorhandenen Hinderungsgründe ein für die Ausübung der Rechtspflege befähigtes Gericht herzustellen.“[1128] Diese Kommissionsprozesse waren in Deutschland gerade auch dann üblich, wenn es um die Herstellung einer gütlichen Einigung zwischen den Parteien ging.[1129] Besonders rege wurde dieses Instrument am kaiserlichen Reichshofrat gebraucht. Dieser ließ derart viele Prozesse durch Vergleichskommissionen erledigen, dass „zeitgenössische Schriftsteller [...] von einem Kommissionsunwesen oder Kommissionsfieber“ sprachen.[1130] Allgemein wollte man die Parteien zu einer Einigung „gehörig

---

1123 HGO 2,3,4.

1124 *Endemann*, Civilprozeß I, S. 393.

1125 A.a.O., S. 394 f.; die in die gleiche Richtung schlagenden § 278 Abs. 1–3 ZPO sind also nicht unbedingt eine moderne Erscheinung, zumal die Zivilprozessordnung bereits in ihrer ursprünglichen Form solche Gedanken enthielt, vgl. § 268 CPO-1877.

1126 HGO 2,3,2.

1127 *Seyfart*, S. 641; vgl. *Scopp*, S. 381 f.; vgl. *Ludovici*, Civil-Proceß, S. 75.

1128 *Endemann*, Civilprozeß I, S. 159.

1129 Vgl. *Seyfart*, S. 73.

1130 *Sellert*, Art. Prozeß des Reichshofrats, in: HRG III (1984), Sp. 26.

anmahnen und dißfalls von ihnen einige Vorschläge erwarten. Hierbey kommt es nun vornemlich auf die Geschicklichkeit eines *Commissarii* an, daß er das *donum proponendi* gut zu gebrauchen und die Partheyen zu *persuadiren* weiß."[1131]

b) Relation

Nach Beendigung ihres Auftrags musste die Kommission in der Hauptsache einen „Bericht *cum voto*, oder mit ihren räthlichen Gutachten abstatten."[1132] Diese gemeinrechtliche Pflicht zur gutachterlichen Berichterstattung findet man auch im Kehdinger Landrecht. Denn falls die von der Kommission versuchte gütliche Einigung „*unter den Parteyen nicht zulangen wolte*", müssen diese auf dem nächsten Gerichtstage „*davon Relation einbringen / wie sie die Sache befunden.*"[1133]

Der hier angesprochene Begriff der *relatio* meinte ursprünglich ähnlich der *remissio* ein Vorgehen, bei dem der Richter einen Oberrichter konsultierte, wenn Zweifel bei der Rechtsfindung aufkamen.[1134] Darum geht es in Tit. V § 2 jedoch nicht. Stattdessen ist dort jene Relation angesprochen, die „das Kernstück wissenschaftlicher Rechtsanwendung in der Epoche des gelehrten Prozeßrechts" war.[1135] Es handelte sich hierbei um eine Arbeitsmethode zur Entscheidungsvorbereitung, deren Entstehung mit dem gelehrten Verfahrensrecht und v.a. dem Prozess am Reichskammergericht eng verbunden ist.[1136] Mit ihrer Hilfe „sollte das Kollegialgericht durch eines seiner Mitglieder über den Sach- und Streitstand unterrichtet werden. Damit waren die übrigen Richter vom zeitraubenden Aktenstudium weitgehend entlastet."[1137] Denn „wenn die *Acten* sehr starck sind und aus vielen *voluminibus* bestehen, [...] so ist nöthig vorhero die *Acta* zu *extrahiren.*"[1138] Das Verfassen derartiger Gutachten stellte

1131 *Seyfart*, S. 647 f.; Hervorh. typograph.; zumindest strukturell kann man bei alledem vage einen historischen Vorläufer für die Verweisung vor einen Güterichter (§ 278 Abs. 5 ZPO) erkennen.

1132 Vgl. *Seyfart*, S. 648; Hervorh. typograph.

1133 KehdLR Tit. V § 2.

1134 Vgl. *Nörr*, Prozessrecht, S. 185 f.

1135 *Hülle/Sellert*, Art. Relation, in: HRG IV (1990), Sp. 859.

1136 *Ranieri*, in: ZEuP 1997, S. 719.

1137 *Hülle/Sellert*, Art. Relation, in: HRG IV (1990), Sp. 859.

1138 *Seyfart*, S. 651; Hervorh. typograph.; über die Beschwernisse des Aktenstudiums heißt es bei *Ludovici*, Civil-Proceß, S. 337: „WEnn bey denen Processen vielerley Puncte neben der Haupt-Sache vorkommen, so muß man vor allen Dingen, wenn man ein *volumen Actorum* in die Hände krieget, und dasselbe *excerpiren* und daraus *referiren* soll, darum bemühet seyn, über welchen Punct eigentlich das Urtheil

im Prinzip das Zentrum der richterlichen Aufgabe am Reichskammergericht dar. Im eigentlichen Wortsinn meinte die *relatio* den darauf gestützten mündlichen Vortrag im Kollegialorgan. Diese Arbeitsmethode war für die Entscheidungsfindung so bedeutsam, dass der Jüngste Reichsabschied von 1654 ihren äußerlichen Ablauf normierte.[1139] Entsprechende ausführliche Regelungen enthielt auch die Stader Hofgerichtsordnung von 1672, die den Berichterstatter im Sinne der Effizienzsteigerung zu besonderer Arbeitsamkeit anhält: Dieser solle die zugesandte Akte „*gegen den folgenden Rechtstag mit allem Fleiß zeitig verlesen / und unnachlässig bemühet seyn / daß er mit der Relation fertig seyn möge.*“[1140] Ist dies erfolgreich vollbracht, so ist die Relation dem Spruchkörper zur Diskussion vorzustellen.[1141] Besonders umfangreiche Bestimmungen zur Relation und Entscheidungsfindung im Spruchkollegium enthält daneben noch die Wismarer Tribunalsordnung.[1142]

Der Aufbau der gemeinrechtlichen „Aktenrelation und eines Votums entsprechen im 16. und 17. Jahrhundert weitgehend einer einheitlichen Struktur.“[1143] Diese bestand aus einem Bericht der unstreitigen Tatsachen (*species facti*), einer Darstellung der bisherigen Entwicklung des Rechtsstreits (*historia processus*), sowie einem Aktenauszug (*extractus actorum*), der den Inhalt der verschiedenen Parteischriften wiedergab.[1144] Darauf folgte ein *votum* als das eigentliche „rechtliche Gutachten zu den von den Parteien aufgeworfenen Rechtsfragen.“[1145] Zunächst war danach zu fragen, auf welche Klagegrundlage

---

abgefasset werden solle. Denn zuweilen sind die *Acten* so groß, daß ein starcker Kerl genug daran zu tragen hat, und man hat doch nicht nöthig, weil nur über einen Neben-Punct gestritten wird, mehr als einige Blätter recht mit Fleiß durchzulesen, das übrige darff man nur so obenhin durchblättern“; Hervorh. typograph.

1139 *Ranieri*, in: ZEuP 1997, S. 719 f.

1140 HGO 3,2,1.

1141 Vgl. HGO 3,2,2: „*Bey der Versamblung zum Rechtstage soll der Referent, dem die acta zu Verlesung unter Händen gegeben / aus denselben die relation also ablegen / daß er zuforderst den statum causae mit seinen Umbständen vollenkommlich vorbringe / dann die Quaestiones, so daraus entstehen / und darüber zu urtheilen / deutlich anzeige / und dann bey jeder / was von den Parten pro & contra zu Behauptung eines jeden intention fürgebracht / fürterst seine Meynung / und die rationes / so ihn fürnemblich bewegen / anmelden / und solchem nach dann ein gewisses schliessen.*“

1142 Vgl. WTO 2, 38, 6–21.

1143 *Ranieri*, in: ZEuP 1997, S. 723.

1144 A.a.O., S. 723 f.; vgl. *Hülle/Sellert*, Art. Relation, in: HRG IV (1990), Sp. 861.

1145 *Ranieri*, in: ZEuP 1997, S. 724.

der Kläger sein Begehren stützen konnte (*substantia actionis, quae sit actio*). Anschließend galt es unter dem Gesichtspunkt *an probata* zu prüfen, „ob die vom Kläger vorgebrachten Tatsachen bewiesen waren und damit das Vorbringen [...] begründet war."[1146] War dies der Fall, war zu untersuchen, ob die von dem Beklagten zu seiner Verteidigung geltend gemachten Einreden durchgriffen (*an elisa*). Hiernach schloss das *votum* mit einem Tenorierungsvorschlag des Referenten.[1147]

In diesem Sinne eines mündlichen Entscheidungsvorschlags ist der Begriff der *relatio* auch in Tit. V § 2 des Landrechts gemeint; daraus wird sich indes nicht ableiten lassen, dass die im Landgericht zu Hamelwörden abgestatteten Gutachten auch immer der vom Reichskammergericht geprägten Methodenlehre entsprachen.

c) Archivalische Nachweise

Dass in Kehdingen tatsächlich der in Tit. V § 2 des Landrechts gespiegelte gemeinrechtliche Kommissionsprozess zum Zwecke einer gütlichen Einigung vollzogen wurde und bei deren Erfolglosigkeit eine Relation darüber abzulegen war, ist archivalisch nachweisbar. Im Urteil des Landgerichts vom 28. Juli 1664 werden die Parteien nämlich dazu verurteilt, „*die hiebevor erkandte Commission fortzusetzen* [...]. *Mit fernerem diesem bescheide daß zum fall die güte alßdan nicht zureichen, wird darauff in proximâ* [...] *der Commissarien relation ergehen.*"[1148] Wenn eine gütliche Einigung scheiterte, wurden bisweilen die im Kommissionsprozess protokollierten Äußerungen in der späteren Gerichtsverhandlung eingebracht.[1149]

Auch die im Landrecht genannte Zahl von drei Kommissaren lässt sich nachweisen. In dem Protokoll vom 19. Juni 1665 erklären Gräfen und Hauptleute insoweit, dass sie die dort zu entscheidende Sache „*verweisen und Paul Brümmer und Heinrich Peters nebenst dem Landes-Secretario zu Commissarien verordnet*" werden.[1150] Diese sollten das weitere Verfahren durchführen und

---

1146 A.a.O., S. 725.

1147 A.a.O., S. 725 f.

1148 NLA ST, Rep. 72/172 Freiburg Nr. 4676, LG Kehdingen v. 28.07.1664, Beyen Erben / Stüwens Erben.

1149 Vgl. NLA ST, Rep. 72/172 Freiburg Nr. 4681, LG Kehdingen v. 11.09.1671, Hilcken / Borstel: „*Coram commissarijs aber hette Appellante gestanden, Sie hetten weder mit federn noch Kreide gerechnet; Sondern Partis so, daß es 11 Jahre wehren, auß dem buche gesaget, wan aber Jemand seiner vorigen rede eingedenck sein müße, damit nicht eines gegen das andere lieffe. So producirte er protocollum commissionis.*"

1150 NLA ST, Rep. 72/172 Freiburg Nr. 4677, LG Kehdingen v. 19.06.1665, Stüwen / Deden.

schließlich „*mit zwo satzen salvis probationibus zum Urteil schleßen* [...] *Damit alß nach eingeholtem Rath der Rechtsgelehrten ferner ergehe, was Recht ist.*“[1151] Der in diesem Verfahren zum Kommissar bestellte und als Rechtsgelehrter titulierte Landessekretär war der Herausgeber des Landrechts.

VI. Prozessuale Sicherheitsleistung (Tit. VI)

In Tit. VI des Landrechts geht es dann um „*Verstand und Satisdation.*“[1152] Unter dem hier anklingenden Begriff der *satisdationes* oder *cautiones* fasste man im römisch-kanonischen Prozess Sicherheitsleistungen zusammen, die vom Richter gefordert werden konnten.[1153]

Schon im vorjustinianischen Recht konnte der Beklagte zu seiner Sicherheit verlangen, dass der Kläger eine *cautio pro expensis* leistete, damit er seine Kosten bei einer Klageabweisung auch ersetzt bekam.[1154] Diese Lehre galt „in der mittelalterlichen Doktrin für antiquirt“, wurde in späterer Zeit aber wieder angewandt.[1155] Im gemeinen Prozesswesen wurde diese Kaution durch Pfandschaften oder die Stellung eines Bürgen geleistet,[1156] also mittels sogenannter Realkautionen.[1157] Überdies haftete man auch nach dem Sachsenrecht mit Bürgen oder Grundeigentum „für allfällige Schäden aus der Prozessführung.“[1158] Diese Sicherheiten mussten tatsächlich bestellt werden, d.h. die bloße Anzeige einer entsprechenden Absicht genügte nicht. Schriftliche Bürgschaftsurkunden und verpfändete Sachen waren vielmehr bei dem Gericht zu hinterlegen.[1159]

„Kann der Verpflichtete eine Realkaution nicht aufbringen, so soll sie nach der älteren gemeinrechtlichen Praxis und in manchen Partikularrechten durch eidliches Versprechen (*cautio juratoria*) ersetzt werden.“[1160] Diese juratorische Versicherung zählte zum Kreis der Verbalkautionen[1161] und gehört thematisch zum Regelungsbereich des sogenannten Armenrechts.[1162] Das Landrecht

---

1151 Ebda.
1152 KehdLR Tit. VI.
1153 Vgl. *Nörr*, Prozessrecht, S. 82 f.
1154 *Kaser/Knütel/Lohsse*, S. 480.
1155 *Endemann*, Civilprozeß I, S. 485.
1156 *Nörr*, Prozessrecht, S. 83.
1157 Vgl. *Gierke*, Privatrecht I, S. 330.
1158 *Kocher*, Prozessrecht, S. 76; vgl. Ssp. LdR I 61 §§ 1, 4, II 9 § 2.
1159 *Ludovici*, Civil-Proceß, S. 301 f.
1160 *Gierke*, Privatrecht I, S. 330; Hervorh. Verf.; vgl. *Nörr*, Prozessrecht, S. 83.
1161 Vgl. *Endemann*, Civilprozeß I, S. 488 ff.
1162 Vgl. *Scopp*, S. 346 f.

hält zunächst in Tit. VI fest, dass die Kautionsleistung bisher nur durch Realkautionen möglich gewesen ist – hingegen war „*die cautio juratoria (eydliche Versicherung) nicht zugelassen worden.*“[1163] Dies sei aber durch eine Reform geändert worden. Nunmehr hätten Kläger, die zur Bestellung von Bürgen oder Pfandschaften außerstande sind, die Möglichkeit einer Sicherheitsleistung „*ad cautionem juratoriam (zur eydlichen Versicherung) damit niemand rechtloß gelassen werde.*“[1164]

Nach der gemeinrechtlichen Prozesslehre bestand der Eid bei einer *cautio juratoria* aus zwei Teilen. Zunächst erforderte sie das *assertorium*, d.h. eben die Versicherung, keine Realkaution aufbringen zu können. Sodann folgte das *promissorium*, was bedeutet, dass der Schwörende im Falle einer Verurteilung dem Gegner die Prozesskosten erstatten wollte, „so bald ihm ein besseres Glück zufällt.“[1165] Es ging also gewissermaßen nur um ein Moratorium, aber gerade nicht um eine vollständige Entbindung von der Kautionspflicht. Bei dem Eid selbst hatte die Partei dann zu versprechen: „Daß er des Rechtens auswarten und dasjenige leisten wolle, was ihm werde zuerkandt werden, oder was sonst die zu leistende *caution inuolviret*, weil man die Eydes-*formul* nach dem Unterscheide der *caution* einzurichten pfleget.“[1166] Die Möglichkeit einer juratorischen Kaution bestand aber nicht für jeden. Vermögenslosigkeit alleine war nicht ausreichend. Es war ebenso notwendig, dass „derjenige, so schwören soll, vom guten Leben und Wandel ist, daß man trauen kan.“[1167]

Regelungen über eine *cautio juratoria* finden sich auch in anderen Partikularrechten, etwa im Hamburger Stadtrecht von 1603,[1168] in der Stader Gerichtsordnung von 1606,[1169] der Hofgerichtsordnung von 1672[1170] und in der Wismarer Tribunalsordnung, die auch verschiedene Eidesformeln für Kläger

1163 KehdLR Tit. VI.
1164 KehdLR Tit. VI.
1165 *Scopp*, S. 347.
1166 *Seyfart*, S. 78; Hervorh. typograph.
1167 A.a.O., S. 79.
1168 Vgl. HambStR 1,25,3: „*AVsserhalb der wiederklage / da der Kläger weder Bürgen noch Pfande auffbringen könnte / vnd schweren würde / das er vber angewandten müglichen fleiß / Bürgen oder Pfande nicht haben könnte / So sol er als dann mit der Eydtlichen caution zugelassen werden.*“
1169 Vgl. StadeGO, Tit. 19 § 1: „*Kann der Kläger weder Bürgen noch Pfände aufbringen, soll er alsdann mit der Eydtlichen caution zugelassen werden, so fern er schweren würde, daß er über angewandten müglichen Fleiß Bürgen oder Pfände nicht haben könne.*“
1170 Vgl. HGO 2,7,3.

und Beklagte enthält.[1171] Vor diesem Hintergrund und angesichts der gemeinrechtlichen Rezeption ist die Authentizität der in Tit. VI des Landrechts festgehaltenen Bestimmung sehr wahrscheinlich.

C. Das Beweisverfahren (Tit. VII–X)

Die Tit. VII bis X des Landrechts widmen sich der Frage, wie im Prozess ein Beweis erbracht werden kann.

I. Beweislehre des gemeinen Zivilprozesses

Anders als andere Partikularrechte enthält das Kehdinger Landrecht keine allgemeinen Vorschriften zum Beweisverfahren.[1172] Es setzt aber die Beweislehre des gemeinen Zivilprozesses voraus. Nach dieser bedürfen „diejenigen für die Entscheidung erheblichen Thatsachen, welche nach den Verhandlungen unter den Parteien streitig geblieben sind […] der Bewahrheitung. Der Richter, das ist eine Hauptaufgabe seiner Thätigkeit, muß die Ueberzeugung von der Wahrheit oder Unwahrheit der Behauptungen zu gewinnen suchen.“[1173] Diese Überzeugung wird im Lichte parteilich geführter Beweise gebildet.[1174]

1. Beweismittel

Beweismittel (*media probandi*) ist „alles dasjenige, was die richterliche Wahrnehmung des Beweisstoffes, die Aufnahme desselben, irgendwie sinnlich vermittelt.“[1175] Der römisch-kanonische Prozess kannte nun verschiedene Beweismittel, zunächst den Zeugenbeweis: „Die Zeugenaussage stellte in den Augen des mittelalterlichen Menschen, und nicht nur des Juristen, das aus allen anderen herausragende Beweismittel dar.“[1176] Als Sonderfall des Zeugenbeweises bildete sich später langsam der Beweis durch Sachverständige (*artis periti*) heraus.[1177] Des Weiteren gab es noch Beweise durch Urkunden

---

1171 Vgl. WTO 2,13,15.

1172 Solche finden sich etwa in UGO Tit. VII §§ 1–7 oder HGO 2, 11.

1173 *Endemann*, Civilprozeß II, S. 672.

1174 Ebda.

1175 A.a.O., S. 673.

1176 *Nörr*, Prozessrecht, S. 130.

1177 A.a.O., S. 163; anders als Zeugen sollten sie aber nicht Sinneswahrnehmungen, sondern Schlussfolgerungen und Beurteilungen wiedergeben. Ihren Eid hatten sie deshalb „nicht *de veritate*, sondern *de credulitate*, also nach bester fachlicher Überzeugung […] abzulegen“, a.a.O., S. 164; Hervorh. wie Orig.; gleichwohl wurde

(*instrumenta*)[1178] und richterliche Inaugenscheinnahme (*subiectio oculorum*).[1179] Schließlich konnten zur Beweisführung auch Gerüchte (*fama*)[1180] oder ein Indiz (*indicium*) ins Feld geführt werden.[1181]

2. Beweisbedürftigkeit und Beweislast

Gegenstand des Beweises waren im gemeinen Prozess „die unter den Parteien bestrittenen Thatsachen, welche für den geltend gemachten Rechtsanspruch erheblich und der Bewahrheitung noch bedürftig sind."[1182] Es ging also um jene Tatsachen, die nach der *litis contestatio* unter den Parteien strittig waren.[1183] Nicht erforderlich war eine Beweisführung aber bei Notorietät einer Tatsache.[1184]

Die Frage der Beweislast (*onus probandi*) war im gemeinen Prozess von besonderer Wichtigkeit.[1185] Es galt der Grundsatz: „Wer im Prozess angreift, muss den Beweis führen – *qui dicit, probare debet.*"[1186] Dementsprechend hatte die Beweislast im klassischen römischen Recht grundsätzlich bei demjenigen gelegen, der etwas behauptete; nicht bei dem, der etwas bestritt.[1187] Der Kläger trug daher die Beweislast für die seine *actio* begründenden Umstände, der Beklagte dagegen die für jene, die seine *exceptiones* rechtfertigten.[1188] Der gemeine Zivilprozess behielt diese Grundregeln bei.[1189] Wurde der Beweis nicht erbracht, erging die Entscheidung zum Nachteil des Beweisbelasteten.[1190]

---

die Begutachtung durch Sachverständige auch als Unterform des Augenscheins angesehen, vgl. HGO 2,14,4 und CIBC Cap. 12 § 3.

1178 *Nörr*, Prozessrecht, S. 154.

1179 A.a.O., S. 162.

1180 A.a.O., S. 165.

1181 A.a.O., S. 167.

1182 *Endemann*, Civilprozeß II, S. 674; vgl. *Nörr*, Prozessrecht, S. 122; so auch heute noch, vgl. Zöller-*Greger*, Vorbem. § 284 Rn. 1, 9 f.

1183 Vgl. *Scopp*, S. 147: „Der Grund ieden Beweises ist die *Litis Contestatio*, aus welcher endlich, ob und in welchen *Capitibus* die Partheyen *dissentiren*, muß bekannt seyn"; Hervorh. typograph.

1184 Vgl. *Endemann*, Civilprozeß II, S. 675 f.; vgl. *Nörr*, Prozessrecht, S. 124 ff.

1185 Vgl. *Coing*, S. 134.

1186 *Repgen*, in: ZRG GA 129 (2012), S. 79; Hervorh. wie Orig.

1187 *Kaser/Knütel/Lohsse*, S. 468; vgl. *Repgen*, in: ZRG GA 129 (2012), S. 90.

1188 *Kaser/Knütel/Lohsse*, S. 468.

1189 Vgl. *Nörr*, Prozessrecht, S. 127 f.

1190 *Repgen*, in: ZRG GA 129 (2012), S. 80.

3. Beweiswürdigung

„Das Prinzip, nach welchem die Wahrheit streitiger Thatsachen in dem Prozeß festgestellt wird, ist so wichtig, daß gerade davon wesentlich die Gestaltung des ganzen Verfahrens abhängt."[1191] Das gemeinrechtliche Schrifttum forderte für die Feststellung der Wahrheit aber keine vollständige Überzeugung des Gerichts, sondern eine unter Menschen üblicherweise als ausreichend empfundene.[1192]

Die Gewinnung dieser Überzeugung geschah durch Würdigung der erhobenen Beweise. Während das Gericht im klassischen römischen Recht darin noch frei war,[1193] brachte der nachklassische Prozess zunehmend feste Beweisregeln mit sich.[1194] Der gemeine Zivilprozess schließlich kannte keinerlei freie Beweiswürdigung mehr.[1195] Für seine Beweislehre kennzeichnend war stattdessen eine starre Unterscheidung zwischen vollen und halben Beweisen, deren Würdigung in arithmetischer Weise erfolgte:[1196] „Zwei halbe Beweise auch verschiedener Beweismittel addierten sich regelmäßig zum vollen Beweis."[1197] Dabei wurden die Beweise der beiden Seiten auch gegeneinander verrechnet. Das heißt, „war beiderseits voller Beweis geführt, gelang aber einer Partei ein weiterer halber Beweis, war der Würfel für sie gefallen."[1198] Der halbe Beweis alleine konnte dagegen keine volle Überzeugung des Richters rechtfertigen, sondern sprach nur für eine gewisse Wahrscheinlichkeit.[1199] Wenn das Landrecht von einem *„vollenkom[m]enen Beweißthumb"* spricht,[1200] meint es genau diesen vollen Beweis im Sinne der gemeinrechtlichen Prozesslehre.

II. Beweis durch Zeugen (Tit. VII)

Dieser vollkommene Beweis wird im Rahmen von Tit. VII erwähnt, der die überragend wichtige Frage einer *„Beweisung durch lebendige Zeugen"* regelt.[1201]

1191 *Endemann*, Civilprozeß II, S. 686.
1192 Vgl. *Repgen*, in: ZRG GA 129 (2012), S. 89.
1193 *Kaser/Knütel/Lohsse*, S. 468.
1194 A.a.O., S. 479.
1195 *Coing*, S. 134.
1196 *Nörr*, Prozessrecht, S. 190.
1197 Ebda.
1198 Ebda.
1199 A.a.O., S. 129.
1200 KehdLR Tit. VII § 4.
1201 KehdLR Tit. VII.

Tatsächlich manifestierte sich die gemeinrechtliche Bindung des Richters an feste Beweisregeln gerade im Bereich des Zeugenbeweises.[1202]

1. Der gemeinrechtliche Zeugenbeweis

Zeugen „sind Personen, die über wahrgenommene Tatsachen Auskunft geben können."[1203] Im frühen Mittelalter hatte dies noch kaum eine Rolle gespielt, weil es nicht auf die Erforschung der materiellen Wahrheit ankam. Dieser Aspekt rückte erst im Zuge der Rezeption des römisch-kanonischen Prozessrechts in den Vordergrund. Deshalb hatte die Aussage von Zeugen grundsätzlich nur „dann Beweiswert, wenn sie auf ihrer eigenen Wahrnehmung von Tatsachen beruhte. Wissen, welches sich lediglich auf Meinungen, Werturteile, Rückschlüsse, Indizien oder Informationen vom Hörensagen gründete, genügte [...] nicht."[1204] Umfangreiche Vorschriften über den Beweis durch Zeugen waren dabei allgemein üblich.[1205]

2. Formale Voraussetzungen des Zeugenbeweises

Tit. VII § 1 beschreibt die Einleitung des Zeugenbeweises: „*WAn sich einer auff lebendige Zeugen beruffet / müssen die Zeugen von dem Zeugenführer nahmkündig gemacht / für das Gerichte zu Hamelwührden citiret*" werden.[1206] Dies entsprach dem üblichen gemeinrechtlichen Verfahren, das „mit der auf Parteiantrag veranlassten Ladung der Zeugen durch den Richter" begann.[1207] Dabei musste der Beweisführer gegenüber dem Gericht den vollen Namen und den gewöhnlichen Aufenthaltsort mitteilen, damit die Ladung auch zugestellt werden konnte.[1208]

Zur Befragung des Zeugen kommt es laut Landrecht aber erst „*nach beschehener Beeydigung.*"[1209] Archivalisch lässt sich nachweisen, dass „*Zeügen in*

1202 Vgl. *Fischer*, Art. Zeugen, in: HRG V (1998), Sp. 1688 f.; in Abkehr vom römisch-kanonischen Prozess liegt dem heutigen deutschen Zivilverfahren dagegen nach § 286 Abs. 1 ZPO wieder das Prinzip der freien Beweiswürdigung zu Grunde. Gesetzliche Beweisregeln kommen nach § 286 Abs. 2 ZPO nur ausnahmsweise zur Anwendung, vgl. Zöller-*Greger*, § 286 Rn. 1 ff.

1203 *Fischer*, Art. Zeugen, in: HRG V (1998), Sp. 1684.

1204 A.a.O., Sp. 1685 f.

1205 Vgl. UGO Tit. VII §§ 12–18; vgl. HGO 2,13 ff.; vgl. HadelerLR I, 7 f.; vgl. DithmLR Art. 5–11; EiderstedtLR I, 10–15.

1206 KehdLR Tit. VII § 1.

1207 *Nörr*, Prozessrecht, S. 133.

1208 *Seyfart*, S. 176.

1209 KehdLR Tit. VII § 1.

gewöhnlichen eyd genommen und darauff außgesaget“ haben.[1210] Auch dies entsprach gemeinrechtlicher Doktrin, nach der „die Beeidigung des Zeugen [...] Voraussetzung für die Gültigkeit seiner Aussage“ war.[1211] Ohne Eid durfte Zeugen prinzipiell kein Glauben geschenkt werden.[1212] Eine zeitgenössische Eidesformel findet sich in der Hofgerichtsordnung.[1213]

Anders als etwa in anderen Landrechten[1214] wird in Tit. VII indes keine Aussage darüber getroffen, wer überhaupt zur Zeugnisleistung fähig ist. Der römisch-kanonische Zivilprozess unterschied zwischen vollgültigen, verdächtigen und unfähigen Zeugen. Verdächtige Zeugen (schlecht Beleumdete, Freunde und Verwandte) konnten zwar vor Gericht auftreten, brachten aber keinen vollen Beweis. Unfähig und gar nicht zugelassen waren „Unmündige und Wahnsinnige, denen man die Fähigkeit zur Wahrnehmung und Aussage absprach.“[1215] Dies galt ferner auch für die auf Seite des Gerichts oder der Parteien am Prozess beteiligten Personen.[1216]

3. Aufnahme des Zeugnisses

Im gemeinrechtlichen Prozess war „über die Vernehmung [...] sorgfältig Protokoll zu führen.“[1217] Auch das Landrecht forderte in Tit. VII § 2 eine Niederschrift „*der Zeugen Aussage durch den Secretarium oder Landt-Schreiber.*“[1218]

1210 NLA ST, Rep. 72/172 Freiburg Nr. 4676, LG Kehdingen v. 28.07.1664, Koppelman / Behrman.

1211 *Nörr*, Prozessrecht, S. 139.

1212 *Seyfart*, S. 188.

1213 Vgl. HGO 2,14,9: „*ICh gelobe und schwere einen Eyd zu GOTT und auff das heilige Evangelium / daß ich in der gantzen Sache zwischen N. und N. für beyde Partheyen / keinem zu Liebe oder zu Leyde / die Warheit sagen / so mir davon wissend und ich gefraget werde / zum Handel dienlich / nicht verhelen / und daß nicht unterlassen wolle / umb Gabe / Geschenck / Nutz / Gunst / Haß / Freundschafft / Feindschafft / Furcht / noch anders / wie Menschen Sinne erdencken mögen / alles getreulich und ohne Gefehrde.*“

1214 Vgl. bspw. HadelerLR I,7; vgl. EiderstedtLR I,10.

1215 *Fischer*, Art. Zeugen, in: HRG V (1998), Sp. 1687.

1216 Vgl. *Nörr*, Prozessrecht, S. 138; dies ist heute nicht anders. Zeugnisfähig sind dagegen „auch Geisteskranke, Kinder, Angehörige des Angeklagten, übel beleumdete oder gar wegen Meineids verurteilte Personen [...] Nach dem Grundsatz der freien Beweisführung entscheiden Gerichte frei darüber, ob sie die Aussage [...] für glaubwürdig halten oder nicht (§ 286 ZPO, § 261 StPO)“, *Fischer*, Art. Zeugen, in: HRG V (1998), Sp. 1689.

1217 *Nörr*, Prozessrecht, S. 144.

1218 KehdLR Tit. VII § 2.

Wie gesagt, waren die Landessekretäre überhaupt mit der Protokollierung der Gerichtsverhandlungen beauftragt.[1219] Die Mitwirkung eines solchen *tabellio* oder *notarius* war mit der Verschriftlichung des Prozesses allgemein notwendig geworden;[1220] und tatsächlich finden sich protokollierte Zeugenaussagen auch in den Akten des Landgerichts.[1221]

Nach gemeinrechtlicher Prozessdoktrin galt der „Grundsatz der Vernehmung *secrete et sigillatim* des Zeugen."[1222] Dies bedeutete, dass die Vernehmung in Abwesenheit der Parteien und anderer Zeugen stattzufinden hatte.[1223] Naturgemäß musste dabei auch die Öffentlichkeit ausgeschlossen sein.[1224] Überhaupt war der gemeine deutsche Zivilprozess tendenziell nicht öffentlich und stand in späterer Zeit „sogar geradezu unter dem Amtsgeheimnis."[1225] Für eine entsprechende Handhabung im Landgericht zu Hamelwörden gibt es archivalische Hinweise. So finden sich unter Zeugenvernehmungen häufig Vermerke wie „*Imposito silentio dimissus est*"[1226] oder auch „*Quibus depositis testis imposito silentio dimissus est.*"[1227] Damit ist wohl gemeint, dass die Zeugen nach der Vernehmung unter Auferlegung eines Schweigegebots entlassen wurden.

4. Schriftlicher Zeugenbeweis

Aus Tit. VII § 3 ist aber ersichtlich, dass es noch eine andere Verfahrensart gibt: „*Ist aber die Sache der Wichtigkeit / daß dieselbe durch einen schrifftlichen process mus außgeübet werden.*"[1228] Auch in der Landesbeschreibung sind die zwei verschiedenen Verfahrensmöglichkeiten eines Urteils nach mündlicher

1219 Vgl. NLA ST, Rep. 7 Nr. 7, Bl. 17v–18r.
1220 *Nörr*, Prozessrecht, S. 20.
1221 Vgl. NLA ST, Rep. 72/172 Freiburg Nr. 4676, LG Kehdingen v. 28.07.1664, Koppelman / Behrman.
1222 *Nörr*, Prozessrecht, S. 143.
1223 Ebda.
1224 A.a.O., S. 225 Anm. 14.
1225 *Endemann*, Civilprozeß I, S. 360 f.
1226 NLA ST, Rep. 72/172 Freiburg Nr. 4676, LG Kehdingen v. 28.07.1664, Koppelman / Behrman.
1227 NLA ST, Rep. 72/172 Freiburg Nr. 4678, LG Kehdingen v. 27.06.1667, Examen testium Schwartz / Dekens Erben.
1228 KehdLR Tit. VII § 3; im Druck des Landrechts gibt es einen offenkundigen Druckfehler, nämlich anstelle des § 3 einen weiteren § 2. Im Rahmen der Untersuchung wird er nach der sachlich richtigen Nummerierung zitiert.

Vernehmung (Tit. VII § 2) oder eines schriftlichen Prozesses (Tit. VII § 3) festgehalten.[1229]

Im Zusammenhang mit dem schriftlichen Prozess taucht in Tit. VII § 3 der Begriff der *interrogatoria* auf, der sich schon in Tit. VII § 1 findet.[1230] Diese waren eine aus Observanz und Gerichtsgebrauch hervorgegangene Rechtsfigur.[1231] Es handelte sich um förmliche Gegenfragen der Gegenpartei[1232] im Rahmen des römisch-kanonischen Artikelprozesses: Der Kläger hatte hier seinen Sachvortrag in einzelne Tatsachenbehauptungen aufzugliedern. Auf diese *Positionen* hatte der Prozessgegner mit *Responsionen* zu antworten, indem er diese anerkannte oder bestritt. Für die bestrittenen Punkte mussten dann zum Zwecke der Beweisführung in einem weiteren Schriftsatz sogenannte *Probatorialartikel* formuliert werden. Die ergänzenden Fragen des Gegners zu diesen bezeichnete man als *Interrogatorien*. Auf dieser Grundlage kam es dann zur Beweisaufnahme, in der Regel durch Zeugenvernehmung.[1233] Genau dieses Verfahren findet sich in Tit. VII § 3 des Landrechts wieder, heißt es dort doch, es würden „*die articuli probatoriales (Beweiß-Articul) eingebracht / dem Beklagten ad dandum interrogatoria (seine Neben-frag-stücke einzubringen) zugesandt / und ferner die angegebene Zeugen vermittelst Eydes nach Ordnung der Rechte abgehöret.*“[1234] Die protokollierten Aussagen waren dann in einer *Rotul* im Landgericht zu verwahren und den Parteien später zu eröffnen.[1235] Ein solches Vorgehen sieht beispielsweise auch die Untergerichtsordnung von 1753 vor.[1236]

In den Akten des Hamelwördener Landgerichts findet sich eine vom Landrechtsherausgeber Keller persönlich durchgeführte und beglaubigte Zeugenvernehmung vom 31. Mai 1667. Der Landgerichtstag fand aber erst am 27. Juni

---

1229 Vgl. NLA ST, Rep. 7 Nr. 7, Bl. 18r: „*Da dan die sache mündtlich gehöret, von beiden Landes Secretarien protocolliret, und da Sie keiner sonderlichen Schwerigkeit zu sein befunden, soforth darin gesprochen, oder auch, da Sie der erhebligkeit erachtet, zum schrifftlichen process durch zwo Satze von Jeder seiten salvis probationibus auß zuführen verwiesen, und wan der proceß also vollführet.*“

1230 Vgl. KehdLR Tit. VII §§ 1, 3.

1231 *Nörr*, Prozessrecht, S. 142.

1232 Ebda.

1233 *Oestmann*, Art. Artikelprozess, in: HRG I (2008), Sp. 313.

1234 KehdLR Tit. VII § 3.

1235 Vgl. KehdLR Tit. VII § 3: „*Und die Rotul der Zeugen deposition (oder Aussage) verschlossen im Gerichte zu Hamelwührden eingeantwortet / und in Gegenwart der Parteyen eröffnet / und auff beiderseits anhalten ihnen davon Abschrifft communiciret und mitgeteilet.*“

1236 Vgl. UGO Tit. VII § 17 f.

1667 statt. Insofern wurde sie im Rahmen eines schriftlichen Artikelprozesses im Vorfeld durchgeführt.[1237] Eine derartige Durchführung von Zeugenvernehmungen durch den gerichtlichen *notarius* anstelle des Richters war gemeinrechtlich geradezu üblich.[1238] Damit zeigt sich das Kehdinger Landrecht an dieser Stelle nicht nur authentisch, sondern auch vergleichsweise stark romanisiert; im sächsischen oder lübischen Verfahrensrecht war das schriftliche Artikelverfahren nämlich kaum oder gar nicht rezipiert worden. Der Jüngste Reichsabschied von 1654 schaffte es wegen seiner Schwerfälligkeit dann schließlich auch ab.[1239] Dessen ungeachtet wurden beim Wismarer Tribunal noch im Jahr 1703 Beweisartikel eingebracht.[1240]

5. Erforderliche Anzahl von Zeugen

Nach Tit. VII § 4 muss derjenige, „*welcher einen vollenkom[m]enen Beweißthumb führen will / […] zum wenigsten zweene oder drey Zeugen haben und abhören lassen / sonsten ist eines eintzigen Zeugen Aussage ungültig.*“[1241] Ähnliche Formulierungen gab es in Hadeln[1242] oder Eiderstedt.[1243] Das Erfordernis von zwei oder drei Zeugen war partikularrechtlich ganz allgemein üblich.[1244] Grundlagen hierfür gab es mehrfach sowohl im *Corpus iuris civilis* als auch in biblischen Texten, sodass auch die römisch-kanonische Prozessdogmatik für einen vollen Beweis „mindestens zwei übereinstimmende Aussagen von Zeugen“ erforderte,[1245] was das zeitgenössische Schrifttum im Grunde teilte.[1246]

1237 NLA ST, Rep. 72/172 Freiburg Nr. 4678, LG Kehdingen v. 27.06.1667, Examen testium Schwartz / Dekens Erben.

1238 Vgl. *Nörr*, Prozessrecht, S. 20.

1239 *Oestmann*, Art. Artikelprozess, in: HRG I (2008), Sp. 314; *Mitteis*, S. 269.

1240 Vgl. NLA ST, Rep. 28 Nr. 885, Bl. 28 r,v.

1241 KehdLR Tit. VII § 4.

1242 HadelerLR I,8: „*Ein vollenkommen Gezeugniß und Beweisung soll geschehen zum wenigsten durch zwey glaubwürdige Gezeugen, und mag eines Mannes Zeugniß zu Recht nicht beweisen […] Da nun der enzel Gezeuge ist eine fromme, unstrafliche Person, so machet sein Zeugniß ein halb Beweis.*“

1243 EiderstedtLR I,13: „*EIn jeglicher / der eine vollkommene Zeugnuß führen / vnd damit etwas beweisen will / Der soll solches thun zum wenigsten mit zweyen glaubwirdigen Zeugen / vnd mag eines Mannes Zeugniß zu Rechte etwas zubeweisen / nicht gelten*“; so niederdeutsch dann auch in DithmLR Art. 8.

1244 Vgl. *Fischer*, Art. Zeugen, in: HRG V (1998), Sp. 1688.

1245 *Nörr*, Prozessrecht, S. 153; zu den Fundstellen vgl. ebda., Anm. 329; vgl. z.B. Dtn. 17.6, 19.15, Mt. 18.16; vgl. auch *Fischer*, Art. Zeugen, in: HRG V (1998), Sp. 1688, m.w.N.

1246 Vgl. *Repgen*, in: ZRG GA 129 (2012), S. 88 f.

Dies blieb bis ins 19. Jahrhundert hinein weit verbreitet.[1247] Auch in einem Prozess vor dem Landgericht in Hamelwörden aus dem Jahr 1664 bot der Kläger zwei Zeugen auf, deren Aussagen indes nicht ergiebig waren.[1248] Die Authentizität des Zweizeugenerfordernisses in Tit. VII § 4 steht nach alledem außer Frage, nur handelte es sich eben auch nicht um *ius proprium* des Landes Kehdingen.

Dagegen ist nach Tit. VII § 4 *„eines eintzigen Zeugen Aussage ungültig."*[1249] Dies entspricht insoweit allgemeiner Doktrin, als die Aussage eines einzelnen Zeugen einen halben Beweis darstellte, der aber „durch Hinzutreten eines weiteren Elements zum Vollbeweis erstarken" konnte, insbesondere durch eine sogenannte *iuramenti delatio.*[1250] Auch in anderen Landrechten ergibt ein einziger Zeuge einen halben Beweis, der mittels Eides zu einem ganzen vervollkommnet werden kann.[1251] Die Möglichkeit eines solchen Eides ist schließlich ebenfalls im Kehdinger Landrecht in Tit. VIII geregelt; und tatsächlich beginnt

---

1247 *Fischer*, Art. Zeugen, in: HRG V (1998), Sp. 1688.

1248 NLA ST, Rep. 72/172 Freiburg Nr. 4676, LG Kehdingen v. 28.07.1664, Koppelman / Behrman; dieser Fall (enthalten in Anhang Q3.2) ist etwas unklar. Der Kläger Ölrich Koppelman verlangte von Peter Behrman und Lüder Richters – den Erben des verstorbenen Claus Richters – etwas heraus, das zur Erbschaft des Heinrich Hoope gehörte. Diese war offenbar dem Kläger zugefallen. Er behauptete nun, Claus Richters habe etwas von der Erbschaft entwendet. Auf dem letzten Gerichtstag war dem Kläger aufgegeben worden, die Entwendung zu beweisen, woraufhin er zwei Zeugen benannte. Der erste vermochte aber nur kundzutun, dass Claus Richters ein schlechter Mensch gewesen sei. Als dieser vor 15 oder 16 Jahren eine *Lichtform* gestohlen habe, hätte er dem nachfolgenden Eigentümer drohend ein Messer an den Kopf gehalten (bei der Lichtform handelt sich wohl um einen Gegenstand zum Kerzengießen, vgl. DWB 12, Stichw. lichtform, Sp. 883). Ob diese Lichtform aber zum Nachlass des Heinrich Hoope gehörte, wusste der Zeuge nicht. Der zweite Zeuge konnte gar nichts berichten, er hätte Heinrich Hoope nicht einmal gekannt. Dem Kläger wurde nochmals aufgegeben, zum nächsten Gerichtstag einen ordnungsgemäßen Beweis zu führen. Es handelte sich vielleicht um einen Familienkonflikt. Denn aus einem Verfahren im Jahr 1670, als Ölrich Koppelman erneut gegen Lüder Richters prozessierte, ist erkennbar, dass die beiden verschwägert waren, vgl. NLA ST, Rep. 72/172 Freiburg Nr. 4680, LG Kehdingen v. 23.06.1670, Koppelman / Richters.

1249 KehdLR Tit. VII § 4.

1250 *Nörr*, Prozessrecht, S. 153.

1251 Vgl. HadelerLR I,8: *„Wil den der Zeugen-Führer bey seinem Eyde erhalten, daß des Gezeugen Aussage wahr ist, so wird es vor eine vollenkommene Beweisung angenommen"*, vgl. EiderstedtLR I,13.

dieser genau mit einer Konstellation, in der jemand „*nur einen eintzigen / oder gar keinen Zeugen hette.*“[1252]

III. Beweis durch Eideszuschiebung (Tit. VIII)

Dieser Tit. VIII redet vom „*Beweiß durch einen Eyd.*“[1253] Gemeint ist damit eben die sogenannte Eideszuschiebung.[1254]

1. Die Prozessfigur der Eideszuschiebung

Dabei handelte es sich um einen ergänzenden Parteieid bei unvollständigen Beweisen,[1255] damit trotz mangelhafter Beweislage eine Entscheidung herbeigeführt werden konnte.[1256] Ausgangspunkt war also die Beweisnot einer Partei, weshalb „der Beweiß durch die Eides-Delation […] *subsidiaria*“ zu anderen Beweismitteln war.[1257] Doch trotz dieser eigentlichen Nachrangigkeit spielte dieses Instrument im frühneuzeitlichen Zivilprozess eine ziemlich bedeutende Rolle.[1258] „Man unterschied hierbei regelmäßig zwei Arten: das *iuramentum necessarium* und das *iuramentum iudiciale*, und fasste die entsprechenden Prozesshandlungen unter dem Begriff der *iuramenti delatio* zusammen.“[1259] Eine solche *iuramenti delatio* machte, wie bereits gesagt, aus einem halben Zeugenbeweis einen vollen.[1260]

Die Essenz der Eideszuschiebung lässt sich folgendermaßen fassen: „Durch Leistung des Eides wurde voller Beweis der beschworenen Tatsachen begründet“,[1261] der Schwörende konnte den Prozess also so für sich entscheiden. Dabei kann jede Partei „über den Grund ihres Rechts, also der Kläger über den Grund seiner Klage, der Verklagte über den Grund seiner Einrede u.s.w., dem andern Theil deferiren.“[1262]

Dieses im klassischen römischen Recht angelegte Institut[1263] findet sich sogar noch in der deutschen Zivilprozessordnung von 1877.[1264] Erst 1933 wurde die

1252 KehdLR Tit. VIII.
1253 KehdLR Tit. VIII.
1254 Vgl. *Schwartz*, S. 53.
1255 Vgl. *Deutsch*, Art. Beweis, in: HRG I (2008), Sp. 562.
1256 Vgl. *Nörr*, Prozessrecht, S. 175 f.
1257 *Scopp*, S. 117; Hervorh. typograph.
1258 *Munzel-Everling*, Art. Eid, in: HRG I (2008), Sp. 1260.
1259 *Nörr*, Prozessrecht, S. 172; Hervorh. wie Orig.
1260 A.a.O., S. 153.
1261 *Tyarks*, in: MDR 2019, S. 589; vgl. § 428 CPO-1877.
1262 *Endemann*, Civilprozeß II, S. 783.
1263 Vgl. *Kaser/Knütel/Lohsse*, S. 454.
1264 Vgl. §§ 410 ff. CPO-1877.

iuramenti delatio abgeschafft.[1265] An ihre Stelle ist das Beweismittel der Parteivernehmung getreten,[1266] das sich bereits im 19. Jahrhundert allmählich aus der Wurzel des richterlichen Fragerechts herausgebildet hatte.[1267]

2. Der Ablauf der Eideszuschiebung

Der prozessuale Vorgang gestaltete sich folgendermaßen: Im ersten Schritt konnte die in Beweisnot befindliche Partei der anderen Seite den Eid zuschieben (*deferre*);[1268] der Zuschiebende wurde daher *Deferent* genannt.[1269] So heißt es auch im Kehdinger Landrecht: „*So es sich dan begebe / daß derjenige / so nur einen eintzigen / oder gar keinen Zeugen hette / dem Beklagten seine Klage in sein Gewissen schieben wolte.*"[1270] Eine andere Bezeichnung für diese erste Zuschiebung war *Delation*.[1271] Es handelt sich vermutlich um die passive Formulierung, denn der damit belastete Empfänger wird *Delat* genannt.[1272] Dieser hatte sich nun zu entscheiden. Zunächst konnte er sich natürlich „der betreffenden Thatsachen geständig erklären."[1273] Daneben war es ihm insbesondere möglich, den Eid zu schwören,[1274] sodass er also zu seinen Gunsten den Gegenbeweis geführt hätte und die andere Seite beweisfällig geblieben wäre.

Der Delat musste den Eid aber nicht schwören, sondern hatte auch die „Befugniß, denselben dem Deferenten zurückzuschieben."[1275] Dieses Vorgehen wird als *referre* bezeichnet,[1276] bzw. eingedeutscht als „referieren".[1277] Auch nach dem Kehdinger Landrecht mag sich „*der Beklagter mit seinem Eyde gegen ihme erwehren / stehet auch demselben frey / dem Kläger den geforderten Eyd zu referiren und hinwieder in sein Gewissen zustellen.*"[1278] Wohl wiederum ins Passivum gewendet, spricht man bei der Zurückschiebung von einer *Relation*. Dem jetzt

---

1265 *Munzel-Everling*, Art. Eid, in: HRG I (2008), Sp. 1260.

1266 Vgl. BGH, Urt. v. 19.10.1964, II ZR 109/62 = BGHZ 42, 230 (231); vgl. *Nörr*, Prozessrecht, S. 168.

1267 Vgl. *Nörr*, Prozessrecht, S. 168 f.

1268 Vgl. *Kaser/Knütel/Lohsse*, S. 454.

1269 Vgl. *Endemann*, Civilprozeß II, S. 781 f.

1270 KehdLR Tit. VIII.

1271 Vgl. *Tyarks*, in: MDR 2019, S. 589.

1272 Vgl. *Endemann*, Civilprozeß II, S. 792.

1273 Ebda.

1274 Ebda.

1275 A.a.O., S. 794.

1276 *Nörr*, Prozessrecht, S. 176; vgl. *Kaser/Knütel/Lohsse*, S. 454.

1277 *Tyarks*, in: MDR 2019, S. 589.

1278 KehdLR Tit. VIII.

als *Relat* bezeichneten Deferenten oblag es,[1279] den zu ihm zurückgeschobenen Eid entweder selbst zu leisten[1280] oder aber ihn zu verweigern, was Beweisfälligkeit und Prozessverlust zur Folge gehabt hätte.[1281] Dementsprechend heißt es in Tit. VIII: „*Und da der Kläger alsdan schweret / wird der Beklagter condemniret (verlustig erkand) und des Klägers Eyd für einen vollenkommenen Beweiß angenommen. Wolte aber der Kläger nicht schweren / wird der Beklagter von der Klage absolviret (und loß erkand).*“[1282]

3. Eideszuschiebung vor dem Landgericht Kehdingen

Tatsächlich drehte sich ein Appellationsprozess, der am 11. September 1671 vor dem Landgericht Kehdingen geführt wurde, maßgeblich um die Frage eines Beweises durch Eideszuschiebung.[1283]

Der Sachverhalt stellte sich stark verkürzt wie folgend dar: Der Appellationsführer (Appellant) war vom vorinstanzlichen Kirchspielsgericht Assel dazu verurteilt worden, an den Appellationsgegner (Appellat) eine Summe über 94 Reichstaler zu zahlen. Dabei war der Appellationsführer – zumindest auch – infolge anderer Forderungen des Appellationsgegners bereits zuvor in Konkurs gegangen. Jedenfalls „*Wehre unlaugbahr, daß wie Appelati mit der Zahlung in Partem gedrungen, denselben mit arresten beschweret, und große Uhrsach des angestalten concursu gegeben.*“[1284] In diesem Prozess ging es nur noch um etwaige Zinsen. Der Appellant behauptete, „*daß Er einenmahl liquidiret und sie sich eines bestendigen liquidi vergleichen*“ habe,[1285] d.h. er habe diese Forderung bereits teilweise durch einen Vergleich erfüllt. Man habe sich nämlich im Haus des Appellaten getroffen und „*vereinbahret, daß Appellate in etlichen tagen kommen, und Landereyen dafür annehmen wolte.*“[1286]

Der Appellationsführer behauptete, er habe damals in gutem Glauben gehandelt und deswegen keine Quittung verlangt. Er meinte, da bei dem Vergleich kein Zeuge dabei gewesen war, könne man der anderen Seite wegen dieser Tatsache nun den Eid zuschieben, um einen dahingehenden Beweis zu

1279 Vgl. *Endemann*, Civilprozeß II, S. 794.

1280 Vgl. *Tyarks*, in: MDR 2019, S. 589.

1281 Vgl. *Endemann*, Civilprozeß II, S. 794.

1282 KehdLR Tit. VIII.

1283 NLA ST, Rep. 72/172 Freiburg Nr. 4681, LG Kehdingen v. 11.09.1671, Hilcken / Borstel; diese Entscheidung ist im Anhang Q3.6 beigegeben.

1284 Ebda.

1285 Ebda.

1286 Ebda.

erbringen.[1287] Deshalb wollte er dem Appellaten nun auch „*juramentum derogestalt deferiret haben, ob nicht eine bestendige liquidation in seinen hause zugelegt und sie sich wegen der Zinsen vereinbahret, bath ihn dazu anzuhalten.*“[1288]

Der Prozessbevollmächtigte des Appellaten meinte dagegen, der Appellant habe bereits in der ersten Instanz keinen Beweis vorbringen können. Man habe daher „*vermuthet Er würde itzo mit dem beweiß vorkommen sein, so doch noch nicht geschehen noch einige quitung oder documentum zum vorscheine kehme.*“[1289] Stattdessen bestünde der Appellant nun aber weiterhin lediglich darauf, dass zwischen den Parteien eine Liquidation vorgegangen sei und wollte darüber den Eid deferieren. Der Prozessvertreter des Appellaten gab dem Gericht zu bedenken, „*ob Solcher gestalt mit eyden gespielet werden könnte, daß auff bloßes vorgeben ein eyd abgeleget werden solte; könnte auff die weise ein Jeder woll sagen, Er hette alle Zinsen bezahlt, undt darüber juramentum deferiren.*“[1290]

Da das Landgericht Kehdingen die erstinstanzliche Entscheidung bestätigte und die Appellation verwarf,[1291] schloss es sich dieser Ansicht wohl an. Hiergegen legte der Unterlegene wiederum erneut Rechtsmittel ein.[1292] Damit ist die Authentizität von Tit. VIII allerdings auch teilweise widerlegt. Denn dieser statuiert entgegen gemeinrechtlicher Doktrin, dass nicht mal ein einzelner Zeuge – d.h. ein halber Beweis – zum Anbeweis notwendig wäre. Dies war hier wohl aber gerade nicht für angängig erachtet worden.

1287 Ebda.: „*Nun mögte zwar dieser in facto beruhender einwurff dafür angesehen werden, daß er beweises bedürfftig. Weil aber bekandt, daß seithero anno 1644 da Appellate Dominus der obligation geworden, Sie bona fide gehandelt, Appellante des Appellaten buche getrawet, und Nie Quitung genommen, also sich nicht versehen, daß solches wieder wißen und gewißen solte abgeleügnet worden sein, da dan Rechtens, wan bonâ fide gehandelt und keine Zeügen dabey geweset, man gegenteile den eyd zuschieben könnte.*“

1288 Ebda.

1289 Ebda.

1290 Ebda.

1291 Ebda.: „*Erkandt. In sachen Jürgen Hilcken Appelanten an einem: entgegen und wieder Dietrich vom Borstell Appelaten am andern teile in puncto liquidationis ex injuriarum p erkennen Greffe und heübtleute Landes Kedingen allen an und vorbringen nach vor Recht, daß vom Richter voriger instant. woll gesprochen und übel appelliret, Es dahero bey voriger Urtel zulaßen und dieselbe zu confirmiren.*“

1292 Ebda.: „*Jürgen Hilcke appellirte von dieser Urtel stante pede.*“

4. Bewertung

Der Beweis durch Eidesleistung war gemeinrechtlicher Natur und in der Region allgemein verbreitet.[1293] Die Regelung im Hadeler Landrecht weist neuerlich eine frappierende Wortlautähnlichkeit zum Kehdinger Landrecht auf.[1294] Dass Tit. VIII der Rechtswirklichkeit in Kehdingen entsprochen hat, ist insofern und angesichts der archivalischen Zeugnisse überhaupt nicht zu bezweifeln. Da es sich aber um gemeines Prozessrecht handelt, kann von Partikularrecht keine Rede sein.

IV. Beweis durch Urkunden (Tit. IX)

Im Gefolge an die Eideszuschiebung wird in Tit. IX der „*Beweißthumb* [...] *durch brieffliche Uhrkunde*"[1295] geregelt, welcher „ein fester Bestandteil des modernen Prozeßwesens" ist.[1296]

1. Bedeutung und Geschichte des Urkundenbeweises

Die besondere Bedeutung von Urkunden ergibt sich daraus, „daß ein bestimmter historischer Vorgang mittels eines Schriftstückes, in welchem er verkörpert ist, bewiesen werden kann und insoweit nicht eines anderen Beweismittels, insbesondere nicht der Bekundung durch Zeugen bedarf."[1297] Bereits der römische Prozess kannte diverse Formen von Beweisurkunden.[1298] Im nachklassischen Prozess konnte dann mit öffentlichen oder öffentlich konfirmierten Privaturkunden ein Beweis erbracht werden, der ein stärkeres Gewicht als Zeugenaussagen besaß.[1299] Zu einem selbstständigen Beweismittel entwickelten sich Urkunden aber erst in karolingischer Zeit. Insbesondere notariellen Dokumenten wurde ab dem hohen Mittelalter ein starker Beweiswert beigemessen.[1300] Infolge der Verschriftlichung des römisch-kanonischen Prozesses war die Urkunde dann auch dessen wichtigstes Beweismittel.[1301]

1293 Vgl. HGO 2,18; vgl. UGO Tit. VII §§ 19 ff.; vgl. EiderstedtLR I,18; vgl. DithmLR Art. 13 § 2; vgl. OtterndorfStR, Art. 5 §§ 7 ff.

1294 Vgl. HadelerLR I,9; vgl. die Synopse ausgewählter Stellen im Anhang Q2.

1295 KehdLR Tit. IX.

1296 *Ignor*, Art. Urkundenbeweis, in: HRG V (1998), Sp. 577.

1297 Ebda.

1298 Vgl. *Kaser/Knütel/Lohsse*, S. 59 f.

1299 A.a.O., S. 479.

1300 Vgl. *Ignor*, Art. Urkundenbeweis, in: HRG V (1998), Sp. 578 f.

1301 *Deutsch*, Art. Beweis, in: HRG I (2008), Sp. 562.

2. Urkunden im gemeinen Prozessrecht

Der Beweiswert einer Urkunde richtete sich im gemeinen Prozess danach, „wer sie gemacht hat, also von der Echtheit, und sodann von der Zuverlässigkeit des Inhalts, von der Glaubwürdigkeit, die sich theils nach der Person des Ausstellers, theils aber auch nach der objektiven Beschaffenheit des Inhalts ergeben muß."[1302]

Man unterschied hiernach zwei Formen, nämlich die öffentliche Urkunde (*instrumentum publicum*) und die Privaturkunde (*instrumentum privatum*).[1303] Diese grundlegende Kategorisierung hat sich bis heute erhalten.[1304] „Oeffentliche Urkunden sind alle diejenigen, welche von öffentlichen Behörden oder Beamten, denen die *publica fides* verliehen ist, in dieser ihrer Eigenschaft errichtet werden."[1305] Im Umkehrschluss klassifizierte die gemeine Prozesslehre alle nichtöffentlichen Urkunden als Privaturkunden. Sowohl ihre Echtheit als auch der Beweiswert ihres Inhalts mussten besonders festgestellt werden.[1306] Der volle Beweis konnte aber ausschließlich mit einer öffentlichen Urkunde geführt werden,[1307] nur sie hatte *plena fides*.[1308] Ihr gleichgestellt waren Privaturkunden, die vom Gegner besiegelt[1309] oder mit den Unterschriften zweier oder dreier Zeugen versehen waren.[1310] Nicht diesen Anforderungen entsprechende Urkunden brachten dagegen „nur einen halben Beweis, der der Ergänzung bedurfte."[1311]

Auch Tit. IX § 1 erfordert für einen Beweiswert eine Besiegelung der Urkunde, denn er spricht über „*VErsiegelte Brieffe auff Erb- und Gütere / auch Verschreibungen auff Geld-Summen lautende.*"[1312] Solche Urkunden werden im Gericht zu Hamelwörden nur berücksichtigt, wenn „*dieselbige an Siegeln unversehriget*

1302 *Endemann*, Civilprozeß II, S. 737.

1303 *Nörr*, Prozessrecht, S. 154; im römischen Prozess hatte man mit den Begriffen *instrumenta* und *documenta* alle Beweismittel gemeint, auch Zeugen, vgl. *Endemann*, Civilprozeß II, S. 736 f.

1304 Auch das heutige Zivilprozessrecht unterscheidet noch zwischen Privaturkunden (§ 416 ZPO) und öffentlichen Urkunden (§§ 415, 417 f. ZPO).

1305 *Endemann*, Civilprozeß II, S. 743; Hervorh. typograph.

1306 Vgl. a.a.O., S. 748 f.

1307 *Ignor*, Art. Urkundenbeweis, in: HRG V (1998), Sp. 578 f.

1308 *Nörr*, Prozessrecht, S. 155.

1309 Vgl. *Ignor*, Art. Urkundenbeweis, in: HRG V (1998), Sp. 578 f.

1310 Vgl. *Nörr*, Prozessrecht, S. 155, 157 f.

1311 *Ignor*, Art. Urkundenbeweis, in: HRG V (1998), Sp. 579.

1312 KehdLR Tit. IX § 1.

/ auch keine Rasuren darein befunden.“[1313] Dies entspricht ganz gemeinrechtlicher Doktrin, denn nach dieser konnte eine Urkunde mit der Begründung angefochten werden, sie „weise Rasuren oder ähnliche verdächtige Änderungen auf, oder das notarielle Siegel sei beschädigt.“[1314]

Im gemeinen Zivilverfahren verlangte der Urkundenbeweis zudem eine Vorlage des Schriftstücks an den Richter oder Gerichtsnotar. Diese war dann für den Gegner zu kopieren.[1315] Die schwedische Hofgerichtsordnung für Bremen-Verden verfuhr ähnlich[1316] und auch das Landrecht erforderte dies, „*es muß aber der producente die originalia (oder Häupt-Brieffe) zur stelle haben.*“[1317] Überhaupt müssen „die Documente, welche wir zum Beweiß brauchen […] Originalia seyn.“[1318] Nach dem Prozess waren diese Originale dem Beweisführer zurückzugeben. Der Landessekretär musste aber eine Kopie anfertigen und bei den Akten verwahren.[1319]

3. Bewertung

Es ist durch die Protokolle des Landgerichts zu Hamelwürden nachweisbar, dass ein Urkundenbeweis in Kehdingen möglich war. Denn in einem Verfahren, eine „*streitige Erbteilung betreffend*“ zwischen den Kindern des verstorbenen Peter Heinsohn und dessen Witwe, haben die Gräfen und Hauptleute ihre Entscheidung „*auß den producirten documenten*“ heraus getroffen.[1320]

Auch in dem bereits im Rahmen der Eideszuschiebung thematisierten Berufungsprozess von 1671 hatte der Appellationsgegner ja geäußert, er hätte irrigerweise vermutet, der Appellationsführer „*würde itzo mit dem beweiß vorkommen sein, so doch* […] *noch einige quitung oder documentum zum vorscheine kehme.*“[1321] Im Übrigen ist in diesen Akten davon die Rede, die Parteien hätten in des „*Appellaten hause vermüge deßen Buchs und brieffschafften 11 Jahr Zinsen bestendig liquidiret.*“[1322] Dieses Buch wird sehr häufig in dem Protokoll

1313 KehdLR Tit. IX § 1.
1314 *Nörr*, Prozessrecht, S. 155.
1315 A.a.O., S. 160.
1316 Vgl. HGO 2,12,4 f.
1317 KehdLR Tit. IX § 2.
1318 *Scopp*, S. 186; Hervorh. typograph.
1319 KehdLR Tit. IX § 3.
1320 NLA ST, Rep. 72/172 Freiburg Nr. 4676, LG Kehdingen v. 28.07.1664, Hein / Heinsohns Wittiben.
1321 NLA ST, Rep. 72/172 Freiburg Nr. 4681, LG Kehdingen v. 11.09.1671, Hilcken / Borstel.
1322 Ebda.

genannt; schlussendlich erlegten Gräfen und Hauptleute dem Appellationsgegner auf, er wäre „*sein buch zu beschweren schüldig.*“[1323] Dies alles dürfte auf das kaufmännische Rechnungsbuch (*liber rationum*) abzielen, das eine besondere Form der Privaturkunde darstellte.[1324]

In einem Prozess vor dem Gräfengericht Freiburg vom 11. Dezember 1694 versuchte der Kläger seine Eigentümerstellung durch einen Kaufvertrag zu beweisen. Und tatsächlich wurde ihm dies auf Grund des „*seines in händen habenden Kauff- und Verlaß-Briefes*“ zuerkannt.[1325] Angesichts dieser archivalischen Zeugnisse und der allgemeinen Bedeutung des Urkundenbeweises für den gemeinen Zivilprozess steht eine Authentizität von Tit. IX außer Frage. Schließlich gab es dieses Beweismittel auch sonst in der Region. So spricht die Hofgerichtsordnung von der Möglichkeit, dass „*jemand seine Klage oder Exception auff brieffliche Urkunden / Instrumenta, Siegel / Brieffe / Bücher / Register und derogleichen Schrifften begründet.*“[1326] Auch das Eiderstedter Landrecht oder die spätere Untergerichtsordnung kannten den Urkundenbeweis.[1327]

V. Beweis durch Zerter (Tit. X)

Der nachfolgende Tit. X handelt laut der Überschrift „*von Beweisung der Zerter.*“[1328] Der Begriff *Zerter* war die im hanseatischen Gebiet übliche Bezeichnung für eine sogenannte *charta partita* oder *chartepartie.*[1329] Diese besonders im Seehandelsrecht bei Frachtverträgen gebräuchliche Urkundenform[1330] tauchte seit dem Ende des 10. Jahrhunderts in Deutschland bei privaten Vertragsschlüssen auf.[1331] Kennzeichnendes Merkmal war die doppelte Urschrift auf der Urkunde – oben und unten – welche durch einen zacken- oder schlangenlinienförmigen Schnitt in der Mitte geteilt wurde. Jede Vertragspartei erhielt dann eines der Teilstücke.[1332] Die ineinander passenden Zacken dienten dazu, die Echtheit der Urkunde nachzuweisen, indem die Teilstücke zu Beweiszwecken

---

1323 Ebda.

1324 Vgl. *Nörr*, Prozessrecht, S. 157 f.

1325 NLA ST, Rep. 28 Nr. 885, Bl. 26v, GräfenG Freiburg v. 11.12.1694, Brunschwieck / Heynsohns Wittibe.

1326 HGO 2,12,1.

1327 Vgl. EiderstedtLR I,16; vgl. UGO Tit. VII § 11.

1328 KehdLR Tit. X.

1329 *Rothweiler*, Art. Chartepartie, in: HRG I (2008), Sp. 832.

1330 Ebda.; vgl. *Coing*, S. 551 f.

1331 DWB 31, Art. Zerte, Sp. 788.

1332 Ebda.

zusammengelegt werden mussten.[1333] Um diese Frage geht es auch in Tit. X, denn dort heißt es, wenn die Zerter also *„zur Beweisung werden im Gerichte vorgezeiget / machen dieselbe auch einen vollenkommenen Beweiß / doch müssen dieselbe von beyden Theilen / da sie von einander geschnitten / da seyn. Wan[n] dan[n] dieselbe in einander schliessen / sein sie* [...] *vor gültig erkandt.*“[1334]

Aus Tit. X § 2 geht nochmals hervor, dass es sich bei Zertern um eine Sonderform der brieflichen Urkunde handelt. Um der anderen Partei die Möglichkeit einer *exceptio* zu geben, sollten sie dieser zur Überprüfung der Echtheit vorgelegt werden. Zudem soll der Landessekretär auf ihr Anfordern eine Kopie davon anfertigen.[1335] Ähnliches sah unter anderem das Eiderstedter Landrecht für Urkunden allgemein vor.[1336]

Da das Land Kehdingen sich direkt am Ufer der unteren Elbe entlang zieht – und somit unmittelbar an der schiffbaren Route nach Hamburg liegt – ist anzunehmen, dass dieser im hanseatischen Raum verbreitete Urkundentyp auch dort vorkam. Insofern spricht viel für die Authentizität. Es hat auch ganz den Anschein, als wenn die Untergerichtsordnung von 1753 diesen Beweis kennt. Denn der zum Beweisrecht gehörige Tit. VII § 6 spricht von der *„Verfertigung eines ordentlichen Risses und Charte.*“[1337]

4. Unterabschnitt – Das erstinstanzliche Urteil

Im Anschluss an das Beweisverfahren wurde im römischen Zivilprozess das Urteil (*sententia*) gefällt.[1338] Auch das Landrecht spricht in Tit. VII § 2 von *sententia*,[1339] in Tit. XXXI dann eingedeutscht von *„Sententz.*“[1340]

1333 *Rothweiler*, Art. Chartepartie, in: HRG I (2008), Sp. 832.

1334 KehdLR Tit. X § 1.

1335 Vgl. KehdLR Tit. X § 2: *„Wan[n] dan sothane brieffliche Uhrkunde im Gerichte eingeleget / werden dieselbe dem Gegenteil / da sie wider und entgegen seyn / vorgelesen und sehen lassen / Ob er etwa an den Schrifften mangel erkenne. Da er dan Abschrifft davon begehret / wird ihme dieselbe nicht verwegert / sondern dem Secretario heraußzugeben befohlen. Was er dan[n] für Exception dawider hat / muß er auff dem nechsten Gerichts-Tage vorbringen.*“

1336 Vgl. EiderstedtLR I,16.

1337 UGO Tit. VII § 6.

1338 Vgl. *Kaser/Knütel/Lohsse*, S. 469.

1339 KehdLR Tit. VII § 2.

1340 Vgl. KehdLR Tit. XXXI: *„Wann die Sententz (oder Vrteil) publiciret und gesprochen.*“

A. *Endurteile und Zwischenentscheidungen*

In der Landesbeschreibung heißt es, dass im Turmgericht zu Hamelwörden nach dem Landrecht „*definitivè darin erkandt wird.*“[1341] Diese Terminologie referenziert die *sententia definitiva*, den römisch-rechtlichen Begriff für das Endurteil.[1342] In diesem Sinne findet er sich auch explizit in Tit. V § 2 des Landrechts.[1343] Da der Prozess ein „Verfahren der Rechtspflege nach festen Regeln zur Herstellung des Rechtsfriedens und der Rechtssicherheit“ ist,[1344] soll die Sentenz den Rechtsstreit endgültig beenden.[1345] Von ihr zu unterscheiden ist „die blosse *interlocutio*“,[1346] d.h. die als *sententia interlocutoria* bezeichnete Zwischenentscheidung des gemeinen Zivilprozesses.[1347]

Beide Entscheidungsformen finden sich in den Protokollen, wobei die Endurteile häufig mit dem Wort *Erkandt* überschrieben sind.[1348] In einem Appellationsprozess ist auch ausdrücklich von einem *Interlocutum* die Rede, womit ein *Bescheid* gemeint ist.[1349] Solche Bescheide finden sich vielfach in den Protokollen, sie haben nach heutiger Betrachtungsweise oft den Charakter prozessleitender Beschlüsse. Sie bestimmten beispielsweise, dass zum nächsten Termin bessere Beweismittel vorzubringen seien,[1350] dass einer Partei Schriftsatznachlass gewährt[1351] wird oder dass eine schriftlich eingereichte Berufungsbegründung mündlich vorzutragen ist.[1352]

1341 NLA ST, Rep. 7 Nr. 7, Bl. 18r.

1342 *Nörr*, Prozessrecht, S. 193; vgl. *Kaser/Knütel/Lohsse*, S. 480.

1343 Vgl. KehdLR Tit. V § 2: „*Es wird aber in der Sache keine definitiva (oder End-Urtheil) alsobald erkand.*“

1344 *Eisenhardt*, Rn. 395.

1345 Vgl. *Scopp*, S. 259: „Die Sentenz, ist eine rechtmäsige Entscheidung einer ieden Sache, […] daß der hin und her getriebene Streit endlich geendigt wird.“

1346 A.a.O., S. 260; Hervorh. typograph.

1347 *Nörr*, Prozessrecht, S. 193; vgl. *Kaser/Knütel/Lohsse*, S. 480.

1348 Vgl. NLA ST, Rep. 72/172 Freiburg Nr. 4676, LG Kehdingen v. 28.07.1664, Hein / Heinsohns Wittiben; vgl. NLA ST, Rep. 72/172 Freiburg Nr. 4680, LG Kehdingen v. 23.06.1670, Grantz / Schwenger.

1349 NLA ST, Rep. 72/172 Freiburg Nr. 4682, LG Kehdingen v. 25.06.1675, Deden Erben / Wilckens: „*Interlocutum. Greffe undt Heuptleute geben dießen Bescheidt.*“

1350 Vgl. NLA ST, Rep. 72/172 Freiburg Nr. 4676, LG Kehdingen v. 28.07.1664, Koppelman / Behrman; vgl. NLA ST, Rep. 72/172 Freiburg Nr. 4675, LG Kehdingen v. 03.07.1656, Mowe / Mahler sowie Nagell / Groteman.

1351 Vgl. NLA ST, Rep. 72/172 Freiburg Nr. 4680, LG Kehdingen v. 23.06.1670, Koppelman / Richters.

1352 Vgl. NLA ST, Rep. 72/172 Freiburg Nr. 4682, LG Kehdingen v. 25.06.1675, Deden Erben / Wilckens.

B. *Formelle Struktur*

Gleich ob es sich um ein richterliches Erkenntnis oder einen Bescheid handelte, war den Entscheidungen des Landgerichts ein formularmäßiger Aufbau zu eigen.

I. *Rubrum*

Dies gilt besonders für das Rubrum, das mit stereotypen Wendungen durch die Bezeichnung der Parteien, des Streitgegenstandes sowie einer Erkenntnisformel strukturiert ist. Zur Illustration sind die folgenden drei Urteilssprüche wiedergegeben:

> „*In Sachen Olrich Koppelmans Klägers an einem: entgegen und wieder Peter Behrman und Lüder Richters beklagte am anderen teile, streitige schuldt forderung betreffend, Geben Greffe und Heübtleüte Landes Kedingen der eydlich obgehörten Zeugen außage nach vor Recht.*“[1353]

> „*In sachen Basilij von Heins und Detleff Kömmen alß Sehl: Peter Heinsohns Kinder Vormündere Kläger an einem: entgegen und wieder Sehl: Peter Heinsohns Wittiben itzo Christoff Olrichs Ehelichen Haußfrauwen beklagtin am anderen teile, streitige Erbteilung betreffend, Erkennen Greffe und Heübtleüte Landes Keding vor Recht.*“[1354]

> „*In sachen Jürgen Hilcken Appelanten an einem: entgegen und wieder Dietrich vom Borstell Appelaten am andern teile in puncto liquidationis ex injuriarum erkennen Greffe und heübtleute Landes Kedingen allen an und vorbringen nach vor Recht.*“[1355]

Auch Urteilen der Gräfengerichte lag dieses Muster zugrunde,[1356] es lässt sich zudem in Entscheidungen des Hofgerichts zu Stade ausmachen.[1357] Selbst die

---

1353 NLA ST, Rep. 72/172 Freiburg Nr. 4676, LG Kehdingen v. 28.07.1664, Koppelman / Behrman.

1354 NLA ST, Rep. 72/172 Freiburg Nr. 4676, LG Kehdingen v. 28.07.1664, Hein / Heinsohns Wittiben.

1355 NLA ST, Rep. 72/172 Freiburg Nr. 4681, LG Kehdingen v. 11.09.1671, Hilcken / Borstel.

1356 Vgl. NLA ST, Rep. 28 Nr. 885, Bl. 26v, GräfenG Freiburg v. 11.12.1694, Brunschwieck / Heynsohns Wittibe: „*In Sachen Peter Brunschwiecks, Klägern und Retrahenten, eines entgegen und wieder Seel. Clauß Heynsohns Wittibe, Beklagtin und Retrahatin am andern theils, in pto. Retractus, Erkennen Gräfe und Haubtleute Landes Keding Freyburgischen Theils allem an- und vorbringen auf dem producirten Verlaß-Briefe zu folge, vor Recht.*“

1357 Vgl. NLA ST, Rep. 28 Nr. 885, Bl. 36r, HofG Stade v. 01.02.1697, Deken / Schröder: „*In Sachen Rittmeister Burchard von der Deken, Klägern, eines entgegen und*

Gutachten von Spruchfakultäten wurden ähnlich eingeleitet.[1358] Regelmäßig wird in der Erkenntnisformel auch die Grundlage der Entscheidungen angegeben. Sie ergingen unter anderem auf:

- *„die hinc inde […] gerichtlich geschehene Handelung“*,[1359]
- *„der eydlich obgehörten Zeugen außage“*,[1360]
- *„den producirten documenten“*,[1361]
- die *„ergangenen Acten“*,[1362]
- den *„allen an und vorbringen nach sonsten befundenem umständen.“*[1363]

II. Tenor

Auf das nach diesem Muster aufgebaute Rubrum folgte der Tenor.

1. Hauptsacheentscheidung

Dabei konnte die gemeinrechtliche *sententia* ihrem Inhalt nach ein „Leistungs-, Gestaltungs- oder Feststellungsurteil sein.“[1364] So verurteilten auch

wieder den Grefen Landes Kehdingen Freyburgischen Theils, Hinrich Schröder, Beklagten, andern Theils, Retractus, erkennen Königl. Schwed. in denen Herzogtühmern Bremen und Vehrden, zum Hofgericht verordnete Director, Vice Director und Assessores, denen ergangenen Acten nach für Recht.“

1358 Vgl. NLA ST, Rep. 28 Nr. 1239, Bl. 67r, Gutachten der Juristischen Fakultät der Universität zu Kiel v. 17.12.1692: *„Alß Uns Decano, Seniori, und anderen Doctoribus und Professoribus der Juristen Facultät auf der Hochfürstl. Hollsteinischen Universität vorgesetzte facti species nebst einigen, in Sachen Metten Margarethen von Reimershausen Appellantin eines entgegen und wieder Barthold von Reimershausen, instituirte testaments-Erben, Appellaten andern theils, ergangenenen Manual-Acten zugesandt, und über die beyde folgende Fragen unsere rechtliche Meinung cum rationibus dubitandi et decidendi verlanget worden, so haben wir solches alles mit Fleiß verlesen, bey versamleten Collegio wol erwogen, und berichten.“*

1359 NLA ST, Rep. 28 Nr. 885, Bl. 25r, GräfenG Bützfleth v. 19.08.1699, Köser / Krabben.

1360 NLA ST, Rep. 72/172 Freiburg Nr. 4676, LG Kehdingen v. 28.07.1664, Koppelman / Behrman.

1361 NLA ST, Rep. 72/172 Freiburg Nr. 4676, LG Kehdingen v. 28.07.1664, Hein / Heinsohns Wittiben.

1362 NLA ST, Rep. 28 Nr. 885, Bl. 36r, HofG Stade v. 01.02.1697, Deken / Schröder.

1363 NLA ST, Rep. 28 Nr. 1096, Bl. 43r, GräfenG Freiburg v. 28.07.1677, Ancken / Neudick.

1364 Vgl. *Kaser/Knütel/Lohsse*, S. 469.

die kehdingschen Gerichte zu Zahlungen[1365] und stellten beispielsweise die Gültigkeit von Verträgen[1366] oder die Berechtigung zur Ausübung des Retraktrechts fest.[1367]

Besondere Formalitäten lagen hingegen dem Hauptsachetenor im Appellationsprozess zu Grunde. So lautete das Erkenntnis der Gräfen und Hauptleute in dem Urteil vom 11. September 1671, „*daß vom Richter voriger instant. woll gesprochen und übel appelliret, Es dahero bey voriger Urtel zulaßen und dieselbe zu confirmiren, wie es dan dabey gelaßen und dieselbe hiemit confirmiret wird.*"[1368] Diese Feststellung, es sei *wohl gesprochen und übel appelliert* worden, verbunden mit einer Bestätigung des vorinstanzlichen Urteils, war der übliche Tenor für eine erfolglose Berufung. Er lässt sich in weiteren Entscheidungen ausmachen,[1369] auch solchen höherer Instanzen.[1370] Der gewissermaßen umgekehrte Tenor für eine erfolgreiche Appellation findet sich im Landrecht: Laut Tit. XXV hatte das Oberlandgericht „*erkandt / daß übel gesprochen und wol appelliret*" worden sei.[1371] Diese Wendungen entstammen dem kanonischen Prozessrecht: Dort wurde bei Appellationen – je nach Erfolg – auf „*bene judicatum, male appellatum*" oder aber „*male judicatum, bene appellatum*" erkannt.[1372]

1365 Vgl. NLA ST, Rep. 72/172 Freiburg Nr. 4676, LG Kehdingen v. 28.07.1664, Hein / Heinsohns Wittiben; vgl. NLA ST, Rep. 72/172 Freiburg Nr. 4680, LG Kehdingen v. 23.06.1670, Grantz / Schwenger.

1366 Vgl. NLA ST, Rep. 72/172 Freiburg Nr. 4680, LG Kehdingen v. 23.06.1670, Hein / von Heines.

1367 NLA ST, Rep. 28 Nr. 885, Bl. 26v, GräfenG Freiburg v. 11.12.1694, Brunschwieck / Heynsohns Wittibe.

1368 NLA ST, Rep. 72/172 Freiburg Nr. 4681, LG Kehdingen v. 11.09.1671, Hilcken / Borstel.

1369 Vgl. NLA ST, Rep. 72/172 Freiburg, Nr. 4682, LG Kehdingen v. 25.06.1675, Deden Erben / Wilckens.

1370 Vgl. NLA ST, Rep. 28 Nr. 885, Bl. 81r, Wismarer Tribunal v. 05.05.1710, Stubben etc. / Romundt etc.: „*In Sachen* [...] *werden gravamina, alß unerheblich nicht, sondern Acta ex officio für beschlossen angenommen, befunden, und erkant, daß woll gesprochen, übel appelliret, solchem nach die Urtel à qua zu confirmiren.*"

1371 KehdLR Tit. XXV.

1372 *Becker*, S. 18.

2. Kostenentscheidung

Darüber hinaus hatten Endurteile „grundsätzlich einen Ausspruch über die Kostentragungspflicht zu enthalten.“[1373] Die Prozesskosten (*sumptus litis*)[1374] waren von dem unterliegenden Teil zu zahlen und setzten sich aus den Gerichtskosten und den Parteikosten zusammen. Die Verurteilung in die Kosten bezeichnete man als *condemnatio*, ihre Festsetzung als *taxatio*.[1375] Dabei war für die Kostenentscheidung „nach der Verhandlungsmaxime stets ein Antrag auf Kondemnation vorausgesetzt.“[1376] In späterer Zeit erging die Entscheidung dann von Amts wegen.[1377] Solche *condemnationes* finden sich auch in Archivalien des Landgerichts zu Hamelwörden. Beispiel sei eine abgewiesene Appellation aus dem Jahr 1675, in der auf den entsprechenden Antrag des Appellationsgegners hin erkannt wurde, den letztlich unterlegenen Appellationsführer *„in die auf heüte angeuhrsachten Kosten zu condemniren. Gestalt wir es also bey voriger Urthell laßen, undt zu erstattung dießes tages Kosten apellantes salva moderatione condemniren.“*[1378]

3. Von Rechts Wegen

Der Tenor der überlieferten Protokolle schließt üblicherweise mit der Formel *„Von Rechts Wegen“*,[1379] zumeist nur abgekürzt als *„V.R.W.“*[1380] Diese Praxis lässt

---

1373 *Nörr*, Prozessrecht, S. 203.

1374 *Kaser/Knütel/Lohsse*, S. 477.

1375 *Nörr*, Prozessrecht, S. 203 ff.

1376 *Endemann*, Civilprozeß I, S. 507.

1377 Ebda.; so auch noch heute, vgl. § 308 Abs. 2 ZPO.

1378 NLA ST, Rep. 72/172 Freiburg Nr. 4682, LG Kehdingen v. 25.06.1675, Deden Erben / Wilckens; auch in einem anderen Urteil dieses Gerichtstages heißt es: *„Erkand. Greffen und Hauptleutte Landes Kehdingen erkennen vor Recht, daß von der in Anno 1673 d. 28 Maji zu Assel abgesprochenen Urthel übel Appeliret, dahero die Urthel voriger instantz hiemit confirmiret wird; und wird Appellante in die auff heute angeursachten Kosten salva moderatione schuldig vertheilet; gestalt wir die urthel also confirmiren, auch appellanten in die dieses tages auffgelauffene Kosten vertheilen. V.R.W. publicat. aufm Landger. zu Hamelw. Aó 1675“*, NLA ST, Rep. 72/172 Freiburg Nr. 4682, LG Kehdingen v. 25.06.1675, Titjens / Elers.

1379 NLA ST, Rep. 72/172 Freiburg Nr. 4680, LG Kehdingen v. 23.06.1670, Hein / von Heines; vgl. auch NLA ST, Rep. 28 Nr. 1096, Bl. 43r, GräfenG Freiburg v. 28.07.1677, Ancken / Neudick.

1380 NLA ST, Rep. 72/172 Freiburg Nr. 4676, LG Kehdingen v. 28.07.1664, Koppelman / Behrman sowie Beyen Erben / Stüwens Erben und Hein / Heinsohns Wittiben; vgl. NLA ST, Rep. 72/172 Freiburg Nr. 4682, LG Kehdingen v. 25.06.1675, Deden Erben / Wilckens.

sich auch für die Erkenntnisse anderer Gerichte nachweisen, nämlich für die Gräfengerichte,[1381] das Hofgericht zu Stade[1382] oder das Wismarer Tribunal.[1383] Es handelte sich im gemeinen Zivilprozess um einen üblichen Vermerk am Ende von Entscheidungen.[1384] Den historischen Ursprung führte das zeitgenössische Schrifttum auf die Wendung *quo iure utimur* zurück, die von dem römischen Juristen Ulpianus gebraucht wurde.[1385] Noch heute ist die so tradierte Formulierung *Von Rechts Wegen* der Abschluss für den Tenor von Urteilen des Bundesgerichtshofes.[1386]

4. Verkündungsvermerk

Im Landrecht ist von *abgesprochenen* Urteilen die Rede,[1387] an anderer Stelle heißt es, das Urteil würde „*publiciret und gesprochen.*“[1388] Tatsächlich erforderte die gemeinrechtliche Gerichtsentscheidung zu ihrer Wirksamkeit einer Bekanntmachung.[1389] Bei der Urteilsverkündung, zu der die Parteien zu laden

---

1381 Vgl. in NLA ST, Rep. 28 Nr. 885: GräfenG Bützfleth v. 19.08.1699, Köser / Krabben (Bl. 25r); GräfenG Freiburg v. 11.12.1694, Brunschwieck / Heynsohns Wittibe (Bl. 26v); GräfenG Freiburg v. 22.04.1702, Sietwende / Tiedemann etc. (Bl. 27r).

1382 Vgl. NLA ST, Rep. 28 Nr. 885, Bl. 36v, HofG Stade v. 01.02.1697, Deken / Schröder.

1383 Vgl. NLA ST, Rep. 28 Nr. 885, Bl. 81r, Wismarer Tribunal v. 05.05.1710, Stubben / Romundt; vgl. NLA ST, Rep. 28 Nr. 1239, Bl. 75r, Wismarer Tribunal v. 23.10.1693, Reimershausen / Reimershausens Erben.

1384 Vgl. *Ludovici*, Civil-Proceß, S. 210.

1385 Vgl. *Seyfart*, S. 409: „Es halten auch einige dafür, daß die Rechts-*Collegia* zwar unter ihre Urthel setzen dürften, von Rechtswegen, wie der *Ulpianus* seine *decisa* zu schliessen pflegen: *quo iure utimur*“; Hervorh. typograph.; die Wendung *quo iure utimur* findet sich in den Digesten vier Mal bei Ulpianus, vgl. D. 12,6,26,pr. (Ulp. 26 ad ed.); D. 28,2,6,1 (Ulp. 3 ad Sab.); D. 40,4,2 (Ulp. 5 ad Sab.); D. 42,4,7,16 (Ulp. 59 ad ed.); darüber hinaus ist die Formel noch an sechs weiteren Stellen belegt, vgl. D. 2,14,27,1 (Paul. 3 ad ed.); D. 19,2,8 (Tryph. 9 disp.); D. 23,5,18,1 (Iav. 6 ex post. Lab.); D. 28,6,38,3 (Paul. l. sing. de sec. tab.); D. 30,114,4 (Marcian. 8); D. 34,9,18,pr. (Pap. 15 resp.).

1386 Dies hat seine Grundlage in § 12 Abs. 1 der Geschäftsordnung des BGH vom 3. März 1952, Bundesanzeiger 1952, Nr. 83, S. 9.

1387 Vgl. KehdLR Tit. VII § 2, XXXIII.

1388 KehdLR Tit. XXXI; vgl. auch KehdLR Tit. VII § 2, XXIII § 1, XXV.

1389 Vgl. *Endemann*, Civilprozeß I, S. 533 f.; vgl. *Scopp*, S. 174: „Daß die Sentenz, so ordentlich verfertiget worden, auch rechtmässig zu *publiciren* seye, lehret die Sache selbst. Dann die Sentenz ist derowegen verfertiget worden, daß sie ein Gesez unter denen Partheyen macht. Aber es erhellet vor sich, daß das Gesez nicht verbinde, welches nicht ordentlich ist *promulgirt* worden“; Hervorh. typograph.

waren, hatte der Richter die schriftlich abgefasste Entscheidung sitzend zu verlesen.[1390] „Wann die *Publicatio* geschehen ist", wurde durch das Protokoll bewiesen.[1391] Dementsprechend ist die Verkündung auch in vielen Protokollen des Landgerichts zu Hamelwörden festgehalten, und zwar durch den Vermerk „*Pronunciatum*"[1392] oder „*Publicatum*"[1393] mit dem jeweiligen Datum. Da diese Daten stets mit den jeweiligen Gerichtstagen übereinstimmten, wurden die Urteile im unmittelbaren Anschluss an die Verhandlungen verkündet. Die Untergerichtsordnung von 1753 hielt die Gerichte insoweit auch dazu an, einfache Entscheidungen sofort und nur schwierigere im Nachgang schriftlich zu fällen.[1394] Ein beispielhafter vollständiger Urteilskopf des Landgerichts Kehdingen las sich dann wie folgt:

> „*Erkandt.*
>
> *In sachen Jochim undt Marten Deden Appellanten an einem, entgegen undt wieder Claus Wilckens Appellaten andern teils, erkennen Greffen undt Hauptleute Landes Kehdingen erwogenen Umbständen, auch allem an undt vorbringen nach für recht, das in voriger instantz woll gesprochen, davon ubell appelliret, dahero es bey dem in Anno 1673 den 23t. Januarij woll abgesprochenen Urthell zu laßen: Auch appellantes in die auf heüte angeuhrsachten Kosten zu condemniren. Gestalt wir es also bey voriger Urthell laßen, undt zu erstattung dießes tages Kosten apellantes salva moderatione condemniren. V.R.W. Publicatum im Landtgerichte zu Hamelwürden. d. 25 tn. Junij Anno 1675.*"[1395]

III. *Begründung*

Sämtlichen Entscheidungen fehlt indes eine schriftliche Begründung. Dies ist nicht verwunderlich, denn solche kamen erst im Verlaufe der Frühen Neuzeit auf. Anfangs waren sie auch lediglich für die Obergerichte bestimmt, erst ab

---

1390 Vgl. *Nörr*, Prozessrecht, S. 197 f.

1391 *Scopp*, S. 176; Hervorh. typograph.

1392 NLA ST, Rep. 72/172 Freiburg Nr. 4676, LG Kehdingen v. 28.07.1664, Koppelman / Behrman; vgl. NLA ST, Rep. 72/172 Freiburg Nr. 4681, LG Kehdingen v. 11.09.1671, Hilcken / Borstel.

1393 NLA ST, Rep. 72/172 Freiburg Nr. 4678, LG Kehdingen v. 27.06.1667, Sprekelsen / Sturen; vgl. NLA ST, Rep. 72/172 Freiburg Nr. 4677, LG Kehdingen v. 19.06.1665, Stüwen / Deden.

1394 Vgl. UGO Tit. IX §§ 1 f.

1395 NLA ST, Rep. 72/172 Freiburg Nr. 4682, LG Kehdingen v. 25.06.1675, Deden Erben / Wilckens.

dem 18. Jahrhundert wurden sie den Parteien zugänglich gemacht.[1396] Daher verlangte die Untergerichtsordnung dann ihre Allgemeinverständlichkeit.[1397]

3. Abschnitt – Vormundschaftsrecht (Tit. XI)

Tit. XI ist die erste Norm des Landrechts, die das materielle Zivilrecht regelt. Es geht dort um das Recht der Vormundschaft.

A. Allgemeine Vorbemerkungen

In diesem Bereich sind die Regeln des römischen Rechts früh rezipiert worden, sodass der Einfluss des *Ius commune* stark dominierend war. Die vorherigen einheimischen Formen des Mittelalters einer eher eigennützigen Vormundschaft, die insbesondere im Adel verbreitet war, sind davon zunehmend zurückgedrängt worden.[1398] Vermutlich aber hätten sich die rechtlichen Gepflogenheiten in diesem Bereich „in der Stadt und im obrigkeitlichen Wohlfahrtsstaat der frühen Neuzeit auch ohne römischen Einfluß kaum anders […] entwickeln können."[1399]

I. Gründe für eine Vormundschaft

Das grundlegende Wesen der Vormundschaft (*tutela*) wird in den justinianischen Institutionen definiert: „Die Vormundschaft ist […] die Macht und die Gewalt über einen freien Menschen, die vom Zivilrecht gegeben und gewährt wird, um den zu schützen, der sich wegen seines Alters nicht verteidigen kann."[1400] Der Vormund (*tutor*) ist also der Beschützer des Mündels (*pupillus*).[1401]

1. Beginn und Ende der Vormundschaft

Den Anknüpfungspunkt für die Entstehung der Vormundschaft bildete in Deutschland bis ins 19. Jahrhundert hinein das Fehlen eines Vaters:[1402] „Des Vormunds bedarf der Minderjährige, welcher keinen Vater hat oder des väterlichen

1396 *Werkmüller*, Art. Urteilsbegründung, in: HRG V (1998), Sp. 613 f.
1397 Vgl. UGO Tit. IX § 4.
1398 *Coing*, S. 255 f.; vgl. *Wieacker*, S. 230.
1399 *Wieacker*, S. 230.
1400 Inst. 1,13,1.
1401 Vgl. *Kaser/Knütel/Lohsse*, S. 375.
1402 Vgl. *Stobbe*, Handbuch IV, S. 433.

Schutzes entbehrt. [...] Uneheliche Kinder bedürfen eines Vormunds, weil sie im rechtlichen Sinne keinen Vater haben."[1403] Den Müttern war die Übernahme der Vormundschaft nur in einigen Partikularrechten möglich,[1404] oft unter Hinzuziehung weiterer Vormünder.[1405] Im Kehdinger Landrecht wird keine Aussage darüber getroffen, in welchen Fällen die Bestellung eines Vormundes erforderlich wird. Im Hadeler Landrecht heißt es umfassend: „*Vormünder sollen gegeben werden unmündigen Kindern, Jungfrauen und Frauen, die nicht begeben noch geeheliget sein, ingleichen Sinnlosen Leuten.*"[1406]

Das Ende der Vormundschaft trat bei einer Adoption[1407] oder mit dem Erreichen der Volljährigkeit ein.[1408] Während das römische Recht zwei verschiedene Klassen von Minderjährigen kannte,[1409] stellten die Partikularrechte auf eine einheitliche Altersgrenze ab; verbreitet waren insoweit das 20.[1410] oder das 21. Lebensjahr.[1411] In Hadeln hatte die Vormundschaft bereits ihr „*Ende, und ist erloschen, wan der Unmündige achtzehn Jahr alt ist.*"[1412]

2. *Die cura*

Mit der *tutela* nicht gleichzusetzen, aber insoweit eng verflochten, ist das Rechtsinstitut der *cura*, die heute mit dem Begriff der Pflegschaft übersetzt wird.[1413] Eine solche kannte das antike römische Recht zunächst für mündige Minderjährige (*cura minorum*),[1414] die vom 14. bis zum 25. Lebensjahr dauerte.[1415] Daneben gab es aber noch die Pflegschaft über Geisteskranke (*dementes, furiosi*) und

---

1403 A.a.O., S. 473 f.
1404 Vgl. a.a.O., S. 474.
1405 Vgl. a.a.O., S. 435.
1406 HadelerLR III,1.
1407 *Stobbe*, Handbuch IV, S. 509.
1408 *Coing*, S. 259.
1409 *Windscheid*, Lehrbuch II, S. 675 f.; man unterschied zwischen den *impuberes* als den gänzlich unmündigen Kindern (Jungen bis zum 14. und Mädchen bis zum 12. Lebensjahr) und den als *minores* bezeichneten Minderjährigen (14.–25. Lebensjahr), vgl. *Kaser/Knütel/Lohsse*, S. 97 ff.
1410 *Coing*, S. 259.
1411 Vgl. *Windscheid*, Lehrbuch II, S. 675; vgl. *Schmelzeisen*, S. 92.
1412 HadelerLR III,6.
1413 *Coing*, S. 259.
1414 *Kaser/Knütel/Lohsse*, S. 383.
1415 *Coing*, S. 255.

Verschwender (*prodigi*).[1416] Die Kuratoren hatten dabei ähnliche Pflichten wie die Tutoren, sodass *cura* und *tutela* in der Zeit des gemeinen Rechts miteinander verschmolzen:[1417] „Der zum *tutor* bestellte Vormund führt die Geschäfte nach einer ‚*generalis consuetudo*' als *curator* bis zum Mündigkeitstermin weiter."[1418] In Deutschland wurde diese Vereinheitlichung insbesondere durch die Reichspolizeiordnungen von 1548 und 1577 vollzogen.[1419] Auch im Kehdinger Landrecht sind die ursprünglichen Unterschiede zwischen *tutor* und *curator* möglicherweise verwischt worden. So ist in Tit. XI § 1 einerseits von einer „*Verwaltung der Güter und curatel der unmündigen Kinder*"[1420] die Rede, während in Tit. XI § 3 dagegen von *tutores testamentarij* gesprochen wird.

II. Rechte und Pflichten des Vormundes

Welche Rechte und Pflichten der Vormund zu treffen hatte, wird im Kehdinger Landrecht nicht festgehalten, während sich in Hadeln umfassende Regelungen ausmachen lassen.[1421] In der gemeinrechtlichen Praxis oblag dem Vormund die Personensorge, also die Sicherstellung der Erziehung und der Ausbildung des Mündels,[1422] als wesentlichste Pflicht.[1423] Hinzu kam die Aufgabe, „den Pflegebefohlenen auch gerichtlich und außergerichtlich zu vertreten."[1424] In diesen Bereich fällt eine allgemeine rechtsgeschäftliche Vertretungsbefugnis, die sich entgegen den Regeln des römischen Rechts herausgebildet hatte.[1425] Zuletzt hatte der Vormund auch die Vermögenssorge wahrzunehmen und musste dabei „alle Sorgfalt aufwenden, damit das Vermögen keine Einbuße erleide."[1426] Um diese treuhänderische Gewalt[1427] überwachen zu können, bestand eine

---

1416 A.a.O., S. 259 f.; vgl. *Kaser/Knütel/Lohsse*, S. 383 f.; für die partikularrechtliche Rezeption vgl. etwa StadeGO, Tit. 10 § 3: „*Also sollen die sinnloßen, und denen die Verwaltung ihrer Güter verboten, und andere dergleichen Persohnen, wann die beklagt werden, auf des Klägers Ansuchen mit Curatoren ad litem versehen werden.*"

1417 *Kaser/Knütel/Lohsse*, S. 384 f.; vgl. *Coing*, S. 256.

1418 *Coing*, S. 256; Hervorh. wie Orig.

1419 *Kaser/Knütel/Lohsse*, S. 385.

1420 KehdLR Tit. XI § 1.

1421 Vgl. HadelerLR III,4, III,6.

1422 *Schmelzeisen*, S. 110 f.

1423 *Coing*, S. 258.

1424 *Schmelzeisen*, S. 113.

1425 Vgl. *Coing*, S. 259.

1426 *Schmelzeisen*, S. 115; vgl. *Coing*, S. 258.

1427 Vgl. *Kaser/Knütel/Lohsse*, S. 378.

Pflicht zur Buchführung und regelmäßigen Rechnungslegung. Im Schadensfall haftete der Vormund mit seinem eigenen Vermögen.[1428] Diese umfassende Vertretungsbefugnis stellt eine Abkehr von den überkommenen sächsischen und friesisch-holländischen Rechtsanschauungen dar, nach denen der Vormund nicht der Vertreter des Mündels war.[1429]

Auch wenn das Kehdinger Landrecht keine Aussagen trifft, wird man von entsprechenden Befugnissen ausgehen können. Aus den Protokollen des Turmgerichts ergibt sich jedenfalls, dass sie natürlich zur gerichtlichen Vertretung ihrer Mündel berufen waren. Bei dem Gerichtstag am 28. Juli 1664 klagten beispielsweise die Vormünder über Peter Heinsohns Kinder gegen dessen Witwe, wobei die Vormünder aber selbst die Parteien waren; mit den Begrifflichkeiten des heutigen Zivilprozessrechts gesprochen, traten sie in Prozessstandschaft auf.[1430] Auch in der Abhandlung des Landessekretärs Vagt über das Retraktrecht sind Prozesse aufgeführt, in denen auf Beklagtenseite *tutores*[1431] und ein *curator*[1432] standen.

B. Arten der Berufung zur Vormundschaft

Das römische Recht kannte drei Gründe, aus denen eine Person zur Vormundschaft berufen werden konnte, nämlich

- testamentarische Bestimmung,
- Verwandtschaft,
- Bestellung durch den öffentlichen Magistrat.[1433]

1428 *Schmelzeisen*, S. 115 f.; vgl. *Kaser/Knütel/Lohsse*, S. 380 f.; das römische Recht hatte noch eine Sicherheitsleistung (*satisdatio*) gefordert, die im *Usus modernus* nicht mehr überall rezipiert war, vgl. *Coing*, S. 257 f.

1429 Vgl. *Kersting*, Hollisches Recht II, S. 50 f.

1430 Vgl. NLA ST, Rep. 72/172 Freiburg Nr. 4676, LG Kehdingen v. 28.07.1664, Hein / Heinsohns Wittiben: „*Basilius von Hein und Detleff Kömmen alß Sehl. Peter Heinsohns Kinder vormündere contra Peter Heinsohns wittiben itzo Christoph Olrichs Haußfrauwen*"; wenn es sich bei den Klägern um die Waisen Peter Heinsohns handelte und die Beklagte dessen Witwe war, dann verklagten die Vormünder also offenbar die Mutter oder die Stiefmutter ihrer Mündel – es ging um eine erbrechtliche Streitigkeit über den Nachlass des verstorbenen Vaters bzw. Ehegatten.

1431 Vgl. *Vagt*, S. 178 f.: GräfenG Freiburg v. 15.09.1741, v. Rohden / H. Albers & dessen Kinder nachherige Tutores.

1432 Vgl. *Vagt*, S. 182 f.: GräfenG Freiburg o.D., C. v. d. Heyde / J. Oelrich & Curator Treuel.

1433 Vgl. *Kaser/Knütel/Lohsse*, S. 376 f.; vgl. *Windscheid*, Lehrbuch II, S. 678.

Die Reichspolizeiordnung von 1577 setzt diese drei Formen gleichsam voraus.[1434] Dem folgt die vom Hadeler Landrecht festgelegte Reihenfolge.[1435] Aber auch in anderen Gegenden Deutschlands gab es entsprechende partikularrechtliche Festlegungen.[1436]

I. Die tutela testamentaria

Der testamentarische Vormund wird als *tutor testamentarius* bezeichnet.[1437] „Das Recht zur letztwilligen Ernennung hat nur der Vater bez. Großvater etc., in dessen Gewalt das Kind steht."[1438] Waren die durch die letztwillige Verfügung berufenen Personen geeignet, so war das Gericht verpflichtet, sie zu Vormündern zu bestellen.[1439] Auch nach dem Kehdinger Landrecht besteht die Möglichkeit, dass „*einer ein Testament gemacht / und seinen Kindern darin Vormündere verordnet.*"[1440] Diese durch ein Testament verordneten Vormünder werden vom Landrecht als „*tutores testamentarij*" bezeichnet.[1441] Die Art und Weise der Errichtung eines Testaments wird dagegen an anderer Stelle geregelt, nämlich in Tit. XIV.

II. Die tutela legitima

Lag eine testamentarische Bestimmung nicht vor oder war sie ungültig, so bestimmte das Gesetz die nächsten Verwandten zu Vormündern.[1442] Diese Form der Vormundschaft wurde als *tutela legitima* bezeichnet.[1443] Die Berufung erfolgte im Einklang mit der Novelle 118 „nach einer bestimmten Reihenfolge entsprechend ihrem Erbrecht nach dem zu Bevormundenden."[1444]

1434 Vgl. RPO-1577, Tit. 32: „*§. 2. Daß ein jeglicher Vormünder, er sey gleich in Testamentes weiß verordnet, oder durch das Recht, oder Richter gegeben.*"

1435 Vgl. HadelerLR III,2: „*Ein jeder vernünfftiger Man, der seines Guthes mächtig ist, mag bey guter Vernunfft in seinen Testament seinen unmündigen Kindern Vormundere verordnen* […] *Da aber keine Vormünder im Testament verordnet, alsdan gebühret dieselbe den nehesten Blutfreunden* […] *Im Fall aber keine Blutfreunde, so zur Vormundschaft düchtig, vorhanden sein, sol das Recht etzliche verodnen.*"

1436 Vgl. CMBC 1,7,4.

1437 *Kaser/Knütel/Lohsse*, S. 376.

1438 *Windscheid*, Lehrbuch II, S. 678.

1439 *Stobbe*, Handbuch IV, S. 475.

1440 KehdLR Tit. XI § 1.

1441 KehdLR Tit. XI § 3.

1442 *Windscheid*, Lehrbuch II, S. 680 f.

1443 Vgl. *Schmelzeisen*, S. 97.

1444 Ebda.; vgl. *Windscheid*, Lehrbuch II, S. 678 Anm. 19.

Dies war auch im Kehdinger Landrecht nicht anders geregelt. Soweit es an einem testamentarischen Vormund fehlte, sollten *„die negsten Bluts-Freunde / oder die Schwägere“* berufen werden.[1445] Es handelte sich also um Vormünder, *„so den Kindern wegen der nehisten Sibschafft zukommen / oder ihnen mit Schwiegerschafft verwand“* seien.[1446] Das Landrecht forderte, dass vier Personen bestellt werden mussten, nämlich zwei aus der väterlichen und zwei aus der mütterlichen Verwandtschaft.[1447] Dabei ist durch etliche Gerichtsprotokolle aus der Amtszeit Kellers bestätigt, dass zumeist vier Vormünder zum Landgericht geladen wurden. Deren Vereidigung wurde dagegen uneinheitlich gehandhabt. In einigen Fällen wurde festgehalten, dass die Abwesenden ihren Eid auf dem nächsten Gräfengericht nachzuleisten hätten.[1448] In einem anderen Fall, in dem nur zwei Geladene erschienen waren, entschied das Landgericht, dass die Ferngebliebenen *„ihren eyd nicht nechsten ablegen sollen.“*[1449] Gelegentlich wurden auch von vornherein nur eine oder zwei Personen bestellt.[1450]

Dass die Vormünder paritätisch aus der Verwandtschaft des Vaters und der Mutter stammten, ist ausdrücklich nachweisbar. So wurde vom Landgericht am 19. Juni 1665 *„beschloßen, daß Heinrich undt Marten Nagell alß Vaters Brüdere, und dan wegen der Mutter deren Bruder Andreas Blome und ihr Schwager Claus Vastert die Vormundtschafft über sich zu nehmen.“*[1451] Die vom Landessekretär Keller in Tit. XI § 1 festgehaltenen Regeln waren während seiner Amtszeit also zweifelsfrei eine gelebte Praxis. Die gemeinsame Berufung von Vormündern aus väterlicher und mütterlicher Verwandtschaft war auch allgemein verbreitet.[1452] Insoweit war es in der Epoche der Polizeigesetzgebung üblich, zwei

1445 KehdLR Tit. XI § 1.

1446 KehdLR Tit. XI § 3.

1447 Vgl. KehdLR Tit. XI § 1: *„Zweene von des Vatern und zweene von der Mutter nähisten Freunden.“*

1448 Vgl. NLA ST, Rep. 72/172 Freiburg Nr. 4678, LG Kehdingen v. 27.06.1667: *„Itzo abwesende vormund* […] *Carsten Feike aber seinen eyd auff nechstem partengericht ablegen.* […] *Der vierte vormundt Johan Nagell auß dem Alten Lande ist außen bleiben, soll nach Butzfleth gefordert werden“*; vgl. NLA ST, Rep. 72/172 Freiburg Nr. 4679, LG Kehdingen v. 25.06.1668: *„Der vierte Peter Sture ist ausgeblieben, soll mit nechstem zu Aßell wegen seines ausbleibens antwort geben und solemnia p[rae] stiren.“*

1449 NLA ST, Rep. 72/172 Freiburg Nr. 4676, LG Kehdingen v. 28.07.1664.

1450 Vgl. ebda.: *„Auß dem Freyburgischen teil. 1) Herman Meyer und Bartold Bösche für Herman Wölcken Kinder. 2) Peter Becker für Sehl. Heinrich Troyels Kinder.“*

1451 NLA ST, Rep. 72/172 Freiburg Nr. 4677, LG Kehdingen v. 19.06.1665.

1452 Vgl. *Schmelzeisen*, S. 94.

Vormünder zu bestellen; „das hatte den großen Vorzug, daß die Vormünder, die grundsätzlich die Vormundschaft zusammen zu führen hatten, sich hierbei gegenseitig überwachten."[1453]

III. Die tutela dativa

Gab es keine testamentarische Bestimmung und keine geeigneten Personen im Kreis der Verwandten, wurde der Vormund durch die Obrigkeit berufen.[1454] Diese ursprünglich auf die *lex Atilia* zurückgehende Form der Vormundschaft[1455] ist als *tutela dativa* bezeichnet worden.[1456] Zur Auswahl des *tutor dativus*[1457] waren üblicherweise Vorschläge durch den örtlichen Pfarrer zu machen.[1458] Auch in Tit. XI § 3 des Landrechts wird diese dritte Möglichkeit in einem Nebensatz angedeutet. Dort heißt es, bei Ermangelung von Blutsverwandten würden in die Vormundschaft „*andere tüchtige Persohnen durch das Recht / darzu gesetzt.*"[1459]

C. Die Person des Vormundes

Die Frage nach der Tauglichkeit zur Vormundschaft hat insbesondere die frühneuzeitliche Polizeigesetzgebung beschäftigt.[1460] Die Gründe für eine Untauglichkeit waren vielfältig.[1461] Besonders bedeutsam ist insoweit, dass Frauen grundsätzlich als nicht fähig zur Vormundschaft galten. Für Mütter oder Großmütter wurde allerdings in der Regel eine Ausnahme gemacht,[1462] was auf das

---

1453 A.a.O., S. 104.

1454 *Windscheid*, Lehrbuch II, S. 682 f.; vgl. *Schmelzeisen*, S. 99.

1455 Vgl. *Kaser/Knütel/Lohsse*, S. 377; vgl. Inst. 1,20,pr.; solche Gedanken sind aber auch im mittelalterlichen Jütischen Recht erkennbar, vgl. JütischesR I,28: „*Da soll der König den zum Vormund einsetzen, den er will, denn der König ist Vormund für alle die, die selbst keine rechten Vormünder haben.*"

1456 Vgl. CMBC 1,7,4.

1457 Vgl. *Windscheid*, Lehrbuch II, S. 682 Anm. 23; vgl. *Kaser/Knütel/Lohsse*, S. 377.

1458 *Schmelzeisen*, S. 99.

1459 KehdLR Tit. XI § 3.

1460 *Schmelzeisen*, S. 99.

1461 Vgl. ebda.: „Infame, Juden, Angehörige einer verbotenen Religion und aus der Kirche Ausgeschlossene sind untauglich. Desgleichen: wer große Schulden hat, ein schlechter Haushalter ist, Forderungen an das Mündelvermögen hat, von den Eltern abgelehnt worden ist oder mit ihnen einen Streit gehabt hat"; auch Soldaten, Bischöfe und Mönche konnten keine Vormünder sein, vgl. *Windscheid*, Lehrbuch II, S. 684 Anm. 2, S. 685; vgl. JütischesR I,28 a.E., 31.

1462 *Windscheid*, Lehrbuch II, S. 684 f.; vgl. *Schmelzeisen*, S. 99.

justinianische Recht zurückging;[1463] beispielsweise war im Otterndorfer Stadtrecht zuerst die Mutter zur Vormundschaft zu berufen.[1464] Im Kehdinger Landrecht wird sich zu diesen Fragen dagegen nicht geäußert. Tit. XI § 3 fordert nur, dass es sich um „*tüchtige Persohnen*" handelt,[1465] womit vermutlich eine Geeignetheit im Sinne einer geistigen Gesundheit gemeint ist.[1466]

D. Öffentliche Bestätigung des Vormundes

Im *Usus modernus* bedurfte jeder Vormund einer Bestellung durch ein örtliches Gericht, „auch wenn er durch Testament benannt oder kraft Verwandtschaft berufen ist."[1467] Im antiken römischen Recht war dies noch nicht erforderlich[1468] und auch im mittelalterlichen Deutschland hatte man die Vormundschaft als eine rein familieninterne Angelegenheit betrachtet.[1469]

I. Allgemeine Praxis

Dieses allgemein übliche Erfordernis einer obrigkeitlichen Bestätigung (*confirmatio*) hatte sich im einheimischen Recht des Mittelalters entwickelt.[1470] Dies hängt damit zusammen, dass die Vormundschaft schon in der späteren römischen Kaiserzeit den Charakter eines im öffentlichen Interesse auferlegten Amtes (*munus*) erhalten hatte.[1471] Die seither bestehende Aufsicht des Staates über die privat ausgeübte Vormundschaft steigerte sich im rechtshistorischen Verlauf stetig weiter,[1472] um die Interessen des Mündels zu sichern.[1473] Unter dem prägenden Einfluss der Reichspolizeiordnungen ging die Verwaltung schließlich immer mehr auf eine obervormundschaftliche „Behörde über,

---

1463 Vgl. *Coing*, S. 258; vgl. *Schmelzeisen*, S. 99; gleichwohl unterlagen Mütter bei Übernahme der Vormundschaft üblicherweise zahlreichen Einschränkungen, wie z.B. einem Verbot der Wiederverehelichung. Andernfalls wurde ihnen die Vormundschaft entzogen, vgl. *Schmelzeisen*, S. 94 ff.

1464 Vgl. OtterndorfStR Art. 17 §§ 1 f.

1465 KehdLR Tit. XI § 3.

1466 Auch für wirksame Schenkungen ist es erforderlich, dass der Schenker *„eine düchtige Persohn ist / daß Er geben könne"*, KehdLR Tit. XII.

1467 *Coing*, S. 257; vgl. *Schmelzeisen*, S. 102 f.

1468 *Kaser/Knütel/Lohsse*, S. 376 f.

1469 *Stobbe*, Handbuch IV, S. 433.

1470 *Schmelzeisen*, S. 102.

1471 *Kaser/Knütel/Lohsse*, S. 375; vgl. *Coing*, S. 255.

1472 *Kaser/Knütel/Lohsse*, S. 375.

1473 *Coing*, S. 253.

der Vormund wurde zu einem bloßen Beauftragten, der das von der Behörde Beschlossene auszuführen hatte.“[1474] Durch die Bestätigung sollte die Aufsichtsbehörde in die Lage versetzt werden, unfähige Personen von der Vormundschaft fernzuhalten.[1475]

Umgekehrt konnte man sich der Vormundschaft auch nicht einfach entziehen, sondern hatte sie bei Strafe zu übernehmen, gleich aus welchem Grunde man berufen war. Ausnahmen wurden nur beim Vorliegen besonderer Entschuldigungsgründe gewährt.[1476] Es entsprach insoweit gemeinrechtlicher Praxis, dass die Vormünder von dem bestellenden Gericht auf eine „getreue Amtsführung vereidigt“ wurden.[1477] Dementsprechend hält die Reichspolizeiordnung von 1577 fest, dass jedem Vormund die Verwaltung *„durch die Obrigkeit decernirt und befohlen“*[1478] sein müsse und dass er *„mit Gelübden und Eyden beladen werde.“*[1479] Solche öffentlichen Bestätigungen und Eidesleistungen forderten z.B. das Hadeler Landrecht[1480] oder die Stader Gerichtsordnung von 1606.[1481]

II. Öffentliche Bestätigung der Vormünder in Kehdingen

Die gerichtliche Bestätigung der Vormünder wurde auch in der Landesgemeinde Kehdingen praktiziert.

1. Vorschriften des Landrechts

Nach Tit. XI § 1 haben die testamentarischen Vormünder sich früher *„ohne zuthun der Obrigkeit der Vormundschafft unternommen.“*[1482] Laut § 2 ist dies aber nun geändert worden. Der Brauch werde nunmehr dahingehend gehalten, dass ein unmündigen Kindern im Testament verordneter Vormund von der Obrigkeit – also den Gräfen und Hauptleuten – bestätigt werden muss und dass *„solche Confirmation (oder Bestetigung) im Gerichte zu Hamelwührden“* stattfindet.[1483] Auch die durch Verwandtschaft berufenen Vormünder haben laut

1474 *Erler*, Art. Vormundschaft, in: HRG V (1998), Sp. 1053.
1475 *Schmelzeisen*, S. 103.
1476 A.a.O., S. 101 f.; vgl. etwa die Entschuldigungsgründe in HadelerLR III,3.
1477 *Coing*, S. 257; vgl. *Schmelzeisen*, S. 106.
1478 RPO-1577, Tit. 32 § 2.
1479 RPO-1577, Tit. 32 § 3.
1480 Vgl. HadelerLR III,2.
1481 Vgl. StadeGO Tit. 10 § 4.
1482 KehdLR Tit. XI § 1.
1483 KehdLR Tit. XI § 2.

Tit. XI § 1 früher die „*Verwaltung der Güter und curatel der unmündigen Kinder vor sich selbst unternommen; Sie haben aber niemahls derwegen die Obrigkeit* [...] *begrüsset.*"[1484] Anstatt „*den gebührlichen Eyd*" zu leisten oder „*einig Inventarium conficiren*" zu lassen, hätten sie „*damit geschaltet und gewaltet eigenes gefallens.*"[1485] Diese Selbstermächtigung der Vormünder wurde nach Tit. XI § 3 scheinbar beseitigt, denn wie die testamentarischen Vormünder müssen nun gleichsam die durch Verwandtschaft berufenen „*ihren Eyd in bemeltem Gerichte leisten / da sie dan confirmiret*"[1486] werden. Nicht angesprochen wird dies für die obrigkeitlich berufenen *tutores dativi*; die Frage nach einem notwendigen Zutun der öffentlichen Gewalt erübrigt sich bei ihnen schließlich durch die Natur der Sache.[1487]

2. *Archivalische Nachweise*

Die Landesbeschreibung aus den 1670er Jahren bestätigt, dass in den Kirchturm von Hamelwörden neben den neugewählten Hauptleuten „*auch alle newbestellete Vormündere* [...] *zu abstattung ihres Vormundt-Eydes citiret werden.*"[1488] Sämtliche vorhandenen Protokolle der Jahre 1656 bis 1670 beginnen mit den Vereidigungen der Hauptleute und Vormünder;[1489] diese hätten „*ihren Vormundt eydt in forma consúeta würgklich abgestattet.*"[1490] Die Protokolle der Jahre 1671 und 1675 enthalten solche Passagen dagegen nicht. Nur für das Jahr 1677 ist eine solche Vereidigung nochmals erwähnt,[1491] bei den Gerichtstagen der Jahre 1680 bis 1691 findet sich endgültig nichts dergleichen mehr. Darin zeigt sich zunächst, dass die in Tit. XI §§ 2, 3 beschriebene Gewohnheit der Vereidigung vor dem Turmgericht der tatsächlichen Praxis jener Zeit entsprach. Sie ist deshalb zweifelsfrei authentisch, zumal sie in völligem Einklang

1484 KehdLR Tit. XI § 1.
1485 KehdLR Tit. XI § 1.
1486 KehdLR Tit. XI § 3.
1487 Vgl. *Schmelzeisen*, S. 102.
1488 NLA ST, Rep. 7 Nr. 7, Bl. 18r.
1489 Vgl. NLA ST, Rep. 72/172 Freiburg Nr. 4675, LG Kehdingen v. 03.07.1656: „*Folgen die Leüte, so ihre Vormundt eyde abgelegt*"; vgl. NLA ST, Rep. 72/172 Freiburg Nr. 4676, LG Kehdingen v. 28.07.1664: „*Weiter haben folgende ihren Vormundt eyd abgelegt*"; vgl. NLA ST, Rep. 72/172 Freiburg Nr. 4680, LG Kehdingen v. 23.06.1670: „*Folgende Persohnen haben ihren Vormundt eyd abgelegt.*"
1490 NLA ST, Rep. 72/172 Freiburg Nr. 4675, LG Kehdingen v. 03.07.1656.
1491 NLA ST, Rep. 72/172 Freiburg Nr. 4683, LG Kehdingen v. 15.10.1677: „*Vormündere seind auß dem Butzflethschen theil bestellet.*"

mit dem *Ius commune* stand. Zugleich ist erkennbar, dass dieser Brauch nur bis zum Jahr 1670 wirklich beachtet wurde. Ab diesem Zeitpunkt ist er – bis auf die Ausnahme aus dem Jahr 1677 – für das Landgericht nicht mehr nachweisbar. Entweder ist diese Gewohnheit also fallen gelassen geworden oder aber die Vereidigung wurde seitdem von den Gräfengerichten vorgenommen.

In jedem Fall gibt es aber deutliche Indizien dafür, es sich bei dem Bestätigungserfordernis tatsächlich um eine Reform handelte. Denn ein im Jahr 1665 vor dem Landgericht geführter Prozess drehte sich um die Frage, welche Rechtsfolge eine fehlende Bestätigung hatte. Der inzwischen volljährige Beklagte verteidigte sich gegen die Inanspruchnahme aus einem Vertrag, der während seiner Minderjährigkeit von seinen Verwandten abgeschlossen worden war. Er trug vor, dass „*der Vertrag null und nichtig wehre; Weil die anverwandten, so denselben unterschrieben, ihr persohn nicht legitimiren noch darthun könten, daß Sie Principali, alß damahlen unmündigen zu Vormündern gesetzet, noch sonst von der Obrigkeit dazu verordnet. Wehre wieder das Landt- und alle geschriebenen Rechte.*“[1492] Er negierte also eine vormundschaftliche Befugnis der Verwandten, weil diese die nach dem Landrecht erforderliche Bestätigung nicht erfahren hatten. Der Kläger meinte dagegen, es wäre „*in Rechten bekandt, daß Tutores dativi zwar von der Obrigkeit confirmiret werden müsten, in legitimis solches aber nicht eben erfordert würde.*“[1493] Mit den *tutores dativi* sind hier notwendigerweise nicht die magistratisch verordneten Vormünder gemeint, sondern die testamentarischen; auch in diesem Sinne wurde der Begriff mitunter verwendet.[1494] Daraufhin bekräftigte der Beklagte: „*Die freünde wehren alß Tutores legitimi nicht befugt gewesen, einen so schädtlichen contract anzugehen. Lieffe wieder das Landt-Recht tit: 11.*“[1495] Das Landgericht übertrug den Rechtsstreit einer Kommission dreier Rechtsgelehrter, zu denen auch der Landrechtsherausgeber Keller gehörte.[1496] Die Entscheidung ist nicht überliefert.

1492 NLA ST, Rep. 72/172 Freiburg Nr. 4677, LG Kehdingen v. 19.06.1665, Stüwen / Deden.

1493 Ebda.

1494 Vgl. *Kaser/Knütel/Lohsse*, S. 376 f.; vgl. *Windscheid*, Lehrbuch II, S. 682 Anm. 23.

1495 NLA ST, Rep. 72/172 Freiburg Nr. 4677, LG Kehdingen v. 19.06.1665, Stüwen / Deden.

1496 Vgl. ebda.: „*Wir sie dan hiemit verweisen und Paul Brümmer und Heinrich Peters nebenst dem Landes-Secretario zu Commissarien verordnet, dieser gestalt, daß Kläger bei denselben seine Klage innerhalb 6 wochen gedoppelt schrifftlich einbringen, beklagter in praefiqirter frist gleicher maßen hierauff antworten, und mit zwo satzen salvis probationibus zum Urteil schleßen sollen: Damit alß nach eingeholtem Rath der Rechtsgelehrten ferner ergehe, was Recht ist.*“

E. Inventurpflicht

Weil der Vormund am Ende eine Rechnung abzulegen hatte, forderte das römische Recht seit späterer Zeit auch die Errichtung eines Vermögensverzeichnisses (*inventarium*).[1497] Diese Inventurpflicht wurde im gemeinen Recht rezipiert[1498] und sie findet sich in der Reichspolizeiordnung von 1577.[1499] Auch im Hadeler Landrecht ist sie festgeschrieben,[1500] genauso im Hamburger Stadtrecht.[1501]

Hatte man in früheren Zeiten als Inventar noch eine private Zusammenstellung ausreichen lassen, so wurde später eine Mitwirkung der Obrigkeit und die Anwesenheit von Zeugen gefordert.[1502] Vorher durfte das Mündelvermögen nicht in Besitz genommen werden. Die Urschriften des Inventars waren bei der Vormundschaftsbehörde zu hinterlegen.[1503] Genau solch eine öffentliche Inventur ist in Tit. XI § 3 des Kehdinger Landrechts festgeschrieben: Im Anschluss an die Eidesleistung vor dem Landgericht werden die Güter der Mündel durch *„zweene unparteiliche persohnen oder Häuptleute inventiret / und von dem Secretario des Landes beschrieben.“*[1504] Dies gilt zweifelsfrei für jene Vormünder, die durch Verwandtschaft oder auf gerichtliche Anordnung bestellt wurden. Bezüglich der *tutela testamentaria* ist dies dagegen nicht mit Gewissheit zu sagen, weil deren Reform nicht in Tit. XI § 3 geregelt wurde, sondern in Tit. XI § 2; wo aber von einer Inventur keine Rede ist. Jedoch wird auch für diese Vormünder die Inventurpflicht gegolten haben, denn im Hadeler Landrecht bestand sie für alle Vormünder gleichermaßen.[1505]

1497 *Kaser/Knütel/Lohsse*, S. 378.

1498 *Coing*, S. 258.

1499 Vgl. RPO-1577, Tit. 32: *„§. 3. Item/ daß er nach befohlener Verwaltung, von allen Gütern / liegend und fahrend / Schulden-Brieff / und Registern / ein Inventarium auffrichte.“*

1500 Vgl. HadelerLR III,2: *„Darauf sollen die Vormunder aufrichten und verfassen lassen ein förmlich Inventarium, darein alle unmündigen Kinder Güter in Jegenwart zweyer glaubwürdiger Gezeugen von eines jeden Orts oder Kirchspiels bestalten Schreiber sollen beschrieben, wardieret und estimiret werden.“*

1501 Vgl. HambStR 3,7,3: *„IMgleichen ist auch ein jeglicher Vormundt und Vorsorger / von allen des Pupillen Gütern* […] *ein richtig Inventarium verfertigen zu lassen schüldig.“*

1502 *Schmelzeisen*, S. 107.

1503 A.a.O., S. 108 f.

1504 KehdLR Tit. XI § 3.

1505 Vgl. HadelerLR III,2.

F. Bewertung

Nach alledem spiegelt Tit. XI des Kehdinger Landrechts die gemeinrechtliche Praxis des Vormundschaftsrechts. Die Bestimmungen beschränken sich im Wesentlichen auf eine Wiedergabe der drei gemeinrechtlichen Berufungsgründe, nämlich Testament, Verwandtschaft und obrigkeitliche Anordnung. Ausdrücklich hervorgehoben wird die neu eingeführte Pflicht zur gerichtlichen Bestätigung der Vormünder, ihre Eidesleistung vor dem Gericht und die damit verbundene Inventur des Mündelvermögens. All dies steht in inhaltlicher Übereinstimmung mit der Lehre des *Ius commune*, den Reichspolizeiordnungen und anderen Partikularrechten. Von daher ist eine Authentizität gewiss, zumal sich gerade die Eidesleistung vor dem Kehdinger Landrecht durch Archivalien nachweisen lässt.

Gleichwohl bleiben auch diese Regelungen ziemlich lückenhaft und lassen zentrale Fragen unbeantwortet. Hier sind vor allem die fehlenden Aussagen über die Altersgrenzen oder die Rechte und Pflichten der Vormünder zu nennen, die z.B. im Hadeler Landrecht umfassend geregelt werden. Im Ergebnis sind diese Bestimmungen daher so defizitär, dass sie ohne Rückgriff auf das vorausgesetzte und subsidiär geltende *Ius commune* nicht sinnvoll anwendbar sind. Deshalb kann bei materieller Betrachtung letztlich nicht wirklich von einem Partikularrecht gesprochen werden, sondern nur von einer schriftlichen Fixierung gemeinrechtlicher Inhalte.

In späterer Zeit wurde das Vormundschaftsrecht landesherrlich überformt. So bezog sich die Polizeiordnung, welche die schwedische Regierung 1693 für Bremen-Verden erließ, ausdrücklich auf die Reichspolizeiordnungen von 1548 und 1577.[1506] Zugleich setzte sie die vorrangige Möglichkeit der testamentarischen Bestimmung voraus und sah eine subsidiäre Vormundschaft der Blutsverwandten vor.[1507] Festgeschrieben war zudem die obrigkeitliche *confirmatio*

1506 Vgl. PolizeiO-1693 Cap. V: „*NAchdem Wir Uns erinnern / wie hoch und ernstlich die Wäysen und unmündige Kinder / von dem höchsten Gott der Obrigkeit anbefohlen / auch derhalben / so wol in denen allgemeinen Käyserl. Rechten / als Reichs-Satzungen / sonderlich de Annis 1548 / und 1577 / wie dieselbe mit Vormündern versehen / und die Vormundschafft zu der Unmündigen Nutz und Wolfarth geführet und verwaltet werden soll.*“

1507 Vgl. PolizeiO-1693 Cap. V § 2: „*Da sichs nun finden würde / daß im Testament keine Vormünder verordnet / so sol nach Absterben der Eltern / der mündige Bluts-Freund / welcher zum Erbe der Unmündigen / auff den Todesfall / am nähesten ist / bey Verlust der Anwartung / vor eines jeden Ortes Obrigkeit* [...] *wegen der Vormundschafft sich anzumelden schuldig seyn.*“

des Vormundes.[1508] Die Anfertigung eines Inventars verlangte dagegen eine kurhannoversche Verordnung aus dem Jahr 1746.[1509]

4. Abschnitt – Schenkungen (Tit. XII–XIII)

Die Tit. XII und XIII behandeln Fragen des Schenkungsrechts. Während Tit. XII Schenkungen im Allgemeinen anspricht, wird in Tit. XIII – augenscheinlich – ein Sonderfall geregelt.

A. Schenkungen unter Lebenden (Tit. XII)

Das entscheidende Charakteristikum einer Schenkung (*donatio*) ist, dass die Zuwendung des Gebers unentgeltlich erfolgt und er keine Gegenleistung erhält.[1510] Dennoch ist sie „kein einseitiges Rechtsgeschäft; sie bedarf der Einigung zwischen Schenkgeber und Schenknehmer."[1511] Zu einem so ausgeformten Vertragsverhältnis hatte sich die Schenkung aber erst in nachklassischer Zeit entwickelt.[1512]

I. Das Schenkungsrecht als Teil des Obligationenrechts

Ansprüche aus Vertragsverhältnissen gehören im römischen Recht in den Bereich des Obligationenrechts.[1513] Da dessen Grundbegriffe an anderen Stellen der Untersuchung referenziert werden, sollen die wesentlichen Aspekte kurz dargestellt werden.

Die *obligatio* des römischen Rechts meint das Schuldverhältnis im heutigen Sinne, also „ein Rechtsverhältnis, vermöge dessen ein Schuldner (*debitor*) seinem Gläubiger (*creditor*) zu einer Leistung verpflichtet ist."[1514] Das römische Obligationenrecht kennzeichnet sich durch eine „aufs höchste verfeinerte

---

1508 Vgl. PolizeiO-1693 Cap. V § 3.

1509 Vgl. VO wegen der Vormünder und Vormundschafften vom 20. Mai 1746, abgedruckt in: Anh. PolizeiO-1732, S. 37: „*Als setzen und ordnen wir hiemit, daß von nun an, ein jeder Vormund, eh er sich der Administration unterziehet, und zwar innerhalb Monats Frist, von Zeit, da er als Vormund bestätiget worden, ein Rechtliches Inventarium verfertige, und daß solches geschehen, dem Gericht, von welchem er confirmiret, anzeige.*"

1510 *Kaser/Knütel/Lohsse*, S. 293.

1511 *Coing*, S. 485.

1512 Vgl. *Kaser/Knütel/Lohsse*, S. 294 f.

1513 Vgl. a.a.O., S. 235 ff.

1514 A.a.O., S. 191; Hervorh. Verf.

schuldrechtliche Kasuistik der klassischen Jurisprudenz mit ihren unermeßlichen Reserven an zeitloser Rechtsvernunft", die beinahe ausnahmslos rezipiert wurde.[1515] Ebenfalls gemeinrechtlich übernommen wurde das stoffliche „Einteilungsschema *contractus* und *quasi contractus*, *delicta* und *quasi delicta*."[1516] Daneben brachte der *Usus modernus* in diesem Bereich aber auch beachtliche Eigenschöpfungen hervor. Hierzu gehört insbesondere die Entwicklung eines allgemeinen Vertragsrechts.[1517] Ein solches war in den römischen Quellen nicht explizit vorhanden,[1518] sehr wohl aber angedeutet. Denn „die Quellen enthalten dogmatische Zusammenhänge, die allerdings nicht sichtbar werden, wenn man sie aus der Perspektive moderner Kategorien betrachtet."[1519]

Ein klagbarer Vertrag setzte im klassischen römischen Recht insoweit voraus, dass es eine zwischen den Rechtssubjekten erzielte Einigung (*conventio*) gibt, deren wesentlicher Inhalt objektiv „der vorgegebenen Form eines von der Rechtsordnung anerkannten Vertragstypes (*contractus*)" entspricht.[1520] Aus der ebenfalls eine *conventio* enthaltenen Vereinbarungsform des *pactum*, einer unselbstständigen Übereinkunft oder Nebenabrede, konnte dagegen nicht geklagt werden;[1521] sie war aber geeignet, den Beteiligten *exceptiones* zu vermitteln.[1522] Dass derartige Vereinbarungen einzuhalten sind, entspricht der allgemeinen und übergeordneten Wertvorstellung der *fides*.[1523]

Das *Ius commune* brachte schließlich die Anerkennung eines allgemeinen Konsensualvertrages[1524] und überwand damit unter entscheidendem Einfluss der Kanonistik „den Typenzwang des römischen Rechts durch das Prinzip der Vertragsfreiheit."[1525] Diese Entwicklungen waren ein Verdienst der Rechtswissenschaft, „die Gesetzgebung hat in der Entwicklung des Obligationenrechts in der hier betrachteten Zeit dagegen keine entscheidende Rolle gespielt."[1526]

1515 *Wieacker*, S. 238.
1516 A.a.O., S. 237; vgl. Inst. 3,13,2.
1517 *Coing*, S. 396 f.
1518 Vgl. a.a.O., S. 398; vgl. *Eisenhardt*, Rn. 330.
1519 *Meyer-Pritzl*, S. 119.
1520 A.a.O., S. 109.
1521 A.a.O., S. 114 ff.
1522 A.a.O., S. 117.
1523 A.a.O., S. 101.
1524 *Wieacker*, S. 242.
1525 *Eisenhardt*, Rn. 331; vgl. *Coing*, S. 399 f.; zum Typenzwang vgl. *Kaser/Knütel/Lohsse*, S. 197 f.
1526 *Coing*, S. 397.

Insofern verwundert es nicht, dass mit der Schenkung im Kehdinger Landrecht lediglich ein einziger Vertragstyp geregelt wird. Der Kauf und die Bürgschaft werden zwar angesprochen oder vorausgesetzt, aber nicht weiter thematisiert. Andere Vertragstypen finden gar keine Erwähnung. In diesem Ausmaß ist das beachtlich, denn zumindest der Kaufvertrag als wichtigster Austauschvertrag[1527] fand in den Partikularrechten benachbarter Regionen oft eine Aufnahme.[1528] Das Hadeler Landrecht von 1583 widmet den Verträgen einen ganzen Abschnitt und hat sogar allgemeine Vorschriften über das Zustandekommen.[1529]

II. Verfügungsbeschränkungen

Der in Tit. XII ermöglichte Schenkungsvertrag ist von so grundlegender Natur, dass die Authentizität keiner Erörterung bedarf. Der dogmengeschichtlich bedeutsamere Gehalt dieser Norm liegt vielmehr in den dort angedeuteten Verfügungsbeschränkungen.

1. Grundsatz der Verfügungsfreiheit

„Die gemeinrechtliche Theorie hat […] den streng absoluten Eigentumsbegriff der römischen Quellen übernommen.“[1530] Das römisch-rechtliche *dominium* war dabei ausgestaltet als ein grundsätzlich unbeschränktes Herrschaftsrecht über eine Sache, was stets eine totale Nutzungs- und Verfügungsgewalt mit einschloss.[1531] Seit dem 15. Jahrhundert sahen die Rechtsgelehrten „in zunehmendem Maß […] die freie, in sein Belieben (*pro arbitrio*) gestellte Dispositionsgewalt des Eigentümers als ein Wesensmerkmal seines Rechts.“[1532] Geistesgeschichtlich entstand in der Folge eine „folgenschwere Symbiose von Eigentum und Freiheit“,[1533] die zu den ethischen Grundlagen der gemeinrechtlichen Dogmatik

1527 Vgl. *Eisenhardt*, Rn. 333.

1528 Vgl. HadelerLR II,11 f.; vgl. DithmLR Art. 61–76; vgl. EiderstedtLR III, 19–36.

1529 Vgl. HadelerLR II, 1.

1530 *Wieacker*, S. 234.

1531 *Schlosser*, S. 63.

1532 *Hagemann*, Art. Eigentum, in: HRG I (2008), Sp. 1275; Hervorh. wie Orig.; vgl. *Eisenhardt*, Rn. 334 f.; die gemeinrechtliche Doktrin differenzierte hier zwischen dem *dominium directum* und dem *dominium utile*. Während letzteres das Nutzungsrecht meint, hat der Inhaber des *dominium directum* das unumschränkte Verfügungsrecht und gilt als der eigentliche Eigentümer, vgl. *Coing*, S. 292 f.

1533 *Eisenhardt*, Rn. 334.

gehörte.[1534] Dies änderte aber nichts daran, dass diese Verfügungsfreiheit in der Frühen Neuzeit häufig und teilweise auch sehr stark eingeschränkt wurde;[1535] bereits dem klassischen römischen Recht waren Veräußerungsverbote nicht unbekannt gewesen.[1536]

2. Gemeinrechtliche Verfügungsbeschränkungen

Auch das Landrecht geht dem Grundsatz nach von der Verfügungsfreiheit des Schenkers aus. Zunächst heißt es in Tit. XII erst einmal, „*NAch Landrechte stehet einem jeden frey sein Guht bey gesunden Leibe zuvergebende / so ferne Er eine düchtige Persohn ist / daß Er geben könne.*"[1537] Voraussetzung für die Schenkung ist also eine Geschäftsfähigkeit des Schenkers. Bereits im antiken römischen Recht machte „die Geisteskrankheit (*furor*) [...] den davon Betroffenen ohne weiteres völlig geschäfts- und deliktsunfähig, weil er nicht versteht, was er tut."[1538] Daneben unterwarf man auch damals schon Schenkungen zahlreichen Verfügungsbeschränkungen, denn „der römische Realismus sieht es mit Mißtrauen an, wenn Vermögenswerte, häufig aus irrationalen Motiven, ohne materielle Gegenleistung übertragen werden."[1539] Daher waren solche Geschäfte nur bis zu gewissen Höchstgrenzen zulässig.[1540] Ein bedeutender Sonderfall war das Schenkungsverbot unter Ehegatten,[1541] das weiter unten im Zusammenhang mit Tit. XIII des Landrechts angesprochen wird.

3. Partikularrechtliche Verfügungsbeschränkungen

Die Verfügungsfreiheit des Schenkers ist laut dem Landrecht „*zuverstehen allein an beweglichen Gütern und fahrender Haabe.*"[1542] Lediglich solche kann er „*ohne Vorwissen seiner nechsten Freunde und Blutsverwandten*" vergeben.[1543]

1534 *Coing*, S. 40.

1535 A.a.O., S. 292.

1536 *Kaser/Knütel/Lohsse*, S. 138.

1537 KehdLR Tit. XII; recht ähnlich WursterLR Art. XVI § 1: „*Was einer bey Vollmacht seines Leibes, wann er noch gehet und stehet, vergiebt und würcklich überliefert und von sich thut, das können die Erben nicht wiederfordern.*"

1538 *Kaser/Knütel/Lohsse*, S. 100; Hervorh. wie Orig.

1539 A.a.O., S. 295.

1540 Ebda.; noch *Windscheid* führte aus, Schenkungen über mehr als 500 Dukaten bedürften einer gerichtlichen Protokollierung und begründete dies mit den 500 *solidi* des antiken Rechts, vgl. *Windscheid*, Lehrbuch II, S. 410 f. Anm. 2.

1541 *Kaser/Knütel/Lohsse*, S. 357.

1542 KehdLR Tit. XII.

1543 KehdLR Tit. XII.

Daraus lassen sich zwei weitere grundlegende Verfügungsbeschränkungen ableiten.

a) Verbot der Veräußerung von Erbgütern

In jener Zeit unterschied man grundsätzlich zwischen Kaufgütern und Erbgütern.[1544] Während über durch Kauf erworbenes Eigentum, sogenanntes *gewonnenes Gut*, frei verfügt werden konnte, unterlag im Wege der Erbschaft erworbenes Vermögen entsprechenden Beschränkungen.[1545]

Aus Tit. XII des Landrechts lässt sich eine solche Beschränkung entnehmen – ansonsten gäbe es keinen Grund, dass im Umkehrschluss in anderen Fällen ein „*Vorwissen seiner nechsten Freunde und Blutsverwandten*"[1546] nicht erforderlich ist. Dementsprechend heißt es in Tit. XX § 1 spiegelbildlich, „*NAch Gebrauch und dieses Landes herkommen mag niemand seine Erb- und Gütere einem Wiltfrembden erb- und eigenthümblich verkauffen ohne vorwissen seiner Bluts-Freunde.*"[1547] Die dortige Regelung bezieht sich ihrem Sinn nach zwar nur auf Immobilien, weil sie im Zusammenhang mit dem an anderer Stelle erörterten Retraktrecht steht. Aber gewiss wird das darin niedergelegte Prinzip dahingehend zu verallgemeinern sein, dass in Übereinstimmung mit üblichen Gebräuchen auch bewegliche Erbgüter der Dispositionsbefugnis entzogen waren. Hierzu gehören beispielsweise jene Gegenstände, die in den Kreis der *Gerade* und *Heergewäte* fielen, die in Tit. XVII § 3 des Landrechts anklingen.

In diesem Zusammenhang ist letztlich wohl zu sehen, dass die Überschrift von Tit. XII ausdrücklich nur von Schenkungen „*inter vivos (unter den Lebendigen)*" spricht.[1548] Dies soll natürlich nicht die Selbstverständlichkeit herausstreichen, dass Tote keine Vertragspartner sein können. Vielmehr soll hierdurch eine Abgrenzung zur Schenkung von Todes wegen (*donationes mortis causa*) vorgenommen werden. Denn solche haben einen erbrechtlichen Charakter und unterliegen Beschränkungen wie die anderen letztwilligen Verfügungen.[1549]

1544 *Brauneder*, Art. Eheliches Güterrecht, in: HRG I (2008), Sp. 1219.

1545 *Neschwara*, Art. Gewonnenes Gut, in: HRG II (2012), Sp. 375; vgl. *Ebel*, Erbgut, in: ZRG GA 97 (1980), S. 37: „Wohlgewonnen ist eigentlich nur – das bewegliche oder unbewegliche – Gut, das einer mit eigenen, freien Mitteln selbst erworben hat."

1546 KehdLR Tit. XII.

1547 KehdLR Tit. XX § 1.

1548 KehdLR Tit. XII.

1549 Vgl. *Coing*, S. 583.

b) Verbot der Veräußerung von Immobilien

Im Zeitalter der Polizeigesetzgebung war die Veräußerung von Liegenschaften stark eingeschränkt.[1550] Außer bei Kaufgut kamen freie Verfügungen generell nur für Fahrnis in Frage. In Bezug auf Liegenschaften gab es sie in der Regel gar nicht. Wenn überhaupt, waren sie nur mit Zustimmungserklärungen der Ehegatten und Kinder möglich.[1551] Dies liegt in der Bedeutung des Grundeigentums begründet, es „ist in allen vorindustriellen, agrarischen Gesellschaften als wichtigste Besitzgrundlage und Produktionsmittel eng verflochten mit den in diesen Gesellschaften meist stationären sozialen und politischen Machtverhältnissen."[1552]

Die Wurzeln dieser Verfügungsbeschränkungen reichten weit zurück, denn das Liegenschaftsrecht gehört „zu den schwerflüssigeren Schichten des Privatrechts."[1553] Schon im Mittelalter war „das Eigentum an Grund und Bodenverwandtschafts- und siedlungsrechtlich gebunden."[1554] Diese Bindungen ließen sich gedanklich durchaus in Einklang mit dem spätrömischen Recht bringen, denn bereits im justinianischen *Codex* ist eine „autoritäre und gebundene Eigentumsordnung" erkennbar, welche „der gebundenen Agrarverfassung des Mittelalters und der frühen Neuzeit näher stand als das quiritarische Eigentum" der klassischen Epoche.[1555] Die dadurch legitimierten Einschränkungen des Eigentums über Immobilien konnten nicht nur für Schenkungen gelten, sondern auch für Kaufverträge oder letztwillige Verfügungen; ansonsten wären sie leicht zu umgehen gewesen. Deshalb traten kaufrechtliche und testamentarische Verfügungsverbote mancherorts parallel auf, um den Zusammenhalt der familiären Stammgüter zu gewährleisten.[1556]

c) Das Erbenlaub

Gerade auch ererbter Grundbesitz konnte im *Ius commune* in der Regel nicht ohne Zustimmung der nächsten erbberechtigten Verwandten verschenkt werden.[1557] Diese grundsätzliche Unverfügbarkeit von Erbgütern und Immobilien

---

1550 *Schmelzeisen*, S. 16 f.

1551 Vgl. *Ogris*, Art. Testament, in: HRG V (1998), Sp. 155; vgl. *Landau*, in: ZRG GA 114 (1997), S. 60; nach WursterLR Art. XVI § 2 waren Schenkungen auf den Todesfall ohne Zustimmung der Erben unwirksam.

1552 *Wieacker*, S. 234.

1553 Ebda.

1554 *Eisenhardt*, Rn. 91; vgl. *Hagemann*, Art. Eigentum, in: HRG I (2008), Sp. 1278.

1555 *Wieacker*, S. 234.

1556 Vgl. *Oestmann*, Butjadingen, S. 180.

1557 *Coing*, S. 486.

kristallisiert sich in einem Rechtsinstitut, das an anderer Stelle des Landrechts aufscheint: Tit. XX § 1 lässt Veräußerungen von Erbgütern an Fremde nur unter der Bedingung eines Vorwissens der Blutsverwandten zu.[1558]

Diese Beschränkung wurde als *Erbenlaub* bezeichnet. Fehlte die Zustimmung der berechtigten Verwandten, dann machte dies zwischen dem Erblasser und Dritten „geschlossene Rechtsgeschäfte dem Erben gegenüber schwebend unwirksam. Er konnte deren Nichtigkeit geltend machen und das veräußerte Gut herausfordern."[1559] Später entstanden aus diesem absoluten Zustimmungserfordernis die sogenannten *Näherrechte*, die sich aber zu gesetzlichen Vorkaufsrechten wandelten. Sie gestatteten es den Berechtigten nunmehr lediglich, ohne Erbenlaub „veräußerte Sachen gegen Ersatz der für den Erwerb aufgewendeten Gegenleistung auszulösen", d.h. im Wege des Retrakts an sich zu ziehen.[1560] Dies wird im Rahmen der Betrachtung von Tit. XXI wieder relevant.[1561]

III. Bewertung

Tit. XII ermöglicht dem Grundsatz nach Schenkungen unter Lebenden ohne Einschränkungen. Insbesondere eine Zusammenschau mit Tit. XX zeigt aber, dass in Kehdingen jene Verfügungsbeschränkungen im Hinblick auf Immobilien und Erbgüter galten, wie sie zeitgenössisch allgemein verbreitet waren. Auch andere regionale Landrechte betonen die Verfügungsfreiheit des Schenkers, bei gleichzeitigen Zustimmungserfordernissen der Erben.[1562] Insofern ist eine Authentizität wahrscheinlich; hier dürfte es sich tatsächlich um bestehende *consuetudines* gehandelt haben, die im Fortgang der rechtshistorischen Entwicklung verschwanden.

1558 Vgl. KehdLR Tit. XX § 1: „*NAch Gebrauch und dieses Landes herkommen mag niemand seine Erb- und Gütere einem Wiltfrembden erb- und eigenthümblich verkauffen ohne vorwissen seiner Bluts-Freunde / als seiner Vettern / als der Schwertseiten / dann auch / die ihme von der Spil-seiten angehören.*"

1559 *Ogris/Neschwara*, Art. Erbenlaub, in: HRG I (2008), Sp. 1361; vgl. JütischesR I,34: „*Ein Bauer kann sein eigenes Land verkaufen, wem er will, wenn er es auf drei Dingen seinen nächsten Verwandten rechtmäßig angeboten hat. Das Vatergut soll den Verwandten des Vaters und das Muttergut den Verwandten der Mutter angeboten werden. Aber überträgt er es, bevor er es rechtmäßig anbietet, da können seine nächsten Verwandten es zurückfordern.*"

1560 *Ogris/Neschwara*, Art. Erbenlaub, in: HRG I (2008), Sp. 1361.

1561 Vgl. unten: III. Teil, 6. Abschnitt, Kapitel A.-I.

1562 Vgl. EiderstedtLR II,21; vgl. WursterLR Art. XVI; vgl. HadelerLR III,11.

B. Schenkungen zwischen Ehegatten (Tit. XIII)

Nachdem sich Tit. XII mit Schenkungen unter Lebenden befasst hat, widmet sich Tit. XIII – der längste Titel des Landrechts – ausweislich der Überschrift nun dem besonderen Fall der „*Gifften unter Eheleuten*."[1563]

I. Das gemeinrechtliche Schenkungsverbot zwischen Ehegatten

Schenkungen unter Ehegatten berühren nicht das in den kirchlichen Bereich fallende Eherecht im engeren Sinne, sondern die vermögensmäßigen Beziehungen zwischen den Ehegatten. Sie gehören also zum Themenkreis des ehelichen Güterrechts. In diesem Bereich war der Einfluss des *Ius commune* relativ gering, das römische *Dotalsystem* hatte kaum Bedeutung.[1564] Besonders wirkmächtig blieben stattdessen die verschiedenen Formen der Gütergemeinschaft, die den einheimischen Gewohnheitsrechten entstammten; wobei man freilich versuchte, diese vor dem Hintergrund der gemeinrechtlichen Dogmatik zu deuten.[1565] Dabei soll es an dieser Stelle belassen werden.[1566]

Hier geht es zunächst nur um die wichtigste das eheliche Vermögensrecht betreffende Einzelregel, nämlich die, „daß Schenkungen unter Ehegatten nichtig sind."[1567] Dieses dem römischen Recht entstammende Verbot ist während des *Usus modernus* grundsätzlich rezipiert worden, auch wenn es durchaus gewohnheitsrechtliche Abweichungen davon gab oder das Schrifttum sie in Ausnahmefällen annahm.[1568] Auf dieses gemeinrechtliche Verbot spielt Tit. XIII § 1 des Landrechts an, in dem es heißt, dass „*nach Ordnung der Rechte donationes und Vermachunge zwischen Eheleuten verbotten*" sind.[1569] Der Sinn dieses Verbots war es, „eine Bereicherung der einen Familie auf Kosten der anderen [zu] verhindern."[1570] Diese Zielrichtung scheint zudem in Tit. XIII § 1 auf, wo es heißt, solche Schenkungen seien unter Ehegatten verboten, „*auff daß Sie sich selbst oder ihre Kindere auß Begierde der Liebe nicht berauben / oder in Armuht bringen.*"[1571]

1563 KehdLR Tit. XIII.
1564 *Wieacker*, S. 231.
1565 Vgl. *Coing*, S. 241 ff.
1566 Zum Ehegüterrecht vgl. unten: III. Teil, 5. Abschnitt, 3. Unterabschnitt, Kapitel A.-I.
1567 *Kaser/Knütel/Lohsse*, S. 357.
1568 *Coing*, S. 240 f.
1569 KehdLR Tit. XIII § 1.
1570 *Kaser/Knütel/Lohsse*, S. 357 f.
1571 KehdLR Tit. XIII § 1.

Dieses allgemein rezipierte Schenkungsverbot zwischen Ehegatten taucht auch in anderen Partikularrechten auf.[1572] Allerdings war dieser Grundsatz eng zu verstehen, „ungültig ist nur die eigentliche Schenkung und nur die Schenkung im engeren Sinn."[1573] Angesichts der Zielrichtung des Verbots waren etliche Schenkungen gar nicht erfasst, wie etwa solche, die nicht zu einer einseitigen Vermögensmehrung führten oder im Rahmen des alltäglichen Lebens stattfanden.[1574] Zudem kommt Ungültigkeit von vornherein überhaupt nur dann infrage, wenn die Schenkung während der Ehe wirksam werden soll. Vor der Ehe vollzogene Schenkungen werden von dem Verbot also nicht erfasst. Das gleiche gilt für solche, deren Wirksamkeit auf einen Zeitpunkt nach der Ehe hinausgeschoben wird,[1575] d.h. gerade auch wenn sie auf den Todesfall erfolgen. Solche Schenkungen betrachtete man als gültig.[1576]

II. Die Ausnahme der donatio reciproca

Das Schenkungsverbot ist in Tit. XIII § 1 des Landrechts zwar nicht explizit bestätigt, aber es wird dort für sogenannte *donationes reciprocae* eine Ausnahme gemacht, die ohne die Rezeption dieses Verbots als Regelfall keinerlei Sinn ergäbe. Diese Ausnahme sieht vor, dass kinderlose Ehegatten einander ihre sämtlichen Güter vermachen können, sodass der überlebende Teil nach dem Tod des anderen diese auf Lebenszeit gebrauchen kann.[1577] Dies versteht das Landrecht unter einer *donatio reciproca*.

Tit. XIII § 3 bestätigt nochmals die Möglichkeit einer solchen Schenkung auch gegen den Willen der Verwandten, Tit. XIII §§ 4–7 regeln die Formalia und die Gebrauchsrechte des überlebenden Ehegatten an der Verlassenschaft. Die Erbfolge der Verwandten nach dem Tod des Letztüberlebenden bestimmt

---

1572 Vgl. LübStR 1,6,1: „*WEder Mann noch Weib / wann die in der Ehe sitzen / vnd Kinder mit einander erzeuget haben / können ihre Güter einander geben noch schencken / das es zu Recht krefftig sey*"; in HadelerLR III,11 heißt es zu Schenkungen jedenfalls: „*Der da Ehekinder hat dieselbigen durch solche Donation und Gabe an ihr Legitima und Kinds. Theil nicht verkürzet werden.*"

1573 *Windscheid*, Lehrbuch II, S. 939.

1574 Vgl. a.a.O., S. 939 ff.

1575 A.a.O., S. 941 f.

1576 A.a.O., S. 942 Anm. 17.

1577 Vgl. KehdLR Tit. XIII § 1: „*Daß Eheleute / welche keine Kinder haben / ein dem andern seine Gütere / sie seyn beweg- oder unbeweglich / item Erb- und wollgewonnen Guht / vermachet / mit dem Bedinge / daß derselbe / so das längste Leib behält / die sämptliche Gütere Zeit seines lebens mag nützen und gebrauchen.*"

der vorgehende Tit. XIII § 2.[1578] Diese Verknüpfungen mit Todesfall und Erbfolge zeigen deutlich den erbrechtlichen Charakter der *donationes reciprocae* und nicht ohne Grund werden sie in Tit. XIII §§ 1, 4 in einem Atemzug mit *Vermachungen* genannt.

Der Begriff der *donatio reciproca* scheint allgemein eher selten gewesen zu sein. Er taucht aber beispielsweise im Lübecker Stadtrecht von 1586 auf. Nach diesem können „*Mann oder Fraw / die da keine Kinder mit einander in Ehestandt gezeuget haben / vor den Radt tretten / vnd ihr Gut gegen einander reciprocè doniren und auff lassen.*"[1579] Bedeutsam ist hier die Bedingung, dass die Ehegatten keine gemeinsamen Nachkommen haben. Die *donationes reciprocae* in Tit. XIII § 1 sind genau in diesem Sinne gemeint, denn auch diese errichten können nur „*Eheleute / welche keine Kinder haben.*"[1580] Das ist nicht ungewöhnlich, häufig ließen Partikularrechte etwaige Vereinbarungen über das Schicksal der Erbmasse nur unter dem Vorbehalt der Kinderlosigkeit zu. Es galt der Grundsatz „Kinderzeugen bricht Ehestiftung."[1581] All dies zeigt – und das lässt sich ja auch dem Gesamtcharakter von Tit. XIII entnehmen – dass die dort gemeinte *donatio reciproca* ein erbrechtliches Institut ist und keine Schenkung im eigentlichen Sinn.

Es besteht schon terminologisch eine enge Ähnlichkeit mit dem *testamentum reciprocum*, mit dem die Dogmatik des *Ius commune* gemeinschaftliche Ehegattentestamente bezeichnete.[1582] Dies lag daran, dass die Bedenkung der Ehegatten gegenseitig (*reciproca*) war,[1583] denn sie verknüpften „ihre beiderseitigen Verfügungen derart, daß der Bestand der einen von dem der anderen abhängig sein sollte."[1584] Im Schrifttum des 19. Jahrhunderts wird der Begriff der *donatio reciproca* mit dem der *donatio mutua* gleichgesetzt.[1585] Sie zeichnete sich dadurch aus, „daß der eine das von dem andern erhaltene Geschenk durch ein gegenseitiges Geschenk erwiedert."[1586]

1578 Zu den Einzelheiten vgl. unten: III. Teil, 5. Abschnitt, 3. Unterabschnitt, Kapitel A.-II.

1579 LübStR 1,6,2.

1580 KehdLR Tit. XIII § 1.

1581 *Brauneder*, Art. Eheliches Güterrecht, in: HRG I (2008), Sp. 1219 f.

1582 Vgl. *Ogris*, Art. Testament, in: HRG V (1998), Sp. 159 f.

1583 Vgl. *Coing*, S. 585, 591.

1584 *Ogris*, Art. Testament, in: HRG V (1998), Sp. 160.

1585 Vgl. *Glück*, Pandekten 26.1, S. 194.

1586 Ebda.; dadurch unterschied sie sich von der *donatio remuneratoria*, die „zur Belohnung geleisteter Dienste und erwiesener Wohlthaten" erfolgte, ebda.

III. Die Stellung der donatio reciproca im Gefüge des Landrechts

Unter anderem Namen finden sich diese *donationes reciprocae* an späterer Stelle des Landrechts wieder: In Tit. XVIII, der dem Ehegattenerbrecht gewidmet ist, heißt es, beim Tod eines Ehegatten „*ohne Leibes-Erben / werden vorerst die Ehestifftungen angesehen.*“[1587] Falls diese nicht vorhanden seien, kommt die in Tit. XVIII festgehaltene Regelung zur Anwendung. Dies bedeutet, dass die Ehestiftungen gegenüber dieser gesetzlichen Erbfolge vorrangig sind.

Nachdem die in Tit. XVIII angesprochenen Ehegatten „*ohne Leibes-Erben*“ sein müssen,[1588] steht außer Zweifel, dass es sich bei der dort angesprochenen Ehestiftung um die *donatio reciproca* des Tit. XIII § 1 handelt. Dies wird sogar archivalisch bestätigt: In einem Verfahren vor dem Wismarer Tribunal wurde eine gemeinsame Abschrift von Tit. XIII § 1 und Tit. XVIII als Anlage eingereicht.[1589] Gegenstand dieses Prozesses war, dass ein Eingesessener des Kirchspiels Oederquart und seine inzwischen verstorbene Ehegattin ein „*Testamentum inter conjuges mutuum*“ errichtet hatten.[1590] Der dort verwendete Begriff des *testamentum mutuum* ist schlicht ein Synonym zum *testamentum reciprocum*.[1591] Dies verwundert nicht, schließlich wurden, wie oben gesagt, auch die Begriffe *donatio mutuae* und *donatio reciprocae* als austauschbar verstanden.

IV. Das Institut der donatio reciproca im Lichte des Ius commune

Die überkommenen Institute des Ehegüterrechts wurden „in das gemeine Recht eingeordnet und, soweit möglich, aus ihm heraus interpretiert.“[1592] Dies mag die Ursache für die gekünstelt wirkende Konstruktion einer gegenseitigen Schenkung auf den Todesfall sein. Denn obgleich wechselseitige Ehegattentestamente

1587 KehdLR Tit. XVIII.

1588 KehdLR Tit. XVIII.

1589 Vgl. NLA ST, Rep. 28 Nr. 1096, Bl. 44.

1590 NLA ST, Rep. 28 Nr. 1096, Bl. 11r,v: „*Eß ist vor etwa 9. Jahren ein Eingesessener des Kirchspiels Öderquart alhie im Hertzoghtumb Brehmen, Nahmens Johann Neydick, mit seiner nunmehr vor zweyen Jahren Seel. verstorbenen Frauwen schliessig geworden ein Testamentum inter conjuges mutuum zu verhütung künfftigen Streits und aus anderen respecten zu errichten, haben zu solchem Ende Notarien und sieben Gezeugen zu sich erfodert und in deren gegenwart beyderseits ihren letzten willen eröffnet.*“

1591 Vgl. *Ogris*, Art. Testament, in: HRG V (1998), Sp. 160.

1592 *Coing*, S. 241.

im spätrömischen Recht erkennbar sind,[1593] waren die einheimischen aus dem Mittelalter stammenden[1594] gemeinschaftlichen Testamente dem römischen Recht grundsätzlich fremd.[1595] Daher wählten die Praktiker des *Usus modernus* eine solche Lösung, um die überkommenen Rechtsinstitute in die römisch-kanonische Dogmatik einfügen zu können. Ein Folgeproblem war dann, dass „*nach Ordnung der Rechte donationes und Vermachunge zwischen Eheleuten verbotten*" waren,[1596] sodass man auf das in den Digesten angelegte Institut der *donationes mutuae* zurückgreifen musste,[1597] um diesen Widerspruch aufzulösen. Später berief man sich zur dogmatischen Rechtfertigung „in Deutschland einfach auf eine zulässige *consuetudo* und Praxis."[1598]

V. Bewertung

Angesichts der begrifflichen Verwirrung, die infolge der vielen Synonyme entsteht, mag man es bei folgenden Feststellungen belassen: Die *donationes reciprocae* in Tit. XIII des Landrechts sind keine Schenkungen, sondern letztwillige Verfügungen zwischen Ehegatten. Dass solche gemeinschaftlichen Testamente in Kehdingen grundsätzlich möglich waren, dürfte angesichts der allgemeinen gewohnheitsrechtlichen Verbreitung dieser Rechtsinstitute außer Zweifel stehen. Zwischen diesen „*Gifften unter Eheleuten*"[1599] und der in Tit. XVIII aufgeworfenen Frage, „*Wie Eheleute einander erben*",[1600] besteht nach alledem jedenfalls ein untrennbarer Zusammenhang. Die *donatio reciproca* des Tit. XIII ist deshalb mit der Ehestiftung des Tit. XVIII gleichzusetzen. Die Darstellung der Einzelfragen erfolgt gemeinsam an entsprechender Stelle.[1601]

1593 Vgl. *Kaser/Knütel/Lohsse*, S. 401.

1594 *Coing*, S. 585.

1595 Grund hierfür war das Nichtvorhandensein der *unitas actus*, dazu vgl. *Ogris*, Art. Testament, in: HRG V (1998), Sp. 159; vgl. *Coing*, S. 585.

1596 KehdLR Tit. XIII § 1.

1597 Vgl. beispielhaft: *Glück*, Pandekten 26.1, S. 195 ff.

1598 *Coing*, S. 586; Hervorh. wie Orig.

1599 KehdLR Tit. XIII.

1600 KehdLR Tit. XVIII.

1601 Vgl. unten: III. Teil, 5. Abschnitt, 3. Unterabschnitt, Kapitel A.

5. Abschnitt – Erbrecht (Tit. XIV–XIX)

In den Tit. XIV bis XIX des Landrechts wird das Erbrecht behandelt, das in Deutschland ab 1500 durch die Rechtsreformationen tiefgreifend umgestaltet wurde[1602] und insofern zu deren typischen Regelungsbereichen gehörte.[1603]

1. Unterabschnitt – Testamentarische Erbfolge (Tit. XIV)

Den Einstieg in diesen Komplex macht Tit. XIV mit der Errichtung von Testamenten.

A. Geschichte des Rechtsinstituts

Das dem römischen Recht entstammende Rechtsinstitut des Testaments[1604] verschwand nach dem Untergang des Römischen Reiches weitgehend und tauchte ab dem 11. Jahrhundert langsam wieder auf.[1605] Nördlich der Alpen geschah dies sogar erst ab Mitte des 13. Jahrhunderts unter dem deutlichen Einfluss der Kirche.[1606] Dem Sachsenspiegel waren Testamente dagegen noch völlig unbekannt.[1607] In der Folgezeit der Rezeption bildeten sich dann viele verschiedene lokale Formen heraus, die teilweise auch wieder miteinander vermischt wurden.[1608]

B. Das Testament im Kehdinger Landrecht

Die Möglichkeit der Errichtung eines Testaments geht für Kehdingen schon daraus hervor, dass das Landrecht in Tit. XI eine testamentarische Vormundschaft zulässt. Hinsichtlich der Errichtung unterscheidet Tit. XIV nun grundsätzlich zwei verschiedene Varianten.

1602 Vgl. *Landau*, in: ZRG GA 114 (1997), S. 59, 67.

1603 *Schulze*, Art. Reformation (Rechtsquelle), in: HRG IV (1990), Sp. 470; vgl. *Coing*, S. 118.

1604 *Ogris*, Art. Testament, in: HRG V (1998), Sp. 152.

1605 Vgl. *Coing*, S. 564.

1606 *Ogris*, Art. Testament, in: HRG V (1998), Sp. 152; im deutschsprachigen Raum ging die Verbreitung seit dem späten Mittelalter v.a. über die Städte, vgl. dazu eingehend *Landau*, in: ZRG GA 114 (1997), S. 60–65.

1607 *Landau*, in: ZRG GA 114 (1997), S. 59; überhaupt blieb der Gedanke der gewillkürten Erbfolge den mittelalterlichen Rechtsvorstellungen noch weitgehend fremd, vgl. *Coing*, S. 560; vgl. *Ogris*, Art. Testament, in: HRG V (1998), Sp. 153 f.

1608 *Ogris*, Art. Testament, in: HRG V (1998), Sp. 158.

I. Das Testament vor dem Pastor

Die bisher übliche Form findet sich in Tit. XIV § 1: „*ES ist für wenig Jahren gebräuchlich gewesen / wann der Pastor zu einem Krancken / ihme das hochwürdige Sacramente zuverreichen / ist gefordert / daß der Krancke etwas ad pias Causas (zu milden Sachen) als an Kirchen / Schulen / Kirchen-dienere und arme Leute vermachet.*“[1609] Darüber hinaus sei es möglich, dass der Kranke „*auch seinen Freunden und guten Bekandten / was von seinen Gütern aus gutem geneigten Willen legiret und gegeben.*“[1610] Zur Form heißt es lediglich, dass wenn derartige Verfügungen „*in Gegenwahrt des Herrn Pastoren oder Capellans geschehen / und dieselben das bekennen / ist solches (unangesehen sonst kein glaubwürdiger Zeuge dabey gewesen) vor kräfftig und bestendig gehalten.*“[1611] In Tit. XIV § 2 wird hervorgehoben, dass diese Form nach wie vor in Observanz sei.

II. Das Testament nach kaiserlichem Recht

Tit. XIV § 2 stellt klar, dass es neben diesem Testament vor dem Pastor aber noch eine zweite Variante gibt: „*So stehet nichts destoweniger einem jeden frey / sein Testament und letzten Willen nach Ordnung der beschriebenen Keyserlichen Rechte zusetzen / doch muß dasselbe durch einen qualificirten Notarium in praesentia der Gezeugen verfertiget werden / und wann das Testament seine solemnia (und dazu erforderte Stücke) hat / wird es im Gerichte vor bestendig erkandt.*“[1612] Somit gibt es neben dem Testament vor dem Pastor ohne Weiteres die Möglichkeit einer Errichtung nach dem gemeinen Recht.

C. Das Testament im Usus modernus

Diese Alternativität fügt sich ins allgemeine Bild, denn im *Usus modernus* hielten sich viele besondere lokale Formen neben der gemeinrechtlichen Doktrin.[1613] In späteren Kodifikationen wie dem ABGB trat das römische Testamentsrecht dagegen wieder stärker in den Vordergrund.[1614]

1609 KehdLR Tit. XIV § 1.
1610 KehdLR Tit. XIV § 1.
1611 KehdLR Tit. XIV § 1.
1612 KehdLR Tit. XIV § 2.
1613 *Ogris*, Art. Testament, in: HRG V (1998), Sp. 158; *Coing*, S. 572.
1614 Vgl. *Ogris*, Art. Testament, in: HRG V (1998), Sp. 152.

I. Römisch geprägte Formen

Die altrömischen Testamentsformen verloren noch in der Antike an Bedeutung.[1615] In nachklassischer Zeit hatte sich aus einer Zusammenführung älterer Formen das Sieben-Zeugen-Testament (*testamentum tripertitum*) als ordentliche Testamentsform herausgebildet, das auch von Justinian bestätigt wurde.[1616] Dieses zählte gemeinsam mit dem vor einem Gericht errichteten Testament (*test. iudici oblatum*) zu den allgemeinen Formen des gemeinen Rechts.[1617] Dem gerichtlichen Testament gleichgestellt war noch die Errichtung vor dem Kaiser (*test. principi oblatum*)[1618] bzw. im gemeinen Recht dann vor dem Fürsten.[1619]

1. Gültigkeit des Testaments

Im römischen Recht machte die Verletzung der äußeren Formvorschriften ein Testament insgesamt ungültig.[1620] Das hat sich nie geändert: „Das Testament ist seit alters und zu allen Zeiten an besonders strenge äußere und innere Formregeln gebunden."[1621] Dies ist bedingt durch die Wichtigkeit des Geschäfts und der Schwierigkeit, den Willen eines Toten auszulegen.[1622] In Tit. XIV § 2 heißt es dazu, das Testament müsse „*durch einen qualificirten Notarium in praesentia der Gezeugen verfertiget werden / und wann das Testament seine solemnia (und dazu erforderte Stücke) hat / wird es im Gerichte vor bestendig erkandt.*"[1623] Nähere Angaben über diese erforderlichen *solemnia* werden nicht gemacht. In der gemeinrechtlichen Doktrin unterschied man zwischen *solemnia interna* und *solemnia externa*.[1624]

1615 Vgl. *Kaser/Knütel/Lohsse*, S. 398 ff.; vgl. Inst. 2,10,1.

1616 Vgl. *Kaser/Knütel/Lohsse*, S. 400 f.; vgl. Inst. 2,10,3.

1617 Vgl. *Coing*, S. 568 f.; in Deutschland konnten ordentliche Testamente noch bis 1970 gem. §§ 2234 ff. BGB a.F. vor einem Richter errichtet werden, vgl. Palandt-*Weidlich*, § 2232 Rn. 1.

1618 *Kaser/Knütel/Lohsse*, S. 401.

1619 *Windscheid*, Lehrbuch III, S. 46; diese Form war aber praktisch irrelevant, vgl. *Coing*, S. 569; vgl. *Stobbe*, Handbuch V, S. 229; vgl. auch CMBC 3,4,3: „*Die Testaments-Uebergab ad Manus Serenissimas ist zwar 1mò heut zu Tag nicht mehr üblich.*"

1620 *Kaser/Knütel/Lohsse*, S. 402.

1621 Ebda.

1622 Ebda.

1623 KehdLR Tit. XIV § 2.

1624 *Coing*, S. 566.

a) Solemnia interna
Die *solemnia interna* betrafen den Inhalt des Rechtsgeschäfts.[1625] Dies war v.a. die Erbeinsetzung (*heredis institutio*),[1626] die vom Testator zwingend selbst vorzunehmen war und bestimmt sein musste (*voluntas certa*).[1627] Sie war „gleichsam Kopf und Grundlage des Testaments (*caput et fundamentum totius testamenti*).“[1628] Fehlte sie, galt die letztwillige Verfügung allenfalls als ein Kodizill,[1629] mit dem der Erblasser nur eine schuldrechtlich wirkende Anordnung treffen konnte, die man als *fideicommissum* bezeichnete.[1630]

b) Solemnia externa
Die *solemnia externa* meinten hingegen die äußere Form.[1631]

aa) In praesentia der Gezeugen
Die Formulierung „*in praesentia der Gezeugen*“[1632] im Landrecht weist auf den zentralen Aspekt der gemeinrechtlichen Testamentslehre hin. Denn die Zeugen waren bei der Äußerung des letzten Willens so bedeutsam, dass sie dem ganzen Rechtsinstitut den Namen gaben – *testamentum* ist das lateinische Wort für etwas *Bezeugtes*.[1633]

Gewöhnlicherweise waren sieben Zeugen notwendig, „die vom Testator ausdrücklich zum Zwecke der Testamentserrichtung zu laden waren (*testes specialiter ad hoc rogati*).“[1634] Zeugnisfähig war nach römischem Recht nur, wer selbst auch testierfähig war.[1635] Nachdem man im Mittelalter allgemein nur „gude oder erbar leute“ verlangt hatte,[1636] entwickelte die gemeinrechtliche Doktrin wieder ausführlichere Bestimmungen.[1637] Die Formulierung *in praesentia* im Landrecht spiegelt wider, dass die Errichtung in ununterbrochener

1625 Ebda.
1626 *Kaser/Knütel/Lohsse*, S. 402.
1627 *Coing*, S. 566.
1628 *Kaser/Knütel/Lohsse*, S. 403; Hervorh. wie Orig.; vgl. *Ogris*, Art. Testament, in: HRG V (1998), Sp. 157.
1629 *Coing*, S. 575.
1630 Vgl. a.a.O., S. 577 ff.; vgl. *Kaser/Knütel/Lohsse*, S. 435 ff.
1631 *Coing*, S. 566.
1632 KehdLR Tit. XIV § 2.
1633 Vgl. *Ogris*, Art. Testament, in: HRG V (1998), Sp. 152; vgl. Inst. 2,10,pr.
1634 *Ogris*, Art. Testament, in: HRG V (1998), Sp. 158; Hervorh. wie Orig.
1635 *Kaser/Knütel/Lohsse*, S. 405; vgl. Inst. 2,10,6.
1636 *Ogris*, Art. Testament, in: HRG V (1998), Sp. 159.
1637 Ebda.; zeugnisunfähig waren z.B. Frauen, Geisteskranke, körperlich Behinderte, Straftäter, vgl. ebda; vgl. auch *Windscheid*, Lehrbuch III, S. 37 ff. und Inst. 2,10,6.

Anwesenheit der Zeugen erfolgen musste (*unitas actus*).[1638] Sie konnte entweder mündlich geschehen (*nuncupativum*) oder aber schriftlich (*in scriptis*),[1639] indem man den Zeugen eine den letzten Willen beinhaltende Urkunde zeigte, die diese dann unterschreiben und besiegeln mussten.[1640]

Diese Spiegelung der gemeinrechtlichen Lehre im Landrecht ist authentisch. Das Gräfengericht Freiburg hob im Jahr 1677 ein gemeinschaftliches Ehegattentestament auf, weil ausdrücklich gegen das Erfordernis der *unitas actus* verstoßen wurde. Denn der Beklagte hat explizit eingeräumt, „*daß das producirte testamentum nicht in einem Gemach in gegenwarth der Testatricin uno actu, sondern in der Stube, da die Fraue nicht gewesen, von etlichen Zeügen unterschrieben, versiegelt und vollenzogen*" worden ist.[1641] Das Gräfengericht hat beschlossen, „*dahero das producirte Testamentum in forma für vitiös und ungültig zu halten.*"[1642]

bb) Durch einen qualificirten Notarium

Das Testament soll nach Tit. XIV § 2 außerdem „*durch einen qualificirten Notarium [...] verfertiget werden.*"[1643] Eine solche Protokollierung mündlicher Testamente durch einen Notar entsprach dem gemeinrechtlichen Brauch.[1644] Dieser wurde dann nochmals durch die Reichsnotariatsordnung von 1512 festgeschrieben, die das Sieben-Zeugen-Testament bestätigte[1645] und etliche Vorschriften zu seiner Errichtung enthielt.[1646] Auch die vom Landrecht angesprochene Qualifikation des Notars wird von ihr geregelt.[1647]

Als Rahmengesetz bedurfte die Reichsnotariatsordnung der Umsetzung durch die Reichsstände,[1648] welche sie häufig mit erleichterten Formvorschriften

---

1638 *Kaser/Knütel/Lohsse*, S. 400; *Coing*, S. 569; die strikte Handhabung dieses Erfordernisses wird dadurch illustriert, dass die Unschädlichkeit einer kurzen Unterbrechung durch Notdurft besonders betont werden musste, vgl. *Windscheid*, Lehrbuch III, S. 36 f.; vgl. RNotO § 31.

1639 *Coing*, S. 569.

1640 *Windscheid*, Lehrbuch III, S. 35.

1641 NLA ST, Rep. 28 Nr. 1096, Bl. 43r, GräfenG Freiburg v. 28.07.1677, Ancken / Neudick.

1642 Ebda.

1643 KehdLR Tit. XIV § 2.

1644 *Coing*, S. 569.

1645 A.a.O., S. 572; vgl. *Schmelzeisen*, S. 162 f.; vgl. RNotO § 26.

1646 Vgl. *Schmelzeisen*, S. 162 f.

1647 So regelt die RNotO die Voraussetzungen für die Bestellung der Notare (§ 2) und verpflichtet sie zur Rechtskundigkeit (§ 45) und regelmäßigen Fortbildung (§ 46).

1648 *Neschwara*, Art. Notar, Notariat, in: HRG III (2016), Sp. 1971.

übernahmen.[1649] Im Zuge dieser verstärkten partikularen Gesetzgebung wandelte sich das gemeinrechtliche Notariat „durch legislative oder administrative Anordnungen" zu einem landesherrlichen Institut.[1650] Dies entsprach dem Geist der Reichsnotariatsordnung, erklärte diese Notare doch zu Dienern des gemeinen Nutzens.[1651] Die „ausdrückliche Betonung der Bindung an das Gemeinwohl unterstreicht [...] die Funktion des Notars als Träger eines öffentlichen Amtes."[1652] Dies gilt umso mehr, als der *notarius publicus* jener Zeit nicht nur im außergerichtlichen Bereich tätig war, sondern auch Partei- und Prozessschriften anfertigte und die gerichtlichen Protokolle führte.[1653]

Genau diese Aufgaben wurden auch von den Kehdinger Landessekretären wahrgenommen. Schließlich heißt es in Tit. XXXI, die Appellation müsse „*vor dem Gerichts-Secretario oder sonsten einem andern Notario*" erklärt werden.[1654] Der Landrechtsherausgeber Keller selbst hat solche Appellationsinstrumente aufgenommen, sich darin als *notarius publicus* bezeichnet und ein Notarssignet beigefügt.[1655] Insofern besteht kein Zweifel, dass die Kehdinger Landessekretäre Amtsnotare waren und gemeinrechtliche Testamente beurkunden konnten.

2. Weitere Formen

Unter die in Tit. XIV § 2 allgemein angesprochene „*Ordnung der beschriebenen Keyserlichen Rechte*"[1656] dürften neben dem Sieben-Zeugen-Testament noch andere Formen fallen. Denn in Anlehnung an das spätrömische Recht[1657] hatte die gemeinrechtliche Doktrin viele privilegierte Errichtungsmöglichkeiten herausgebildet, die „von bestimmten Formerfordernissen ganz oder teilweise befreit" waren.[1658] Hierzu zählten das Seuchentestament (*test. tempore pestis conditum*), das Kriegs- oder Soldatentestament (*test. militare*), das Testament auf dem Lande (*test. ruri conditum*) oder das zwischen Eltern und Kindern

1649 Vgl. *Schmelzeisen*, S. 164–167.
1650 *Neschwara*, Art. Notar, Notariat, in: HRG III (2016), Sp. 1971.
1651 *Grziwotz*, S. 47; vgl. RNotO § 15.
1652 *Grziwotz*, S. 48.
1653 *Nörr*, Prozessrecht, S. 20.
1654 KehdLR Tit. XXXI.
1655 NLA ST, Rep. 28 Nr. 1173, Bl. 5r,v.
1656 KehdLR Tit. XIV § 2.
1657 Vgl. *Kaser/Knütel/Lohsse*, S. 399 ff.
1658 *Ogris*, Art. Testament, in: HRG V (1998), Sp. 159.

(*test. parentum inter liberos*).[1659] Auch diese Formen wurden teilweise von der Reichsnotariatsordnung bestätigt.[1660]

3. Zusammenfassung

Mit den Begriffen *in praesentia der Gezeugen* und *solemnia* deutet Tit. XIV § 2 des Landrechts also die zentralen Elemente der gemeinrechtlichen Testamentslehre an. Da mit der Verfertigung *durch einen qualificirten Notarium* zudem die formellen Vorschriften der Reichsnotariatsordnung angesprochen sind, ist eine Authentizität dieser Regelung nicht zu bezweifeln. Das gleiche gilt für die Einräumung einer Wahlmöglichkeit zwischen der gemeinen Form und der althergebrachten Errichtung vor dem Pastor. Solche Regelungen waren ebenfalls allgemein üblich,[1661] es gab sie in Hadeln,[1662] Butjadingen[1663] oder in Teilen von Schleswig-Holstein.[1664]

Es findet sich auch ein Verfahren vor dem Wismarer Tribunal, in dem es um ein Testament vom 25. Februar 1650 geht, das durch Barthold von Reimershausen im Kirchspiel Freiburg errichtet wurde.[1665] Dieses Testament wurde von sieben Zeugen gesiegelt und unterschrieben.[1666] Auch von der Mitwirkung eines „*wohlgelahrten Johannes Holsten, Caesareum Notarium Publicum*" ist die

1659 Ebda.; diese stellten geringere Anforderungen an die Zahl der Zeugen oder deren gleichzeitige Anwesenheit, vgl. *Windscheid*, Lehrbuch III, S. 41–44.

1660 *Stobbe*, Handbuch V, S. 232; vgl. RNotO § 26.

1661 Vgl. *Stobbe*, Handbuch V, S. 226.

1662 Vgl. HadelerLR III,7: „*Der auch ein ordentlich Testament, welches dem Landrecht nicht zuwiedern, von der hohen Landes-Fürstl. Obrigkeit confirmiren und bestettigen lassen wil, solches sol ihm frey und unbenommen sein.*"

1663 Vgl. ButjadLR Art. 31 „*EInem jeden / dem es in den gemeinen Rechten erlaubet / bleibt ohnbenommen / ein Testament zumachen; Jedoch daß er sich darbey nach diesem Land Rechte / worin dasselbige von den gemeinen Kayserl: Rechten / vornehmlich in materialibus, einen abtritt nimmt / zurichten habe.*"

1664 Eine Verordnung Herzog Christian Albrechts von Schleswig-Holstein-Gottorf von 1663 stellte es den Eingesessenen Schleswigs frei, „*nach eines jeden freyen Willen und Belieben testamenta und disposition nach Anleitung der gemeinen Kayserlichen Rechte zu machen*", zit. nach *Thomas*, S. 57; diese Verordnung scheint in Vergessenheit geraten zu sein, denn das neuere Schrifttum geht davon aus, dass Testamente im Herzogtum Schleswig erst im 19. Jahrhundert allgemein möglich wurden, vgl. nur *Landau*, in: ZRG GA 114 (1997), S. 57 f.

1665 NLA ST, Rep. 28 Nr. 1239; die Familie derer von Reimershausen gehörte zu den ältesten Ministerialengeschlechtern Kehdingens, vgl. *Hucker*, S. 103.

1666 NLA ST, Rep. 28 Nr. 1239, Bl. 16v–17r.

Rede.[1667] Die Errichtung geschah wohl schriftlich als *testamentum mysticum*, d.h. die Erklärung war in einer Urkunde enthalten, deren genauen Inhalt die Zeugen nicht kannten.[1668] Damit ist für Kehdingen in der zweiten Hälfte des 17. Jahrhunderts ein Testament nach der gemeinrechtlichen Form belegt.

II. Kanonisch geprägte Formen

Die letztwillige Verfügung vor dem Pastor in Tit. XIV § 1 weist dagegen in die Richtung des kanonischen Rechts, das im Bereich des Testamentswesens besonders wirkmächtig war. Die Gerichtsbarkeit der Kirche übte hier vom 11. bis zum 13. Jahrhundert eine starke Prägung aus,[1669] ja sie war im Mittelalter sogar „die Vorkämpferin des Testamentsgedankens."[1670] So haben die Bestimmungen des kanonischen Rechts in weiten Teilen Europas schnell an Bedeutung gewonnen. Dies galt sowohl für die Form der Errichtung als auch für den Inhalt. Diese vom römischen Recht abweichenden Testamente kanonischen Stils blieben noch nach der Rezeption in Übung.[1671]

1. Das Testamentum ad pias causas

Zunächst ermöglicht Tit. XIV § 1, dass ein auf dem Sterbebett liegender Kranker „*etwas ad pias Causas (zu milden Sachen) als an Kirchen / Schulen / Kirchen-dienere und arme Leute vermachet.*"[1672] Solche Verfügungen *ad pias causas* waren allgemein verbreitet. Es handelte sich nicht um Testamente im römisch-rechtlichen Sinne, denn sie dienten „nicht in erster Linie der Erbeinsetzung, sondern der Zuwendung einzelner Güter zu frommen Zwecken."[1673]

a) Herkunft und Inhalt

Unter dem Begriff der *piae causae* verstand man daher „kirchlich-religiöse und soziale Angelegenheiten. Ihre materielle Förderung ist von Anfang an ein

---

1667 NLA ST, Rep. 28 Nr. 1239, Bl. 16r.

1668 Vgl. dazu *Coing*, S. 569; unmittelbar vor den Unterschriften findet sich nämlich folgende vom Testator selbst unterzeichnete Erklärung: „*Ich Bartholt von Reimershausen, Uhrkunde hiemit, daß in diesen verschloßenen Libello mein letzter Willen begriffen und enthalten sey, welchen ich also nach meinem tode will gehalten haben*", NLA ST, Rep. 28 Nr. 1239, Bl. 16v; vgl. auch RNotO §§ 25, 31.

1669 *Coing*, S. 565; vgl. *Roth*, Pfarrertestament, S. 219.

1670 *Coing*, S. 571.

1671 Ebda.

1672 KehdLR Tit. XIV § 1.

1673 *Coing*, S. 561; technisch gesehen handelte es sich also um Legatentestamente, vgl. ebda.

Anliegen der christlichen Gemeinden gewesen."[1674] Der Begriff taucht deshalb schon im justinianischen *Codex* auf, dessen noch kasuistische Fallgruppen von der mittelalterlichen Kirche durch eigene Gesetzgebung energisch weiterentwickelt wurden.[1675]

Die ihnen zugrunde liegenden „Seelenheilsschenkungen" waren eine erste Durchbrechung mittelalterlicher Rechtsvorstellungen in Richtung erbrechtlicher Verfügungsfreiheit,[1676] sodass sie in engem Zusammenhang mit der Wiederbelebung des Testamentsgedankens stehen.[1677] Die gemeinrechtliche Doktrin formte später mehrere verschiedene typische spezielle Zweckbindungen aus, v.a. zugunsten der Kirche und ihrer Einrichtungen, zugunsten von Armen, Witwen und anderen *miserabiles personae* oder allgemein für das öffentliche Wohl.[1678] Es zeigt sich also, dass solche Verfügungen damals jene Funktion erfüllten, „welche nach heutigem Verständnis gemeinnützigen Stiftungen zukommt."[1679] Schon das Jütische Recht, dem der Testamentsgedanke ansonsten fremd war, ließ derartige Seelengaben zu.[1680] Auch im späteren säkularen Recht behielten die Verfügungen *ad pias causas* eine Sonderstellung.[1681] Mit den typischen religiösen, sozialen oder öffentlichen Zweckbindungen des gemeinen Rechts fanden sie sich in Hadeln,[1682] Wursten,[1683] Butjadingen[1684] oder

---

1674 A.a.O., S. 593 f.; Hervorh. wie Orig.

1675 A.a.O., S. 594 f.; Bezugspunkt im *Corpus iuris canonici* war die Dekretale X 3,26,11, vgl. ebda.; vgl. *Windscheid*, Lehrbuch III, S. 44 Anm. 18.

1676 Vgl. *Ogris*, Art. Testament, in: HRG V (1998), Sp. 154.

1677 Vgl. *Coing*, S. 560 f.

1678 Vgl. a.a.O., S. 594 f.; ein beispielhafter Katalog findet sich in CMBC 3,4,5.

1679 *Coing*, S. 596; *Windscheid* bemerkt, dass diese Ausdehnung auf soziale und öffentliche Zwecke auf die Praxis zurückgeht, denn die Dekretale X 3,26,11 spricht nur von der Kirche, vgl. *Windscheid*, Lehrbuch III, S. 44 f. Anm. 18.

1680 *Landau*, in: ZRG GA 114 (1997), S. 57 f.; vgl. *Paulsen*, S. 364; vgl. JütischesR I,39, III,45 f.

1681 *Coing*, S. 566.

1682 Vgl. HadelerLR III,8: „*Was aber zu Unterhaltung Kirchen, Schulen, Gastheusern und in milden Sachen einer legiren und geben will, stehet einem jedern frey.*"

1683 Vgl. WursterLR Art. XVI § 3: „*Wolte aber einer zu Kirchen, Schulen, Armen, Jungfrauen-Ehr oder dergleichen milden Sachen etwas in sein Testament ordnen, dasselbe müssen die Erben ohne ihren Willen halten.*"

1684 Vgl. ButjadLR Art. 37: „*WAn aber jemand in seinem Testament Kirchen / Schulen / Armen oder sonsten ad pias Causas aus den Stamm- und Erbügtern etwas vermachen wil.*"

Dithmarschen.[1685] Ganz allgemein angedeutet waren sie im Alten Land.[1686]

In Tit. XIV § 1 werden mit Kirchen, Kirchendienern, Schulen und armen Personen alle drei Kategorien angesprochen, sodass diese Regelung sich nahtlos in das allgemeine Panorama einfügt. Wegen der gemeinrechtlichen Rezeption mildtätiger Verfügungen kann an der Authentizität kein Zweifel bestehen.

b) Form

Außer der Anwesenheit von Pastor oder Kaplan wird in Tit. XIV § 1 nichts zur Form gesagt. Dies verwundert nicht, denn im Gegensatz zum formstrengen römischen Recht „musste das kanonische Recht es […] erleichtern, noch in den letzten Lebensstunden mit einer mildtätigen Verfügung die sündige Seele zu retten."[1687] Deshalb gab es zugunsten dieser Vermächtnisse eine Reihe von Formerleichterungen, die von der gemeinrechtlichen Theorie als *privilegia piae causae* zusammengefasst wurden.[1688] Das kurbayerische Zivilgesetzbuch erklärte *solemnia externa* später gar für gänzlich überflüssig[1689] und auch in Holstein war eine besondere Form kraft landesherrlicher Verordnung nicht mehr erforderlich, sofern der Wille des Verfügenden nur beweisbar war.[1690] Windscheid resümiert schließlich: „Nach canonischem Rechte bedürfen Verfügungen zu Gunsten von Kirchen und milden Stiftungen gar keiner Form."[1691]

1685 Vgl. DithmLR Art. 27 § 3: „*Wat averst ys syn wolgewunnen Guht / dat mach he geven nah seynem Gefallen / und Gohtbedüncken / tho Gades Ehren / und in milden Saken / alse tho Underholdinge der Kärckendeener / armer Schöler / tho Uhtstühr armer Mägede / tho Hospitalen und Sekenhüsern / tho Kärcken-Gebuwte / tho Wegen und Stegen. Item he mach geven synen Fründen / ock synen Deenstbaden van wegen erer getruwen Deenste*"; vgl. EiderstedtLR II,9.

1686 AltesL-Ref, Van Testamenten: „*Tho Gades ehre, vnd in milden saken.*"

1687 *Jansen*, S. 152.

1688 *Coing*, S. 595; so waren die Anforderungen an die Bestimmtheit niedriger und die Zeugen mussten nicht besonders geladene *rogati* sein, vgl. ebda.

1689 Vgl. CMBC 3,4,5: „*Testamenta ad Causas pias brauchen keiner äusserlichen Sollennität, wenn nur sonst an denen Substantial-Requisiten, sonderbar circa Voluntatem nichts hierbey ermangelt.*"

1690 *Paulsen*, S. 364 f.

1691 *Windscheid*, Lehrbuch III, S. 44; daher waren sie wohl selbst dann wirksam, wenn das Testament ansonsten wegen fehlender Erbeinsetzung nichtig war, vgl. *Coing*, S. 596; vgl. ButjadLR Art. 41: „*OB gleich ein Testament aus rechtmässiger Ursachen oder aus Mangel der Reqvisiten nicht bestetiget oder gültig seyn würde / so soll doch nichts desto weniger* […] *was zu GOttes Ehren und milten Sachen gegeben / aus dem Nachlaß* […] *abgetragen und ausgerichtet werden.*"

Dagegen machten die großen vernunftrechtlichen Kodifikationen (ALR, ABGB, CC) keine Ausnahmen mehr.[1692]

2. Das Testamentum coram parocho et duobus testibus

Weiter heißt es in Tit. XIV § 1, dass der Testator „*daneben auch seinen Freunden und guten Bekandten / was von seinen Gütern aus gutem geneigten Willen legiret und gegeben.*“[1693] Solche Verfügungen fallen aus den typischen Kategorien der *piae causae* heraus, denn sie dienen weder der Kirche noch der Armenfürsorge und auch nicht dem öffentlichen Wohl. Zudem deutet das Wort *daneben* auf eine inhaltliche Trennung hin.

a) Das Rechtsinstitut allgemein

Es handelt sich hierbei stattdessen um eine aus dem kanonischen Recht stammende „besondere Testamentsform, welche man als das *Testamentum coram parocho et duobus testibus* zu bezeichnen pflegt.“[1694] Diese ging auf die Dekretale X 3,26,10 zurück,[1695] mit der Papst Alexander III. verordnet hatte, dass bei der Errichtung eines Testaments vor einem Pfarrer zwei oder drei Zeugen genügen sollten.[1696] Zur Begründung wurden biblische Maßstäbe angeführt.[1697] Die daran angelehnten Testamentsformen waren zwar nicht gemeinrechtlich,[1698] aber sehr wohl weit verbreitet;[1699] auch bei der Errichtung von Eheverträgen wirkten Pfarrer häufig mit.[1700] „In der Welt des 16. und 17. Jahrhunderts war

---

1692 Vgl. *Stobbe*, Handbuch V, S. 236.

1693 KehdLR Tit. XIV § 1.

1694 *Roth*, Pfarrertestament, S. 208; Hervorh. typograph.

1695 *Glück*, Pandekten 34.1, S. 180 f.; vgl. *Roth*, Pfarrertestament, S. 208 Anm. 1; vgl. *Windscheid*, Lehrbuch III, S. 34 Anm. 1.

1696 *Coing*, S. 571; *Jansen*, S. 152; vgl. X 3,26,10: „*Quia vero a divina lege et sanctorum Patrum institutis, et a generali ecclesiae consuetudine id noscitur esse alienum; quum scriptum sit: ‚In ore duorum vel trium testium stet omne verbum,‘ praescriptam consuetudinem penitus improbamus, et testamenta, quae parochiani vestri coram presbytero suo et tribus vel duabus aliis personis idoneis in extrema de cetero fecerint voluntate, firma decernimus permanere et robur obtinere perpetuae firmitatis, sub interminatione anathematis prohibentes, ne quis praesumptione qualibet huiusmodi rescindere audeat testamenta.*“

1697 *Coing*, S. 571; vgl. ebda., gemeint ist Mt. 18.16.

1698 *Windscheid*, Lehrbuch III, S. 34; vgl. *Roth*, Pfarrertestament, S. 210.

1699 *Roth*, Pfarrertestament, S. 209; allgemein praktiziert wurden sie z.B. in Belgien oder dem katholischen Teil der Niederlande, vgl. *Jansen*, S. 157.

1700 *Schmelzeisen*, S. 65.

es gewiss nicht unüblich, seinen Letzten Willen einem Priester zu erklären."[1701] In einigen ländlichen Gebieten blieb diese Form sogar bis ins 19. Jahrhundert hinein in Gebrauch,[1702] z.B. in Holstein[1703] oder in Teilen von Bayern.[1704] Zudem wird davon ausgegangen, dass sich die in Städten verbreitete Errichtung vor Ratsmitgliedern aus diesen kanonischen Formen entwickelt hat.[1705]

b) Form

Die Errichtung konnte schriftlich oder mündlich erfolgen[1706] und war nicht auf das Sterbebett beschränkt.[1707] Die Zeugnisfähigkeit wurde nach gemeinem Recht beurteilt.[1708] Wer Pfarrer war, ließ sich „nur aus den Worten und dem Geist der einzelnen Partikularrechte entscheiden."[1709] Jedenfalls musste es sich um den regulären Seelsorger des Testators handeln.[1710] Ob andere Geistliche wie Vikare oder Kapläne ebenfalls befugt waren, wurde territorial unterschiedlich gehandhabt.[1711] Dies ist hier insofern von Bedeutung, als Tit. XIV § 1 nicht nur vom Pastor, sondern vom *Capellan* spricht; vermutlich weil das Kirchspiel Krummendeich vor seiner Selbstständigkeit noch eine zu Freiburg gehörige Kapellengemeinde war.[1712]

c) Das Pfarrertestament in Nordwestdeutschland

Eine besondere Verbreitung fand das kanonische Testament „in den friesisch-niedersächsischen Gegenden."[1713] Nach dem Hadeler Landrecht war es möglich, ein Testament vor dem Pastor oder Prediger und zwei Zeugen zu errichten.[1714]

1701 *Jansen*, S. 156.

1702 Vgl. *Stobbe*, Handbuch V, S. 229, m.w.N. ebda. in Anm. 16.

1703 Vgl. *Roth*, Pfarrertestament, S. 210 Anm. 8.

1704 Vgl. a.a.O., S. 210 f.

1705 Vgl. *Coing*, S. 571 f.; vgl. *Jansen*, S. 153.

1706 *Thomas*, S. 77 f.

1707 *Roth*, Pfarrertestament, S. 209.

1708 *Thomas*, S. 74.

1709 A.a.O., S. 73.

1710 Ebda.; *Roth*, Pfarrertestament, S. 211.

1711 Eine Zulassung von Kaplänen gab es in Bamberg, vgl. *Roth*, Pfarrertestament, S. 211 f.; zum Gegenteil vgl. *Schmelzeisen*, S. 168, m.w.N.

1712 Vgl. *Poppe*, S. 18.

1713 *Dettmer*, S. 239; als Ursache dafür wurde ein Beschluss der Bremer Synode von 1266 angeführt. Mit diesem wurden Bestimmungen für ungültig erklärt, die Testamentserrichtungen nur vor Ratspersonen und Laien ermöglichten, vgl. ebda, Anm. 305; vgl. *Stobbe*, Handbuch V, S. 212 Anm. 22.

1714 HadelerLR III,7: „*Nachdem einem jedern frey stehet, seinen letzten Willen Testaments weise zu bezeugen* […] *sollen hinferner die Testament von den Pastoren*

Dies war bis zum Ende des 19. Jahrhunderts in voller Geltung[1715] und wurde auch noch rege praktiziert;[1716] der Pastor sandte die aufgenommenem Testamente sofort dem Amtsgericht zu.[1717] In Dithmarschen musste ein Testator seinen *Karckheern* (Kirchherrn) zu sich fordern, zusammen mit zwei oder drei Zeugen.[1718] Diese Regelungen waren noch im 19. Jahrhundert als geltend anerkannt.[1719] Für Schleswig wurde das kanonische Testament wohl 1786 und 1854 durch landesherrliche Verordnungen einheitlich eingeführt.[1720] Im Wurster Landrecht konnte das Testament alternativ vor einem Notar oder dem Pastor und vier Zeugen errichtet werden.[1721] Am Ende des 19. Jahrhunderts war dies nicht mehr in Gebrauch.[1722] Für die zweite Hälfte des 17. Jahrhunderts lässt sich dies dagegen durch Archivalien belegen.[1723] Vier Zeugen neben dem Pfarrer

---

und Predigern in zweyer ehrlicher Gezeugen gegenwarth verfertiget und gemacht werden.“

1715 *Thomas*, S. 44.

1716 A.a.O., S. 55 f. Anm. 22; bspw. berichtet der Generalsuperintendent i.R. *Rudolf Steinmetz* im Jahr 1938, zu Beginn seiner Amtszeit sei es noch möglich gewesen, solche Testamente zu errichten. Entsprechende Vorlagen und Akten fanden sich in der Pfarrregistratur und er selbst habe auch ein solches Testament auf dem Sterbebett aufgenommen, vgl. *Steinmetz*, S. 114.

1717 *Thomas*, S. 55 f. Anm. 22.

1718 Vgl. DithmLR Art. 26 § 1: „*Dat dejennige / de dat Testamente maken wil / he sy kranck edder gesund / tho sick fordere synen Karckheern mit tween effte dreen Tügen / dat frahme und besehtene Lüde syn / de alse haven geschreven / binnen Gerichtes tügen mögen und könen*“; vgl. EiderstedtLR II,8.

1719 Vgl. *Paulsen*, S. 359 f.

1720 Vgl. *Thomas*, S. 50 f.

1721 Vgl. WursterLR Art. XV: „*Aber dasselbe Testament soll im Krancken-Bette in Gegenwarth des Pastorn oder eines Notarii zusamt vier ehrlicher Zeugen wiederhohlet, bestätiget und bekräfftiget,* […] *verschlossen und biß zu gebührlicher Eröffnung hinterleget werden.*“

1722 *Thomas*, S. 45.

1723 NLA ST, Rep. 28 Nr. 2028 enthält einen Tribunalsprozess aus dem Land Wursten. In diesem finden sich Bestätigungen von Pastoren über den Gebrauch (Bl. 25 f.) und auch zwei Beispiele (Bl. 6, 27). In einem dieser Testamente (Bl. 27), das am 20. Februar 1678 von dem Pastor zu Dorum bescheinigt wurde, heißt es: „*Im Nahmen der Heyligen Drey-Einigkeit Amen. Zu wißen Sey Himit daß Heüte* […] *Die viel Ehr undt tugentsahme Frauw Hille Eybe Johan Nöykes durch wurdigen gebrauch des Heyl. Abendmahls mit dem lieben Gott versöhnet zuvor aber Ihren letzten willen Durch mich Ents bemelten Pastoren der gemeine und Kirchspiils Dorumb verzeichnen laßen, Hille Eibe Johan Nöykes legiret und vermachet Ihrem lieben Ehe Mann Eibe Johan Nöykes nach ihren todlichen Abgang alle ihre Verlaßenschafft in und außer

waren ebenfalls in den Gegenden Hollerland und Neuenkirchen bei Bremen[1724] und in Butjadigen erforderlich, wobei dort statt des Pastors alternativ auch andere öffentliche Amtspersonen hinzugezogen werden konnten.[1725] In den vier Osterstader Landrechten genügten dagegen zwei oder drei Zeugen alleine bereits. Die Anwesenheit eines Pfarrers wird nicht mehr genannt.[1726]

d) Das Pfarrertestament in Kehdingen

Eine Authentizität von Tit. XIV § 1 kann daher bereits wegen der allgemeinen regionalen Verbreitung nicht bezweifelt werden. Daneben sprechen noch andere Gründe dafür.

aa) Einordnung

Das Schrifttum des 19. Jahrhunderts stufte kanonische Testamente überwiegend als eine öffentliche Form ein:[1727] „Der Pfarrer tritt nicht auf als gewöhnlicher Solemnitätszeuge, sondern als Amtsperson."[1728] Auch Roth vertrat diese Ansicht,[1729] denn mancherorts könne der Pfarrer durch mehrere Zeugen ersetzt, andernorts sogar gänzlich weggelassen werden.[1730] In diesem Zusammenhang bezieht er sich explizit auf Tit. XIV des Kehdinger Landrechts: „Daraus läßt sich mit Bestimmtheit entnehmen, daß bei dieser Testamentsform der Pfarrer als in der Funktion einer mit öffentlichem Glauben ausgestatteten Urkundsperson stehend angesehen wurde, der sich bei Ausübung seiner Funktion mehrerer Zeugen zu bedienen habe."[1731] Auch die Alternativität des Pastors zum Notar in

---

halb Dorumbs, bewegliche und unbewegliche güter Erbeigenthumblich zu Ewigen Tagen sein belieben nach damit zuschalten."

1724 *Dettmer*, S. 239 Anm. 305; vgl. *Stobbe*, Handbuch V, S. 212 Anm. 22.

1725 Vgl. ButjadLR Art. 32: „*DAmit aber dasselbige beständig sey / soll eines jedern letzter Wille entweder vor Gericht / oder vor dem Pastorn oder Vogt des Orts / oder für einer anderen Ambtsperson und zum wenigsten mit zuziehung dreyer untadelhaften von dem Testatore expresse darzu geforderter Männglichen Gezeugen.*"

1726 Vgl. Art. 2 § 1 jeweils in: OsterstadeLR-NL, OsterstadeLR-RF, OsterstadeLR-OS, OsterstadeLR-BR.

1727 Vgl. *Thomas*, S. 71; vgl. *Stobbe*, Handbuch V, S. 229; vgl. *Glück*, Pandekten 34.1, S. 180.

1728 *Thomas*, S. 72; für eine ausdrückliche Gleichstellung von Amtmännern, Notaren und örtlichen Predigern als öffentlichen Personen, vgl. *Paulsen*, S. 361 f.; demgegenüber betrachtete *Windscheid* es als eine dritte Form neben privaten und öffentlichen Testamenten, vgl. *Windscheid*, Lehrbuch III, S. 34.

1729 Vgl. *Roth*, Pfarrertestament, S. 218 ff.

1730 A.a.O., S. 220 f.

1731 A.a.O., S. 221.

Wursten oder zu Amtspersonen in Butjadingen spricht für eine Einordnung als öffentliches Testament,[1732] zumal die Kanzeln im Erzstift ja als Hilfsorgane der landesherrlichen Verwaltung fungierten[1733] und dies in schwedischer Zeit blieben.[1734]

bb) Lokale Modifikation

Eine definitive Besonderheit in Tit. XIV § 1 ist aber die ausdrückliche Feststellung, dass es weiterer Zeugen nicht bedürfe. Dies steht in eklatantem Widerspruch zu den kanonischen Regeln und den benachbarten Partikularrechten.

Es ist daher nicht verwunderlich, dass Friedrich E. Pufendorf eine entsprechende Bemerkung macht und angibt, mangels Berichten über solche Einzelzeugnisse nicht zu wissen, ob dies noch im Gebrauch gehalten werde.[1735] Für die frühere Zeit steht diese Singularität einer Authentizität allerdings nicht per se entgegen. Gerade weil der Pastor eben als öffentliche Urkundsperson auftrat, war er mit einer besonderen Glaubwürdigkeit ausgestattet. Schließlich wird auch davon ausgegangen, dass das Kanzleiwesen norddeutscher Landesgemeinden in seinem Anfang durch den lokalen Klerus ausgeübt wurde.[1736] Hinzu mag kommen, dass kanonische Testamente mitunter als eine Form des privilegierten *testamentum ruri conditum* angesehen wurden;[1737] in den dünn besiedelten Gebieten wird der Pfarrer bei akuten Notfällen meist die einzige schnell erreichbare Person des öffentlichen Lebens gewesen sein.[1738]

Zuletzt sind das Testament *ad pias causas* und das Testament vor dem Pfarrer – jedenfalls bei einer tatsächlichen Errichtung auf dem Sterbebett – in der

---

1732 Eine Argumentation mit ButjadLR Art. 32 auch bei *Thomas*, S. 72 Anm. 4.

1733 *Schleif*, S. 67.

1734 *Fiedler*, Verwaltung, S. 174.

1735 Vgl. *Pufendorf*, Observationes I, App., S. 152 Anm.: „*Hoc plane singulare est. Neque enim Jure Canonico solius parochi praesentia sufficit. Et jure provinciali Hadelensi P. 3. tit. 8. simul cum parocho duo testes, jure autem provinciali Wursatico tit. 3. §. 2 quatuor requiruntur. Sed neque ad solam rei gestae veritatem unius parochi testimonium admitti potest. Nescio igitur, an hoc usu custodiatur.*“

1736 Vgl. *Stoob*, S. 160.

1737 Vgl. *Thomas*, S. 49, 74, 77 Anm. 8; vgl. *Jansen*, S. 158; vgl. auch *Paulsen*, S. 362, wonach man in Schleswig nach Patent vom 15. April 1786 „vor zwei zeugnisfähigen Männern und […] auf dem Lande dem Prediger des Orts seinen letzten Willen errichten“ kann.

1738 Aus diesen Gründen wurde es auch 1817 für die Ostfriesischen Inseln per Gesetz wieder neu eingeführt, ebenso 1811 in Vorpommern und Rügen, vgl. *Thomas*, S. 43 f., 49 f.

Praxis vermutlich zu einer untrennbaren Einheit verschmolzen worden. Die Formerleichterungen zugunsten der *piae causae* wären dann auf das Pfarrertestament durchgeschlagen.[1739] Angesichts der Vielfalt und praktischen Akzeptanz des *Usus modernus* für lokale Formen wäre das aber weder ungewöhnlich noch schädlich gewesen. In diesem Gesamtzusammenhang ist auch bei dieser lokalen Besonderheit eine Authentizität durchaus möglich.

D. Lückenhaftigkeit der Regelung

Auffällig an Tit. XIV ist aber, dass das Landrecht auch bei einer so wichtigen Rechtsmaterie wie dem Testament nur eine rudimentäre Regelung trifft. Es fehlen bedeutsame Aspekte wie beispielsweise die Testierfähigkeit und die Testierfreiheit.

I. Die Testierfähigkeit

Die Testierfähigkeit (*testamenti factio*) als besondere Form der Geschäftsfähigkeit[1740] hatten im gemeinen Recht „grundsätzlich alle Menschen."[1741] Gesetzliche Ausschlussgründe waren natürlich Altersgrenzen und Geisteskrankheit, aber auch bekannte Verschwendungssucht oder bestimmte Straftaten (v.a. Wucher).[1742] Benachbarte Landrechte beschäftigten sich mit der Frage, welche Personen testieren können.[1743] Im Kehdinger Landrecht wird hierzu dagegen kein Wort verloren.

II. Die Testierfreiheit

Eine weitere Frage ist, wie weit die Grenzen der Testierfreiheit gingen. Diese war ein Grundprinzip der gemeinrechtlichen Doktrin[1744] und besagt, dass der Erblasser nach seinem eigenen Belieben im Stande ist, „über sein Vermögen

---

1739 Im Gegensatz dazu genügte nach CMBC 3,4,5 das Zeugnis des Pfarrers nicht einmal, um das Vorhandensein der *solemnia interna* nachzuweisen; mitunter kam es sogar vor, dass Geistlichen die Zeugnisfähigkeit generell abgesprochen wurde, vgl. *Schmelzeisen*, S. 168.

1740 Vgl. *Kaser/Knütel/Lohsse*, S. 405; vgl. *Ogris*, Art. Testament, in: HRG V (1998), Sp. 160.

1741 *Coing*, S. 565.

1742 Vgl. a.a.O., S. 565 f.; vgl. *Kaser/Knütel/Lohsse*, S. 405; für die antiken Wurzeln vgl. Inst. 2,12.

1743 Vgl. HadelerLR III,10; DithmLR Art. 28; EiderstedtLR II,10; AltesL-Ref, Van Testamenten („*by gesunden Live*"); vgl. WursterLR Art. XV.

1744 *Coing*, S. 566.

[…] von Todes wegen zu disponieren.“[1745] Diese Freiheit war aber schon im römischen Recht begrenzt[1746] und blieb es auch in der Frühen Neuzeit.[1747]

1. Beschränkungen durch Verfügungsverbote

Das Landrecht sagt hierzu nichts, aber man muss annehmen, dass der Erblasser jedenfalls nicht über jene Güter testieren konnte, die durch das Retraktrecht nach den Tit. XX, XXI geschützt waren. Denn während des *Usus modernus* stieß die Testierfreiheit beim Retraktrecht der Verwandten generell an eine Grenze.[1748] Die Verfügungsfreiheit über Liegenschaften wurde, wie oben gesagt, in der Regel ja zugunsten „der erbberechtigten Verwandten […] eingeschränkt oder auch von obrigkeitlicher Zustimmung abhängig gemacht.“[1749] Dementsprechend waren solche Beschränkungen in den benachbarten Landschaften schon sprichwörtlich: *Von Erbgütern mag niemand in seinem Testament etwas vergeben, er habe Kinder oder nicht.* Verfügungsverbote mit dahingehendem Wortlaut gab es in Hadeln,[1750] dem Alten Land[1751] und Dithmarschen.[1752] Eine inhaltlich entsprechende Regelung findet sich zudem für Butjadingen.[1753] Dies wird in Kehdingen nicht anders gehandhabt worden sein. Schließlich stellt ja auch Tit. XII klar, dass jemand Schenkungen „*ohne Vorwissen seiner nechsten Freunde und Blutsverwandten*“[1754] nur vornehmen könne, wenn es sich um bewegliche Güter handelt.

1745 *Ogris*, Art. Testament, in: HRG V (1998), Sp. 157; vgl. *Eisenhardt*, Rn. 339.

1746 *Hagemann*, Art. Erbrecht, in: HRG I (2008), Sp. 1378 f.

1747 So gab es mitunter Beschränkungen auf einen Teil des Vermögens oder das Erfordernis einer obrigkeitlichen Bestätigung, vgl. *Schmelzeisen*, S. 158 f.

1748 Vgl. *Wieacker*, S. 233; vgl. *Ogris*, Art. Testament, in: HRG V (1998), Sp. 155.

1749 *Schmelzeisen*, S. 17.

1750 Vgl. HadelerLR III,8: „*Von Erb-Güther mag niemandt etwas in seinem Testament vergeben, insonderheit fremden, er habe Kinder oder nicht, ohne Vorwissen und Bewilligung der rechten Erben.*“

1751 Vgl. AltesL-Ref, Van Testamenten: „*Von Erffgudern mag nemandt in sinem Testamente ichtewaß vorgeven, he hebbe Kinder oder nicht, wat avers ys sin wolgewunnen gudt, darvan mag he* […] *geven, wat ehme gelevet.*“

1752 Vgl. DithmLR Art. 27 vor § 1: „*Van Erffgüdern mach nemand in synem Testamente ichtswat vergeven / he hebbe Kinder edder nicht*“; vgl. EiderstedtLR II,9.

1753 Vgl. ButjadLR Art. 34: „*NIemand hat Macht / durch Testament oder in andere Wege / Erb- und StammGüter* […] *dem nechsten Erben oder Anverwandten* […] *zum verfang / ausser ihr verschulden / zuvermachen / zuverschenken / und also dem rechten Erben aus den Händen zubringen.*“

1754 KehdLR Tit. XII.

2. Änderungsmöglichkeit einmal errichteter Testamente

Zur Testierfreiheit gehört schließlich auch die schon im römischen Recht vorhandene Möglichkeit,[1755] ein einmal errichtetes Testament zu ändern oder zu widerrufen.[1756] In manchen Landrechten findet sich eine Formel, wonach es einem jeden frei stünde, *seinen letzten Willen und Testament für seinen tödlichen Abgang zu verändern.*[1757] Im Gegensatz dazu findet sich auch hierzu im Kehdinger Landrecht nichts.

E. Zusammenfassung

Mit dem notariellen Zeugentestament und Verfügungen *ad pias causas* erkannte das Kehdinger Landrecht zentrale Elemente der gemeinrechtlichen Testamentslehre an. Diesbezüglich kann eine Authentizität nicht bezweifelt werden. Dasselbe gilt im Prinzip für die auf das kanonische Vorbild zurückgehende Errichtung vor dem Pastor, war diese doch in der Region als öffentliches Testament allgemein verbreitet und konnte sich stellenweise bis zum Ende des 19. Jahrhunderts halten. Die lokale Besonderheit des Verzichts auf weitere Zeugen lässt sich u.a. aus der Natur als öffentliches Testament und einer Verschmelzung mit dem formlosen *testamentum ad pias causas* erklären. Es kann sich durchaus um einen authentischen Gebrauch gehandelt haben. Insgesamt zeigt sich in diesem Bereich also ein vielfältiges Nebeneinander von römischen und kanonischen Formen sowie lokalen Besonderheiten, wie es für den *Usus modernus* geradezu typisch war.

2. Unterabschnitt – Intestaterbfolge (Tit. XV–XVII)

Die Testierfreiheit ist eines von zwei Grundprinzipien des Erbrechts. Das andere ist die Erbfolge der Familienangehörigen. Sie „entspricht dem in der Rechtstradition und der allgemeinen Rechtsüberzeugung verankerten sittlichen Prinzip, dass die nächsten Angehörigen und der Ehegatte des Erblassers zur Rechtsnachfolge bestimmt sind."[1758] Der Sinn dieses Prinzips war es, die Existenzgrundlage der Angehörigen des Erblassers zu sichern, die in der Regel in dem weitergegebenen Familienvermögen bestand.[1759] So entsprang

---

1755 *Ogris*, Art. Testament, in: HRG V (1998), Sp. 161; vgl. *Coing*, S. 570; vgl. *Kaser/Knütel/Lohsse*, S. 406 f.; vgl. Inst. 2,17.

1756 *Coing*, S. 566.

1757 Vgl. HadelerLR III,9; vgl. DithmLR Art. 29 vor § 1; vgl. EiderstLR II,11.

1758 Herresthal/Kaiser/Stoffels-*Meyer-Pritzl*, Rn. W-2.

1759 Ebda.

der Familienbindung des Vermögens ein an der Blutsverwandtschaft ausgerichtetes Erbrecht;[1760] einer der wichtigsten Bereiche des mittelalterlichen Rechtslebens.[1761]

Diese gesetzliche Erbfolge aufgrund der Blutsverwandtschaft (*cognatio*) wird als Intestaterbfolge bezeichnet,[1762] weil sie nur bei Abwesenheit eines Testaments zum Tragen kommt.[1763] Im Kehdinger Landrecht wird dieser Komplex in einer Reihe von Titeln geregelt. Es findet sich hier vor Tit. XV die Zwischenüberschrift „*Von Erbfällen / in Niedersteigender-, Auffsteigender- und Seitlicher Linien*",[1764] die beinahe wortgleich im Hadeler Landrecht vorhanden ist.[1765] Dies ist die einzige übergeordnete Binnengliederung des Landrechts. Sie bezieht die Tit. XV, XVI und XVII ein.

A. Allgemeine dogmatische Konfliktstellungen im Erbrecht

Mit der Rezeption wurde von der Gemeinrechtswissenschaft auch die römische Intestaterbfolge aufgenommen, die so Eingang in die Partikularrechte und frühneuzeitlichen Kodifikationen fand.[1766]

I. Die allgemeinen Traditionen der Intestaterbfolge

Dabei ist die Verwandtenerbfolge des römischen Rechts besonders durch das justinianische Novellenrecht entscheidend verändert worden.[1767] Maßgeblich waren hier die 127. und ganz besonders die 118. Novelle.[1768] Daher hat die spätantike Gesetzgebung in der Gemeinrechtswissenschaft eine besondere Beachtung erfahren. Deren Unterschiede zum klassischen Recht bereiteten den Dogmatikern bereits im Mittelalter und später noch im *Usus modernus* methodische Probleme, denn es „war auch aus dem Wortlaut der Novellen selbst das Verhältnis zu den früheren Regelungen oft nicht sicher zu entnehmen."[1769]

1760 *Kocher*, Landrecht, S. 67.
1761 *Kümper*, S. 511.
1762 Vgl. *Kaser/Knütel/Lohsse*, S. 388.
1763 Vgl. *Lipp*, Art. Intestaterbfolge, in: HRG II (2012), Sp. 1283 f.; vgl. *Kaser/Knütel/Lohsse*, S. 388; vgl. *Windscheid*, Lehrbuch III, S. 118.
1764 KehdLR vor Tit. XV.
1765 Vgl. HadelerLR III,13; vgl. die Synopse im Anhang Q2.
1766 *Lipp*, Art. Intestaterbfolge, in: HRG II (2012), Sp. 1283 f.
1767 *Kaser/Knütel/Lohsse*, S. 396; vgl. *Coing*, S. 559, 602; vgl. *Kogler*, S. 170.
1768 *Kaser/Knütel/Lohsse*, S. 396; vgl. *Hagemann*, Art. Erbrecht, in: HRG I (2008), Sp. 1379 f.; vgl. *Coing*, S. 559, 602.
1769 *Coing*, S. 559.

Das entscheidende Kriterium der justinianischen Erbfolge war die Blutsverwandtschaft. Das Geschlecht spielte anders als vorher keine Rolle mehr, Frauen und Männer erbten gleichberechtigt.[1770] Die Rangfolge bestimmte sich nach vier Klassen. Die erste Klasse wurde durch die Nachkommen des Erblassers gebildet, die zweite durch seine Eltern und vollbürtigen Geschwister. In der dritten Klasse standen die Halbgeschwister und deren Kinder. Die vierte Klasse setzte sich aus allen sonstigen Seitenverwandten zusammen.[1771] Diese Erbfolgeordnung ist später allgemein rezipiert worden.[1772]

Dem sächsischen Landrecht lag hingegen das sogenannte *Gradualprinzip* zugrunde, wonach die verwandtschaftliche Nähe zum Erblasser das entscheidende Kriterium war.[1773] Sie berechnete sich im Sachsenspiegel über ein Gleichnis: „Dort wurden die einzelnen Mitglieder einer Sippe bildlich dem menschlichen Körper vom Haupt über den Hals, die Schulter, den Ellenbogen und das Handgelenk bis zum Fingernagel zugeordnet."[1774] In alledem zeigt sich deutlich, dass die Familie „als eine naturgegebene Institution verstanden" wurde.[1775] Jene, die bei dieser Berechnung an gleicher Stelle standen, teilten auch das Erbe gleich.[1776] Sprichwörtlich galt der „Grundsatz ‚je näher dem Sipp, je näher dem Erbe'."[1777] Dieses Prinzip wird im Kehdinger Landrecht ganz ausdrücklich negiert. So heißt es in Tit. XVII § 1, dass die Seitenverwandten das Erbe auch dann gleichberechtigt teilen, wenn *„Sie in ungleichem Grad seyn / und sich gleiche nahe zu der Sippe nicht ziehen noch berechnen können."*[1778] Zu dieser Feststellung wird man nicht veranlasst gewesen sein, wenn das sächsische Gradualprinzip nicht vormalig maßgeblich gewesen wäre.

II. Der Gegensatz von Gesamt- und Sonderrechtsnachfolge

Das Nebeneinander der verschiedenen Rechtstraditionen war auch aus weiteren fundamentalen Gründen mit erheblichen Schwierigkeiten behaftet: Der gedankliche Ausgangspunkt des *Ius commune* war im Erbrecht die Lehre von

---

1770 *Lipp*, Art. Intestaterbfolge, in: HRG II (2012), Sp. 1283.
1771 Ebda.; vgl. *Kaser/Knütel/Lohsse*, S. 396 f.
1772 *Wieacker*, S. 233.
1773 *Lipp*, Art. Erbfolgeordnung, in: HRG I (2008), Sp. 1362.
1774 Herresthal/Kaiser/Stoffels-*Meyer-Pritzl*, Rn. W-13.
1775 Ebda.
1776 Vgl. ebda.; vgl. Ssp. LdR I 3 § 3.
1777 *Mertens*, in: ZRG GA 133 (2016), S. 182.
1778 KehdLR Tit. XVII § 1.

der Universalsukzession.[1779] Im Kern bedeutet dies, dass eine Aufgliederung des Nachlasses in verschiedene Gütermassen ausgeschlossen war;[1780] denn „da alle Teile des zu vererbenden Vermögens ihren Grund in der gemeinsamen Beziehung zum Verstorbenen haben, muss das Vermögen als Einheit behandelt werden."[1781] Deshalb geht der Nachlass ungeteilt auf den Erben als Gesamtnachfolger über.[1782]

Der Sachsenspiegel war geradezu entgegengesetzt, denn ihm wohnte eine Regelungsidee inne, „wonach verschiedene Vermögensteile unterschiedlichen Regeln folgen."[1783] Diese Sondervermögen waren von vornherein aus der Erbmasse auszugliedern.[1784] Zu dem unter den Erben aufzuteilenden Nachlass gehörte danach nur das, „was nicht ausdrücklich aus ihm ausgegrenzt, zur Vorwegentnahme bestimmt oder einer Sondererbfolge unterworfen ist."[1785]

Diese diametralen Ausgangspunkte von römisch-rechtlicher Universalsukzession einerseits und sächsisch-rechtlicher Sonderrechtsnachfolge andererseits ließen sich lange nicht zusammenführen.[1786] „Noch im 18. Jahrhundert war dem Erbrecht der deutschen Staaten die Gesamtrechtsnachfolge [...] in den ungeteilten Nachlass völlig fremd. Es wurden vielmehr verschiedene Vermögensmassen gebildet: Grundeigentum folgte anderen Regeln als bewegliches Vermögen, Stammgut anderen als Errungenschaftsgut."[1787] Vor diesem Hintergrund blieb die ungeteilte Gesamtrechtsnachfolge in der Rechtslehre bis in das 19. Jahrhundert hinein ein dogmatischer Streitpunkt; und auch noch „heute dürfte das Prinzip der Universalsukzession zu den erbrechtlichen Grundsätzen gehören, die mit den Vorstellungen in weiten Kreisen der Bevölkerung kaum vereinbar sind."[1788]

Auch sonst ist die Intestaterbfolge des *Ius commue* fast nirgends unverändert zur Geltung gelangt. Anders als im Bereich des Ehegüterrechts ist aber kein einheitlich vorherrschendes einheimisches System erkennbar, welches die römischen Regelungen relativ flächendeckend verdrängt hat.[1789] Die

---

1779 *Coing*, S. 562.

1780 *Eisenhardt*, Rn. 339.

1781 Herresthal/Kaiser/Stoffels-*Meyer-Pritzl*, Rn. W-13.

1782 *Windscheid*, Lehrbuch III, S. 2 f.

1783 *Armbrüster*, in: JuS 2006, S. 1118.

1784 *Kümper*, S. 512.

1785 *Armbrüster*, in: JuS 2006, S. 1118.

1786 *Wieacker*, S. 233.

1787 *Armbrüster*, in: JuS 2006, S. 1118.

1788 Herresthal/Kaiser/Stoffels-*Meyer-Pritzl*, Rn. W-14.

1789 *Coing*, S. 607 f.

Partikularrechte unterschieden sich in diesem Bereich mitunter stark voneinander,[1790] wenn es auch einige sehr häufig zu beobachtende Abweichungen vom gemeinen Recht gab.[1791]

B. Erbfolge in niedersteigender Linie (Tit. XV)

Vor diesem allgemeinen Hintergrund behandelt Tit. XV des Kehdinger Landrechts die „*Erbnehmung in linea descendente (in niedersteigender Linie).*"[1792] Es geht also um die Erbfolge direkter Nachkommen.

I. Das Kehdinger Landrecht und das ius repraesentationis

Allerdings finden sich hier keine allgemeinen Regelungen darüber, wie die Erbmasse zu verteilen ist. Vielmehr beschränkt sich die Norm auf eine Spezialfrage, nämlich die Einführung des sogenannten *ius repraesentationis.*

Zunächst thematisiert Tit. XV § 1 nur, inwiefern Enkel ihre Großeltern beerben können, wenn ihre Eltern bereits vorher verstorben sind. In Bezugnahme auf das alte Landrecht heißt es nun, es wären die Enkel in solchen Fällen „*von alters hero* [...] *von ihres Großvatern und Großmutter Erbschafft ausgeschlossen worden.*"[1793] Demnach hatten dann nur noch die lebenden Kinder des Erblassers geerbt, die Nachkommen bereits vorverstorbener Kinder hatten dagegen nichts mehr erhalten.

Das Landrecht hält nun aber fest, diese Gewohnheit wäre „*dem juri repraesentationis (dem Rechte / daß die Kinder in ihrer verstorbenen Eltern stete treten) gar zuwider*" gewesen.[1794] Darauf gestützte Urteile seien deshalb auch wiederholt in zweiter Instanz aufgehoben worden; solche Verfahren sollten für die Zukunft vermieden werden.[1795] Deshalb wurde „*durch einhellige Bewilligung der sämbtlichen Eingesessenen des Landes zu Kedingen beschlossen / daß sothaner alter Gebrauch soll hinfürter nicht mehr gelten; sondern auffgehoben seyn.*"[1796] Es erging also ein Beschluss der Landesversammlung, wonach die Enkel nunmehr ihre Großeltern gemeinsam mit den Geschwistern ihrer Eltern nach

1790 *Oestmann*, Gemeines Recht, S. 13.

1791 Vgl. *Coing*, S. 608 f.

1792 KehdLR Tit. XV.

1793 KehdLR Tit. XV § 1.

1794 KehdLR Tit. XV § 1.

1795 Vgl. KehdLR Tit. XV § 1: „*In judicio appellatorio dagegen erkand ist. Damit dan[n] die Parteyen in keine unnötige appellation möchten hinfürter geführet werden.*"

1796 KehdLR Tit. XV § 1.

dem Stamm beerben würden.[1797] Das bedeutet, dass die Kinder an die Stelle ihrer verstorbenen Eltern in die Erbfolge eintreten und „*so viel erben / als ihr Vater und Mutter / wan[n] sie im Leben gewesen / genommen hetten.*“[1798] Dabei ist besonders auffällig, dass der Wortlaut zu den entsprechenden Regelungen des Hadeler Landrechts so ähnlich ist, dass dieses dem Kehdinger Landrecht entweder als Vorlage gedient oder aber wenigstens eine gemeinsame Quelle zugrunde gelegen haben muss.[1799] Letzten Endes aber sind diese Regelungen – auch im Wortlaut – dem spätrömischen Novellenrecht nachgebildet.[1800]

1. Die Lehre des ius repraesentationis

Das Landrecht sagt ausdrücklich, der frühere Rechtszustand sei dem *ius repraesentationis* zuwider gewesen. Mit diesem Begriff ist eine im Mittelalter formulierte und zentrale gemeinrechtliche Lehre verknüpft, „um die Erbfolge nach Stämmen zu erfassen. Sie besagt, daß da, wo eine *successio* nach *stirpes* vorgesehen ist, die Einrückenden, z.B. die Kinder eines vorverstorbenen Sohnes, diesen ‚repräsentieren‘.“[1801] Es handelt sich hierbei eben um Gedanken des justinianischen Erbrechts.[1802] Heute spricht man in diesem Zusammenhang hingegen von einem *Eintrittsrecht* und bezeichnet damit „das Aufrücken von Enkeln in die gesetzliche Erbfolge […], wenn die erste Generation Abkömmlinge (Deszendenten) nicht mehr vollzählig im Leben ist.“[1803] Unter dem Begriff des *Repräsentationsprinzips* versteht man heute stattdessen, dass ein Verwandter innerhalb der Parentel seine eigenen Nachkommen von der Erbfolge ausschließt.[1804]

Wegen dieses unterschiedlichen Begriffsverständnisses ist die gemeinrechtliche Formel vom *ius repraesentationis* aus heutiger Sicht dazu geeignet, Missverständnisse hervorzurufen.[1805] Man meinte schließlich gewissermaßen

---

1797 Vgl. KehdLR Tit. XV § 1.

1798 KehdLR Tit. XV § 1.

1799 Vgl. die Synopse im Anhang Q2.

1800 Vgl. Nov. 118,1: „*Sic tamen ut si quem horum descendentium filios relinquentem mori contigerit, illius filios aut filias aut alios descendentes in proprii parentis loco succedere,* […] *tantam de hereditate morientis accipientes partem, quanticumque sint, quantam eorum parens si viveret habuisset.*“

1801 *Coing*, S. 603; Hervorh. wie Orig.

1802 Vgl. *Lipp*, Art. Intestaterbfolge, in: HRG II (2012), Sp. 1283.

1803 *Becker*, Art. Eintrittsrecht, in: HRG I (2008), S. 1305.

1804 Herresthal/Kaiser/Stoffels-*Meyer-Pritzl*, Rn. W-20.

1805 Vgl. *Mertens*, in: ZRG GA 133 (2016), S. 148 Anm. 1.

umgekehrt, dass die vorverstorbenen Eltern in der Erbfolge durch ihre Kinder repräsentiert werden.[1806] Eine solche Repräsentation kam „in erster Linie bei der ersten Erbenklasse, also den Deszendenten, in Betracht, bei den Seitenverwandten insofern, als Kinder von vorverstorbenen Geschwistern des Erblassers u.U. an deren Stelle treten."[1807] Die maßgeblichen Bezugspunkte sind die Kapitel 1 und 3 der 118. Novelle.[1808]

Die frühmittelalterlichen Stammesrechte standen dem Eintrittsrecht dagegen ablehnend gegenüber.[1809] Auch den mittelalterlichen Gewohnheitsrechten im deutschsprachigen Raum „war ein Eintrittsrecht ursprünglich fremd. Vielmehr galt hier der Grundsatz ‚der Nähere im Blut, ist auch der Nähere im Gut'. So wurden Enkel des Erblassers (von vorverstorbenen Kindern) durch lebende Kinder, und Geschwisterkinder durch Geschwister von der Erbschaft ausgeschlossen. Für den vorzeitigen Tod ihrer Eltern wurden die Kinder also noch mit dem Verlust des Erbrechtes bestraft."[1810] Im Mittelalter findet sich dann aber im Sachsenspiegel ein Eintrittsrecht der Enkel;[1811] allerdings gilt dies „nur zu Gunsten der nicht abgeschichteten Sohnessöhne und schließt die Tochterkinder ausdrücklich aus."[1812]

2. Die Einführung durch die Reichsgesetzgebung

In der Frühen Neuzeit erfuhr das Eintrittsrecht von Enkeln und Geschwisterkindern dann eine intensive Beförderung durch die Gesetzgebung der Reichstage unter den Kaisern Maximilian I. und Karl V.[1813] Der Impuls dazu kam vom Reichskammergericht.[1814] Dieses hatte den Reichstag zuvor ersucht, „eine Deklaration zu erlassen, dass künftig in dieser Frage allein nach geschriebenem Recht geurteilt werden solle."[1815] Entgegenstehende lokale Gewohnheiten sollten zugunsten des *Corpus iuris civilis* beseitigt werden.[1816] Infolgedessen

---

1806 Vgl. *Gabriel*, S. 144.
1807 *Coing*, S. 603.
1808 Vgl. *Mertens*, in: ZRG GA 133 (2016), S. 150 Anm. 9; vgl. *Schmelzeisen*, S. 146.
1809 Vgl. *Lipp*, Art. Erbfolgeordnung, in: HRG I (2008), Sp. 1363.
1810 *Kogler*, S. 165.
1811 *Lipp*, Art. Erbfolgeordnung, in: HRG I (2008), Sp. 1363; vgl. *Kocher*, Landrecht, S. 67; vgl. Ssp. LdR I 5 § 1.
1812 *Kogler*, S. 181; vgl. *Mertens*, in: ZRG GA 133 (2016), S. 151.
1813 *Mertens*, in: ZRG GA 133 (2016), S. 147.
1814 A.a.O., S. 150; vgl. *Stobbe*, Rechtsquellen II, S. 203.
1815 *Mertens*, in: ZRG GA 133 (2016), S. 151.
1816 Vgl. ebda.; vgl. *Stobbe*, Rechtsquellen II, S. 203.

fassten mehrere Reichstage verschiedene Beschlüsse, mit denen das Erbrecht der Deszendenten nach Stämmen und das damit verknüpfte Eintrittsrecht der Abkömmlinge gestärkt werden sollten.[1817]

Der erste Reichsabschied in diese Richtung wurde im Jahr 1498 durch den in Freiburg im Breisgau versammelten Reichstag beschlossen. Dieser ließ das Eintrittsrecht für sämtliche Enkelkinder zu,[1818] was auch Eingang in die Reichskammergerichtsordnung von 1500 fand.[1819] Ein Eintrittsrecht für Geschwisterkinder wurde dagegen noch nicht eingeführt.[1820] Damit blieb der Reichstag hinter dem Begehren des Reichskammergerichts zurück, hatte dieses doch ausdrücklich verlangt, dass im Einklang mit der justinianischen Gesetzgebung auch ein Eintrittsrecht für Geschwisterkinder eingeführt würde. Ursächlich für die Zurückhaltung des Reichstages waren vermutlich die Einwände, die von Reichsständen aus dem Geltungsgebiet des Sachsenspiegels vorgebracht wurden.[1821] Denn aus dessen Regelungen ließ sich schließen, dass Geschwisterkindern eben kein Eintrittsrecht zukommen sollte.[1822] Der dogmatische Konflikt, der nun durch Reichsgesetz entschieden wurde, bestand also zwischen dem Parentelsystem mit seiner Erbfolge nach Stämmen einerseits und dem Gradualsystem andererseits, das gradnähere Blutsverwandte bevorzugte.[1823]

1817 *Lipp*, Art. Erbfolgeordnung, in: HRG I (2008), Sp. 1364; vgl. *Coing*, S. 609; vgl. *Schmelzeisen*, S. 146.

1818 *Kogler*, S. 183 f.; vgl. § 37 des Reichsabschieds von 1498, in: NSRA II, S. 46: „*ORdnen, setzen, erklern und wöllen WIr: daß* […] *Enckeln nun hinfüro an jrer Anen verlassen Hab und Güter, mit jrer Vater oder Muter Geschwister, an statt ihrer Vater oder Mutter zu erben, nach laut gemeiner geschribner Keyserlicher Recht, zugelassen werden sollen: Der Gewohnheyt, so an etlichen Orten dawider sein möcht, unangesehen, wann Wir auch dieselben Gewonheyt, als der Miltigkeit, Rechten und Billicheyt widerwertig und ungemeß hiemit, aus Volkomenheyt Unser Macht und rechter Wissen, abthun und vernichtigen; allen und yeden Richtern und Gerichten ernstlich gebietendt, hinfür nit mer nach sollicher Gewonheyt, sonder nach des heyligen Reichs geschriben Rechten in sollichen Fällen zu urteylen und zu richten.*“

1819 *Kogler*, S. 184; vgl. Tit. XIX der RKGO von 1500, in: NSRA II, S. 71.

1820 *Kogler*, S. 183 f.

1821 *Mertens*, in: ZRG GA 133 (2016), S. 151; so hatte Dietrich Wagenknecht, der Gesandte der Reichsstadt Mühlhausen, sich unter Berufung auf die anderslautenden Regelungen des Sachsenspiegels gegen eine solche Regelung gewandt, vgl. ebda.

1822 *Kogler*, S. 181; vgl. Ssp. LdR I 3 § 3.

1823 *Mertens*, in: ZRG GA 133 (2016), S. 148.

Auch der Reichstag zu Worms von 1521 widmete sich wieder „in großer Ausführlichkeit den Erbfolgefragen.“[1824] Zunächst wiederholte er das Eintrittsrecht von Enkelkindern und schärfte den lokalen Obrigkeiten nochmals ein, dieses umzusetzen, weil die Beschlüsse des Reichstages von 1500 weiterhin vielerorts missachtet würden.[1825] Des Weiteren bejahte der Reichstag nun aber auch „das Eintrittsrecht der Geschwisterkinder mit einer Erbfolge nach Stämmen.“[1826] In dem dort gefassten Reichsabschied heißt es, dass wie *„in gemeinen Rechten versehen, wie Brüder oder Schwester Kinder, mit ihres abgestorbenen Vatter oder Mutter Brüder oder Schwester, die andern Abgestorbenen ihres Vaters oder Mutter Brüdern oder Schwestern in Stamtheil erben sollen.“*[1827]

3. Die Einführung des ius repraesentationis im Erzstift Bremen

Die Durchsetzung des Eintrittsrechts von Kindern Vorverstorbener verlief trotz der eindeutigen und wiederholten Reichsgesetzgebung nicht problemlos.[1828] „Hartnäckiger Widerstand kam insbesondere aus den Gebieten sächsischen und lübischen Rechts.“[1829] Dort ergingen noch lange das Eintrittsrecht versagende Urteile, die aber vom Reichskammergericht kassiert wurden.[1830]

Ungeachtet dieser Schwierigkeiten setzten sich die angeordneten Erbfolgeregelungen im Laufe der Zeit aber weitestgehend durch.[1831] Der Einfluss der kaiserlichen Satzungen war so prägend, dass Stryk sie seiner vielbeachteten Abhandlung über die Intestaterbfolge in vollem Wortlaut voranstellte.[1832] Dabei

---

1824 A.a.O., S. 155.

1825 Vgl. § 18 des Reichsabschieds von 1521, in: NSRA II, S. 206: *„Item: als auch hiervor auff dem Reichs-Tag zu Augspurg Anno 1500. geordnet worden, daß die* […] *Enckeln ihren gestorbenen Anherrn oder Anfrauen, mit ihrer vorgestorbenen Vatter und Mutter Geschwisterten in die Stämme erben sollen, und aber solches von etlichen Obrigkeiten ihren Unterthanen noch nicht publicirt, und dieser Satzung nach, zu urtheilen, verkündet worden: Wollen Wir hiemit unserm verordneten Stadthalter und Regiment befohlen haben, daß sie an Unser Statt und Namen verschaffen und gebieten, damit dieser Articul mit angehengter Derogation, wie der in angezeigtem Abschied zu Regenspurg begriffen, nochmals von einer jeden Obrigkeit den Unterthanen verkündet, und dem nachzukommen befohlen werde.“*

1826 *Mertens*, in: ZRG GA 133 (2016), S. 155.

1827 § 19 des Reichsabschieds von 1521, in: NSRA II, S. 206.

1828 Vgl. *Coing*, S. 609.

1829 *Mertens*, in: ZRG GA 133 (2016), S. 182.

1830 Ebda.; für Einzelheiten vgl. ebda. Anm. 125.

1831 A.a.O., S. 187.

1832 A.a.O., S. 181.

ist hervorzuheben, dass die Publikation der Reichsgesetze vor Ort in gesonderter Form geschah, damit diese „in separaten Exemplaren verbreitet werden" konnten.[1833] Manche Landesherren hatten diese Vorschriften in eigene Gesetze übernommen, andernorts wurden sie als Plakatdrucke veröffentlicht oder sonst an die lokale Justiz versandt. Dabei waren diese örtlichen Publikationen aber keinesfalls erforderlich; sollten sie unterbleiben, so wurden sie fingiert und kein Gericht konnte sich auf die Unkenntnis des Reichsrechts berufen.[1834] Ein „eigenständiger Rechtsetzungsakt der Territorialherrscher" war demzufolge streng genommen entbehrlich geworden.[1835]

Solche Reskripte muss es auch im Erzstift Bremen gegeben haben. Jedenfalls ist es archivalisch gesichert, dass die Einführung des *ius repraesentationis* sich dort nicht ohne Weiteres vollzog und landesherrlicher Nachdruck erforderlich war. Aus diesem Grund erließ Erzbischof Johann Friedrich noch am 25. Oktober 1610 ein „*Edictum sive Constitutio, das die Eingeseßenen des Landes zu Wursten, hiernegst in erkandtnueßen der Erbfälle, dem Reichsabscheidt de ao. 1521 und also das jus repraesentationis in acht haben sollen.*"[1836] Der Hintergrund war wohl, dass die erzstiftischen Obergerichte das Eintrittsrecht inzwischen anerkannten, die Wurster Kirchspielsgerichte jedoch weiterhin nach ihrem alten Herkommen judizierten,[1837] obwohl der Wormser Reichstag es fast 90 Jahre zuvor für abgeschafft erklärt hatte. In Kehdingen wird die erzbischöfliche Regierung nicht anders verfahren sein. Die Vorlagen, die Keller bei der Erstellung des Landrechts verwendet hat, dürften also auch auf solche Edikte zurückzuführen sein.

II. Das ius repraesentationis in der Seitenlinie

Der weitere Inhalt von Tit. XV des Landrechts fügt sich nicht in den thematischen Rahmen, der durch die Überschrift eigentlich abgesteckt wird. Denn während es dort und in § 1 um das *ius repraesentationis* der Nachkommen geht, behandeln die §§ 2, 3 die Anwendung dieses Prinzips unter den Geschwistern und deren Nachkommen, d.h. es geht gerade nicht um die Deszendenz des Erblassers.

1833 A.a.O., S. 177.
1834 Vgl. a.a.O., S. 179 f.
1835 A.a.O., S. 180.
1836 NLA ST, Rep. 5b Nr. 3226, Bl. 4v.
1837 *Gabriel*, S. 145.

1. Allgemeine Anwendung des ius repraesentationis

In § 2 wird von einer Konstellation ausgegangen, bei der sowohl lebende Geschwister des Erblassers als auch Kinder bereits vorverstorbener Geschwister vorhanden sind. In solchen Fällen ist der bisherige „*Landes-Gebrauch gehalten worden [...] daß alsdan die im Leben gebliebenen Brüdere und Schwestern der Verstorbenen Kindere zu der Erbschafft nicht gestatten wollen.*“[1838] Die Kinder erbten also nicht anstelle ihrer vorverstorbenen Eltern. Davon ist abgerückt worden. Die Neffen und Nichten des Erblassers teilten sich nun die Erbschaft mit ihren Onkeln und Tanten. Sie erbten so, als wenn ihre Eltern „*noch im Leben wehren / nebenst ihrem Antheil.*“[1839] Erneut wird das justinianische Novellenrecht gespiegelt.[1840] Im Heiligen Römischen Reich war das so begründete Eintrittsrecht der Geschwisterkinder durch den Wormser Reichstag von 1521 eingeführt worden.[1841]

Wie oben bereits gesagt, wurde diese Reform besonders im Land Wursten hartnäckig missachtet. In dem erzbischöflichen Edikt von 1610 heißt es, die lokalen Gerichte hätten das Reichsrecht nicht „*respectiret und in auffacht genommen. Sondern jedesmahl so offt dergleichen newe fälle furgelauffen den brueder und Schwester Kindern das Jus repraesentationis abgeschnitten und entzogen, und dieselben mit ihres verstorbenen Vatter oder Mutter bruederen oder schwestern in die Stam zu erben nicht zugelaßen.*“[1842] In Ansehung solcher Umstände sah sich der Erzbischof als gehorsamer Reichsfürst in der Pflicht, den von seinen Vorgängern respektierten Beschlüssen der Reichstage überall zum Durchbruch zu verhelfen, d.h. entgegenstehende lokale Handhabungen zu unterbinden.[1843]

1838 KehdLR Tit. XV § 2.

1839 KehdLR Tit. XV § 2.

1840 Vgl. Nov. 118,3,pr.: „*Si autem defuncto fratres fuerint et alterius fratris aut sororis praemortuorum filii, vocabuntur ad hereditatem isti cum de patre et matre thiis masculis et feminis, et quanticumque fuerint, tantam ex hereditate portionem percipient, quantam eorum parens futurus esset accipere si superstes esset.*“

1841 Vgl. *Kogler*, S. 184.

1842 NLA ST, Rep. 5b Nr. 3226, Bl. 2r.

1843 Vgl. ebda.: „*Wan unß dan als einen gehorsamen Fürsten und Stand des heiligen Reichs nicht allein alle wege obliegen und gepueren will, uber dem jenigen so in allgemeinen Reichs Versamlung verwilligte, beliebt, und angenommen, fur unser Person steiff und vest zuhalten, In maßen dieselben von unsern loblich vorfharen beliebet und angenommen; Sondern auch das von unseren untergehoringen Ambtleuten und befehlchshabern auff einige wege und mittell, dawieder etwas fürgenommen, verhenkt und gehandlet werde, nicht zugestatten, gestalt solches alles; Inmaßen*

2. Ausnahme vom ius repraesentationis

Im Anschluss an die allgemeine Einführung des Eintrittsrechts wird in Tit. XV § 3 nun noch eine weitere besondere Konstellation geschildert. Wie in Tit. XV § 2 wird der kinderlose Erblasser hier von den Kindern seiner vorverstorbenen Geschwister beerbt. Anders als in § 2 sind hier aber keine lebenden „*Brüdere noch Schwestern mehr verhanden*",[1844] die mit den Kindern ihrer verstorbenen Geschwister konkurrieren könnten. Es geht hier also um eine Erbteilung ausschließlich unter Cousins und Cousinen. In solchen Fällen rückt das Landrecht wieder von der Erbfolge nach Stämmen ab: Zwischen den Kindern der verstorbenen Geschwister „*wird die Erbschafft in capita (nach den Häubtern) und nicht mehr in stirpem (nach dem Stam[m]) geteilet.*"[1845]

Diese Regelung steht in offenem Widerspruch zur Lehre vom *ius repraesentationis*. Gleichwohl fügt sie sich vollständig in die allgemeine rechtshistorische Entwicklung in Deutschland ein. Zugleich gibt das Landrecht hier einen Hinweis auf einen prominenten Dogmenstreit der älteren Gemeinrechtswissenschaft, wonach fraglich war, ob bei einer Erbfolge unter Geschwisterkindern die Nachlassteilung *in capita* oder *in stirpes* stattfinden sollte.[1846] Obwohl es sich um einen dogmatischen Nebenschauplatz handelt, entfaltete sich hier tatsächlich eine Diskussion, die „Jahrhunderte hindurch die Juristen in Atem hielt und in zwei Lager spaltete: Kopfteiler und Stammteiler."[1847]

Bereits zur Zeit der Glossatorenschule hatte Uneinigkeit darüber bestanden, ob in einem Erbfall, bei dem nur Geschwisterkinder berufen sind, die Teilung der Erbschaft „in *stirpes* oder in *capita* eintrete."[1848] Der Gelehrte Accursius vertrat in seiner *Glossa ordinaria* – wie in allen anderen Konstellationen – eine Teilung nach Stämmen,[1849] was dem justinianischen Recht entsprach.[1850] Den gegenteiligen Standpunkt einer Teilung nach Häuptern hatte dagegen Azo eingenommen; worin ihm der bedeutende deutsche Rechtsgelehrte Zasius folgte,

---

daßelbe krafft obangezogener gemeiner Rechte und Reichs Constitutionen an sich selbst crafftloß, nichtig und von keinen wurden ist."

1844 KehdLR Tit. XV § 3.

1845 KehdLR Tit. XV § 3.

1846 Vgl. *Kogler*, S. 184.

1847 A.a.O., S. 184 f.; vgl. *Stobbe*, Handbuch V, S. 115: „Unter den gemeinrechtlichen Juristen war die Frage kontrovers."

1848 *Coing*, S. 605; Hervorh. wie Orig.; vgl. *Mertens*, in: ZRG GA 133 (2016), S. 156 Anm. 34.

1849 Vgl. *Mertens*, in: ZRG GA 133 (2016), S. 156 Anm. 34; vgl. *Kogler*, S. 185.

1850 *Kogler*, S. 185.

der diese „Lehre in das von ihm verfaßte reformierte Freiburger Stadtrecht von 1520" aufnahm.[1851] Später trat auch Samuel Stryk dieser Auffassung bei.[1852] Dass diese Lehre, die „dem Geist der justinianischen Erbfolgegesetze (...) widerspricht", in Deutschland solche bedeutenden Vertreter gefunden hatte, hängt mit ihrer gedanklichen Nähe zu den überkommenen einheimischen Rechtsgewohnheiten zusammen.[1853] Dogmatisch gründete sich diese Auffassung in einem speziellen Verständnis der 118. Novelle, wonach „die Nachfolge in Stämmen als Ausnahmeregelung eng auszulegen sein" sollte.[1854]

Der Reichsabschied von 1521 hatte ausdrücklich eben diese Frage offengelassen, ob eine solche Erbteilung nach Stämmen auch dann gelten sollte, wenn der Erblasser ausschließlich von Nichten und Neffen beerbt wurde. Der Reichsabschied stellte hierfür eine Regelung durch eine besondere kaiserliche Konstitution in Aussicht.[1855] Anstelle des Reichstages sollten der „*Stadthalter und Regiment darüber fleissig rathschlagen, sich in einer rechtmässigen billigen Satzung vergleichen.*"[1856] In diesem Sinne erging noch im gleichen Jahr eine kaiserliche Konstitution, die sich abermals mit den Fragen des Eintrittsrechts in der Seitenlinie befasste. Das Reichsregiment zu Nürnberg beriet diese Frage gemeinsam mit Gelehrten des Kammergerichts. Es kam zu der Entscheidung, dass es recht und billig wäre, wenn eine Teilung nach Häuptern erfolge. Anders als der in Worms gefasste Reichsabschied es vorgesehen hatte, wurde aber keine

1851 Ebda.; *Coing*, S. 606; vgl. *Mertens*, in: ZRG GA 133 (2016), S. 155 Anm. 34; vgl. *Stobbe*, Rechtsquellen II, S. 205 Anm. 100: „Ulrich Zasius, welcher sich zu der von Azo vertheidigten Ansicht der *Succession in capita* im Gegensatz gegen die *communis opinio* bekannte, erzählt, dass seine Ansicht in Deutschland viele Anhänger gefunden habe, und dass sein Schüler und Freund Hieronymus Vehns, Kanzler des Markgrafen von Baden, mit anderen Gelehrten bei der Fassung des Reichsschlusses betheiligt gewesen sei"; Hervorh. typograph.

1852 Vgl. *Coing*, S. 606 Anm. 9, m.w.N.

1853 *Kogler*, S. 185.

1854 *Coing*, S. 606.

1855 *Mertens*, in: ZRG GA 133 (2016), S. 155; vgl. § 20 des Reichsabschieds von 1521, in: NSRA II, S. 206 f.: „*Und so bis anher in Zweifel gestanden, und bey den Rechtsgelehrten streitige Meinung befunden worden, so ein Abgestorbener hinter ihm verläst, zweyer oder mehr seiner vorabgestorbener Brüder oder Schwester Kinder, ob denselben den letzt abgegangenen ihrer Väter oder Mütter seligen Brüder oder Schwestern, in die Häupt oder Stamm, die verlassene Güter zu theilen, erben sollen, etc. damit in solchem weitläufftige Rechtfertigung abgeschnitten und fürkommen werde.*"

1856 § 20 des Reichsabschieds von 1521, in: NSRA II, S. 207.

verbindliche Konstitution erlassen, sondern die letztendliche Entscheidung abermals einem Reichstag überlassen.[1857]

Trotzdem ist diese vom Nürnberger Reichsregiment am 27. November 1521 erlassene Konstitution später ein maßgeblicher Referenzpunkt gewesen. So heißt es im Hadeler Landrecht, dem *ius repraesentationis* vormalig entgegenstehende Gebräuche seien *„in der Keyserlichen Constitution Anno 21 zu Nürnberg aufgerichtet aufgehoben worden, als sol hinführo* […] *in künftigen Fellen darnach* […] *gesprochen werden.“*[1858] Auch in der Konstitution von 1610, mit der Erzbischof Johann Friedrich das *ius repraesentationis* im Land Wursten endgültig durchsetzte, ist dieses kaiserliche Edikt ausdrücklich angesprochen. Es heißt dort nämlich, das Eintrittsrecht wäre *„in der Ao. 1521. zu Nurnbergk* […] *promulgirten Reichs Constitution außdrucklich statuirt gesezet und verordnet.“*[1859]

Die von der Nürnberger Konstitution eigentlich noch offengelassene Frage wurde erst 1529 durch den Reichstag zu Speyer endgültig entschieden.[1860] Der Wortlaut des dort gefassten Reichsabschiedes wurde nochmals in einer gesonderten Konstitution wiederholt,[1861] die am 23. April 1529 erging. Es wurde festgestellt, dass *„bißher durch die Rechts-Gelehrten in Zweiffel gezogen ist, ob eins verstorbnen Bruder oder Schwester Kinder, desselben ihres Vatters oder Mutter Bruder oder Schwester nachgelassene Erbschafft, unter sich in die Häupter oder in die Stämm theilen sollen.“*[1862] Nunmehr sollte eine finale reichsrechtliche Entscheidung herbeigeführt werden, damit es nicht weiter zu *„solchen Zanck* […] *und daraus fliessenden Unrath“* zwischen den Untertanen komme.[1863] In der Sache erklärte sich der Reichstag dann gegen die Anwendung des Stammesprinzips[1864] und entschied, dass, Geschwisterkinder untereinander *„in die*

1857 *Mertens*, in: ZRG GA 133 (2016), S. 156 f.; diese Konstitution ist abgedruckt in: NSRA II, S. 210 f.

1858 HadelerLR III,15.

1859 NLA ST, Rep. 5b Nr. 3226, Bl. 1r.

1860 *Mertens*, in: ZRG GA 133 (2016), S. 157 f.

1861 *Kogler*, S. 186.

1862 Kayserliche Constitution und Satzung, wie Brüder oder Schwester Kinder ihres Vatters Bruder oder Schwester verlassene Erbschafft unter sich theilen sollen, in: NSRA II, S. 301 f.

1863 Ebda.

1864 *Coing*, S. 606.

Häupter, und nicht in die Stämm erben.“[1865] Man verordnete also eine Teilung nach Köpfen „für Fälle, in denen ausschließlich Erben der Seitenlinie leben.“[1866] Somit war nicht die in der *Glossa ordinaria* manifestierte *communis opinio doctorum* zum Reichsrecht geworden, sondern die von Azo und Zasius vertretene Minderansicht; für Windscheid war dies „gewiß gegen den Sinn des Gesetzes.“[1867]

III. Bewertung

Das Kehdinger Landrecht spiegelt in Tit. XV also eindeutig die Reichsgesetzgebung wider, welche mit Druck die gemeinrechtliche Lehre vom *ius repraesentationis* in die Territorien transferierte. Es wird sowohl die allgemeine Einführung des Stammesprinzips unter Nachkommen und Geschwisterkindern nachvollzogen, wie auch die Besonderheit einer Kopfteilung bei reiner Geschwisterkindererbfolge. Die Wortlautähnlichkeit mit dem entsprechenden Passus des Hadeler Landrechts ist bereits festgestellt worden. Im Land Wursten wurden die Vorgaben des erzbischöflichen Edikts von 1610 bereits im Landrecht von 1611 umgesetzt.[1868]

Daneben lassen sich diese reichsrechtlich geprägten Differenzierungen noch in weiteren Partikularrechten ausmachen, etwa in der Reformation des Alten

---

1865 Kayserliche Constitution und Satzung, wie Brüder oder Schwester Kinder ihres Vatters Bruder oder Schwester verlassene Erbschafft unter sich theilen sollen, in: NSRA II, S. 301 f.

1866 Vgl. *Becker*, Art. Eintrittsrecht, in: HRG I (2008), Sp. 1306.

1867 *Windscheid*, Lehrbuch III, S. 129 Anm. 15; so auch *Schmelzeisen*, S. 146; eine solche Teilung *in capita* sah das Novellrecht insoweit gerade nur dann vor, wenn der Erblasser weder Geschwister, noch Geschwisterkinder hinterließ, vgl. Nov. 118,3,1: „*Si vero neque fratres neque filios fratrum, sicuti diximus, defunctus reliquerit, omnes deinceps a latere cognatos ad hereditatem vocamus secundum uniuscuiusque gradus praerogativam, ut viciniores gradu ipsi reliquis praeponantur. Si autem plurimi eiusdem gradus inveniantur, secundum personarum numerum inter eos hereditas dividitur, quod in capita nostrae leges appellant.*“

1868 Vgl. WursterLR, Art. VIII: „*§. 1. Wann einer verstirbet, und* [...] *Schwester und Bruder hinter sich lässet, item Schwester- und Brüder-Kinder: Alsdann erben Schwester- und Bruder-Kinder mit ihrem Vetter und Mutter-Schwestere in ihres verstorbenen Vaters oder Mutter, Schwester oder Brüder Güther und nehmen den Theil, welchen ihre Eltern, da die gelebet, genommen hätten. §. 2. Da einer verstirbet und hinter sich verläßt keinen Bruder oder Schwester,* [...] *so wird das Erbe nicht in die Stamme, besondern in die Häupter: das ist, unter allen Brüder- und Schwester-Kindern nach Anzahl der Persohnen getheilet in gleiche Theile.*“

Landes von 1517,[1869] im Eiderstedter Landrecht von 1591,[1870] im Hamburger Stadtrecht von 1603[1871] oder im Butjadinger Landrecht von 1664.[1872] In der holsteinischen Kremper- und Wilstermarsch wurden diese Regeln ab 1563 durch Verordnungen eingeführt.[1873] Auch in anderen Teilen Deutschlands erfuhr die Reichsgesetzgebung eine Übernahme.[1874] Von alledem unberührt blieben nur Territorien, denen ein *privilegium de non appellando* gewährt worden war, wie im Falle von Kursachsen.[1875] Erst seit dem Ende des 18. Jahrhunderts gingen die neueren Kodifikationen durchgehend von einer Erbteilung nach Stämmen aus.[1876] Unterschiedlich wird beurteilt, ob diese durchschlagende Kraft der Reichsgesetze die gemeinrechtliche Kollisionsregel vom Vorrang des engeren vor dem weiteren Rechtskreis infrage stellt.[1877]

1869 Vgl. AltesL-Ref, Van Erffellen: „*Süster und Bröder erven einander, jedoch treden de Kinder, vermöge gemeinen beschrevenen Rechte, vndt des hilligen Rikes Ordnung in der verstorvenen Eldern stede, so aver keine Bröder vnd Süster mehr, sondern allein Broder vnd Süster Kinder vorhanden, alßdenne were de Erffschop in Capita, oder na Höveden vthgedeilet.*“

1870 EiderstedtLR II,14.

1871 HambStR 3,3,12.

1872 ButjadLR Art. 60.

1873 Vgl. *Fischer-Benzon*, S. 27 ff.

1874 Teilweise war die Teilung nach Häuptern bereits vor der Zeit der Reichsabschiede partikularrechtlich durchgesetzt worden, etwa in der Nürnberger Reformation (1479), der Frankfurter Reformation (1509) und im Freiburger Stadtrecht (1520), vgl. *Mertens*, in: ZRG GA 133 (2016), S. 158, m.w.N.; später eingeführt wurde sie in der Landgrafschaft Hessen, sowie den Kurfürstentümern Köln, Trier und Brandenburg, vgl. a.a.O., S. 180 f.

1875 Vgl. *Mertens*, in: ZRG GA 133 (2016), S. 188; besonders dort widersetzte man sich der Anordnung der Reichsabschiede, vgl. *Stobbe*, Rechtsquellen II, S. 204 Anm. 97; die Kursächsischen Konstitutionen (1572) stellten ausdrücklich klar, dass das *ius repraesentationis* nicht eingeführt worden sei. Man stützte sich dabei nach allgemeiner Ansicht der Literatur des *Usus modernus* auf ein besonderes kaiserliches Privileg, das es tatsächlich aber niemals gegeben hat, zu alledem vgl. *Mertens*, in: ZRG GA 133 (2016), S. 182–187.

1876 *Mertens*, in: ZRG GA 133 (2016), S. 187 f.

1877 Vgl. *Kogler*, S. 186: „Bei dem herrschenden Grundsatz ‚Landrecht bricht Reichsrecht‘ hatten allerdings alle diese reichsgesetzlichen Normierungen keine allzugroße Bedeutung. Aber viele Partikulargesetze haben sie rezipiert“; gerade entgegengesetzter Auffassung ist *Mertens*, in: ZRG GA 133 (2016), S. 189: „So manche liebgewonnenen Orientierungssätze zur Rechtsquellenhierarchie in der frühen Neuzeit, zur Subsidiarität des gemeinen Rechts und zum Vorrang des ‚engeren Rechtskreises‘ geraten […] gehörig ins Wanken.“

Es drängt sich nach alledem auf, dass Keller die Reskripte der Reichsabschiede oder erzbischöfliche Verordnungen als schriftliche Vorlage gedient haben müssen. Von einem gewohnheitsmäßigem *ius proprium* der Landesgemeinde Kehdingen kann in jedem Fall überhaupt keine Rede sein. Wenn Keller die früheren und nunmehr abgeschafften Rechtszustände in Kehdingen darstellt, handelt es sich wohl schlicht um eine Nacherzählung der in den Reichsgesetzen allgemein geschilderten Missstände.

C. Erbfolge in aufsteigender Linie (Tit. XVI)

Die romanisierende Tendenz verfestigt sich in Tit. XVI noch weiter. Dieser handelt *„von Erbfällen in auffsteigender Linien."*[1878] Es geht also um das Erbrecht von Eltern oder auch Großeltern.

I. Ausschluss der Aszendenten im alten Landrecht

Im mittelalterlichen Jütischen Recht galt der Grundsatz: *„Das Erbe hat immer vorwärtszugehen."*[1879] In Kehdingen gab es ein ganz ähnliches Rechtssprichwort. In Tit. XVI § 1 wird in diesem Zusammenhang das ursprüngliche mittelalterliche Landrecht wörtlich zitiert: In Bezug auf die Erbfolge in aufsteigender Linie *„saget das alte Kedinger Landt-Recht: Es stirbet kein Guth zurücke / sondern vorwerths."*[1880] Als Konsequenz daraus hätten die Eltern den Nachlass ihrer verstorbenen Kinder nicht erben können. Stattdessen sei dieser *„in linea collaterali (in der Seit-Linie) auff die nehiste Blutsfreunde vererbet."*[1881] Friedrich E. Pufendorf meint unter Bezugnahme auf die *Germania* des römischen Schriftstellers Tacitus, die Kehdinger hätten die dort festgehaltene Erbfolgeordnung einst angewandt: *„Manifestum est, hunc eundem ordinem esse, qui Kehdingensibus olim placuit."*[1882] Dieser Rückschluss ist bereits deshalb zweifelhaft, weil in der berühmten antiken Schrift von überlebenden Eltern überhaupt keine Rede ist.[1883]

1878 KehdLR Tit. XVI.

1879 JütischesR I,4.

1880 KehdLR Tit. XVI § 1.

1881 KehdLR Tit. XVI § 1.

1882 *Pufendorf*, Observationes I, App., S. 153 Anm.

1883 Vor allem aber werden dort die Onkel als mögliche Erben genannt, sodass – um bei dem Sprachgebrauch von KehdLR Tit. XVI § 1 zu bleiben – die Güter auch nach dieser Ordnung eine Generation *zurück sterben* können. Es geht in der antiken Quelle wohl nur um die Feststellung, dass eine testamentarische Erbeinsetzung (anders als in Rom) nicht möglich ist, vgl. *Pufendorf*, Observationes I, App., S. 153

Allerdings fand sich ein solcher Ausschluss der Aszendenten von der Erbfolge im langobardischen Lehnrecht der *Libri Feudorum*[1884] und er war auch partikularrechtlich anzutreffen, ganz besonders in Österreich;[1885] „zum Theil mit der strengen Anwendung, daß der Nachlaß, wenn keine Seitenverwandten vorhanden sind, auch nicht an die Eltern, sondern an den Fiskus fällt."[1886] Im norddeutschen Raum dagegen stand das frühere Landrecht mit der „Ausschliessung der Ascendenten [...] durchaus vereinzelt" da.[1887] Denn schließlich kannte der Sachsenspiegel die Erbfolge der Eltern, die man als *Schoßfall* bezeichnete.[1888] Ein solches uneingeschränktes elterliches Erbrecht war auch andernorts anzutreffen, etwa in Eiderstedt[1889] oder in Hamburg.[1890]

Ob der wiedergegebene Satz des alten Landrechts aber überhaupt wirklich einen totalen Ausschluss der elterlichen Erbfolge meinte, ist nicht ganz klar. Denn vielerorts waren die Eltern zwar durchaus erbberechtigt, jedoch gingen die Geschwister des Erblassers ihnen allgemein vor,[1891] etwa im Lübecker Stadtrecht von 1586.[1892] Die in Tit. XVI § 1 festgehaltene Bestimmung lässt eine

---

Anm.: „*Apud veteres Germanos eum succendi ordinem servatum esse, ut liberos fratres & ceteri collaterales excipiant, Cornelius Tacitus in libro de moribus Germanorum Cap. 20 animadvertit: Haeredes successoresque sui cuique liberi: nullum testamentum. Si liberi non sunt, proximus gradus in successione fratres, patrui, avunculi*"; in Bezug auf diese Stelle bei Tacitus vgl. insoweit auch *Hagemann*, Art. Erbrecht, in: HRG I (2008), Sp. 1376: Das Erbrecht „war sowohl in alter Zeit als auch noch im MA ein blutsverwandtschaftliches, der Willkür des Erblassers grundsätzlich entzogenes."

1884 *Coing*, S. 607; *ders.* verweist ebda. auf LF II, 50; vgl. auch *Stobbe*, Handbuch V, S. 108.

1885 *Coing*, S. 608; vgl. *Wasserschleben*, S. 137; vgl. *Stobbe*, Handbuch V, S. 107 f. Anm. 12; vgl. *Pufendorf*, Observationes I, App., S. 153 Anm.: „*Quod in Austria quoque olim certe obtinuit.*"

1886 *Stobbe*, Handbuch V, S. 107 f. Anm. 12.

1887 *Wasserschleben*, S. 137.

1888 Vgl. *Lipp*, Art. Erbfolgeordnung, in: HRG I (2008), Sp. 1362; vgl. Ssp. LdR I 17 § 1.

1889 Vgl. EiderstedtLR II,13: „*IM Fall der Verstorbene keine Söhne / Töchter / Kindes Kindt / oder vnter Kindes Kindt / vnd also in niedersteygenden Linien keine Erben nachliesse / so seyndt zu dem Erbe die nechsten Vater vnd Mutter / oder so derselben eines am Leben / Vater oder Mutter alleine.*"

1890 Vgl. HambStR 3,3,12: „*WAnn ein Mensch todts verscheidet / vnd keine Erben in absteigender Linien verlest / seine Güter fallen Vater vnd Mutter / da die beyde / oder deren eins im leben / anheim.*"

1891 Vgl. *Stobbe*, Handbuch V, S. 109 f.

1892 Vgl. LübStR 2,2,1.

solche Deutung durchaus zu, wäre doch auch so das Prinzip gewahrt, dass die Güter grundsätzlich nicht eine Generation zurückfallen sollten. Dafür spricht ein Vergleich mit dem Jütischen Recht. Auch nach diesem sollte das Erbe rechtssprichwörtlich ja immer vorwärts gehen; dieses Prinzip gilt allerdings nur „*solange Nachkommen da sind. Hat das Kindeskind keine Mutter und keine Geschwister, da geht das Erbe an Großvater und Großmutter.*"[1893]

II. Das Erbrecht der Aszendenten

Als Keller sein Landrecht im Jahr 1662 zusammenstellte, war dieses alte Landrecht aber in jedem Fall überholt. Denn wie im Falle des *ius repraesentationis* ist dieser alte Gebrauch nach Tit. XVI § 2 nun „*ebenmässig abgeschafft / und einhellig bewilliget / daß nach beschriebenem Keyserlichem Rechte verfahren werden solle.*"[1894] Die Landesversammlung hatte also beschlossen, sich in der Aszendentenerbfolge nach dem *Ius commune* zu richten, wie dies in Tit. XV bereits für die Erbfolge der Deszendenten beschlossen worden war. Viele andere Partikularrechte kannten ein solches Erbrecht der Eltern und Großeltern ebenfalls.[1895]

Nach der 118. Novelle bildeten die Vorfahren des Erblassers gemeinsam mit seinen Geschwistern die zweite Klasse in der Erbfolgeordnung. Diese kam zum Zuge, wenn keine Nachkommen als Erben der ersten Klasse vorhanden waren. Bei den Vorfahren entschied die Gradesnähe, „unter gleichnahen Vorfahren fällt die eine Hälfte an den väterlichen, die andere an den mütterlichen Stamm."[1896] Jede der Linien erhält also die Hälfte, sodass im Ergebnis Aszendenten auch mit Geschwistern des Erblassers und Geschwisterkindern konkurrieren konnten. Waren nur Geschwister des Erblassers berufen, so teilten diese nach Köpfen.[1897] In einer Zusammenschau mit dem in Tit. XV eingeführten *ius repraesentationis* ergibt sich, dass im Kehdingen des 17. Jahrhunderts die justinianische Novellengesetzgebung bereits den allgemeinen Rahmen des Erbrechts gebildet hat.

1893 JütischesR I,4.

1894 KehdLR Tit. XVI § 2.

1895 Vgl. HadelerLR III,14; vgl. EiderstedtLR II,13; vgl. DithmLR Art. 30 § 4; vgl. WursterLR Art. VII §§ 2, 3; vgl. HambStR 3,3,12.

1896 *Kaser/Knütel/Lohsse*, S. 396 f.; vgl. *Coing*, S. 602; vgl. *Windscheid*, Lehrbuch III, S. 128; vgl. *Schmelzeisen*, S. 154.

1897 *Windscheid*, Lehrbuch III, S. 128 f.

D. *Erbfolge in der Seitenlinie (Tit. XVII)*

Tit. XVII des Landrechts handelt „*von Erbfällen in der Seit-Linie.*“[1898] Um das Erbrecht von weiter entfernten Seitenverwandten geht es aber eigentlich nur in § 1, falls der Erblasser auch keine Geschwister hinterlässt. § 2 schreibt dagegen lediglich fest, dass Halbgeschwister den Vorrang vor Geschwistern der Eltern haben. In § 3 ist zuletzt vom Erbrecht der Geschwister die Rede. Der Titel ist also gewissermaßen umgekehrt aufgebaut, vom weiteren Verwandtschaftsverhältnis hin zum engeren.

I. Die Erbfolge der Geschwister

Am nächsten zum Erblasser stehen die Geschwister, deren Erbfolge in § 3 geregelt wird. Sie und ihre Kinder teilen, wenn der Erblasser keine Nachkommen oder Eltern hinterlässt, die Erbschaft inklusive „*der Frawen gerade und hergewette ohne unterschied unter sich zugleich.*“[1899]

1. Allgemeine Vorbemerkungen

Mit einer Nachlassteilung unter Geschwistern und Geschwisterkindern ist jener Komplex angesprochen, der eigentlich bereits im Zusammenhang mit dem *ius repraesentationis* in Tit. XV §§ 2, 3 geregelt wird. Auch die Erbfolge der Aszendenten berührt diesen Themenkreis, weil Eltern und Geschwister gemeinsam die zweite Klasse der justinianischen Erbfolgeordnung bildeten. Vor diesem Hintergrund ist davon auszugehen, dass das Novellenrecht insgesamt der maßgebliche Rahmen der Intestaterbfolge war.

Dafür spricht auch, dass das Landrecht seinem Wortlaut nach ausdrücklich keinen Unterschied zwischen Brüdern und Schwestern macht, was bereits in Tit. XVI § 1 erkennbar gewesen ist. Eine solche erbrechtliche Gleichstellung der Geschlechter entsprach dem nachklassischen römischen Recht,[1900] während in der deutschrechtlichen Tradition die männlichen Verwandten üblicherweise den Vorzug vor den weiblichen genossen, d.h. Söhne vor Töchtern, der Vater vor der Mutter und Brüder vor Schwestern.[1901] Erst mit der Rezeption setzte

---

1898 KehdLR Tit. XVII.

1899 KehdLR Tit. XVII § 3.

1900 *Lipp*, Art. Intestaterbfolge, in: HRG II (2012), Sp. 1283; vgl. *Kaser/Knütel/Lohsse*, S. 396; vgl. *Coing*, S. 602.

1901 *Stobbe*, Handbuch V, S. 106; vgl. *Oestmann*, Butjadingen, S. 180 f.

sich die Gleichstellung der Geschlechter durch; anfangs nur in den Städten, in späterer Zeit auf dem Land.[1902]

Unklar bleibt dagegen, ob das Landrecht zwischen voll- und halbbürtigen Geschwistern differenziert. Dies wird aber anzunehmen sein, denn die Begriffe der Voll- und Halbbürtigkeit werden stellenweise durchaus erwähnt.[1903] Dies ist deshalb relevant, weil voll- und halbbürtige Geschwister im Erbrecht üblicherweise verschiedentlich behandelt wurden. Zwar unterlag das Verhältnis einer mannigfachen Gestaltung,[1904] allgemeine Regeln lassen sich nicht ausmachen.[1905] Tendenziell aber „steht die halbe Geburt der vollen Geburt nach und es gehört zu den Ausnahmen, daß Geschwister einander ohne jede Rücksicht auf volle oder halbe Geburt beerben."[1906] Die Ausgestaltung dieser Ungleichbehandlung war allerdings unterschiedlich. Im Novellenrecht bilden Halbgeschwister die dritte Klasse, kommen also erst nach den in der zweiten Klasse stehenden Vollgeschwistern zum Zuge.[1907] Auch nach dem Sachsenspiegel schlossen vollbürtige Geschwister die halbbürtigen gänzlich von der Erbfolge aus. Eine mildere Form der Ungleichbehandlung bestand vielerorts in einer unterschiedlichen Erbquote, nach der Vollgeschwister doppelt so viel erbten wie Halbgeschwister.[1908] Das war die maßgebliche Quote des Hollerrechts, die in Hadeln bis zu Beginn des 17. Jahrhunderts und in der Kremper- und Wilstermarsch bis zum Inkrafttreten des BGB galt.[1909]

2. Abschaffung von Gerade und Heergewäte

Nichtsdestoweniger findet sich in Tit. XVII § 3 ein Hinweis darauf, dass das frühere partikulare Erbrecht noch in der Tradition des Sachsenspiegels gestanden hatte. Denn nach dieser Norm werden das *Heergewäte* und die *Gerade* der Frauen ohne Unterschied zwischen den Erben aufgeteilt.

1902 *Hagemann*, Art. Erbrecht, in: HRG I (2008), Sp. 1380.

1903 Vgl. KehdLR Tit. XV § 2, XVII §§ 1, 2.

1904 *Stobbe*, Handbuch V, S. 116.

1905 A.a.O., S. 121.

1906 A.a.O., S. 116.

1907 *Lipp*, Art. Intestaterbfolge, in: HRG II (2012), Sp. 1283; vgl. *Kaser/Knütel/Lohsse*, S. 397.

1908 *Stobbe*, Handbuch V, S. 116 f.; vgl. EiderstedtLR II,14.

1909 Vgl. *Kersting*, Hollisches Recht II, S. 46 f.

a) Die Sondererbfolge

Eine solche gleichmäßige Aufteilung von Heergewäte und Gerade ist gleichbedeutend mit der Abschaffung dieser Rechtsinstitute. Denn es handelte sich hierbei um die wichtigsten Sondervermögen des sächsischen Landrechts, die aus der Erbmasse auszugliedern waren;[1910] seit dem Mittelalter fanden sie insbesondere im westfälischen und niedersächsischen Raum eine weite Verbreitung.[1911] Dabei widersprachen solche Sondererbfolgen offenkundig der römisch-rechtlichen Universalsukzession und stellten deshalb eine der zentralen dogmatischen Problemstellungen im Erbrecht des *Usus modernus* dar.[1912]

Bedingung für diese Rechtsinstitute war eine gedankliche Unterteilung der Verwandtschaft in *Spindelmagen* einerseits und in *Schwertmagen* andererseits: Die Spindel- oder Spilmagen waren „sämtliche Verwandte weiblichen Geschlechts und außerdem die von solchen abstammenden Männer."[1913] Die Schwertmagen waren hingegen die in agnatischer Linie nächstverwandten Männer.[1914] Diese Unterscheidung zwischen Schwert- und Spilseite kennt auch das Kehdinger Landrecht, ohne dass es ihr noch eine größere Bedeutung zumisst.[1915]

aa) Gerade

An die nächsten weiblichen Verwandten – also an die Spilseite – ging im Erbfall das Sondergut der *Gerade*.[1916] Man verstand darunter eine Gesamtheit von Hausratsgegenständen, welche der Witwe bei Auflösung des ehelichen Vermögens zustanden (Witwengerade). Beim Tod der Frau selbst hatten die nächsten weiblichen Verwandten daran das Sondererbrecht (Niftelgerade).[1917] Früheste Hinweise auf ein solches Rechtsinstitut finden sich in frühmittelalterlichen Volksrechten. Seit dem 12. Jahrhundert tauchte die Gerade vermehrt in Urkunden und Rechtsaufzeichnungen auf. Damit einher ging eine große Verbreitung

1910 *Kümper*, S. 512; vgl. *Dettmer*, S. 248; vgl. *Kocher*, Landrecht, S. 67 f.

1911 *Gabriel*, S. 148.

1912 *Coing*, S. 603.

1913 *Erler*, Art. Spindelmagen, in: HRG IV (1990), Sp. 1771.

1914 Vgl. *Hüpper*, Art. Schwertmagen, in: HRG IV (1990), Sp. 1577 f.

1915 In KehdLR Tit. XX §§ 1, 2 sind sie praktisch gleichgestellt. Bei dem Retraktrecht gehen die Spilmagen den Schwertmagen in der Rangfolge allerdings nach, vgl. KehdLR Tit. XXI Nr. 2.

1916 *Kümper*, S. 513; vgl. OsterstadeLR-BR, Art. 3: „*Das frawen gerade anlangende, geburett dem negsten blute von der spillen.*"

1917 *Stobbe*, Handbuch V, S. 136; vgl. *Gottschalk*, Art. Gerade, in: HRG II (2012), Sp. 113 f.

im gesamten norddeutschen Raum, was durch ihre Verankerung im Sachsenspiegel begründet sein dürfte. Zu diesem Vermögenskomplex gehörten primär persönliche Kleidung und Schmuck, textiler Hausrat wie Bettwäsche und Tücher, sowie dazugehörige Handarbeitswerkzeuge und die Verwahrmöbel; umfangreiche Bestimmungen finden sich im Sachsenspiegel.[1918] Dabei sollte der materielle Wert dieser Gegenstände im Verhältnis zum Gesamtvermögen frühneuzeitlicher Haushalte durchaus nicht unterschätzt werden.[1919] Es wurde deshalb sogar der Umfang der Niftelgerade beschränkt, damit beim Tode seiner Ehegattin „der Wittwer nicht um die ganze Wirthschaft und Häuslichkeit komme."[1920]

bb) Heergewäte

Das Gegenstück zur Gerade war das *Heergewäte* für männliche Erben,[1921] das im Mittelalter als Sondererbe häufig auf den ältesten Sohn überging,[1922] bzw. „an den nächsten ebenbürtigen Schwertmagen."[1923] Diese Rechtsfigur ist seit dem 12. Jahrhundert in mittelalterlichen Rechtsquellen „nachweisbar, vornehmlich in Nordwestdeutschland und im Verbreitungsgebiet des Sachsenspiegels."[1924] Im eigentlichen Sinne verstand man hierunter den „Komplex der zur kriegerischen Ausrüstung erforderlichen Sachen, welche sich in dem Nachlaß eines Mannes vorfinden."[1925] In späterer Zeit meinte man mit diesem Begriff aber schlicht „eine Sachgesamtheit für den Mann nützlicher Gegenstände des täglichen Gebrauchs."[1926] Es handelte sich hier um ein lange bestehendes Spannungsverhältnis. Denn einerseits hatte die Ausdehnung des Begriffs auf Utensilien nichtkriegerischen Charakters bereits im Mittelalter eingesetzt.[1927]

1918 *Gottschalk*, Art. Gerade, in: HRG II (2012), Sp. 113 f.; vgl. *Stobbe*, Handbuch V, S. 138; vgl. Ssp. LdR I 5 § 2, I 24 § 3, I 27 § 1, I 28, I 31 § 1, III 38 § 5.

1919 Vgl. *Gottschalk*, Art. Gerade, in: HRG II (2012), Sp. 116.

1920 *Stobbe*, Handbuch V, S. 138.

1921 *Gottschalk*, Art. Gerade, in: HRG II (2012), Sp. 113.

1922 Vgl. *Bungenstock*, Art. Heergewäte, Heergeräte, in: HRG II (2012), Sp. 858 f.

1923 *Stobbe*, Handbuch V, S. 131; vgl. OsterstadeLR-BR, Art. 3: „*Dem negsten blute von dem schwerde geboren geburett daß Hargewede*"; vgl. Ssp. LdR I 27 § 2; andere Schreibweisen waren *herigewede* und *herwede* oder latinisiert *herewadium*, vgl. *Bungenstock*, Art. Heergewäte, Heergeräte, in: HRG II (2012), Sp. 858.

1924 *Bungenstock*, Art. Heergewäte, Heergeräte, in: HRG II (2012), Sp. 858; vgl. Ssp. LdR I 19, I 22 § 4, I 27 § 2, I 28, III 15.

1925 *Stobbe*, Handbuch V, S. 131; vgl. *Bungenstock*, Art. Heergewäte, Heergeräte, in: HRG II (2012), Sp. 858.

1926 *Bungenstock*, Art. Heergewäte, Heergeräte, in: HRG II (2012), Sp. 858.

1927 Vgl. *Kümper*, S. 513 f.

Andererseits konnte der militärisch konnotierte Charakter sich aber durchaus bis in die Zeit der Polizeigesetzgebung erhalten;[1928] nicht ohne Grund spricht Friedrich E. Pufendorf noch im Jahr 1744 von *res expeditoriae*.[1929] Es ist also wenig verwunderlich, dass ab dem 15. Jahrhundert nicht mehr ohne Weiteres geläufig war, was man unter diesem Vermögenskomplex zu fassen hatte.[1930]

b) Gerade und Heergewäte im Usus modernus

Spätere Polizeiordnungen bestätigten diese Sondererbfolgen prinzipiell.[1931] Sie konnten sich so zunächst halten, weshalb Friedrich E. Pufendorf im ersten Band seiner *Observationes* auch noch größere Ausführungen dazu macht. Er hält insoweit fest, dass Gerade und Heergewäte in Bremen-Verden nach wie vor beachtet würden, und zwar nicht nur unter Adeligen, sondern auch bei den Bürgerlichen.[1932] Das war zu jener Zeit nicht mehr selbstverständlich. Denn das Heergewäte verschwand in den Städten bereits seit dem Mittelalter, in ländlichen Gebieten wurde es allgemein zwischen dem 17. und 19. Jahrhundert aufgehoben.[1933] Das gleiche Schicksal ereilte die Gerade, die ebenfalls beschränkt oder beseitigt wurde, weil diese Sondererbfolgen im Widerspruch zum Konzept der Universalsukzession standen.[1934] Dabei hatte man dem praktischen Geist des *Usus modernus* entsprechend zunächst noch versucht, diese überkommenen Rechtsinstitute in die Gedankenwelt des gemeinen Rechts einzupassen.[1935] Schmelzeisen führt die seit dem 17. Jahrhundert zunehmende Beseitigung dieser Sondererbfolgen weiter darauf zurück, dass „mit dem Vordringen der

1928 Vgl. *Schmelzeisen*, S. 147.

1929 Vgl. *Pufendorf*, Observationes I, S. 231.

1930 *Bungenstock*, Art. Heergewäte, Heergeräte, in: HRG II (2012), Sp. 858.

1931 *Schmelzeisen*, S. 147.

1932 Vgl. *Pufendorf*, Observationes I, S. 231: „*Gerade & res expeditoriae tam in terris Brunsuicensibus & Luneburgensibus, quam in Bremensibus & Verdensibus non solum inter nobiles, sed etiam inter cives, quin & alicubi certe inter ruricolas obtinuerunt, & in terris Bremensibus & Verdensibus usque in hunc diem servantur.*“

1933 *Bungenstock*, Art. Heergewäte, Heergeräte, in: HRG II (2012), Sp. 859; vgl. *Stobbe*, Handbuch V, S. 139.

1934 *Gottschalk*, Art. Gerade, in: HRG II (2012), Sp. 116; vgl. *Kümper*, S. 520 ff.; zu polizeigesetzlichen Einschränkungen von Gerade und Heergewäte vgl. *Schmelzeisen*, S. 148.

1935 *Gottschalk*, Art. Gerade, in: HRG II (2012), Sp. 115; so verstand man z.B. die Gerade als ein Privileg (*ius singulare*) der Frauen und unterwarf die Gegenstände einem testamentarischen Verfügungsverbot. Hatte der Ehemann diese erworben, gingen sie durch stillschweigende Schenkung in das Eigentum der Ehefrau über, vgl. ebda.

Verkehrswirtschaft der Verkehrswert des Vermögens den Nutzwert der einzelnen Sachgüter in den Hintergrund gedrängt hatte."[1936]

Während es diese Sondererbfolgen im Alten Land nie gegeben hatte,[1937] waren sie im Amt Hagen anerkannt; die vier Osterstadischen Landrechte enthalten umfassende Kataloge für Heergewäte und Gerade.[1938] Großen Raum nehmen diese Rechtsinstitute auch im Bremischen Ritterrecht ein.[1939] Ebenfalls kennen das Wurster Landrecht[1940] und das Otterndorfer Stadtrecht[1941] diese Sondergüter noch. Im Hadeler Landrecht tauchen sie dagegen nicht mehr auf, sie sollen bereits 1530 aufgehoben worden sein.[1942] Das Lübecker Stadtrecht von 1586 stellt schließlich ausdrücklich klar, dass Gerade und Heergewäte zur allgemeine Erbmasse gehören und nicht mehr ausgeschieden werden.[1943] Die letzten Bestände der Gerade wurden im Königreich Hannover erst im Jahr 1821 aufgehoben.[1944] Dass Gerade und Heergewäte in Kehdingen also offenbar im Verlauf des 17. Jahrhunderts abgeschafft wurden, fügt sich demnach ins allgemeine Bild.

II. Vorzug von Halbgeschwistern vor Geschwistern der Eltern

Im Landrecht heißt es in Tit. XVII § 2 wegen der Erbfolge der Seitenverwandten: „*Halbbrüdere und Schwestern werden in der Succession (Erb-folge) Mutter Schwestern praeferiret (und vorgezogen).*"[1945] Diese Regelung entspricht der Erbfolge des Sachsenspiegels.[1946] Aber auch mit der justinianischen Rangordnung,

---

1936 *Schmelzeisen*, S. 148.

1937 Vgl. AltesL-Ref, Van hergewede vndt Frouwen gerede: „*Nademe in düssem Lande von olders hero keine hergewehede oder frouwen gerahde gegeuen, vnd getagen worden, so schall ydt düsses falls by solkem olden gebruke ock unverendert gelaten werden.*"

1938 Zum Heergewäte gehören bspw. die vornehmen Kleider, der Harnisch, ein dreijähriger Hengst, Reitkleidung oder ein Eisenpflug, während man zur Gerade z.B. Kleider, Betten oder Kisten zählt, vgl. OsterstadeLR-BR Art. 3.

1939 Vgl. RitterR Tit. III, IX.

1940 Vgl. WursterLR Art. XIV.

1941 Vgl. OtterndorfStR Art. 12.

1942 *Dettmer*, S. 248.

1943 Vgl. LübStR 2,2,15: „*Hergewett vnd Gerade / darff man sonderlichen nicht außgeben / Sondern wer der negste Erbe ist / der nimpt alles Erbe / Hergewett vnd Gerade.*"

1944 *Kümper*, S. 522; gleichwohl lebten diese Rechtsinstitute auch in den neuen Kodifikationen fort. So erkennt man z.B. im *Voraus* des preußischen ALR den Gedanken der altsächsischen Witwengerade wieder, vgl. *Armbrüster*, in: JuS 2006, S. 1119.

1945 KehdLR Tit. XVII § 2.

1946 Vgl. *Wasserschleben*, S. 144.

nach der Halbgeschwister zur dritten Klasse und die Geschwister der Eltern als weiter entfernte Verwandte zur vierten Klasse gehören, steht ein solcher Vorrang von Halbgeschwistern des Erblassers vor Schwestern der Mutter im Einklang.

Das entspricht zwar den Gedanken einer Erbfolge nach Parentelen. Das ist jedoch nicht selbstverständlich, denn in den älteren Partikularrechten war „von einem Vorzuge der nähern Parentel vor der entfernteren [...] nirgend die Rede."[1947] Tatsächlich gestaltete sich das Rangverhältnis zwischen Elterngeschwistern und Halbgeschwistern sowie deren Nachkommen in den lokalen Rechtsordnungen höchst unterschiedlich. Während die Nachkommen vollbürtiger Geschwister den Elterngeschwistern stets vorgingen, schlossen die Elterngeschwister die Halbgeschwisterkinder mancherorts aus[1948] oder standen ihnen wenigstens gleich.[1949] Manchmal gingen Elterngeschwister auch den Halbgeschwistern selbst vor, in anderen Ordnungen waren sie ihnen gegenüber nachrangig.[1950] Wiederum andernorts, wie beispielsweise in der niederländischen Stadt Groningen, teilten Halbgeschwister und Elterngeschwister gleichberechtigt *in capita*.[1951]

Diese je nach Ort geradezu diametralen Rechtsgedanken mögen der Grund dafür gewesen sein, im Landrecht explizit klarzustellen, dass die Halbgeschwister den Vorzug vor den Elterngeschwistern haben. Eine ähnliche Bestimmung findet sich auch im Hamburger Stadtrecht,[1952] was zusätzlich für eine Authentizität der Passage spricht.

Gewiss wird diese rechtliche Fragestellung ihren Ursprung nur in Konstellationen haben, in denen die Halbgeschwister und die Elterngeschwister untereinander selbst nicht verwandt waren, also unterschiedlichen Parentelen entstammten. Beispielhaft wäre eine Konkurrenzsituation zwischen einer Schwester der Mutter einerseits und vom Vater vermittelten Halbgeschwistern andererseits. In solchen Fällen stünde wegen der gespaltenen Aszendentenlinien eine Aufteilung der Erbmasse auf verschiedene Familien im Raum, die

1947 A.a.O., S. 142.
1948 *Stobbe*, Handbuch V, S. 119 f.
1949 Vgl. *Wasserschleben*, S. 132.
1950 Vgl. a.a.O., S. 142.
1951 Vgl. a.a.O., S. 151.
1952 Vgl. HambStR 3,3,15: „*WAnn der verstorbene / seinen Bruder oder Schwester / von halber Geburt / vnd darzu seines Vaters vollbürtigen Bruder / oder Schwester / verlest: So erben Brüder vnd Schwester von halber geburt / wie imgleichen deroselben Kinder / die Erbschafft allein / vnd schliessen die andere jetztgemelte freunde auß.*"

durch den in Tit. XVII § 2 festgehaltenen absoluten Vorrang der Halbgeschwister unterbunden wird.

III. Die allgemeine Erbfolge in der Seitenlinie

In Tit. XVII § 1 ist schließlich die Erbfolge aller sonstigen Seitenverwandten erfasst. Sie sollen sich die Erbmasse gleichberechtigt teilen. Der hier geäußerte Gedanke, dass „der Nachlass unter die nächsten väterlichen und mütterlichen Verwandten, je zur Hälfte, vertheilt werden soll, tritt in norddeutschen Statuten mehrfach hervor."[1953] Das spricht insoweit für eine Authentizität der Bestimmung des Kehdinger Landrechts. Friedrich E. Pufendorf vergleicht sie mit einer in eine ähnliche Richtung schlagenden Bestimmung des Wurster Landrechts.[1954]

Es wurde oben insoweit bereits gesagt, dass im Landrecht eine deutliche Absage an das Gradualprinzip des Sachsenspiegels erkennbar ist, denn die Erben kommen *„unangesehen / daß Sie in ungleichem Grad seyn / und sich gleiche nahe zu der Sippe nicht ziehen noch berechnen können."*[1955] Das Hadeler Landrecht bewegt sich dagegen noch ganz im Geiste des sächsischen Erbrechts.[1956] Allerdings entscheidet nicht nur der Sachsenspiegel, sondern auch das justinianische Novellenrecht bei den letztberufenen Seitenverwandten nach der Gradesnähe.[1957] Auch von diesem weicht das Kehdinger Landrecht also letztlich ab. Hier ließe sich also wirklich von einer *consuetudo* sprechen, die angesichts der weiten Verbreitung in Norddeutschland durchaus geübt worden sein kann.

1953 *Wasserschleben*, S. 135.

1954 Vgl. *Pufendorf*, Observationes I, App., S. 154 Anm.: *„Conf. Jus provinc. Wursat. tit. I art. 7. §. 1. ibique annotata"*; vgl. WursterLR Art. 7: *„Nach diesen Wurster Land-Recht kan kein Bluts-Verwandter den andern durch Erstigkeit des Grads ausschliessen, es wäre dann, daß sie sich beyde auff einen Stamme oder Linie zu Erben nehmen wolten, denn auff solchen Fall wird der näheste desselben Stammes zugelassen und der weiteste ausgeschlossen."*

1955 KehdLR Tit. XVII § 1.

1956 Vgl. HadelerLR III,15: *„Zu wissen, wan in aufsteigender und niedersteigender Linien keine Person im Lebende, auch keine Brüder oder Schwester von voller oder halber geburt, noch dero Kinder vorhanden, so fält das Erbe an die nechsten Bluts-Freunde, und heist alsdan, Je neher der Sieb, je neher dem Erbe, und alle, die sich gleich nahe zu der Sieb ziehen können, nehmen auch gleich Theil ohne Unterscheid der Schwerdt oder Spillseit. Auch kan das Kind alsdan in des Vaters oder Mutter Stete nicht treten sondern wird allein das nechste Glied angesehen, welches man aus dem Stambaum zu vernehmen hat."*

1957 *Kaser/Knütel/Lohsse*, S. 397; vgl. *Coing*, S. 602.

E. Gesamtbewertung der Intestaterbfolge

Die Regelungen über die Intestaterbfolge in den Tit. XV, XVI und XVII des Kehdinger Landrechts erschöpfen sich im Grunde nur in bruchstückhaften Andeutungen. Allgemeine Regelungen oder feiner ausdifferenzierte Bestimmungen fehlen dagegen, was einen deutlichen Unterschied zu anderen regionalen Partikularrechten wie etwa in Butjadingen, Hadeln oder Eiderstedt darstellt; gerade im Bereich des Erbrechts waren diese hoch detailliert.

Die *Statuta Kedingensia* bieten in diesem Bereich hingegen nur eine Bestätigung des justinianischen Novellenrechts: Hinsichtlich der Erbfolge von Nachkommen, Eltern, Geschwistern und deren Kindern wird schlicht das *Ius commune* für anwendbar erklärt. Besonders hervorgehoben wird dabei die Lehre vom *ius repraesentationis*, wobei eine Umsetzung der Reichsgesetzgebung aus den Jahren 1498 bis 1529 erkennbar wird. Zugleich ist der Komplex auch stofflich nicht konsequent geordnet. So wird in Tit. XV trotz der Überschrift nicht nur das *ius repraesentationis* von Nachkommen des Erblassers geregelt, sondern auch das von Geschwisterkindern, obwohl diese gar keine Deszendenten sind. Des Weiteren ist das Erbrecht der Geschwister hier nicht einmal vollständig erfasst. Zusätzliche Bestimmungen finden sich in Tit. XVII, der eigentlich die Erbfolge von weiter entfernten Seitenverwandten betreffen soll.

In diesem Zusammenhang verstärkt sich die deutlich romanisierende Tendenz des Landrechts: Söhne und Töchter sind erbrechtlich gleichgestellt, dem sächsischen Gradualprinzip wird eine ausdrückliche Absage erteilt. Vor allem aber sollen Gerade und Heergewäte gleichberechtigt aufgeteilt werden, was in der Sache eine Abschaffung dieser sächsisch-rechtlichen Sondererbfolgen bedeutet, die dem römisch-rechtlichen Prinzip der Universalsukzession widersprachen.

3. Unterabschnitt – Das Erbrecht der Ehegatten (Tit. XVIII–XIX)

Tit. XVIII des Landrechts fragt danach, „*Wie Eheleute einander erben.*“[1958]

A. Die Erbfolge der Ehegatten (Tit. XVIII)

Allgemein werden beim Todesfall eines Ehegatten „*vorerst die Ehestifftungen angesehen; Seyn die nicht verhanden / nimbt das überlebende Theil nach altem Land-Rechte* [...] *den halben Theil aller Verlassenschafft / nichtes davon*

1958 KehdLR Tit. XVIII.

außbescheiden.“[1959] Es ist oben festgestellt worden, dass mit diesen vorrangigen Ehestiftungen die in Tit. XIII geregelte *donatio reciproca* gemeint ist.[1960] Nur wenn eine solche nicht vorhanden ist, greift die in Tit. XVIII festgehaltene Erbfolge des alten Landrechts, wonach der überlebende Ehegatte die Hälfte des ehelichen Nachlasses erhält.

I. Ehegattenerbrecht und Güterstände im Usus modernus

Dabei steht das Ehegattenerbrecht in untrennbarem Zusammenhang mit dem Güterstand, „das eheliche Gütererbrecht ist nur eine Consequenz der bestimmten ehelichen Güterordnung und daher mit dieser gegeben.“[1961] Deshalb entwickelte sich das Erbrecht der Ehegatten häufig aus dem Güterrecht heraus.[1962] Vor diesem Hintergrund sind die grundlegenden Elemente des frühneuzeitlichen Ehegüterrechts vorauszuschicken, will man das dazugehörige Ehegattenerbrecht näher beleuchten.

1. Die Systeme des ehelichen Güterrechts

„Das Güterrecht regelt einen Ausschnitt der vermögensrechtlichen Beziehungen zwischen den Ehegatten und ggf. Dritten, die gerade auf der Ehe beruhen und nicht anderweitig normiert sind.“[1963] In der Frühen Neuzeit war dies ein Rechtsgebiet, in dem einheimische Gewohnheitsrechte besonders wirkmächtig blieben.[1964] Gerade das sächsische Recht konnte hier eine gewisse Stellung behaupten;[1965] „die Ehegüterrechte des deutschen Spätmittelalters beruhten bei aller Mannigfaltigkeit meist auf einer ehegenossenschaftlichen Lebensanschauung, die durch die Verwissenschaftlichung des Rechts kaum berührt werden konnten.“[1966] In diesem „Prinzip der vermögensrechtlichen Ehegenossenschaft“ wurzelte ein Ehegattenerbrecht, das die Rezeption in Deutschland beinahe überall überstanden hat.[1967] So ließen sich am Ende des 19. Jahrhunderts im Bereich des Güterrechts „vier Systeme unterscheiden: a) die bloße Vereinigung der Güter zur Verwaltung durch den Mann oder, wie man es

---

1959 KehdLR Tit. XVIII.
1960 Vgl. oben: III. Teil, 4. Abschnitt, Kapitel B.
1961 *Roth*, System II, S. 251.
1962 Vgl. *Löw*, S. 140.
1963 Herresthal/Kaiser/Stoffels-*Voppel*, Rn. V-47.
1964 Vgl. *Coing*, S. 118, 241; vgl. *Oestmann*, Gemeines Recht, S. 13; vgl. *Löw*, S. 158.
1965 Vgl. *Coing*, S. 115.
1966 *Wieacker*, S. 231.
1967 A.a.O., S. 232.

romanistisch bezeichnete, das System des *ususfructus maritalis*, b) die allgemeine Gütergemeinschaft, c) die partikuläre Gütergemeinschaft und d) das römische Dotalrecht."[1968]

Das letztgenannte römisch-rechtliche Dotalrecht war ein System der Gütertrennung.[1969] Es bedarf hier aber keiner genaueren Betrachtung, weil sein Einfluss in Deutschland recht gering blieb; bei Inkrafttreten des BGB im Jahr 1900 lebten im Reichsgebiet lediglich drei Millionen Einwohner in dessen Geltungsgebiet.[1970] Stattdessen war dieser Bereich eine Domäne des Partikularrechts geblieben und „das Mittelalter hatte ein gänzlich anderes Güterrecht entwickelt."[1971] Die wichtigsten allgemeinen Gruppen waren insoweit die Verwaltungsgemeinschaft und die Gütergemeinschaft.

a) Verwaltungsgemeinschaft

Die Verwaltungsgemeinschaft war der Güterstand des Sachsenspiegels.[1972] Hiernach blieben die Vermögensmassen der Ehegatten zwar getrennt, es fand also keine rechtliche Verschmelzung zu einem einheitlichen Gesamtgut statt.[1973] Die Eheschließung beeinflusste die Dispositionsbefugnis des Mannes über sein Vermögen nicht. Die Frau dagegen verlor diese, denn im Sachsenspiegel ist die Grundlage der vermögensrechtlichen Beziehungen der Ehegatten eine „Vormundschaft des Mannes, unter welche die Ehefrau mit Eingehung der Ehe fällt; damit wird ihr Vermögen seiner Gewere unterworfen."[1974] Es nahm also der Ehemann das Vermögen der Ehefrau in Besitz und verwaltete es, sodass nach außen hin gleichwohl eine Art Güterverbindung stattfand. Dadurch wurde der Frau die Nutzung ihres Vermögens im Wesentlichen entzogen.[1975]

b) Gütergemeinschaft

Das zweite große partikularrechtliche System stellte die Gütergemeinschaft dar. Diese war „in den meisten Ländern des Kontinents […] zum wesentlichen

1968 *Stobbe*, Handbuch IV, S. 133; Hervorh. typograph.

1969 *Brauneder*, Art. Dotalsystem, in: HRG I (2008), Sp. 1140.

1970 *Wieacker*, S. 231.

1971 *Coing*, S. 239.

1972 A.a.O., S. 243; vgl. *Gabriel*, S. 151; vgl. *Kersting*, Hollisches Recht II, S. 39; vgl. Ssp. LdR I 31 § 1.

1973 *Gabriel*, S. 151.

1974 *Roth*, System II, S. 183.

1975 *Gabriel*, S. 151; auch bestand wegen der Verwaltung des Vermögens keinerlei Haftung des Ehemannes und er war zudem der „Eigenthümer des Ertrags des Frauenguts und der Arbeit der Frau", *Roth*, System II, S. 184.

Institut geworden",[1976] und auch die Kodifikationen der Aufklärungszeit behielten sie häufig noch bei.[1977] Dabei bildeten sich mannigfaltig verschiedene Untertypen heraus.[1978] Das allgemeinste Charakteristikum der Gütergemeinschaft war, dass sie zu einer Verschmelzung der Vermögensmassen von Mann und Frau zu einem einheitlichen Gesamteigentum führte.[1979] Aus dem gemeinschaftlichen Vermögen fielen nur einzelne Gegenstände als Sondergüter heraus; zu nennen sind hier insbesondere Gerade und Heergewäte.[1980]

Die deutsche Jurisprudenz jener Zeit hat „vor allem in ihren Anfängen die ehelichen Gütergemeinschaften des deutschen Rechts unzureichend behandelt, weil die Gesamthand den Quellen des *Corpus Iuris* fremd war und daher als Bruchteilsgemeinschaft interpretiert wurde."[1981] Beim Versuch, die Gütergemeinschaft in das gemeinrechtliche Dogmengebäude einzufügen, sah man sie dann als eine besondere Form der römischen *societas* an und bezeichnete sie mit Begriffen wie *societas inter coniuges* oder *communio bonorum*.[1982] Dabei unterschied die Lehre zwischen einer allgemeinen Gütergemeinschaft (*communio universalis*) und einer partikulären (*communio particularis*).[1983] Bei der partikulären oder „partiellen Gütergemeinschaft kommen für gewisse Bestandtheile des Vermögens der Ehegatten die Prinzipien der Gütergemeinschaft, für andere die der Gütertrennung (Verwaltungsgemeinschaft, resp. Dotalrecht) zur Anwendung."[1984]

Die Gütergemeinschaft hielt sich bis ins 19. Jahrhundert „in den verschiedensten Gegenden von Deutschland, vorwiegend aber im Norden."[1985] In Schleswig-Holstein galt sie in Eiderstedt, den Städten Husum und Friedrichstadt und auch in der Kremper- und Wilstermarsch.[1986] Es handelte sich hier

---

1976 *Coing*, S. 239.

1977 A.a.O., S. 244.

1978 A.a.O., S. 239.

1979 *Gabriel*, S. 156; vgl. *Stobbe*, Handbuch IV, S. 206; vgl. *Roth*, System II, S. 74: „Die allgemeine Gütergemeinschaft ist diejenige Güterordnung, bei welcher mit der Begründung für die Dauer des Verhältnisses das gesammte Vermögen beider Ehegatten in der Art zu einer Masse vereinigt wird, daß soweit nicht durch Gesetz oder Disposition für einzelne Sachen eine Ausnahme gemacht ist, alle Vermögensbestandtheile in dem gemeinsamen Eigenthum beider Ehegatten stehen."

1980 *Brauneder*, Art. Eheliches Güterrecht, in: HRG I (2008), Sp. 1218.

1981 *Wieacker*, S. 232; Hervorh. Verf.

1982 Vgl. *Coing*, S. 242 f.

1983 A.a.O., S. 242.

1984 *Stobbe*, Handbuch IV, S. 265 f.

1985 A.a.O., S. 200.

1986 *Roth*, System II, S. 71 f.

um ein deutliches Erbe der holländischen Kolonisten, die ihr einheimisches Güterrecht in diesen Gegenden eingeführt hatten.[1987] In Hannover, wo im Allgemeinen zwar das römische Dotalsystem im Gebrauch war,[1988] blieb die Gütergemeinschaft an sehr vielen Orten geltendes Recht, so auch in den Städten Stade und Buxtehude, in Hadeln, Wursten und im Alten Land.[1989] In den meisten der eben genannten Gebiete konnte sie sich bis zum Inkrafttreten des BGB halten.[1990] Der mit dem BGB eingeführte neue gesetzliche Güterstand gehörte dagegen zum Typus der Verwaltungsgemeinschaften.[1991]

c) Die Gütergemeinschaft in Kehdingen

Bereits aufgrund der geographischen Lage und der gleichen Siedlungsgeschichte drängt sich die Annahme auf, dass die Gütergemeinschaft auch in Kehdingen gegolten haben muss. Tatsächlich lassen sich aus den Bestimmungen des Landrechts über das Ehegattenerbrecht dahingehende Rückschlüsse ziehen.

Es wurde bereits gesagt, dass in Tit. XVIII eine hälftige Erbteilung vorgesehen ist. Vor diesem Hintergrund ist diese Bestimmung in einem Rechtsstreit, der am 1. Oktober 1694 vom Hofgericht zu Stade entschieden wurde, mit der Gütergemeinschaft in Verbindung gebracht worden.[1992] Allerdings konnte

---

1987 *Kersting*, Hollisches Recht II, S. 39.

1988 *Grefe*, Hannovers Recht II, S. 52.

1989 A.a.O., S. 61; für die anderen zahlreichen Gebiete vgl. a.a.O., S. 60 ff.; vgl. auch *Roth*, System II, S. 72 f.; vgl. HadelerLR III,17: „*Alsbald Eheleut in dem Ehestandt beysammen kommen, werden ihre Güter unter ihnen gemein, ungeacht die Güter, so sie zusammen bringen, ungleich sein.*"

1990 Vgl. *Kersting*, Hollisches Recht II, S. 41; dabei wirkte der Einfluss *communio bonorum* bis weit in das 20. Jahrhundert hinein fort. Denn in vielen preußischen Provinzen unterlagen alle Ehen, die vor dem 1. Januar 1900 mit diesem Güterstand geschlossen worden waren, von da an den entsprechenden Regeln des BGB über die allgemeine Gütergemeinschaft, vgl. Art. 52 § 1 Abs. 1 S. 1 AusführungsG zum BGB v. 20.09.1899, PrGS. 1899, S. 177 (210): „*Besteht für eine Ehe der gesetzliche Güterstand der allgemeinen Gütergemeinschaft nach einem der Rechte, welche in den Provinzen Schleswig-Holstein, Hannover, Hessen-Nassau und in den Hohenzollernschen Landen gelten, so treten an die Stelle der bisherigen Gesetze die Vorschriften des Bürgerlichen Gesetzbuchs über die allgemeine Gütergemeinschaft.*"

1991 *Brauneder*, Art. Eheliches Güterrecht, in: HRG I (2008), Sp. 1220; in der Gestalt der ehemännlichen Verwaltung und Nutznießung, die bis 1953 den gesetzlichen Güterstand darstellte, vgl. Palandt-*Siede*, Einf. v. § 1363 Rn. 1.

1992 Vgl. *Schlüter*, Kehdinger II, S. 230: „Daß im Lande Kehdingen das Vorgeben einer daselbst *inter conjuges* nach dem s. g. Landrechte, üblichen *communionis bonnorum*, so daß auch nach des einem Ehegatten Absterben auf halb und halb müsse getheilet werden"; Hervorh. typograph.

diese *consuetudo* nicht nachgewiesen werden, denn es hatte als „*Testimus 1mus* der Grefe als ein geübter vieljähriger *judex* und *officialis regius* in seiner Aussage, obgedachte übliche Meinung gründlich widerlegt."[1993] Diese übliche Meinung muss sich allerdings besonders hartnäckig gehalten haben. So hatte sich Mascov noch im Jahr 1738 zu der ausdrücklichen Feststellung veranlasst gesehen, dass die Gütergemeinschaft im Gegensatz zum Retraktrecht in Kehdingen *verbannt* sei.[1994] Gleichwohl richtete die kurhannoversche Verwaltung am 6. September 1743 an die lokalen Gerichte nochmals ein Reskript, mit dem sie versuchte, „*zuverläßige Nachricht einzuziehen: Ob / und in welchen Fällen / auch wieweit* [...] *die Cummunio bonorum inter conjuges oder Gemeinschaft der Güter unter Eheleuten / in dortigem District rechtmäßig hergebracht seye?*"[1995] Daneben wurde sich nach dem Retraktrecht erkundigt. Zur Beantwortung dieser Anfrage wurde den lokalen Autoritäten aufgegeben, sich „*durch eidliche Aussage alter, der Sachen kündigen Leute, anbey mittelst Nachsehung der Acten dasiger Registratur* [...] *deswegen zu erkündigen.*"[1996]

Die archivalisch überlieferte Antwort des Bützflethischen Teils fiel sehr knapp aus. Wegen der ersten Frage nach dem Retraktrecht begnügte man sich mit einer Wiedergabe der Rangfolge der Berechtigten, wodurch man es aber als geltendes Gewohnheitsrecht bestätigte. Wegen der weiteren Frage nach der ehelichen Gütergemeinschaft hieß es lediglich: „*2ter pöste, wegen Gemeinschafft der güter. unter Ehleuten; So oft uns bekandt als Erstens. Carsten Hacken Cuncurs wird In Anno 1709 geschehen sein, dasieger zeit ist der Frawen braut Schatz frey herauß gezogen, vor derozeit, und heute zeigen die acten.*"[1997] Konkreter war die Reaktion des Freiburgischen Landesteils. Dort bekundete man: „In Ansehung der *Communionis bonorum* wäre nichts Gewisses zu berichten, weil bei Theilungs-Sachen die Erben sich gemeiniglich dahin verglichen hätten, daß die Frau oder der Mann etwas von der Erbschaft bekämen, und so wäre es ihres Wissens auch beim Gerichte gehalten worden. Ein mehreres wüßten sie davon nicht zu berichten."[1998]

Zusammenfassend lässt sich sagen, dass die allgemeine Gütergemeinschaft, die von der Hollerkolonisation nach Norddeutschland getragen wurde, in den umliegenden Marschländern teilweise bis ins späte 19. Jahrhundert hinein

---

1993 A.a.O., S. 230 f.; Hervorh. typograph.

1994 Vgl. *Mascov*, S. 150: „*Exsulat contra Communio bonorum inter conjuges.*"

1995 NLA ST, Rep. 74 Freiburg Nr. 112, Bl. 3r.

1996 Ebda.

1997 NLA ST, Rep. 74 Freiburg Nr. 112, Bl. 8r,v.

1998 *Schlüter*, Rescript, S. 147 f.; Hervorh. typograph.

praktiziert wurde. Angesichts der geographischen Lage Kehdingens und seiner gleichartigen Siedlungsgeschichte wäre es kaum erklärlich, warum hier ursprünglich etwas anderes gegolten haben soll, wenn vielleicht auch nicht mehr unbedingt im 18. Jahrhundert. Als ernsthafte Alternative käme für die frühere Zeit nur die Verwaltungsgemeinschaft des Sachsenspiegels in Betracht, aber darauf weist nichts hin. Tatsächlich erhärten sich die Indizien für eine einstmalige Geltung der *communio bonorum inter conjuges* weiter, wenn man die übrigen Bestimmungen des Landrechts zum Ehegattenerbrecht betrachtet.

2. Die Auflösung der Gütergemeinschaft

„Die eheliche Gütergemeinschaft hört [...] durch Scheidung und durch den Tod eines der Ehegatten auf."[1999] Es kam dann dem Grundsatz nach zur Trennung des Gesamtguts.[2000]

a) Allgemeine Weichenstellungen

Waren Kinder vorhanden, dann erhielt der überlebende Gatte im Regelfall zunächst die gesamte Erbschaft, entweder als Eigentum oder zur Nutzung. Allerdings war er dabei durch ein sogenanntes *Verfangenschaftsrecht* der gemeinsamen Kinder gebunden.[2001] Dieses bedeutete letztlich, dass die Kinder anstelle ihres verstorbenen Elternteils in die vormalige eheliche Gütergemeinschaft einrückten, wobei der überlebende Elternteil an den gebundenen Gütern aber eine sogenannte *Leibzucht* erhielt, d.h. ein lebenslanges Nutzungsrecht.[2002] Die Kinder übernahmen den Miteigentumsanteil ihres verstorbenen Elternteils an dem ungeteilten Ehevermögen.[2003] Man spricht insoweit von einer fortgesetzten Gütergemeinschaft (*communio bonorum prorogata*).[2004] Hierdurch war die Erbteilung aufgeschoben,[2005] bis die Gesamthandsgemeinschaft entweder

---

1999 *Fischer-Benzon*, S. 101.

2000 *Coing*, S. 243.

2001 *Ogris*, Art. Schwert- und Spindelteil, in: HRG IV (1990), Sp. 1574.

2002 *Schartl*, in: Ius Commune XVI (1989), S. 265; vgl. *Stobbe*, Handbuch IV, S. 129; vgl. *Brauneder*, Art. Eheliches Güterrecht, in: HRG I (2008), Sp. 1219; vgl. *Fischer-Benzon*, S. 105 ff.

2003 *Roth*, System II, S. 106.

2004 *Coing*, S. 243; vgl. *Brauneder*, Art. Eheliches Güterrecht, in: HRG I (2008), Sp. 1219; vgl. *Stobbe*, Handbuch IV, S. 235; vgl. *Roth*, System II, S. 100 ff.; falls noch nicht abgeteilte Kinder bereits vorverstorben waren, konnte eine solche fortgesetzte Gütergemeinschaft sogar zwischen Großeltern und Enkeln bestehen, vgl. *Stobbe*, Handbuch IV, S. 237.

2005 *Stobbe*, Handbuch IV, S. 103.

durch den Tod des überlebenden Elternteils oder durch eine sogenannte *Abteilung* der Kinder endete, wodurch auch deren Verfangenschaftsrecht erlosch.[2006] Mit der Abteilung wird „die Auskehrung des Antheils der Erben des verstorbenen Ehegatten an der gemeinschaftlichen Gütermasse bezeichnet."[2007] Derartige Rechtsformen fanden „sich in folgenden Statuten: [...] Land- und Marschrecht; Schleswigsche Stadtrechte; Eiderstädt; Hadeln; Alteland; Wursten,"[2008] d.h. also in sämtlichen zu Kehdingen benachbarten Marschländern.

b) Das niederrheinisch-flämische System

Bei der genaueren Ausgestaltung dieser „Auseinandersetzung befolgen die sächsischen Rechtsquellen fünf verschiedene Systeme."[2009] Eines davon war das niederrheinisch-westfälische System. Dieses teilte „das gesamte Vermögen nach den Grundsätzen der *allgemeinen Gütergemeinschaft* quotenweise zwischen dem überlebenden Ehegatten und den Erben des verstorbenen."[2010] Aus mittelalterlichen holländischen Rechtsquellen ist überliefert, dass „wenn eine Ehe geschlossen wird und einer von ihnen stirbt, so wird der Überlebende die Hälfte der Liegenschaften und der Mobilien, die Kinder die andere Hälfte erhalten."[2011] Eine solche drittelnde oder wenigstens hälftige Quotenteilung war hier der Regelfall.[2012] Sie galt im Übrigen nicht nur für die Kinder, sondern auch für entferntere Verwandte, wenn die Ehe kinderlos geblieben war.[2013] Eine entsprechende Regelung zeigt sich im Stader Stadtrecht von 1297.[2014]

Verbreitet war dieses Teilungssystem v.a. in der Dortmunder Stadtrechtsfamilie, zu der auch Hamburg und Schleswig gehörten, sowie in „den meisten Landrechten zwischen Weser und Unterelbe."[2015] In diesem Raum dominierte

2006 Vgl. a.a.O., S. 129.

2007 *Fischer-Benzon*, S. 156.

2008 *Roth*, System II, S. 101; vgl. HadelerLR III,17: „*Derowegen wan ein Manne seine Haußfrauwe mit Tode abgehet, behelt er das halbe Guth und den andern Theil Guts erben die Kinder. Da nun der Vater sich nicht wiederum befreyet, mag er mit den Kindern in ungetheilten Gütern, indem er die unvormindert behelt, besitzen bleibe.*"

2009 *Schroeder*, S. 1.

2010 A.a.O., S. 2; Hervorh. im Original gesperrt; zu den anderen System vgl. a.a.O., S. 1 f.

2011 *Kersting*, Hollisches Recht II, S. 39; vgl. *Drecktrah/Hofmeister*, Art. Altländer Recht, in: Lexikon Altes Land, S. 18 f.

2012 *Stobbe*, Handbuch IV, S. 102 f.; vgl. *Coing*, S. 243: „Bei Tod des Ehegatten wird das gemeinsame Gut in der Regel hälftig geteilt."

2013 Vgl. *Roth*, System II, S. 101 Anm. 28; vgl. *Ogris*, Art. Schwert- und Spindelteil, in: HRG IV (1990), Sp. 1574.

2014 *Bohmbach*, Stadtverfassung, S. 25.

2015 *Schroeder*, S. 2.

die hälftige Teilung, die auch in Mecklenburg, der Mark Brandenburg und dem altpreußischen Ordensland zur Anwendung kam.[2016] Diese Erbfolgeordnung rührte deutlich von niederrheinisch-flämischen Einflüssen her,[2017] sie war eben ein Resultat der Hollerkolonisation.

c) Das Ehegütererbrecht in Kehdingen

Wie oben gesagt, findet sich ein solch hälftiges Ehegattenerbrecht auch in Tit. XVIII des Landrechts und das ältere Schrifttum hat es nicht von ungefähr als Ausprägung des niederrheinisch-flämischen Systems gesehen.[2018] Es wäre auch nicht erkennbar, warum in Kehdingen gerade in diesem besonders durch Partikularrechte geprägten Bereich nicht die gleichen Gewohnheiten gegolten haben sollen, wie in allen siedlungsgeschichtlich identisch geprägten Marschländern der Umgebung. Friedrich E. Pufendorf verweist insoweit auf die sehr ähnliche Regelung im Wurster Landrecht.[2019]

Tatsächlich gibt es archivalische Belege für eine solche hälftige Erbteilung in Kehdingen: Am 28. Juli 1664 erkannte das Landgericht zu Hamelwörden über einen Rechtsstreit zwischen einer in zweiter Ehe verheirateten Frau und ihren Kindern aus erster Ehe; für die Kinder traten die Vormünder als Prozessstandschafter auf. Streitgegenstand war der Nachlass des verstorbenen Ehegatten bzw. Vaters. Dieser hatte 1.000 lübsche Mark in Hamburg hinterlassen. Seine Witwe hatte in dem bei der Erbteilung zu Grunde gelegten Inventar lediglich 400 Mark angegeben. Das Landgericht verurteilte sie nun dazu, von den übrigen 600 Mark die Hälfte an die Kinder auszukehren.[2020]

Dagegen hat Friedrich B. Grefe den Tit. XVIII des Landrechts als Hinweis auf eine *portio statutaria* gedeutet.[2021] Bei dieser statutarischen Portion handelte

2016 Vgl. *Stobbe*, Handbuch IV, S. 102 Anm. 12, m.w.N.

2017 *Schroeder*, S. 2.

2018 Vgl. a.a.O., S. 51.

2019 Vgl. *Pufendorf*, Observationes I, App., S. 154 Anm.: „*Idem Jus prov. Wursatiense habet tit. I. Art. 1. §. 2*“; vgl. WursterLR Art. I § 2: „*Stirbet dann hernacher der Eheleute einer ohne Kinder, so behält der überlebende Krafft sothaner Gemeinschaft das halbe Guth, den übrigen Halbscheid aber nehmen des verstorbenen Ehegatten näheste Erben.*“

2020 Vgl. NLA ST, Rep. 72/172 Freiburg Nr. 4676, LG Kehdingen v. 28.07.1664, Hein / Heinsohns Wittiben: „*Die 1.000 Mk.L. aber von ao 1659, den 30t Octobr. biß 10 May ao 1660 und also zur Zeit der teilung noch in Hamburg völlig gestanden davon aber, bei solcher teilung nur 400 Mk.L. laut inventarij angegeben, daß beklagtin dahero von den übrigen 600 Mk.L. den Kindern die helffte herauß zugeben schuldig, wie sie dan dahin schuldig erkandt.*“

2021 Vgl. *Grefe*, Hannovers Recht II, S. 57 ff., 60.

es sich um ein allgemeines und durch partikulare Gesetze begründetes Intestaterbrecht der Ehegatten, das unabhängig vom jeweiligen Güterrecht bestand. Dem römischen Recht und den älteren deutschen Rechten war ein solches Erbrecht noch fremd gewesen.[2022] Solche *portiones statutariae* tauchen selbst in jenen Partikularrechten auf, „die an sich im Erbrecht durchaus die römischen Regeln akzeptieren."[2023] Diese Deutung von Tit. XVIII geht aber an der Sache vorbei. Schließlich enthält der folgende Tit. XIX Regelungen über eine Abteilungspflicht des überlebenden Ehegatten bei einer Wiederverheiratung, die ohne eine im Allgemeinen praktizierte Gütergemeinschaft keinerlei Sinn hätte.

II. Die Ehestiftungen (Tit. XVIII, XIII)

Diese hälftige Teilung des Nachlasses ist nach Tit. XVIII aber nur subsidiär zu den Ehestiftungen, bei denen es sich, wie gesagt, um die in Tit. XIII geregelten *donationes reciprocae* handelt.

1. Vorrang der Ehestiftungen vor der gesetzlichen Erbfolge

Genau genommen war der Begriff der Heirats- oder Ehestiftung nur eine von vielen Bezeichnungen für Eheverträge (*pacta dotalia*), mit denen das eheliche Güterrecht geregelt wurde[2024] und die typischerweise auch einen Erbeinsetzungsvertrag enthalten konnten.[2025] Solche „Erbeinsetzungsverträge oder kürzer Erbverträge im engsten Sinne sind Verträge zwischen zwei Contrahenten, wonach der Eine, wenn er den Andern überlebt, dessen Erbe werden soll."[2026] Die moderne Lehre der Erbverträge (*pacta de succedendo*) hat der *Usus modernus* ausgeformt.[2027] Daher konnte dieses eigentlich gegen die römische Testierfreiheit verstoßende Rechtsinstitut einen Platz im System des *Ius commune* finden.[2028] Auch in Tit. XVIII kann der Begriff der Ehestiftung nur im Sinne einer Verfügung von Todes wegen verstanden werden, ohne dass es hierbei darauf ankäme, ob diese nach modernen Kategorien als ein gemeinschaftliches

---

2022 *Roth*, System II, S. 249 ff.

2023 *Coing*, S. 608 f.

2024 Vgl. *Brauneder*, Art. Eheliches Güterrecht, in: HRG I (2008), Sp. 1216; vgl. *Schmelzeisen*, S. 64 f.

2025 Vgl. *Beseler*, S. 122 ff.; vgl. *Roth*, System II, S. 35.

2026 *Stobbe*, Handbuch V, S. 281.

2027 *Coing*, S. 589.

2028 Vgl. *Hagemann*, Art. Erbrecht, in: HRG I (2008), Sp. 1378.

Testament oder als ein Erbvertrag aufzufassen wäre; letzteres dürfte aber die häufiger anzutreffende Einordnung sein.[2029]

2. Anforderungen an eine wirksame Ehestiftung

Der allgemeine Charakter einer Ehestiftung bzw. *donatio reciproca* wird in Tit. XIII § 1 des Landrechts geregelt und ist in diesem Zusammenhang bereits beleuchtet worden.[2030] In Erinnerung zu rufen ist zunächst, dass sowohl in Tit. XIII § 1 als auch in Tit. XVIII anklingt, dass die Ehe keine Kinder hervorgebracht haben darf. Hier soll die Darstellung sich nunmehr den §§ 2–7 in Tit. XIII widmen, welche die formelle Errichtung und den Inhalt der gegenseitigen Erbeinsetzung näher ausgestalten.

a) Verfügungsbeschränkungen

Ausdrücklich nicht erforderlich war nach Tit. XIII § 3 eine Zustimmung der Erben; vielmehr ist die Errichtung sogar „*illis invitis (wider deren Willen.)*“[2031] möglich. Dies muss verwundern, denn sofern durch Eheverträge „das gesetzliche Recht der nächsten Erben beeinträchtigt wurde, forderte man ebenso wie für den Abschluß von Erbverträgen oft die Genehmigung der nächsten Erben.“[2032] Daher war üblicherweise deren Hinzuziehung nötig, wenn in einer Ehestiftung eine Erbeinsetzung vereinbart werden sollte.[2033]

Die Authentizität der Bestimmung scheint insoweit fraglich. Allerdings sollte die *donatio reciproca* ja gerade dazu dienen, die Verwandten von ihrem hälftigen Erbrecht an dem Nachlass des verstorbenen Ehegatten auszuschließen. Da ein Erbverzicht nicht immer erwartet werden kann, wäre der mit dem Rechtsinstitut der *donatio reciproca* verfolgte Zweck einer ungeschmälerten Vermögensübertragung häufig nicht erreicht worden. Vor diesem Hintergrund erscheint der Gedanke einer erforderlichen Zustimmung der Erben nicht naheliegend, weshalb eine Authentizität des entsprechenden Passus im Landrecht zumindest als plausibel eingestuft werden kann. Die so ausgeschlossenen Erben waren ja schließlich auch durch die in Tit. XIII §§ 5–7 enthaltenen Auflagen in hohem Maße geschützt.

2029 Vgl. *Grefe*, Hannovers Recht II, S. 501; vgl. auch die thematische Einordnung von *donationes reciprocae* als Erbverträge bei *Coing*, S. 591.

2030 Vgl. oben: III. Teil, 4. Abschnitt, Kapitel B.

2031 KehdLR Tit. XIII § 3.

2032 *Stobbe*, Handbuch IV, S. 85; vgl. *Stobbe*, Handbuch V, S. 186.

2033 *Beseler*, S. 130 f.

b) Formelle Voraussetzungen

Des Weiteren regelt das Landrecht die formellen Anforderungen an die Erbeinsetzung und bestätigt, dass sich diese Art der Errichtung *„noch in viridi observantiâ (in frischem Gebrauche)“* befinde.[2034] Unter Beachtung jener Form abgeschlossene *donationes reciprocae* würden im Landgericht zu Hamelwörden und auch vor den Appellationsgerichten für gültig erkannt werden.[2035]

Inhaltlich spiegeln die *Statuta Kedingensia* hier allgemeinen Erscheinungen wider: Wenn Eheverträge Verfügungen für den Todesfall enthielten, war nach vielen Partikularrechten „die Beobachtung der für letztwillige Verfügungen bestimmten Formen vorgeschrieben.“[2036] So verlangte man beispielsweise die Wahrung der Kodizillform oder der Formvorschriften eines gerichtlichen Testaments.[2037] Die Praxis einer Erklärung vor Gericht wurde dogmengeschichtlich zu einem Bestätigungserfordernis fortgebildet, also zu einer „Confirmation des Geschäftes, welche das Gericht nach angestellter Causa Cognitio zu ertheilen hat.“[2038] Ähnlich verlangt die im Jahr 1693 für die Herzogtümer Bremen und Verden erlassene Polizeiordnung, *„daß hinführo keine Ehe-Notuln, oder andere Dispositiones, sive inter Vivos, sive mortis causâ zu machen / oder gültig zu achten / welche nicht [...] mit approbation der Beampten auffgerichtet werden.“*[2039]

In dieses Bild fügt sich das Kehdinger Landrecht, denn auch nach diesem konnte eine *donatio reciproca* nicht privat errichtet werden. Gemäß Tit. XIII § 4 müssen die Ehegatten die *„unter ihnen getroffene und bewilligte Vermachung der Obrigkeit / als Greven und Häuptleuten zuverstehen geben.“*[2040] Diese müssten dann ihren *Consens* erteilen, die Ehestiftung also genehmigen, woraufhin diese *„durch des Landes Secretarium auffgeschrieben / auch mit des Landes Siegel corroboriret und bestetiget“* würde.[2041] Die Beglaubigung der Ehestiftung mit dem Landessiegel zeigt in besonderem Maße, dass die Landesgemeinde zur Wahrnehmung hoheitlicher Befugnisse berufen war. Denn die meisten

2034 KehdLR Tit. XIII § 4.

2035 Vgl. KehdLR Tit. XIII § 4.

2036 *Roth*, System I, S. 33; vgl. *Stobbe*, Handbuch IV, S. 137: „Soll der Ehevertrag zugleich das Erbrecht regeln, so sind die für die Errichtung von Erbverträgen geltenden Vorschriften zu beobachten.“

2037 *Beseler*, S. 128 f.; vgl. *Schmelzeisen*, S. 65.

2038 *Beseler*, S. 131 f.; vgl. *Schmelzeisen*, S. 65.

2039 PolizeiO-1693 Cap. III § 4.

2040 KehdLR Tit. XIII § 4.

2041 KehdLR Tit. XIII § 4.

Landesgemeinden führten solche Siegel als Ausdruck ihrer politischen Autonomie. Das Siegel Kehdingens zeigte seit dem Mittelalter die Gottesmutter mit Jesuskind und Lilienzepter.[2042]

c) Leibzucht

Anschließend regelt Tit. XIII das Nutzungsrecht des verwitweten Ehegatten an dem Nachlass: Zunächst ist das eheliche Gesamtvermögen in Gegenwart zweier Hauptleute durch den Landessekretär zu inventarisieren.[2043] Danach mag „*das überlebende Theil die verlassene Gütere Zeit seines Lebens vor sich gebrauchen / genützen und geniessen.*"[2044] Insoweit ist der überlebende Ehegatte dazu befugt, über die ihm zustehende Hälfte des ehelichen Vermögens nach freiem Belieben zu verfügen. Die andere Hälfte dagegen ist er „*zuvereussern nicht mächtig / sondern nur den Usum fructum (die Abnützung).*"[2045] Der hier angesprochene *Usus fructus* ist der Begriff des römischen Rechts für eine beschränkt persönliche Dienstbarkeit. „Seit dem Mittelalter wird zwischen *usus fructus causalis* (*materialis*) und *formalis* unterschieden. Der erste bezeichnet das Recht zur Sachnutzung, welches im Eigentum enthalten ist; der zweite das verselbständigte Nutzungsrecht, also den eigentlichen *usus fructus.*"[2046]

Ein lebenslanges Nutzungsrecht an bestimmten Gütern zur Versorgung der Witwe wurde als Leibgedinge oder *Wittum* bezeichnet.[2047] Die Bestimmungen des Landrechts lassen sich insoweit dem Rechtsinstitut der Leibzucht zuordnen, das ja auch bei einer fortgesetzten Gütergemeinschaft mit den Kindern bestand. Die Leibzucht wird bei Stobbe verstanden als ein Eigentumsrecht des überlebenden Ehegatten an dem gesamtehelichen Nachlass, das auf die Ausübung der Nutzungsbefugnisse beschränkt ist und einem Veräußerungsverbot unterliegt, weil insoweit ein Verfangenschaftsrecht der nächsten Verwandten

---

2042 *Hofmeister*, Elbmarschen II, S. 264 f.; die Umschrift lautet „*S. ISTVD EST TERRE KEDINGIE*", vgl. ebda.; eine Abbildung dieses mittelalterlichen Siegels findet sich bei *Hofmeister*, Territorialstaat, S. 213; die Samtgemeinde Nordkehdingen führt dieses Bildnis noch heute als Wappen.

2043 Vgl. KehdLR Tit. XIII § 5: „*Wann aber des verstorbenen Erben darumb bey Greven und Häubtleuten Anforderung gethan / werden die sämptliche Gütere durch des Landes Secretarium in beysein zweyer Häubtleute des Kirchspiels / darin der Todesfall geschehen / inventiret und beschrieben.*"

2044 KehdLR Tit. XIII § 5.

2045 KehdLR Tit. XIII § 6.

2046 *Coing*, S. 311; Hervorh. wie Orig.

2047 *Brauneder*, Art. Eheliches Güterrecht, in: HRG I (2008), Sp. 1217; vgl. *Coing*, S. 239.

besteht.[2048] Es wird durch die *donatio reciproca* zugunsten des überlebenden Ehegatten also eine ähnliche Vermögenslage gewillkürt, wie sie bei einer *communio prorogata* mit Kindern bestanden hätte.

Um die Rechte der Verwandten an der so gebundenen Nachlasshälfte zu gewährleisten, werden in Tit. XIII § 6 Regularien aufgestellt: Sofern der verstorbene Ehegatte es bei Lebzeiten verlangte, sollte der Letztüberlebende eine Kaution leisten, die andere Hälfte des Nachlasses im ordnungsgemäßen Zustand zu erhalten.[2049] In § 7 wird – ähnlich wie bei der prozessualen Sicherheitsleistung mittels einer *cautio juratoria* gemäß Tit. VI – im Falle einer wirtschaftlichen Überforderung hilfsweise eine Eidesleistung für ausreichend erklärt.[2050] Dieser Eid wird „*dan von den Cantzeln abgekündiget / daß sich keiner des Guhts durch einen Kauff oder anderer Gelegenheit halber anmassen soll.*"[2051] Wer sich bösgläubig darüber hinweg setzt, hat den Erben entsprechenden Wertersatz zu leisten, damit diese „*an sothaner Erbschafft nicht mögen zu kurtze kommen / noch mangel leiden.*"[2052] Mit dem Tod des Letztüberlebenden verliert die *donatio reciproca* ihren Regelungsgehalt und nach Tit. XIII § 2 fällt die Erbmasse dann den Verwandten zu; und so „*theilen beyderseits Freunde und Erben die Güter nach Landrechte* […] *als sonst die Erbschafften nach Landt-sittlichem Gebrauche versterben.*"[2053]

III. Ehegattenerbfolge mit Kindern (Tit. XIX)

In Tit. XVIII des Landrechts war insoweit eigentlich nur die Erbfolge in einer Ehe ohne Kinder behandelt worden; lediglich in solch einem Fall war ja eine *donatio reciproca* überhaupt möglich. Hatte die Ehe dagegen Kinder hervorgebracht, kam es üblicherweise zu einer fortgesetzten Gütergemeinschaft; das war auch in Kehdingen nicht anders. Ableiten lässt sich dies aus den Bestimmungen von Tit. XIX. Es handelt sich um den einzigen Titel des Landrechts, der keine eigene Überschrift aufweist.

2048 Vgl. *Stobbe*, Handbuch IV, S. 130 f.

2049 Vgl. KehdLR Tit. XIII § 6: „*Muß das überlebende Theil ad petitionem (auff anhalten) des verstorbenen genugsahme cautionem praestiren (Versicherung thun) daß der halbe Theil in dem Stande / als er ist / bleiben solle.*"

2050 Vgl. KehdLR Tit. XIII § 7: „*Da es aber die Caution nicht praestiren kan / sol es bey dessen Eyde beteuret werden / solches nicht zuverringern.*"

2051 KehdLR Tit. XIII § 7.

2052 KehdLR Tit. XIII § 7.

2053 KehdLR Tit. XIII § 2.

1. Pflicht zur Abteilung der ehelichen Kinder

Nach Tit. XIX § 1 des Landrechts müssen verwitwete Ehegatten vor einer neuen Eheschließung ihre Kinder abteilen.[2054] Dies ist auch in anderen Partikularrechten anzutreffen. So enthält beispielsweise das Wurster Landrecht besonders umfangreiche Regelungen zu einer derartigen *Abteilung.*[2055]

Solche Bestimmungen ergeben nur Sinn vor dem Hintergrund einer zunächst bestehenden ehelichen Gütergemeinschaft, die nach dem Tod eines Ehegatten mit den Kindern fortgesetzt wurde. Die Abteilung ist neben dem Tod des Letztüberlebenden nämlich die einzige Möglichkeit, eine fortgesetzte Gütergemeinschaft (*communio prorogata*) zu beenden und so die wechselseitigen Bindungen aufzuheben.[2056] In den Partikularrechten der umliegenden Marschländer sind diese Elemente des Ehegütererbrechts deutlich ausgesprochen. So behält nach dem Hadeler Landrecht der Mann, wenn „*seine Haußfrauwe mit Tode abgehet,* [...] *das halbe Guth und den andern Theil Guts erben die Kinder.*“[2057] Bei Frauen wird differenziert: Gibt es ein Kind, erbt die Witwe die Hälfte. Sind mehrere vorhanden, erhält sie dagegen nur ein Drittel der Erbschaft.[2058]

Dabei wird die Vermögensmasse zwischen dem überlebenden Ehegatten und den Kindern aber nicht tatsächlich geteilt. Es kommt zunächst nicht zu einer Auskehrung des Erbteils, sondern nur zu einer gewissermaßen ideellen Teilung: „*Da nun der Vater sich nicht wiederum befreyet, mag er mit den Kindern in ungetheilten Gütern, indem er die unvormindert behelt, besitzen bleiben.*“[2059] Damit ist die oben angesprochene fortgesetzte Gütergemeinschaft zwischen dem überlebenden Eltern und den Kindern gemeint. Es rücken also die Kinder in die Stelle ihres verstorbenen Elternteils in die *communio bonorum inter conjuges* ein. Infolgedessen bleiben sie dann miteinander „in ungetheilter Gemeinschaft des ehelichen Vermögens [...] Das Gemeinschaftsverhältnis ist ähnlich

---

2054 Vgl. KehdLR Tit. XIX § 1: „*Wollen sie dan[n] zu der andern Ehe greiffen / muß der Vater seine Kindere abteilen mit deme / was ihre Mutter loco dotis (an statt des Brautschatzes) eingebracht / damit dan[n] die Kindere müssen friedlich sein; Und hinwiederumb / da die Mutter im Leben bleiben würde; ist sie schüldig ihre Kindere von ihres Vatern Gütern abzuteilen.*“

2055 Vgl. WursterLR Art. II–V.

2056 Vgl. *Stobbe*, Handbuch IV, S. 129 f.; vgl. *Roth*, System II, S. 108.

2057 HadelerLR III,17.

2058 Vgl. HadelerLR III,17: „*Da aber der Man für seiner Frauen versterbet, und ein Kind im Lebend verlest, alsdan behelt die Fraue das halbe Guth, sein aber mehr, wird ihr der dritte Theil gefolget.*“

2059 HadelerLR III,17.

aufzufassen, wie das der Gatten während der Gütergemeinschaft; es ist das Verhältniß von Gesammthändern."[2060] Allerdings ist es den Kindern, obwohl sie nominell Miteigentümer sind, versperrt, die daraus resultierenden Rechte auszuüben.[2061] Diese Bindungen erlöschen erst mit der Aufhebung der Gütergemeinschaft durch den Tod des letztüberlebenden Ehegatten oder eben durch die Abteilung der Kinder. Das ist eine tatsächliche Teilung der ehelichen Gütermasse nach jeweils verschiedenen Erbteilsquoten,[2062] im hollerschen Recht also zur Hälfte.[2063] In diesem Fall kam es dann zur Auskehrung des Erbteils.

Eine solche „freiwillige Abschichtung kann der überlebende Ehegatte jederzeit vornehmen."[2064] In einigen Fällen war der Elternteil zu einer solchen Abteilung aber auch verpflichtet, beispielsweise wenn er in ein Kloster ging oder die Töchter sich verheiraten wollten. Vor allem aber bestand diese Abteilungspflicht bei einer Wiederverheiratung des verwitweten Ehegatten.[2065] Dies ist beispielsweise im Wurster Landrecht festgehalten[2066] und galt so auch in den holsteinischen Elbmarschen und im Alten Land.[2067] „Der Sinn dieser Regelung besteht darin, die Kinder aus erster Ehe nicht dadurch zu benachteiligen, daß ihr Anteil in die zweite Ehe eingebracht wird, wo sie diesen dann ggfs. zu einem späteren Zeitpunkt mit etwaigen Stiefgeschwistern teilen müßten."[2068] Genau dies ist in Tit. XIX § 1 des Landrechts gemeint, was noch mehr dafür spricht, dass in Kehdingen ursprünglich die allgemeine Gütergemeinschaft unter Ehegatten galt. Diese Abteilung bei Neuverheiratung ist auch archivalisch belegt: In einem Rechtsstreit, der am 28. Juli 1664 vom Landgericht Kehdingen entschieden wurde, war die Witwe des Verstorbenen eine zweite Ehe eingegangen und hatte deshalb den Kindern die Hälfte der 1.000 lübschen Mark herausgeben müssen, die zu dem Nachlass gehörten; und diese Geldsumme hatte *„zur Zeit der teilung noch in Hamburg völlig gestanden."*[2069]

2060 *Stobbe*, Handbuch IV, S. 236.

2061 Vgl. ebda.

2062 *Fischer-Benzon*, S. 156; vgl. *Roth*, System II, S. 119.

2063 Vgl. *Kersting*, Hollisches Recht II, S. 46.

2064 *Roth*, System II, S. 108.

2065 *Stobbe*, Handbuch IV, S. 103 f.; vgl. *Roth*, System II, S. 108.

2066 Vgl. WursterLR Art. II § 1: *„Stirbet die Fraue, und der Mann begiebt sich wiederum zu der andern Ehe, so muß er seine Kinder abtheilen, und nicht mehr behalten als einen Kindes Theil."*

2067 *Roth*, System II, S. 108 f. Anm. 70.

2068 *Gabriel*, S. 137 f.

2069 NLA ST, Rep. 72/172 Freiburg Nr. 4676, LG Kehdingen v. 28.07.1664, Hein / Heinsohns Wittiben.

2. Erbrecht der abgeteilten Kinder

In Tit. XIX § 3 ist dann der Fall geregelt, dass der wiederverheiratete Elternteil ebenfalls verstirbt. In Bezug auf dessen Güter sind die erstehelichen und abgeteilten Kinder nun zur Erbschaft berufen. Dabei sollen sie aber mit ihren aus der zweiten Ehe hervorgegangenen Halbgeschwistern vollkommen gleichgestellt sein.[2070] Dies entspricht allgemeinen Gepflogenheiten. Die entsprechende Regelung im Hadeler Landrecht ist ganz ähnlich: Wenn ein Vater nach Abteilung seiner erstehelichen Kinder und anschließender Wiederverheiratung selbst verstirbt, „*und da er mit der andern Frauen gleichfalls Kinder erzeugte* [...], *behelt die Frau das halbe Gut mit ihren Kindern, das ander theilen unter sich die Kinder erster und ander Ehe zugleich.*"[2071] Auch im lübischen Teilungssystem erhielten die Kinder der ersten Ehe das Gut ihres verstorbenen Elternteils, das sie mit den Halbgeschwistern aus der zweiten Ehe und dem Stiefelternteil nach Köpfen teilen mussten.[2072]

B. Der Einkindschaftsvertrag (Tit. XIX)

Das Landrecht sah aber eine Möglichkeit vor, bei einer Wiederverheiratung die Abteilung abzuwenden und so die damit verknüpften erbrechtlichen Folgen zu vermeiden. Nach Tit. XIX § 2 entfällt die Abteilungspflicht nämlich dann, wenn „*der oder die jenige / so sich mit dem überlebenden Vater oder Mutter wieder verehliget / die Kinder ehister Ehe für Kinder annehmen*" würde.[2073] Diese Bestimmung spielt auf das gewohnheitsrechtlich weit verbreitete Institut der *Einkindschaft* an.[2074]

2070 Vgl. KehdLR Tit. XIX § 3: „*Wann dann der letzt im Leben gebliebener und zur andern Ehe wieder getretener Vater oder Mutter auch verstorben / und in solcher andern Ehe Kinder gezeuget / werden die vorhin wegen des erst verstorbenen Vatern oder Mutter abgetheilte Kinder auß ehister Ehe / in ihres letzt verstorbenen Vatern oder Mutter Gütern mit dessen oder deren auß anderer Ehe erzeugten Kindern zugleich zugelassen.*"

2071 HadelerLR III,17.

2072 *Roth*, System II, S. 249.

2073 KehdLR Tit. XIX § 2.

2074 Vgl. *Beseler*, S. 170 Anm. 64; vgl. *Pufendorf*, Observationes I, S. 485: „*Videamus etiam, quomodo in statutis & legibus quibusdam provincialibus Germaniae unio prolium definiatur. Simplicissima definitio eaque satis commoda haec est, quae in Status Kehdingensibus Ducatus Bremensis tit. 19. §. 2. traditur, liberos ex priore matrimonio susceptos a novo conjuge pro naturalibus adscisci.*"

Diese Einkindschaft (*unio prolium*) war eine vertragliche Vereinbarung, die im Kern auf die erbrechtliche Gleichstellung von Kindern aus verschiedenen Ehen abzielte[2075] und die „bei Wiederverheiratung des Witwers (wie sie bei der hohen Kindbettsterblichkeit sehr häufig war) verwickelte Vermögensauseinandersetzungen ersparte."[2076] Technisch gesehen handelte es sich um einen Vertrag zwischen den Gatten der zweiten Ehe einerseits und den Kindern aus vorangegangenen Ehen andererseits. Geschlossen wurde dieser Vertrag „meist vor oder gleich nach Eingehung der neuen Ehe [...]. Voraussetzung für seine Gültigkeit war Abschluss vor Zeugen oder vor Gericht. Waren die Kinder noch unmündig, bedurfte es der Zustimmung ihrer Verwandten oder Vormünder."[2077]

Rechtlich ging es darum, das „Verfangenschaftsrecht der nachgebliebenen gemeinsamen Kinder abzuwenden."[2078] Mit dem Einkindschaftsvertrag verzichteten die Kinder auf ihr Verfangenschaftsrecht an den ehelichen Gütern. Im Gegenzug wurden sie den aus der zweiten Ehe hervorgehenden Kindern erbrechtlich gleichgestellt.[2079] Dies bedeutete auch, dass die Kinder ein uneingeschränktes Erbrecht nach ihrem Stiefelternteil erhielten, das nach dem Tode ihres überlebenden leiblichen Elternteils fortbestand.[2080] Der Charakter dieses Rechtsinstituts war am Anfang rein vermögens- und erbrechtlicher Natur. Er wurde später vereinzelt jedoch in den Bereich einer Stiefkindadoption hin ausgedehnt, sodass das Rechtsinstitut eine familienrechtliche Dimension bekam[2081] und von der Gemeinrechtswissenschaft mit den Begriffen der *adoptio* und *arrogatio* in Zusammenhang gebracht wurde.[2082] Dabei blieb die genaue dogmatische Einordnung hoch umstritten.[2083]

2075 *Lipp*, Art. Einkindschaft, in: HRG I (2008), Sp. 1296; vgl. *Wieacker*, S. 232; vgl. *Coing*, S. 588; vgl. *Schmelzeisen*, S. 79.

2076 *Wieacker*, S. 232; vgl. *Stobbe*, Handbuch IV, S. 247.

2077 *Lipp*, Art. Einkindschaft, in: HRG I (2008), Sp. 1297; die Eingehung des Vertrages vor der Eheschließung war sachgerechter, weil sie ja die Abteilung der Kinder verhindern sollte, die ebenfalls vor der erneuten Eheschließung zu erfolgen hatte, vgl. *Stobbe*, Handbuch IV, S. 253.

2078 *Schartl*, in: Ius Commune XVI (1989), S. 265.

2079 Ebda.; vgl. *Schmelzeisen*, S. 79; vgl. *Stobbe*, Handbuch IV, S. 249 f.

2080 *Stobbe*, Handbuch IV, S. 259.

2081 Vgl. a.a.O., S. 249 ff.

2082 *Schmelzeisen*, S. 79; vgl. *Coing*, S. 249.

2083 Vgl. nur die verschiedenen Deutungsmöglichkeiten bei: *Beseler*, S. 173–188; bspw. ordnete Samuel Stryk die Einkindschaft als Erbvertrag ein, vgl. *Luig*, S. 232; *Beseler* lehnte gerade dies ab, vgl. *ders.*, S. 191.

Ursprünglich war dieses „mit der Logik des römischen Rechts unvereinbare“ Rechtsinstitut[2084] als Folge des mittelalterlichen Ehegüterrechts zunächst im fränkischen Rechtskreis entstanden und hatte sich im 14. Jahrhundert ins Mittelrheingebiet ausgebreitet. Seit dem späten 15. Jahrhundert ist es auch nördlich des Mains nachweisbar und wurde bis ins 16. hinein in zahlreiche Stadt- und Landrechte übernommen;[2085] dabei fand die Einkindschaft gerade auch Eingang in viele bekannte Rechtsreformationen.[2086] Genauso wie die Ehegüterrechte, aus denen sie entstanden war, hielt sich die Einkindschaft nach der Rezeption in weiten Teilen Deutschlands.[2087] Für Stryk handelte es sich um eine *consuetudo unversalis Germaniae*, also um eine unbestritten in ganz Deutschland geltende Gewohnheit.[2088] So waren solche Verträge noch Ende des 19. Jahrhunderts gebräuchlich.[2089]

Die untrennbare Verknüpfung der Einkindschaft mit der Gütergemeinschaft[2090] wird in Tit. XIX Kehdinger Landrechts gespiegelt: Nach § 1 ist bei Wiederverheiratung des verwitweten Ehegatten grundsätzlich eine Abteilung der Kinder vonnöten. Nach § 2 ist eine Abteilung dagegen nicht nötig, sofern „*der oder die jenige / so sich mit dem überlebenden Vater oder Mutter wieder verehliget / die Kinder ehister Ehe für Kinder annehmen*“ würde.[2091] Wie diese Verträge über die Eingehung einer Einkindschaft abgeschlossen werden müssen, ist dagegen nicht geregelt. Üblicherweise war, wie erwähnt, eine Bestätigung durch die Obrigkeit, also Gerichte oder Vormundschaftsbehörden, erforderlich.[2092] Das kann nicht verwundern, weil es sich rechtstechnisch gesehen um Erbverträge handelte.[2093]

2084 *Wieacker*, S. 232.

2085 *Lipp*, Art. Einkindschaft, in: HRG I (2008), Sp. 1296 f.; vgl. *Schartl*, in: Ius Commune XVI (1989), S. 274 f.

2086 *Schartl*, in: Ius Commune XVI (1989), S. 275.

2087 Vgl. *Wieacker*, S. 232.

2088 Vgl. *Luig*, S. 232 f.

2089 So ist in einer Entscheidung des Reichsgerichts ein Einkindschaftsvertrag wiedergegeben, der im Bezirk des Landgerichts Lüneburg abgeschlossen wurde, vgl. RG, Urt. v. 13.01.1887, III 183/86 = RGZ 17, 131 (131): „Die Brautleute nehmen den Sohn erster Ehe des Bräutigams dergestalt in Einkindschaft auf, daß derselbe mit den aus der jetzt einzugehenden Ehe etwa erfolgenden Kindern in aller Hinsicht völlig gleiche Rechte erhält.“

2090 Vgl. *Roth*, System II, S. 299; vgl. *Stobbe*, Handbuch IV, S. 250 ff.

2091 KehdLR Tit. XIX § 2.

2092 *Schmelzeisen*, S. 79 ff.; vgl. *Roth*, System II, S. 304, m.w.N.; vgl. *Stobbe*, Handbuch IV, S. 255 f.

2093 Vgl. *Coing*, S. 587 f.

C. *Gesamtbewertung des Ehegattenerbrechts*

Beim Erbrecht der Ehegatten sind nach Tit. XVIII des Landrechts zunächst die Ehestiftungen maßgeblich, bei denen es sich um die in Tit. XIII geregelten *donationes reciprocae* handelt. Gemeint ist eine in der Frühen Neuzeit verbreitete Form von Erbverträgen unter Ehegatten; die üblichen Erfordernisse der Kinderlosigkeit und einer Zustimmung der Obrigkeit klingen im Landrecht deutlich an.

Fehlten solche Ehestiftungen, so griff die in den Tit. XVIII, XIX nur unvollkommen geregelte Erbfolge der Ehegatten. Diese folgte aus dem ehelichen Güterstand, der – wie in sämtlichen umliegenden Marschländern – ursprünglich die allgemeine Gütergemeinschaft (*communio bonorum inter conjuges*) mit dem niederrheinisch-flämischen Erbteilungssystem gewesen sein muss. Möglicherweise war dies nicht mehr an der Schwelle zum 18. Jahrhundert, aber vielleicht doch in früherer Zeit der Fall. Schließlich wird die hälftige Erbteilung in Tit. XVIII ausdrücklich als eine Regel „*nach altem Land-Rechte*" bezeichnet,[2094] die sich in der Region großräuming teilweise noch bis ins 19. Jahrhundert halten konnte.

Die gleichförmige Siedlungsgeschichte, die wiederholten Anfragen übergeordneter Behörden und die in der lokalen Rechtsgemeinschaft offenbar tiefverwurzelte Überzeugung von der Geltung dieser Gewohnheit sind eindeutige Indizien darauf. Diese werden weiter erhärtet durch die in Tit. XIX aufgestellten Bestimmungen über eine Abteilungspflicht und die Möglichkeit, diese durch einen Einkindschaftsvertrag abzuwenden. Denn diese Rechtsfiguren ergeben ohne den Hintergrund der allgemeinen Gütergemeinschaft keinen Sinn, weil die Abteilung zur Aufhebung einer fortgesetzten Gütergemeinschaft führte; die aber notwendigerweise zunächst bestanden haben muss, damit sie später fortgesetzt werden konnte. Dass diese *consuetudines* trotzdem ihre gewohnheitsrechtliche Geltung verloren haben, resultiert möglicherweise aus jenem Phänomen, das als eine Folge der Lehre über die Notorietät skizziert wurde: Gerade die in der Rechtsgemeinschaft allgemein anerkannte Geltung eines Gewohnheitsrechts führte zu seinem Verschwinden, weil es keinen gerichtlichen Streit und mithin keine Präzedenzfälle mehr gab.[2095] Aufgrund seiner allgemeinen Lebenshäufigkeit dürfte der eheliche Güterstand jedenfalls wie kaum ein anderes Rechtsinstitut für ein solches Schicksal prädestiniert gewesen sein.

2094 KehdLR Tit. XVIII.

2095 Vgl. oben: II. Teil, 2. Abschnitt, 4. Unterabschnitt, Kapitel B.-V.-2.

6. Abschnitt – Retraktrecht (Tit. XX–XXI)

Die Tit. XX und XXI des Landrechts regeln das sogenannte *Retrakt-* oder *Näherrecht*; hierbei handelt es sich um Synonyme.[2096]

A. Allgemeine Vorbemerkungen

Das Retraktrecht ist im Rahmen der Untersuchung bereits vielfach angesprochen worden. Es handelte sich bei diesem Rechtsinstitut um eine in Deutschland weit verbreitete „Möglichkeit von Nahestehenden, Veräußerungen zu verhindern oder auf sich selbst umzulenken."[2097] Nicht ausschließlich, aber regelmäßig ging es hierbei um Erbgegenstände und insbesondere Immobilien.[2098] In der Sache war es ein dingliches Vorkaufsrecht,[2099] das in seiner typischen Erscheinung vor allem Verwandten (*ius retractus consanguinitatis*) und Nachbarn (*ius retractus vicinitatis*) zustand.[2100]

I. Wurzel des Retraktrechts im Erbenlaub

Solche dinglichen Vorkaufsrechte waren dem römischen Recht fremd.[2101] Wohl deshalb meinte Spangenberg, das Näherrecht des Kehdinger Landrechts sei germanischen Ursprungs.[2102] Tatsächlich wurzelten die Näher- und Retraktrechte aber „in der mittelalterlichen Gebundenheit des Grundeigentums",[2103] denn dieses war die Grundlage des Familienvermögens.[2104] Verfügungsbeschränkungen über Stammgüter standen im Einklang mit im Sachsenspiegel enthaltenen Rechtsgedanken.[2105] Die Gemeinrechtswissenschaft hatte diese gewohnheitsrechtlichen Vorkaufsrechte daher bereits vorgefunden[2106] und diskutierte als ihren Ursprung eine Konstitution des Stauferkaisers Friedrich

2096 Vgl. *Becker*, Art. Näherrecht, in: HRG III (2016), Sp. 1753 f.
2097 Ebda.
2098 Ebda.; vgl. *Gierke*, Privatrecht II, S. 766; vgl. *Roth*, System III, S. 737 f.
2099 *Schlosser*, Art. Vorkaufsrecht, in: HRG V (1998), Sp. 1045.
2100 Vgl. *Coing*, S. 384.
2101 Vgl. *Becker*, Art. Näherrecht, in: HRG III (2016), Sp. 1753.
2102 Vgl. *Spangenberg*, Rechtszustand, S. 80.
2103 *Gierke*, Privatrecht II, S. 766; vgl. Ssp. LdR I 52.
2104 *Kocher*, Landrecht, S. 67.
2105 Vgl. *Kümper*, S. 512 f., m.w.N.
2106 Vgl. *Schlosser*, Art. Vorkaufsrecht, in: HRG V (1998), Sp. 1045.

II.[2107] Tatsächlich aber waren die Näherrechte eine dogmengeschichtliche Fortbildung des Erbenlaubs,[2108] das bereits oben im Zusammenhang mit den in Tit. XII enthaltenen Verfügungsbeschränkungen bei Schenkungen dargestellt wurde.[2109] Wie gesagt, war das Erbenlaub eine notwendige Zustimmung der Erben zu Veräußerungen oder Belastungen von Grundstücken. Fehlte sie, so war die Verfügung anfechtbar und die Erben konnten das Grundstück von dem Erwerber herausfordern.[2110]

Damit korrespondiert nun Tit. XX, der von einer „*Verkauffung der Erbgüter*" spricht.[2111] Indes erstreckten sich die aus dem Erbenlaub entstandenen Beispruchsrechte aber nicht immer nur auf Erbgüter, sondern mancherorts auf sämtliche Liegenschaften.[2112] Dass es sich in der Sache primär um einen Gegensatz zwischen beweglichen Sachen und Grundstücken handelte, kann man schon am zeitgenössischen Vokabular erkennen: Wurde durch einen Konsens der Erben eine Verfügungsfreiheit herbeigeführt, bezeichnete man dies nämlich als „Fahrendmachung" (*varend maken*), sodass die Erbgüter gewissermaßen verbal mobilisiert wurden.[2113] Dabei galt die Konsensbindung der Erbgüter für alle Geschäfte, gleich ob es sich um Verpfändungen, Veräußerungen, Schenkungen oder testamentarische Verfügungen handelte.[2114] Das liegt auch nahe, schließlich würde der Schutzzweck dieser Beschränkungen – der Erhalt der familiären Stammgüter[2115] – leerlaufen, wenn man die Liegenschaften zwar nicht verschenken und testamentarisch vergeben, wohl aber verkaufen könnte. Insoweit stehen die Beschränkungen in Tit. XII und Tit. XX, XXI miteinander in Verbindung, weshalb „*niemand seine Erb- und Gütere einem*

2107 Vgl. *Gierke*, Privatrecht II, S. 767 f.; vgl. ebda: diese *Constitutio Friderici II de jure protimiseos* wurde in die *Libri feudorum* aufgenommen (LF V,13); vgl. *Walch*, S. 470 f.

2108 *Ogris/Neschwara*, Art. Erbenlaub, in: HRG I (2008), Sp. 1361; vgl. *Coing*, S. 383; der tatsächliche historische Ursprung dieser einheimischen Vorkaufsrechte war für die Rechtspraxis aber ohne Belang, denn dort „dominierten sie unbestritten", *Schlosser*, Art. Vorkaufsrecht, in: HRG V (1998), Sp. 1045.

2109 Vgl. oben: III. Teil, 4. Abschnitt, Kapitel A.-II.

2110 Vgl. *Gierke*, Privatrecht II, S. 786.

2111 KehdLR Tit. XX.

2112 Vgl. *Gierke*, Privatrecht II, S. 788 f.

2113 *Ebel*, Erbgut, in: ZRG GA 97 (1980), S. 40.

2114 A.a.O., S. 27.

2115 Vgl. *Oestmann*, Butjadingen, S. 180.

Wiltfrembden erb- und eigenthümblich verkauffen [kann] ohne vorwissen seiner Bluts-Freunde.“[2116]

Wie die Verwandten ein solches Vorwissen von dem Kauf erlangen sollen, regelt das Landrecht dagegen nicht. Verbreitet war es insoweit, dass der Eigentümer die Grundstücke vorher seinen Verwandten zum Kauf anbieten musste.[2117] Während zunächst eine spezielle Mitteilung erforderlich war, genügte bald eine öffentliche Bekanntmachung.[2118] Dies spiegelt sich auch in den Partikularrechten wider: Sollte die Information in Butjadingen über Einschaltung des Gerichts oder mittels vereidigter Boten geschehen,[2119] war ein beabsichtigter Verkauf von Stammgütern im Land Hadeln drei Sonntage in Folge von den Kanzeln abzukündigen;[2120] dies erinnert an das Jütische Recht, wo die Güter auf drei Thingen feilzubieten waren.[2121] Erst wenn sich dann kein Verwandter oder Nachbar fand, bestand Freiheit zum Verkauf des Landes.[2122] Ähnliche Vorschriften enthält das Bremische Ritterrecht.[2123] Wurde eine Grundstücksübertragung ohne solche Bekanntmachungen vorgenommen, war sie anfechtbar. Den Rechtsbehelf, mit dem die nächsten Erben „einer nicht konsentierten Erbgutsverfügung entgegentreten“ konnten, bezeichnete man als *bisprake* (Beispruch).[2124]

2116 KehdLR Tit. XX § 1; welche Liegenschaften mit dem Begriff der Erbgüter gemeint sind, mag ein Vergleich mit dem Butjadinger Landrecht erhellen. Dort werden jene Güter vom Retraktrecht erfasst, „*welche in auffsteigender / niedersteigender und Seitlinien / so wol im nechsten als fürtern Grad ihren Anfang und Ursprung haben und von dem Besitzer selbst nicht zugewonnen sind*“, ButjadLR Art. 17; allgemeiner dagegen LübStR 3,7,2: „*Es kan kein Sohn oder Erbe vorhindern oder beysprechen ein Hauß / oder ander Erbe / welches der Vater selbst erkaufft / vnd darnach widerumb vorkauffen wil / Were ihme aber das Haus oder Erbe von seinen Vorfahren angeerbet / so kan er dasselbe ohne seiner Kinder vnd Erben laub nicht vereussern / sondern mus bei dem Erbgang bleiben.*“

2117 *Schmelzeisen*, S. 238.

2118 *Gierke*, Privatrecht II, S. 773.

2119 Vgl. ButjadLR Art. 18.

2120 Vgl. HadelerLR II,11.

2121 Vgl. JütischesR I,34.

2122 Vgl. HadelerLR II,11; vgl. ButjadLR Art. 20; in Butjadingen musste zusätzlich eine „*erhebliche dem Gericht gnugsam bescheinigte Ursache und Nothwendigkeit*“ des Verkaufs nachgewiesen werden, ButjadLR Art. 16.

2123 Vgl. RitterR Tit. XIII § 1.

2124 *Ebel*, Erbgut, in: ZRG GA 97 (1980), S. 31.

II. Die Geltung des Retraktrechts in Kehdingen

Die Ausübung dieses Beispruchsrechts ist in Tit. XXI geregelt. Diese Bestimmung war der einzige Teil des Landrechts, der bis ins 19. Jahrhundert hinein allgemein als Gewohnheitsrecht anerkannt war. Die literarischen und archivalischen Zeugnisse für die bis dahin bestehende Fortgeltung des Näherrechts sind umfangreich.

Im Zuge der Darstellung der Rechtsquellenlehre war bereits von einem im Jahr 1710 vom Wismarer Tribunal entschiedenen Appellationsprozess die Rede, der sich um das nachbarliche Retraktrecht der Kirche von Krautsand drehte.[2125] Die Juraten der Kirche bemühten eine Reihe von Beweismitteln, um die von ihnen allegierte *consuetudo* zu belegen. Im Lichte von Zeugenaussagen sei es „*wahr, daß nicht nur nach dem Landes Kehdingen gedrückten Landrecht, sondern es auch bißhero von undencklicken zeiten also gehalten worden, daß der nechste nachbar, wen Ländereyen verkauft, den Beyspruch thun können.*“[2126] Dieser Gebrauch sei so allgemein anerkannt, dass „*wan die zur Seewerts belegene nachbarn, den Beyspruch thun, der Käuffer sich fast nicht eins wiedersetzet, sondern den nachbahren ohne Weitleuffigkeit und streit zuläßet.*“[2127] Auch die beiden Gräfen bestätigten dies in einem Bericht.[2128] Der Erwerber hatte das Gewohnheitsrecht dennoch bestritten; nach Unterstellung der Appellationsführer wegen einer „*bey ihm eingewurtzelten Wiedersetzlichkeit*“ gegen die Kirche.[2129] Diese vermochte den Beweis jedoch nicht zu erbringen, weshalb das Hofgericht und später das Wismarer Tribunal erkannten, dass die *consuetudo* nicht erwiesen sei.

Dieses Einzelfalles ungeachtet konnte das gewohnheitsmäßige Retraktrecht sich in Kehdingen aber allgemein in Geltung halten. In einem Manuskript, das 1736 von dem Stader Vizekanzleidirektor Scharnhorst angefertigt wurde, finden sich mehrere Beispiele für die gerichtliche Übung des Retrakts im späten 17. und frühen 18. Jahrhundert.[2130] Insoweit hält auch Gottfried Mascov

---

2125 Vgl. oben: II. Teil, 2. Abschnitt, 4. Unterabschnitt, Kapitel B.-V.-3.

2126 NLA ST, Rep. 28 Nr. 885, Bl. 20r.

2127 Ebda.

2128 Vgl. NLA ST, Rep. 28 Nr. 885, Bl. 21r: „*Inhalt der diesfals in Übung hieselbst erhaltenen Kedingschen Land Rechtens d. tit. XXI. §. 1. num. 4. so sicher und gewiß, praecaeteris vicinis zu retrahiren gelaßen werden, daß es bey uns desfals keines Recht-Streits noch litigirens noch judicirens, weilen darunter clara verba Statutorum richtiger Maaß legen.*“

2129 NLA ST, Rep. 28 Nr. 885, Bl. 10r.

2130 Vgl. *Schlüter*, Retractrecht, S. 36–39.

es im Jahr 1738 für gewiss, dass von dem Kehdinger Landrecht jedenfalls jener Tit. XXI gewohnheitsmäßig gilt, in welchem den Nachbarn dieses Recht gewährt wird; und zwar nicht nur unter Bauern, sondern auch unter Adeligen.[2131]

Einige Jahre später – am 6. September 1743 – hatte die kurhannoversche Verwaltung mit einem Reskript bei den örtlichen Gerichten nach dem gewohnheitsmäßigen Gebrauch der ehelichen Gütergemeinschaft gefragt. Daneben ersuchte sie noch um Auskunft, inwieweit *„das Jus retractus oder Beyspruchs-Recht* […] *in dortigem District rechtmäßig hergebracht seye?*"[2132] Der Bericht des Bützflethischen Teils ist archivalisch erhalten.[2133] Die eidliche Aussage der einvernommenen Zeugen beschränkt sich indes darauf, die Rangfolge der zur Ausübung des Retrakts Berechtigten festzuhalten.[2134] Die Antwort des Freiburgischen Teils ist in einer umfangreichen Abhandlung enthalten, die der Landessekretär Peter Vagt Ende des 18. Jahrhunderts über das Retraktrecht veröffentlichte.[2135] Zur weiteren Untermauerung der das Retraktrecht bestätigenden Zeugenaussagen gibt er an, er hätte selbst noch einige „Beyspiele in der Registratur des Gerichts Freyburg gefunden, von welchen ich die passende Stellen so auf Treu und Glauben exerpiren will."[2136] Diese Verfahren sind auf alle fünf Kirchspiele des nördlichen Landesteils verteilt.[2137] Bis auf zwei Fälle aus den Jahren 1653 und 1694 stammen sie durchweg aus den Jahren 1715 bis 1756.[2138]

Auch im 19. Jahrhundert galt das Retraktrecht weiter: Im Sommer 1806 erging ein Reskript der preußischen Verwaltung, mit dem diese bei den lokalen Gerichten die geltenden Gewohnheitsrechte anfragte.[2139] Beide Landesteile antworteten, dass bei ihnen das Retraktrecht geltendes Gewohnheitsrecht sei.[2140] Schließlich erkannte der Große Senat des königlichen Obergerichts in Stade

---

2131 Vgl. *Mascov*, S. 149: *„Illud certum, obtinere ejus articulum. XXI. in quo jus Retractus vicinis tribuitur, non tantum inter rusticos, sed etiam inter nobiles.*"

2132 NLA ST, Rep. 74 Freiburg Nr. 112, Bl. 3r.

2133 NLA ST, Rep. 74 Freiburg Nr. 112, Bl. 4 ff.

2134 Vgl. NLA ST, Rep. 74 Freiburg Nr. 112, Bl. 8r: *„Alß Erstes wegen abtrieben oder Beyspruch rechten (als wozu dem hiesigen herkommen nach zu admittiren).*"

2135 Vgl. *Vagt*, S. 173 f.; daneben auch in: *Schlüter*, Rescript, S. 145 ff.

2136 *Vagt*, S. 174; exerpiren = von lat. *excerpere*.

2137 Vgl. a.a.O., S. 186 f.

2138 Vgl. die 18 dargestellten Präzedenzfälle bei: *Vagt*, S. 174–184.

2139 *Schlüter*, Kehdingen II, S. 231 f.

2140 Vgl. *Spangenberg*, Gewohnheitsrechte, S. 86 ff.

noch im Jahr 1854, dass „demnach in dem Lande Kehdingen das Retractrecht wie im Allgemeinen, so auch namentlich der *retractus gentilitius* in Gültigkeit ist; dieser letztere auch nach gemeinem Rechte sowohl, wie auch nach dem im Kehdingschen geltenden Rechte [...] den Vorzug vor dem *retracto ex jure vicinitatis* hat."[2141] Er bezog sich hierbei ausdrücklich auf die *Observationes* von Friedrich E. Pufendorf, die wiederum die Regierungsanfrage des Jahres 1743 wiedergeben.[2142]

Noch in seinem Lehrbuch über das hannoversche Privatrecht von 1860 hält Friedrich B. Grefe über das Kehdinger Landrecht fest, „nur die Gültigkeit des Tit. 21 über Retractrecht ist ausser Zweifel."[2143] Diese Aussage wird in der späteren Literatur zwar wiederholt.[2144] Dies war allerdings überholt, denn ein preußisches Gesetz vom 24. Dezember 1872 hatte alle Rechtsinstitute dieser Art in der Provinz Hannover bis auf wenige Ausnahmen längst aufgehoben und dabei gleichbedeutend von Retrakt-, Näher- und Vorkaufsrechten gesprochen.[2145]

III. Bezeichnungen des Rechtsinstituts

Diese synonymen Begriffsverwendungen in dem preußischen Gesetz zeugen von einer großen terminologischen Vielfalt in diesem Bereich.[2146] Auch das Kehdinger Landrecht nennt in diesem Zusammenhang mehrere Begriffe, nämlich *ius prothimiseos*, *Retractus*, *Beispruch* und *Abtrieb*.[2147] Diese Austauschbarkeit wird ihren Ursprung darin haben, dass in der gemeinrechtlichen Wissenschaft durch das Nebeneinander rezipierter römischer Vorkaufsrechte

---

2141 *Schlüter*, Retractrecht, S. 52; Hervorh. Verf.

2142 Vgl. *Pufendorf*, Observationes IV, S. 54: „*De retractu vicinitatis ex jure inprimis terrae Kehdingensis. §. 1. In terra Kehdingensi partis Butzfleticae secundum jurata testimonia scabinorum terrae a 1743.*"

2143 *Grefe*, Hannovers Recht I, S. 121.

2144 Vgl. *Roth*, System I, S. 96 Anm. 27.

2145 Vgl. Gesetz betreffend die Aufhebung der in der Provinz Hannover bestehenden Vorkaufs-, Näher- und Retraktrechte v. 24.12.1872, PrGS. 1873, S. 2: „*Wir Wilhelm [...] verordnen [...] für die Provinz Hannover, was folgt: §. 1. Die noch bestehenden Vorkaufs-, Näher- und Retraktrechte an Immobilien werden aufgehoben*"; davon ausgenommen waren insbesondere die Stammgüter der bremischen Ritterschaft, vgl. § 3 dieses Gesetzes.

2146 Vgl. *Walch*, S. 15; vgl. *Gierke*, Privatrecht II, S. 766 f.

2147 Vgl. KehdLR Tit. XXI: „*Welche Persohnen solchen Erb-Kauff ex jure prothimiseos, oder Retractus (durch Beyspruchs-Recht) abtreiben können?*"

und althergebrachter Gewohnheiten „eine heillose dogmatische Vermischung“ entstanden war.[2148]

1. Näher- und Beispruchsrecht

Die Bezeichnung des *Näherrechts* rührt daher, dass es einem Näheren zusteht – d.h. einer Person, die einer veräußerten Sache näher steht als der eigentliche Käufer. Gewissermaßen zieht der Berechtigte die an den Dritten veräußerte Sache also zu sich selbst hin, weshalb im deutschsprachigen Raum häufig vom *Zugrecht* gesprochen wird.[2149] Hier liegt auch der Ursprung für die Bezeichnung Retraktrecht, denn die lateinischen Vokabeln *retractus* oder *retrahere* haben genau diese Bedeutung.[2150]

Daneben spricht das Kehdinger Landrecht von einem *„Beyspruchs-Recht“*,[2151] aufgrund dessen die Berechtigten den *„Erb-Kauff* [...] *abtreiben können.“*[2152] Von einem *Abtrieb* sprach man historisch, weil der Retraktberechtigte „den Besitzer entsetzen kann.“[2153] Die Bezeichnung des *Beispruchs* rührt daher, dass „das Recht aus einem Zustimmungs- oder Widerspruchsrecht hervorgegangen ist.“[2154] Des Weiteren tritt im Zusammenhang mit diesen Rechtsfiguren die Bezeichnung *Losung* auf (Erbenlosung, Nachbarlosung, Marklosung usw.).[2155] Dies liegt daran, dass der Berechtigte „den Kaupfreis zahlen, die Sache also einlösen muss.“[2156]

2. Das Ius prothimiseos

In der Überschrift von Tit. XXI ist zuletzt auch von einem Retrakt *ex jure prothimiseos* die Rede. Dieser Terminus illustriert noch einmal die Schwierigkeit, die dogmatischen Begriffe aus der Ära des *Ius commune* trennscharf interpretieren zu können.

2148 *Schlosser*, Art. Vorkaufsrecht, in: HRG V (1998), Sp. 1045.

2149 Vgl. *Gierke*, Privatrecht II, S. 767; vgl. *Ogris*, Art. Retraktrecht, in: HRG IV (1990), Sp. 949.

2150 Vgl. *Ogris*, Art. Retraktrecht, in: HRG IV (1990), Sp. 949; dem entspricht auch franz. *retrait*, vgl. ebda.

2151 KehdLR Tit. XXI.

2152 KehdLR Tit. XXI.

2153 *Gierke*, Privatrecht II, S. 766.

2154 Ebda.; vgl. zu der Auflistung auch *Becker*, Art. Näherrecht, in: HRG III (2016), Sp. 1753 f.

2155 Vgl. *Ogris*, Art. Retraktrecht, in: HRG IV (1990), Sp. 949.

2156 *Gierke*, Privatrecht II, S. 766.

Im römischen Recht bezeichnete man mit dem Begriff des *ius prothimiseos* ein vertraglich vereinbartes Vorkaufsrecht. Hiernach sollte der Verkäufer „den Rückverkauf der Sache verlangen [...] können, sollte der Erstverkäufer sie in der Folgezeit an Dritte weiterverkaufen."[2157] So verstanden, war es ein rein schuldrechtlich wirkendes Vorkaufsrecht, das sich von den dinglichen Näher- und Retraktrechten unterschied.[2158]

Im älteren Schrifttum deutete man das *ius prothimiseos* dagegen anders. So definierte Paul von Roth es über seine Wirkung her: Es sei römischrechtlicher Natur, könne nur gegen den Verkäufer geltend gemacht werden, wobei die Begründung sowohl dinglich als auch vertraglich möglich war. Im Gegensatz dazu stünde das deutschrechtliche und ausschließlich dingliche *ius retractus*, das gegen den Erwerber geltend zu machen sei.[2159] Ein solcher Gegensatz besteht nach der Interpretation Otto von Gierkes hingegen nicht. Nach seiner Auffassung ist das *ius prothimiseos* vielmehr eine der rechtshistorischen Vorstufen des *ius retractus*. Es sei ein dingliches Vorkaufsrecht byzantinischen Ursprungs gewesen, das gemeinsam mit dem langobardischen Lehnsrecht und germanischen Liegenschaftsrechten eine der gemeinsamen Quellen war, aus denen die mittelalterliche italienische Rechtswissenschaft dann die einheitliche Rechtsfigur des Retraktrechts dogmatisch herausgebildet hatte.[2160] In der Ära des *Ius commune* waren *ius prothimiseos* und *ius retractus* wohl schlicht Synonyme;[2161] und deswegen wird es in der Überschrift von Tit. XXI des Landrechts auch so genannt. Im Lübecker Stadtrecht von 1586 ist dies auch die Hauptbezeichnung für das dingliche Vorkaufsrecht.[2162]

B. Der Kreis der Berechtigten

Die Ausübung des Retraktrechts heißt „*retractatio*, der das Recht Ausübende *retractor*."[2163] Demgegenüber ist es im Landrecht „*der Retrahente (welcher den*

2157 *Schlosser*, Art. Vorkaufsrecht, in: HRG V (1998), Sp. 1045.

2158 Vgl. ebda.; vgl. *Becker*, Art. Näherrecht, in: HRG III (2016), Sp. 1754.

2159 Vgl. *Roth*, System III, S. 737.

2160 *Gierke*, Privatrecht II, S. 767 f.

2161 Vgl. *Coing*, S. 383; im Sinne des klassischen Verständnisses dagegen CMBC 4,5,18: „*Es differirt aber ad 1mum Jus Protimiseos oder das Vorkaufs-Recht von dem Jure Retractûs darin, daß das letztere allzeit einen bereits geschehenen Kauf voraussetzt, jenes hingegen ziehlt nur auf die Verhinderung eines bevorstehenden Kaufs, oder anderer Veräusserung.*"

2162 Vgl. LübStR 3,7.

2163 *Ogris*, Art. Retraktrecht, in: HRG IV (1990), Sp. 949; Hervorh. wie Orig.

Kauff beyspricht).“[2164] Die Gründe für die Berechtigung zum Retrakt waren mannigfaltig.

I. Allgemeine Erscheinungen

Nachdem die Retraktrechte aus dem Erbenlaub entstanden waren und primär dem Zusammenhalt familiärer Stammgüter dienten,[2165] war „das verbreitetste gesetzliche Näherrecht […] die aus der familienrechtlichen Gebundenheit des Grundeigentums entsprungene Erbenlosung (*retractus gentilitius* oder *ex jure consanguinitatis*).“[2166] Diese steht in der Tradition des Sachsenrechts und so ist ihr Auftreten in Kehdingen „in der gleichartigen sächsischen Umgebung nichts Besonderes.“[2167] Daneben hatten sich im allgemeinen Rechtsleben noch viele weitere Formen von Retrakten herausgebildet. So gab es ein Recht zur Teillosung (*retractus ex congrui*), das entstand, wenn das Teilgrundstück eines früher einheitlichen Grundstücks veräußert wurde.[2168] Zudem existierte noch die Form der Marklosung (*ex jure incolatus*);[2169] dies war ein Näherrecht der Dorfgenossen,[2170] das durchaus an römisch-rechtliche Vorbilder erinnert.[2171] Aus der Marklosung mag sich das Beispruchsrecht der Nachbarn entwickelt haben, indem ursprünglich eine Bevorzugung der Nachbarn innerhalb der Dorfgemeinschaft bestand.[2172] Jedenfalls entspringt das Näherrecht der Nachbarn nicht der Tradition des Sachsenrechts, weshalb es auch für ein Zeugnis der Hollerkolonisation gehalten wird.[2173] Daneben ist es noch in friesischen Rechtsgebieten verbreitet gewesen.[2174] Um Nachbar in diesem Sinne zu sein, mussten die Grundstücke aneinander grenzen, „es mus *praedium vicinum* seyn.“[2175]

2164 KehdLR Tit. XXI § 3.

2165 Vgl. *Oestmann*, Butjadingen, S. 180.

2166 *Gierke*, Privatrecht II, S. 785; Hervorh. Verf.

2167 *Kersting*, Hollisches Recht I, S. 65.

2168 *Gierke*, Privatrecht II, S. 796.

2169 *Ogris*, Art. Retraktrecht, in: HRG IV (1990), Sp. 949.

2170 *Gierke*, Privatrecht II, S. 791.

2171 Schließlich kannte schon das antike römische Recht „von hellenistischem Volksrecht beeinflußt […] ein Vorkaufsrecht, wonach Grundstücke in einer Dorfgemeinschaft zunächst den anderen Dorfgenossen zum Kauf anzubieten sind“, *Kaser/Knütel/Lohsse*, S. 138.

2172 *Gierke*, Privatrecht II, S. 795 f.; in eine ähnliche Richtung geht *Walch*, S. 472 f.

2173 Vgl. *Kersting*, Hollisches Recht II, S. 65, 79; offen gelassen bei *Coing*, S. 383: „Außerdem hatte sich ein Näherrecht von Nachbarn entwickelt.“

2174 *Kersting*, Hollisches Recht II, S. 67.

2175 *Walch*, S. 475; Hervorh. typograph.

II. Berechtigung nach dem Landrecht

Von diesen vielen Formen kennt das Kehdinger Landrecht nur den Retrakt der Verwandten und den der Nachbarn.[2176] Dabei legt es eine Rangfolge zwischen den verschiedenen Berechtigten fest:

„*1. Erstlich die Vettern.*
2. Nach denen die von der Spil-seite.
3. Darnach die jenigen / so dem Verkäuffer von beyderseits mit Schwiegerschafft zugethan und verwand seyn.
4. Wo diese von ihren Rechten abgestanden / werden die zugelassen / so an der Seeseite benachbahret seyn.“[2177]

Diese Rangfolge wird durch archivalische Quellen vom Prinzip her bestätigt, aber auch ergänzt. Auf die Regierungsanfrage des Jahres 1743 sagten die Zeugen im Bützflethischen Teil bei ihrer Einvernahme aus, es bestehe folgende Rangfolge:

„*1 tens Die Nächste Freundtschafft*
2 tens Von Land, langst ander Land, oder hof.
3 tens See Seite oder West Seite.
4 tens Ost Seite.
5 tens Süden.
6 tens Norden.“[2178]

Im Freiburgischen Distrikt lautete die Antwort übereinstimmend, „daß die Blutfreundschaft der Nachbarschaft vorgezogen würde: wenn solche sich aber nicht fünde; so könnte der Nachbar von der See-Seite, wenn der aber nicht wolte, der von der Ost-Seite, so dann die Süder- und endlich die Norder-Seite [...] den Beyspruch exerciren.“[2179] Im Anschluss an diese Übereinstimmungen hatte man im Bützflethischen Teil noch eine weitere Fallgruppe genannt: „*7tens wan Creditoren, in Cuncurs zu fallende Landereyen, hinwiederum verkauffen,*

2176 Vgl. *Vagt*, S. 171 f.
2177 KehdLR Tit. XXI § 1.
2178 NLA ST, Rep. 74 Freiburg Nr. 112, Bl. 8r; diese Rangfolge wurde so auch von *Pufendorf* wiedergegeben, vgl. *Pufendorf*, Observationes IV, S. 54 f.: „*In terra Kehdingensi partis Butzfleticae secundum jurata testimonia scabinorum terrae a 1743. edita juris protimiseos talis ordo observatur, ut primum locum proximus cognatus occupet, dein-tractus & de vicinus, wenn Land längst ander Land oder Hof, tum vicinus ordo. ex parte occidentali, See-Seite oder West-Seite, tum ex regione vicinus orientali, postea ex australi, denique ex boreali.*“
2179 *Vagt*, S. 174; vgl. *Schlüter*, Rescript, S. 145.

gebührt obgesatzte rechten, des beyspruch oder abtreiben.“[2180] Dies soll wohl ausdrücken, dass das Retraktrecht nicht nur bei einem eigenhändigen Verkauf an Dritte stattfand, sondern auch, wenn die Ländereien im Rahmen eines Konkurses durch Zwangsversteigerung veräußert wurden.[2181]

Die archivalischen Zeugnisse belegen, dass die Rangfolge des Landrechts authentisch war. Gerade diese Frage war auch ein Ausdruck partikularer Besonderheiten, „der Kreis der berechtigten Verwandten war in den einzelnen Gewohnheiten verschieden bestimmt.“[2182] Es ist insoweit herauszustreichen, dass Tit. XX und XXI miteinander korrespondieren: Tit. XX nennt in § 1 als Berechtigte die Vettern von der Schwert- und der Spindelseite und stellt in § 2 klar, dass Verschwägerte gleichsam berechtigt sind.[2183] In Tit. XXI Nr. 1–3 listet das Landrecht dann Vettern, solche von der Spindelseite und Verschwägerte in dieser Reihenfolge auf.[2184] Mit dem Begriff der Vettern sind dort die Schwertmagen gemeint.[2185]

Einen solchen Vortritt der Schwert- vor der Spindelseite hatte das reformierte Dithmarscher Landrecht von 1567 in Abkehr von früheren Bestimmungen ausdrücklich aufgehoben.[2186] Das Eiderstedter Landrecht differenziert: Wurden die Güter von der Schwertseite geerbt, haben die Schwertmagen den Vorzug vor den Spindelmagen. Kommen die Erbgüter dagegen von der Spindelseite, ist es umgekehrt.[2187] Insofern ist durchaus möglich, dass Schwert- und Spindelmagen auch in Kehdingen nicht gleichermaßen zum Beispruch berechtigt waren.

2180 NLA ST, Rep. 74 Freiburg Nr. 112, Bl. 8r; vgl. *Pufendorf*, Observationes IV, S. 55: „*Postremo si creditores agros in concursu creditorum optatos vendant.*“

2181 Möglicherweise ist auch das römisch-rechtliche Vorkaufsrecht aus einer *venditio bonorum* gemeint, das den Gläubigern und Verwandten des Schuldners bei einer Versteigerung von dessen Gütern zustand, vgl. *Schlosser*, Art. Vorkaufsrecht, in: HRG V (1998), Sp. 1044.

2182 *Coing*, S. 384.

2183 Vgl. KehdLR Tit. XX §§ 1 f.

2184 Vgl. KehdLR Tit. XXI Nr. 1–3.

2185 Vgl. *Pufendorf*, Observationes I, App., S. 156 Anm.: „*Vettern i.e. Agnati, forte ita proprie dicti, quia emtorie per patrem conjunguntur*“; vgl. *Walch*, S. 370 f.

2186 Vgl. DithmLR Art. 68 § 8: „*Und schall hiermede de Vortritt / den de Schweerdside nah dem olden Ditmarschen Landrechte vör der Spillsiden gehatt / deger und alle syn upgehaven / und allene dat negeste Bloht / yt sy van der Spillsiden / effte Schweerdsiden werde vörgetagen.*“

2187 Vgl. EiderstedtLR III,35.

Soweit das Kehdinger Landrecht dann noch die Schwägerschaft berücksichtigt, stellt dies indes auf jeden Fall eine rechtshistorische Singularität dar.[2188]

Aus einer Gesamtschau des Landrechts mit den archivalischen Zeugnissen lässt sich demnach folgende siebenstufige Rangfolge ausmachen: 1) Schwertmagen, 2) Spindelmagen, 3) Verschwägerte, 4) Nachbarn im Westen, 5) im Osten, 6) im Süden und 7) im Norden. Bei alledem ist auffällig, dass der Kreis der potenziell berechtigten Verwandten theoretisch unbegrenzt bleibt. Selbst nach der ausdrücklichen Feststellung des Landrechts ist „*bißhero keine gewisse Masse / wie weit sich die Freund- oder Schwiegerschafft erstrecken soll / gehalten oder verordnet worden.*“[2189] Dies soll nach einer im Schrifttum geäußerten Auffassung ein Zeugnis für unterschiedliche Zählweisen des hollerschen und sächsischen Rechts in Bezug auf die Verwandtschaftsordnung darstellen.[2190] Das dürfte aber an der Sache vorbeigehen. Vermutlich ist es schlicht nur Ausdruck einer Unsicherheit über die Reichweite der *consuetudo*. Ein Vergleich mit anderen Landrechten lässt annehmen, dass die Berechtigung nicht allzu weit und schon gar nicht unbegrenzt reichen konnte: Im Alten Land bestand das Retraktrecht nur bis ins dritte Glied,[2191] in Butjadingen waren die Güter vor dem Verkauf den Verwandten nur bis in den dritten Grad anzubieten.[2192] In Eiderstedt ging man noch bis ins vierte Glied.[2193] Dies dürfte einen Orientierungspunkt auch für die Verhältnisse in der Landesgemeinde Kehdingen darstellen.

Soweit es die Retraktrechte der Nachbarn betrifft, versucht Friedrich E. Pufendorf die Rangfolge zu ergründen. Letztlich erklärt er diese mit den geographischen Gegebenheiten und Billigkeitserwägungen: Der westliche Nachbar habe den ersten Zugriff auf das östliche Land, weil es den westlich gelegenen Grundstücken durch die Anschwemmungen der östlich vorbeifließenden Elbe

2188 *Gierke*, Privatrecht II, S. 789 Anm. 19; vgl. allerdings EiderstedtLR III,35: „*Es sollen auch die Blutfreünde / Schwäger / vnd Landtleger macht haben / so wol die zugekaufften vnd wollgewonnen Güter / Als die Erbgüter bey zusprechen.*“

2189 KehdLR Tit. XX § 3.

2190 So nämlich: *Kersting*, Hollisches Recht II, S. 37.

2191 *Kersting*, Hollisches Recht II, S. 37; vgl. Vgl. AltesL-Ref, Van Kopen vnd Verkopen der guetere: „*So auerst jemandt sick vor den negsten Erven deß Vorkopers berekenen, vndt bewisen konte, dat he dem Verkoper in dat drütte gelidt verwandt vnd solken Kop bythosprecken gemeinet wehre.*“

2192 Vgl. ButjadLR Art. 18.

2193 Vgl. EiderstedtLR III,35.

hinzugefügt wurde.[2194] Pufendorf greift hier auf den Gedanken des *jus alluvionis* zurück, also auf „das Zuwachs- oder Anstössungs-Recht."[2195] Dies meint im römischen Recht eine Form des Eigentumserwerb durch einen öffentlichen Fluss: Wenn ein solcher neuen Grund und Boden schafft – sei es durch Bildung einer Insel, Änderung des Flussbettes oder Anschwemmungen (*alluviones*) – erhält derjenige daran das Eigentum, dessen Grundstück als nächstes benachbart ist.[2196] Gewissermaßen spiegelbildlich zu dem dadurch legitimierten ersten Rang der westlichen Nachbarn folgt für Pufendorf der zweite Rang der östlichen Nachbarn. Dieser sei im Übrigen durch die hohe Last des Wassers gerechtfertigt, das aus den höhergelegenen westlichen Äckern in die Elbe abfließt.[2197] Weil die Elbe das Land schließlich auch vom Norden her anschwemmt, sei der dritte Rang der südlichen Nachbarn angezeigt.[2198] Vor diesem besonderen lokalen Hintergrund ist erklärlich, dass diese Reihenfolge nicht im gesamten Herzogtum Bremen verbreitet war.[2199]

C. Die Modalitäten der Rechtsausübung

Nach der Überschrift geht es in Tit. XXI eigentlich nur um die Frage, wer zur Ausübung des Retrakts berechtigt ist. Gleichwohl regeln die §§ 2–4 auch die Art und Weise der Rechtsausübung; aus der Perspektive heutiger Kategorien handelte es sich beim Retrakt um ein Gestaltungsrecht.

2194 Vgl. *Pufendorf*, Observationes IV, S. 55: „*Cujus rei ratio si inspiciatur, primaria, haec videtur esse, quod Terra vetus & Kehdingensis Ducatus Bremensis Albim fluvium ex occidente contingunt, & quod procul dubio hae terrae Marsicae alluvione versus occidentem porrecta natae sunt. Agri igitur versus Orientem siti occidentalibus originarie per alluvionem adjuncti & quasi a fluvio adjecti sunt, ut dominium primum occidentalium agrorum possessoribus obveniret.*"

2195 *Oberländer*, Stichw. Jus alluvionis, S. 413.

2196 *Windscheid*, Lehrbuch I, S. 637 ff., m.w.N.

2197 Vgl. *Pufendorf*, Observationes IV, S. 55 f.: „*Nihil autem deinde magis aequo convenit, quam ut vicinus ex oriente succedat. Quod praeter allata testimonia primum ex jure reciproci defenditur, quia vicinus occidentalis orientales agros retrahit. Deinde, quod agri orientales, originarie pars & accessorium occidentalium agrorum fuerunt. Accedit autem onus aquam superiorum agrorum recipiendi molestissimum.*"

2198 Vgl. a.a.O., S. 56: „*Deinde merito ex australi parte vicinus borealem antecedit, praesertim, quia Albis versus boream quoque terram Kehdingensem praeterlabitur, & alluviones ibi versus austrum fiunt.*"

2199 Vgl. *Pufendorf*, Observationes I, S. 353: „*Verum haec consuetudo ad Ducatum Bremensem universum non pertinet.*"

I. Frist

Die Ausübung des Retraktrechts war fristgebunden. Allgemein üblich war ein Zeitraum von einem Jahr und Tag.[2200] Genau das findet sich auch in Tit. XXI § 4 des Landrechts wieder, es *„muß die Abtreibung des Kauffs geschehen binnen Jahr und Tag* [...] *nach verlauff Jahres und Tages aber / ist des Retrahenten Jus retractus (oder Beyspruchs-Recht) erloschen.*"[2201] Angesichts der allgemeinen Verbreitung dieser Frist ist es fraglich, wenn Kersting meint, „die Ausschlußfrist von Jahr und Tag für die Geltendmachung von Ansprüchen des Erben an Erbgut ist Hollisches Recht."[2202] Sie findet sich so auch in der Reformation des Alten Landes.[2203] In Butjadingen betrug die Frist ein Jahr und sechs Wochen.[2204] Das Hadeler Landrecht nennt grundsätzlich die Jahresfrist; eine Ausnahme gilt, wenn der Verwandte außerhalb des Landes ist und von dem Kauf nichts weiß. Dann gilt die *„Sächsische Frist als 30 Jahr 6 Wochen 3 Tage [um] die Güter beyzusprechen.*"[2205] In Dithmarschen bemaß man die Frist auf sechs Wochen und nur bei Auswärtigen auf ein Jahr und einen Tag.[2206]

Weil die starre Jahresfrist zu Unbilligkeiten führen konnte, entsprach es allgemeiner Praxis, dass sie erst mit der Kenntnis des Berechtigten zu laufen begann.[2207] So ist es ebenfalls im Kehdinger Landrecht, auch hier rechnet man Tag und Jahr erst *„â tempore scientiae, (von der Zeit an / da man von dem Kauffe wissenschafft erlanget).*"[2208] Alternativ zu einer persönlichen Kenntnisnahme wurde mancherorts stattdessen auf die öffentliche Verkündung des Kaufs abgestellt.[2209] Sofern der Berechtigte im Zeitpunkt des Verkaufs noch minderjährig war, begann die Frist üblicherweise erst mit dem Erreichen der Mündigkeit zu laufen.[2210]

2200 *Ogris/Neschwara*, Art. Erbenlaub, in: HRG I (2008), Sp. 1361; vgl. *Gierke*, Privatrecht II, S. 783; vgl. *Ebel*, Erbgut, in: ZRG GA 97 (1980), S. 30 f.

2201 Vgl. KehdLR Tit. XXI § 4.

2202 *Kersting*, Hollisches Recht II, S. 79; vgl. auch *Drecktrah/Hofmeister*, Art. Altländer Recht, in: Lexikon Altes Land, S. 18 f.

2203 Vgl. AltesL-Ref, Van Kopen vnd Verkopen der guetere: *„De moth solcke Bysprake dohn binnen Jahr vnd tages vor den Vndergerichten.*"

2204 Vgl. ButjadLR Art. 21.

2205 HadelerLR II,11.

2206 Vgl. DithmLR Art. 68 pr.

2207 *Ebel*, Erbgut, in: ZRG GA 97 (1980), S. 36 f.; vgl. *Schmelzeisen*, S. 238.

2208 Vgl. KehdLR Tit. XXI § 4.

2209 *Gierke*, Privatrecht II, S. 784.

2210 *Ogris/Neschwara*, Art. Erbenlaub, in: HRG I (2008), Sp. 1361; vgl. *Ebel*, Erbgut, in: ZRG GA 97 (1980), S. 37.

II. Entschädigung des Käufers

Die Ausübung des Retraktrechts führte dazu, dass der Berechtigte in den geschlossenen Kaufvertrag eintrat. Er hatte demnach den Kaufpreis und die entstandenen Nebenkosten zu erstatten, aber auch andere Verpflichtungen des Käufers zu erfüllen.[2211] Sofern die Parteien des Kaufvertrages zum Schein einen deutlich überhöhten Preis vereinbarten, um die Retraktberechtigten abzuschrecken, war von Amts wegen ein angemessener Kaufpreis festzusetzen.[2212] Dementsprechend wird in Tit. XXI § 2 des Landrechts eine Entschädigungspflicht normiert. Der Retrahent müsse „*alles dasjenige / so der wilt-frembde Käuffer was er an Weinpfenninge und Gottes-gelde angewandt hat / beneben dem Kauffgelde dar haben / und in ipso retractus actu (indeme der Beyspruch geschiehet) zur Stete legen / und damit den Käuffer contentiren.*“[2213]

1. Weinkauf

Neben dem Kaufpreis hat der Retrahent dem ursprünglichen Erwerber des Grundstücks also auch noch den *Weinpfennig* zu ersetzen. Hier ist der sogenannte *Weinkauf* oder *Litkauf* erkennbar. Damit bezeichnete man ein altertümlich anmutendes Ritual, das im Zusammenhang mit Vertragsschlüssen durchgeführt wurde: „Die Beredung der Parteien kann dadurch für sie bindende Kraft erlangen, daß sie zu ihrer Abschließung Zeugen zuziehen und sich mit ihnen nach der Vertragsfestsetzung zu einem gemeinschaftlichen Mahl oder Trunk niederlassen. [...] Durch das Mahl wird bekundet, daß die Verhandlungen zum Schluß gediehen sind, daß volle Einigkeit hergestellt und das Geschäft abgeschlossen ist.“[2214] Dieser Vorgang war insoweit bedeutsam, als die Zeugnisse der anderen Litkaufleute in einem Rechtsstreit über den Abschluss des Vertrages als Beweis aufgeboten werden konnten.[2215] Besonders deutlich treten solche Vorgänge in der Reformation des Alten Landes zu Tage. Wer den Beispruch ausübt, soll hiernach „*dat Koepgeldt mit den Gadespenninge, wo de dedings Lüde, so by dem geschehenen Kope an vnd aver gewesen, vnd den Winkoep getruncken, darvon betügen, in dem Gerichte nedder leggen.*“[2216]

2211 *Gierke*, Privatrecht II, S. 766; vgl. CMBC 4,5,7: „*Alle und jede in dem Kaufs-Contract enthaltene Conditiones müssen 1mò von dem Einsteher in der Mas, wie sie dem Käuffer obgelegen gewest, genau erfüllt werden.*“

2212 *Schmelzeisen*, S. 244.

2213 Vgl. KehdLR Tit. XXI § 2.

2214 *Stobbe*, Handbuch III, S. 63; vgl. *Gierke*, Privatrecht III, S. 338.

2215 *Stobbe*, Handbuch III, S. 63; vgl. *Gierke*, Privatrecht III, S. 338.

2216 AltesL-Ref, Van Kopen vnd Verkopen der guetere.

Auf die frühen Wurzeln dieses Rituals weist zunächst die Formulierung *dedings Lüde* hin; auch das mittelalterliche Jütische Recht verlangte, dass Land nur auf einem „Ding“ – d.h. einem Thing – verkauft werden durfte, damit der Vertragssabschluss durch das Thingzeugnis bewiesen werden konnte.[2217] Erforderlich ist nach der Altländer Reformation weiter, dass diese Thing-Leute bei dem geschehenen Kauf *an vnd aver gewesen* sein müssen. Die Anwesenheit war also die Voraussetzung für die Teilnahme am späteren Umtrunk. Dies liegt auf der Hand, wenn aus dem Zeugnis über das abgehaltene Weingelage direkt auf den vorherigen Abschluss der Vereinbarung rückgeschlossen werden soll. Vor diesem Hintergrund wird auch zu sehen sein, dass zum Beispruch Berechtigte, die am Weinkauf teilnahmen, ihr *jus retractus* verwirkten.[2218] Dieses Rechtsinstitut baut gedanklich schließlich auf einer Übergehung des erforderlichen Erbenlaubs auf, also auf einer fehlenden Kenntnis des Berechtigten von dem Kaufvertrag. Auf eine solche Unkenntnis wird sich indes nicht berufen können, wer den Vertragsabschluss – gemeinsam mit den Parteien – bei einem Umtrunk für alle sichtbar zelebriert hat.

Eine durch ein solches Ritual begleitete Vereinbarung war eine Sonderform des *Arrhalvertrages*.[2219] Damit bezeichnete man eine Art des Vertragsabschlusses, bei dem eine geringfügige Gabe gezahlt wurde, „die als Handgeld (*arrha*) in sinnbildlicher Weise die künftige Leistung vorläufig vertrat.“[2220] Die Hingabe einer solchen *arrha* war in der gemeinrechtlichen Praxis weit verbreitet, sie wurde aber eben „nur als Beweisanzeichen, nicht als verbindende Form aufgefaßt.“[2221] Ein solches Handgeld als Beweiszeichen i.S.v. § 292 ZPO für den Vertragsschluss kennt das heutige deutsche Zivilrecht noch in § 336 Abs. 1 BGB als *Draufgabe*.[2222]

2. *Gottespfennig*

Eine andere früher verbreitete Unterform des Arrhalvertrages stellte der sogenannte *Gottespfennig* dar, „der in einem zur Bekräftigung des Vertragsschlusses für die Kirche, die Armen oder einen sonstigen frommen Zweck gespendeten Geldbetrage bestand.“[2223] Eben diese Zahlung ist mit dem *Gottesgeld* gemeint,

2217 Vgl. JütischesR I, 37 f., 42.
2218 *Walch*, S. 285.
2219 *Gierke*, Privatrecht III, S. 338.
2220 A.a.O., S. 336; Hervorh. Verf.
2221 *Coing*, S. 450 f.
2222 Vgl. Palandt-*Grüneberg*, § 338 Rn. 1.
2223 *Gierke*, Privatrecht III, S. 338; vgl. *Stobbe*, Handbuch III, S. 62 f.; vgl. DWB 8, Stichw. Gottespfennig, Sp. 1290 ff.

das in Tit. XXI § 2 neben dem Weinpfennig auftaucht; auch in dem entsprechenden Passus der Altländer Rechtsreformation findet er sich, ist dort doch von einem „*Gadespenninge*" die Rede.[2224]

Das Landrecht setzt insoweit voraus, dass derartige Handlungen im Zusammenhang mit Kaufverträgen über Immobilien getätigt wurden. Da sie allgemein weit verbreitet waren, ist eine Authentizität der Regelung plausibel. Dies gilt umso mehr, als es sich um besonders bedeutsame Geschäfte handelte, bei denen ein praktisches Bedürfnis nach Beweiszeichen bestand. Dass der Retrahent nunmehr dem Käufer das, was er im Zusammenhang mit dem Vertragsschluss „*an Weinpfenninge und Gottes-gelde angewandt hat*",[2225] ersetzen muss, ist ebenfalls naheliegend. Schließlich handelt es sich im Ergebnis um nutzlose Aufwendungen. Es entsprach auch damaligem Brauch, dass „der Zugberechtigte außer dem Kaufpreis nebst Weinkauf und Gottespfennig [...] die notwendigen Auslagen zu erstatten" hatte, die auf dem Grundstück ausgeführt wurden;[2226] sie waren Teil des Nebenkaufgeldes.[2227] Daher erkannte auch das Gräfengericht Freiburg für Recht, dass ein Retrahent „*den Kauffschilling nebst denen erweißlichen Kosten* [...], *zu bezahlen schüldig*" ist.[2228]

III. Eid des Retrahenten wegen seines Eigenbedarfs

Nach Tit. XXI § 3 muss der Retrahent auf Verlangen des Käufers im Gericht einen Eid schwören, dass er das beigesprochene Grundstück für sich selbst erwirbt.[2229] Man muss annehmen, dass ein solcher Eigenbedarf nicht nur auf Verlangen des Käufers gefordert war, sondern allgemein vorliegen musste und nur im Zweifelsfall per Eid zu bekräftigen war. Ansonsten wäre nicht ersichtlich, aus welchem Grund die Verpflichtung zu einer Eidesleistung überhaupt

---

2224 Vgl. AltesL-Ref, Van Kopen vnd Verkopen der guetere.

2225 Vgl. KehdLR Tit. XXI § 2.

2226 *Schmelzeisen*, S. 243; vgl. CMBC 4,5,6: „*Es ist nicht genug, daß Einsteher den Käuffer seines ausgelegten Kauf-Schillings halber befriedige, sondern er muß ihm auch in anderweg, um deren in Ansehen des Kaufs verwendeter redlicher Köstenwegen, ein Gnügen leisten.*"

2227 *Walch*. S. 191 f.

2228 NLA ST, Rep. 28 Nr. 885, Bl. 26v, GräfenG Freiburg v. 11.12.1694, Brunschwieck / Heynsohns Wittibe.

2229 Vgl. KehdLR Tit. XXI § 3: „*Da auch der Käuffer gerichtlich darumb fordert / muß der Retrahente (welcher den Kauff beyspricht) bey seinem cörperlichem Eyde im Gerichte schweren / daß er für sich selbst / und keinem andern zum besten / den geschehenen Kauff abtreibe.*"

bestehen sollte. Dafür spricht auch ein Vergleich mit dem Eiderstedter Landrecht. Dort heißt es: „*Es soll aber der jenige, so den Kauff beysprechen will / Er sey Blutverwandter / Landtleger / oder Nachbawr / sich selbß vnd seinen Kindern / vnd keinem andern / solche Beyspruche zu gute thun: Wurde daran gezweiffelt / soll er es bey seinem Eyde erhalten.*“[2230]

Dies entsprach den allgemeinen Gepflogenheiten. Der Retraktberechtigte „darf sein Recht nur im eigenen Interesse und in dem seiner Kinder oder Erben, nicht indes zugunsten eines Dritten ausüben, es auch nicht einem Dritten abtreten. Er darf es auch nicht ausüben in spekulativer Absicht, sondern nur, wenn er das Grundstück selbst nutzen und behalten will.“[2231] Dieser Eigenbedarf war auf Verlangen gemeinhin durch Eidesleistung zu bestätigen. Das gleiche gilt in Bezug auf die Vertragsbedingungen, insbesondere den vereinbarten Kaufpreis. Eine Verweigerung des Eides hatte einen Verlust des Retraktrechts zur Folge und konnte einen Strafprozess wegen versuchten Betruges nach sich ziehen.[2232] In diesem Sinne verlangt auch das Hadeler Landrecht einen solchen Eigenbedarf und droht für den Fall des Betruges die Unwirksamkeit des Beispruchs an.[2233] Eine Authentizität der Regelung steht insoweit außer Frage.

D. Bewertung

Die Retraktrechte der Verwandten und Nachbarn waren in Nordwestdeutschland weit verbreitet. Viele Landrechte kannten sie und als Gewohnheitsrecht hielten sie sich in der Region, etwa in Osterstade,[2234] im Alten Land,[2235] in Wursten[2236] und in Stade.[2237] Das war auch in Kehdingen der Fall: Die vom

2230 EiderstedtLR III,35.

2231 *Schmelzeisen*, S. 245; vgl. *Ebel*, Erbgut, in: ZRG GA 97 (1980), S. 35.

2232 *Schmelzeisen*, S. 247.

2233 Vgl. HadelerLR II,11: „*Und sol derselbe solch beysprochen Gut selbst gebrauchen und besitzen, und es niemandt anders dan sich selbst zum Besten thun, sonst soll der abgetriebene, nachdem der Betrug befunden, wiederum den Zutritt zu dem Gute haben, und der ander des entsetzet sein.*“

2234 Vgl. *Mascov*, S. 153: „*In Praefectura Hagensi orae Osterstadiensis jus Retractus ex Consanguinitate, notoria nititur observantia.*“

2235 *Grefe*, Hannovers Recht I, S. 119, m.w.N.; vgl. *Mascov*, S. 150 f.

2236 *Grefe*, Hannovers Recht I, S. 120, m.w.N.; vgl. *Mascov*, S. 147: „*Obtinet hic porro jus Retractus, non tantum ex capite consanguinitatis in bonis avitis, sed etiam ex vicinitate.*“

2237 *Grefe*, Hannovers Recht I, S. 109, m.w.N.; vgl. *Bohmbach*, Stadtverfassung, S. 25; vgl. *Mascov*, S. 136.

Landessekretär Keller in Tit. XX und XXI des Landrechts festgehaltenen Gewohnheiten waren in Geltung, obwohl „dieserhalben [...] keine Landes-Verordnung publiciret worden.“[2238] Es steht außer Zweifel, dass der *retractus ex capite consanguinitatis* und *ex capite vicinitatis* bis ins 19. Jahrhundert hinein in der Rechtsgemeinschaft der Landesgemeinde eine tatsächlich gelebte Gewohnheit geblieben ist.

Es stellt sich aber die Frage, warum ausgerechnet diese *consuetudo* sich gegen die praktischen Konsequenzen der gemeinrechtlichen Rechtsquellenlehre behaupten konnte. Der Grund dafür wird in der Bedeutung von agrarischem Grundeigentum liegen, das in vorindustriellen Gesellschaften die maßgebliche Quelle für Wohlstand gewesen ist – gerade auch in den Marschgebieten an der deutschen Nordseeküste. Dieser Umstand musste zu einer relativ häufigen Ausübung der Retraktrechte führen, die eine ausreichende Zahl von Präzedenzfällen ermöglichte und die Gewohnheit schließlich zur Notorietät erstarken ließ.

Dies gilt insbesondere für die nachbarlichen Retraktrechte. Denn auf diesem Wege konnten Nachbarn ihre Ackerflächen unmittelbar vergrößern und arrondieren. Es war ihnen so möglich, auch Grundstücke zu erwerben, die der Eigentümer – gleich aus welchen Beweggründen – niemals an die Nachbarn verkauft hätte. Der bereits erwähnte Rechtsstreit, der in den Jahren 1853/1854 vor dem Stader Obergericht ausgetragen wurde, illustriert eine solche Konstellation sehr gut: Dort hatte der Vater in der Art einer vorweggenommenen Erbfolge ein Grundstück an seinen Sohn veräußert, das der Nachbar nun im Wege des Retrakts an sich zu bringen suchte.[2239]

Die gesetzgeberische Beseitigung dieser Näherrechte war allerdings eine geistesgeschichtlich geradezu zwangsläufige Entwicklung. Wegen der Vielzahl der Berechtigten waren sie in der Frühen Neuzeit „eine starke, die Möglichkeit eines Verkaufes schwer behindernde Fessel des Grundeigentümers.“[2240] Der Prozess, der erst zur Abschwächung und schließlich weitestgehenden Beseitigung dieser Bindungen führte, nahm seinen Ausgangspunkt im städtischen Bürgertum; hier war „schon von Anbeginn an das Denken in Individualrechten begünstigt.“[2241] In Lübeck und den von seinem Recht geprägten Hansestädten des Ostseeraumes wurden städtische Grundstücke so bereits früh „zum Gegenstand eines lebhaften Rechtsverkehrs. [...] Neben die Geschäfte des Handels,

2238 *Vagt*, S. 172.

2239 Vgl. *Schlüter*, Retractrecht, S. 51 f.

2240 *Hagemann*, Art. Eigentum, in: HRG I (2008), Sp. 1279.

2241 *Ebel*, Erbgut, in: ZRG GA 97 (1980), S. 1.

des Marktes, der Seefahrt und des komplizierter werdenden Geldverkehrs traten die Rechtsgeschäfte über Immobilien-Veräußerungen in einer den agrarischen Verhältnissen völlig unbekannten Häufigkeit.“[2242]

Zugleich hoben die Juristen des *Ius commune* die Verfügungsfreiheit des Grundeigentümers hervor;[2243] die Freiheit des Eigentums gehörte zu den ethischen Grundlagen ihrer Dogmatik.[2244] Infolgedessen kam es ab dem 16. Jahrhundert zunehmend zu einer folgenschweren „Symbiose von Eigentum und Freiheit“,[2245] sodass die von der gemeinrechtlichen Lehre bis dahin noch tolerierten Beispruchsrechte[2246] schließlich „zugunsten freier Disposition des Eigentümers“ zurücktraten.[2247] Nachdem die Polizeigesetzgebung die Retraktrechte trotz ihres Widerspruchs zum Geist des *Ius commune* bestätigt und ausgestaltet hatte,[2248] begann die Gesetzgebung der Aufklärung seit dem Ende des 18. Jahrhunderts wieder mit ihrer Beseitigung.[2249] Die gesetzliche Abschaffung des Kehdinger Retraktrechts bald nach der Reichsgründung stellt also nur eine der letzten Erscheinungen dieser Entwicklung dar.

7. Abschnitt – Konkursverfahren und Vollstreckung (Tit. XXII–XXIX)

Die Tit. XXII bis XXIX handeln von „Concurs, Bürgschaft, Schuldverfahren.“[2250]

1. Unterabschnitt – Das Konkursverfahren (Tit. XXII–XXV)

In der Überschrift von Tit. XXII wird im Landrecht die Frage aufgeworfen, „*Wie es wegen der Creditoren und Fidejussoren (oder Bürgen) Priorität (und Vorzugs) in Schuld-sachen gehalten wird.*“[2251]

2242 A.a.O., S. 1 f.
2243 *Coing*, S. 292.
2244 Vgl. a.a.O., S. 40.
2245 *Eisenhardt*, Rn. 334.
2246 *Coing*, S. 383.
2247 *Becker*, Art. Näherrecht, in: HRG III (2016), Sp. 1754 f.
2248 *Schmelzeisen*, S. 238.
2249 *Schlosser*, Art. Vorkaufsrecht, in: HRG V (1998), Sp. 1045 f.; vgl. *Coing*, S. 384; vgl. *Gierke*, Privatrecht II, S. 768 f.: „Seit dem achtzehnten Jahrhundert begann man, die Näherrechte als lästige Fesseln des freien Verkehrs grundsätzlich zu bekämpfen und gesetzlich zu beschränken. Im neunzehnten Jahrhundert wurden die meisten gesetzlichen Näherrechte überhaupt beseitigt.“
2250 Vgl. *Stobbe*, Rechtsquellen II, S. 341.
2251 KehdLR Tit. XXII.

A. *Der allgemeine Hintergrund des Konkursverfahrens*

Dies bietet den Einstieg zum Themenkreis des *Konkurses.* Denn der Vorzug verschiedener Gläubiger untereinander ist unbedeutend, solange der Schuldner alle gegen ihn gerichteten Forderungen erfüllen kann. Das Verhältnis zwischen den Gläubigern wird erst dort relevant, „wo eine Mehrzahl von Gläubigern einem Schuldner gegenübersteht, dessen für sie greifbares Vermögen zur völligen Befriedigung aller nicht ausreicht.“[2252] Dieser das Konkursverfahren auslösende Befund wird seit der Frühen Neuzeit als *Insolvenz* bezeichnet; inzwischen hat er sich zu einem Synonym für den Begriff des Konkurses selbst entwickelt.[2253]

Dabei hat die Unfähigkeit des Schuldners, einen einzelnen Gläubiger zu befriedigen, auf den rechtlichen Bestand der Forderung erst einmal keinen Einfluss und „der Schuldner muß, was er jetzt nicht zu leisten vermag, nachleisten, sobald er zu neuem Vermögen gelangt ist.“[2254] Bei einem kompletten wirtschaftlichen Zusammenbruch des Schuldners aber werden Einzelvollstreckungen sinnlos und führen zu zufälligen Ergebnissen. Aus dieser grundlegenden Überlegung speisen sich die Rechtsinstitute der Insolvenz bzw. des Konkursverfahrens;[2255] sie dienen der juristischen Bewältigung der Überschuldung.[2256]

Die Bezeichnung des Konkurses rührt von dem römisch-rechtlichen Begriff des *concursus* her, der ursprünglich ein abstraktes Zusammentreffen gleicher Mitberechtigungen meinte. In der Frühen Neuzeit bezeichnete die Formel des *concursus creditorum* dann ein Verfahren, das dazu diente, das Vermögen des Gemeinschuldners (*debitor communis*) zwangsweise zugunsten all seiner

---

2252 *Endemann*, Civilprozeß II, S. 1096; vgl. *Scopp*, S. 553: „Da mehrere *Creditores* zu einer Zeit entstehen, welche die Bezahlung *vrgiren*, wann aus denen Vermögen des Schuldners ieden Glaubigern kein Genügen geschehen kan, so sagt man, daß ein *concursus* entstehe. Fürwahr ein ieder *concursus supponirt*, daß der Schuldner nicht *soluendo* seye. Also ist kein wahrer *concursus* vorhanden, wann die Vermögen des *debitoris* hinlänglich sind, daß ieden ein Genügen geschehen kan“; Hervorh. typograph.

2253 Vgl. *Becker*, Art. Konkurs, in: HRG III (2016), Sp. 99.

2254 *Windscheid*, Lehrbuch II, S. 67.

2255 *Forster*, Geschichte des Insolvenzrechts, S. 5.

2256 *Forster*, Konkurs als Verfahren, S. 186.

Gläubiger einheitlich zu verwerten.[2257] Unter einem *concursus* verstand man nunmehr eine tatsächliche Versammlung der Gläubiger.[2258]

Auch dieser Bereich des frühneuzeitlichen Rechtslebens wurde maßgeblich durch das *Ius commune* geprägt. Dabei war die Rezeption des römischen Vollstreckungs- und Konkursrechts zwar bereits in den Rechtsreformationen spürbar. Das moderne Konkursrecht entwickelte sich jedoch erst allmählich zur Mitte des 17. Jahrhunderts, wobei der spanische Rechtsgelehrte Salgado de Somoza mit seinem Werk *Labyrinthus Creditorum Concurrentium* einen prägenden Einfluss ausübte.[2259] Dieser gemeine Konkursprozess wurde dann auch im niedersächsischen Bereich rezipiert.[2260] „Auf Reichsebene zeigten sich dagegen kaum Ansätze, das Konkursrecht weiter auszuformen."[2261]

B. Die Struktur des Konkursverfahrens (Tit. XXII)

Gemeinsam mit den summarischen Prozessarten zählte das Konkursverfahren zu den außerordentlichen Formen des gemeinen Zivilprozesses.[2262] Der Ablauf des Verfahrens wird in Tit. XXII des Landrechts nicht näher beschrieben, es sind aber zentrale Elemente des gemeinrechtlichen Konkursprozesses angedeutet. Dieser gliederte sich in vier Verfahrensabschnitte, nämlich in Präparation, Liquidation, Priorisierung und Distribution.[2263] Durch diese Struktur konnte sich das Verfahren sehr in die Länge ziehen.[2264]

I. Präparationsverfahren

Im präparatorischen Verfahren prüfte das Gericht zunächst das Vorhandensein der „Voraussetzungen für die Eröffnung des Konkurses, insbesondere Insolvenz des Gemeinschuldners und Existenz einer Gläubigermehrheit."[2265]

2257 Vgl. *Becker*, Art. Konkurs, in: HRG III (2016), Sp. 99.

2258 *Forster*, Geschichte des Insolvenzrechts, S. 6; vgl. *Oberländer*, Stichw. Concursus creditorum, S. 167: „Das *Credit-* oder Schuld-Wesen, die Zusammentrettung und Versammlung der Gläubiger, welche also genennet wird, wenn einer in grosse Schulden geräth, und dessen Gläubiger der *Priorität* oder Vorzugs der Bezahlung wegen im Gericht streiten"; Hervorh. typograph.

2259 Vgl. *Becker*, Art. Konkurs, in: HRG III (2016), Sp. 99 ff.

2260 Vgl. *Grefe*, Hannovers Recht II, S. 465.

2261 *Schmitt*, S. 52.

2262 Vgl. *Nörr*, Wissenschaft, in: Ius Commune X (1983), S. 168; vgl. *Schmitt*, S. 53.

2263 Vgl. *Fuchs*, S. 96; Hervorh. im Original gesperrt.

2264 *Bauer*, S. 78.

2265 A.a.O., S. 78 f.; vgl. *Fuchs*, S. 96.

Die Eröffnung des Konkursverfahrens klingt in Tit. XXII des Landrechts an. Dort heißt es: „*BEgiebt sichs / daß einer im Lande wohnender Schuld halber seine Gütere seinen Creditoren oder Bürgen aufftragen und cediren muß.*“[2266] Dieses Zedieren der Güter ist eine deutsche Übertragung des römischrechtlichen Begriffspaars der *cessio bonorum*. Diese Rechtsfigur stand am Beginn des gemeinen Konkursprozesses.[2267] Es handelte sich um eine schon unter dem römischen Kaiser Augustus eingeführte Möglichkeit des Schuldners, sein Vermögen an die Gläubiger abzutreten.[2268] Diese Vermögensaufgabe wurde im *Ius commune* vollständig; ausgenommen davon war nur die gerade getragene Kleidung, also das sprichwörtliche letzte Hemd.[2269] Der Schuldner musste hierzu öffentlich erklären, dass er aus seinen Gütern weiche. In den Städten des mittelalterlichen Oberitaliens wurde dieses Verfahren zur Vorbeugung von Missbräuchen als ein entwürdigender Akt ausgestaltet, der „den guten Namen und damit den Kredit zerstörte.“[2270] Es handelte sich dabei um eine rechtlich relevante Rufschädigung (*infamia facti*). Zugunsten des Schuldners führte die gemeinrechtliche *cessio bonorum* aber auch zur Suspendierung aller aktuellen Vollstreckungsmaßnahmen und v.a. zur Abwendung oder gar Beendigung einer Schuldhaft.[2271] Auch im Wurster Landrecht ist die *cessio bonorum* erkennbar. Denn dort ist von Fällen die Rede, in denen „*das ganze*

2266 KehdLR Tit. XXII.

2267 Vgl. *Bauer*, S. 78; vgl. *Forster*, Geschichte des Insolvenzrechts, S. 14: „David Mevius, Richter am Obertribunal in Wismar, wird 1658 formulieren: ‚*Concursus creditorum suspendit actiones singulares … Ejus autem initium ex cessione bonorum*‘“; Hervorh. Verf.

2268 *Kaser/Knütel/Lohsse*, S. 472.

2269 *Forster*, Geschichte des Insolvenzrechts, S. 11.

2270 A.a.O., S. 12 f.; vgl. ebda.: „Der Schuldner musste sich mit nacktem Gesäß auf einen Stein setzen oder damit eine Säule berühren und dann dreimal ‚*cedo bonis*‘ ausrufen. Aus Mailand wird berichtet, dass er anschließend, während er davonläuft, von den Straßenjungen und dem Pöbel mit Schmutz und Eiern beworfen wird. In Florenz sah ein Statut vor, dass von denjenigen, welche die *cessio bonorum* erklärten, Schandbilder mit gut lesbarer Nennung von Namen, Vornamen und Beruf an deren Haus anzubringen sei. In Padua, wo während der Prozedur die Glocken geläutet wurden, hat sich der Schandstein bis heute erhalten. Er […] trägt die eindeutige Aufschrift ‚*lapis vituperii et cessionis bonorum*‘: Stein der Schande und der Vermögensaufgabe“; Hervorh. Verf.

2271 *Forster*, Konkurs als Verfahren, S. 201 ff.

Guth den creditoren übergeben, und dieselbe alle mit einander daraus nicht bezahlet werden könnten."[2272]

Von Salgado de Somoza wurde das Rechtsinstitut der *cessio bonorum* dann dogmatisch fortgebildet zu einer Willenserklärung, die auf die Aufgabe des gesamten Vermögens gerichtet war. Sie war bei einem Gericht abzugeben, das für das nunmehr in Gang gesetzte abschließende Verfahren ausschließlich zuständig war.[2273] Insofern wurde die *cessio bonorum* faktisch zu einer Antragstellung bei Gericht; „hierdurch sollte die staatliche Kontrolle über den Ablauf des Konkursverfahrens gestärkt werden. So war der gemeinrechtliche Konkurs insgesamt ein stark formalistisch und streng behördlich ausgerichtetes Verfahren."[2274] Den Abschluss des Präparationsverfahrens bildete ein Beschluss des Gerichts über die Eröffnung des Konkurses (*decretum de aperiundo concursu*).[2275] Dieser Akt führte zur Gläubigerversammlung des *concursus creditorum*, denn für die „Verteilung des schuldnerischen Vermögens müssen alle Gläubiger zum neuen Verfahren laufen, *concurrere*, weil das neue Verfahren unteilbar ist."[2276]

II. Liquidationsverfahren

Der nächste Abschnitt des Konkursprozesses wurde als Liquidationsverfahren bezeichnet. Er diente zur Entscheidung über die Frage, „welche Concursgläubiger und wieviel sie an die Concursmasse zu fordern haben."[2277] Gegenstand dieses Verfahrensschrittes war also die Feststellung der zu befriedigenden

---

2272 WursterLR Art. XXI § 4.

2273 *Forster*, Geschichte des Insolvenzrechts, S. 14 ff.; vgl. *Ludovici*, Concurs-Proceß, S. 3 f.

2274 *Bauer*, S. 78; vgl. *Schmitt*, S. 53; vgl. *Endemann*, Civilprozeß II, S. 1102: „Das Gericht bildete mit einem Wort den Mittelpunkt oder die leitende Macht des gesammten Verfahrens."

2275 *Endemann*, Civilprozeß II, S. 1122; vgl. *Fuchs*, S. 102.

2276 *Forster*, Geschichte des Insolvenzrechts, S. 16; Hervorh. Verf.; dabei verstand das gemeinrechtliche Schrifttum unter dem Begriff des *concursus creditorum* nicht ausschließlich die durch die *cessio bonorum* ausgelöste Gläubigerversammlung. Auch andere Fälle eines Zusammentreffens der Gläubiger fasste man hierunter, etwa zur Gewährung einer Stundung oder eines Nachlasses. Des Weiteren rechnete man Konstellationen dazu, in denen ein Gläubiger sich in einen bereits laufenden Rechtsstreit zwischen dem Schuldner mit anderen Gläubigern einschaltete, um eine vorgehende Rangstellung geltend zu machen, vgl. *Forster*, Konkurs als Verfahren, S. 221 f.

2277 *Fuchs*, S. 96.

Forderungen.[2278] Zu diesem Zwecke erging „eine Ladung an alle Gläubiger […] ihre Forderungen zu liquidiren, d.h. nicht blos anzumelden, […] sondern auch zu begründen.“[2279]

Im Kehdinger Landrecht wird die Forderungsanmeldung nicht in Tit. XXII geregelt, sondern in Tit. XXIX. Hiernach wird der Gebrauch gehalten, dass die Proklamation der Güter auf drei Sonntagen von den Kanzeln bekannt gemacht wird. Daraufhin können *„alle diejenigen / denē[n] N.N. auff Siegel und Brieffe mit Bürgen und Pfanden oder sonsten wormit verhafftet und schüldig ist /* […] *innerhalb sechs Wochen bey des Landes Secretario* […] *ihre Schulde verzeichnen lassen.*“[2280] Da auch die Bekanntmachung der Gerichtstage und sonstige öffentliche Ankündigungen üblicherweise von den Kirchenkanzeln erfolgten, ist eine Authentizität dieses Gebrauchs sehr wahrscheinlich. Gleiches gilt für die Anmeldung bei dem Landessekretär, weil dieser die Landesregistratur verwahrte.

Allerdings müssen die Gläubiger ihre Forderungen an die Konkursmasse *„mit ihren Original-Verschreibungen verificiren (und erweißlich machen).*“[2281] Dieses Erfordernis einer Begründung war gemeinrechtlich üblich. Denn im Kern war die Liquidation nichts anderes als eine Klageerhebung, wenn auch unter herabgesetzten Anforderungen an die Formalien und die Substantiierung des Begehrens.[2282] Es wurde nämlich, weil „der gantze *Concurs*-Proceß ein summarischer Proceß ist: […] kein zierliches *Libell* erfordert / sondern es ist eine schlechte Erzehlung zureichend.“[2283] Gläubiger, die eine solche Forderungsanmeldung auf die öffentliche Proklamation hin nicht vornehmen, bleiben nach dem Landrecht vom weiteren Konkursverfahren ausgeschlossen und *„werden hernach mit ihrer Forderung nicht gehöret.*“[2284] Auch diese Präklusion entsprach gemeinrechtlicher Praxis: Auf einen Säumnisantrag hin[2285] „erließ das Gericht ein Präklusivdekret, das zum Ausschluss all derjenigen Gläubiger vom weiteren Verfahren führte, die ihre Forderungen nicht rechtzeitig angemeldet hatten.“[2286]

2278 *Bauer*, S. 79.

2279 *Endemann*, Civilprozeß II, S. 1150.

2280 KehdLR Tit. XXIX.

2281 KehdLR Tit. XXIX.

2282 *Endemann*, Civilprozeß II, S. 1151; vgl. *Fuchs*, S. 105 f.

2283 *Ludovici*, Concurs-Proceß, S. 13; Hervorh. typograph.

2284 KehdLR Tit. XXIX.

2285 *Fuchs*, S. 106 f.

2286 *Bauer*, S. 79; vgl. *Ludovici*, Concurs-Proceß, S. 101.

Zuletzt wählten die „am Verfahren beteiligten Gläubiger einen ‚*Curator Bonorum*'. Dessen Aufgabe bestand in der Verwaltung und Veräußerung des Schuldnervermögens",[2287] wobei er unter der Aufsicht und Weisungsbefugnis des Gerichts stand.[2288] Hierzu legte er „ein Güterverzeichnis an, trieb Forderungen ein und sonderte ab, was nicht zum Konkursvermögen gehörte."[2289]

III. Prioritätsverfahren

„Auf die Liquidation folgte das Prioritätsverfahren."[2290] In diesem Verfahrensabschnitt hatte „das Concursgericht die Reihenfolge festzustellen, in welcher die Gläubiger wegen ihrer richtig befundenen Forderungen zur Befriedigung gelangen sollen."[2291]

1. Allgemeine Vorbemerkungen

Hierzu waren „die Gläubiger aufgrund der Art ihrer Forderung in unterschiedliche Rangklassen einzuteilen, nach denen die Verteilung der Konkursmasse vorzunehmen war."[2292] Die Rangordnung richtete sich nach dem jeweiligen Vorzugsrecht des Gläubigers (*ius praelationis sive protopraxias*).[2293]

Hiernach schlossen die Gläubiger höherer Rangklassen solche einer niedrigeren Klasse aus,[2294] d.h. erst nach vollständiger Befriedigung der vorgehenden Gläubigerklasse konnte die Befriedigung der nachgehenden erfolgen.[2295] Es handelt sich dabei um eine Durchbrechung eines Grundsatzes des gemeinen Konkursrechts, wonach die Befriedigung der Konkursgläubiger gleichmäßig nach dem Verhältnis ihrer Forderungen stattfindet.[2296] Prozessual musste dies darauf hinauslaufen, dass die Gläubiger sich gegenseitig ihren Rang streitig

---

2287 *Bauer*, S. 79; Hervorh. wie Orig.; vgl. *Ludovici*, Concurs-Proceß, S. 23: „Er lässet die etwa verhandene Acker zu gehöriger Zeit bestellen / hernach das Getrayde in die Scheuren bringen / ausdreschen und verkauffen: Er vermietet die Häuser und darinnen befindliche Zimmer / siehet auch darauf / daß alles in gutem und baulichen Wesen erhalten werde."

2288 *Bauer*, S. 79.

2289 *Schmitt*, S. 56.

2290 Ebda.

2291 *Fuchs*, S. 113.

2292 *Bauer*, S. 80.

2293 Vgl. *Dabelow*, S. 175.

2294 *Schmitt*, S. 57.

2295 *Dabelow*, S. 186.

2296 *Windscheid*, Lehrbuch II, S. 75.

machten, „um am Ende des Verfahrens möglichst umfangreich befriedigt zu werden."[2297] Für das gemeinrechtliche Schrifttum war dieser Rangstreit der wesentliche Kern eines jeden *concursus*.[2298] Diese überragende Bedeutung spiegelt sich auch in Tit. XXII wider: Nachdem im ersten Halbsatz die Rede von der *cessio bonorum* war, schließt sich daran nun an, dass unter den Gläubigern „*wegen der Priorität (oder Vorzugs) Streit vorfällt*;"[2299] um etwas anderes geht es in diesem eher umfangreichen Titel im Folgenden dann nicht mehr.

Die genannten Vorzugsrechte ergaben sich unter zwei Gesichtspunkten, nämlich erstens durch die Verknüpfung der Forderung mit einem Pfandrecht und zweitens durch ein besonderes Konkursprivileg,[2300] das seinen Ursprung „entweder in einer Eigenschaft des Gläubigers, oder in einer Eigenschaft des Forderungsrechts" haben konnte.[2301] Insoweit war bereits „im römischen Recht [...] der Zugriff der Gläubiger auf das Vermögen eines zahlungsunfähigen Schuldners durch die Unterscheidung verschiedener Zugriffsrechte organisiert. Daraus entwickelte sich eine komplexe Privilegienordnung, die schließlich zur Bildung von Klassen von Gläubigern führte."[2302] Eine Verbindung der Pfandrechte und der Vollstreckungsprivilegien führte dann zum gemeinrechtlichen System der Konkursprivilegien, sodass „das Pfandrecht, sobald es sich auf das Vermögen als Ganzes bezieht, seinen dinglichen Charakter verliert und sich mit anderen, aus bestimmten Gründen gesetzlich ausgezeichneten Forderungen korrelieren lassen muss."[2303] Dabei gingen die Konkursprivilegien eigentlich nicht vor, „die Praxis aber hat einige derselben herausgehoben und den Pfandrechten vorgesetzt."[2304]

2297 *Schmitt*, S. 57; vgl. *Ludovici*, Concurs-Proceß, S. 44 f.: „So bemühet sich dann ein jeder bey dem Verfahren wegen der *Priorität* dem Richter zu zeigen / daß seine Schuld eine *privilegirte* Post sey / und ihm dahero vor andern Vergnügung geschehen müsse. Die übrigen *Creditores* hingegen / vor denen er den Vorzug *praetendiret* / bemühen sich allerhand *exceptiones* ins Mittel zu bringen und das angegebene *privilegium* aus dem Wege zu räumen / damit sie die ersten seyn mögen"; Hervorh. typograph.

2298 Vgl. *Forster*, Geschichte des Insolvenzrechts, S. 8.

2299 KehdLR Tit. XXII.

2300 *Windscheid*, Lehrbuch II, S. 75.

2301 A.a.O., S. 76.

2302 *Forster*, Konkurs als Verfahren, S. 218.

2303 A.a.O., S. 142.

2304 *Windscheid*, Lehrbuch II, S. 78.

2. Die Ausgestaltung der Rangordnung

Dogmatisch bildete sich bald eine Rangfolge von fünf Gläubigerklassen heraus.[2305] Den ersten Rang nahmen die absolut privilegierten Gläubiger ein.[2306] Hierunter verstand man jene, „welche vermöge eines besondern Privilegiums sich beym Concurse des Vorzugs vor allen andern Gläubigern, sie mögen seyn von welcher Gattung sie wollen, zu erfreuen haben."[2307] Hierzu gehörten üblicherweise z.B. Forderungen wegen der Kosten des Konkursverfahrens, des Begräbnisses, der letzten Krankheit, Gesindelohn oder fiskalische Abgaben.[2308] Für die Priorität innerhalb derselben Gläubigergruppe gilt: „Falls keiner privilegierter als der andere ist, stehen sie gleich (‚*concurrant*'), auch wenn einer vor dem anderen abgeschlossen hat. Dies gilt aber nicht bei ausdrücklicher Anordnung eines Vorrangs."[2309]

Auf dem zweiten Rang standen privilegierte Pfandgläubiger,[2310] die wegen eines besonderen Vorzugsrechts „andern Pfandgläubigern vorgezogen werden müssen, wenn auch diese gleich ein älteres oder öffentliches Pfandrecht erhalten haben sollten."[2311] Hierunter fielen Gläubiger, die „zur Wiederherstellung und nothwendigen Ausbesserung einer Sache, Geld vorgeschossen haben"[2312] oder auch vermögensrechtliche Ansprüche einer Ehefrau gegen den Ehemann.[2313] An dritter Stelle folgten dann einfache Pfandgläubiger, also schlicht solche ohne irgendein Privileg.[2314]

Den vierten Rang nahmen die privilegierten chirographischen Gläubiger ein.[2315] Mit dem Begriff des *chirographum* bezeichnete man eigenhändig geschriebene und durch Unterschrift bekräftigte Erklärungen, die besonders häufig in Kreditgeschäften verwendet wurden,[2316] insbesondere in Gestalt von

---

2305 *Schmitt*, S. 56.

2306 Ebda.; vgl. *Endemann*, Civilprozeß II, S. 1157; vgl. *Dabelow*, S. 186.

2307 *Dabelow*, S. 186.

2308 *Endemann*, Civilprozeß II, S. 1157; vgl. *Windscheid*, Lehrbuch II, S. 78; vgl. *Forster*, Konkurs als Verfahren, S. 165, 172.

2309 *Forster*, Konkurs als Verfahren, S. 145; Hervorh. Verf.

2310 *Schmitt*, S. 56; vgl. *Endemann*, Civilprozeß II, S. 1158.

2311 *Dabelow*, S. 225.

2312 A.a.O., S. 286.

2313 Vgl. a.a.O., S. 287; vgl. *Forster*, Konkurs als Verfahren, S. 165, 168; vgl. *Windscheid*, Lehrbuch I, S. 855.

2314 *Schmitt*, S. 56; vgl. *Endemann*, Civilprozeß II, S. 1158; vgl. *Dabelow*, S. 289.

2315 *Schmitt*, S. 56; vgl. *Endemann*, Civilprozeß II, S. 1158.

2316 *Kaser/Knütel/Lohsse*, S. 60.

Schuldscheinen.[2317] Im Gegensatz zum einfachen chirographischen Gläubiger hatte der privilegierte ein besonderes Recht, „vor allen übrigen chirographarischen Gläubiger seine Befriedigung zu erhalten, wenn auch selbige eine weit ältere Forderung an den Schuldner haben sollten.“[2318] Auf dem fünften und letzten Rang befanden sich dann die chirographischen Gläubiger ohne ein besonderes Privileg.[2319] Wer in diese Gläubigerklasse gehörte, „hatte praktisch keinerlei Aussicht auf irgendeinen noch so kleinen Erlös aus dem schuldnerischen Vermögen.“[2320] Dies führte dazu, dass die chirographischen Gläubiger vor Gericht den Bestand der vorrangigen Forderungen angriffen, um ihre Chance auf Befriedigung zu verbessern.[2321]

Dabei handelt es sich aber nur um abstrakte Oberkategorien, unter denen einzelne Privilegien zusammengefasst werden. Die Partikularrechte des 16. und frühen 17. Jahrhunderts haben die Konkursgläubiger noch nicht derart in Klassen zusammengefasst, „sondern lassen die Forderungen ihrem Rangverhältnis nach auf einander folgen.“[2322] Und dort werden weitaus mehr als nur fünf Klassen genannt; beispielsweise differenziert die kurbayerische Zivilprozessordnung von 1753 sogar elf verschiedene Ränge.[2323]

3. Die Rangklassen des Kehdinger Landrechts

Auch das Kehdinger Landrecht stellt eine einfache enumerative Rangfolge mit neun Stufen auf, deren „*Gebrauch von langen Jahren gehalten worden / so noch in observantz ist.*“[2324] Inhaltlich fügt sich diese Ordnung aber grob in das 5-Klassen-Schema der gemeinrechtlichen Lehre ein.

a) Absolute Vorzugsrechte (Tit. XXII Nr. 1–5)

Die in Tit. XXII Nr. 1–5 des Landrechts genannten Gläubiger fallen in die ersten beiden Klassen, also absolute Vorzugsrechte und privilegierte Pfandforderungen. Der Einfachheit halber werden sie gemeinsam dargestellt.

2317 A.a.O., S. 251.

2318 *Dabelow*, S. 321.

2319 *Schmitt*, S. 56; vgl. *Endemann*, Civilprozeß II, S. 1158; vgl. *Dabelow*, S. 340; vgl. *Forster*, Geschichte des Insolvenzrechts, S. 10.

2320 *Forster*, Geschichte des Insolvenzrechts, S. 10; vgl. *Forster*, Konkurs als Verfahren, S. 183 f.

2321 *Forster*, Konkurs als Verfahren, S. 184.

2322 *Fuchs*, S. 117.

2323 Vgl. CIBI Cap. XX.

2324 KehdLR Tit. XXII.

An erster Stelle steht im Kehdinger Landrecht die „*Grundt-Haur.*“[2325] Gemeint ist die Grundheuer, also der Pachtzins für Immobilien.[2326] Solche Forderungen waren im gemeinen Konkursverfahren privilegiert;[2327] zeitgenössische Konkursordnungen sprachen mitunter von einem *Grundgült.*[2328]

Auf dem zweiten und dritten Rang privilegiert das Landrecht: „*2. Darnach die Brüche an die hohe Obrigkeit in gemein. 3. Zum dritten Schatz und alle Schüldigkeit / so der hohen Obrigkeit gebühret.*“[2329] Die hohe Obrigkeit ist der Landesherr. Angesprochen ist also der Fiskus, dessen Forderungen im gemeinen Konkurs üblicherweise privilegiert waren.[2330] Daher kennen auch andere Landrechte dieses Privileg.[2331] Jedenfalls in späterer Zeit wurde es als sehr umfassend verstanden, der Fiskus – egal ob lokale Autorität oder Landesfürst[2332] – genoss „das Recht der Befriedigung in der ersten Classe, wegen der rückständigen Steuern und Abgaben aller und jeder Art, sie mögen ordentliche oder außerordentliche seyn, sie mögen gefordert werden unter welchem Nahmen sie wollen.“[2333]

Den vierten Rangplatz im Kehdinger Landrecht besetzt „*das Saat-Korn / so das Jahr ist ausgeseyet worden.*“[2334] Damit sind Kredite zum Erwerb von Saatgut gemeint.[2335] Solche wurden im gemeinrechtlichen Schrifttum als privilegierte Forderungen betrachtet. Begründet wurde dies mit einer – in der

2325 KehdLR Tit. XXII Nr. 1.

2326 Vgl. DWB 10, Stichw. Heuer, Sp. 1283 ff.

2327 Vgl. *Ludovici*, Concurs-Proceß, S. 65; dagegen meinte das Schrifttum teilweise aber auch, hinsichtlich des *locarium* eines Verpächters sei „es ohnstreitig gewiß, daß demselben nicht in der ersten Classe die Befriedigung gebührt“, *Dabelow*, S. 213.

2328 Vgl. *Forster*, Konkurs als Verfahren, S. 161.

2329 KehdLR Tit. XXII Nr. 2, 3.

2330 Vgl. *Endemann*, Civilprozeß II, S. 1157; vgl. *Windscheid*, Lehrbuch II, S. 76, 78.

2331 Vgl. WursterLR Art. XXI § 5 („*Herrn-Schaz*“).

2332 Vgl. *Ludovici*, Concurs-Proceß, S. 63.

2333 *Dabelow*, S. 211.

2334 KehdLR Tit. XXII Nr. 4.

2335 Dies lässt sich schon aus einer vergleichenden Betrachtung der kurbayerischen Zivilprozessordnung erkennen, vgl. CIBI Tit. XX § 4: „*Das vorgeliehene Saam-Getreyd, wie auch das zu dessen Erkaufung verwendete Geld, welch-beedes bey den Feld-Früchten selbigen Jahrs nicht nur eine stillschweigende Hypothec, sondern auch das Vorzugs-Recht vor dem Grund-Herrn, und anderen nachfolgenden Glaubigern hat, wann nur die Felder würcklich damit besäet worden, und erwehnte Früchte selbigen Jahrs noch in Natura verhanden seynd, sonst ist es eine gemeine Current-Post.*“

gemeinrechtlichen Dogmatik häufig bemühten – Analogie zum Privileg für die Wiederherstellung einer Sache oder eines Schiffes.[2336] Denn es ergibt „sich aus der Vergleichung mehrerer römischer Gesetze offenbar [...], daß überhaupt alle diejenigen eines privilegirten Unterpfandes theilhaftig seyn sollen, welche zum Ankauf oder zur nothwendigen Erhaltung einer Sache Geld angeliehen.“[2337] Ein solches Vorzugsrecht ist im 5-Klassen-Schema an zweiter Stelle bei den privilegierten Pfandrechten einzuordnen. Denn dort sieht die gemeinrechtliche Lehre jene, die *in restitutionem aedium* ein Darlehen gewährt haben.[2338]

Die vom Landrecht auf den fünften Rang gesetzten Forderungen sind der *„verdient Lohn des Haußgesindes / als Knechten und Mägden / auch der Tagelöhner.“*[2339] Angesprochen ist der Gesinde- oder Lidlohn, der im gemeinen Recht zu den absolut privilegierten Forderungen der ersten Klasse gehörte.[2340] „Unter Liedlohn versteht man denjenigen Lohn, welchen der Gemeinschuldner seinen Dienstbothen für die ihm, oder den Seinigen, oder in seinen Angelegenheiten geleisteten Dienste schuldig ist.“[2341] In die Gruppe der Berechtigten ordnete man Dienstpersonen aller Art ein, also Knechte, Mägde oder Sekretäre.[2342] Gelegentliche Tätigkeiten genügten allerdings nicht: „Die Personen / welche in dieser Classe den Lohn fordern wollen / müssen stetig in des Schuldeners Brodte gewesen seyn.“[2343] Diese Vorzugsrechte waren im *Ius commune* nicht bestätigt, sondern „bloß auf ein Herkommen begründet.“[2344] Sie ließen sich aber mit biblischen Maßstäben[2345] und dem Sachsenspiegel legitimieren;[2346] man hielt es letztlich auch für eine Frage der Billigkeit, dem Dienstpersonal dieses Vorzugsrecht einzuräumen.[2347]

2336 Vgl. *Forster*, Konkurs als Verfahren, S. 143.
2337 *Dabelow*, S. 244.
2338 Vgl. a.a.O., S. 232.
2339 KehdLR Tit. XXII Nr. 5.
2340 Vgl. *Endemann*, Civilprozeß II, S. 1157; vgl. *Forster*, Konkurs als Verfahren, S. 161, 172; vgl. *Windscheid*, Lehrbuch II, S. 78.
2341 *Dabelow*, S. 203.
2342 Ebda.
2343 *Ludovici*, Concurs-Proceß, S. 60.
2344 *Dabelow*, S. 203.
2345 *Forster*, Konkurs als Verfahren, S. 161; vgl. Dtn. 24.14 f.
2346 *Forster*, Konkurs als Verfahren, S. 161 Anm. 862; vgl. *Dabelow*, S. 203; vgl. Ssp. LdR I 22 § 2.
2347 *Dabelow*, S. 203.

Ansonsten finden sich im Landrecht aber nicht alle bedeutenden Konkursprivilegien. Zunächst gilt dies für die Kosten des Begräbnisses und der letzten Krankheit.[2348] Daneben fehlen beispielsweise die vermögensrechtlichen Ansprüche einer Ehefrau gegen den Ehemann. Es gibt allerdings ein archivalisches Zeugnis dafür, dass bei einem im Jahr 1709 geschehenen Konkurs „*der Frawen braut Schatz frey herauß gezogen*“ wurde,[2349] was in diesem Sinne zu verstehen sein wird. Dies ergibt eine vergleichende Betrachtung zum Wurster Landrecht. Dort ist in eindeutiger Bezugnahme auf die *cessio bonorum* festgehalten, dass in Fällen, in denen „*das ganze Guth den creditoren übergeben, und dieselbe alle mit einander daraus nicht bezahlet werden könnten, alsdann gehet allererst der Frauen Brautschaz, so derselbe in die Güther kommen, frey heraus.*“[2350]

b) Pfandgläubiger (Tit. XXII Nr. 6)

Der dritte Rang des gemeinrechtlichen 5-Klassen-Schemas wird von den einfachen Pfandgläubigern besetzt.[2351] Dementsprechend nennt das Landrecht in Tit. XXII Nr. 6 „*die Creditores hypothecarij (die Gläubiger / welche Unterpfande haben).*“[2352]

Solche Pfandrechte stellten im gemeinen Recht ein selbstständiges beschränktes dingliches Sachenrecht dar,[2353] das zur Sicherung einer Forderung diente.[2354] Bei der Bezeichnung der Pfandrechte unterschied die Sprache des *Ius commune* begrifflich nicht streng zwischen *pignus* und *hypotheca.*[2355] Tendenziell aber war mit dem *pignus* das Besitzpfand an beweglichen Sachen gemeint, während man als *hypotheca* das besitzlose Pfand an Immobilien bezeichnete.[2356] Von den letzteren rührt die im Landrecht gebrauchte Wendung von den *Creditores hypothecarij* her. Entstehen konnten Pfandrechte aus Verträgen (*hypothecae conventionales*), von Gesetzes wegen (*hypothecae legales*) oder kraft richterlicher Entscheidung (*hypothecae iudiciales*).[2357] Dabei waren sie akzessorisch, d.h. sie waren in ihrem Entstehen und Bestand von

---

2348 Vgl. dagegen WursterLR Art. XXI § 5.

2349 NLA ST, Rep. 74 Freiburg Nr. 112, Bl. 8r,v.

2350 WursterLR Art. XXI § 4.

2351 *Endemann*, Civilprozeß II, S. 1158.

2352 KehdLR Tit. XXII Nr. 6.

2353 *Kaser/Knütel/Lohsse*, S. 183.

2354 *Coing*, S. 319.

2355 A.a.O., S. 322.

2356 Ebda.; vgl. *Kaser/Knütel/Lohsse*, S. 183.

2357 *Coing*, S. 322.

der Existenz der gesicherten Forderung abhängig.[2358] Seinen Sicherungszweck erfüllte das Pfandrecht dadurch, dass es dem Gläubiger ein Recht zum Verkauf der Pfandsache verschaffte, der in der Regel durch eine öffentliche Versteigerung erfolgte.[2359]

Der Rang mehrerer Pfandrechte untereinander wird durch das Prioritätsprinzip geregelt, d.h. nach der Reihenfolge ihrer Entstehung.[2360] Insbesondere kommt es „in Ansehung des Vorzugsrechts nicht darauf an, ob ein Unterpfand ein allgemeines oder besonderes ist. Denn allemahl geht ein besonderes älteres dem allgemeinen jüngeren, und ein allgemeines älteres dem besonderen jüngeren vor."[2361] Auch im Kehdinger Landrecht bestimmt sich das Verhältnis der Pfandgläubiger „*nach ihren Jahren / als ihnen die Verpfändung geschehen ist / und so ferne ihre hypotheca (oder Unterpfand) sich erstrecket.*"[2362] Dasselbe lässt sich in anderen Partikularrechten feststellen.[2363]

c) Forderungen ohne Privileg (Tit. XXII Nr. 7–9)

Die vierte der gemeinrechtlichen Klassen, die privilegierten Chirographargläubiger, werden im Landrecht nicht besetzt. Vielmehr folgen auf die einfachen Pfandgläubiger direkt die einfachen chirographischen Gläubiger. Das Landrecht spricht auch ausdrücklich von den „*Creditores chyrographarij, so keine Unterpfande in ihrē[n] Verschreibungē[n] habē[n].*"[2364] Hinsichtlich der Legitimation der Gläubiger meinte das zeitgenössische Schrifttum, ob diese ihre Forderung „aus einer Handschrift des Schuldners, oder auf andere Art ihre Forderung beweisen können, thut nichts zur Sache."[2365] Dies muss überraschen, meint der Begriff der *chirographum* doch, wie oben gesagt, eigentlich eine schriftlich verbriefte Forderung. So versteht es auch das Kehdinger Landrecht, es spricht in Tit. XXII Nr. 7 ausdrücklich von Verschreibungen. Dementsprechend differenziert es noch weiter und es folgen – trotz der bereits schlechten Befriedigungsaussichten der Chirographargläubiger – noch weitere Rangstufen.

2358 *Kaser/Knütel/Lohsse*, S. 184 f.

2359 *Coing*, S. 328.

2360 *Kaser/Knütel/Lohsse*, S. 186 f.; *Coing*, S. 329; vgl. *Windscheid*, Lehrbuch I, S. 844; vgl. *Endemann*, Civilprozeß II, S. 1158.

2361 *Dabelow*, S. 319.

2362 KehdLR Tit. XXII Nr. 6.

2363 Vgl. WursterLR Art. XXI § 6; vgl. HadelerLR II,9; vgl. EiderstedtLR III,11.

2364 KehdLR Tit. XXII Nr. 7.

2365 *Dabelow*, S. 340; vgl. *Ludovici*, Concurs-Proceß, S. 86 f.

An achter Stelle stehen jene Gläubiger, die sich auf „*Handt-gelübde*" stützen.[2366] Dieser Begriff taucht auch in einigen Protokollen des Landgerichts zu Hamelwörden auf.[2367] Ein Handgelübde ist ein anderes Wort für Handgelöbnis,[2368] also schlicht eine Vereinbarung durch Handschlag.[2369]

Aber selbst dahinter kennt das Landrecht noch eine neunte und letzte Rangklasse. Deren Aussicht auf eine Befriedigung stellt es gleichwohl selbst als fraglich hin: Nur wenn überhaupt „*noch etwas an gelde übrig / werden die Plück- und gemeine Schulde proportione geometrica bezahlt.*"[2370] Mit einer *proportio geometrica* ist wohl eine verhältnismäßige Aufteilung gemeint.[2371] Der Gegenbegriff ist die *proportio arithmetica* als Quotierung zu gleichen Teilen.[2372]

4. Zwischenbetrachtung

Somit lässt sich festhalten, dass im Kehdinger Landrecht die Grundzüge der gemeinrechtlichen Gläubigerordnung rezipiert sind. Es ist erkennbar, dass übliche privilegierte Forderungen, wie Fiskalabgaben, Darlehen für Saatgut und Lidlohn den übrigen Forderungen vorgehen. Im Verhältnis der einfachen Pfandgläubiger zueinander ist klargestellt, dass hier das römische Prioritätsprinzip gilt. Sodann folgen die chirographischen Gläubiger, wobei das Landrecht deren Chancen auf eine Befriedigung ausdrücklich als gering einschätzt.

2366 KehdLR Tit. XXII Nr. 8.

2367 Vgl. NLA ST, Rep. 72/172 Freiburg Nr. 4675, LG Kehdingen v. 03.07.1656, Mowe / Mahler: „*Peter Oste, wehre hiergegen schrifftlich eingekommen daß Meyer Bartold Mahler nicht formlich citiret, und berichtete darin haubtsachlich, daß Er die praetendirte handtgelübde nicht gestendig, undt Klägere deßwegen zu beweißführung angewiesen werden mögten.*"

2368 DWB 10, Stichw. handgelübde, Sp. 389.

2369 DWB 10, Stichw. handgelöbnis, Sp. 389.

2370 KehdLR Tit. XXII Nr. 9.

2371 Vgl. *Oberländer*, Stichw. Proportio Geometrica, S. 573: „Nach welcher eines und des andern Verdienst Gleichheit gehalten wird, und gewisse Umstände dabey erwogen werden."

2372 Vgl. *Oberländer*, Stichw. Proportio Arithmetica, S. 573: „Wird genennt, nach welcher in allem Gleichheit gehalten wird."

IV. Distributionsverfahren

Der vierte und letzte Abschnitt des gemeinen Konkursprozesses war das Distributionsverfahren: Es kam nun zur Befriedigung der Gläubiger,[2373] indem die Konkursmasse durch den *Curator* veräußert und der Erlös verteilt wurde.[2374]

Diese Veräußerung (*venditio bonorum*) erfolgte schon im klassischen römischen Recht durch eine Versteigerung.[2375] Der öffentliche Verkauf im Rahmen der Vollstreckung trug im deutschsprachigen Rechtsraum den Namen *Gant*, weshalb das Konkursverfahren insgesamt auch als *Gantprozess* bezeichnet wurde.[2376] Die Versteigerung geschah „seit dem Mittelalter bis ins 18. Jahrhundert [...] bei ‚brennender Kerze'. Es wurde also [...] eine Kerze angezündet, während deren Brenndauer Gebote abgegeben werden konnten; das bei Erlöschen der Kerze höchste Gebot erhielt dann den Zuschlag."[2377] Der Erwerber der Konkursmasse (*bonorum emptor*) ersteigerte diese als Ganzes im Wege einer Universalsukzession.[2378]

Die durch die Verwertung erzielten Erlöse wurden durch gerichtliche Distributionsbescheide an die verschiedenen Gläubiger verteilt;[2379] und zwar so, dass zuerst die vorrangigen befriedigt werden, „auch wenn für die nachrangigen nichts übrig bleibt."[2380] Eine Gleichbehandlung der Gläubiger entsprach also nicht der Intention des römischen Rechts.[2381] „Das Strukturprinzip bei der Verteilung des schuldnerischen Vermögens" war im Gegenteil die Ungleichheit.[2382] „Sobald die Masse erschöpft ist, hat das Konkursverfahren sein Ende."[2383]

2373 *Fuchs*, S. 96; Hervorh. im Original gesperrt.

2374 *Bauer*, S. 80.

2375 *Kaser/Knütel/Lohsse*, S. 472.

2376 Vgl. *Forster*, Konkurs als Verfahren, S. 2 Anm. 8; vgl. *Becker*, Art. Konkurs, in: HRG III (2016), Sp. 101 f.

2377 *Forster*, Geschichte des Insolvenzrechts, S. 11.

2378 *Forster*, Konkurs als Verfahren, S. 119.

2379 *Bauer*, S. 80.

2380 *Forster*, Konkurs als Verfahren, S. 206.

2381 A.a.O., S. 138; soweit das gemeine Recht den Grundsatz einer *par condicio omnium creditorum* kennt, meint dies lediglich, dass die Gläubiger von den Wirkungen der Verwertung gleichermaßen erfasst sind. Um eine Gleichstellung bei der Verwertung selbst ging es nicht, es gab keine durch die gleiche Konkursquote gebildete Gemeinschaft der Gläubiger, vgl. *Forster*, Konkurs als Verfahren, S. 117 f.

2382 *Forster*, Geschichte des Insolvenzrechts, S. 10.

2383 *Endemann*, Civilprozeß II, S. 1163.

C. Sonderfragen von Konkurs und Vollstreckung (Tit. XXIII–XXV)

In den Tit. XXIII bis XV thematisiert das Landrecht Sonderfragen, die mit dem Konkurs- und dem Vollstreckungsverfahren in Zusammenhang stehen.

I. Vorzug einheimischer Pfandgläubiger vor Auswärtigen (Tit. XXIII)

In Tit. XXIII geht es um das Verhältnis zwischen in Kehdingen einheimischen Pfandgläubigern und solchen von außerhalb der Landesgemeinde. Friedrich E. Pufendorf bemerkte hierzu, dass dieser Titel mehrere vom *Ius commune* abweichende Besonderheiten enthalte.[2384]

1. Vormalige Rechtsprechung

In Tit. XXIII § 1 wird eine frühere Rechtsprechung des Landgerichts dargestellt. Hiernach haben bisher *„die Creditoren / so im Lande zu Kedingen seßhafftig / den Außländischen / unangesehen sie jünger gewesen / fürgehen und die praeferentz* […] *haben wollen."*[2385] Einheimische Gläubiger gingen also Auswärtigen vor, auch wenn ihre Forderungen später entstanden waren.

Es werden hier Pfandgläubiger gemeint sein. Dafür spricht insbesondere, dass auf das Zeitmoment der Forderungen abgestellt wird. Denn, wie oben dargestellt, galt im römischen Recht das Prioritätsprinzip, wonach die älteren Pfandrechte den jüngeren vorgingen. Abweichungen konnten sich nur durch Privilegien ergeben.[2386] Insofern stand die in Tit. XXIII § 1 dargestellte vormalige Rechtsprechung, wonach die eingesessenen Gläubiger *„unangesehen sie jünger gewesen / fürgehen und die praeferentz"* haben,[2387] in eklatantem Widerspruch zum *Ius commune*.

Dies steht einer Authentizität der geschilderten Rechtsgewohnheit aber nicht prinzipiell entgegen, weil es ja gerade zum Wesen einer *consuetudo* gehörte, das subsidiäre *Ius commune* punktuell verdrängen zu können. Denn „aus der Natur der Sache ergiebt sich, daß bey der Classification der Gläubiger im

2384 Vgl. *Pufendorf*, Observationes I, App., S. 156 Anm.: *„Hic titulus multa continent singularia, quae a jure communi recedunt. De usu autem nihil afferte possumus."*

2385 KehdLR Tit. XXIII § 1.

2386 Vgl. *Dabelow*, S. 280: „So muß die Bezahlung derselben, weil sie alle Pfandgläubiger sind, nach der Erstigkeit der Zeit geschehen, wenn nicht einer oder der andere derselben, vermöge der Verordnung der Gesetze, einen Vorzug vor allen anderen zu begehren berechtiget ist."

2387 KehdLR Tit. XXIII § 1.

Concurse diejenigen Rechte befolgt werden müssen, welche *in foro Concursu* gelten."[2388] Wenn man sich den Charakter der Landesgemeinde als autonomer Selbstverwaltungskörperschaft vergegenwärtigt, wäre es durchaus plausibel, dass ihre Gerichtsbarkeit die Eingesessenen gegenüber Auswärtigen prinzipiell bevorzugte.

2. Praxis der Aktenversendung

Gleichwohl spricht Tit. XXIII § 2 nun davon, dass „*diese Streitigkeit an eine unverdächtige Universitet ümb Rechts-Belehrung verschickt gewesen.*"[2389] Damit ist die Praxis der sogenannten *Aktenversendung* angesprochen, die im gemeinen Zivilprozess eine bedeutsame Rolle spielte[2390] und „eine typische Erscheinungsform der frühneuzeitlichen Rechtspflege" darstellte.[2391] Hierunter versteht man die Bitte eines Gerichts „um Entscheidung an ein durch Rechtskenntnisse oder einschlägige Erfahrungen besonders ausgewiesenes Spruchkollegium."[2392] Eine Versendung an einzelne Rechtsgelehrte wurde dagegen grundsätzlich als unzulässig angesehen.[2393]

Die Einholung derartiger Rechtsgutachten (*consilia*) war bereits im römisch-kanonischen Prozess des Mittelalters gebräuchlich geworden.[2394] Veranlasst wurde eine Aktenversendung auf Antrag der Parteien, einen eigenen Entschluss des Gerichts oder infolge einer prozessrechtlichen Vorschrift.[2395] Bei den angerufenen Kollegien handelte es sich in der Regel um Schöffenstühle, Hofgerichte und insbesondere universitäre Rechtsfakultäten;[2396] letztere bezeichnete man dann als *Spruchfakultäten*.[2397] Dort bildete die Gutachtertätigkeit „eine nicht

---

2388 *Dabelow*, S. 184; Hervorh. typograph.; in der Stadt Osterode am Harz gab es schließlich eine ganz ähnliche Regelung, vgl. *Pufendorf*, Observationes II, App., S. 250 Anm.

2389 KehdLR Tit. XXIII § 2.

2390 *Eisenhardt*, Rn. 397.

2391 *Oestmann*, Art. Aktenversendung, in: HRG I (2008), Sp. 128.

2392 *Eisenhardt*, Rn. 397.

2393 Vgl. *Scopp*, S. 254 f.: „Nun ist es in dem *arbitrio iudicis* gestellt, ob er selbst die Sache will entscheiden, oder die Acten an ein Juristen Collegium versenden, und von demienigen die Sentenz erwarten. Nicht an einen privat-Doctorn, ausser wann das Gesez oder die *Obseruanz* dieses erlaubt"; Hervorh. typograph.

2394 Vgl. *Nörr*, Prozessrecht, S. 182 ff.

2395 *Oestmann*, Art. Aktenversendung, in: HRG I (2008), Sp. 130.

2396 *Eisenhardt*, Rn. 397.

2397 Vgl. *Wieacker*, S. 216.

unerhebliche Einnahmequelle der Professoren."[2398] Häufig wurden die Fakultätsentscheidungen in Sammelwerken abgedruckt, die ein wichtiges Fundament für die Entwicklung des *Usus modernus* waren. So wirkte die Praxis der Aktenversendung „mittelbar der Rechtszersplitterung entgegen und führte zu einer erheblichen Festigung der Rechtssicherheit auf der Grundlage der gemeinrechtlichen Lehren."[2399] Eine besonders umstrittene Frage war, „ob eine auswärtige Juristenfakultät in der Lage war, Partikularrecht zu ermitteln und verständig auszulegen. Häufig fügten die anfragenden Gerichte den Akten Auszüge aus den entscheidungserheblichen Partikulargesetzen bei. Falls die Juristenfakultät dennoch offenkundig gegen Partikularrecht verstieß, war ihr Spruch unverbindlich."[2400]

In dem Rechtsstreit, der in Tit. XXIII des Landrechts festgehalten ist, hatte die angerufene Spruchfakultät *„erkandt / daß der Gewohnheit ohngeachtet / die Creditoren nach Gelegenheit der Zeit und Jahre / sie wohnen an welchem Orthe sie wollen / inner- oder ausserhalb Landes Kedingen / sollen bezahlt werden."*[2401] Die Fakultät hat demnach eine Verdrängung des gemeinrechtlichen Prioritätsprinzips durch die Kehdinger *consuetudo* abgelehnt und verlangte deren Gleichbehandlung. Möglicherweise war die Gewohnheit an der nach dem Maßstab des *Ius commune* vorzunehmenden Inhaltskontrolle gescheitert. Denn im Gegensatz zu den geschlossenen partikularen Rechtsordnungen hatte das römische Recht einen universellen Charakter und „das erklärt seine Verbreitung, seine Rezeption."[2402] Jedenfalls kam es infolge dieses Gutachtens beim Landgericht zu einer generellen Änderung der Rechtsprechung, denn es *„haben Greven und Heubtleute obangezogene Gewohnheit abgeschaffet / und sich der Rechts-gelahrten Raht gefallen lassen / die Sachen darnach zurichten."*[2403]

II. Reihenfolge der Pfändungsobjekte (Tit. XXIV)

Tit. XXIV ist thematisch nicht eindeutig greifbar. Es heißt dort: *„HAt sich einer in Schulden-Last gesetzet / und dafür* [...] *seine Gütere verpfändet / ist der Gebrauch gehalten / daß er seine eigene und proprie Schuld zuforderst aus den Gütern ablegen / und hernacher / da er so viel übrig / seine für andere außgesetzte*

2398 *Oestmann*, Art. Aktenversendung, in: HRG I (2008), Sp. 130.
2399 A.a.O., Sp. 131.
2400 A.a.O., Sp. 130.
2401 KehdLR Tit. XXIII § 2.
2402 *David/Grasmann*, S. 100.
2403 KehdLR Tit. XXIII § 2.

Siegel halten müssen."[2404] Dies dürfte darauf abzielen, in welcher Reihenfolge das Vermögen des Schuldners bei einer Zwangsvollstreckung zu pfänden war. Da bei einem Konkurs im Wege einer Gesamtvollstreckung auf das ganze Vermögen zugegriffen wurde und nicht nur auf einzelne Gegenstände, geht es hier um die Einzelvollstreckung. Insoweit wird nach Tit. XXIV des Landrechts die Schuld zuerst aus den *Gütern* bezahlt; zwischen Fahrnis und Immobilien wird nicht unterschieden. Im Weiteren müssten dafür dann *Siegel* herhalten, also schriftlich verbriefte Forderungen.

Dies fügt sich in die Dogmatik des *Ius commune*. Danach erfolgte eine Pfändung zuerst in Mobilien und hier vor allem in Geld. Erst anschließend sollten Immobilien und zuletzt Forderungen angegriffen werden. „In der Reihenfolge der Pfändungsobjekte spricht sich die natürliche Folge der Werthschätzung aus", die maßgeblich aus Vorstellungen des kanonischen Rechts herrührte.[2405] Auch die schwedische Hofgerichtsordnung für Bremen-Verden kennt eine Reihenfolge von Fahrnis, Immobilien und Forderungen,[2406] gleiches gilt für die Stader Gerichtsordnung von 1606;[2407] letztere ermöglichte darüber hinaus auch noch eine Haft im Schuldturm oder Zwangsarbeit.[2408] Dagegen setzte das Otterndorfer Stadtrecht die Liegenschaften von der zweiten an die letzte Stelle, sodass vorher in bewegliche Güter und Forderungen zu vollstrecken war.[2409] Diese Rangfolge entstammte dem sächsischen Landrecht.[2410] Tit. XXIV des Landrechts spricht nur allgemein von Gütern, es fasst Fahrnis und Immobilien also zusammen. Somit war in Kehdingen – anders als im sächischen Landrecht – zunächst in Grundstücke zu vollstrecken und erst danach in Forderungen. Es galt demnach die gemeinrechtliche Pfändungsreihenfolge.

2404 KehdLR Tit. XXIV.

2405 *Endemann*, Civilprozeß II, S. 989.

2406 Vgl. HGO 3,7,7: „*Der Anfang der Execution soll von den Mobilien gemachet / wann solche nicht zureichend / die immobilia angegriffen / da aus diesen die Forderung nicht zuerhalten / die jura und nomina, so verhanden.*"

2407 Vgl. StadeGO Tit. 24 § 9: „*Seynd die beweglichen Güter nicht gnug, so wird zu den liegenden Gütern geschritten, und selbige verfolgt, wie rechtens, darnach zu den gewissen ausstehenden Schulden, und andern Gerchtigkeiten, und endlich zu des debitoris Werckzeug und andere instrumenten.*"

2408 Vgl. StadeGO Tit. 24 §§ 10 f.

2409 *Dettmer*, S. 163; vgl. OtterndorfStR Art. 6 § 2.

2410 *Dettmer*, S. 163 Anm. 66.

III. Verhältnis von Gläubigern derselben Rangklasse (Tit. XXV)

In Tit. XXV geht es noch einmal um eine Frage des Rangstreits im Konkurs. Es wird dort eine Entscheidung des Landgerichts wiedergegeben, bei der über das Verhältnis zweier Gläubiger zueinander entschieden worden war. Deren Forderungen gegen den Schuldner waren beide jeweils mit einem Unterpfand gesichert. Es handelte sich also um zwei Pfandgläubiger auf dem sechsten Rang nach Tit. XXII Nr. 6.

Für eine dieser Forderungen waren aber zusätzlich noch mehrere Bürgschaften bestellt worden. Es stellte sich nun die Frage, ob beide Pfandgläubiger gleichrangig sind oder aber derjenige, der seine Forderungen mit den Bürgschaften zusätzlich gesichert hatte, dem anderen vorzuziehen sei. Dass dies unzweifelhaft eine Frage des Rangstreits im Konkurs anspricht, lässt sich aus Tit. XXII Nr. 6 ableiten, denn dort heißt es, das Privileg gälte für Pfandrechte „*mit Bürgen / oder in* [...] *Handschrifften ohne Bürgen.*"[2411] Diese Bestimmung nimmt ganz offen Bezug auf den in Tit. XXV geschilderten Rechtsstreit. Das Landgericht hatte die Rechtsfrage damals dergestalt entschieden, „*daß die Verschreibung mit vielen Bürgen / der andern ohne Bürgen zu praeferiren (und vorzuziehen) sey, und das propter evitandam doli suspicionem; Dann vielen mehr als einem zugläuben.*"[2412]

Daraus folgt, dass die durch Pfandrecht und Bürgschaften gewissermaßen doppelt gesicherte Forderung gegenüber der einfach gesicherten aufgewertet wurde. Hier lässt sich an eine Verbindung zur Lehre vom *duplex privilegium* denken. Ein solches doppeltes Privileg sollte der Pfandgläubiger genießen, wenn zur Priorität noch ein weiteres Vorzugsrecht hinzukam. Im Ergebnis ging er dann eigentlich gleichrangigen Gläubigern vor.[2413] Die spätere Lehre verallgemeinerte dies zu einer arithmetischen Konstruktion: „Zwei Privilegien sind stärker als eines."[2414] Doch der Gedanke vom *duplex privilegium* führt hier nicht weiter, weil die Bürgschaft im gemeinrechtlichen Konkursverfahren überhaupt kein Privileg verleiht, das ein Pfandrecht in diesem Sinne verdoppelnd aufwerten könnte. Bürgschaften hatten im Prioritätsstreit des gemeinen Konkursprozesses vielmehr überhaupt keinen Einfluss; schon gar nicht verschafften sie dem Konkursgläubiger aus sich heraus ein Privileg.

2411 KehdLR Tit. XXII Nr. 6.

2412 KehdLR Tit. XXV.

2413 Vgl. *Forster*, Konkurs als Verfahren, S. 149 ff.

2414 A.a.O., S. 155.

Im Gegenteil stellt Tit. XXII Nr. 6 ja sogar ausdrücklich klar, dass das Privileg des Pfandgläubigers sowohl mit als auch ohne Absicherung durch eine Bürgschaft besteht.[2415] Damit ist die in Tit. XXV wiedergegebene Entscheidung des Landgerichts indes nicht in Einklang zu bringen. Deshalb hatte die unterlegene Partei – also der ohne Bürgschaft abgesicherte Pfandgläubiger – dann *„von dieser Vrteil ans Oberlandt-Gerichte appelliret.“*[2416] Das Oberlandgericht hat auf die Appellation hin *„erkandt / daß übel gesprochen und wol appelliret.“*[2417] Es hob die Entscheidung des Landgerichts also auf.

Insoweit ist es eigentlich erstaunlich, dass Keller diesen Rechtsstreit überhaupt im Landrecht festhält. Schließlich wird das Landgericht seine vormalige Rechtsprechung entgegen dieser obergerichtlichen Judikatur nicht weiter verfolgt haben. Selbst wenn es sich um eine *consuetudo* gehandelt haben sollte, war diese beim Druck des Landrechts im Jahr 1662 längst obsolet; zumal dieser Vorgang sich mindestens 17 Jahre vorher ereignet haben muss. Denn das Oberlandgericht – das die Berufungsinstanz der erzbischöflichen Zeit war[2418] – hatte seine Tätigkeit bereits im Jahr 1645 eingestellt, als das Erzstift durch die schwedische Armee besetzt wurde.[2419]

D. Gesamtbewertung des Konkursverfahrens

Letztlich zeigt sich auch in diesem Abschnitt des Landrechts wieder das typische Charakteristikum einer zeitgenössischen Rechtsreformation: Geregelt wird nur die im jeweiligen thematischen Zusammenhang wichtigste Frage. Das ist im gemeinen Konkursverfahren der Rangstreit der Gläubiger. Hingegen taucht nicht einmal der Begriff des *concursus* selbst auf. Dieser Zusammenhang klärt sich erst aus der dogmatischen Verortung des Rangstreits und dem anklingenden Rechtsinstitut der *cessio bonorum*.

Dabei greift das Kehdinger Landrecht der Zeit etwas voraus. Denn die benachbarten Partikularrechte regelten den Konkursprozess meist gar nicht oder allenfalls im Ansatz. In Bremen-Verden wurde er seit dem Ende des 18. Jahrhunderts dann durch landesherrliche Gesetzgebung stark geformt. So erließ die schwedische Regierung am 23. Juni 1690 eine Verordnung „Vom

2415 Vgl. KehdLR Tit. XXII Nr. 6.
2416 KehdLR Tit. XXV.
2417 KehdLR Tit. XXV.
2418 *Modéer*, Gerichtsbarkeiten der schwedischen Krone, S. 68; vgl. *Schleif*, S. 120.
2419 *Modéer*, Gerichtsstruktur in den deutschen Lehen, S. 129.

Credit-Wesen und Concurs-Sachen“[2420] und ergänzte diese durch Vorschriften in der bremen-verdischen Polizeiordnung von 1693.[2421] In kurhannoverscher Zeit erging noch die „Verordnung wegen der Concurs-Processe und Hypothequen“ vom 15. Dezember 1741,[2422] bis Tit. XII der Untergerichtsordnung von 1753 diese Materie abermals regelte.[2423]

Das Auftauchen dieser Thematik im Kehdinger Landrecht bereits zu jener Zeit wird darauf zurückzuführen sein, dass es in Bremen-Verden im 17. Jahrhundert eine große Vielzahl von Konkursen gab. Die Konkursverordnung der Stader Regierung von 1690 beleuchtet die Ursache der wirtschaftlichen Verwerfungen im Lande: „*Fügen hiemit zu wissen* [...] *daß in hiesigen Hertzogthümern das Credit-Wesen durch die leidige Kriegs-Unruhe und sonst andere Zufälle sehr in Abnehmen gerathen und geschwächet worden / also daß so wol das publicum als auch privati darunter leiden.*“[2424] Diese Feststellung spiegelt die Auswirkungen der schwedischen Kriegspolitik wider, deren Finanzierung die Region von Anfang an überforderte; in den 1670er Jahren konnten die von der Regierung eingeforderten Kontributionszahlungen in Bremen-Verden nicht einmal mehr mit Hilfe des Militärs eingetrieben werden.[2425] Hinzu kamen etliche Missernten, welche die Finanzkraft der Bauernschaft weiter schmälerten. „In den letzten Jahren der schwedischen Herrschaft standen die Herzogtümer tatsächlich vor dem wirtschaftlichen Zusammenbruch, so daß wer konnte, das Land verließ.“[2426] Diese Erscheinungen schlagen sich auch in den aus Bremen-Verden stammenden Aktenbeständen des Oberappellationsgerichts in Wismar nieder. Diese verschaffen den Eindruck, „als sei ein Großteil der irgendwie

---

2420 Vgl. VO vom Credit-Wesen und Concurs-Sachen vom 23. Juni 1690, abgedruckt in: PolizeiO-1693, S. 199 ff.

2421 Vgl. PolizeiO-1693 Cap. IV.

2422 Vgl. VO wegen der Concurs-Processe und Hypothequen vom 15. Dezember 1741, abgedruckt in: Anh. PolizeiO-1732, S. 31 ff.; vgl. a.a.O., S. 31: „*Obzwar in der Brem- und Verdischen Policey-Ordnung unterschiedliche Befehle und Anweisungen, wie es bey Cessionen der Güter und Concursen der Creditoren zu halten, allbereits sich befinden; So haben* [...] *wir daher nöhtig gefunden, vorläuffig die bereits desfalls ergangene Verfügung zu erneuern, deren strackliche Gelebung nochmahlen anzubefehlen und dabey zu declariren.*“

2423 Vgl. UGO Tit. XII.

2424 VO vom Credit-Wesen und Concurs-Sachen vom 23. Juni 1690, abgedruckt in: PolizeiO-1693, S. 199.

2425 *Bohmbach*, Bremen-Verden, S. 57 ff.

2426 A.a.O., S. 63.

vermögenden Gesellschaft über Schuldverschreibungen, Bürgschaften, Hypotheken etc. miteinander verbunden gewesen, als habe die gesamte Region im Zuge des steigenden Geld- und Kreditbedarfs aus Schuldnern, Bürgen und Gläubigern bestanden."[2427]

Dementsprechend finden sich in den zeitgenössischen archivalischen Quellen auch mehrere Hinweise auf Konkurse in Kehdingen.[2428] Besonders hervorzuheben ist hier jener Prozess aus dem Jahr 1671, der sich maßgeblich um einen Beweis durch Eideszuschiebung drehte.[2429] Der Hintergrund dieses Rechtsstreits war nämlich der Konkurs des Appellationsführers, der von dem Appellationsgegner entscheidend mitverursacht worden war.[2430] Bisweilen müssen diese Verfahren auch einen erheblichen Eindruck auf Umstehende gemacht haben: So erinnerten sich im Jahr 1743 Zeugen daran, dass „*Carsten Hacken Cuncurs wird In Anno 1709 geschehen sein*";[2431] dieser Konkurs war ihnen also auch nach 34 Jahren noch so erinnerlich, dass sie ihn mit genauer Jahresangabe datieren konnten.

2. Unterabschnitt – Regress unter Mitbürgen (Tit. XXVI)

Nachdem der Begriff des Bürgen im Landrecht vielfach aufgetaucht ist,[2432] thematisiert Tit. XXVI schließlich, „*Wie ein Bürge / so alleine bezahlt / seine Mit-Bürgen wieder beklagen mag.*"[2433] Es geht also um die Frage des Rückgriffs zwischen den Mitbürgen.

2427 *Fiedler*, Akten des Wismarer Tribunals, S. 24.

2428 Vgl. NLA ST, Rep. 72/172 Freiburg Nr. 4675, LG Kehdingen v. 03.07.1656, Nagell / Groteman: „*Hette dero Zeit, wie die Concurs gehalten, noch nicht gezahlet weniger die brieffe in händen gehabt*"; vgl. NLA ST, Rep. 28 Nr. 885, Bl. 28r,v: „*Wahr, daß die Kirche zu – vor etzlichen Jahren, etzliche 60. Ruthen Landes aus Peter Wetegroven concursu bonor. bekommen, die Sie hernach an Dirck Rolffs verkauffet, dagegen aber Claus Ehlers, weil er Westwerts, oder nach der Seeseiten darneben belegen gewesen, den Beyspruch würcklich exerciret habe.*"

2429 Vgl. oben: III. Teil, 2. Abschnitt, 3. Unterabschnitt, Kapitel C.-III.

2430 Vgl. NLA ST, Rep. 72/172 Freiburg Nr. 4681, LG Kehdingen v. 11.09.1671, Hilcken / Borstel: „*Wehre unlaugbahr, daß wie Appelati mit der Zahlung in Partem gedrungen, denselben mit arresten beschweret, und große Uhrsach des angestalten concursu gegeben.*"

2431 NLA ST, Rep. 74 Freiburg Nr. 112, Bl. 8r,v.

2432 Vgl. KehdLR Tit. VI, IX § 1, XXII, XXV, XXVII, XXVIII, XXIX.

2433 KehdLR Tit. XXVI.

A. *Die dogmatische Entwicklung im gemeinen Recht*

Als Rückgriff oder Regress (*regressus*) bezeichnet man allgemein den „Anspruch desjenigen, der eine materiell fremde Schuld erfüllt (hat), gegen den eigentlichen Schuldner auf Ersatz des Geleisteten, insbesondere der Anspruch eines sekundär Verpflichteten, der die Leistung erbracht hat, gegen den primär Verpflichteten."[2434] Einen solchen Erstattungsanspruch hat natürlich zunächst der Bürge gegenüber dem Hauptschuldner, wenn er für diesen einsteht und die gegen ihn gerichtete Forderung des Gläubigers erfüllt.[2435]

Ein klassischer Fall des Regresses ist aber auch der Zahlungsanspruch eines Bürgen, der die ganze Leistung an den Gläubiger erbracht hat, gegenüber etwaigen Mitbürgen.[2436] Eine solche Konstellation beschreibt auch Tit. XXVI des Landrechts. Im Landgericht zu Hamelwörden werde es von jeher so gehalten, dass *„Wann einer der ausgestalten Bürgen für den Debitoren alleine bezahlt / und die Verschreibung in seine gewahrsamb gebracht / mag er seine Mit-Bürgen hinwieder besprechen."*[2437]

Dieses Recht kommt nicht von ungefähr, denn Mitbürgen haften solidarisch.[2438] Mit dem Terminus *in solidum* bezeichnet das römische Recht die Gesamtschuldnerschaft. Dies bedeutet, der Gläubiger kann von jedem Schuldner die ganze Leistung auf einmal fordern.[2439] Möglicherweise geht die Entstehung dieses Rechtsinstituts insgesamt sogar auf das Verhältnis unter Mitbürgen zurück.[2440] Die Erstattung, die der leistende Gesamtschuldner von seinen Mitschuldnern fordern kann, ist lediglich anteilig.[2441] Auch im Landrecht ist von einer solchen Quotenteilung die Rede, denn der leistende Gesamtschuldner mag *„seine Mit-Bürgen hinwieder besprechen / oder einen derselben aussondern / welcher für sich seinen quotam (oder Anteil) und im gleichen der andern Mit-Bürgen Gebührnuß ihme erlegen muß."*[2442]

Eine solche Ausgleichspflicht hatte man im römischen Recht zunächst nicht angenommen. Das spätklassische Recht stellte die Leistung an den Gläubiger

2434 *Ogris*, Art. Regreß, in: HRG IV (1990), Sp. 500.
2435 Vgl. *Gierke*, Privatrecht III, S. 783 f.
2436 Vgl. *Ogris*, Art. Regreß, in: HRG IV (1990), Sp. 500.
2437 KehdLR Tit. XXVI.
2438 *Coing*, S. 484.
2439 *Kaser/Knütel/Lohsse*, S. 335.
2440 Ebda.
2441 A.a.O., S. 336.
2442 KehdLR Tit. XXVI.

dann unter den Vorbehalt, dass dieser die Forderungsanteile gegen die anderen Mitschuldner an den leistenden Gesamtschuldner abtrete. Daraus entstand später ein Abtretungszwang,[2443] d.h. nach römischem Recht hatten „Mitbürgen, welche mehr als ihren Teil geleistet haben, [...] einen directen Rückgriff gegen die anderen Mitbürgen nicht, wohl aber das Recht auf Forderungsabtretung gegen den Gläubiger, welchen sie befriedigen."[2444] Diese Rechtsfigur bezeichnete man als *beneficium cedendarum actionum.*[2445] „Im gemeinen Recht ist daraus für alle Regreßfälle ein gesetzlicher Forderungsübergang (*cessio legis*) geworden."[2446] Möglicherweise handelte es sich um eine Angleichung an überkommene einheimische gewohnheitsrechtliche Verhältnisse.[2447] Jedenfalls vollzog sich diese dogmengeschichtliche Fortbildung gerade im Verhältnis unter Mitbürgen[2448] und findet auch im Kehdinger Landrecht Ausdruck, heißt es dort doch, dass der Bürge *„der cession (oder Uberschrifft) des Creditoris nicht benötiget.*"[2449] Die Legalzession, wie sie heute in § 774 BGB geregelt ist, bildet „den logischen Schlußpunkt dieser Entwicklung."[2450] Nachdem Tit. XXVI also die allgemeine rechtshistorische Entwicklung zur *cessio legis* nachzeichnet, ist er mit Gewissheit als authentisch einzustufen. Freilich handelt es sich bei einer solchen gemeinrechtlichen Erscheinung nicht mehr um ein besonderes Partikularrecht.

2443 *Kaser/Knütel/Lohsse*, S. 336, 341.

2444 *Windscheid*, Lehrbuch II, S. 858.

2445 *Ogris*, Art. Regreß, in: HRG IV (1990), Sp. 501.

2446 Ebda.; Hervorh. wie Orig.

2447 Vgl. *Gierke*, Privatrecht III, S. 784: „Das römische Recht gab ihm [dem Bürgen, Anm. Verf.] in Gestalt des *beneficium cendendarum actionum* die Befugnis, vom Gläubiger gegen dessen Befriedigung die Abtretung der Forderung zu verlangen. Dagegen konnte er nach deutschem Recht ohne weiteres anstatt des Gläubigers dessen Zugriffsrecht gegen den Schuldner geltend machen. Die gemeinrechtliche Praxis neigte zur Erweiterung des *beneficium cendendarum actionum* im Sinne des deutschen Rechts"; Hervorh. Verf.

2448 Vgl. *Gierke*, Privatrecht III, S. 791: „Allgemein aber ist im Gegensatz zum gemeinen Recht, das den Mitbürgen ein Rückgriffsrecht gegeneinander nur mittels des *beneficium cendendarum actionum* gewährte, das deutschrechtliche Prinzip des gesetzlichen Ausgleichsanspruches unter Mitbürgen durchgedrungen"; Hervorh. Verf.

2449 KehdLR Tit. XXVI.

2450 *Kaser/Knütel/Lohsse*, S. 341; vgl. *Hattenhauer*, Art. Bürgschaft, in: HRG I (2008), Sp. 773.

B. Regress unter Mitbürgen vor dem Landgericht Kehdingen

Eine solche Regressnahme unter Mitbürgen war schließlich auch Gegenstand eines Prozesses, eine *„streitige schuld und Nebenbürgschafft betreffend“*,[2451] der 1656 vor dem Landgericht in Hamelwörden stattfand. Die Kläger und die Beklagten waren die Erben von Otto Hane und Johan Groteman, die sich im Jahr 1615 offenbar für zwei Kredite über jeweils 100 Mark lübsch *„bürglich eingelaßen“* hatten.[2452] Beide Obligationen hätten die Kläger – als Erben des Otto Hane – aber *„allein zahlen müßen.“*[2453] Vielleicht weil der Mitbürge Johan Groteman als Erblasser der Beklagten offenbar zwischenzeitig in Konkurs gegangen war. Die Kläger begehrten nunmehr jedenfalls, *„daß Grotemans Erben tanquam correi debendi ex Confidejussorij Söhne ihnen den halbscheid sambt Zinsen und Kosten wieder zahlen müsten.“*[2454] Das heißt, sie wollten die Söhne des gesamtschuldnerisch haftenden Nebenbürgen Groteman nun hälftig in Regress nehmen.

Die Gräfen und Hauptleute gaben den Klägern erstens auf, nachzuweisen, dass sie bzw. ihr Erblasser noch in erzbischöflicher Zeit rechtskräftig zur Zahlung der Bürgschaften verurteilt worden war. Zweitens sollten sie darlegen, dass sie im Zeitpunkt des Konkurses, als die *„gütere proclamiret ümb die geklagte schuld und bürgschafft keine wißenschafft getragen“* hatten.[2455] Für den Fall dieses Nachweises beschied das Landgericht, *„daß alßsdan in proximâ in der sache ferner gehen solle.“*[2456] Daraus, dass ein Fortgang des Verfahrens in Aussicht gestellt wurde, lässt sich auf eine grundsätzliche Teilung der Rechtsauffassung durch das Landgericht rückschließen. Weiteres ist in dieser Sache aber nicht überliefert.

3. Unterabschnitt – Schuldverfahren (Tit. XXVII–XXIX)

In der inhaltlichen Beschreibung des Landrechts, die sich bei Stobbe findet, folgt auf die Bürgschaft das Schuldverfahren.[2457] Damit sind die Regelungen der Tit. XXVII bis XXIX gemeint.

2451 NLA ST, Rep. 72/172 Freiburg Nr. 4675, LG Kehdingen v. 03.07.1656, Nagell / Groteman.

2452 Ebda.

2453 Ebda.

2454 Ebda.

2455 Ebda.

2456 Ebda.

2457 *Stobbe*, Rechtsquellen II, S. 341.

A. Zwangsvollstreckung (Tit. XXVII)

In Tit. XXVII geht es darum, „*Wie in liquidirten (gestendigen) Schülden wird verfahren.*“[2458] Damit ist letztlich die Zwangsvollstreckung gemeint, also „das staatliche Verfahren, in dem der Gläubiger seine privaten Ansprüche durch Zwangsmittel gegen den Schuldner durchsetzen oder sichern kann.“[2459] Diese hoheitliche Ausgestaltung der Urteilsvollstreckung hatte sich erst in der Frühen Neuzeit herausgebildet, während sie in älteren Zeiten noch als Selbstexekution dem Gläubiger überlassen war.[2460]

I. Vollstreckungspersonen

Verrichtet – d.h. wohl in die Wege geleitet – wird die Vollstreckung nach Tit. XXXIII § 1 durch „*Greven und Heubtleute ad requisitionem (nnd* [sic!] *auff anhalten) des gewinnenden Teils.*“[2461] Im gemeinen Prozess begann das Vollstreckungsverfahren tatsächlich mit einer auf Antrag des Gläubigers ausgesprochenen gerichtlichen Anordnung, dem sogenannten *mandatum executionis.*[2462]

Ausgeführt wurde das Verfahren in Kehdingen aber durch die Landgeschworenen, deren Aufgabe es insbesondere war, „die Urtheile der beiden Grefengerichte zu vollziehen und namentlich Pfandbefehle zu vollstrecken.“[2463] Dabei waren sie „eigentlich Assessoren der [...] Deichgerichte.“[2464] Sie wurden von den Interessenten der Bauerschaften für die Deichgerichtsbezirke (Schauungen) gewählt.[2465] Diese Aufgabe der Zwangsvollstreckung behielten die Landgeschworenen bis ins 19. Jahrhundert.[2466] Bei der Verrichtung bedienten sie sich „der Hülfe der Gerichtsdiener und Kirchspielsboten“,[2467] die als andere Unterbediente der Landesgemeinde von den Landesversammlungen auf Lebenszeit

---

2458 KehdLR Tit. XXVII.

2459 *Saar*, Art. Zwangsvollstreckung, in: HRG V (1998), Sp. 1822.

2460 Vgl. a.a.O., Sp. 1823 ff.

2461 KehdLR Tit. XXXIII § 1.

2462 *Endemann*, Civilprozeß II, S. 1005 f.

2463 *Schlüter*, Kehdingen II, S. 218.

2464 A.a.O., S. 216.

2465 Ebda.; die Anforderungen an die Kandidaten waren wohl an sich die gleichen wie an die Hauptleute, doch haben die angesehenen Eingesessenen sich dieser Tätigkeit „mit mehrerem oder minderem Glück zu entziehen gesucht“, weshalb „die eigentlich Pflichtigen das Amt durch geringe Beisassen verwalten lassen“, a.a.O., S. 216 f.; die gleichzeitige Tätigkeit als Hauptmann und Landgeschworener hat man zumindest in späterer Zeit als unvereinbar angesehen, vgl. ebda.

2466 Vgl. *Schlüter*, Kehdingen II, S. 219.

2467 A.a.O., S. 218.

gewählt wurden.[2468] Tatsächlich ist im Landrecht in Tit. XXVII von einem *Landtschwaren* die Rede. Auch archivalisch ist belegt, dass diese an Vollstreckungen mitwirkten.[2469] Damit erfüllten sie in Kehdingen jene Rolle, die seit dem 19. Jahrhundert den Gerichtsvollziehern obliegt.[2470] Über ihr Benehmen „bei den Executionen, namentlich wegen rückständiger Contribution sind bittere Beschwerden geführt."[2471]

II. Vollstreckungsverfahren

Der *Usus modernus* entwickelte „unter dem Einfluß des romanisch-italienischen Prozeßrechts ein modernes Vollstreckungsverfahren."[2472] Dabei war im gemeinen Prozess nicht bereits das Urteil die unmittelbare Grundlage der Zwangsvollstreckung. Vielmehr erging von Seiten des Gerichts ein Befriedigungsbefehl an den Schuldner. Innerhalb einer bestimmten Frist hatte er dann zu zahlen und dem Gericht dies anzuzeigen. Erst der Ungehorsam gegenüber dieser Anordnung setzte das eigentliche Vollstreckungsverfahren in Gang.[2473] In diesem Fall unterrichtete man den Schuldner von der bevorstehenden Zwangsvollstreckung und es „mußte eine weitere Frist bestimmt werden, in der der Schuldner leisten oder Einwendungen erheben konnte."[2474] Eine ausführliche dahingehende Regelung kennt etwa die Stader Gerichtsordnung von 1606.[2475] Diese Setzung einer Zahlungsfrist im Rahmen der Zwangsvollstreckung findet sich auch in Tit. XXVII des Landrechts, heißt es dort doch, es werde *„dem Debitori (oder Schuldenere) aufferlegt / innerhalb einer gewissen Zeit zubezahlen."*[2476] Wenn der Schuldner sich dann *„darin seumig bezeiget*

2468 A.a.O., S. 219 f.

2469 NLA ST, Rep. 7 Nr. 7, Bl. 15v.

2470 Vgl. *Deutsch*, Art. Gerichtsvollzieher, in: HRG II (2012), Sp. 219.

2471 *Schlüter*, Kehdingen II, S. 218.

2472 *Sellert*, Art. Pfändung, Pfandnahme, in: HRG III (1984), Sp. 1702.

2473 *Saar*, Art. Zwangsvollstreckung, in: HRG V (1998), Sp. 1825 f.; vgl. *Endemann*, Civilprozeß II, S. 1005 ff.

2474 *Saar*, Art. Zwangsvollstreckung, in: HRG V (1998), Sp. 1826.

2475 StadeGO Tit. 24 § 1: *„In Schuldtsachen, so nicht gar hoch und wichtig, sollen die Richt-Herren auf Anruffen des gewinnenden Theils der verlustigen Partheyen auferlegen, erstlich innerhalb 14. Tagen, und da er nicht pariret, zum andern mahl in acht Tagen, bey poen der Pfändung, zu bezahlen, geschichts nicht, soll ihme zum Uberfluß, noch ein Quer Nacht nachgegeben werden, befriedigt er aber unterdessen den ansuchenden Theil nicht, so soll gegen ihm mit der Pfändung, und Execution würcklich verfahren werden."*

2476 KehdLR Tit. XXVII.

/ werden dem Gläubigern nach grösse der Schulde Pfande angewiesen.“[2477] Es wurde also zur Pfändung geschritten.

III. Vollstreckungsmittel

Diese *capio pignoris* wegen Geldzahlungen war das vorrangige Exekutionsmittel des gemeinrechtlichen Vollstreckungsverfahrens.[2478] Gemeint ist „die gerichtliche Auspfändung, Beschlagnahme der erstrittenen beweglichen Sachen und Eigentumsübertragung an den Gläubiger“ als ordentliches Zwangsmittel.[2479] Dieser Vorgang geschah auf Grundlage eines besonderen Pfändungsrechts, das dem Richter als Träger der öffentlichen Gewalt zustand.[2480] Ausgeführt wurde die Pfändung deshalb durch die lokalen Gerichtsdiener, welche sie notfalls mit Gewalt durchzusetzen vermochten.[2481] Für den Akt der Pfändung selbst musste als Regel gelten, dass die für Pfand erklärten Sachen „faktisch der Disposition des Exequenden entrückt werden.“[2482] Sie wurden also, soweit möglich, dem Zugriff des Schuldners entzogen, sei es durch Beschlagnahme oder Anbringung von Pfandsiegeln.[2483]

Die lokalen Gerichtsdiener der Kehdinger Landesgemeinde waren, wie gesagt, die Landgeschworenen. Die Durchführung von *Außpfandungen* durch diese ist in zeitgenössischen archivalischen Quellen mehrfach erwähnt.[2484] Mit

2477 KehdLR Tit. XXVII.

2478 *Sellert*, Art. Pfändung, Pfandnahme, in: HRG III (1984), Sp. 1702; vgl. *Endemann*, Civilprozeß II, S. 993; schon das altrömische Recht bezeichnete mit diesem Begriff „die sehr alte magistratische Pfandnahme“, *Kaser/Knütel/Lohsse*, S. 181.

2479 *Kaufmann*, Art. Urteilsvollstreckung, in: HRG V (1998), Sp. 619.

2480 *Sellert*, Art. Pfändung, Pfandnahme, in: HRG III (1984), Sp. 1694.

2481 Vgl. *Endemann*, Civilprozeß II, S. 1010 f.

2482 A.a.O., S. 1012.

2483 Vgl. ebda.

2484 So findet sich in NLA ST Rep. 7 Nr. 7, Bl. 60r neben der Landesbeschreibung noch ein „*Verzeichnuß deß Kirchspiels Ballie waß daß Selbe Kirchspiell vor Just unde gerechtichkeit hatt, und von Alters hero gehabt*“; ebda. heißt es unter Nummer 5: „*Und haben die Schwaren welche dazu sein vom gantzen Kirchspiell erwehlet die gerechtichkeit daß Sie welche in der Schauwung bruchfellich befunden werden daß die Schwaren darüber mügen eine Außpfandung thun und So woll die von Adell alß die haußmanßstandt darüber mugen außpfanden*“; unter Nummer 6 (Bl. 60v) heißt es für die besondere Naljer Schauung: „*Welche in dehr schauwung bruchfellig befunden worden für die dazu verordnete Schwaren die gerechtichkeit haben daß sie die selbe bruchfellige mügen außpfanden ohne weiter zu thuen anderer hoher obrigkeit, sie sein hohe oder niedrige.*“

der Anweisung zur Pfändung wird laut Landrecht „*dem Landtschwaren / in dessen Baurschafft der Debitor wohnet / befohlen / woferne dieselbe in einer gewissen Zeit nicht gelöset werden / zu wardieren.*"[2485] Das Verb *wardiren* stammt aus dem Niederländischen und bedeutet etwas zu bewerten oder zu schätzen,[2486] sodass die *Wardirung* dementsprechend als eine amtliche Wertbestimmung zu verstehen ist.[2487] Sie findet sich im Zusammenhang mit der Zwangsvollstreckung auch in der Stader Gerichtsordnung[2488] und im Wurster Landrecht.[2489] Im Anschluss an die Wardierung verlangt das Landrecht, dass der Gläubiger über den Wert der Schuld hinaus erzielte Überschüsse wieder an den Schuldner zurückführen muss.[2490] Auch die Stader Gerichtsordnung sah solches vor.[2491] All dies ist durch die Landesbeschreibung bestätigt, in der es heißt, dass die Landgeschworenen auf „*befehl in Schuldtsachen die executiones und pfandungen, wie auch aestimationes und wardierungen verrichten.*"[2492] Eine Authentizität von Tit. XXVII steht nach alledem vollkommen außer Zweifel. Allerdings erfolgt die Anweisung dort durch den Gräfen allein,[2493] während Tit. XXXIII § 1 von Gräfen und Hauptleuten gemeinsam spricht.

Im Landrecht nicht explizit ausgesprochen wird der wichtigste und deshalb für eine Erwähnung vielleicht zu triviale Aspekt: Die Zwangsvollstreckung bringt auch im gemeinen Prozess die wirtschaftliche Verwertung der gepfändeten Sache mit sich.[2494] Diese erfolgt im Wege eines öffentlichen gerichtlichen

---

2485 KehdLR Tit. XXVII.

2486 DWB 27, Stichw. wardiren, Sp. 1988.

2487 DWB 27, Stichw. wardirung, Sp. 1989.

2488 StadeGO Tit. 25 § 1: „*Löset er immittelst die Pfande nicht ein, sollen dieselbe auf vorgehende Citation, durch unpartheyische, und nach Gelegenheit der Pfande, erfahrene Leute wardieret, und darnach den Klägeren adjudiciret werden.*"

2489 Vgl. WursterLR Art. XIX § 2.

2490 Vgl. KehdLR Tit. XXVII: „*Was sie dan mehr werth / als die Schuld sich erstrecket / daß ist der Creditor dem Debitori wieder zurücke zugeben schüldig.*"

2491 StadeGO Tit. 25: „*§. 2. Erstrecken sich die Pfände höher als des Klägers Schuld, giebt er den Uberrest den Beklagten heraus.* […] *§. 10. Was übrig ist, soll dem Beklagten wiedergegeben werden.*"

2492 NLA ST, Rep. 7 Nr. 7, Bl. 15v.

2493 Vgl. ebda.

2494 Vgl. *Endemann*, Civilprozeß II, S. 993: „Bei der, stets am häufigsten vorkommenden, gleichviel, ob von Haus aus vorhandenen, oder ob durch spätere Umwandlung einer ursprünglich anders lautenden Dezisive herbeigeführten Verurtheilung zu einer Geldleistung gilt es, den in ihr ausgedrückten Geldwerth wo möglich durch irgend welche Vermögensstücke des Kondemnirten, welche diesen Geld- oder

Verkaufs, also einer Versteigerung.[2495] Ansonsten ergäben die in Tit. XXVII ausgesprochene amtliche Wertschätzung und die Rückführung von Überschüssen keinerlei Sinn. So wird denn auch ein Gerichtsprotokoll aus dem Jahr 1670 zu verstehen sein: Dem Beklagten wurde aufgegeben, binnen 6 Wochen eine Summe zu bezahlen. Nach Ablauf dieser Frist aber sollte „*von dem stücke Landes soviel zu wardiret werden* [...], *darauß Er an Capital Zinsen undt Unkosten befriediget werden könne.*“[2496]

B. Der Exekutivprozess (Tit. XXVIII)

Tit. XXVIII fragt, „*Wie es in Schuld-Sachen / wann Siegel und Brieffe verhanden / gehalten wird.*“[2497]

I. Das Anno 1580 publizierte Mandat von wucherlichen Contracten

„*IN diesem Fall wird* [...] *nach laut des An[n]o 1580. publicirten Mandati von wucherlichen Contracten* [...] *verfahren.*“[2498] Auf dieses Mandat wurde bereits im Rahmen der Zuständigkeitsregelung nach der Vorbem. zu Tit. I Nr. 3 eingegangen.[2499] Tit. XXVIII des Landrechts präsentiert im Wesentlichen einen Auszug aus diesem Mandat. Ein Vergleich mit dem Originaltext ergibt,[2500] dass die Passage im Landrecht tatsächlich weitestgehend ein „*Extract von Wort zu Worten geschrieben*“ ist.[2501]

Tauschwerth ganz oder theilweise in sich enthalten, zu decken, bzw. dem Obsieger zuzuführen.“

2495 Vgl. *Endemann*, Civilprozeß II, S. 1013 f.

2496 NLA ST, Rep. 72/172 Freiburg Nr. 4680, LG Kehdingen v. 23.06.1670, Grantz / Schwenger.

2497 KehdLR Tit. XXVIII.

2498 KehdLR Tit. XXVIII.

2499 Vgl. oben: III. Teil, 2. Abschnitt, 2. Unterabschnitt, Kapitel C.; die gesamte Konstitution ist abgedruckt bei: *Mindermann*, Nr. A 189 (S. 297–303).

2500 Der Auszug in KehdLR Tit. XXVIII findet sich bei *Mindermann*, Nr. A 189 auf S. 302 f.

2501 KehdLR Tit. XXVIII; dass es orthographische Unterschiede gibt, versteht sich von selbst. Eingefügt wurde von Keller lediglich in Klammern eine Erläuterung des Wortes Interpellation. Weggelassen wurde eine Passage über das Oberlandgericht zu Vörde (KehdLR Tit. XXVIII: „*Die contrahentes damit an unsere nechstkommende Ober-Landt-Gerichte gegen Vörde zuverweisen.*“ Dagegen heißt es im Original: „*Die Contrahenten damit an Unsere negstkommende Bremische Hoffgerichte oder darunder nidriges stands personen / dieselbe sich begeben / damit für Unser*

Unter *wucherlichen Contracten* sind mit wucherischen Zinsen versehene Darlehensverträge zu verstehen, wobei das mittelalterliche kanonische Recht schlicht sämtliche Zinsen als Wucher (*usuraria pravitas*) verboten und schwere Strafen vorgesehen hatte. Ab dem 16. Jahrhundert sah man Zinsen demgegenüber zunehmend als das Entgelt (*merces*) für die Benutzung des geliehenen Geldes an und erklärte sie für zulässig. Wucherisch und damit nichtig waren sie nur, wenn sie ein gesetzlich festgelegtes Höchstmaß überschritten. In Deutschland war diese Handhabung durch die Reichspolizeiordnung von 1577 eingeführt worden.[2502] Ausdrücklich in Bezug darauf beschloss der Landtag des Erzstifts am 9. Dezember 1580 eine Polizeiordnung, die umfassende Regelungen über wucherische Verträge enthielt.[2503]

II. Der processus executivus

In dem Auszug in Tit. XXVIII des Landrechts geht es indes gar nicht um Wucher. Den entscheidenden Hinweis gibt hier die Untergerichtsordnung von 1753, denn sie setzt eine Klage auf Grundlage der Konstitution von 1580 mit einem *processus executivus* gleich.[2504] Tatsächlich handelte es sich in Deutschland um „eine der ersten Constitutionen, welche das Fundament des Executivprozesses aufgenommen haben."[2505] Der bedeutende Rechtsgelehrte David Mevius hat einen umfangreichen und mehrfach aufgelegten Kommentar zu diesem erzbischöflichen Gesetz verfasst.[2506]

1. Das Wesen des Exekutivprozesses

Der darin geregelte Exekutivprozess gehörte zu den sogenannten *summarischen Prozessen*.[2507] Unter diesem Begriff verstand man „im gemeinen Recht

---

erstkomende Oberlandtgerichte gen Vorde zuverweisen", *Mindermann*, Nr. A 189 [S. 302]; Hervorh. Verf.).

2502 *Coing*, S. 478 f.

2503 Vgl. *Mindermann*, Nr. A 189 (S. 298–301).

2504 Vgl. UGO Tit. VIII § 1: „*Wer nach Anleitung der bekannten Constitution von wucherlichen Contracten de 9. Decembris 1580. auf klare Hand und Siegel klagen, folglich den processum executivuum anstellen will, der muß, wenn es des Debitoris eigene facta und Unterschrift betrifft, dem Richter den Tag und Jahr, worin die Obligation ausgestellet, anzeigen und behufige Citationem an den Debitoren extrahiren.*"

2505 *Ortloff*, S. 453.

2506 Nämlich: *Mevius*, Commentarius Ueber des Hertzogthumbs Bremen Constitution Von wucherlichen Contracten, erstmals: Stade 1673.

2507 Wieczorek/Schütze-*Olzen*, vor §§ 592–605a, Rn. 1; vgl. *Endemann*, Civilprozeß II, S. 1057.

sämtliche Verfahrensarten, die vom ordentlichen Verfahren durch Vereinfachungen abwichen, sei es in formeller Hinsicht oder im Hinblick auf Beweisanforderungen."[2508] Es handelte sich um außerordentliche Prozessarten,[2509] deren Sinn die Beschleunigung des Zivilprozesses war.[2510]

Eine dieser summarischen Verfahrensarten war der Arrestprozess zur Sicherung von Ansprüchen in einem schwebenden Rechtsstreit;[2511] die vorläufige Sicherung erfolgte durch Beschlagnahme von Sachen oder Festsetzung der Person.[2512] In Kehdingen wurde die ursprüngliche Befugnis der Hauptleute, „für sich Arreste zu verfügen (mit Vorbehalt der Justification vor versammeltem Gerichte) [...], späterhin von Königl. Regierung aberkannt."[2513] Im Landrecht wird der Arrestprozess aber nicht angesprochen.

Der Exekutivprozess als weitere summarische Prozessart war dagegen die Wurzel des modernen Urkundenprozesses nach § 592 ZPO.[2514] Voraussetzung für einen solchen war insoweit, „daß das ganze Rechtsverhältnis, zunächst also die Klage, durch Urkunden liquid gestellt wird."[2515] Andere Beweise als der Urkundenbeweis waren ausgeschlossen.[2516] Diese Prozessform basierte auf einem Verfahren des mittelalterlichen italienischen Prozessrechts,[2517] wo das urkundliche Schuldversprechen des Litteralvertrags zum Rechtsinstitut der sofort vollstreckbaren Urkunden fortgebildet worden war.[2518] Die Stadtrechte ermöglichten dies zunächst durch vor einem Gericht erklärte Schuldbekenntnisse (*instrumenta confessionata coram judice*).[2519] Diese Praxis wurde bald auf

---

2508 Wieczorek/Schütze-*Olzen*, vor §§ 592–605a, Rn. 1; vgl. *Endemann*, Civilprozeß II, S. 1025: „Der gemeinsame Karakter bei großer Verschiedenheit der Anwendungsfälle ist der, daß Rechtshülfe gewährt wird ohne erschöpfende Sachprüfung."

2509 Vgl. *Nörr*, Wissenschaft, in: Ius Commune X (1983), S. 168.

2510 Vgl. *Sedatis*, Art. Summarischer Prozeß, in: HRG V (1998), Sp. 79 f.; vgl. *Endemann*, Civilprozeß II, S. 1025.

2511 *Endemann*, Civilprozeß II, S. 1049.

2512 *Endemann*, Civilprozeß I, S. 491 f.

2513 *Schlüter*, Kehdingen II, S. 214.

2514 Wieczorek/Schütze-*Olzen*, vor §§ 592–605a, Rn. 1; vgl. *Nörr*, Wissenschaft, in: Ius Commune X (1983), S. 169.

2515 *Endemann*, Civilprozeß II, S. 1061.

2516 *Ortloff*, S. 201.

2517 Wieczorek/Schütze-*Olzen*, vor §§ 592–605a, Rn. 1; *Ortloff* versuchte dagegen, „nachzuweisen, daß der heutige Executivprozeß seinen entfernteren Ursprung allerdings in dem altdeutschen Pfändungsrecht hat" und von Sachsen aus in andere Partikularrechte überging, *Ortloff*, S. 198.

2518 Vgl. *Coing*, S. 481 f.

2519 *Endemann*, Civilprozeß II, S. 1058; vgl. *Coing*, S. 482.

notarielle Urkunden ausgedehnt, die mit einer Unterwerfungsklausel versehen waren.[2520] In dieser Form wurde die vollstreckbare Urkunde (*instrumentum guarentigiatum*) dann in den meisten Ländern gemeinrechtlich rezipiert.[2521] Das gerichtliche Verfahren begann damit, dass dem Schuldner auf Antrag des Gläubigers durch das Gericht aufgegeben wurde, binnen einer bestimmten Frist zu zahlen.[2522] „Andernfalls ordnet der Richter die Vollstreckung an."[2523] Die unbeschränkte Überprüfung von Einwendungen erforderte ein gesondertes Nachverfahren.[2524]

Ziel dieser Rechtsfortbildungen war wohl eine Belebung der Kreditwirtschaft;[2525] bei der vollstreckbaren Schuldurkunde handelte es sich um die übliche Form des Darlehensvertrages.[2526] An dieser Stelle ergibt sich dann auch der thematische Zusammenhang zu den wucherischen Verträgen. Die Konstitution spricht nämlich davon, dass *„Eingassene und underthanen / wann sie zu yhrer nahrung und nodturfft gelt* [...] *auff burg nemen oder entlehnen wollen"* und begrenzt die jährlichen Zinsen für diesen Fall auf sechs Prozent.[2527] Mevius lehnte eine Anwendung des Exekutivprozesses auf andere Verträge als Kredite deshalb ab.[2528]

2. Der Exekutivprozess in Tit. XXVIII

Das Verfahren ist in dem Auszug in Tit. XXVIII dann beschrieben: Ausgangspunkt ist, dass ein Schuldner *„nach geschehener gebührlichen Lösekündigung in Bezahlung der Häubtsum[m]en seumig"* bleibt.[2529] Daraufhin muss der Gläubiger

---

2520 Wieczorek/Schütze-*Olzen*, vor §§ 592–605a, Rn. 1.; diese Unterwerfungsklausel wird als *clausula guarantigiae* bezeichnet (vgl. ebda.) oder aber als *pactum paratae executionis* (vgl. *Coing*, S. 482).

2521 *Coing*, S. 482; insofern erinnert der Exekutivprozess stärker an eine Zwangsvollstreckung aus notariellen Urkunden i.S.v. § 794 Abs. 1 Nr. 5 ZPO. Zum Vorläufer des Urkundenprozesses wurde er, weil auf die Exekutivklausel im Laufe der Zeit immer häufiger verzichtet wurde, vgl. Wieczorek/Schütze-*Olzen*, vor §§ 592–605a, Rn. 1.

2522 *Coing*, S. 483.

2523 Ebda.; es wurde ein unbedingtes Mandat erteilt, vgl. *Endemann*, Civilprozeß II, S. 1063.

2524 Vgl. *Sedatis*, Art. Summarischer Prozeß, in: HRG V (1998), Sp. 80.

2525 *Endemann*, Civilprozeß II, S. 1058.

2526 *Coing*, S. 470.

2527 *Mindermann*, Nr. A 189 (S. 301).

2528 Vgl. *Mevius*, P. II, Cap. 1, § 5.

2529 KehdLR Tit. XXVIII.

beim Erzbischof, den Gräfen oder anderen Amtsleuten im „*Ertz-Stiffte / darunter die Güter belegen /* [...] *umb Immission in die hypothecirte oder verpfändete Gütere Ansuchung thun.*“[2530] Voraussetzung ist aber, dass „*dann die angezogene Schulde genugsahm mit Siegeln und Brieffen dargethan und erwiesen*“ sind.[2531] Mit dem Begriffspaar Brief und Siegel ist ein *instrumentum guarentigiatum* als sofort vollstreckbare Urkunde gemeint.[2532] Im Sinne der summarischen Prozessbeschleunigung ist der Gläubiger dann, „*damit keine Schade durch den Verzug den Parteyen erwachse / ohne einige Auffschaubung oder Ausflucht* [...] *in die verschriebene Unterpfande würcklich zu immittiren / einzuweisen.*“[2533] Diese Immission des Gläubigers, deren Verrichtung von Mevius ausführlich beschrieben wird,[2534] meint die „Einweisung des Gläubigers in eine Liegenschaft“[2535] als eine ordentliche gemeinrechtliche Vollstreckungsform bei Immobilien.[2536] Sind diese unveräußerlich, so „kann höchstens eine Immission zum Zwecke der Befriedigung aus den Fruchterträgnissen stattfinden.“[2537] Es geht also um eine Art Zwangsverwaltung von Grundstücken.

Und so ist auch die Konstitution zu verstehen. Denn dort heißt es, bei dieser Einweisung in die schuldnerischen Güter sei der Gläubiger „*so lange zuschützen und handhaben / biß er seines ausgethanen Geldes / Zinse und beweißlich erlittenen Schadens nach Einhalt Siegel und Brieffe zur genüge befriediget und bezahlet.*“[2538] Auch Mevius stellt in seinem Kommentar dar, dass der *Immissus* durch den Vorgang den rechtmäßigen Besitz und Unterpfand an den Gütern erlangt.[2539] Über diese hat er eine unbeschränkte

---

2530 KehdLR Tit. XXVIII.

2531 KehdLR Tit. XXVIII; die Anforderungen an die Urkunde beschreibt *Mevius*, P. II, Cap. 3.

2532 Vgl. *Oberländer*, Stichw. Instrumentum guarentigiatum, S. 374: „*Instrumentum guarantigiatum, sive liquidum, & paratam executionem in se continens*, klarer Brief und Siegel, oder solche Urkund, welche eine gewisse, klare und unzweiffeliche Schuld in sich hält, also, daß der Richter nichts anders thun kan, als daß er den Beklagten verurtheile und *exequire*“; Hervorh. typograph.

2533 KehdLR Tit. XXVIII.

2534 Vgl. *Mevius*, P. II, Cap. 15.

2535 *Saar*, Art. Zwangsvollstreckung, in: HRG V (1998), Sp. 1827; auch im heutigen deutschen Zwangsvollstreckungsrecht können Gläubiger durch den Gerichtsvollzieher in den Besitz von Grundstücken *eingewiesen* werden, vgl. § 885 Abs. 1 S. 1 ZPO.

2536 *Kaufmann*, Art. Urteilsvollstreckung, in: HRG V (1998), Sp. 619; vgl. *Endemann*, Civilprozeß II, S. 997; vgl. *Dettmer*, S. 164.

2537 *Endemann*, Civilprozeß II, S. 994.

2538 KehdLR Tit. XXVIII.

2539 Vgl. *Mevius*, P. II, Cap. 16, §§ 3 f.

Verwaltungsbefugnis[2540] und seine Forderung muss er durch den Fruchtgenuss befriedigen.[2541] Besonders weist Mevius dann noch darauf hin, dass der *Executor* den bei der Vollstreckung protestierenden Schuldner zurück- und auf den Rechtsweg zu verweisen hat.[2542] Denn jedweder Streit über die Exekutivurkunden kann nach der Konstitution erst in einem Nachverfahren auf dem nächsten Oberlandgericht zu Vörde geführt werden, „*da alsdann summariè die Sachen gehöret / und ohne Verzug darinnen erkandt werden.*“[2543]

Nach der Konstitution ist für diese Erkenntnis über Briefe und Siegel mancherorts aber auch die lokale Gerichtsbarkeit zuständig. Dies traf, wie bereits unter der Vorbem. zu Tit. I Nr. 3 erläutert wurde, jedenfalls in erzbischöflicher Zeit auch auf Kehdingen zu. Nachdem es sich aber um ein landesherrliches Gesetz handelt – ein vergleichsweise prominentes noch dazu[2544] – ist eine tatsächliche Rechtsgeltung nicht zu bezweifeln. Diese Konstitution wurde schließlich auch von der schwedischen Krone bestätigt[2545] und Mevius bezeichnete sie gar als ein Grundgesetz des Herzogtums.[2546] Überformt wurde dieses Verfahren später dann durch Tit. VIII der bremen-verdischen Untergerichtsordnung von 1753. Insofern spiegelt Tit. XXVIII des Landrechts definitiv eine einstmals geltende Rechtslage wider. Ein ausdrücklicher Verweis auf ein landesherrliches Gesetz stellt zugleich allerdings kein *ius proprium* der Kehdinger Landesgemeinde dar.

C. Forderungsanmeldung im Konkursverfahren (Tit. XXIX)

Tit. XXIX reguliert das Liquidiationsverfahren, das ein Bestandteil des gemeinen Konkursprozesses war. Gemeint ist damit die von den Gläubigern

2540 A.a.O., P. II, Cap. 16, § 5: „Zum dritten gelanget durch den *Possess* an denselben die *administration* und Verwaltung / so er ohngehindert selbsten oder durch einen andern vorrichten mag / krafft welcher dem *Immisso creditori* alles das jenige zustehet / und erlaubet ist / was zur Vorwaltung gehörig“; Hervorh. typograph.

2541 A.a.O., P. II, Cap. 16, § 6: „Fürs vierdte bekompt er den Genieß der Güter also / daß er alle dazu gehörige / und davon fellige Früchte / Pacht / Heure / Zinß / und wie es Nahmen haben mag / einnehmen und auff seine Foderung behalten möge.“

2542 Vgl. a.a.O., P. II, Cap. 16, § 7.

2543 KehdLR Tit. XXVIII.

2544 Vgl. UGO Tit. VIII § 1: „*Wer nach Anleitung der bekannten Constitution von wucherlichen Contracten de 9. Decembris 1580.*“

2545 Vgl. *Mevius*, P. I, Cap. 4, § 6.

2546 A.a.O., P. I, Cap. 4, § 7: „Man mag sonst auch eben diese *Constitution* mit guten fuge *legem fundamentalem provinciae* nennen“; Hervorh. typograph.

vorzunehmende Anmeldung ihrer Forderungen beim Konkursgericht, was bereits oben im Zusammenhang mit Tit. XXII dargestellt wurde.[2547]

8. Abschnitt – Abzugsgeld (Tit. XXX)

Tit. XXX des Landrechts handelt *„Von dem zehenden Pfenning.“*[2548] Hierbei geht es um die Ausprägung einer sogenannten *gabella*, die begrifflich „wahrscheinlich von arab. *al-quabala* Zins, Abgabe, Steuer“ abgeleitet ist.[2549] Diese zu deutsch auch als *Abzug* bezeichnete Abgabe wurde vom Landesherren erhoben, wenn Vermögen aus dem Territorium floss.[2550]

Das galt zunächst in Fällen einer Auswanderung, in denen eine *gabella emigrationis* oder *Nachsteuer* zu entrichten war. Die Höhe schwankte regional zwischen einem Drittel und einem Zehntel,[2551] wobei letzteres den Regelfall darstellte.[2552] Dieses auch als *detractus personalis* bezeichnete Abfahrtsgeld wurde erhoben auf das vom Auswanderer mitgeführte Vermögen[2553] und war gedacht als ein wirtschaftlicher Ausgleich für den bisherigen Grundherren.[2554] Ursprünglich nur dem König in Bezug auf Fremde zustehend,[2555] wandelte sich die *gabella* im 16. Jahrhundert zu einem landesherrlichen Regal[2556] und war die im absolutistischen Staat „allgemein übliche Auswanderungssteuer.“[2557] Allerdings haben einzelne Territorien schon früh die Ausübung dieser Rechte durch Staatsverträge gegenseitig ausgeschlossen.[2558]

Eine *gabella* gab es aber auch in solchen Fällen, in denen einem „Frembden etwas durch Erbschafft zufället, und er es aus dem Land führet.“[2559] Man

---

2547 Vgl. oben: III. Teil, 7. Abschnitt, 1. Unterabschnitt, Kapitel B.-II.

2548 KehdLR Tit. XXX.

2549 *Erler*, Art. Gabella Emigrationis, in: HRG I (1971), Sp. 1367; Hervorh. wie Orig.

2550 Vgl. *Oberländer*, Stichw. Gabella, S. 325: „*Gabella*, der Abzug etc. ist derjenige Antheil, welcher von den Gütern, so aus eines Fürsten *Territorio* in das andere geführet werden, Krafft der Landes-Fürstlichen Obrigkeit und der Gewohnheit, abgezogen wird“; Hervorh. typograph.

2551 *Stobbe* Handbuch I, S. 316; vgl. *Gierke*, Privatrecht I, S. 450.

2552 *Erler*, Art. Gabella Emigrationis, in: HRG I (1971), Sp. 1367; vgl. *Gierke*, Privatrecht I, S. 450.

2553 *Gierke*, Privatrecht I, S. 450.

2554 *Schildt*, Art. Abzugsrecht, in: HRG I (2008), Sp. 57.

2555 *Erler*, Art. Gabella Emigrationis, in: HRG I (1971), Sp. 1367.

2556 *Gierke*, Privatrecht I, S. 450.

2557 *Erler*, Art. Gabella Emigrationis, in: HRG I (1971), Sp. 1367.

2558 *Stobbe*, Handbuch I, S. 316.

2559 *Oberländer*, Stichw. Gabella, S. 325.

spricht insoweit von einer *gabella hereditaria*, einem *Abschoss* oder *detractus realis*. Dieser bestand „in einem Abzuge von dem kraft Erbgangs ausser Landes gehenden Vermögen",[2560] es handelte sich mithin um eine besondere Erbschaftssteuer.[2561] Auch in Tit. XXX des Landrechts scheint es um eine *gabella hereditaria* zu gehen, denn der zehnte Pfennig *„wird gegeben von den Gütern / so zu Erbe fallen / und aus dem Lande Kedingen an frembde Oerter gezogen werden."*[2562] Nicht ganz deutlich ist indes, wie hoch die Besteuerung war. In Tit. XXX heißt es in Bezug auf die dem zehnten Pfennig unterfallenden Güter, dass *„davon Reverendissimus (der Ertz-Bischoff / anitzo Ihr. Königl. Majest. zu Schweden) den halben Teil bekommen."*[2563] Dies kann so verstanden werden, dass der Landesherr die Hälfte der Güter erhielt, die Quote also 50 Prozent betrug. Der Wortlaut von Tit. XXX lässt aber auch ein Verständnis zu, wonach mit dem *halben Teil* die Hälfte des zehnten Pfennigs gemeint ist, dessen Höhe selbst nicht angegeben wird; die andere Hälfte hätte dann zwangsläufig die Landesgemeinde erhalten.[2564]

Wegen des landesherrlichen Charakters der Abgabe wird man aber davon ausgehen können, dass nicht jeder Ort außerhalb der Landesgemeinde ein *fremder Ort* im Sinne von Tit. XXX gewesen ist, sondern dass vielmehr nur Orte außerhalb der schwedischen Landesherrschaft bzw. des Herzogtums Bremen-Verden damit gemeint waren. Im Dithmarscher Landrecht wird in diesem Zusammenhang jedenfalls die Landesherrschaft insgesamt angesprochen und nicht nur das Gebiet Dithmarschens selbst.[2565] Daneben finden sich Regelungen über diese Abgaben auch in den Landrechten von Eiderstedt[2566] oder Hadeln, wobei letztere große Ähnlichkeiten im Wortlaut zu Kehdingen aufweist.[2567] Dementsprechend wird im Kehdinger Landrecht – scheinbar als Rechtfertigung oder Begründung – angemerkt, dass auch die Eingesessenen

---

2560 *Gierke*, Privatrecht I, S. 450.

2561 *Erler*, Art. Gabella Hereditaria, Abschoß, in: HRG I (1971), Sp. 1368.

2562 KehdLR Tit. XXX.

2563 KehdLR Tit. XXX.

2564 Dafür spricht zumindest eine vergleichende Betrachtung von KehdLR Tit. XXXIII § 2.

2565 Vgl. DithmLR Art. 40: *„SO ener storve uht Unserm lande Dithmarschen / und syne Erven* [...] *wahneden buhtem dem Lande Dithmarschen / und Unsern Forstentdöhmen Schleßwyk und Hollsteen."*

2566 Vgl. EiderstedtLR II,20.

2567 Vgl. HadelerLR II,25; vgl. die Synopse im Anhang Q2.

Kehdingens andernorts solchen Regelungen unterliegen würden.[2568] Angesichts der zeitgenössischen Üblichkeit und der regionalen Verbreitung der *gabella* wird man eine Authentizität der in Tit. XXX festgehaltenen Regelung an sich nicht bezweifeln können. Indessen ist diese öffentliche Abgabe im Gefüge des privat- und prozessrechtlich ausgerichteten Landrechts ein regelungstechnischer Fremdkörper.

9. Abschnitt – Rechtsmittel und Rechtskraft (Tit. XXXI–XXXIII)

Die letzten drei Titel des Landrechts bilden einen thematisch gesonderten Block, ausgehend von dem Abschluss des Verfahrens vor dem Landgericht zu Hamelwörden durch den Urteilsspruch.

1. Unterabschnitt – Die Appellation (Tit. XXXI–XXXII)

Die Tit. XXXI und XXXII beschreiben die Möglichkeit einer Appellation gegen ein Urteil des Landgerichts zu Hamelwörden, nicht dagegen die Appellation an dieses selbst von den vorinstanzlichen Gräfengerichten. Schlüter hat darauf hingewiesen, dass diese Bestimmungen des Landrechts wegen der entgegenstehenden Regelungen der Hofgerichtsordnung obsolet seien;[2569] diese galt im Jahr 1662 aber noch nicht.

A. Charakter und historische Entwicklung der Appellation

Bei der Appellation handelte es sich um ein Rechtsmittel gegen die Urteile von Untergerichten.[2570] Derartige Rechtsmittel (*remedia contra sententias*) dienen der Richtigkeitsüberprüfung und rechtsgestaltenden Beseitigung von nachteiligen Gerichtsentscheidungen.[2571] Die Appellation ermöglichte in diesem

2568 Vgl. KehdLR Tit. XXX: „*Wie es in den benachbahrten Städten und andern ümbliegenden Oertern gegen die Eingesessene im Lande Kedingen in diesem Fall gehalten wird; Also wird und soll gegen denselbigen es hinwiederumb dieses Orths damit gehalten werden.*"

2569 Vgl. *Schlüter*, Kehdingen II, S. 224 f.

2570 *Conrad*, S. 462.

2571 *Weitzel*, Art. Rechtsmittel, in: HRG IV (1990), Sp. 315; ein anderes Rechtsmittel war die *Revision* oder *Supplikation*, die vermutlich auf Grundlage der römischrechtlichen *supplicatio ad imperatorem* herausgebildet wurde und im 16. und 17. Jahrhundert Eingang in die Prozessordnungen der Reichsgerichte fand, vgl. *Sellert*, Art. Revision, Supplikation, in: HRG IV (1990), Sp. 958 f.; vgl. *Conrad*, S. 462 f.;

Sinne „die erneute Verhandlung und Entscheidung eines Rechtsstreits durch den nächsten höheren Richter."[2572] Das Ziel „ist eine Abänderung des Urteils, durch das sich der Appellant beschwert glaubt."[2573] Dabei berichtet das Landrecht in Bezug auf Erkenntnisse des Landgerichts zu Hamelwörden sowohl von Aufhebungen[2574] als auch von Bestätigungen *„in judicio appellatorio (im Appellation-Gerichte)."*[2575]

Nach Tit. XXXI des Landrechts soll es sich dabei aber um eine Erscheinung der neueren Zeit handeln, Appellationen seien *„vor etzlichen Jahren* […] *alhier im Gerichte wenig gebräuchlich gewesen."*[2576] Dabei entstammten sie dem antiken römischen Recht, schon seit Augustus unterlagen Urteile im Kognitionsverfahren einer *appellatio.*[2577] Weiter ausgestaltet wurde diese Möglichkeit dann im nachklassischen Prozess[2578] und besonders umfassend durch das kanonische Recht.[2579] So wurde die Appellation in Deutschland „im hohen Mittelalter als Bestandteil des kanonischen und des weltlichen italienischen Prozesses bekannt."[2580] Bis zur zweiten Hälfte des 15. Jahrhunderts hatte sie das bis dahin übliche mittelalterliche Rechtsmittel der sogenannten Urteilsschelte endgültig verdrängt.[2581] Dementsprechend ist auch laut Landrecht nunmehr die Appellation *„von Rechtens und Billigkeit wegen / so sich einer eines Urtheils beschweret / keinem zuverwegern / so stehet nun den Parteyen frey / dieselbe zugebrauchen."*[2582] Die so angestrengte Appellation hatte einen suspensiven und einen devolutiven Effekt, d.h. sie verhinderte den Eintritt der Rechtskraft des erstinstanzlichen Urteils und machte den Rechtsstreit bei der nächsthöheren Instanz

weitere Rechtsbehelfe waren die Wiedereinsetzung in den vorigen Stand wegen Versäumung einer Notfrist (*restitutio in integrum contra lapsum fatalium*), die Wiederaufnahmeklage (*restitutio in integrum adversus latam sententiam*) sowie die Nichtigkeitsklage (*querula nullitatis*), vgl. *Sellert*, Appellation an den Reichshofrat, S. 104 f.

2572 Vgl. *Weitzel*, Art. Appellation, in: HRG I (2008), Sp. 268.

2573 *Becker*, S. 19.

2574 Vgl. KehdLR Tit. XV § 1, Tit. XXV.

2575 KehdLR Tit. XIII § 4.

2576 KehdLR Tit. XXXI.

2577 Vgl. *Kaser/Knütel/Lohsse*, S. 469 f., 477.

2578 A.a.O., S. 480.

2579 Eingehend dazu vgl. *Becker*, S. 12–16.

2580 *Eisenhardt*, Rn. 166.

2581 Vgl. a.a.O., Rn. 164 ff.; vgl. *Weitzel*, Art. Appellation, in: HRG I (2008), Sp. 268.

2582 KehdLR Tit. XXXI.

anhängig,[2583] übertrug die Sache also von dem Unterrichter (*judex a quo*) an den Oberrichter (*judex ad quem*).[2584] Somit ist die Appellation der Vorläufer der Berufung, die im Jahr 1879 mit der Zivilprozessordnung in Deutschland eingeführt wurde.[2585]

Weil es sich um ein anderes Verfahren handelte, haben „die Partheyen gantz andere Nahmen erhalten."[2586] Statt Kläger und Beklagter standen sich in dieser Instanz nun *Appellant* und *Appellat* gegenüber.[2587] Das Landrecht selbst erläutert den Appellanten als jenen, der appelliert,[2588] also den Appellationsführer. Der „Appellat ist der andere, wieder welchen die Appellation gerichtet worden" ist,[2589] mithin der Appellationsgegner.

B. Die landesherrlichen Obergerichte für Bremen-Verden

Die Obergerichte, an die vom Landgericht appelliert wurde, waren keine Organe der Landesgemeinde mehr, sondern der Landesherrschaft zugehörig.[2590] Die Organisation der Obergerichte wechselte im Laufe des 16. bis 18. Jahrhunderts jeweils im Gefolge der politischen Entwicklungen in Bremen-Verden.

I. Erzstift Bremen

Bereits im Erzstift hatte es diverse Obergerichte gegeben. So wurde im Jahr 1517 das Hofgericht eingerichtet.[2591] Seine Kompetenz war aber „auf Streitigkeiten zwischen den Ständen oder ihren Mitgliedern beschränkt."[2592]

Das reguläre Appellationsgericht für die Untergerichte war stattdessen das im Jahr 1554 auf Vorschlag der Stände in Vörde eingerichtete Oberlandgericht.[2593] Dieses findet auch im Landrecht Erwähnung. Zunächst geht aus Tit. XXV hervor, dass von einem „*Vrteil ans Oberlandt-Gerichte appelliret*"

2583 Vgl. *Conrad*, S. 462; vgl. *Becker*, S. 19.

2584 *Endemann*, Civilprozeß II, S. 906.

2585 Vgl. *Weitzel*, Art. Appellation, in: HRG I (2008), Sp. 271; auch die Berufung hat einen solchen Suspensiv- und Devolutiveffekt, vgl. Zöller-*Heßler*, Vorbem. zu §§ 511–541, Rn. 3 f.

2586 *Seyfart*, S. 490.

2587 Ebda.

2588 Vgl. KehdLR Tit. XXXI.

2589 *Seyfart*, S. 490.

2590 Vgl. *Eisenhardt*, Rn. 384.

2591 *Schleif*, S. 115.

2592 *Modéer*, Gerichtsbarkeiten der schwedischen Krone, S. 67.

2593 A.a.O., S. 68; vgl. *Schleif*, S. 120.

wurde.[2594] Vor allem aber heißt es in Tit. XXXII, die Appellationen müssten bei der Kanzlei in Vörde insinuiert und *„auff dem folgenden Ober-Landt-Gerichte prosequiret und justificiret werden.“*[2595] Dieses Oberlandgericht hat „unzweifelhaft […] eine wichtige Rolle für die Ausbildung eines zeitgemäßen Prozesses im Erzstift gespielt“, was gerade auch dadurch bedingt war, dass die gelehrten Räte der Kanzlei mit dem Kameralprozess vertraut waren.[2596] Sie „bahnten den Weg für eine Rezeption von Kameralprozeß und römischen Recht sowohl im Landgericht als auch in anderen Instanzen.“[2597]

Keine Appellationsinstanz für ordentliche Zivilsachen war dagegen das Botting in Stade. Dieses war als Berufungsinstanz im Deichwesen[2598] und teilweise für Strafsachen aus dem Bützflethischen Teil zuständig. Von Strafurteilen des freiburgischen Gräfengerichts wurde dagegen an das Landgericht in Hamelwörden appelliert.[2599]

II. Schwedische Krone

Die Folgen des Westfälischen Friedens von 1648 brachten für das bremen-verdische Justizwesen erhebliche Veränderungen mit sich, denn „die Territorien, die der schwedischen Krone […] zugeschlagen worden waren, wurden alsbald der reformierten Gerichtsstruktur der schwedischen Großmacht angepaßt.“[2600] Die aus der erzbischöflichen Zeit herrührende lokale Gerichtsverwaltung wurde von der schwedischen Landesherrschaft aber beibehalten.[2601] „Eine beabsichtigte Straffung der vielen unteren Gerichtsinstanzen scheiterte an den Privilegien und Freiheiten der Landstände.“[2602] Zu beachten ist aber, dass sich der Einfluss des Landesherren auf die oberste Gerichtsbarkeit nach 1680 massiv verstärkte, „die Rechtsprechung des Justizkollegiums und des Wismarer

---

2594 Vgl. KehdLR Tit. XXV: *„Als aber von dieser Vrteil ans Oberlandt-Gerichte appelliret / ist erkandt / daß übel gesprochen und wol appelliret.“*

2595 KehdLR Tit. XXXII.

2596 *Modéer*, Gerichtsbarkeiten der schwedischen Krone, S. 69.

2597 Ebda.

2598 *Hofmeister*, Elbmarschen II, S. 279; vgl. NLA ST, Rep. 7 Nr. 7, Bl. 21r: Wenn sich jemand durch Urteil der Deichgerichte *„beschweret befindt, Muß Er davon am oberwehntes Böttings gericht in Staden, welches auch zugleich das Ober-Teichgerichte genandt wird, und also secunda instantia ist, gebührend appelliren“*; ein Protokoll des Bottingsgerichts findet sich abgedruckt bei: *Pratje*, Botting, S. 271–274.

2599 *Mangels*, S. 40.

2600 *Modéer*, Gerichtsstruktur in den deutschen Lehen, S. 125.

2601 Vgl. *Fiedler*, Verwaltung, S. 252.

2602 A.a.O., S. 66.

Oberappellationsgerichtes hatte seinen Interessen Folge zu leisten."[2603] Solche Entwicklungen waren aber eine allgemeine Zeiterscheinung.[2604]

1. Die Obergerichte in Stade

Während des Dreißigjährigen Krieges hatte die Kanzlei die letztinstanzliche Rechtsprechung im Erzstift ausgeübt. Dies wurde auch danach provisorisch weiterhin so gehandhabt, bis an ihre Stelle das 1652 eingerichtete Justizkollegium trat.[2605] Diese beiden Spruchkörper waren die Appellationsgerichte der ersten Nachkriegszeit.[2606]

Das neu eingerichtete „Justizkollegium verkörperte als Gerichtsforum das höchste Provinzialgericht. Gleichzeitig stand ihm die Aufsicht über die Untergerichte zu."[2607] Die Zuständigkeit des Justizkollegiums erstreckte sich auf alle Straf- und Zivilsachen, „die aus dem Lande und aus den Städten entweder in erster Instanz oder mittels Berufung dahin gerichtet wurden.[2608] Dieses Gericht war völlig von der schwedischen Krone beherrscht, während das Hofgericht und das Oberlandgericht der erzbischöflichen Zeit noch von den Ständen dominiert waren.[2609]

Diese beiden Gerichte hatten seit der schwedischen Besetzung im Jahr 1645 nicht mehr getagt. Ihre Wiedereinrichtung war der Ritterschaft von der Krone schon 1652 angekündigt worden und wurde dann 1656 angeordnet.[2610] Zur tatsächlichen Wiedererrichtung des Hofgerichts kam es aber erst 1669. Wegen personeller Überschneidungen kann es indes nur noch „als Anhängsel des Justizkollegiums" betrachtet werden.[2611] Seine Einrichtung geschah lediglich aufgrund der ständischen Privilegien.[2612] Zuständig war das neue Hofgericht nur für die Zivilrechtsprechung, „die Entscheidung in der Strafgerichtsbarkeit, bei Exekutionsprozessen sowie bei Wiedergutmachung von Geschädigten oblag weiterhin dem Justizkollegium."[2613]

2603 *Fiedler*, Bremen und Verden, S. 208.
2604 Vgl. *Mitteis*, S. 272.
2605 *Modéer*, Gerichtsstruktur in den deutschen Lehen, S. 127 f.
2606 *Modéer*, Gerichtsbarkeiten der schwedischen Krone, S. 134.
2607 *Fiedler*, Bremen und Verden, S. 209.
2608 *Fiedler*, Verwaltung, S. 109.
2609 *Modéer*, Gerichtsbarkeiten der schwedischen Krone, S. 393.
2610 A.a.O., S. 395 f.
2611 *Fiedler*, Bremen und Verden, S. 209.
2612 *Fiedler*, Verwaltung, S. 110.
2613 *Fiedler*, Bremen und Verden, S. 209.

2. Das Wismarer Tribunal

Der schwedischen Krone war im Osnabrücker Friedensvertrag von 1648 ein sogenanntes unbeschränktes *privilegium de non appellando* eingeräumt worden.[2614] Dies bedeutete, dass eine weitere Berufung zum Reichskammergericht und zum Reichshofrat nicht mehr möglich war.[2615] Vom Oberlandgericht der erzbischöflichen Zeit hatte man dagegen noch an das Reichskammergericht appellieren können.[2616] „Um im Interesse einer reichsweit einheitlichen Rechtsordnung einen Ersatz für die wegfallende Appellationsinstanz der Reichsgerichte zu schaffen",[2617] war die Erteilung dieser Privilegien regelmäßig mit einer „Verpflichtung des jeweiligen Landesfürsten verbunden, ein landeseigenes oberstes Gericht zu gründen."[2618] Dies war auch der schwedischen Krone auferlegt worden,[2619] sodass am 17. Mai 1653 das „‚königlich hohe Tribunal in Wismar', die höchste Gerichtsinstanz für die deutschen Provinzen der schwedischen Krone", eröffnet wurde.[2620] Vor dieses Gericht kamen nun sämtliche Berufungen von den bremen-verdischen Obergerichten.[2621]

III. Kurhannover

Im Verlauf des Großen Nordischen Krieges wurde Bremen-Verden ab 1712 von Dänemark besetzt und 1715 an das Kurfürstentum Hannover übertragen.[2622] Bereits in den Jahren 1715/1716 wurden die Justizkanzlei und das Hofgericht als Obergerichte wieder restauriert, es galten letztlich dieselben Zuständigkeiten wie zuvor in der schwedischen Zeit.[2623] An die Stelle des Wismarer Tribunals trat nunmehr das Oberappellationsgericht zu Celle, welches das Kurfürstentum Hannover als Ausfluss seines eigenen Appellationsprivilegs im Jahr 1711 eingerichtet hatte. Von den auftretenden Streitigkeiten um die Legitimation

---

2614 *Fiedler*, Akten des Wismarer Tribunals, S. 12.

2615 Ebda.; vgl. *Eisenhardt*, Rn. 198.

2616 *Schleif*, S. 122.

2617 *Stodolkowitz*, S. 18.

2618 Ebda.; insoweit waren diese Privilegien die historische Ursache für die Errichtung drittinstanzlicher Oberappellationsgerichte in den Landesherrschaften, vgl. *Döhring*, Art. Oberappellationsgericht, in: HRG III (1984), Sp. 1127 f.

2619 *Modéer*, Gerichtsbarkeiten der schwedischen Krone, S. 282 f.

2620 *Fiedler*, Akten des Wismarer Tribunals, S. 13.

2621 Ebda.

2622 *Drecktrah*, S. 38 f.

2623 A.a.O., S. 56 f.

dieses Privilegs[2624] war das Herzogtum Bremen-Verden aber nicht betroffen, denn das schwedische Privileg des Westfälischen Friedens galt insoweit fort.[2625]

C. Zulässigkeit der Appellation

Eine Appellation setzt nach Tit. XXXI voraus, dass die Partei sich durch ein Urteil des Landgerichts zu Hamelwörden beschwert sieht. Dabei erforderte die Appellation die Einhaltung gewisser Formalien. Man unterschied insoweit „drei Schritte: Die Einlegung (*interpositio appellationis*), die Einführung (*introdcutio appellationis*) und die Ausführung (*prosecutio* oder *justificatio appellationis*)."[2626]

I. Statthaftigkeit

Zunächst war die Appellation nicht gegen jede Entscheidung statthaft. Während dies im kanonischen Prozess noch anders gewesen war, setzte das weltliche Recht dem bald Schranken. Insbesondere wurde die Appellation nur noch angenommen, wenn die Beschwer einen gewissen Mindestwert erreichte (*summa appellabilis*),[2627] „damit nicht so oft *appelliret* und der *Process* dadurch aufgehalten wird."[2628] Diese Appellationssumme bemaß sich nach dem Wert der Beschwerde (*summa gravaminis*).[2629] Eine Regelung dazu findet sich etwa in der späteren Untergerichtsordnung.[2630]

II. Die interpositio appellationis

Bei Statthaftigkeit aber war die Einlegung der Appellation (*interpositio appellationis*) möglich,[2631] die mündlich oder schriftlich vor dem Unterrichter zu geschehen hatte. Die mündliche Einlegung erfolgte sofort nach der Verkündung des Urteils, die dafür geläufigen Formeln waren *viva voce* oder *auf stehendem Fuße*.[2632] Tatsächlich findet sich dies genau so im Landrecht wieder, heißt

---

2624 Vgl. *Stodolkowitz*, S. 17 ff.
2625 A.a.O., S. 21.
2626 *Becker*, S. 18; Hervorh. wie Orig.
2627 *Weitzel*, Art. Appellation, in: HRG I (2008), Sp. 270; vgl. *Sellert*, Appellation an den Reichshofrat, S. 106 f.
2628 *Seyfart*, S. 496; Hervorh. typograph.
2629 *Endemann*, Civilprozeß II, S. 899.
2630 Vgl. UGO Tit. X § 2.
2631 *Endemann*, Civilprozeß II, S. 918; vgl. *Conrad*, S. 462.
2632 *Weitzel*, Art. Appellation, in: HRG I (2008), Sp. 270 f.; vgl. *Conrad*, S. 462.

es doch dort, der Appellant solle *„seine Appellation alsbald im Gerichte / wann die Sententz (oder Vrteil) publiciret und gesprochen / einwenden / und in continenti stante pede & vivâ voce (alsobald auff stehendem Fusse und mit lebendiger Stimme) thun.“*[2633] Solche Formeln sind schließlich auch archivalisch belegt. So hatte in einem Rechtsstreit der Appellationsführer zunächst gegen das *„den 11. Augusti dieses Jahr zu Aßell abgesprochenen Urtel sich beschweret befunden, und deßwegen anhero soforth stante pede appelliret, wie protocollum.“*[2634] Die Berufung wurde am 11. September 1671 abgewiesen und *„Jürgen Hilcke appellirte von dieser Urtel stante pede.“*[2635] Auch in einer Entscheidung vom 25. Juni 1675 heißt es, *„Marten Dede appellat stante pede et vivâ voce.“*[2636]

Die Einreichung der Appellation war im römisch-kanonischen Prozessrecht aber auch schriftlich binnen 10 Tagen möglich (*decendium*). Dies konnte entweder beim *judex a quo* oder vor einem Notar in Anwesenheit von Zeugen geschehen (*schedulam appellationis*), worüber ein Appellationsinstrument ausgestellt wurde (*instrumentum appellationis*).[2637] Auch das Landrecht eröffnet – gleichwohl ohne Nennung der Frist – solch eine Möglichkeit, denn neben einer Appellation stehenden Fußes kann eine Partei stattdessen um *„bedenckens Zeit bitten / und wann ihme hernach zu appelliren gebliebet / muß er solches vor dem Gerichts-Secretario oder sonsten einem andern Notario in Gegenwart zweyer glaubwürdigen Zeugen thun.“*[2638]

Insgesamt ist diese Vorschrift als authentisch einzustufen. Schon der Entwurf für eine Untergerichtsordnung aus dem Jahr 1580 hatte entsprechende Bestimmungen für Appellationen an das Oberlandgericht enthalten.[2639] Eine sofortige mündliche oder schriftlich binnen 10 Tagen eingereichte Appellation ermöglichten auch die schwedische Hofgerichtsordnung[2640] und das Hadeler

2633 KehdLR Tit. XXXI.

2634 NLA ST, Rep. 72/172 Freiburg Nr. 4681, LG Kehdingen v. 11.09.1671, Hilcken / Borstel.

2635 Ebda.

2636 NLA ST, Rep. 72/172 Freiburg Nr. 4682, LG Kehdingen v. 25.06.1675, Deden Erben / Wilckens.

2637 *Sellert*, Appellation an den Reichshofrat, S. 108 f.; vgl. *Weitzel*, Art. Appellation, in: HRG I (2008), Sp. 271; vgl. *Becker*, S. 18; vgl. *Seyfart*, S. 500 f.

2638 KehdLR Tit. XXXI.

2639 *Modéer*, Gerichtsbarkeiten der schwedischen Krone, S. 86.

2640 Vgl. HGO 3,4,2: *„Wer zu dem Hoff-Gerichte zu provociren nöhtig zuhaben vermeynen möchte / soll die Appellation entweder alsofort bey publicirter Urthel mündlich apud acta, oder unwendig zehen Tagen / von Zeit erlangter Wissenschafft der Urthel / interponiren.“*

Landrecht.[2641] Das *decendium* lässt sich zudem in der Stader Gerichtsordnung[2642] und der Untergerichtsordnung von 1753 ausmachen.[2643] Für eine Appellation zum Wismarer Tribunal galt ebenfalls eine Frist von 10 Tagen, die Appellation war vor einem Notar und Zeugen einzureichen. „Das darüber vom Notar gefertigte und beglaubigte ‚*Instrumentum interpositae Appellationis*' enthielt u.a. das vorinstanzliche Urteil, gegen das appelliert wurde."[2644] Solche Appellationsinstrumente vom Stader Justizkollegium an das Wismarer Tribunal wurden auch durch den Landrechtsherausgeber Keller gefertigt.[2645] Insofern wird er als Gerichtsschreiber zu Hamelwörden erst recht dazu befugt gewesen sein, dort eingelegte Appellationen zum Hofgericht in Stade aufzunehmen.

III. Die introductio appellationis

Auf die *interpositio* folgte die *introductio appellationis*. Dies bedeutete, dass das notarielle Appellationsinstrument binnen 30 Tagen beim Oberrichter einzuführen war.[2646] Entsprechendes galt für den Abschiedsbrief des Unterrichters (*litterae dimissoriae*), sofern die Appellation dort interponiert worden war.[2647] Daraufhin folgte „die nächste [...] Notfrist von dreißig Tagen, binnen derer der Appellant beim *iudex a quo* die sog. ‚Verabfolgung der Akten' beantragen musste."[2648] Anschließend übersandte der Unterrichter dann eine Abschrift

---

2641 Vgl. HadelerLR I,12.

2642 Vgl. StadeGO Tit. XXII § 2.

2643 Vgl. UGO Tit. X § 1.

2644 *Fiedler*, Akten des Wismarer Tribunals, S. 15; Hervorh. wie Orig.

2645 Vgl. NLA ST, Rep. 28 Nr. 1173, Bl. 5r,v: „*Und die weilen Ich Johannes Keller Imperiali autoritate publicus et in summô Tribunali Wismariensi approbatus et immatriculatus Notarius, Secretarius Landes Kedings Bützfletischen teils bey interponirter dieser appellation nebenst den gezeügen selbst gegenwertig gewesen, und dieselbe obbeschriebener maßen geschehen zusein angehöret, auch fleißig notiret undt protocolliret. Alß habe ich darüber dieß offene Instrumentum begriffen daßelbe anderer geschäffte halber behindert, durch meinen Substitutum ingrossiren laßen, doch mit meinem protocollo fleißig revidiret, und demselben in allem gleichlautend befunden, darauff mit meines Tauff- und Zunahmens eigenhändiger unterschrifft und nebengesetztem Notariatzeichen, auch beytrucktem pitzschaffte befestiget, Alles in Uhrkundt der warheit hierzu sonderlich requiriret undt beruffen. Johannes Keller. Notar: pûbl. et Reg: in fidem subscripsit.*"

2646 *Sellert*, Appellation an den Reichshofrat, S. 108 f.

2647 *Weitzel*, Art. Appellation, in: HRG I (2008), Sp. 271.

2648 *Sellert*, Appellation an den Reichshofrat, S. 109; Hervorh. wie Orig.

der Akten an das Obergericht,[2649] in späterer Zeit wurden die Originale weitergeleitet;[2650] die bremen-verdische Untergerichtsordnung von 1753 schrieb dies sogar ausdrücklich vor.[2651]

Durch diesen Vorgang wurde die Appellation rechtshängig und der einseitigen Disposition des Appellationsführers entzogen.[2652] Der ursprüngliche Hintergrund für diese Zweiteilung von Interposition und Introduktion war wohl, dass im kanonischen Prozessrecht der Unterrichter über die Statthaftigkeit der Appellation zu entscheiden hatte, während diese Kompetenz im gemeinen Prozess dann auf den Oberrichter überging.[2653] Auch das Landrecht vollzieht diesen Zweischritt, denn die Interposition wird in Tit. XXXI behandelt, die Introduktion dagegen im nachfolgenden Tit. XXXII. Hiernach müssen die Appellationen nach ihrer Einlegung *„in dreyssig Tagen* […] *der Ertz-Bischöfflichen Fürstlichē[n] Bremischen Cantzley zu Vörde insinuiret* […] *werden.*“[2654] Mit dem dort verwendeten Begriff der *insinuatio* meinte man im klassischen römischen Recht die Einreichung einer Urkunde zur Eintragung in ein behördliches Protokoll.[2655] Die bei ihr insinuierten Appellationen leitete die Kanzlei zu Vörde aber häufig gar nicht mehr weiter, sondern wurde selbst als Berufungsgericht tätig,[2656] worüber sich die Stände noch im Jahr 1633 beschwerten.[2657] Die Kanzlei mag sich diese Befugnisse angemaßt haben, weil sie nicht nur eine „Schreibstube und Geschäftsstelle“ war, sondern ihre Räte auch die Kompetenz hatten „über alle an den Erzbischof gerichteten Suppliken zu entscheiden, soweit sie Sachen der Billigkeitsrechtspflege betrafen.“[2658] Besonders auffällig ist hier, dass Tit. XXXII und das Hadeler Landrecht sich stark ähneln.[2659]

Die tatsächliche Verfolgung der Appellation (*prosecutio* oder *justificatio*), d.h. die Begründung, musste aber nicht innerhalb der für die *introductio* eingeräumten Frist geschehen; dafür stand eine weitere Notfrist zur Verfügung. „Wird diese Frist versäumt, so gilt die Appellation als verlassen (*appellatio*

2649 *Conrad*, S. 462; vgl. *Weitzel*, Art. Appellation, in: HRG I (2008), Sp. 271.

2650 *Weitzel*, Art. Appellation, in: HRG I (2008), Sp. 271.

2651 Vgl. UGO Tit. X § 11.

2652 Vgl. *Endemann*, Civilprozeß II, S. 913.

2653 A.a.O., S. 920 f.

2654 KehdLR Tit. XXXII.

2655 *Kaser/Knütel/Lohsse*, S. 60.

2656 *Schleif*, S. 123; vgl. *Modéer*, Gerichtsbarkeiten der schwedischen Krone, S. 70.

2657 *Schleif*, S. 140.

2658 *Modéer*, Gerichtsbarkeiten der schwedischen Krone, S. 70.

2659 Vgl. HadelerLR I,13; vgl. die Synopse im Anhang Q2.

deserta).[2660] Archivalisch nachweisbar ist, dass das Landgericht Kehdingen Appellationen aus diesem Grunde verworfen hat.[2661] Die Frist für die Vorlage der Appellationsschrift (*libellus gravaminum*) betrug nach Reichsrecht „vier Monate zu je dreißig Tagen seit Einlegung der Appellation beim *iudex a quo*."[2662] Das kanonische Recht hatte dafür noch ein Jahr vorgesehen, im Ausnahmefall sogar zwei Jahre.[2663] Inhaltlich war die Appellation schlüssig zu begründen, versehen mit etwaigen Beweisangeboten und anwaltlichen Vollmachten.[2664] Dies war auch in Bremen-Verden nicht anders. Exemplarisch sei auf die Prozessakte wegen des oben vielfach angesprochenen Verfahrens hingewiesen, das sich um das nachbarliche Retraktrecht der Kirche zu Krautsand drehte.[2665]

D. Bewertung

Die in Tit. XXXI festgehaltene Möglichkeit, gegen Urteile des Landgerichts Kehdingen sowohl mündlich *stante pede et viva voce* als auch schriftlich binnen einer Frist appellieren zu können, steht im Einklang mit der gemeinrechtlichen Prozesslehre. Sie lässt sich auch in anderen Partikularrechten wiederfinden. Ebenfalls damals üblicher Praxis entspricht die Zweiteilung zwischen der *interpositio* bei dem *judex a quo* und der darauffolgenden *introductio* bei dem *judex ad quem*. Soweit Tit. XXXII eine Einreichung der Appellation bei der erzbischöflichen Kanzlei in Vörde vorschrieb, war dies für die Schwedenzeit, in der das Landrecht gedruckt wurde, natürlich überholt. Für die frühere Zeit aber ist die Regelung authentisch. Die fehlende Anpassung an die seit 14 Jahren gewandelten Umstände illustriert deutlich, dass Keller seine Aufgabe eben nicht im Gestalten eines neuen, sondern im Bewahren des überlieferten Landrechts gesehen hat.

2660 *Becker*, S. 18.

2661 Vgl. NLA ST, Rep. 72/172 Freiburg Nr. 4678, LG Kehdingen v. 27.06.1667, Sprekelsen / Sturen: „*Daß die von beklagtem und Appellanten interponirte appellation, weil dieselbe nicht gebührend prosequiret,* [...] *hiemith für desert erkandt, und die sache zu angezogenem ende ad primam instantiam verwiesen wird.*"

2662 *Sellert*, Appellation an den Reichshofrat, S. 109; Hervorh. wie Orig.

2663 *Becker*, S. 18.

2664 *Sellert*, Appellation an den Reichshofrat, S. 110.

2665 NLA ST, Rep. 28 Nr. 885; die Anwaltsvollmacht ist im Anhang Q4 beigefügt.

2. Unterabschnitt – Vollstreckung des rechtskräftigen Urteils (Tit. XXXIII)

Der letzte Titel des Landrechts schließlich widmet sich dem Ende des gerichtlichen Verfahrens, nämlich der *„prosequirung des abgesprochenen Urteils / davon nicht appelliret ist.“*[2666]

A. Rechtskraft

Es geht um die Vollstreckung eines Endurteils. Der Vorbehalt, dass *„davon nicht appelliret ist“*,[2667] spielt auf den Suspensiveffekt der Appellation an. Wird sie nicht eingelegt, dann haben die Parteien das Urteil laut Landrecht *„in rem judicatam (in eine geurtheilte Sache) ergehen lassen.“*[2668] Der hier anklingende Begriff der *res judicata* ist die Wurzel der modernen Lehre von der Rechtskraft, deren Sinn die Stiftung von Rechtsfrieden ist.[2669] Auch wenn der Begriff der *res judicata* zugleich die entschiedene Streitsache selbst umfasste, so meinte er eben v.a. „die Rechtskraft als die neben der Bindung des Gerichts und der Vollstreckbarkeit bedeutsamste Wirkung des Endurteils.“[2670] Darunter wurde aber nur die formelle Rechtskraft verstanden, also die Unmöglichkeit, die Entscheidung weiter mit Rechtsmitteln angreifen zu können. Der Gedanke der materiellen Rechtskraft, als einer Bindung der Parteien und des Gerichts an den Inhalt der Entscheidung, war dem römischen Recht dagegen noch unbekannt und formte sich erst im gemeinen Prozess heraus.[2671]

B. Exekution

„Exekution ist Vollstreckung […] einer rechtskräftigen Sentenz. In dem heutigen gemeinen Prozeß geschieht diese Vollstreckung in der Weise, daß der Verurtheilte auf Antrag des Siegers durch Zwang von Seiten des Gerichts angehalten wird, die judikatmäßige Verbindlichkeit zu erfüllen.“[2672] Genau dieses gemeinrechtliche Verfahren wird auch im Kehdinger Landrecht beschrieben: Sofern das Urteil in *rem judicatam* erwachsen ist, wird das Gericht, also

2666 KehdLR Tit. XXXIII § 1.
2667 KehdLR Tit. XXXIII § 1.
2668 KehdLR Tit. XXXIII § 1.
2669 *Jessen*, Art. Rechtskraft, in: HRG IV (1990), Sp. 308.
2670 *Nörr*, Prozessrecht, S. 206.
2671 *Jessen*, Art. Rechtskraft, in: HRG IV (1990), Sp. 308 f.
2672 *Endemann*, Civilprozeß II, S. 980.

„Greven und Heubtleute ad requisitionem (nnd [sic!] *auff anhalten) des gewinnenden Teils die Execution in drey vierzehn Tagen / nachdeme die Urteil ist gesprochen zuverrichten.“*[2673]

Diese Frist von dreimal 14 Tagen im Landrecht weist in Richtung des Magdeburger Rechts. Nach diesem waren beschlagnahmte Güter an drei Gerichtstagen feilzubieten, die im Abstand von jeweils vierzehn Tagen stattfanden.[2674] So wurde es auch im Otterndorfer Stadtrecht gehalten.[2675] Das Wurster Landrecht nennt zweimal 14 und einmal 8 Tage.[2676] 14-tägige Fristen im Zusammenhang mit der Zwangsvollstreckung finden sich auch in der Stader Gerichtsordnung.[2677] Die Untergerichtsordnung von 1753 zieht die dreimalige 14-Tages-Frist zusammen und nennt eine einheitliche Frist von 6 Wochen.[2678] Da auch in Kehdingen ursprünglich sächsisches Landrecht gegolten haben muss, wird diese Regel durchaus authentisch gewesen sein.

Die tatsächliche Vollstreckung wurde, wie für Tit. XXVII dargestellt, dann durch die Landgeschworenen durchgeführt.[2679] Da die „wirksame Vollstreckung der Urteile […] für die Untertanen eines Landesherrn, wie für ihn selbst ein gewichtiger Teil staatlicher Macht“ war,[2680] kann man in dieser Norm wiederum die Autonomie der Landesgemeinde erkennen. Dieser Gebrauch ist archivalisch bestätigt und es wird dort auch eine Begründung geliefert. Nach einem *Memorial*, das sich in der gleichen Archivale wie die Landesbeschreibung aus dem 17. Jahrhundert befindet, sind *„die Immissions undt dergleichen Executions Sachen, uhr alters her Greven und Heübtleütten ufgetragen, daß zu ersparung großer unkostung.“*[2681]

In Tit. XXXIII § 2 geht es dann noch um den Fall, dass *„einige gebottene Poen von dem nichthaltendē[n] Teil würde eingebrochen.“*[2682] Dem Sachzusammenhang nach könnte es sich bei der *Poen* um eine Strafzahlung handeln, *eingebrochen* meint dann eingebracht. Denn es heißt weiter, diese eingebrochene Poen steht *„unserm gnädigsten Fürsten und Herrn (itzo vorhöchstgedachter Ihr.*

2673 KehdLR Tit. XXXIII § 1.
2674 *Dettmer*, S. 163.
2675 Vgl. ebda.; vgl. OtterndorfStR Art. 6 § 3.
2676 Vgl. WursterLR Art. XIX §§ 1 f.
2677 Vgl. StadeGO Tit. 24 § 1.
2678 Vgl. UGO Tit. XI § 1.
2679 Vgl. oben: III. Teil, 7. Abschnitt, 3. Unterabschnitt, Kapitel A.
2680 *Eisenhardt*, Rn. 383.
2681 NLA ST, Rep. 7 Nr. 7, Bl. 61v.
2682 KehdLR Tit. XXXIII § 2.

Königl. Majest.) halb / und die andere Helffte den Heubtleuten zu.“[2683] Diese hälftige Teilung von Bruchzahlungen zwischen der Landesherrschaft und den Hauptleuten ist in dem genannten *Memorial* aus dem 17. Jahrhundert ebenfalls nachweisbar. Hiernach wird der „*halbscheid an die gebührlich Cammer oder Ambtstuben geliefert, und die übrigen helffte solchen bruch stehet dem Heübtleüten zu.*“[2684]

Noch im 19. Jahrhundert wurden dergestalt Strafzahlungen paritätisch „zwischen der Herrschaft und dem Land getheilt.“[2685] Darin zeigt sich schließlich nochmals ganz am Schluss der *Statuta Kedingensia* jenes dualistische Spannungsverhältnis, das schon im Beginn mit der Widmung an die „*Vornehmen Herren Greven und Heuptleuten*“ erkennbar war.[2686]

2683 KehdLR Tit. XXXIII § 2.
2684 NLA ST, Rep. 7 Nr. 7, Bl. 61v.
2685 *Schlüter*, Kehdingen II, S. 214, 218.
2686 KehdLR, S. 2.

IV. Teil Resümee

Das im nördlichen Niedersachsen gelegene Land Kehdingen war seit dem 13. Jahrhundert eine Landesgemeinde innerhalb des Erzstifts Bremen. Zwar erlangte diese *universitas* niemals eine vollständige Unabhängigkeit, wie etwa die Bauernrepublik Dithmarschen. Jedoch konnte sie gegenüber ihren Landesherren, den Erzbischöfen von Bremen, ein hohes Maß an Autonomie bewahren. Hierzu gehörte insbesondere, dass die Gerichtsbarkeit von den landesherrlichen Gräfen gemeinsam mit den gewählten Hauptleuten der Bauerschaften ausgeübt wurde. Diese justizielle Autonomie ermöglichte die Ausformung eines eigenen Landrechts. Bei diesem handelte es sich letztlich aber nur um eine Sammlung von verschriftlichten Gewohnheitsrechten, wie es auch beim Sachsenspiegel der Fall gewesen war. Dieser bildete gemeinsam mit dem Hollerrecht, das im Mittelalter von niederländischen Kolonisten nach Norddeutschland getragen wurde, das Fundament des mittelalterlichen Kehdinger Landrechts, das im Zuge der Rezeption des *Ius commune* immer weiter verändert wurde.

Im Jahr 1662, als das vormalige Erzstift Bremen nach dem Dreißigjährigen Krieg längst säkularisiert und der schwedischen Krone als Reichslehen übertragen worden war, machte sich der damalige Landessekretär Johannes Keller daran, das Kehdinger Landrecht in seinem Bestand zu sichern. Er fasste jene Gewohnheitsrechte, die er noch für geltend hielt, in einer einheitlichen Sammlung zusammen. Mit seinen *Statuta Kedingensia* beabsichtigte er, den status quo klarzustellen und zu erhalten. Dagegen war es nicht sein Anliegen, das vormalige und vielleicht noch im Mittelalter entstandene Landrecht unverändert aufzuzeichnen. Er schuf diese Kompilation – das wird aus dem vorangestellten Editorial deutlich – nicht aus der Perspektive eines Historikers oder Archivars, sondern aus der eines praktizierenden Juristen. Sowohl der Intention des Herausgebers als auch dem Inhalt nach ist das Kehdinger Landrecht von 1662 eine typische Landrechtsreformation jener Epoche, die als *Usus modernus pandectarum* bezeichnet wird.

Allerdings fehlte dem Landrecht eine Bestätigung des Landesherren, es erging ohne *auctoritate publica*. Daher war es lediglich eine Sammlung aufgezeichneter Gewohnheitsrechte ohne formelle Gesetzeskraft (*consuetudines in scriptis redacta*). Dieser formelle Charakter einer Privatarbeit wird allerdings erheblich dadurch relativiert, dass Johannes Keller das bedeutsame Amt des Landessekretärs ausübte und die Sammlung auch ausdrücklich im Zusammenhang mit dieser Tätigkeit herausgab; zahlreich sind vor diesem Hintergrund die archivalischen Zeugnisse, die das hohe Ansehen der *Statuta Kedingensia* in der Rechtsgemeinschaft der Landesgemeinde belegen.[2687]

Die Vorlagen, die Keller seiner Kompilation zu Grunde legte, werden zumindest teilweise aus den gescheiterten Justiz- und Verwaltungsreformen herrühren, welche die Erzbischöfe 1580 und 1617 unternahmen. Neben Entwürfen für Konsistorial- und Untergerichtsordnungen erfolgten in diesen Jahren nämlich Anordnungen an die lokalen Autoritäten, etwaige Gewohnheitsrechte aufzuzeichnen. Hinzu kommen im Bereich der Intestaterbfolge jene Reskripte, die im Anschluss an die Reichstage der Jahre 1498 bis 1529 ergingen, um die dort beschlossene Einführung des *ius repraesentationis* in den Territorien durchzusetzen.

Dabei ist das Kehdinger Landrecht – und auch das entspricht dem Stil der Landrechtsreformationen – insgesamt hochgradig lückenhaft, sodass es im Grunde nur als eine „Gesetzesruine“ klassifiziert werden kann.[2688] Denn es fehlen erwartbare zentrale Rechtsmaterien, die in den archivalisch überlieferten Rechtsstreitigkeiten eine Rolle spielten. Zu denken ist hier insbesondere an Bestimmungen über Kaufverträge oder Kreditsicherungen, d.h. Pfand- und Bürgschaften. Solche Rechtsinstitute werden in den *Statuta Kedingensia* lediglich erwähnt oder angedeutet, die grundlegenden Regelungskomplexe sind dagegen nicht vorhanden; auch im Weiteren enthält das Landrecht kaum Normen, mit denen die betroffenen Lebensbereiche umfassend geregelt werden könnten.

Die subsidiäre Geltung des *Ius commune* ist deshalb vorausgesetzt. Mehr noch: Ohne den Hintergrund des römisch-kanonischen Rechts sind weite Teile des Landrechts inhaltlich überhaupt nicht verständlich. Beispielhaft ist hier Tit. V mit seinen vagen Anspielungen auf die Lehren von der *litis contestatio* oder den *exceptiones* zu nennen. Tit. XXII, der die Rangordnung der Gläubiger festlegt, kann ohne Kenntnis des gemeinrechtlichen Konkursprozesses ebenfalls nicht begriffen werden. Das Beweisverfahren spiegelt dann die Formen des römisch-kanonischen *processus in civilibus* wider, was nicht zuletzt durch den ausgedehnten Gebrauch von Latinismen im Landrecht und den Protokollen des Landgerichts unterstrichen wird.

2687 Noch im Jahr 1703 wurde gegenüber dem Wismarer Tribunal vorgebracht, dass „*exemplarien des Kedingischen LandRechtens bey allen Practicis in Stade und andern, so daran gelegenen, vielfältig annoch anzutreffen sind*“, NLA ST, Rep. 28 Nr. 885, Bl. 12v.

2688 Mit diesem Begriff beschrieb *Götz Landwehr* die letzten Überreste des ausgehöhlten lübischen Rechts, die erst 1900 vom BGB abgelöst wurden, vgl. *Landwehr*, S. 64.

An anderen Stellen gibt das Landrecht stark romanisierte Reichsgesetzgebung wieder. Im Erbrecht ist hier an die Umsetzung der Reichstagsbeschlüsse zur Einführung des *ius repraesentationis* zu denken. In die gleiche Richtung schlägt die Sanktionierung des Sieben-Zeugen-Testaments unter Maßgabe der Reichsnotariatsordnung von 1512. Das Vorbild der Reichspolizeiordnungen wird in der Aufnahme des römischen Vormundschaftsrechts mit seiner abgestuften Rangfolge von testamentarischer, verwandtschaftlicher und obrigkeitlicher Berufung erkennbar. Materiell betrachtet kann in diesen Bereichen von einem wirklichen Partikularrecht von vornherein keine Rede sein. Erst recht gilt dies, wenn wie in Tit. XXVIII lediglich landesherrliche Gesetzgebung wiedergegeben wird; dort findet sich das wörtliche Zitat eines erzbischöflichen Mandats, das den *processus executivus* kodifiziert.

Trotz alledem sind partikularrechtliche Inhalte in unterschiedlichen Erscheinungsformen vorhanden. Besonders hervorzuheben ist hier die aus dem kanonischen Recht herrührende Testamentserrichtung vor einem Pfarrer, die nicht gemeinrechtlich rezipiert war, aber eine allgemeine Verbreitung in Norddeutschland hatte. Gewiss authentisch waren auch die Regelungen über einen gegenseitigen Erbeinsetzungsvertrag der Ehegatten, den das Landrecht als *donatio reciproca* bezeichnet. Zumindest wahrscheinlich ist die frühere Geltung der in weiten Teilen Norddeutschlands verbreiteten ehelichen Gütergemeinschaft und der mit ihr verknüpften erbrechtlichen Folgen. Auch die in diesem Zusammenhang entwickelte Rechtsfigur der Einkindschaft wird in Kehdingen praktiziert worden sein. Wo Verfügungsbeschränkungen über Immobilien und das Vorkaufsrecht des Retrakts wiedergegeben werden, enthält das Landrecht dann noch eine *consuetudo*, die sich aufgrund der überragenden Bedeutung des Grundeigentums in vorindustriellen Agrargesellschaften bis in die zweite Hälfte des 19. Jahrhunderts halten konnte. Schließlich finden sich Reminiszenzen an den Sachsenspiegel. Zu nennen sind hier die dreimal 14-tägige Pfändungsfrist, der Prozessverlust bei dreimaliger Säumnis und weiter die beiläufige Erwähnung des erbrechtlichen Gradualprinzips sowie von Gerade und Heergewäte.

Soweit es den Inhalt angeht, ist es in den allermeisten Fällen durchaus plausibel, dass die vom Landessekretär Keller wiedergegebenen Bestimmungen einmal geltendes Gewohnheitsrecht in Kehdingen waren – vielleicht nicht mehr unbedingt im Jahr 1662, aber doch wenigstens vorher. Es handelt sich insofern um eine Art historisches Fenster, durch das vormals geltendes Gewohnheitsrecht sichtbar gemacht wird. Wenn das Schrifttum des 18. und 19. Jahrhunderts nun herausstreicht, dass dem Kehdinger Landrecht eben keine *auctoritate publica* zukomme und es mit Ausnahme des Retraktrechts auch sonst keine gewohnheitsrechtliche Geltung habe, dann muss bedacht werden, dass es sich um Bewertungen vom Stand der jeweiligen Zeit aus handelt. Der Zugang war nicht historischer Natur, sondern er kam aus der juristischen Praxis heraus. Diese Feststellungen sagen nichts darüber aus, welche Rechtssätze im Jahr 1662 oder zu noch früherer Zeit in Geltung waren.

Das zwischenzeitige Verschwinden von *consuetudines* lässt sich erklären, wenn man die Rechtsquellen- und Rechtsanwendungslehre des *Usus modernus pandectarum* betrachtet: Zwar gab diese Lehre den lokalen Gewohnheitsrechten zunächst den Vorrang vor dem römisch-kanonischen Recht, das insoweit nur subsidiär galt. Doch mussten die Gewohnheiten durch jene Parteien bewiesen werden, die sich darauf beriefen. Denn die Rechtsqualität der *consuetudo* gründete sich auf ihrer gewohnheitsmäßigen Geltung, bei der es sich um eine beweisbedürftige Tatsache handelte. An den Beweis der Rechtsgewohnheiten wurden nun hohe Maßstäbe angelegt, die oftmals nicht erfüllt werden konnten, sodass es infolge immer weniger Präzedenzfälle gab. Dagegen war das *Ius commune* wegen der Lehre von der *fundata intentio* durch die Gerichte von Amts wegen zu berücksichtigen. So wurde die Rechtsquelle der überkommenen *consuetudines* zwischen dem gemeinen Recht und den landesherrlichen Gesetzen, die den Herrscherbefehl des absoluten Monarchen manifestierten, regelrecht zerrieben.

Beständiges und wirkliches *Ius proprium* bieten aber jene Teile der *Statuta Kedingensia*, in denen die Landesverfassung erkennbar wird. So ist das Landrecht dem Adel und den Erbexen gewidmet, also den beiden Standesgruppen, welche die bäuerlich-genossenschaftliche *universitas* konstituierten. Auch die von ihnen gebildete Landesversammlung als das Zentralorgan der Landesgemeinde ist sichtbar, wenn es heißt, mit einhelliger Bewilligung der Eingesessenen wären bestimmte Rechtszustände geändert worden. Weiter treten an vielen Stellen die Gräfen und die Hauptleute gemeinsam als Obrigkeit auf, was die dualistische Herrschaftsteilung spiegelt; und schließlich finden noch die Landgeschworenen und insbesondere der Landessekretär als übrige Amtsträger eine Erwähnung.

Im Ergebnis aber tritt der Einfluss des *Ius commune* in der Sprache und im Inhalt des Landrechts übermächtig zutage. Insofern hat das Schrifttum im Ergebnis richtig geurteilt, wenn es die *Statuta Kedingensia* von 1662 dogmengeschichtlich tief in der Tradition des römischen Rechts verwurzelt sieht. Am treffendsten erscheint die Einordnung Otto Stobbes, der hierin lediglich ein lokal modifiziertes *Ius commune* sah.[2689]

2689 Vgl. *Stobbe*, Rechtsquellen II, S. 341.

Dabei ging die Rezeption des römisch-kanonischen Rechts und die damit verbundene Verdrängung des hergebrachten Gewohnheitsrechts im Land Kehdingen gewissermaßen von selbst vonstatten – in den Landesgemeinden Dithmarschen, Eiderstedt oder Hadeln wurde sie dagegen durch landesherrlich oktroyierte Gesetze vollzogen. Das illustriert, mit welcher Wucht die Rezeption das europäische Rechtsleben nicht nur in den Städten und größeren Territorien, sondern auch in abgelegeneren Landschaften umgestaltet hat. Es bestätigt sich hier, dass die Durchsetzung des gelehrten Rechts eben nicht allein durch die Entstehung des Territorialstaats bedingt war, dass also „das Bündnis zwischen Obrigkeit und römischem Recht zwar typisch, aber nicht notwendig gewesen" ist.[2690] Der Verwissenschaftlichung des Rechts konnten sich letztlich nicht einmal an der Peripherie des Reiches gelegene Gebiete entziehen;[2691] das gilt auch für die bäuerlichen Landesgemeinden in Nordwestdeutschland.

Als Verbindung des *Ius commune* mit lokalen Gewohnheitsrechten ist das Kehdinger Landrecht von 1662 eine typische Erscheinung der späten Rezeptionsepoche und so ein Spiegel des *Usus modernus pandectarum*. Deshalb muss letztlich dem freiburgischen Landessekretär Peter Vagt beigepflichtet werden, der im Jahr 1772 resümierte, „daß diese Sammlung, oder Kehdingsches Land Recht, das Ansehen eines Gesetzes jetzo nicht habe. Ein Zeugnis der Geschichte bleibet es aber allemal."[2692]

2690 *Eisenhardt*, Rn. 260.
2691 Vgl. *Andermann*, S. 122.
2692 *Vagt*, S. 173.

Quellenanhänge

Editorische Notiz

Die folgenden Editionsrichtlinien liegen sowohl den Transkriptionen der Druckwerke als auch der handschriftlichen Zeugnisse zugrunde. In der Studie ist eine Fülle von Archivalien aus dem 17. und 18. Jahrhundert ausgewertet worden. Es wurde aus grundsätzlichen Erwägungen heraus davon abgesehen, sämtliche auch in den Quellenanhängen wiederzugeben. Die hier dargelegten Grundsätze gelten insoweit nicht nur für den Bereich der Anhänge, sondern zugleich für die ausschließlich in der Studie im Wortlaut zitierten Archivalien.

1) Allgemeine Grundsätze:

Die Ligaturen æ und œ werden – auch in der Studie insgesamt – durchgängig als ae und oe ausgeschrieben. Die zeitgenössisch üblichen Parenthesen |: … :| bzw. (: … :) wurden durch moderne einfache Klammerzeichen ersetzt.

Hervorhebungen durch Unterstreichungen entsprechen, soweit nicht anders angegeben, dem Original. Eckige Klammern in der Edition stehen für Seitenumbrüche im Landrecht bzw. Blattzahlen in den Archivalien.

Es wurde tendenziell versucht, die Vorlagen mittels Absätzen und Einrückungen optisch nachzugestalten. Zur Erleichterung des Verständnisses wurden solche Zeilenführungen gelegentlich aber auch eingefügt, wenn es sich in der archivalischen Vorlage um einen vergleichsweise langen Fließtext handelt.

2) Druckwerke:

Druckwerke wurden so genau wie möglich transkribiert. Makrons im Überstrich, die einen nachfolgenden Konsonanten ersetzen, wurden nur bei Vokalen wiedergegeben (ē bzw. ō). Makrons über Konsonanten sind hingegen nicht übertragen. Der durch das jeweilige Makron ersetzte Konsonant wurde in eckigen Klammern angefügt.

Ansonsten ist besonders zu bemerken, dass Druckwerke in der Frühen Neuzeit üblicherweise in zwei verschiedenen Schrifttypen gesetzt waren: Deutschsprachige Begriffe stehen in Fraktur, Latinismen bzw. Romanismen dagegen in Antiqua. Dies gilt auch für das Kehdinger Landrecht (Q1) und das Formular einer Anwaltsvollmacht in einer Prozessakte des Wismarer Tribunals (Q4).

Diese doppelte Typographie wurde so strikt gehandhabt, dass nur der eigentliche lateinische Wortstamm in Antiqua gesetzt wurde. Schlusssilben, die durch eine „eindeutschende“ Flexion entstanden, stehen dagegen wieder in Fraktur (z.B. *communicir*et, *observir*et, *Debitor*en, *Creditor*en). Hier sind die in der Vorlage in Antiqua gesetzten Wörter durch Kursivschrift hervorgehoben, inklusive der in Fraktur stehenden Schlusssilben. Dies korrespondiert damit, dass im Rahmen der Studie mit anderen älteren Druckwerken so verfahren wurde, wo dies in den Anmerkungen durch das Kürzel „Hervorh. typograph.“ gekennzeichnet wird.

In der obigen Untersuchung sind Wortlautzitate aus dem Kehdinger Landrecht dagegen durchgängig in Kurisva gesetzt worden. Diese verschiedenartige Handhabung von Studie und Quellenedition findet ihre Grundlage in den jeweiligen Standards der Rechtshistoriographie.

3) Handschriftliche Quellen:

Bei der Edition der Handschriften galt es andere Faktoren zu berücksichtigen.

Zunächst wurde der Wechsel zwischen deutscher Kurrentschrift und lateinischer Schreibschrift – der insoweit dem zwischen Fraktur und Antiqua in Druckwerken entspricht – nicht nachvollzogen. Wortlautzitate aus Archivalien sind, den allgemeinen historiographischen Gepflogenheiten entsprechend, stattdessen durchgängig in Kursiva gesetzt.

Bei der Transkription der handschriftlichen Quellen wurde das Ziel einer größtmöglichen Akkuratesse verfolgt. Allerdings eröffnen sich hier, anders als bei Druckwerken, naturgemäß Interpretationsspielräume; das gilt gerade im Fall der deutschen Kurrentschrift des 17. und 18. Jahrhunderts. Beispielhaft herausgegriffen sei, dass v.a. die Schlusssilben häufig nicht ausgeschrieben, sondern durch Haken abgekürzt werden. Bei fehlender Eindeutigkeit im Schriftbild wurde sich stets für jene Variante entschieden, die in einer Gesamtschau als die wahrscheinlichere erschien.

Orthographische Anpassungen an heutige Regeln oder Harmonisierungen sind grundsätzlich nicht vorgenommen worden. Jedoch wurden die willkürlich gesetzten Kommata vereinzelt durch ein Semikolon oder einen Punkt ersetzt. Im Bereich der Groß- und Kleinschreibung wurden – soweit sich Abweichungen ergaben – ganz gelegentlich Anpassungen an die heutigen Regeln vorgenommen, wenn diese den Lesefluss erheblich gestört haben (bspw. bei Kleinschreibung von Ortsnamen).

Die Währungssymbole für Mark lübisch und Reichstaler wurden zu den Siglen *Mk.L.* und *Rtlr.* aufgelöst.

Anhang Q1 Kehdinger Landrecht von 1662

„[1] ***STATUTA KEDIN-***
GENSIA.
Das ist
Kedinger Landt-Recht /
Wornach Greven und Heubtleute im Landt-
Gerichte zu Hamelwührden zurichten
haben /
Wie dasselbe bißhero in unterschiedlichen geschriebenen
***Exemplarien* verhanden gewesen /**
nunmehro aber zu mehrem der Eingesessenen
Nutzen zum Druck befordert
Durch
***Johannem* Kellern /**
***Secretarium* Landes Kedings Bützfletischen theils.**

Stade / Gedruckt bey Elias Holwein sehl; nachgelassener
Wittibe. *Anno 1662.*

[2] Denen Hoch- und Woll-Edlen / Gestrengen
und Mann-Vesten / auch Ehrn-Achtbahren und
Vornehmen Herren
Greven und Heuptleuten /
auch sämbtlichen Eingesessenen
von Adeln und Erbexen
Landes Kedingen.

Meinen insonders großgünstigen Herrn /
hochgeehrten *Patronen* und Beförderern /
auch viel-wehrten Freunden.

ES ist / hoch- und Woll-Edle / Gestrenge und Mann-Veste / auch Ehrn-Achtbahre und Vornehme / insonders großgünstige hochgeehrte Herren un[d] sehr wehrte Freunde / Ohne mein geringfügiges erinnern män[n]iglichē[n] bekannt / welcher gestalt in vielē[n] Fürstenthümbern / *Provincien* / Städten und Ländern gewisse un[d] besondere *Statuta*, Satzungen un[d] Rechte gefunden werden / nach welchē[n] in vorfallenden Streitigkeiten und Rechtschwebenden Sachen verfahren / *decidiret* und erkant wird. Wie dan insonderheit einem jeden dieses Orths nicht ohnwissend ist / was massen auch in hiesigem Lande von langen und undencklichen Jahren hero ein geschriebenes Landt- [3] Recht verhanden gewesen / welches uns von unsern Vorfahren nicht so / wie das uhralte Kedinger Landt-Recht gelautet; Besondern von denen in demselben gewesenen fast ungereimbten und den gemeinen Rechten gar zuwider gelauffenen Satzungen *emendiret* und gesaubert hinterlassen worden / daraus diejenige dieses Landt-Gerichts Verwandte / und andere Eingesessene / so in Rechten nicht erfahren / dennoch einigen Vnterricht und Erfahrung schopffen: Auch sonst mennigliche sich dessen bey mehrberegtem Landt-Gerichte und dabey vorfallenden Sachen bedienen können. Von welchem Landt-Rechte dan bey einem und andern zwar unterschiedliche / doch nur wenige geschriebene *Exemplaria* verhanden / darin aber hin und wieder *Erratae* und Fehlere / so im abschreiben untergelauffen / befindlich. Wegen welcher in so weniger Anzahl verhandener / und doch zum Theil sehr *incorrect* geschriebener *Exemplarien* / mich offters gute Freunde angelanget haben / Ihnen einige richtige Abschrifften dieses unsers Land-Rechtes zuertheilen / auch woll einer oder ander / so der Lateinischen Sprache nicht kündig / dabey gebeten / die unterlauffende Lateinische Wörter in Teutsch zusetzen. Solche Abschrifften aber / und dieselbe zu *revidiren* / offters bey obliegenden andern Geschäfften mühesahm und beschwerlich fallen / dannenhero ich *resolviret* worden / und diensam erachtet / mich auff einmahl solcher Mühe zuentheben. Vnd habe also etliche alte und am richtigsten geschriebene *Exemplaria* vor mich genommen / daraus eines mit eigener Hand ins reine geschrieben / und darin die Lateinische Wörter zwar / wie ich sie gefunden / stehen lassen / doch denen der Lateinischen Sprache nicht erfahrnen zum besten / und deren vorberegtem *desiderio* ein genügen zuthun / den Teutschen Einhalt dabey in *parenthesi* mit kleinern Buchstaben gesetzt / und also auff meine Kosten zum Druck befordert / damit ich davon eine Menge haben / und künfftig jederman damit willfähren und dienen könne: Verhoffende / daß / wie dieses zum guten und besserer Erhaltung solcher *Statuten* angesehen und gemeinet / also niemand daran ein Mißgefallen haben / Auch E. Hoch- und Woll-Edl: Gestreng: und Ehrn-Achtbahre Gunsten / daß Ihnen ich diese meine hieran gethane geringe Arbeit zuschreibe / nicht verüblen: Besondern mir mit [4] steter beforderlicher Wollgewogenheit beygethan verbleiben werden / In welcher Zuversicht ich hinwiederumb stets bin und verbleibe

E. Hoch- und Woll-Edl: Gestr: und
Ehrn-Achtb: Gunst:

Geben Drochtersen
den *27. Januarij,*
Anno 1662.

Dienstergebener und bereitwilligster Diener

Johannes Keller.

[5] **Vber was Sachen Greven und Heubtleute im Gerichte zu Hamelwührden zurichten haben.**

1.

ERstlich über Erb- und Gütere / alhier im Lande liegende / vorfallenden Streit.

2.

Fürs andere / wan einer einen Erbkauff *jure retractus* (durch beyspruchs-Recht) aufftreibet.

3.

Zum dritten / wan Streit vorfället über Siegel und Brieffe.

4.

Zum vierdten in Ehesachen; So ferne dieselbe in den Kirchspielen / da die Beklagten gesessen / von Greven und Heubtleuten eines jedē[n] Kirchspiels nicht können in Güte verglichen werden / alsdan werden dieselbe Sachen an das Gerichte zu Hamelwührden verwiesen.

5.

Wie dan auch / fünfftens / andere vorfallende streitige Sachen / so von Greven und Heubt- [6] leuten des Kirchspiels / darin dieselben sich zugetragen und begeben / nicht können geschlichtet: Auch an das Gerichte zu Hamelwührden *remittiret* (oder verwiesen) werden.

Titulus I.
Von Anordnung der Gerichts-Tage.

[§ 1] ES ist der Gebrauch von langen Jahren hero also gehalten / wan die Greven einen Gerichts-Tag angesetzt / daß alsdan derselbe angeordneter Gerichts-Tag den Sontag zuvor von den Cantzeln im gantzen Lande Kedingen werde abgekündiget / als / daß dan den Donnerstag oder Freytag nach beschehener Abkündigung das Gerichte zu Hamelwührden solle gehalten werden.
§. 2. Und werden alsdan auff solchem Gerichts-Tage zwölff Sachen / als sechs aus den vier Kirchspielen / Hamelwührden / Drochtersen / Assel und Butzfleth: Und sechs Sachen aus den dreyen Kirchspielen Freyburg / Oderquart und Ballie gehöret / *tractiret* und gehandelt.

Titulus II.
Wie die Parteyen *citiret* und vorbeschieden werden?

[§ 1] WEilen dan nur zwölff Sachen auff jeden Gerichts-Tag vorgenommen werden; So ist ver- [7] ordnet / daß das klagende Theil sich bey des Landes Schreibern / in dessen Kirchspielen der *Citandus* (welcher vorbeschieden werden soll) wohnet / oder sonsten anzutreffen ist / angebe / einen Tage-Zettul / darin dem Beklagten die Klage mit wenig Worten werde vermeldet / an den Haubtman / in dessen Baurschafft der *Citandus* ist / außbringe / und dem Heubtmanne überantworte / welcher dan schuldig / ihn / den Beklagten / vermöge des Tage-Zettuls auff den angeordneten Gerichts-Tag zu erscheinen / hinzubescheiden / und soll dem Beklagten zum wenigsten der Tage-Zettul einen Tag zuvor überantwortet werden / sonst sol er zuerscheinen nicht schuldig seyn.

§. 2. Ist dan der Beklagter die Zeit / wan ihme der Tage-Zettul wird zugefertigt / nicht einheimisch / und seiner Gewerbe halber verreiset / kan er seines ungehorsahmen Aussenbleibens halber nicht beschuldigt werden / wie solches bißhero gehalten.

Titulus III.
Von ungehorsamen aussenbleiben des Beklagten.

[§ 1] SO der Beklagter zum ersten mahle nicht erscheinet / und *contumaciter* (vorsetzlicher Weise) ausbleibet / soll er alsdan dem Kläger auff sein anhalten in die Gerichts-*Expensen* (oder Unkosten) die *Moderation* (oder Er- [8] messigung) dem Gerichte vorbehältlich / verfallen zu seyn *condemniret* (und verurtheilet) werden.

§. 2. Bleibet er zum andern mahle aus / ist er gleichfals auff anhalten des Klägers in die *Expensen, salvâ moderatione* (mit vorbehalt richterlicher Ermessigung) verfallen / und soll *sub poenâ confessi* (bey Straffe / daß sonst die Klage vor bekant angenommen werden solle) *ad proximam* (auff den negsten Gerichts-Tag) ferner *citiret* werden.

§. 3. Zum dritten wird er der Sache verlustig erkandt / *cum Immissione ex primô decreto.*

Titulus IV.
Von Fürsprechern und *Procuratoren*.

[§ 1] ES ist von alters hero der Gebrauch gehalten worden / daß ein jeder Landtmann selbst seine Klage mündlich vorgetragen / der Beklagter imgleichen seine

Gegenrede auch mündlich darauff gethan; Und da solches von ihnen nicht geschehen können / durch einen andern verrichten lassen / es müste aber derselbe auch ein Landtmann seyn.

§. 2. Dieweilen aber sich befindet / daß die Sachen zu itzigen Zeiten etwas *intricat* (schwer und verwirret) dahero die schlechten *Procuratoren* die Sachen / ihrer Notturfft und Beschaffenheit nach / dem Richter gebühr- und bescheidentlich nicht können andeuten / und also dadurch die Parteyen mercklich benachteiliget / daß der Richter nicht genugsahmen [9] Bericht einnehmen können; So ist hierumb zugelassen / daß die Parteyen jederseits sich mit einem guten gelahrten *Procuratoren* versehen mögen / damit sie in ihren habenden Rechten nicht mögen verkürtzet noch gefehret werden.

§. 3. Und sollen die *Procuratoren* mit kurtzem Grunde / ordentlich / deutlich und rund vortragen / auch nicht mehr Sachen / wie sie woll verrichten können / sich unternehmen / die Parteyen auch am Lohne nicht übersetzen.

§. 4. Da auch der *Principal* nicht für Gerichte zur Stelle wehre / und der *Procurator* oder Anwaldt sich für ihn zu Rechte einlassen wolte / soll er anderer gestalt dazu nicht verstatet werden / Er bringe dan einen formlichen Gewalt von seinem *principalen* ins Gerichte / oder *cavire de rato,* (verspreche daß er den Gewalt oder Vollmacht beyschaffen wolle).

Titulus V.
Wie es mit der ersten Klage gehalten wird.

[§ 1] WAn Kläger und Beklagter vor Gerichte erscheinen / der Kläger seine Klage hat lassen vorbringen / dagegen Beklagter seine *Exceptionem* (und Gegen-rede) und keine *dilatoriam* (darin er anstand suchet) einwendet / wird der Krieg befestiget durch ja oder nein.

§. 2. Es wird aber in der Sache keine *definitiva* (oder End-Urtheil) alsobald erkand; Allein die Parteyen werden für erst zur Freundschafft verwiesen / darzu dan etzliche der Ge- [10] richts-Personen / nach Wichtigkeit der Sachen zween oder drey zu *Commissarien deputiret* und verordnet / so die Güte an die Hand nehmen. Da aber dieselbe unter den Parteyen nicht zulangen wolte / müssen sie auffm nechsten Gerichte zu Hamelwührden davon *Relation* einbringen / wie sie die Sache befunden.

Titulus VI.
Von Verstand und *Satisdation.*

WUrde eine Außländische Persohn / oder auch einer allhier im Lande Keding wohnende / aber nicht gnugsahm begütert / einen Landmann im Gerichte zu Hamelwührden mit Rechte besprechen / ist der Gebrauch von alters hero gehalten / daß derjenige dem Beklagten einen Verstand thue / entweder durch genugsame Bürgen oder Unterpfände / und ist die *cautio juratoria* (eydliche Versicherung) nicht zugelassen worden. Welches aber geendert / und wird nunmehr / so ferne der Kläger die Bürgschaft oder Verpfändung seiner Güter nicht thun kan / *ad cautionem juratoriam* (zur eydlichen Versicherung) damit niemand rechtloß gelassen werde / verstatet.

Titulus VII.
Von Beweisung durch lebendige Zeugen.

[§ 1] WAn sich einer auff lebendige Zeugen be- [11] ruffet / müssen die Zeugen von dem Zeugenführer nahmkündig gemacht / für das Gerichte zu Hamelwührden *citiret* / und nach beschehener Beeydigung / einjeder besonders / im Gerichte gefragt / zuforderst aber der Sachen / darin er zeugen soll / berichtet / und auff achte *interrogatoria generalia* (gemeine Fragestücke) gefraget werden.
§. 2. Wan das geschehen / soll die Gezeugnüß im Gerichte auffgenommen / der Zeugen Aussage durch den *Secretarium* oder Landt-Schreiber (da für der Zeugenführer ihme seine Gebühr zugeben schuldig) auffgeschrieben und *protocolliret* / und woferne der *Producent* (welcher die Zeugen vorstellet) keine *probationes* (oder Beweisungen) mehr vorzubringen hat / darauff eine *sententia* (oder Urtheil) erkandt und abgesprochen werden.
§. 2. [sic! § 3] Ist aber die Sache der Wichtigkeit / daß dieselbe durch einen schrifftlichen *process* mus außgeübet werden / so werden aus dem Gerichte zwo oder drey Persohnen zu *Commissarien* verordnet / für denen die *articuli probatoriales* (Beweiß-*Articul*) eingebracht / dem Beklagten *ad dandum interrogatoria* (seine Neben-frag-stücke einzubringen) zugesandt / und ferner die angegebene Zeugen vermittelst Eydes nach Ordnung der Rechte abgehöret / und die *Rotul* der Zeugen *deposition* (oder Aussage) verschlossen im Gerichte zu Hamelwührden eingeantwortet / und in Gegenwart der Parteyen eröffnet / und auff beiderseits anhalten ihnen davon Abschrifft *communiciret* und mitgeteilet.
[12] §. 4. Und welcher einen vollenkom[m]enen Beweißthumb führen will / derselbe muß zum wenigsten zweene oder drey Zeugen haben und abhören lassen / sonsten ist eines eintzigen Zeugen Aussage ungültig.

Titulus VIII.
Von Beweiß durch einen Eyd.

SO es sich dan begebe / daß derjenige / so nur einen eintzigen / oder gar keinen Zeugen hette / dem Beklagten seine Klage in sein Gewissen schieben wolte; So mag der Beklagter mit seinem Eyde gegen ihme erwehren / stehet auch demselben frey / dem Kläger den geforderten Eyd zu *referiren* und hinwieder in sein Gewissen zustellen / und da der Kläger alsdan schweret / wird der Beklagter *condemniret* (verlustig erkand) und des Klägers Eyd für einen vollenkommenen Beweiß angenommen. Wolte aber der Kläger nicht schweren / wird der Beklagter von der Klage *absolviret* (und loß erkand).

Titulus IX.
Von Beweißthumb der durch brieffliche Uhrkunde geschiehet.

[§ 1] VErsiegelte Brieffe auff Erb- und Gütere / auch Verschreibungen auff Geld-Summen lautende / darinne Bürgen benandt seyn / wan[n] dieselbe im Gerichte zu [13] Hamelwührden von *producenten* / sein *Intent* (und Vorhaben) damit zubeweisen / gerichtlich *produciret* (und übergeben) und dieselbige an Siegeln unversehriget / auch keine *Rasuren* darein befunden / seyn je und allewege bey Würden gelassen / und nicht zurück erkandt worden / wie dan solcher Gebrauch noch heutiges tages *in observantz* ist.
§. 2. Es muß aber der *producente* die *originalia* (oder Häupt-Brieffe) zur stelle haben / darauff nach Landrechte erkandt wird.
§. 3. Wan[n] das geschehen / werden die *originalia* dem *producenten* wieder zugestellet / davon der *Secretarius* eine Copey bey den *Acten* verwahren muß.

Titulus X.
Von Beweisung der Zerter.

[§ 1] Wan[n] die Zerter zur Beweisung werden im Gerichte vorgezeiget / machen dieselbe auch einen vollenkommenen Beweiß / doch müssen dieselbe von beyden Theilen / da sie von einander geschnitten / da seyn. Wan[n] dan[n] dieselbe in einander schliessen / sein sie nicht zurücke gelegt; Sondern vor gültig erkandt / wan[n] schon keine Siegel darunter gewesen.
§. 2. Wan[n] dan sothane brieffliche Uhrkunde im Gerichte eingeleget / werden dieselbe dem Gegenteil / da sie wider und entgegen seyn / vorgelesen und sehen lassen / Ob er etwa an den Schrifften mangel erkenne. Da er dan Abschrifft da-[14] von begehret / wird ihme dieselbe nicht verwegert / sondern dem *Secretario*

heraußzugeben befohlen. Was er dan[n] für *Exception* dawider hat / muß er auff dem nechsten Gerichts-Tage vorbringen.

Titulus XI.
Von Vormundschafft.

[§ 1] HAt einer ein *Testament* gemacht / und seinen Kindern darin Vormündere verordnet / dieselbe haben sich ohne zuthun der Obrigkeit der Vormundtschafft unternommen / Ist aber einer gestorben / und seine Kinder unbevormündert gelassen / seyn die negsten Bluts-Freunde / oder die Schwägere zugetreten / zweene von des Vatern und zweene von der Mutter nähisten Freunden / und haben die Verwaltung der Güter und *curatel* der unmündigen Kinder vor sich selbst unternommen; Sie haben aber niemahls derwegen die Obrigkeit / als Greven und Heubtleute / begrüsset / viel weniger den gebührlichen Eyd geleistet / noch einig *Inventarium conficiren* lassen; Sondern damit geschaltet und gewaltet eigenes gefallens.

§. 2. Dieses aber ist geendert und wird hierinne der Brauch gehalten: Lässet einer im Testament seinen unmündigen Kindern Vormünder setzen / dieselbigen bestetiget die Obrigkeit / als Greven und Häuptleute / und geschiehet solche *Confirmation* (oder Bestetigung) im Gerichte zu Hamelwührden.

[15] §. 3. Seyn die unmündigen Kindere aber unbevormündert / so werden die jenigen / so den Kindern wegen der nehisten Sibschafft zukommen / oder ihnen mit Schwiegerschafft verwand / oder in Mangelung deren / andere tüchtige Persohnen durch das Recht / darzu gesetzt / dieselbige müssen auch / wie die *tutores testamentarij* (im *Testament* verordnete Vormündere) ihren Eyd in bemeltem Gerichte leisten / da sie dan *confirmiret* (bestetiget) und hernacher die Gütere durch zweene unparteiliche persohnen oder Häuptleute *inventiret* / und von dem *Secretario* des Landes beschrieben werden.

Titulus XII.
Von *Donation* und Gifften *inter vivos* (unter den Lebendigen)

NAch Landrechte stehet einem jeden frey sein Guht bey gesunden Leibe zuvergebende / so ferne Er eine düchtige Persohn ist / daß Er geben könne. Doch ist solches zuverstehen allein an beweglichen Gütern und fahrender Haabe. Und kan und mag der *Donator* sothane Giffte vergeben / weme Er will / Er sey sein Blutsverwandter / oder ein Wildfrembder / und solches ohne Vorwissen seiner nechsten Freunde und Blutsverwandten.

[16] *Titulus XIII.* Von Gifften unter Eheleuten.

[§ 1] OB wol nach Ordnung der Rechte *donationes* und Vermachunge zwischen Eheleuten verbotten / auff daß Sie sich selbst oder ihre Kindere auß Begierde der Liebe nicht berauben / oder in Armuht bringen; So wird doch im Lande Kedingen der Gebrauch gehalten / daß Eheleute / welche keine Kinder haben / ein dem andern seine Gütere / sie seyn beweg- oder unbeweglich / item Erb- und wollgewonnen Guht / vermachet / mit dem Bedinge / daß derselbe / so das längste Leib behält / die sämptliche Gütere Zeit seines lebens mag nützen und gebrauchen / welche *donatio reciproca* genandt.

§. 2. Aber nach beeder absterben theilen beyderseits Freunde und Erben die Güter nach Landrechte (jedoch *salvis legatis*, daß dasjenige / so Sie vermachet / gehalten werde) als sonst die Erbschafften nach Landt-sittlichem Gebrauche versterben.

§. 3. Diese Vermachung mögen Eheleute unter einander auffrichten und unter sich verordnen ohne einige Ersuchung ihrer Erben und Freunde / ja auch *illis invitis* (wider deren Willen.)

§. 4. Doch wann Sie dessen beede eins seyn / daß Sie alsdann solche unter ihnen getroffene und bewilligte Vermachung der Obrigkeit / als Greven und Häuptleuten zu- [17] verstehen geben / und wann dann ihr *Consens* darzu gekommen / in schrifften verfasset / und durch des Landes *Secretarium* auffgeschrieben / auch mit des Landes Siegel *corroboriret* und bestetiget / soll solche *donatio* bestehen und gehalten werden / wie dan[n] dieselbe bißhero und noch *in viridi observantiâ* (in frischem Gebrauche) auch solche Vermachung oder *donatio reciproca* im Gerichte zu Hamelwührden nicht alleine vor bestendig und kräfftig erkandt; Sondern auch *in judicio appellatorio* (im *Appellation*-Gerichte) vor kräfftig und bestendig erkandt ist.

§. 5. Es mag aber das überlebende Theil die verlassene Gütere Zeit seines Lebens vor sich gebrauchen / genützen und geniessen; Wann aber des verstorbenen Erben darumb bey Greven und Häubtleuten Anforderung gethan / werden die sämptliche Gütere durch des Landes *Secretarium* in beysein zweyer Häubtleute des Kirchspiels / darin der Todesfall geschehen / *inventiret* und beschrieben.

§. 6. Wann dann die Gütere also beschrieben / mag das lebende Theil seinen Anpart / als daß halbe Guht / woll vereussern seines gefallens / den andern halben Anpart ist Er zuvereussern nicht mächtig / sondern nur den *Usum fructum* (die Abnützung) und muß das überlebende Theil *ad petitionem* (auff anhalten) des verstorbenen genugsahme *cautionem praestiren* (Versicherung thun) daß der halbe Theil in dem Stande / als er ist / bleiben solle.

§. 7. Da es aber die *Caution* nicht *praestiren* kan / sol es [18] bey dessen Eyde beteuret werden / solches nicht zuverringern / und wird es dan von den Cantzeln abgekündiget / daß sich keiner des Guhts durch einen Kauff oder anderer Gelegenheit halber anmassen soll / der darüber thun würde / sol dasselbe den Erben *restituiren* und Habhafft machen / daß also die Erben an sothaner Erbschafft nicht mögen zu kurtze kommen / noch mangel leiden.

Titulus XIV.
Von Testamenten.

[§ 1] ES ist für wenig Jahren gebräuchlich gewesen / wann der Pastor zu einem Krancken / ihme das hochwürdige Sacramente zuverreichen / ist gefordert / daß der Krancke etwas *ad pias Causas* (zu milden Sachen) als an Kirchen / Schulen / Kirchen-dienere und arme Leute vermachet / daneben auch seinen Freunden und guten Bekandten / was von seinen Gütern aus gutem geneigten Willen *legiret* und gegeben. Wann dan solche *Legata* (und Vermachungen) in Gegenwahrt des Herrn Pastoren oder Capellans geschehen / und dieselben das bekennen / ist solches (unangesehen sonst kein glaubwürdiger Zeuge dabey gewesen) vor kräfftig und bestendig gehalten.
§. 2. Und ob woll dasselbe nochmahlen *observiret* und in seinen Würden gehalten wird; So stehet nichts destoweniger einem jeden frey / sein *Testament* und letzten Willen [19] nach Ordnung der beschriebenen Keyserlichen Rechte zusetzen / doch muß dasselbe durch einen *qualificirten Notarium in praesentia* der Gezeugen verfertiget werden / und wann das *Testament* seine *solemnia* (und dazu erforderte Stücke) hat / wird es im Gerichte vor bestendig erkandt.

Von Erbfällen / in Niedersteigender-, Auffsteigender- und Seitlicher Linien.

Titulus XV.
Von Erbnehmung in *linea descendente* (in niedersteigender Linie)

[§ 1] NAchdeme von alters hero vermüge des Landes zu Kedingen Landt-Rechtens / Kindes Kindere in niedersteigender Linien / von ihres Großvatern und Großmutter Erbschafft ausgeschlossen worden / und solches dem *juri repraesentationis* (dem Rechte / daß die Kinder in ihrer verstorbenen Eltern stete treten) gar zuwider / und *in judicio appellatorio* dagegen erkand ist. Damit dan[n] die Parteyen in keine unnötige *appellation* möchten hinfürter geführet

werden; Als ist durch einhellige Bewilligung der sämbtlichen Eingesessenen des Landes zu Kedingen beschlossen / daß sothaner alter Gebrauch soll hinfürter nicht mehr gelten; sondern auffgehoben seyn / und daß Kindes Kindere mit ihres Vatern und Mutter Brüdern und Schwestern der Groß- [20] Eltern Güter erben nach dem Stamme / und so viel erben / als ihr Vater und Mutter / wan[n] sie im Leben gewesen / genommen hetten / ihrer sey viel oder wenig.
§. 2. Als auch der Landes-Gebrauch gehalten worden / wann einer verstorben / und nach sich im Leben verlassen volbürtige Brüdere und Schwestern / auch seines verstorbenen Bruders oder Schwester Kindere / daß alsdan die im Leben gebliebenen Brüdere und Schwestern der Verstorbenen Kindere zu der Erbschafft nicht gestatten wollen. Solcher Gebrauch ist nunmehr auffgehoben / und treten die Kindere in ihrer verstorbenen Eltern stete / gleich wan[n] dieselbe noch im Leben wehren / nebenst ihrem Antheil.
§. 3. Seyn aber keine Brüdere noch Schwestern mehr verhanden; sondern deren Kindere / ungeachtet in ungleicher Anzahl / wird die Erbschafft *in capita* (nach den Häubtern) und nicht mehr *in stirpem* (nach dem Stam[m]) geteilet.

Titulus XVI.
Von Erbfällen in auffsteigender Linien.

[§ 1] HIer saget das alte Kedinger Landt-Recht: Es stirbet kein Guth zurücke / sondern vorwerths; Darumb wann Kindere oder Kindes Kindere verstorben / und ihr Vater und Mutter im Leben wehren / haben dieselbe ihren Nachlaß nicht erben können / sondern ist *in linea col-* [21] *laterali* (in der Seit-Linie) auff die nehiste Blutsfreunde vererbet.
§. 2. Solcher Gebrauch ist ebenmässig abgeschafft / und einhellig bewilliget / daß nach beschriebenem Keyserlichem Rechte verfahren werden solle.

Titulus XVII.
Von Erbfällen in der Seit-Linie.

[§ 1] WAnn in auffsteigender und niedersteigender Linea keine Persohnen im Leben / auch kein Bruder oder Schwester voller noch halber Geburt / so ist von alters hero in üblichem Gebrauche gehalten worden / daß das Erbguht an des Vatern Freunde halb / und der andere halbe Theil desselben an der Mutter Freunde verfället / unangesehen / daß Sie in ungleichem Grad seyn / und sich gleiche nahe zu der Sippe nicht ziehen noch berechnen können.
§. 2. Halbbrüdere und Schwestern werden in der *Succession* (Erb-folge) Mutter Schwestern *praeferiret* (und vorgezogen) nach Landt-Rechte / wornach auch in der Kirchen zu Hamelwührden erkandt.

§. 3. Stirbet ein Mannes oder Frawens Persohne / ohne Leibes Erben / und lassen beyderseits nach sich Brüdere und Schwestern / oder deren Kindere / kommen dieselbe zugleich zu der Erbschafft und theilen der Frawen gerade und hergewette ohne unterschied unter sich zugleich.

[22] *Titulus XVIII.*
Wie Eheleute einander erben.

VErstirbet einer von Eheleuten ohne Leibes-Erben / werden vorerst die Ehestifftungen angesehen; Seyn die nicht verhanden / nimbt das überlebende Theil nach altem Land-Rechte / sagende: Daß Mann und Fraw auff halb und halb zusammen kommen / den halben Theil aller Verlassenschafft / nichtes davon außbescheiden.

Titulus XIX.

[§ 1] NAch Landes-Gebrauch auch wird es gehalten / stirbt der Eheman[n] / und lässet seine Haußfraw hinter sich / und also wiederumb verstirbt die Fraw / und lässet ihren Ehemann im Leben / und ihrer beyderseits Kindere / wollen sie dan[n] zu der andern Ehe greiffen / muß der Vater seine Kindere abteilen mit deme / was ihre Mutter *loco dotis* (an statt des Brautschatzes) eingebracht / damit dan[n] die Kindere müssen friedlich sein; Und hinwiederumb / da die Mutter im Leben bleiben würde; ist sie schüldig ihre Kindere von ihres Vatern Gütern abzuteilen.
§. 2. Würde aber der oder die jenige / so sich mit dem überlebenden Vater oder Mutter wieder verehliget / die Kinder ehister Ehe für Kinder annehmen / ist der Abteilung nicht nötig.
[23] §. 3. Wann dann der letzt im Leben gebliebener und zur andern Ehe wieder getretener Vater oder Mutter auch verstorben / und in solcher andern Ehe Kinder gezeuget / werden die vorhin wegen des erst verstorbenen Vatern oder Mutter abgetheilte Kinder auß ehister Ehe / in ihres letzt verstorbenen Vatern oder Mutter Gütern mit dessen oder deren auß anderer Ehe erzeugten Kindern zugleich zugelassen.

Titulus XX.
Von Verkauffung der Erbgüter.

[§ 1] NAch Gebrauch und dieses Landes herkommen mag niemand seine Erb- und Gütere einem Wiltfrembden erb- und eigenthümblich verkauffen ohne vorwissen seiner Bluts-Freunde / als seiner Vettern / als der Schwert-seiten / dann auch / die ihme von der Spil-seiten angehören.

§. 2. Und dieses hat auch statt bey denen / die dem Verkäuffer mit Schwiegerschafft / von der Schwert- oder Spilseite herrührende / verwand sein.
§. 3. Doch ist bißhero keine gewisse Masse / wie weit sich die Freund- oder Schwiegerschafft erstrecken soll / gehalten oder verordnet worden.

[24] *Titulus XXI.* Welche Persohnen solchen Erb-Kauff *ex jure prothimiseos*, oder *Retractus* (durch Beyspruchs-Recht) abtreiben können?

[§ 1] Wan[n] nun einer seine Erb- und Gütere obiger massen verkaufft / mögen und können nachgesetzte Persohnen solchen Kauff *retrahiren* (oder beysprechen)

1. Erstlich die Vettern.
2. Nach denen die von der Spil-seite.
3. Darnach die jenigen / so dem Verkäuffer von beyderseits mit Schwiegerschafft zugethan und verwand seyn.
4. Wo diese von ihren Rechten abgestanden / werden die zugelassen / so an der See-seite benachbahret seyn.

§. 2. Es muß aber nach Landt-Rechte der oder die / welche den Kauff zu *retrahiren* sich unterstehen / alles dasjenige / so der wilt-frembde Käuffer was er an Weinpfenninge und Gottes-gelde angewandt hat / beneben dem Kauffgelde dar haben / und *in ipso retractus actu* (indeme der Beyspruch geschiehet) zur Stete legen / und damit den Käuffer *contentiren*.
§. 3. Da auch der Käuffer gerichtlich darumb fordert / muß der *Retrahente* (welcher den Kauff beyspricht) bey seinem cörperlichem Eyde im Gerichte schweren / daß er für sich selbst / und keinem andern zum besten / den geschehenen Kauff abtreibe.
§. 4. Und muß die Abtreibung des Kauffs geschehen [25] binnen Jahr und Tag / doch erst angehende *â tempore scientiae,* (von der Zeit an / da man von dem Kauffe wissenschafft erlanget) nach verlauff Jahres und Tages aber / ist des *Retrahenten Jus retractus* (oder Beyspruchs-Recht) erloschen.

Titulus XXII. Wie es wegen der *Creditoren* und *Fidejussoren* (oder Bürgen) *Priorität* (und Vorzugs) in Schuld-sachen gehalten wird.

BEgiebt sichs / daß einer im Lande wohnender Schuld halber seine Gütere seinen *Creditoren* oder Bürgen aufftragen und *cediren* muß / un[d] unter denselben wegen der *Priorität* (oder Vorzugs) Streit vorfällt / ist der Gebrauch von langen Jahren gehalten worden / so noch *in observantz* ist / nemblich / daß vor allen Schulden voraus bezahlet wird:

1. Die Grundt-Haur.
2. Darnach die Brüche an die hohe Obrigkeit in gemein.
3. Zum dritten Schatz und alle Schüldigkeit / so der hohen Obrigkeit gebühret.
4. Zum vierten das Saat-Korn / so das Jahr ist ausgeseyet worden.
5. Darnach folget verdient Lohn des Haußgesindes / als Knechten und Mägden / auch der Tagelöhner.
6. Wan dieses ist bezahlet / treten zu die *Creditores hypothecarij* (die Gläubiger / welche Unterpfande haben) nach ihren [26] Jahren / als ihnen die Verpfändung geschehen ist / und so ferne ihre *hypotheca* (oder Unterpfand) sich erstrecket / und sie daraus können bezahlt werden. Und solches hat statt *in hypothecis* mit Bürgen / oder in schlechten versiegelten Verschreibungen oder Handschrifften ohne Bürgen.
7. Nach diesem werden zugelassen die *Creditores chyrographarij*, so keine Unterpfande in ihrē[n] Verschreibungē[n] habē[n].
8. Dann gehen zu die Handt-gelübde.
9. Wann diese alle zu ihrer Bezahlung gelanget / und noch etwas an gelde übrig / werden die Plück- und gemeine Schulde *proportione geometrica* bezahlt.

Titulus XXIII. Von Erstlichkeit der *Creditoren.*

[§ 1] BIßhero haben die *Creditoren* / so im Lande zu Kedingen seßhafftig / den Außländischen / unangesehen sie jünger gewesen / fürgehen und die *praeferentz* vor den Außländischen haben wollen / wie dan auch die Urteil ausgesprochen worden.
§. 2. Weilen aber diese Streitigkeit an eine unverdächtige *Universitet* ümb Rechts-Belehrung verschickt gewesen / und daselbst erkandt / daß der Gewohnheit ohngeachtet / die *Creditoren* nach Gelegenheit der Zeit und Jahre / sie wohnen an welchem Orthe sie wollen / inner- oder ausserhalb Landes Kedingen / sollen bezahlt werden; So haben Greven und Heubtleute obangezogene Gewohnheit abgeschaffet / und [27] sich der Rechts-gelahrten Raht gefallen lassen / die Sachen darnach zurichten.

Titulus XXIV.
Wie es mit der *Debitoren* (Schuldeners) eigenen / und dann denen Schulden / dafür sie gelobet / zuhalten.

HAt sich einer in Schulden-Last gesetzet / und dafür / wie auch in Bürgschafft seine Gütere verpfändet / ist der Gebrauch gehalten / daß er seine eigene und *proprie* Schuld zuforderst aus den Gütern ablegen / und hernacher / da er so viel übrig / seine für andere außgesetzte Siegel halten müssen / und ist hierinnen kein Ansehen der Zeit *respectiret* (und geachtet) worden.

Titulus XXV.
Von Geld-Verschreibungen mit vielen oder keinen Bürgen.

IM Gerichte zu Hamelwührden ist über zwo *Obligationen* / eine mit vielen / die andere mit keinen Bürgen / jedoch in beyden den Gläubigern ein Unterpfand gesetzt / also erkandt / daß die Verschreibung mit vielen Bürgen / der andern ohne Bürgen zu *praeferiren* (und vorzuziehen) sey, und das *propter evitandam doli suspicionem;* Dann vielen mehr als einem zugläuben.

N.B. Als aber von dieser Vrteil ans Oberlandt-Gerichte *appelliret* / ist erkandt / daß übel gesprochen und wol *appelliret*.

[28] *Titulus XXVI.*
Wie ein Bürge / so alleine bezahlt / seine Mit-Bürgen wieder beklagen mag.

DEr Gebrauch wird alhier im Landt-Gerichte gehalten: Wann einer der ausgestalten Bürgen für den *Debitoren* alleine bezahlt / und die Verschreibung in seine gewahrsamb gebracht / mag er seine Mit-Bürgen hinwieder besprechen / oder einen derselben aussondern / welcher für sich seinen *quotam* (oder Anteil) und imgleichen der andern Mit-Bürgen Gebührnuß ihme erlegen muß / darzu er dan der *cession* (oder Uberschrifft) des *Creditoris* nicht benötiget.

Titulus XXVII.
Wie in *liquidirten* (gestendigen) Schülden wird verfahren.

WIrd einer Schuld halber / dafür der Gläubiger keine Bürgen / oder auch keine Pfand-Verschreibung hat / beklaget / so wird dem *Debitori* (oder Schuldenere) aufferlegt / innerhalb einer gewissen Zeit zubezahlen / Da er sich darin seumig bezeiget / werden dem Gläubigern nach grösse der Schulde Pfande angewiesen / und dem Landtschwaren / in dessen Baurschafft der *Debitor* wohnet /

befohlen / woferne dieselbe in einer gewissen Zeit nicht gelöset werden / zu wardieren. Was sie dan mehr werth / als die Schuld sich erstrecket / daß ist der *Creditor* dem *Debitori* wieder zurücke zugeben schüldig.

[29] *Titulus XXVIII.* Wie es in Schuld-Sachen / wann Siegel und Brieffe verhanden / gehalten wird.

IN diesem Fall wird dem seumhafften *Debitori* nach laut des *An[n]o* 1580. *publicirten Mandati* von wucherlichen *Contracten* / daraus dan folgender *Extract* von Wort zu Worten geschrieben / verfahren / und lautet wie folget: Da alsdan sich künfftiglich begebe / daß die Schüldenere oder auch die Bürgen / nach geschehener gebührlichen Lösekündigung in Bezahlung der Häubtsum[m]en seumig würden / und bey uns oder unsern Ambtleuten / Greven / Richtern / Voigten / oder andern Befelch-habern / so einig Gerichte in unserm Ertz-Stiffte / darunter die Güter belegen / haben / umb *Immission* in die *hypothecirte* oder verpfändete Gütere Ansuchung thun würden / wo dann die angezogene Schulde genugsahm mit Siegeln und Brieffen dargethan und erwiesen / Als sollen unsere Ambtleute / Greven / Schultzen / Schöppen / Richtere und Vöigte in unserm Ertz-Stiffte gesessen / schuldig sein / alsbald / nemblich über die dwernacht / damit keine Schade durch den Verzug den Parteyen erwachse / ohne einige Auffschaubung oder Ausflucht nach geschehener *Interpellation* (und Anmachung) den Gläubigern in die verschriebene Unterpfande würcklich zu *immittiren* / einzuweisen / und dabey so lange zuschützen und handhaben / biß er seines ausgethanen Geldes / Zinse und beweißlich er- [30] littenen Schadens nach Einhalt Siegel und Brieffe zur genüge befriediget und bezahlet. Wie dan[n] auch gleicher gestalt den Bürgen wider den Heubtsachern oder Schuldigern mit der *Immission* wiederumb in seine Gütere (wie obstehet) soll geholffen werden. Würde aber der Schüldener / oder auch einer oder mehr seiner außgesetzten Bürgen vermeinen / daß er oder die wider Recht mit der geschehenen *Immission* beschweret / alsdan sollen unsere Ambtleute / Greven / Vöigte / Schultzen und Schöppen sowol als andere Richtere schuldig sein / so ferne sich solche *disputationes* unter adelichen Persohnen zutragen würden / die *contrahentes* damit an unsere nechstkommende Ober-Landt-Gerichte gegen Vörde zuverweisen / da alsdann *summariè* die Sachen gehöret / und ohne Verzug darinnen erkandt werden / und so ferner ergehen sol / was billig und recht ist. Jedoch soll solches den Städten in ihren *Statutis* und wolhergebrachten Gewohn- und Gerechtigkeiten in andern fällen (weil dieser Fall der *Execution* ihrē[n] *Statutis* gemäß) unverfänglich sein. Da auch hiebevor Greven und Heubtleute im Lande zu Kedingen / oder auch Richtere in andern Marschländern die Findung und Erkäntnuß über Siegel und Brieffe von altershero gehabt / soll denselbigen ihre gemelte Findung und Recht / wie sie das von altershero gehabt und hergebracht / hiermit / nicht benommen; sondern vielmehr außtrücklich vorbehalten sein.

[31] *Titulus XXIX.* Wie es in Schuld-Sachen mit Abkündigung der *Debitoren* Güter gehalten wird.

WAnn Gütere Schuldhalber aus Geheiß und Befehl der Greven und Heubtleute *proclamiret* werden müssen / wird es damit also gehalten / das von den Cantzeln drey Sontage nacheinander werde abgelesen / daß alle diejenigen / denē[n] *N.N.* auff Siegel und Brieffe mit Bürgen und Pfanden oder sonsten wormit verhafftet und schüldig ist / sich innerhalb sechs Wochen bey des Landes *Secretario* angeben / ihre Schulde verzeichnen lassen / und dieselbe mit ihren *Original*-Verschreibungen *verificiren* (und erweißlich machen) sollen. Die aber solches nicht thun / und ihre Schuld verschweigen / werden hernach mit ihrer Forderung nicht gehöret.

Titulus XXX. Von dem zehenden Pfenning.

DEr zehende Pfenning wird gegeben von den Gütern / so zu Erbe fallen / und aus dem Lande Kedingen an frembde Oerter gezogen werden / davon *Reverendissimus* (der Ertz-Bischoff / anitzo Ihr. Königl. Majest. zu Schweden) den halben Teil bekommen / jedoch / wie es in den benachbahrten Städten und andern ümbliegenden Oertern gegen die Eingesessene im Lande Kedingen in diesem Fall gehalten wird; Also wird und soll gegen denselbigen es hinwiederumb dieses Orths damit gehalten werden.

Titulus XXXI. Von *Appellationen* / wie die geschehen.

WIewol vor etzlichen Jahren die *appellationes* alhier im [32] Gerichte wenig gebräuchlich gewesen / und gleichwol von Rechtens und Billigkeit wegen / so sich einer eines Urtheils beschweret / keinem zuverwegern / so stehet nun den Parteyen frey / dieselbe zugebrauchen / und soll der *Appellant* (welcher *appelliret*) seine *Appellation* alsbald im Gerichte / wann die *Sententz* (oder Vrteil) *publiciret* und gesprochen / einwenden / und *in continenti stante pede & vivâ voce* (alsobald auff stehendem Fusse und mit lebendiger Stimme) thun / und umb Mitteilung des Urteils bitten / die dann ihme wird *sub sigillo* (unter dem Siegel) mitgetheilet / oder bedenckens Zeit bitten / und wann ihme hernach zu *appelliren* gebliebet / muß er solches vor dem Gerichts-*Secretario* oder sonsten einem andern *Notario* in Gegenwart zweyer glaubwürdigen Zeugen thun.

Titulus XXXII. *De prosecutione* und Verfolgung der *Appellation*.

UNd müssen die *Appellationes* in dreyssig Tagen / von Zeit der eingewandten *appellation* der Ertz-Bischöfflichen Fürstlichē[n] Bremischen Cantzley zu Vörde *insinuiret* / und auff dem folgenden Ober-Landt-Gerichte *prosequiret* und *justificiret* werden.

Titulus XXXIII. Von *prosequirung* des abgesprochenen Urteils / davon nicht *appelliret* ist.

[§ 1] HAben die Parteyen das abgesprochene Urteil nicht wiedersprochen; sondern *in rem judicatam* (in eine geurtheilte Sache) ergehen lassen / pflegen Greven und Heubtleute *ad requisitionem* (nnd [sic!] auff anhalten) des gewinnenden Teils die *Execution* in drey vierzehn Tagen / nachdeme die Urteil ist gesprochen zuverrichten.

§. 2. Und da einige gebottene *Poen* von dem nichthaltendē[n] Teil würde eingebrochen / gehöret dieselbe unserm gnädigsten Fürsten und Herrn (itzo vorhöchstgedachter Ihr. Königl. Majest.) halb / und die andere Helffte den Heubtleuten zu.

ENDE.“

Anhang Q2 Synopse von Kehdinger und Hadeler Landrecht

– Hervorhebungen durch Unterstreichungen wurden vom Verfasser vorgenommen, um Gemeinsamkeiten aufzuzeigen. –

Kehdinger Landrecht von 1662	**Hadeler Landrecht von 1583**
Titulus IV. **Von Fürsprechern und *Procuratoren.***	**[I. Teil] *TITVLUVS V.*** **Von Fürsprachen und *Procuratoren.***
[...] §. 2. Dieweilen aber sich befindet / daß die Sachen zu itzigen Zeiten etwas *intricat* (schwer und verwirret) dahero die schlechten *Procuratoren* die Sachen / ihrer Notturfft und Beschaffenheit nach / dem Richter gebühr- und bescheidentlich nicht können andeuten / und also dadurch die Parteyen mercklich benachteiliget / daß der Richter nicht genugsahmen Bericht einnehmen können; So ist hierumb zugelassen / daß die Parteyen jederseits sich mit einem guten gelahrten *Procuratoren* versehen mögen / damit sie in ihren habenden Rechten nicht mögen verkürtzet noch gefehret werden.	Dieweil nicht allein durch Ungeschicklichkeit, sondern durch Unfleiß der Fürsprachen, und daß sie sich mit vielen Sachen überladen und sich vorher deroselben nicht nottürfftlich berichten lassen, offtmals die Partheyen an ihren Rechten versehen und verkürtzet werden, und denn hieran, daß die Sachen sein eingenommen,
§. 3. Und sollen die *Procuratoren* mit kurtzem Grunde / ordentlich / deutlich und rund vortragen / auch nicht mehr Sachen / wie sie woll verrichten können / sich unternehmen / die Parteyen auch am Lohne nicht übersetzen.	ordentlich, deutlich, kurz und rund fürgetragen werden [...], auch sich nicht mehr, als sie wol verrichten können, unternehmen, die Parthe nicht am Lohn übersetzen.
§. 4. Da auch der *Principal* nicht für Gerichte zur Stelle wehre / und der *Procurator* oder Anwaldt sich für ihn zu Rechte einlassen wolte / soll er anderer gestalt dazu nicht verstatet werden / Er bringe dan einen formlichen Gewalt von seinem *principalen* ins Gerichte / oder *cavire de rato,* (verspreche daß er den Gewalt oder Vollmacht beyschaffen wolle).	[...] Da auch der *Principal* nicht für Gericht zur Stete were, und der Anwald oder *Procurator* sich für ihm zu Rechte einlassen wollte, sol er andergestalt nicht dazu gestattet werden, er bringe dan ein förmliche Gewalt und Vollmacht von seinem *Principalen* zu Rechte für.

Titulus VIII.
Von Beweiß durch einen Eyd.

SO es sich dan begebe / daß derjenige / so nur einen eintzigen / oder gar keinen Zeugen hette / dem Beklagten seine Klage in sein Gewissen schieben wolte; So mag der Beklagter mit seinem Eyde gegen ihme erwehren / stehet auch demselben frey / dem Kläger den geforderten Eyd zu *referiren* und hinwieder in sein Gewissen zustellen / und da der Kläger alsdan schweret / wird der Beklagter *condemniret* (verlustig erkand) und des Klägers Eyd für einen vollenkommenen Beweiß angenommen. Wolte aber der Kläger nicht schweren / wird der Beklagter von der Klage *absolviret* (und loß erkand).

Von Erbfällen / in Niedersteigender-, Auffsteigender- und Seitlicher Linien.
Titulus XV.

Von Erbnehmung in *linea descendente* (in niedersteigender Linie)

NAchdeme von alters hero vermüge des Landes zu Kedingen Landt-Rechtens / Kindes Kindere in niedersteigender Linien / von ihres Großvatern und Großmutter Erbschafft ausgeschlossen worden / und solches dem *juri repraesentationis* (dem Rechte / daß die Kinder in ihrer verstorbenen Eltern stete treten) gar zuwider / und *in judicio appellatorio* dagegen erkand ist. Damit dan[n] die Parteyen in keine unnötige *appellation* möchten hinfürter geführet werden; Als ist durch einhellige Bewilligung der sämbtlichen Eingesessenen des Landes zu Kedingen beschlossen daß sothaner alter Gebrauch soll hinfürter nicht mehr gelten; sondern auffgehoben seyn / und daß Kindes Kindere mit ihres Vatern und Mutter Brüdern und Schwestern der Groß-Eltern Güter erben nach dem Stamme / und so viel erben / als ihr Vater und Mutter / wan[n] sie im Leben gewesen / genommen hetten / ihrer sey viel oder wenig.

[I. Teil] _TITVLVS IX._
Von Beweisung und Eyden.

[…]
Da aber der Kleger in Mangel des Beweises dem Beklagten seine Klage in sein Gewissen schieben wolte, so mag der Beklagter sich mit seinem Eyde jegen ihn erwehren, sol ihm auch frey stehen, dem Kleger den gefurderten Eyd hinwieder zu *referiren* und in sein Gewissen zu stellen,

will alsdann der Kleger nicht schweren, wird der Beklagte billig rechtens wegen *absolviret* und entbunden.

[III. Teil] _TITVLUS XIII._
Von Erbfellen in niedersteigender, auffsteigender und Seitlicher Linen.

Von Erbnehmung der Kinder in absteigender _Linea_.

[…] Nachdem von Alters hero vermüge des Hadelerschen Land-Rechtens Kindes Kinder in niedersteigender Linea von ihrer Groß-Vater oder Mutter Erbschaft sein ausgeschlossen worden, und aber solches zu den Kayserlichen beschriebenen Rechten, der Natur und Billigkeit, auch den darüber ausgekündigten *Constitutionibus* zuwiedern, damit nun hierin ein Gewißheit und Gleichheit hinferner gehalten, und die Partheyen in keine unnöhtige *Appelationes* gefärt mürgen werden, als soll vermüge angezogener Recht und *Constitution* in diesem Fall gesprochen werden, und der alte Gebrauch aufgehoben sein […] Und sollen demnach Kindes Kinder mit ihres Vatern und Mutter Brüdern und Schwestern der Groß-Eltern Güter erben nach dem Stamme, und so viel zu Erben nehmen, als ihr Vater und Mutter, wan die im Leben gewesen, genommen hetten, ihrer sein viel oder wenig.

Titulus XXX.
Von dem zehenden Pfenning.

DEr zehende Pfenning wird gegeben von den Gütern / so zu Erbe fallen / und aus dem Lande Kedingen an frembde Oerter gezogen werden / davon *Reverendissimus* (der Ertz-Bischoff / anitzo Ihr. Königl. Majest. zu Schweden) den halben Teil bekommen / jedoch / wie es in den benachbahrten Städten und andern ümbliegenden Oertern gegen die Eingesessene im Lande Kedingen in diesem Fall gehalten wird; Also wird und soll gegen denselbigen es hinwiederumb dieses Orths damit gehalten werden.

[II. Teil] _TITVLVS XXV._
Vom zehenden Pfenning.

Der zehende Pfenning wird von den Gütern, so zu Erbgefällen und aus dem Lande an fremde Oerter gebracht werden, gegeben, gleichfals von Blut- oder Mangeldt.
Doch wie es im Stifft, zu Hamburg und andern umliegenden Ortern jegen die eingesessene in den Fellen, man Erb gefurdert, gehalten wird, sol es gleichfals dieses Orts also gehalten werden.

Titulus XXXII.
De prosecutione und Verfolgung der _Appellation._

UNd müssen die *Appellationes* in dreyssig Tagen / von Zeit der eingewandten *appellation* der Ertz-Bischöfflichen Fürstlichẽ[n] Bremischen Cantzley zu Vörde *insinuiret* / und auff dem folgenden Ober-Landt-Gerichte *prosequiret* und *justificiret* werden.

[I. Teil] _TITVLVS XIII._
Von _Prosecution_ und Verfolgung der _Appellation._

[...] und sollen die *Appellationes* dem Stathalter oder der Canzley zu Otterndorf innerhalb vierzehen Tagen von Zeit der eingewandten Appellation *insinuiret* und zugestellet und auf anhalten des Appellanten für dem Landes-Fürsten oder dazu *deputirten* Rehten *prosequiret* und *justificiret* werden.

Anhang Q3 Edition ausgewählter Gerichtsprotokolle

In den Anhängen Q3.1–7 sind Protokolle des Landgerichts zu Hamelwörden aus den Jahren 1656 bis 1675 wiedergegeben. Die Akten des Landgerichts waren bei der Einsichtnahme nicht archivalisch paginiert, sodass keine Blattzahlen angegeben werden können. Aus diesem Grunde werden in der Studie bei den referenzierten Einzelentscheidungen neben der Archivsignatur auch stets die Parteibezeichnungen angegeben.

Es musste hier eine Auswahl getroffen werden. Daher finden sich in den Quellenanhängen nicht sämtliche in der Studie zitierten Einzelentscheidungen. Die jeweiligen Verfahrensakten konnten zudem nicht vollständig wiedergegeben werden. In Q3.8–10 befinden sich Entscheidungen des Gräfengerichts Freiburg aus den Jahren 1677 und 1702 sowie ein Urteil des Wismarer Tribunals von 1710. Sie entstammen den Wismarer Tribunalsakten NLA ST, Rep. 28 Nr. 885, 1096.

Anhang Q3.1 – Landgericht Kehdingen vom 3. Juli 1656

– Archivalische Quelle: NLA ST, Rep. 72/172 Freiburg, Nr. 4675 –

„Jovis de 3 Julij, ao 1656

Nachfolgende Heübtleüte, so vorhin noch in eydt genommen gewesen, haben denselben in forma consúeta würglich abgestattet. Alß Melchior Lütke der Jüngere, Johan Schencke, Carsten Blohme.

Diese seind vom Hr. Greffen in eyd genommen, dagegen aber die andern Heubtleüte protestiret, daß es vom Lands Secretario geschehen müste, vermöge des Herkommen, damit solches nicht in consequentz gezogen, noch dem Land zum praejuditz gereichen mögte.

Johan Stelling, so hernach gekommen, ist allein dem herkommen gemeß vom Secretario in eydt genommen.

Auff diesem gerichte seind von den Heübtleüten praesentes gewesen.

Auß Bützfleth

Johan Schencke und Carsten Blome.

Auß Aßell

Carsten Wirth.

Auß Drochtersen

Jacob Nagell.

Auß Hamellwührden

Johan Drewes, Melchior Lütke undt Johan Stelling.

Auß dem Freyburgischen teil

Kirchspiel Freyburg

Johan von Hadeln und Johan Nieman

Auß Oderquart

Johan Plate.

Folgen die Leüte, so ihre Vormundt eyde abgelegt:

1) *Vor Johan Dircks Kinder sein zu Vormünderen bestetiget Jacob Dirck und Carsten Nagell, welche ihren Vormundt eydt in forma consúeta würgklich abgestattet.*
2) *Johan von Borstel und Michael Hilcke, so zu Vormündern deren zu Johan Suhren abgeteilten Kinder bestellet.*
3) *Johannes Keller und Carsten Nagell alß Vormundt von Bartodt Stüven Sehl. Jürgen Stüven hinterlaßenen Sohn.*

Es haben die Herrn Heübtleüte angezogen, daß nicht dem Hn. Greven, sondern dem Land Secretario den eyd abzunehmen vermöge alten herkommens gebührte und gebeten daß es dabei gelaßen werden mögte; welches der Hr. Greve zwar geschehen lassen, doch mit protestation, daß es ihr Königl: Maytt: nicht praejudiciren, sondern künfftig darnach, was von Königl: Stadthaltern und Regirung hierin vor Verordnung gemacht werden mögte, verfahren werden solte.

4) *Tewes Rabandt alß Vormundt von Jürgen Müllers hinterlaßenen Sohn. Ist Carsten Müller zwar mit vormundt, so aber kranck undt itzo nicht erscheinen können.*
5) *Peter Hofmeister undt Jürgen Sibbern alß Vormündere Sehl. Simon Beckers hinterlaßenen Kindern.*
6) *Walder vom Borstell und Peter Hollander, Vormünder für Sehl. Claüs Roleffs abgeteilte Kinder.*

Auß dem Freyburgischen teil haben nach folgende persohnen ihre Vormundt eydt würgklich in forma consueta abgestattet.

1) *Bartold Krönck und Ulrich Koppelmann Vormündere für Sehl. Peter Kröncken hinterlaßenen Sohn.*
2) *Hinrich Grove und Johan Groten Claus Vormündere vor Sehl.: Moritz Groven hinterlaßene Kinder.*
3) *Lüder Hedemann und Bartold Kröncke Vormünder für Sehl. Johan Wilckens hinterlaßene Tochter.*

4) *Johan Horeiß vormundt für Heinrich Feldtmans abgeteiltes Kindt.*
5) *Heinrich Hebell und Heinrich Koch, Vormunder für Sehl. Heinrich Kochs hinterlaßenen Jüngsten annoch ohnmündigen Sohn. Seind aber des eides erlaßen und hat Heinrich Koch doch angelobet, den Sohne getrewlich vorzustehen.*
6) *Johan von der Wisch, alß Vormundt Sehl: Otto von der Wischs hinterlaßene Kindere. Sein mit vormundt Johan Schleselmann ist nicht gegenwertig gewesen, deshalb seine eid leistung hin außgesetzet.*
7) *Otto Steffens, Bartold von Hein undt Basilius von Hein Vormünderen für Sehl. Jürgen von Heins hinterlaßene Kinder.*
8) *Claus Vastert, Hinrich Öste, Heinrich Beckeman alß Vormünderen für Sehl: Johan Vasterts Kinder.*
9) *Hinrich Öste, Hinrich Beckeman undt Peter Neybuhr Vormündere für Sehl: Claus Vasterts hinterlaßene Tochter.*

Folgen die Parteysachen.

Hinrich Mowe et Cons:
Ct.
Bartold Mahler

Osias Kieff nöie Act: Wehre Bartold Mahler ao 32. Hein von Benthen vor ein abgekaufft pferdt 48 Rtlr. ex fidejussione schüldig geworden, wehre darüber ein arrest angeleget, so relaxiret, Wehren damit anhero verwiesen, bath Bartold Mahler die Zahlung sambt Zinsen â tempore morae und Kosten zuzuerkennen. Weilen aber Bartold Mahler nicht erschienen wolte Er contumaciam accusiret haben mit bitte Ihn in expensas zu verteilen und arctiorem citationem ad proximam zuerkennen.

Peter Oste, wehre hiergegen schrifftlich eingekommen daß Meyer Bartold Mahler nicht formlich citiret, und berichtete darin haubtsachlich, daß Er die praetendirte handtgelübde nicht gestendig, undt Klägere deßwegen zu beweißführung angewiesen werden mögten.

Bescheid.

In sachen Hinrich Mowen et Cons. Klägeren eines entgegen und wieder Bartold Mahler beklagten anderen teils, ist arctior citatio ad proximam erkandt, undt daneben der bescheidt, daß klägere alßdan mit ihrem beweißthumb, daß beklagter daß vorgegebene handtgelübdte geleistet, ein zukommen schüldig, wie sie dan schüldig dazu erkandt werden. Von R.W:

Carsten Nagell et Consortes
Ct.
Carsten und Johan Groteman

Osias Kieff nöie actoris. Es hette Otte Hane und Johan Groteman Sehl: ao [1]615 Mich: von einen über die Osten Claus Müller 100 Mk.L. tanq: correi debendi auffgenommen. Auch Otto Hane und Johan Groteman sich ao [1]615. Ostern für Peter Rumundt auff 100 Mk.L. bürglich eingelaßen. Welche beide oblig: Carsten Nagell et Consortes allein zahlen müßen, gleichwoll billig, daß Grotemans Erben tanquam correi debendi ex Confidejussorij Söhne ihnen den halbscheid sambt Zinsen und Kosten wieder zahlen müsten. Welches Er zuerkennen bath.

Rei. Wehre ihres Sehl: Vateres auch ihres Bruders Hinrich Grotemans güter proclamiret, dabei aber die geklagte posten nicht angegeben, wehren dazu nicht gehalten.

Osias Kieff. Hette dero Zeit, wie die Concurs gehalten, noch nicht gezahlet weniger die brieffe in händen gehabt, auch nicht gewust, daß Ihr Vorfahre in der bürgschafft gestanden, Creditor hette auch an frembdem orthe gewohnet, und von der proclamation nicht erfahren, hette solche Exception für Ertz Bischöfflichen auch vorgeschütztt, da Sie damit nicht absolviret werden können, könnte also auch beklagten nicht zustatten kommen. Wehren auch Otto Hanen güter proclamiret gewesen, so Ihn auch nicht helffen mögen.

Bescheid.

In Sachen Carsten Nagels et Consortum, Klägers eines entgegen und wieder Carsten und Johan Groteman beklagte anderen teils, streitige schuld und Nebenbürgschafft betreffend, geben Hern Greffen und Heübtleüte diesen bescheid: Würden Klägere darthun und erweisen, daß Sie die sache in Ertz Bischofflicher Cantzlei völlig und biß zur definitiva außgeführet und Sie darin schüldig erteilet. Wie auch daß Sie dero Zeit von Sehl: Johan und folgig deßen Sohns Hinrich Grotemans gütere proclamiret ümb die geklagte schuld und bürgschafft keine wißenschafft getragen, daß alßsdan in proximâ in der sache ferner gehen solle; Was recht.“

Anhang Q3.2 – Landgericht Kehdingen vom 28. Juli 1664

– Archivalische Quelle: NLA ST, Rep. 72/172 Freiburg Nr. 4676 –

„Anno 1664 den 28t Julij ist das gerichte in der Kirchen zu Hamell, wurden gehalten, und seind folgende sachen vorgewesen.

Erstlich wegen beeidigung der Heübtleüte
seind Claus Hilcke und Claus Blome im Butzfletischen teil befunden, so ihren eyd noch nicht abgelegt, Welche denselben anitzo in formâ consuéta würgklich abgestattet. Die übrigen so ihren eyd noch nicht abgelegt, alß Claus Grube zu Butzflet, Peter Blancke, Johan Nagell und Sven Suhre daß dieselbe auff nechstem partem oder Landtgerichte, doch in künfftig fällen ohne consequentz und praejuditz ihren eyd ablegen, oder beim gerichte nicht admittiret werden sollen.

Weiter haben folgende ihren Vormundt eyd abgelegt.
Von den Vormündern für Sehl: Marx Blomen Kinderen seind nur erschienen Marx von Scharßen und Claus Kempe welche den eyd in formâ consuetâ würgklich abgestattet. Undt ist beschloßen, daß Carsten Blome und Heinrich Klintwort ihren eyd nicht nechsten ablegen sollen.

Auß dem Freyburgischen teil.

1) *Herman Meyer und Bartold Bösche für Herman Wölcken Kinder.*
2) *Peter Becker für Sehl: Heinrich Troyels Kinder.*

Partey-Sachen.
Ölrich Koppelman
contra
Peter Behrman und Luder Richters

Actor. Es wehre ihme auff vergangenem gerichte zuerkandt zuerweisen, daß, beklagte von Heinrich Hoopes Erbschafft genoßen, hette deßwegen Claus Röders und Berend Focken alß Zeügen vorgeschlagen.

Worauff die Zeügen in gewöhnlichen eyd genommen und darauff außgesaget:

1. Testis Claus Röders, seines alters Im 80. Jahre denuò avisatus sagte auß Es wehre bekandt was Claus Richters Sehl: vor ein Mensche gewesen, der hette eine Lichtform vor etwa 15 od 16 Jahren geholet, sagend Er gehörte ihme zu, da wehre Hinrich Kroeß ihme nachgefolget, ihme vermuthlich den Lichtform wieder zu nehmen, da hette Claus Richters denselben niedergehalten Und gesagt Er solte nur kommen und ihm denselben nehmen, Er gehörte ihme zu. Und hette das bloße Meßer ümb den Kopf kommen laßen. Da Heinrich Kroeß zurück gekehrt Und Richters damit weggegangen. Ob der form aber von Hinrich Hoopes Erbschafft herrühre, oder Claus Richters Wittibe oder Erben sonsten etwas von Hopes Erbschafft genoßen wüste Er nicht. Imposito silentio dimissus est.

Test: 2. Berend Focke im 39 Jahre denuò avisatus sagte auß, Er wüste nichts darümb, daß Claus Richters wittibe oder deren Kinder von Hinrich Hopes Erbschafft etwas genoßen. Mögten Johan Richters Leüte woll etwas davon geredet haben, von unparteylichen Leüten aber hette Er kein worte davon gehöret, hette auch Heinrich Hoop seines andenckens nicht einmahl gekandt, Impositô silentiô dimissus è.

Erkandt

In Sachen Olrich Koppelmans Klägers an einem: entgegen und wieder Peter Behrman und Lüder Richters beklagte am anderen teile, streitige schuldt forderung betreffend, Geben Greffe und Heübtleüte Landes Kedingen der eydlich obgehörten Zeugen außage nach vor Recht: Wird Kläger zwischen diesem und dem nechsten Landtgerichte beßer gezeugnüß, daß Claus Richters wittibe oder deren Kindere von Hinrich Hopes Erbschafft genoßen, beybringen, daß er alßdan damit dennoch Zuhören, Im wiedrigen aber beklagte von angestalter Klage absolviret sein sollen, Wie Sie dan auff angedeütetem event hiemit absolviret werden. V.R.W. Pronunciatum Hamelwürden den 28t. Julij anno 1664.

Beike Beyen Erben
contra
Dietrichs Stüwens Erben

Jacob: Fresenstein nõie Dietrich Stüwens Erben, Es wehre vor 8 tagen Princ: anhero citiret, da der gerichtstage biß heüte differiret, Solches aber ihnen von citanten nicht notificiret besondern Sie vergeblich anhero reisen müßten, heubtsachlich wehre erinnerlich was gestalt von Pr: geld mit Unfuge gefordert worden, deßwegen noch vorgeschutzte exception solûtionis und general quitung produciret, daß bis 210 Mk.L. bezahlt, im gerichte zu Butzfleth von Greffen und Heübtleuten rechtlich und woll gesprochen, daß Kläger schüldig, ferner wegen der 210 Mk.L. zu liquidiren. Und in übriges bei d. general quitung verbleiben solte, davon gegenteil frivolè appelliret. Opponirte nochmahlen appellationem solutionis und reproducirte vorbesagte quitung. Mit bitte gegenteil mit seinen geschehen, weiter nicht zu hören, besonderen auch ferner auch nuhn cum refusione expensarum abzuweisen, cum imploratione p. Bath in eventum expensas dieses und vorigen termini, weil beklagter nicht erschienen.

Erkandt

In sachen Sehl: Beiken Beyen Erben Klägere an einem: entgegen und wieder Dietrich Stüwens Erben beklagte andern teils, streitige rechnung betreffend, geben Greffe und Heübtleüte diesen bescheid daß Klägere wegen ihres außenbleibens in expensas hujus termini zu verteilen. Wie Sie dan darin verteilet, und die hiebevor erkandte Commission fortzusetzen schuldig erkandt werden. Mit fernerem diesem bescheide daß zum fall die güte alßdan nicht zureichen, wird darauff in proximâ nach eingekommenener der Commissarien relation ergehen solle. V.R.W.

Basilius von Hein und Detleff
Kömmen alß Sehl: Peter
Heinsohns Kinder vormündere
contra
Peter Heinsohns wittiben
itzo Christoff Olrichs Haußfrauwen

Actores. Es wehre auff voringem gerichte beweißthumb der Beklägtinnen zuerkandt, wolten denselben erwarten, Es hette zwar beklagtin eine quitung von Hamburg geholet, stelleten dahin, ob Greffen und Heübtleüte dieselbe vor gültig erkennen könten.

Beklagte. Es hette die schuld Ja bezahlt undt von dem gelde genommen.

Erkandt

In sachen Basilij von Heins und Detleff Kömmen alß Sehl: Peter Heinsohns Kinder Vormündere Kläger an einem: entgegen und wieder Sehl: Peter Heinsohns Wittiben itzo Christoff Olrichs Ehelichen Haußfrauwen beklagtin am anderen teile, streitige Erbteilung betreffend, Erkennen Greffe und Heübtleüte Landes Keding vor Recht, demnach sich auß den producirten dodocumenten befindt, daß die teilung ao 1660 den 16 Februarij geschehen, die 1.000 Mk.L. aber von ao 1659, den 30t Octobr. biß 10 May ao 1660 und also zur Zeit der teilung noch in Hamburg völlig gestanden davon aber, bei solcher teilung nur 400 Mk.L. laut inventarij angegeben, daß beklagtin dahero von den übrigen 600 Mk.L. den Kindern die helffte herauß zugeben schuldig, wie sie dan dahin schuldig erkandt. V.R.W.“

Anhang Q3.3 – Landgericht Kehdingen vom 19. Juni 1665

– Archivalische Quelle: NLA ST, Rep. 72/172 Freiburg Nr. 4677 –

„Protocollum des Landt Gerichts in der Kirche zu Hamelwürden de anno 1665. den 19t. Junij.

Erstlich haben folgende Heübtleüte als auß Butzfleth Johan Nagel, auß Aßel, Johan Sturen und Peter With ihren Heübtmans eyd würgklich abgeleget.

Auß dem Freyburgeschen haben ihren Heübtmans eyd abgeleget, Jürgen Korff, Paul Steffens, Detlef Kemmen und Christoff Ölrich.

Wegen Sehl: Carsten Nagels Kindere beim Krummen wegen seind zu Vormündern citiret, Andreas Blome, Engel Dircks, Heinrich Nagel, Marten Nagel undt Claus Vastert der Jüngere.

Ist beschloßen, daß Heinrich undt Marten Nagell alß Vaters Brüdere, und dan wegen der Mutter deren Bruder Andreas Blome und ihr Schwager Claus Vastert die Vormundtschafft über sich zu nehmen, und die anwesende anitzo, Andreas Blome aber als abwesend auff nechstem Partengerichte abzulegen schuldig sein sollen.

Für Johan von Thunen Sehl: sein hinterlaßene Kindere haben Peter v. Thunen und Jacob Horeise, alß Vormündere ihren eyd auch abgelegt.

Jürgen Broyer contra Sehl: Marten Rumundts Erben

Actor übergab schrifftliche Klage

Beklagtin, Es wehre nie mehr an Zinsen bezahlt alß auff 120 Mk.L.; Welche Sie an Capital und Zinsen bezahlet, wehre also ein mehres nicht gestendig.

Actor bezog sich auff seine obligation. Müste beweisen werden, womit die 30 Mk.L. bezahlt, oder müsten noch bezahlet werden.

In sachen Jürgen Broyers Klägers an einem, entgegen und wieder Sehl: Marten Rumundts Wittiben beklagtinnen am andern teile, streitige schuld forderung betreffend, erkennen und sprechen Greffe und Heübtleüte Landes Kedingen vor Recht, daß beklagtin innerhalb 6 wochen, daß die obligation völlig bezahlt zu beweisen, oder im widrigen die geklagte 30 Mk.L. Capital sambt der Zinse ad alterum tantum alß auch 30 Mk.L. zu bezahlen schuldig, wie Sie dan darzu schuldig erkandt. V.R.W.

N.B. Diese Urteil ist nicht publiciret, weil die Parteyen sich inzwischen verglichen. [...]

Peter Stüwen
contra
Jochim Deden Peters Sohn.

Matthias Bartels nõie actoris, übergab schrifft anstatt mündlichen recessus, und berichtete daneben, daß nach absterben Sehl: Peter Deden, deßen wittibe durch die nechst Freünde von dem habe undt gütern mit einer gewißen ihr per contractum den Er producirte, verschriebenen Summe geldes abgefunden, Welchem contracte aber beklagter nicht geleben; besondern dawieder weitleüffige ohnerhebliche Exceptiones einwenden wolte. Wenn nun die contractus vermöge Rechten gehalten werden müsten, So bath Er beklagten Zur volligen Zahlung nach einhalt des contracts und der dabey übergebenen abrechnung zu condemniren.

Jacobus Heldt. nõie Rei. Es erscheine Principalis auff empfangene citation mit Vorbehalt aller Rechtlichen notturfft auch aller zuläßigen eyde und deren de- et relationis + Wehre contra stijlum Judicij, schrifft- an statt mündlich recessus zu übergeben, dawieder Er protestirte, Mit bitte dieselbe nicht anzunehmen, besondern Klägeren propter informem comparitionem in expensas termini zu condemniren

Sachen hette Er haubtsachlich ex citatione vernommen, daß zwischen Klägers Sehl: Haußfrawen und seines Principalen freünden ein vermeinter Vertrag vollenzogen sein solte. Welchen vertrag aber Principalis nie, alß erst vor 1 ½ Jahren gesehen, auch vorhin den einhalt nicht wahr genommen, darauß aber ersehen, daß der Vertrag ihn zu Nichts verbinde, weilen es res inter alios acta, So ihm alß tertio nichts praejudicirte; Undt dahero der Vertrag null und nichtig wehre; Weil die anverwandten, so denselben unterschrieben, ihr persohn nicht legitimiren noch darthun könten, daß Sie Principali, alß damahlen unmündigen zu Vormündern gesetzet, noch sonst von der Obrigkeit dazu verordnet. Wehre wieder das Landt- und alle geschriebenen Rechte. Bath den contract für null und nichtig zu erklären. Erbath sich hingegen, dem Klägern wegen seiner Sehl: Hauß-Frauwen, so viel ihr vermöge Landt Rechtens zukommen könnte, soferne Sie es noch nicht hinweg hette; Satisfaction zuthun. Wehre also noch kein Capital, zugeschweigen einige reste von den Zinse gestendig. Bath auch nochmahlen, daß die eingegebene schrifft, verworffen, oder doch in eventum copia davon wie auch das itzige protocolli erteilet werden mögte, cum imploratione et protestatione super expensis.

Matthias Bartels. Es wehre das übergebene memorial, auff daßjenige, so von beklagten auff dem Parten gerichte zu Aßell eingewandt, ein gerichtet, könnte nicht verworffen werden, wehre dem stijlo auch nicht entgegen.

Sonsten wehre in Rechten bekandt, daß Tutores dativi zwar von der Obrigkeit confirmiret werden müsten, in legitimis solches aber nicht eben erfordert würde, Legitimi enim vocarentur, quia â lege constitutis p. Wehren also gegenseitige Exceptiones von keiner erheblichkeit; bath wie vorhin cum imploratione et protestatione super expensis.

Jacobus Heldt Principalis, ginge bloß auff den punctum nullitatis, wie auß producirtem vermeintlichen contracte soforth erhellete, daß Er wieder das Landt Recht und von denjenigen, so dazu nicht bestellet gewesen, errichtet. Acceptirte, daß gestanden, daß Principalis zur Zeit des vollenzogenen contracts noch minorennis gewesen. Die freünde wehren alß Tutores legitimi nicht befugt gewesen, einen so schädtlichen contract anzugehen. Lieffe wieder das Landt-Recht tit: 11. Repetirte sein voriges gesuch und erklärungh.

Matth: Bartels. Gegenteil könnte nicht sagen, daß der Vertrag ihme schädlich wehre ehe Er zuforderst laesionem erweisen. Dazu aber die Freünde woll würden gesehen haben.

J. Heldt. Sie versirten in pto. nullitatis, undt wolten davon einen spruch erwarten, ließe sich vorhero in pto laesionis, dahin ihn gegenteil ableiten wolte, nicht ein.

Bescheid

In sachen Peter Stüwen Klägern an einem entgegen und wieder Jochim Deden Peters Sohn beklagten am andern teile in puncto contractus Geben Greffe und Heübtleüte Landes Keding diesen bescheid, daß beklagten zuforderst die gebetene Copijen der gegenseitigen eingegebenen schrifft und itzo gehaltenen protocolli zuertheilen, dan die sache zum schrifftlichen process zuverwei[sen] Wir sie dan hiemit verweisen und Paul Brümmer und Heinrich Peters nebenst dem Landes-Secretario zu Commissarien verordnet, dieser gestalt, daß Kläger bei denselben seine Klage innerhalb 6 wochen gedoppelt schrifftlich einbringen, beklagter in praefiqirter frist gleicher maßen hierauff antworten, und mit zwo satzen salvis probationibus zum Urteil schleßen sollen: Damit alß nach eingeholtem Rath der Rechtsgelehrten ferner ergehe, was Recht ist. Publ: Hamelwührden den 19t. Junij, anno 1665.“

Anhang Q3.4 – Landgericht Kehdingen vom 25. Juni 1668

– Archivalische Quelle: NLA ST, Rep. 72/172 Freiburg Nr. 4679 –

„*Protocollum des Landtgerichts in der Kirche zu Hamel, würden de anno 1668.: den 25ten Junij.*

Praesentes fuerunt, der H. Greffe Butzfl. Teils Christoph Heinrich Steten, Johan Sture und Carsten Sture alß Heübtleüte. Der H. Greffe aus dem Freyburgischen teil ließ sich entschuldigen.

Heübtleüte von dorte Jacob Göle, Marx von Hadeln auffm Rosen Crantze, Heinrich Schröder und Hinrich vom Berge welche ihren eyd alß new erwehlte abgelegt. Und Deleff Kömmen, welcher vorig Jahr schon beeydigt.

Vormundschafften
Für Sehl: Claus Blomen Kinder seind zu Vormünderen vorgeschlagen und beeydigt, Carsten Sture, Peter Hollander der Jüngere und Simon Müller, welche 3 erschienen und ihren eyd abgelegt, der vierte Peter Sture ist ausgeblieben, soll mit nechstem zu Aßell wegen seines ausbleibens antwort geben und solemnia p[rae]stiren.

Zu Paul Heinbroeks ehesiter ehe mit Eler Dunckens tochter erzeügten Kindern seind, weil die Mutter verstorben, und der Vater wieder zur andern ehe getreten, zu vormünderen erwehlet und beeydiget Eler Duncken der Jüngere und Johan Koppelmann.

Parteysachen.
Beike Beyen Erben
contra
Dietrich Stüwen Erben

Petersen nöie Appellator. Hette woll verhoffet das gegenteil alß citantes erscheinen sollen, damit Er weiterer Kosten mögte überhoben werden. Weil Er aber wieder ausbleiben, bath Er entweder in causa Principali zusprechen, oder doch gegenteil in expensas termini zu verteilen.

Erkandt.
In sachen Sehl: Beike Beyen Erben Appellanten, contra Dietrich Stüwen Erben Appellaten geben Greffe u. H.L.K. [= Hauptleute Landes Kehdingen] den bescheid p. werden Appellantes wegen ihres abermahligen nicht erscheinens in expensas hujus termini condemniret. Wie sie dann dahin condemniret sind. Mit

dem gehange, daß daferne Appellantes in proximâ die sache nicht gehörig fortsetzen werden, wie dan in causâ principali in contumaciam ergehen solle W.R. ist V.R.W."

Anhang Q3.5 – Landgericht Kehdingen vom 23. Juni 1670

– Archivalische Quelle: NLA ST, Rep. 72/172 Freiburg Nr. 4680 –

„*Protocollum des Landgerichts in der Kirche zu Hamelwührden de anno 1670 den 23t: Junij*

Praesentes beide Greffen, und auß dem Butzfl. teill Johan Korff, Claus Grube, Johan Conradt Hopken, Hinrich Lowe, auß dem Freyburgischen Marx von Hadeln, Claus Plate auff der Lake und Detleff Kommen auß allerseits Heubtleüte.

Und haben zu forderts Johan Conrad Höpke und Hinrich Löwe ihren Heübtmans eyd abgelegt und sein die übrige newerwehlte Heübtleüte Butzfl. teils außgeblieben alß Walder von der Meden, der sich aber Unpäßlichkeit halber entschüldigen laßen, Gerdt Drewes und Johan Stelling aber ohne excúsè, an welche geschrieben werden soll. Im Freyburgischen teil hat Claus Plate den Heubtmans eyd auch abgeleget.

Folgende Persohnen haben ihren Vormundt eyd abgeleget.

1) Für Sehl: Lulff Hollanders Kindere Peter Elers, und soll demselben auff nechstem Partengerichte zu Aßel ein ander adjungiret und auch beeydigt werden.

NB. (außer Claus Hilcken welcher sich entschulden laßen, ohne entschuldigung außgebliebene sollen deßwegen angeschrieben werden).

Hinrich Becker und Hinrich Moye seind erschienen und haben ihren Vormundt eyd für Sehl: Jürgen Kampen Kindere auch abgeleget.

Noch erscheinen Johan Köser und Jürgen Balcke und haben ihren Vormundt eyd für Sehl: Johan Hilcken tochter abgelegt.

Jürgen Balcken aber alß Johan Hilcken tochterman ist vorbehalt, daß Er, in actri der teilung seines eigenen interesse halber seines eydes erlaßen sein solle.

Nach sollen citiret werden wegen Hinrich Silens Kinder Claus Hilcke in der Teichrege, Johan Meyer der Jüngere.

Claus Grantz
contra
Claus Schwenger

Actor. Klagte, Er hette Claus Schwengern Landt verkaufft, könnte die bezahlung nicht erhalten, bath Ihnen zu bezahlen oder das Landt wieder abzutreten, alßdan Sie ihme was darauff bezahlet zurücke geben wolten.

Reus: Das Landt hette Er in solangen Jahren viel verbeßert, könnte es also nicht wieder abtreten.

Actor. Wehre friedlich, daß die verbeßerung angesehen würde.

Erkandt.

In sachen Claus Grantz Klägern entgegen und wieder Claus Schwengern beklagten am andern teile erkennen und sprechen Greffe undt Heübtleüte Landes Kedingen vor Recht, daß beklagter Claus Schwengern innerhalb 6 wochen Capital Zinsen und Unkosten bezahlen, oder im wiedrigen Klägeren soforth nach verfloßenen 6 wochen nach einhalt der producirten Obligation von dem stücke Landes soviel zu wardiret werden solle, darauß Er an Capital Zinsen undt Unkosten befriediget werden könne. V.R.W. […]

Peter von Hein
Contra
Catrina von Heines

Actor: Er hette seiner Stieffmutter Landt abgekaufft, die kauffsummen zu verzinsen, könnte solches aber itzo nicht außkommen, bath Sie dahin anzuweisen, daß Sie das Landt wieder annehmen solte.

Rea. Producirte den Vertrag, bath Klägern anzuhalten, daß er deme nachleben müste, Wehre eine Wittibe, könnte das Landt nicht wieder annehmen.

In sachen Peter von Heins Klägeren an einem: entgegen und wieder deßen StieffMutter Catrinen Peters beklagten, am andern teil, erkennen Greffen und Heübtleüte vor Recht, daß es noch zur Zeit bey dem producirten vertrage zulaßen, und Kläger demselben nachzuleben schüldig, wie Er dan dazû schüldig erkandt, Von Rechts Wegen.“

Anhang Q3.6 – Landgericht Kehdingen vom 11. September 1671

– Archivalische Quelle: NLA ST, Rep. 72/172 Freiburg Nr. 4681 –

„Protocollum des Landtgerichtes in der Kirche zu Hamelwuhrden de anno 1671 den 11t Septembris

In Sachen Jürgen Hilcken Appellanten contra Dietrich vom Borstel Appellaten

Henric: Salmuth nöie Appellantis erinnerte, wie daß Partis von einer den 11. Augusti dieses Jahr zu Aßell abgesprochenen Urtel sich beschweret befunden, und deßwegen anhero soforth stante pede appelliret, wie protocollum, So Er producirte, vermeldete, wehren also formalia richtig; Materialia betreffend, hette Er salvô respectu D[omi]norum Judicantium deßwegen über die Urtel sich beschweren müßen, daß ob woll von seiten Appellaten vermeintlich 94 Rtlr. Zinsen liquidiret werden wollen, Er hingegen in recessu angezogen, daß Er einenmahl liquidiret und sie sich eines bestendigen liquidi vergleichen, und deßwegen sich gebühret hette, Appellaten beweiß zu injungiren So doch vor beygegangen, und Appellate mit praejudicirlicher urtel überschnellet worden.

(2) Wehre unlaugbahr, daß wie Appelati mit der Zahlung in Partem gedrungen, denselben mit arresten beschweret, und große Uhrsach des angestalten concursu gegeben, er sich zwar zur Solution, durch ländereyen gebothen, wan nur ein liquidum wehre, darauff Sie auch in Appellaten hause vermüge deßen Buchs und brieffschafften 11 Jahr Zinsen bestendig liquidiret, darauff auch vereinbahret, daß Appellate in etlichen tagen kommen, und Landereyen dafür annehmen wolte. Nun mögte zwar dieser in facto beruhender einwurff dafür angesehen werden, daß er beweises bedürfftig. Weil aber bekandt, daß seithero anno 1644 da Appellate Dominus der obligation geworden, Sie bona fide gehandelt, Appellante des Appellaten buche getrawet, und Nie Quitung genommen, also sich nicht versehen, daß solches wieder wißen und gewißen solte abgeleügnet worden sein, da dan Rechtens, wan bonâ fide gehandelt und keine Zeügen dabey geweset, man gegenteile den eyd zuschieben könnte, so wollte Er Ihme juramentum derogestalt deferiret haben, ob nicht eine bestendige liquidation in seinen hause zugelegt und sie sich wegen der Zinsen vereinbahret, bath ihn dazu anzuhalten.

(3) Den fall gesetzt, es könnte und würde Appellatus den eyd ablegen, So wehre doch ein gravamen, daß von der in concursu einmahl Erst gesetzten Zinsen der

64 Rtlr. ein absprung genomen und 94 Rtlr. erkandt werden wollen, da doch Erkandt, und utiliter zu acceptiren, daß die 64 Rtlr. gegenseitiger geständtnüß nach Erst gesetzt; dan obwoll ratio decidendi gewesen, daß Appellante wieder die beim concurs beschehene liquidation protestiret. So hette doch der Schluß dadürch nicht ümbgestoßen werden können, weil die protestatio nicht dahin gesehen gewesen, sondern weil Partis wegen Menge der Creditoren den Calculum so genaw nicht observiret; sondern Erst factâ optione gemercket, daß gegenteil 74 Rtlr. Zinsen liquidiret, um dafür optiret, da es doch nur 11 Jahre und also 66 Rtlr. wehren. So hette Er nicht anders geköndt, alß dieses zu remonstriren; und daß er doch die remittirte 4 Jahr Zinsen indirectè bezahlen müße, daß es also wan Er gleich juramentum abstaltete, den noch bey den 64 Rtlr. verbleiben müste, und könnte der vermeinte error nicht zu standen kommen, weil bekandt, was bey concursen einmahlen fest gesetzet, nicht retractiret werden könnte. Bezog sich auff ein praejudicium in sachen Claus Hilcken contra Johan Nagels Erben vom 22. Martij vorigen Jahres, welche Urteil auch in Hoffgericht confirmiret.

Bath dem nach in Rechten zuerkennen und außzusprechen, daß in voriger instant. übell gesprochen woll appelliret, die Urtel dahin zu endern, daß Appellate den deferirten eyd zu schweren schüldig, demnechst es auch bey der beim concurs festgesetzten liquidation zulaßen. cum refusione expensarum p.

Joh: Knippenberg nöie Appellati zeigte an, daß de instijto gemeß sich gebühret hette, Partem 3 tage vorm Gerichte citiren zulaßen, da Ihme doch, vielleicht der Meinung, Er solte auß bleiben, erste gester Morgen die citatio insinuiret worden, protestirte wieder die darunter gebrauchte informität, bath Appellanten dafür anzusehen.

Haubtsachlich gebrauchte man sich an gegenseiten großer weitleüffigkeit den Richter zu confundiren und vorteil zu erschleichen, wehre die sache hell und klar, Und ob schon Appellante vermeinte beschweret zu sein, daß Ihme in primâ instantia kein beweiß injungiret, so hette man vermuthet Er würde itzo mit dem beweiß vorkommen sein, so doch noch nicht geschehen noch einige quitung oder documentum zum vorscheine kehme; bestunde bloß darauff, daß unter Ihnen eine liquidatio vorgegangen sein solte, und wolte darüber juramentum deferiret werden, Merckte darauff daß gegenseitiger Anwaldt nicht recht informiret, von itzo auf bey vorigen Gerichte vorgebracht, es wehre bestendiger liquidation vorgegangen; coram commissarijs aber hette Appellante gestanden, Sie hetten weder mit federn noch Kreide gerechnet; Sondern Partis so, daß es 11 Jahre wehren, auß dem buche gesaget, wan aber Jemand seiner vorigen rede eingedenck sein müße, damit nicht eines gegen das andere lieffe. So producirte er protocollum commissionis. Stellete dem Gerichte heim, ob Solcher gestalt mit eyden gespielet werden könnte, daß auff bloßes vorgeben ein eyd abgeleget werden solte; könnte auff die weise ein Jeder woll sagen, Er hette alle Zinsen bezahlt, undt darüber juramentum deferiren, damit sich aber ein gewißenhaffter Man nicht forth legen ließe.

Verhoffte auch (2) daß ob Sie gleich bonâ fide zusammen gehandelt, doch gegener Partis buch keines falsi beschüldigen könnte, protestirte wegen wiederholeter injurien daß Partis wieder beßer wißen undt gewißen liquidationem bringen solte, bath Ihn deßwegen anzusehen.

Undt obwoll (3) Apellante vermeinte, wan schon alles richtig, doch von denen beim concurs fest gesetzten Zinsen kein absprung genommen werden könnte, und deßwegen motiven und praejudicia angezogen, so wehre doch Rechtens, daß wan gleich ein richtiger vertrag geschehen, und ein teil denselben nicht acceptiren wollen, dem wieder auch jura integra blieben. Das allegirte praejudicium quadrirte nicht hieher, Weil gegener selbst und nicht zuerst Partis einen absprung genommen, könnte Ihm also nicht zu statten kommen.

Bath es nicht allein bey voriger Urtel zu laßen, besondern weil Parti unnötiger Kosten durch diese muthwillige appellation gemacht, Appellanten in expensas litis zu condemniren. Ihn auch wegen der informität und anzüglichkeit, ob handelte Partis wieder beßer wißen und gewißen, ernstlich anzusehen, contradicirte contrarijs cum imploratione p.

Henr: Salmuth. Das erste einbringen thäte niches zur Sache, könnte Parti keine gefehrlichkeit beigemeßen werden, hette wie Er erfahren, daß das gerichte gehalten werden solte, forth citiren laßen, (2.) hette Partis große Uhrsach gehabt, sich wegen nicht injungirten beweißes beschwert zu befinden, könnte zu Rechte nicht bestehen, daß der beweiß vorbey gangen worden, Weil Judex secundum acta ex probata richten müste. Daß keine quitungen produciret werden könnte, wehre vorhin schon angezogen, und wehre Partis, weil keine quitungen erteilet, soviel mehr ad dationem juramenti alß extra ordinar beweißthumbs zu schreiten befugt. Stunde Appellato auch frey, juramentum zu referiren, wan Er selbst zu gewißenhafft dazu wehre. Wehre scopticè angezogen, daß wan man wieder warheit etwas anbringen wolte, man der vorigen rede eingedenck sein müste. Protocollum commissionis um itziger Vortrag wehren einander nicht zu gegen, wehre genug daß ein liquidum auß dem buch geschehen, und darauff ein Vergleich getroffen. Wehre im übrigen in den Rechten versehen und bekandt daß ein irthumb wegen Mißrechnung, wan man sich einmahl verglichen, nicht vorgeschützt werden könnte, und weilen wegen gegenseitigen leügnens kein ander wegen alß delatio juramenti, so wolte Er darüber spruch erwarten. Letztens die beim concurs gethane protestation betreffend, wehren 62 Rtlr. fest gesetzt und darauff optio geschehen. Aber weil Dâ die Jeder creditor 2 Jahr Zinsen remittiret, wehren von 11 Jahren 2 Jahre abgangen, und also nur 50 Rtlr. geblieben.

Joh: Knippenberg. Es bestünde die sache bloß darauff, ob eine bestendige liquidatio vorgangen, oder nicht? Partis negirte solches, Appellante affirmirte es, wolte in mangel beweißthumbes bloß juramentum deferiren. Solches aber könnte nicht statt finden, weil einmahl gesagt, Er hette bestendig liquidiret; coram commissarius aber berichtet, Partis hette es nur Buche hergesagt, hette gegenteil auf die freywillige remission nicht annehmen wollen; besondern Partem indirectè beschüldigen wollen, contra bonam fidem gehandelt zu haben, dahero Partis auch nicht nötig gehabt, es bey solchem undanck bey der remission zulaßen, würde mit unnötigen eyden nicht gespielet werden, bath wie vorhin.

H: Salmuth. Begehrte, daß Appellate sein buch beschweren mögte.

Joh: Knippenbergs repetirte ratione delati juramenti priora, und wehren noch keine causales beygebracht, worümb Partis sein buch zu beschweren schüldig. Hette daßelbe nur für sich und zu seiner nachricht gehalten. Appellante solte quitungen gefordert, oder es auch angeschrieben haben, was Er bezahlt hette.

Erkandt.

In sachen Jürgen Hilcken Appelanten an einem: entgegen und wieder Dietrich vom Borstell Appelaten am andern teile in puncto liquidationis ex injuriarum p erkennen Greffe und heübtleute Landes Kedingen allen an und vorbringen nach vor Recht, daß vom Richter voriger instant. woll gesprochen und übel appelliret, Es dahero bey voriger Urtel zulaßen und dieselbe zu confirmiren, wie es dan dabey gelaßen und dieselbe hiemit confirmiret wird. Jedoch mit diesem bescheide, wird Appellante wegen seines letzten anbringens in proxima genugsahme und zu Rechte bestendige uhrsachen beibringen, worümb Appellate sein buch zu beschweren schüldig. So ergehet alßdan auf hierin was recht ist, von Rechtes wegen. Pronunciatum Hamelwührden den 11t Septembris Anno 1671.

Jürgen Hilcke appellirte von dieser Urtel stante pede.“

Anhang Q3.7 – Landgericht Kehdingen vom 25. Juni 1675

– Archivalische Quelle: NLA ST, Rep. 72/172 Freiburg Nr. 4682 –

„Protocollum des Landgerichts zu Hamelwörden de Anno 1675 d. 25 tn: Junij

In Appellations-Sachen Jochim Deden Erben contra Claus Wilckens

Wildekindt nomine Actorum, bekandte sich vor rechtliche Citation: bezog sich auff daß d. 23tn: Januarij Anno 1673 zu Assell gehaltenes protocollum, worauß zu ersehen, daß er von einer von Claus Wilckens abgesprochenen Urthell an hießiges Landtgericht appelliret, erscheine solche Appellation rechtlicher Gebuhr nach zu Introduciren, undt zu prosequiren, übergab seine Gravamina schrifftlich, bezog sich auff deren Einhalt, undt bat in Rechten dahin auszusprechen, undt die Urthell dahin zu reformiren, wie darin mit mehrem gebethen.

Herr Albertus Kruse nomine Claus Wilckens: hätte vernommen, wie Jochim undt Marten Dede ihre Appellation auff heüte, introduciren prosequiren undt Libellum gravaminum übergeben. Hätte vermühtet, daß solche Grvamania hießigen Stijlo gemäß mündlich würden vorgetragen seyn, daß in continenti darauff hätte geantwortet werden können. Bat gegen Anwaldt dahin anzuweißen.

H. Wildekindt. Könte geschehen laßen daß dem H. gegen Anwaldt dieße Schrifft communiciret würde.

Interlocutum

Greffe undt Heuptleute geben dießen Bescheidt, daß Klägern undt Appellanten durch ihren Anwaldt dem Stijlo dießes gerichtes gemäß, ihre Gravamina mündtlich vorzubringen, darauff Appellaten Anwaldt in continenti zu antworten schüldig, wenn solches geschehen, erginge in der Sache ferner was Recht ist V. R. W.

H. Wildekindt. Quoad formalia würde es verhoffentlich seine Richtigkeit haben. Bezog sich deßfalß ad protocollum.

Quoad materialia. Es hätte principalen Vatter Jochims Dede nicht allein Appellaten haußfrawen, eine gültige obligation cediret, besondern es wäre auch selbe von Dittmer Hartman undt Jochims Deden Claus sohn acceptiret, gestalt ihr dan verschiedene Jahre, wie producirter abrechnung weisete, bis Anno 1662 â tempore cessionis die Zinsen erhoben, wäre auch die obligation nunmer von

Melcher Platen geleügnet; Ob nun woll in Anno 1664 Melcher Platen Fraw die gesampte Deden, wo zu Appellaten Mutter mit gehörete, wegen einiger gezahlten Gelder Rechnung abzulegen begehret, so wäre doch der process dahin ausgeschlagen, daß beym Königl. Hohen Tribunal der debitricin die Zahlung zu erkandt, producirte zu dem Ende beyde Urthel undt remissoriales.

Wie auch (3. vorbenandte Vormündere im Nahmen Cessionariae in Anno 1667 mandatum executoriale von Königl. Regierung erhalten undt außgewircket, dahero ihn wunderte, daß man dergleichen ohnnötige kosten machte.

(4. befinden sich partes dadurch beschweret, daß appellantes allein schuldig vertheilet, undt nicht die gesampte Deden die gewehrschafft der 1.000 Mk.L. zu leisten, undt cum omni causa zu bezahlen, da doch die 1.000 Mk.L. von den gesampten Deden herruhreten, undt also ihnen principalibus die unkosten des processus nicht allein aufgebürdet werden könten.

Weill den auß producirten Uhrkunden erhellete, daß partes nunmehres, alß sie die gewehrschafft schon praestiret, zu thun nicht gehalten, besondern ihnen verum debitum gelieffert undt wenn Appellate die Execution fortsetzte, zu dem seinen gelangen könnte.

So batth er nomine partis ein löblich gericht geruhen woll vorgedt. Urthell vom 23tn: Januarij 1673 wieder auff zu heben, auch Appellaten in poenam temerè litigantium zu vertheilen, idq. cum refusione expensarum, cum imploratione solita.

Herr Kruse bedankte sich, daß das gerichte Gegen Anwaldten seine gravamina mündtlich vorzutragen auff erleget. Acceptirte aus gegenseitiger vorbringung quaevis utilia, contradicirte contrarijs, tacendo nichts einreühmende. In specia acceptirte als gerichtlich gestandene utilissimè, daß Appellantes nicht in abrede seyn können, die quaestionirte obligation auff Melcher Platen Frawen haltendt principalen haußfrawen vormünderen in solutum cediret zu haben. Wäre auch disseits geständig, diese obligation angenommen, auch einige Jahres Zinsen darauff erhoben. Es hätte sich aber nachgehendts in facto zugetragen, daß die Frh. Platische Sehl. wegen einer an Jochim Deden Sehl. als welcher seine beiden Brüder überlebet, wegen eines ihm allein undt nicht den gesampten Deden, wie angebracht, bezahlten Postes von 300 Rtlr. als weswegen sie Nachricht von dem itzigen Appellanten, undt waß sie dafür genoßen, in disput gezogen. Daruber Sie auch endlich beym Justitz Collegio in Stade, nachgehendts beym Königl. Hohen Tribunal alß woselbst annoch lis pendens in Rechtsstreit gerathen. Undt ließen Appellantes ex Desperatione causae die sache liegen. Contradicirte dem Anzuge bestendigst, ob solte zu dem 300 Rtlr. partis hauß Fraue mit gehören undt concuriren welches nicht zu erweisen.

Contradicirte (2. Ob solten die quaestionirte 1.000 Mk.L. von den gesampten Deden der Platischen creditiret seyn. Es weisete clara litera, das Jochim Deden für seinen Kopff der Platischen creditiret, undt weilen selbige Platische hinwieder 300 Rtlr. von Jochim Deden Erben praetendiret, undt also die praetension undt gegen praetension bloßer dinge zwischen der Platischen undt Jochim Deden Erben versiret, also principalen wegen seiner Haußfrawen im geringsten nicht concernirten, so würde für Gott undt der Welt ohnbillig seyn, das principalis als eine dritte ohnschuldige person hier unter leiden solten, besondern sie daßelbe unter sich billig zu rechten ausmachen mußen. Undt weil aus den Rechten bekandt, daß ein jeder Cedente Cessionario nicht eben eine gute, dennoch aber eine liquide undt geständige Schuldt undt einen verum et sine exceptione efficaciter obligatum debitorem machen muß, auff welch fundamentum auch sententia prioris instantiae rechtmäßig abgesprochen undt publiciret es auch allen rechten nach nicht anders seyn können.

Alß bat Er nomine principalis angeregte woll abgesprochene Urthell vom 23tn. Januarij 1673. in gunsten zu confirmiren, diese Sache zu execution an Richter voriger instantz zu verweisen, undt dabeneben Appellantes nicht allein in poenam temerè litigantium, besondern auch in expensas hujus instantia zu condemniren. Implorando./.

Wildekindt acceptirte die geständtnuß, daß Appellaten haußfrawen Vormünder die obligation quaestionis acceptiret, auch so viele Jahren Zinsen darauff gehoben. Contradicirte dem Anzuge, daß die 300 Rtlr. welche die Platische vermeintlich auf die 1.000 Mk.L. kurtzen wolten, Sehl. Jochim Deden allein angangen.

Principalen berichteten dagegen, daß dieselbe von der Frh. Platischen bey Paul Brümmern zu empfangen, denen gesampten Deden angewiesen, wie auch gleichfalß ihrem Bruder, J. Peter Blancken bey Paul Brümmer ebenfalß 400 Rtlr. cediret, welche 700 Rtlr. der gantzen Erbschafft angewiesen. Daß aber ein process zur Wißmar hangen solte, weiseten remissoriales ein anders. Sie hätten die execution fortsetzen mögen. Repetirte also priora.

H. Krußе submittirte zur gedeilichen Urthell.

Erkandt.

In sachen Jochim undt Marten Deden Appellanten an einem, entgegen undt wieder Claus Wilckens Appellaten andern teils, erkennen Greffen undt Hauptleute Landes Kehdingen erwogenen Umbständen, auch allem an undt vorbringen nach für recht, das in voriger instantz woll gesprochen, davon ubell appelliret, dahero es bey dem in Anno 1673 den 23t. Januarij woll abgesprochenen Urthell zu laßen: Auch appellantes in die auf heüte angeuhrsachten Kosten zu condemniren. Gestalt wir es also bey voriger Urthell laßen, undt zu erstattung dießes tages Kosten apellantes salva moderatione condemniren. V.R.W. Publicatum im Landtgerichte zu Hamelwürden. d. 25 tn. Junij Anno 1675.

Marten Dede appellat stante pede et vivâ voce. [...]

Carsten Titjens
q. Claus Elerß.

Johann Bonner nõie Carsten Titjens. Anfangs fragte Carsten Titjens was das Korne in Hamburg gälte: Hätte appellate geantwortet schlecht. Hätten darauff auff 30 Wispel gehandelt, solte ihm 100 Mk.L. aufm Kauff geben, 18 Wispel wären geliefert, und bis auff 50 Rtlr. bezahlet. Nachdem wäre das Korn abgeschlagen, hätte darauff 4 Wispel auch nach bringen lassen. Carsten Titjens Fraw hätte gesaget, solte es in den Haffen bringen lassen. Es hätte aber der Schiffer solches nicht thun wollen, besondern wären damit nach Hamburg gefahren nachdem das Korn abgeschlagen und die bestimpte 14 tage längst verflossen. Hätte Carsten Titjens auff die 30 Wispel wol 100 Rtlr. schaden gethan. Weil Er nun die 30 Wispel versprochener massen in eins nicht geliefert, so mögte Er dieses Korn, weil es in abschlag, auch behalten, weil Er anfangs zur vergewisserung 100 Mk.L. begehrte, so wolte Er sich an die 50 Rtlr. wieder halten, bis Er den gewinn zur genüge bezahlet kriegten so Er auff die 18 Wispel [...] *bekomen.*

Claus Elers. Er hätte 30 Wispel gersten an Carsten Titjens verkauft, dass nach lieferung des Korns die bezahlung fort folgen solte. Ob nun wol 100 Mk.L. bezahlet, so wäre darauff 18 Wispel geliefert. Hätte durch einen expreßen geld davor mehrenmahlen begehren lassen, aber nichts erhalten. Ob nun ohngeachtet der Mangelung des geldes Claus Ehlers noch 7 Wispel hingeschicket, ihn Titjens nicht zu hause gefunden, besondern es hätte die Fraw den gersten nach Hamburg zu schiffen beordert, wenn ihr man zu hause von Freyburg käme, solte Er nachkommen. Weil nun die lieferung des gersten auff 5 Wispel nach geschehen, welche auch hätten abgefolget werden können, und das Schiff 6 tage in Hamburg ohne einige von Carsten Titjens gemachte anstalt in Hamburg liegen müßen, hätte der gersten müßen verkauffet werden; stellen dem gerichte gehorsambst zu bedenken vor, ob, weil das geld vor die 18 Wispel bey liefferung nicht erfolget, die gerste in Hamburg auch nicht abgeforderten auch kein Kauffman auff so wenig Wispel Korn 50 Rtlr. praesendiren kann. Bat also voriges Urthel so in Anno 1673 d. 28 Maji abgesprochen, zu confirmiren, protestirte super expensis.

Johann Bonner. Carsten Titjens hätte gesaget, wenn der letzte Wispel bezahlet, solte das geld abgefolget werden. Demselben wäre Er nicht nachgekommen.

Erkand.

Greffen und Hauptleute Landes Kehdingen erkennen vor Recht, daß von der in Anno 1673 d. 28 Maji zu Assel abgesprochenen Urthel übel Appeliret, dahero die Urthel voriger instantz hiemit confirmiret wird: Und wird Appellante in die auff heute angeursachten Kosten salva moderatione schuldig vertheilet. Gestalt wir die Urthel also confirmiren, auch appellanten in die dieses tages auffgelauffene Kosten vertheilen. V.R.W. Publicatum aufm Landger. zu Hamelw. Aó 1675 d. 25.

Johan Suhren Erben
contra
Johan Nagel.

Jürgen Hilck. – Weilen Johan Suhren kurtz nach dem in dieser sache zu Assel publicirtem Urthel gestorben, die Kinder auch noch zur Zeit ohnmündig, der eine Sohn auch zur See, als bat er dilationem ad proximam,

Johan Nagel producirte das Urthel prioris instantiae.

Erkandt.

In Sachen Johan Suhren Erben, Klägeren eines, entgegen und wieder Johan Nagel beklagten andern theils, erkennen Greffen und Hauptleute vor recht, daß die gebetene dilatio aus angeführten ûrsachen ad proximam zu vergönnen. Und ist im übrigen der Bescheid, daß Johan Suhren Erben bey poen 50 Rtlr. zur theilung nicht schreiten sollen, bis Johan Nagel seiner Forderung wegen befriediget, oder davor 100 Rtlr. gewisse Mittel auszusetzen schuldig. Gestalt wir den dieselbe dazu schuldig zuvertheilen, V.R.W. pronunciatum Hamelw. d. 25 Junij 1675.

Harm Adrian Barve
contra

Actor: Es hätte sein Advocat Henricus Salmuth die acten.

Erkand.

Ist die gebethene dilatio ad proximam erkand, als dann in der sache ergehen soll, was recht ist. Undt wird Appellanten sub poena praeclusi alsdann gefordert zu erscheinen. V.R.W."

Anhang Q3.8 – Gräfengericht Freiburg vom 28. Juli 1677

– Archivalische Quelle: NLA ST, Rep. 28 Nr. 1096, Bl. 43r –

„*In Sachen Clauß von Ancken et consortes Klägern Eines, wieder Johan Neüdick beklagten andern theills testamenti erkennen Greven und Heuptleüte*

Landes Kehding Freyburgischen theills denen gemeinen Rechten allen an und vorbringen nach sonsten befundenem umständen nach für Recht. Weill beklagter selbst gestanden daß das producirte testamentum nicht in einem Gemach in gegenwarth der Testatricin uno actu, sondern in der Stube da die Fraue nicht gewesen von etlichen Zeügen unterschrieben, versiegelt und vollenzogen, auch Beklagter hirunter dem § 4 Tit: 13 des Landt-Rechtes nicht nach gelebet, daß dahero das producirte Testamentum in forma für vitiös und ungültig zu halten, und Beklagter ein Eydliches inventarium denen Klägern herauß zu geben schuldig sey. Gestalt dan das Testament hierdurch obbesagtermaßen für vitiös erklähret und beklagter das inventarium innerhalb Vier wochen bey poen zu herauß zu geben schüldig vertheilet wird, die beyderseits auff gewandte unkosten auß bewegenden Uhrsachen gegen einander compensirende. Von Rechts Wegen. Krummen Teiche d. 28 Julij Anno 1677. Johan Newdick appellirte in continenti und stante pede von obigen Urthell mit erlegung der Gebühr."

Anhang Q3.9 – Gräfengericht Freiburg vom 22. April 1702

– Archivalische Quelle: NLA ST, Rep. 28 Nr. 885, Bl. 26v–27r –

„[26v] ***Protocollum, gehalten Krummenteich d. 22. April. 1702. p***

Praes: H. Gräfe Schröder, und von Haubtleuten: H. Friedrich Eberhard von der Deken und H. Matthias von See. p.

In Sachen
Johan Sietwenden, Klägern,
contrà
Peter Tiedemann und Claußß Knaken, beklagten,
Retractus. p

Kläger zeigete an, daß zwischen Beklagte ein Kauff-Contract geschloßen worden, welchen Er unbeygesprochen nicht laßen könnte auß Uhrsachen, daß Er ins Westen, und also zur See Seyte benachbahrt, an dem Lande so verkaufft worden. Dahero der Beyspruch Ihn nicht fehlen könnte. Wolte also den Kauff-Contract sehen, und daß solcher re verâ also passiret beede beklagte anzuhalten, daß Sie den Contract, und die conditiones eydlich erhärten müßten; Wenn das geschehen, offerirte Er sich ad legalia.

Beklagter, Peter Tiedemann, erklährte sich hierauff, daß wie Er mit Mitbeklagten, Claus Knaken, zu anfangs handeln wollen, habe Er mit demselben dahin gesprochen, was Knake vor sein Hauß haben wolte; Worauff derselbe [27r] *dann geantwortet, Er konte es unter 50 Rtlr. nicht geben; hierüber sey nun ferner gesprochen, und seyn Sie also miteinander einig geworden, daß Clauß Knake von Peter Tiedemann solte bekommen, seine zu 78. Ruhten Landes sich erstreckende Kathe mit dem Hause am Elbteich, Schweinekathen, Backofen, und wie alles mit den angepflantzten Bäumen und Zäunen im Stande ist, und hingegen solte Knake Ihm 450 Mk.L. und zuwarten Ostern *702. davon, 300 Mk.L. und über 1 ½ Jahren mit Zinsen den Rest zu bezahlen, zu geben, und Tiedemann des Knaken haus abzubrechen befugt seyn; jedoch solte Knake dem Tiedemann auch die Weitzen- und Rogken-Saat am Elbteiche dieß jahr laßen, und Tiedemann hingegen davon die contribution und was der anhängig, biß Petri *703. bezahlen. Und das wären in Warheit also.*

Kläger, replicirte, daß Er in den Eyde mit exprimiret haben müßte, von beeden beklagten, wie hoch endlich das Knakische hauß, wie Sie mit einander einig geworden, von dem einen auff Ihr gewißen gehalten und angenommen worden.

Beklagter, hätten wegen des Hauses mit einander, von dem Hauß Preise nicht weiter gesprochen, sondern Tiedemann endlich mit Knaken geschloßen, daß Knake Ihme solte 450 Mk.L. zu geben, zu seinen abzubrechenden hause.

Bescheyd:

Daß Beklagte Ihre ad protocollum gethane Erklärung, wie der Kauff geschloßen, und daß das Knakische hauß, wenn es abgebrochen würde, auff 50 Rtlr. solte beederseits angeschlagen seyn; eydlich auff des Klägern kosten solten zuerhärten, Kläger aber des Beyspruchs fähig seyn, weilen Er zur Seeseyte benachbahret, jedoch daß Er die conditiones so unter Beklagte beliebet, zuerfüllen schüldig seyn solte. V.R.W.

Post plublicationem sententiae, verglichen sich partes, daß Sietwende dem Peter Tiedemann vor das Knakische hauß 100 Mk.L. giebt, und hingegen Knake sein hauß behält."

Anhang Q3.10 – Wismarer Tribunal vom 5. Mai 1710

– Archivalische Quelle: NLA ST, Rep. 28 Nr. 885, Bl. 81r –

„*In Sachen Hinrich Stubben, Clauß Eyelmann und Carsten Jungen, alß Juraten der Kirchen auff dem Krautsande, Appellanten, contra Jacob Romundt, itzo dessen Erben Johann Dirckß et Consorten, Appellaten, in puncto retractus, werden gravamina, alß unerheblich nicht, sondern Acta ex officio für beschlossen angenommen, befunden, und erkant, daß woll gesprochen, übel appelliret, solchemnach die Urtel à qua zu confirmiren, auch die Sache nebst denen ad inspiciendum erforderten und eingesandten Original acten, in causa Rittmeister von der Decken, wieder Greffen Schrödern, an vorigen Richter mediante rescripto, zu remittiren sey. Compensatis Expensis. V.R.W.*

Publ. b.K.Trib. in Wißm. d. 5 Maij. 1710.“

Anhang Q4 Formular für eine Anwaltsvollmacht am Wismarer Tribunal

Es handelt sich um ein gedrucktes Formular für das Wismarer Tribunal. Die handschriftlichen Einfügungen sind mittels Unterstreichungen kenntlich gemacht.

– Archivalische Quelle: NLA ST, Rep. 28 Nr. 885, Bl. 54r –

„[54r] WIr untengeschriebene thun kund und beken[n]en für män[n]iglichen / insonderheit unsern Erb- und Erbnehmen mit diesem offenen Brieffe / daß wir zu Vollenführung unserer an dem Hochlöblichen Königl. Ober-*Appellation*-Gericht zu Wißmar habenden Rechts-Sachen / so viel wir deren ihm unter die Hände geben werden / gegen wem wir die haben und überkommen mögen / in *specie* wieder *Jacob Romundt itzo deßen Erben – Aplaten in pto retractus –* zu unsern ohnzweiffentlichen Redner und Anwald *constituiret* und bestellet haben / den *S: Tit:* Hn. *Christoff Gröning, J:U:D[octo]rem.* Hochermeldten Ober-*Appelation*-Gerichts bestalten *Advocaten* und *Procuratoren*, also und dergestalt / daß wir zufoderst alles und jedes / was durch ihn Herrn *Dr: Gröning, –* und andere Anwälde / oder sonsten in angeregten Sachen von unsernt wegen abgehandelt worden / *ratificiren*, und darauff derselbe in allen angezogenen Sachen / *activè* oder *passivè* allerley *Proces* auß die wieder einbringen / *fori declinatorias*, und andere *exceptiones* übergeben / *libelliren, litem contestiren, articuliren, respondiren, Juramentum veritatis, malitiae, calumniae, dandorum, respondendorum, in litem affectionis aestimationis, purgationis, in supplementum probationis, expensarum, damnorum, & interesse, tertiae dilationis, ejusdemque prorogationis,* auch einen jeden andern zimlichen in Rechten zugelassenen / und mit Urtheil aufferlegten Eyd / *etiamsi litis decisorium fuerit*, in unsere Seele erstatten / allerley Beweiß / führen / da auch gegen uns eine *Intervention* oder *Reconvention* auffkommen würde / darinn alles / so uns gebühret / und rechtlicher Ordnung nach oblieget / mit Antwort und Einwenden verrichten / in allen vorkommenden unsere Nothdurfft verhandeln / dieselbe *tuiren*, wieder die Gegentheile Beweißthum handeln / auch sonsten *excipiren*, und *respectivè repliciren, dupliciren*, wanns nöthig / *tripliciren, quadrupliciren, Sigilla & Manus recognosciren*, oder *diffitiren, in Contumaciam procediren*, dieselbe *purgiren*, zu Bey- und End-Urtheil beschliessen / die zu eröffnen bitten / anhören / dawieder auch sonsten Erläuterung / so vonnöthen / begehren / *expensas, damna, & interesse designiren*, zu *taxiren* bitten / und dieselbe auch

/ was in den Haupt-Sachen *taxiret* und erkant / erheben / annehmen / dafür *quitiren, in executionem activè procediren*, biß zu endlicher Vollstreckung der Urtheil / auch *passivè*, da die Urtheil uns zu wieder ergienge / und darauff wieder uns *in executionem procediret* würde / von unsernt wegen alle Nothurfft biß zur endlichen Erörterung des *Puncti executionis* verhandeln / ein oder mehr Affter-Anwalde / so offt ihm beliebet / *substituiren, revociren*, auch alles andere handeln / thun und lassen sol / so wir selbsten jederzeit zugegen thun / handeln und lassen solten / könten / und möchten.

Und da ernandter unser Anwald eines weitern Gewalts / dann hierinn begrieffen bedürfftig wäre / oder seyn würde / denselben wollen wir ihm hiemit am allerkräfftig- und beständigsten / als Vermöge der Rechte / und *de Stilo* Hochberühmten Ober-*Appellation*-Gerichts beschehen sol / kan oder mag / auch gegeben haben.

Was nun mehr erwehnter Hr. *Dr: Gröning* und seine *Substituirte* handeln / thun und lassen werden / das versprechen wir vor uns / unsern Erb- und Erbnehmen stets / fest und unverbrüchlich zu halten / auch ihn offt gedachten unsern Anwald / und seine *Substituirte*, aller Bürden der Rechten / *praesertim satisdationis, de Judicio sisti & Judicatum solvi,* zu entheben / bey Namhaffter Verpfändung unserer Haab und Güter / so viel deren jederzeit hiezu vonnöthen seyn werden. Und dessen zur wahren Uhrkunde haben wir uns mit eigener Hand unterschrieben / und unser gewöhnlich Pitschafft für- und angedrucket. Welches geschehen

Clauß Eyelmann

Carsten Junge
sp: t: Juratj."

Anhang Q5 Landesbeschreibung von ca. 1670

– Archivalische Quelle: NLA ST, Rep. 7 Nr. 7, Bl. 13r–21r, 60r–61v –

„[13r] ***Entwurff***
Von des Landes Kedingen
und deßen Einwohnere
beschaffenheit, Gerichten
und Gerechtigkeit, und
was deme anhängigs.

Daß Landt Keding ist gleich den andern Marsch Ländern Hertzogthumbs Bremen ein meistens von der Elbe angeworffenes und angeschlammetes wüstes und unbebauetes Landt, darüber die Elbe, wann Sie nur ein wenig auffgelauffen, sich allemahl ergoßen, gewesen, und hernacher, wißen aber nicht eben von weme, mit großen Kosten eingeteicht und anfangs von den Friesen bewohnet worden.

Die Situation und größe deßelben belangend, gehet es ins Osten von der Stadt Staden und dem Alten Lande an, und ist vom Alten Lande durch den von d. Geest herunter durch die Stadt biß in die Elbe lauffenden Schwinge fluß unterschieden, gehet ohngefehr 5 Meilen in die Länge hin biß an den Ostenfluß, der daß Ambt Newenhause und Landt Keding von ander scheidet, liegt an der seite nach dem Norden längst her an der Elbe, ins Süden aber längst her an einem Morast. Die Breite dieses Landes aber ist gantz ungleich, Ist nach der Osten hin etwa eine viertel Meil breit, beßer her aber meister wegens [13v] *nicht viel über eine halbe viertel Meil ja an teils Örtern fast nicht ein sechstenteil Meil breit, darin doch die von Adel nachgehends viel güter erkaufft und sich nach und nach derogestalt vermehret, daß nun mehr ein großer teil Adelicher wohnhöfe und gütere fast den drittenteil des Landes betragend, darin mit begriffen.*

Wie das Landt zu anfangs regiret worden, und was es derozeit für privilegia gehabt, davon ist keine gewiße Nachricht mehr verhanden, weil dieselbe bey vorgewesenen Kriegszeiten undt gäntzlicher außplünderung des Landes abhänden gekommen, dieses ist dennoch gewiß, daß die Einwohnere, zu anfangs ein gantz freyes Volck gewesen, sogahr, daß Sie noch nach a[nn]o 1420 mit andern Örtern und Ländern Kriege geführet, auch wieder friede gemacht und mit benachbahrten in specie den Einwohnern im Landt Hadeln und Ambte Newenhause Einmahlen Heübtleüte und Eingeseßene allein, andermahlig aber auch mit Zuziehung des Greffen, dergleichen Verbündtnüßen gemacht, daß, wan einem Orthe oder Lande Krieg zustoßen solte, der andere ihnen 100 oder gahr 400 Schützen zur assistentz schicken solte, wie davon noch unterschiedliche documenta [14r] *verhanden, auch die beylage sub lit A. vermeldet, daß in a[nn]o 1425 der Ertz-Bischoff Niclaß mit bewilligung des Thumb Capittuls denen Kedingern einen revers für sich und seine Nachkomlingen gegeben, daß außer der grafft des Hemments zu Behlumb keine Schantze, Bolwerck, Veste oder ander Bawe weder von steinen oder Holtze, dadurch dem Lande Keding schade oder überfall (über den Ostenfluß herüber) geschehen könnte, gebawet werden solte.*

Es ist aber das Landt in 2 teile geteilet worden, alß das Bützfletische, darin vier Kirchspiele und Freybürgische teil, worin 3 Kirchspiele verhanden, welche beide theile nunmehro schon undenckliche Jahre hero von Greffen und Heübtleüten derogestalt regieret worden, daß von denen p. t. Herrn Ertzbischoffen in jedem teile einer entweder auß dem Adel oder Haußmans Stande, solten aber und nicht ohne des Landes sonderliche beschwerde, ein Frembder zum Greffen eingesetzt, gestalt dan im Freybürgischen bey noch andencklichen Jahren zweene Greffen, nacheinander alß Peter und Claus vom See, auß dem Haußmans stande gewesen. Und haben die Greffen der [14v] *Herrn Ertz Bischoffe Regalia und brüche beobachtet, die gerichte aber so woll in criminalibus alß civilibus zugleich und benebenst denen zum teil auß den Eingeseßenen, von Adeln und zum teil von den Erbexen haußmans standes von seiten des Landes erwehlten Heübtleüten beseßen und gehalten.*

Mit der wahle ermelter Heübtleüte ist es von alters und undencklichen Jahren hero so gehalten worden, daß Greffen Heübtleüte von Adel und Erbexen des gantzen Landes an einem in der scheidung des Bützfleth- und Freybürgischen teils belegenem orthe, der Schenckel genandt, Jährlich einmahl und zwar am Sontage Trinitatis auff den Nachmittag unter dem Blawen Himmel sich versamlen, daselbst der jenige Heübtman, welchem nicht länger bey dem Ambte zu bleiben beliebet, schrifft- oder mundlich abdanckt, Und 3 düchtige persohnen in seiner stelle wieder vorschläget, darauß die anwesende von Adel und Erbexen deßelben teils eine erwehlen, oder daferne das teil, darin die abdanckung beschiehet, darin mißhellig werden solte, wird der entscheid dem andern teile über laßen und auffgetragen, und wird es auch, wan ein Heübtman [15r] *Verstorben, mit der wieder erwehlung gleicher gestalt gehalten;*

Sonsten auch bey dieser Versamblung auff dem Schenckel von Landessachen, bevorab, wie gute Ordnungen zuerhalten, hingegen alle Unordnungen, Mißbräuche und laster zu verwehren und abzuschaffen deliberiret, und was also beschloßen, wird den folgenden Sontage im nahmen Greffen und Heübtleüte, daß dem also nachgelebet werden solle, von den Cantzeln bey gewißer poen abgekündigt, die Verbrechere auch von Greffen und Heübtleüten auff den Kirchspiel oder

Landtgerichten, welche alle Jahr einmahl gehalten und alß dan alle Bruchfällige zur abhandelung gezogen werden, nach befindung bestrafft.

Es sind aber im Lande vornehmblich zweyerley gerichte, Alß das Landt- und Teichgericht. Daß Landtgerichte haben, wie erwehnet, Greffen und Heübtleüte, daß Teichgerichte aber einige von Adeln alß ein Lehen von den Ertz Bischoffen gehabt, undt daßelbe, wie hernach folget, mit ihren Landtgeschwornen gehalten, wiewol solcher Lehen der Haußmansstandt auch nicht Unfähig, gestalt noch ohnlängst jemandt auß selbigem stande von Ihrer Königl. Maytt. damit versehen ist.

Es seind [15v] *aber im Bützfletischen teil 18. und im Freybürgischen 10. Landtgeschworene, welche auch dem Landtgreffen derogestalt unterworffen, daß Sie auff deßen befehl in Schuldtsachen die executiones und pfandungen, wie auch aestimationes und wardierungen verrichten;*

Imgleichen im Bützfletischen teil (weil daselbst die Brüchfällige unterschiedlich consideriret werden) die jenige Bruchfällige welche andern Bluthwunden oder solche schläge zugefüget, so braun oder blaw, daß ein Kenne Zeichen davon ist, nach beschehener besichtigung der Wunden und schläge zu Register setzen, und dem Landes Secretario übergeben müßen, der Sie in Staden auff dem Böttings gerichte verlieset, und weiter übergibt, da Sie dan folgig auff der Oberacht bey Ertz Bischofflichen zeiten vom H. Drosten und Ambtman zu Bremer Vörde doch im bey sein des H. Greffen und des Landes Secretarij bestrafft worden, welches itzo von dem Herrn Estats-Praesidenten geschiehet, und zwar dieses allein, wie vorerwehnet, von dem Bützfletischen teil zuverstehen;

Zumahlen es dießfals mit dem Frey- [16r] *bürgischen teil solchen Unterschied hat, daß daselbst alle und jede Bruchfällige, welche vom tage Bartholomai exclusivè an biß auff Dionysij einig Verbrechen verüben, es sey daßelbe auch beschaffen, wie es wolle (doch criminal-sachen außgeschloßen, alß welche dem Landtgerichte verbleiben) nach dem Botting und Oberacht gehören und daselbst vorbeschriebener maßen bestraffet werden, alle andere Bruchfällige aber, so in der übrigen Zeit des Jahres sich Verbrechen, werden von Greffen und Heübtleüten daselbst auff dem Landtgerichte bestrafft.*

Im Bützfletischen teil aber werden die Jenige Bruchfällige welche die vorspecificirten Verwundungen und schlägereyen nicht; besondern Ehebruch, Hurerey schelt oder drohe worte, entheiligung des Sabbaths, gemeine schlägerey ohne erfolgtes Kenne Zeichen, gewalthaten und sonsten verübet von Greffen und Heübtleüten auff den Kirchspielgerichten bestrafft welche gerichte im Bützfletischen teil dahero so genandt, weil der Greffe nebenst dem Landes Secretario von einem Kirchspiel zum andern ziehen, und sothane Kirchspielgerichte in [16v] *Jedem Kirchspiel absonderlich neben den Heübtleüten deßelben Kirchspiels halten muß:*

Im Freybürgischen teil aber deßwegen das Landtgerichte geheißen, weil daselbst der Greffe mit allen heübtleüten des gantzen teils im flecken Freyburg zuzusamen kombt, woselbst Sie alle ihre Bruchfällige auß den 3 Kirchspielen auff einmahl bestraffen.

Nach geendigten solchen Landt- oder Kirchspielgerichten, werden die Bruchregister von dem Landes Secretario derogestalt verfertiget, daß zu jedem Kirchspiel von der gantzen Summa zuforderst 3 Rtlr. zu einer tonne biers für das gerichte, und 1 Rtlr. für den Gerichtsdiener abgezogen, das übrige in 2 teile, das eine vormahlen dem Herrn Ertzbischoffen und das andere denen Heübtleüten jedes Kirchspiels zugeteilet, davon dieselbe die gerichtszehrung und Unkosten stehen müßen, den überschuß aber unter sich gleich teilen, Solte aber zu zeiten es nicht zureichen wollen, müßen Sie hingegen den mangel auß ihrem Säckel zuschießen.

Und kan sonst der Greffe ohne zuiehung der Heübt- [17r] *Leüte kein gericht halten, und hat der eine Heübtman so woll alß der ander, Er sey von Adell oder haußman, in allen gerichten ohne Unterschied sein votum, hat auch ein jeder an den fallenden accidentien gleichen teil, deren doch sonderlich nichts alß erwehnter überschuß der Bruchgelder, und darüber, doch allein im Bützfletischen teill, eine kleine collecte, daß Heübtgeld genandt, und von einer jeden Immission, so in schuld sachen verrichtet wird, 3 Rtlr.: Auch von deponirten geldern ein gewißes fält.*

In specie wird es wegen der Criminalgerichte sogehalten, daß wan ein Übelthäter zur hafft gebracht, der Greffe und die Heübtleüte auß allen Kirchspielen an dem orthe da der übelthäter sitzet, zusamen kommen, einen vornehmen Advocatum zum Fiscal constituiren, der den Mißthäter, deme auch ein Defensor admittiret wird, peinlich anklaget, und wird der process mit zweyen satzschrifften salvis probationibus formlich vollführet, Zuletzt aber nach vollführtem process wird von Greffen und Heübtleüten ein Tage zur execution angesetzet, und [17v] *von den Landtgeschwornen und findungsleüten, mit denen der Greffe das peinliche gericht heget, dem Mißthäter der befindung nach das leben aberkandt, die Urteil eingebracht, und darauff exequiret.*

Wiewoll zu dieser Zeit ümb mehrer sicherheit halber nach vollführtem process die acta ins gemein inrotuliret, und an eine Unverdächtige Universität zu einholung einer Rechtmeßigen Urteil gesandt werden, deren man sich bey hegung des peinlichen gerichts von statt der Landtgeschwornen und findungsleüte spruchs gebrauchet.

Die Civilsachen belangend, wird im Bützfletischen teil, so offt streitige sachen vorfallen, in jeglichem Kirchspiel ein gerichtstag angestellet, im Freybürgischen aber allein im flecken Freyburg, dahin die Parteyen auß alle Kirchspielen selbiges teils kommen müßen, von Greffen und Heübtleüten gericht gehalten, Wan sich aber Jemand durch ein auff solchen gerichten abgesprochenes Urteil beschweret befindt, mag Er davon an das Landtgerichte, so jährlich von denen Greffen und Heübtleüten auß beiden teilen in der Kirche, oder vielmehr im [18r] *Kirchthurm zu Hamelwürden gehalten wird, appeliren, da dan die sache mündtlich gehöret, von beiden Landes Secretarien protocolliret, und da Sie keiner sonderlichen Schwerigkeit zu sein befunden, soforth darin gesprochen, oder auch, da Sie der erhebligkeit erachtet, zum schrifftlichen process durch zwo Satze von Jeder seiten salvis probationibus auß zuführen verwiesen, und wan der proceß also vollführet, nach des Landes gewohnheit und dem verhandenem geschriebenem Landrechte, so doch meistens mit den geschriebenen Keyserlichen Rechten übereinstimmet, definitivè darin erkandt wird.*

Wan dieses Landtgerichte gehalten wird, werden die newerwehlete heubtleüte dazu schrifftlich eingeladen, welche aber vorher und ehe Sie mit admittiret werden, in erwehntem gerichte in dem Kirchthurm ihren Heübtmans eyd ablegen müßen, wie dan auch alle newbestellete Vormündere dahin zu abstattung ihres Vormundt-Eydes citiret werden.

Die Mittele zu Unterhaltung dieses gerichts, muß das gantze Landt auß einer, so offt es nötig, anlegenden Collecte, die Landes Zehrung genandt, worzu ein [18v] *Jeder Einwohner, Adel und Unadel, nach einem gewißen anschlage contribuiren muß, hergeschoßen, und wird insonderheit Jedes teils Secretarius, gleich wie derselbe von gesambten Eingeseßenen des Landes erwehlet und bestellet wird, also auch hierauß vom Lande salarijret.*

Die Persohnen betreffend welche diesem Landtgerichte, und Greffen und Heübtleüte bottmeßigkeit unterworffen, seind alle und jede Eingeseßene haußmans standes, so woll Erbexen alß auch Meyere und Köt[n]ere:

Worbey aber zu notiren, daß die mit im Lande wohnende von Adel über ihre Meyere und Kötenere die erste instantz praetendiren, deßwegen auch in einigem exercitio begriffen, gestalt solches, doch nur wegen Liquider schuldtsachen, in denen den Ständen erteilten general und der Ritterschafft special privilegien enthalten, Und von Ihrer Königl: Maytt: zu Schweden sub dato Stockholm den 20 Januarij a[nn]o 1663. gewißer maßen confirmiret ist, in andern streitigen und bevorab zur criminalität gehörigen sachen aber sind Sie dem Landtgerichte Unterworffen, aber des Thumb Capituls in Bremen [19r] *der Praelaten, Clöster Städte, Kirchen und alle ander Meyere seind dem Landtgerichte in totum gleich denen Erbexen unterworffen.*

Es hat aber mit denen Erbexen und Meyern eigentlich diese bewandtnüß und folgenden Unterscheidt, daß

(1) die jenige Erbexen genandt werden, welche nichts alß ihre Erbeigene güter in besitz und gebrauch haben, und einigem vom Adell oder anderm Gutsherrn im allergeringsten nicht Unterworffen seind, auch weil Sie ihre Erbeigene keinem Guths-Herrn Unterworffene gütere besitzen, darauff zu schießen und zu jagen bemechtigt seind.

(2) die Meyere aber teils Erbexen und Meyere zugleich seind, welche zwar auch Erbeigene gütere haben und besitzen, daneben aber einiger Guthsherrn Ländereyen derogestalt zu Meyerrechte einhaben, daß Sie davon einen Jährlichen gewißen Canonem abstatten, teils auch alle Sieben Jahre Weinpfenning, auch alßdan, wan ein newer possessor das guth antridt, Willkommen oder aufftridts geldt entrichten, dem Guthsherrn aber weiter nicht Unterworffen sein; teils aber allein Meyere seind, welche auff solche weise [19v] *gantze Höffe an lautern Meyerguthe in besitz haben, dabey aber dieses zumercken, daß teill von itzterwehnten Meyeren woll zwey drei oder viererley Guthsherrn Länderey zu Meyerrechte von undencklichen Jahren eingehabt, und mit ihrem eigenen dergestalt durch einander herdurch liegend haben, daß wan eine Separatio geschehen solte, der Guhtsherr so wenig alß der Meyer wißen könnte, welches eigen oder Meyerguth wehre, und welches Meyerguth diesem oder jenem Guthsherrn zustunde?*

(3. Seind auch Einwohnere, welche eigentlich nicht Meyere; sondern vielmehr Heürlinge zu nennen, welche von Adeln woll gantze wohnhöffe oder andere Ländereyen für ein jährlich gewißes geldt nach Morgenzahlen, wie man es nennet, zu Camphaur heüreten.

Diese vorgedachte Meyere und Heürlinge aber seind den Guthsherrn weiter nicht alß zu abstattung ihrer jährlichen abgifften obligat noch unterworffen; Besondern freye leüte und mit den Erbexen gleiches standes und wesens, und haben gleiche gerechtigkeit [20r] *mit denselben zugenießen, wie Sie dan auch, bevorab im Freybürgischen teil sowoll alß die Erbexen vielfältig zu Heübtleüten admittiret und erwehlet werden, derogestalt, daß der Edelman und deßen Meyer in solcher qualität zugleich im gerichte sitzen. Zumahlen, Ihnen daßjenige, daß sie anderer Meyere sein, eben so wenig an ihrer gerechtigkeit benehmen kan, alß die jenige von Adel, welche hier im Lande notoriè von Erbexen für einen gewißen ihnen dafür abstattenden canonem oder jährliche haur Ländereyen zu Meyerrechte oder Camphaur ein haben, und bey ihren wohnhöfen gebrauchen, gestehen werden, daß Ihnen solches an ihrem stande und freyheit schädlich oder abbrüchig sey.*

Vorberegte der Guthsherrn Meyer Ländereyen betreffend, haben dieselbe, solange contribution gegeben worden, selbige biß dato gleich der Erbexen

Ländereyen mit abgetragen und mit demselben in einem anschlage und Catastro gestanden, seind auch alle die Contributiones von einerley Einnehmern colligiret worden.

[20v] *Obberegtes Teichgerichte belangend, haben die Teichgreffen vorerst über teiche, dämme, wettring Schleüsen, wege und stege zurichten, welche Sie zu gewißen zeiten mit ihren geschwornen beschawen, und die Verbrechere nach dem herkommen bestraffen, daneben auch Zweymahl im Jahre Teichgerichte halten; dan Seind solchem Teichgerichte auch gewiße sachen zurichten beygeleget, alß wan streit zwischen benachbahrten wegen der gräntze oder scheidung vorfält, auch wan einer dem andern durch sein Viehe oder sonsten schaden im Korn, grase und dergleichen geschehen laßen. Item über gründthaur, Verdient lohn, verzehrtes Kost- und bier-geldt, auch maße und gewichte, Undt erstrecket sich solches Teichgerichte über alle und jede Eingeseßene des Landes Adell und Unadell, welchen allen und jeden die Teichgreffen poen und gebott zulegen, und in obspecifiriten sachen über Sie zu richten haben, Es ist aber kein Teichgreffe bemächtigt, in solchen sachen, und auff den Teichgerichten* [21r] *daß Urteil selbst zusprechen, Besondern muß obbemelte Landtgeschworne in die findung gehen laßen, welche das Urteil nach des Landes gewohnheit und herkommen sprechen und einbringen. Wan sich aber Jemandt dadurch beschweret befindt, Muß Er davon am oberwehntes Böttingsgericht in Staden, welches auch zugleich das Ober-Teichgerichte genandt wird, und also secunda instantia ist, gebührend appelliren.* […]

[60r] ***Verzeichnuß deß Kirchspiels Ballie waß daß Selbe Kirchspiell vor Just unde gerechtichkeit hatt, und von Alters hero gehabt***

1.

Erßtlich hatt daß gantze Kirchspiell So woll die niedrigen alß die hohen die gerechtichkeit und die wahl von alterßhero gehabt, und anitzo noch, daß wen ein Prediger stirbt in Selbigem Kirchspiell, daß Sie ihren stimmen in gesambt dazu geben wen einer soll wiederumb angewonnen werden, daß sie einen wiederumb mugen erwehlen und annehmen, welche den gantzen Kirchspiell beliebet.

2.

So haben die Juraten der Kirchen zur Ballie die Just und Gerechtigkeit daß sie die Kirchen Meyer mit Pöen und Bott auf mit der Execútion mugen vorfahren wan einige Klagen über die meyere kommen, ohne einige Zuthun oder Auspruch anderer hohen Obrichkeit.

3.

Waß anlangen thuet die teich schauwung deß Elbteichs im Kirchspiell Ballie So ist über den Selben von alters hero bestendigen teichgräfen daruber geweße und annoch, und in itzlichen Lendereyen und höfen des Kirchspiels Ballie daß dieselben nebenst dem teichgrefen mußen alß Landtgeschworen die schauwung bereiten oder dieselben in welchen Lande oder höfen dieselbe schwarenschafft ist selber mußen die schauwung Reiten oder einen Landtschwaren dazu vor sein gebühr erwehlen und einen andern vor sich in die stelle kriegen.

4.

So hatt der Herr Greffe Landes Kehding Freyburgischen theill nebenst seinen dehnen Heübtleuten die gerechtigkeit daß ehr eine freye Schauwung über itzliche unterschiedliche stenden teichs hatt gehabt und anitzo noch hatt.

5.

So Sein noch zwey freye schauwung im Kirchspiell Ballie welche genandt werden die Süderteich und wetterteichs schauwung so haben sie im gesambt die gerechtichkeit daß sie vor dem gantzen Kirchspiell dazu mugen schwaren erwehlen und dazu der niedrige alß der hohe einen Consens und Volbort muß geben und haben die Schwaren welche dazu sein vom gantzen Kirchspiell erwehlet die gerechtichkeit daß Sie welche in der Schauwung bruchfellich befunden werden daß die Schwaren darüber mügen eine Außpfandung thun und So woll die von Adell alß die haußmanßstandt darüber mugen außpfanden.

[60v] 6.

So ist noch eine freye schauwung im Kirchspiell Ballie und zwar absonderlich in der Nallier Beürschafft welche die Nallier Kahdings schauwung wird genandt, so ist Bei der Schauwung die gerechtigkeit von alters hero geweßen und annoch daß So weit Sich die Schauwung erstrecket die wahl und macht haben daß sie dazu müegen erwehlen Schwaren welche ihnen in gesamb dieser schauwung beliebet und auch die Just dabei haben daß welche in dehr schauwung bruchfellig befunden worden für die dazu verordnete Schwaren die gerechtichkeit haben daß sie die selbe bruchfellige mügen außpfanden ohne weiter zu thuen anderer hoher obrichkeit, sie sein hohe oder niedrige.

7.

Was anlangen thuen die Schauwung der wettern, flethe, und andere waßer Löffe So ist die gerechtigkeit dabei daß daß gantze Kirchspiell die wahl hatt so woll hohe alß niedrige daß Sie dazu mügen ehrwellen Schwaren im Selben Kirchspiell Ballie welche den gesambten Kirchspiell leüten beliebet.

[61r] ***Memorial undt Verzeichnuß*** […]

Erstlichen undt vors Erste, haben die Vier Kirchspell Im Landt zu Kehding Bützfletischen theilß Ein Halßgerichte, In einem Jeden Kirchspel absonderlich, bey welchen Halßgerichte, an Seiten der Crone sitzen der Landes Greve nebenst der Heübtleüten; Undt sein dieselbigen untereinander, vom Adell undt Haußleütte, auch seyn bey solchen Halßgerichte die verordneten Landtschwaren, welche Hauß Leüthe seyn.

Fürs ander wird von diesen verordneten Greven und Heübtleütten nicht alleine halßgerichte gehalten, sondern wird Jährlichen Einmahl in einen Jeden Kirchspel das Kirchspel gericht gehalten. Auff welchen gerichtestag also dan von Ihnen die an sie geklagten klagen. Also wegen hurerey, Excessen injurien und Scheltworten Undt was selbigen alß dan mehr anhängig, angesetzet und abgestraffet. Welche bruch also dan nach ablauff ungefähr 6 wochen, davon den halbscheid an die gebührlich Cammer oder Ambtstuben geliefert, und die übrigen helffte solchen bruch stehet den Heübtleüten zu, wovon sie fürs erste, die Zehrungen mußen stehen. Auff den gerichtes tagen.

Fürs dritte wirt auch hirüber von herrn Greven undt Heübtleüten absonderlichen partengerichten, undt Tage gehalten. Da Ein oder der Ander wegen schult foderung zuthuen.

Zum Vierdten Ist in diesen 4 Kirchspele unterschiedlich Teichgerichte. Worin der Teichgreve mit itzlichen gewißen Persohnen zween mahl gerichte im Jahre sitzet. Und die Schauwungs Ritten zu besichtigung uber die Teich undt Tham wege und Stege, so wohl über die vom Adel Ihre, alß der Haußleüthen Teich undt Tham dieselben alßo dan nicht gudt befunden, Zu dem werde angesetzet, und reparirungh angewiesen werden.

[61v] *Zum Funfften. So in diesen 4 Kirchspiel unterschedtliche Beurschafften Rechten, worin ein jeglicher Baurschafft zwen mahl Ihr wettering undt flete schauwung halten. Dieselben die sie alßo dan straffbahr befinden, undt die Ihre flete dermaßen nicht gemachet, daß es bestehen kan, jegen dieselben, Es sein von Adel oder Haußleütte wirt also forth mit der Pfandung verfahren, undt zu der reparirung angewiesen.*

Zum Sechsten haben obbemelte Kirchspel die Frey und Gerechtigkeit, daß Sie in Jeglichen Kirchspel, wan ein Prediger stirbet, oder ein Kirch Schware, oder ein Orginiste abgehet, daß sie davor in selbige stelle muegen einen andern ernennen, undt hat hierüber die Confirmation gethan so wohl die Priestere betreffendt, an etzlichen Orten die hohe Obrigkeit, Auch an Etzlichen Orten der Dohm Probst. An teilles Orten die Kirchspel an sich selbsten.

Zum Siebenden, daß die befehlich mügen Uhralten gebrauch nach an Greven undt Heübtleüten gehen.

Zum Achten wegen des Eides daß daßelbige müge gelaßen werden, wie unseren Vorfahren vor diesen gethan haben.

Zum Neünden, weill dan auch die Immissions undt dergleichen Executions Sachen, uhr alters her Greven und Heübtleütten ufgetragen, daß zu ersparung großer unkostung. Es bey alter gewohnheit verbleiben möchte.

Zehenden, daß dieses Landt, wan große Sturm undt waßer fluten ergehen. Alsedan plegen mercklichen Teich undt Tahm Ein zue brechen. Undt wech zugehen wie die augenscheinlichen grundt bruch außweisen."

Bibliographie

A. Archivalische Quellen

Alle Archivalien entstammen den Beständen des Niedersächsischen Landesarchivs – Abteilung Stade (NLA ST):

- Rep. 5a Nr. 1808
- Rep. 5a Nr. 7892
- Rep. 5a Nr. 7899
- Rep. 5b Nr. 3226
- Rep. 5b Nr. 3526
- Rep. 7 Nr. 7
- Rep. 28 Nr. 876
- Rep. 28 Nr. 881
- Rep. 28 Nr. 885
- Rep. 28 Nr. 1096
- Rep. 28 Nr. 1117
- Rep. 28 Nr. 1173
- Rep. 28 Nr. 1239
- Rep. 28 Nr. 2028
- Rep. 30 Nr. 1034
- Rep. 72/172 Freiburg Nr. 4674
- Rep. 72/172 Freiburg Nr. 4675
- Rep. 72/172 Freiburg Nr. 4676
- Rep. 72/172 Freiburg Nr. 4677
- Rep. 72/172 Freiburg Nr. 4678
- Rep. 72/172 Freiburg Nr. 4679
- Rep. 72/172 Freiburg Nr. 4680
- Rep. 72/172 Freiburg Nr. 4681
- Rep. 72/172 Freiburg Nr. 4682
- Rep. 72/172 Freiburg Nr. 4683
- Rep. 72/172 Freiburg Nr. 4684
- Rep. 72/172 Freiburg Nr. 4685

– Rep. 72/172 Freiburg Nr. 4686
– Rep. 72/172 Freiburg Nr. 4687
– Rep. 72/172 Freiburg Nr. 4688
– Rep. 72/172 Freiburg Nr. 4689
– Rep. 74 Freiburg Nr. 112

B. Verzeichnis der nicht-archivalischen Gerichtsentscheidungen

1) Reichsgericht

– Urt. v. 05.07.1881, III 409/81 = RGZ 5, 130
– Urt. v. 08.12.1884, IV 227/84 = RGZ 12, 292
– Urt. v. 13.01.1887, III 183/86 = RGZ 17, 131
– Urt. v. 16.12.1910, VII 21/10 = RGZ 75, 40

2) Bundesgerichtshof

– Urt. v. 19.10.1964, II ZR 109/62 = BGHZ 42, 230
– Urt. v. 24.01.2020, V ZR 155/18 = NJW 2020, 1360

3) Bundesverfassungsgericht

– Beschl. v. 28.06.1967, 2 BvR 143/61 = BVerfGE 22, 114
– Beschl. v. 14.02.1973, 2 BvR 667/72 = BVerfGE 34, 293

C. Literaturverzeichnis

Andermann, Ulrich, Das lübische und das gelehrte Recht im Ostseeraum. Ein Verhältnis von Widerstand und Anpassung, in: Jörn, Nils / Diestelkamp, Bernhard / Modéer, Kjell Åke (Hgg.), Integration durch Recht. Das Wismarer Tribunal (1653–1806), Köln/Weimar/Wien 2003, S. 97–122.

Armbrüster, Christian, Deutschrechtliche Exegese: Zum Erbrecht des Sachsenspiegels, in: JuS 2006, S. 1113–1119.

Bauer, Peter M., Der Insolvenzplan. Untersuchungen zur Rechtsnatur anhand der geschichtlichen Entwicklung, Diss. jur. Augsburg, Berlin 2009.

Becker, Hans-Jürgen, Die Entwicklung der Appellation im kanonischen Recht: Von der klassischen Periode bis zur nachtridentinischen Epoche, in: Auer, Leopold / Ortlieb, Eva (Hgg.), Appellation und Revision im Europa des Spätmittelalters und der Frühen Neuzeit. Beiträge zur Rechtsgeschichte Österreichs, 3. Jahrgang (Band 1/2013), Wien 2013, S. 11–25.

Behrends, Okko, Die Gewohnheit des Rechts und das Gewohnheitsrecht. Die geistigen Grundlagen des klassischen römischen Rechts mit einem vergleichenden Blick auf die Gewohnheitsrechtslehre der Historischen Rechtsschule und der Gegenwart, in: Willoweit, Dietmar (Hg.), Die Begründung des Rechts als historisches Problem, München 2000, S. 19–136.

Bei der Wieden, Brage, Staatliche Ämter, Gerichte und Beamte in den Provinzen Bremen und Verden 1648–1815, in: Jahrbuch der Männer vom Morgenstern, 85. Band (2006), S. 201–252.

Beseler, Georg, Die Lehre von den Erbverträgen. Zweiter Theil. Zweiter Band: besondere Arten des Erbeinsetzungsvertrags; der Erbverzicht; Anhang, Göttingen 1840.

Bodin, Jean, Über den Staat. Auswahl, Übersetzung und Nachwort von Gottfried Niedhart, Stuttgart 2005.

Boeselager, Elke Freifrau von, Das Land Hadeln bis zum Beginn der frühen Neuzeit, in: Dannenberg, Hans-Eckhard / Schulze, Heinz-Joachim (Hgg.), Geschichte des Landes zwischen Elbe und Weser. Band II. Mittelalter, Stade 1995, S. 321–388.

Bohmbach, Jürgen, Bremen-Verden in der Schwedenzeit, in: Jörn, Nils / Diestelkamp, Bernhard / Modéer, Kjell Åke (Hgg.), Integration durch Recht. Das Wismarer Tribunal (1653–1806), Köln/Weimar/Wien 2003, S. 51–63 (zit.: Bremen-Verden).

— *Ders.,* Kultur und Bildung in der Schwedenzeit, in: Stadt Stade - Der Stadtdirektor (Hg.), Stade: Von den Siedlungsanfängen bis zur Gegenwart, Stade 1994, S. 249–258 (zit.: Kultur und Bildung in der Schwedenzeit).

— *Ders.,* 700 Jahre Stader Stadtverfassung. Entwicklungsstufen einer Mittelstadt, Stade 1979 (zit.: Stadtverfassung).

Brunner, Otto, Land und Herrschaft. Grundfragen der territorialen Verfassungsgeschichte Österreichs im Mittelalter, 5. Auflage, Wien 1965.

Camerer, Johann Friedrich, Vermischte historisch-politische Nachrichten in Briefen von einigen merkwürdigen Gegenden der Herzogthümer Schleßwig und Hollstein, ihrer natürlichen Geschichte und andern seltenen Alterthümern. Band 1, Flensburg/Leipzig 1758.

Coing, Helmut, Europäisches Privatrecht. Band 1. Älteres Gemeines Recht (1500–1800), München 1985.

Conrad, Hermann, Deutsche Rechtsgeschichte. Band II. Neuzeit bis 1806. Ein Lehrbuch, Karlsruhe 1966.

Dabelow, Christoph Christian von, Versuch einer ausführlichen systematischen Erläuterung der Lehre vom Concurs der Gläubiger. Zweyter Theil, Halle 1792.

David, René / Grasmann, Günther, Einführung in die großen Rechtssysteme der Gegenwart, 2. Auflage, München 1988.

Decken-Offen, Wilhelm von der, Vom Lande Kehdingen. I. Seine Gerichtsverfassung, in: Jahrbuch der Männer vom Morgenstern, Band 10 (1908), S. 53–74.

Dettmer, Hermann Uwe, Das Otterndorfer Stadtrecht. Eine Darstellung mit einem Rechtsvergleich und dem Versuch einer rechtlichen Zuordnung insbesondere der Statuten von 1541 [...], Diss. jur. Saarbrücken, Stade 1973.

Drecktrah, Volker Friedrich, Die Gerichtsbarkeit in den Herzogtümern Bremen und Verden und in der preußischen Landdrostei Stade von 1715 bis 1879, Diss. jur. Hamburg, Frankfurt a.M. 2002.

Ebel, Wilhelm, Erbe, Erbgut und wohlgewonnen Gut im lübischen Recht, in: ZRG GA 97 (1980), S. 1–42 (zit.: Erbgut).

— *Ders.,* Probleme der deutschen Rechtsgeschichte, Göttingen 1978 (zit.: Probleme).

Eisenhardt, Ulrich, Deutsche Rechtsgeschichte, 5. Auflage, München 2008.

Endemann, Wilhelm, Das Deutsche Civilprozeßrecht. Erste Abtheilung, Heidelberg 1868 (zit.: Civilprozeß I).

— *Ders.,* Das Deutsche Civilprozeßrecht. Zweite Abtheilung, Heidelberg 1868 (zit.: Civilprozeß II).

Erler, Georg (Hg.), Die Matrikel und Promotionsverzeichnisse der Albertus-Universität zu Königsberg i. Pr. 1544–1829. I. Band: Die Immatrikulationen von 1544–1656, Leipzig 1910.

Fiedler, Beate-Christine, Akten des Schwedischen Tribunals zu Wismar im Niedersächsischen Landesarchiv – Staatsarchiv Stade – Herzogtümer Bremen und Verden. 1653–1715. Teil 1. A–L, Hannover 2012 (zit.: Akten des Wismarer Tribunals).

— *Dies.,* Bremen und Verden als schwedische Provinz (1633/45–1712), in: Dannenberg, Hans-Eckhard / Schulze, Heinz-Joachim (†) (Hgg.), Geschichte des Landes zwischen Elbe und Weser. Band III. Neuzeit, Stade 2008, S. 173–253 (zit.: Bremen und Verden).

— *Dies.,* Die Verwaltung der Herzogtümer Bremen und Verden in der Schwedenzeit 1652–1712. Organisation und Wesen der Verwaltung, Diss. phil. Bonn, Stade 1987 (zit.: Verwaltung).

Fischer, Norbert, Wassernot und Marschengesellschaft. Zur Geschichte der Deiche in Kehdingen, Habil.-Schr. Hamburg, Stade 2003.

Fischer-Benzon, Wilhelm August von, Das Land- und Marschrecht, Kiel 1874.

Forster, Wolfgang, Konkurs als Verfahren. Francisco Salgado de Somoza in der Geschichte des Insolvenzrechts, Habil.-Schr. München, Köln/Weimar/Wien 2009 (zit.: Konkurs als Verfahren).

— *Ders.*, Vom Schandstein zum Konkursverfahren. Rechtsdogmatische Beobachtungen zur Geschichte des Insolvenzrechts, in: Smid, Stefan (Hg.), Aktuelle Probleme des geltenden deutschen Insolvenzrechts. Insolvenzrechtliches Symposium der Hanns-Martin Schleyer-Stiftung in Kiel 6./7. Juni 2008, Berlin 2009, S. 5–17 (zit.: Geschichte des Insolvenzrechts).

Freudentheil, Gottlieb Wilhelm, Beiträge zur Special-Rechtsgeschichte der Herzogthümer Bremen und Verden, in: Duve, Adolf E. E. L. von (Hg.), Zeitschrift für Gesetzgebung, Rechtswissenschaft und Rechtspflege im Königreiche Hannover, so wie in den Herzogthümern Lauenburg und Holstein, 1. Band, 3. Heft, Lüneburg 1823, S. 104–125.

Fuchs, Carl, Das Concursverfahren, Marburg 1863.

Gabriel, Volker, Rechts- und Gerichtswesen im Lande Wursten vom Ausgang des Mittelalters bis ins 17. Jahrhundert, Diss. jur. Hamburg 2004.

Gierke, Otto von, Deutsches Privatrecht. Erster Band. Allgemeiner Teil und Personenrecht, Leipzig 1895 (zit.: Privatrecht I).

— *Ders.*, Deutsches Privatrecht. Zweiter Band. Sachenrecht, Leipzig 1905 (zit.: Privatrecht II).

— *Ders.*, Deutsches Privatrecht. Dritter Band. Schuldrecht, München/Leipzig 1917 (zit.: Privatrecht III).

Glück, Christian Friedrich von, Ausführliche Erläuterung der Pandecten nach Hellfeld. Ein Commentar. Sechs und zwanzigsten Theils erste Abtheilung, Erlangen 1824 (zit.: Pandekten 26.1).

— *Ders.*, Ausführliche Erläuterung der Pandecten nach Hellfeld. Ein Commentar. Vier und dreyßigsten Theils erste Abtheilung, Erlangen 1830 (zit.: Pandekten 34.1).

Grefe, Friedrich Bernhard, Hannovers Recht. Erster Theil, 3. Auflage, Hannover 1860 (zit.: Hannovers Recht I).

— *Ders.*, Hannovers Recht. Zweiter Theil, 3. Auflage, Hannover 1861 (zit.: Hannovers Recht II).

Grziwotz, Herbert, Kaiserliche Notariatsordnung von 1512. Spiegel der Entwicklung des Europäischen Notariats, München 1995.

Herresthal, Carsten / Kaiser, Dagmar / Stoffels, Markus (Hgg.), Staudinger. Eckpfeiler des Zivilrechts, 7. Auflage, Berlin 2020 (zit.: Herrestahl / Kaiser / Stoffels-*Bearbeiter*).

Hofmeister, Adolf E., Besiedlung und Verfassung der Stader Elbmarschen im Mittelalter. Teil I: Die Stader Elbmarschen vor der Kolonisation des 12. Jahrhunderts, Diss. phil. Göttingen, Hildesheim 1979 (zit.: Elbmarschen I).

— *Ders.*, Besiedlung und Verfassung der Stader Elbmarschen im Mittelalter. Teil II: Die Hollerkolonisation und die Landesgemeinden Land Kehdingen und Altes Land, Hildesheim 1981 (zit.: Elbmarschen II).

— *Ders.*, Der werdende Territorialstaat der Erzbischöfe von Bremen (1236–1511). II. Adel, Bauern und Stände, in: Dannenberg, Hans-Eckhard / Schulze, Heinz-Joachim (Hgg.), Geschichte des Landes zwischen Elbe und Weser. Band II. Mittelalter, Stade 1995, S. 195–240 (zit.: Territorialstaat).

Hucker, Bernd Ulrich, Freiheit und Herrschaft bei den Kehdingern, in: Stader Jahrbuch, N.F. 61 (1971), S. 101–108.

Jansen, Nils, Nur Streit? Frühneuzeitliches Testamentsrecht zwischen kirchlicher Seelsorge und herrschaftlicher Ordnungspolitik, in: Jansen, Nils / Oestmann, Peter (Hgg.), Rechtsgeschichte heute. Religion und Politik in der Geschichte des Rechts. Schlaglichter einer Ringvorlesung, Tübingen 2014, S. 144–164.

Kaser, Max / Knütel, Rolf / *Lohsse, Sebastian,* Römisches Privatrecht. Ein Studienbuch, 21. Auflage, München 2017.

Kersting, Wilhelm-Christian, Das Hollische Recht im Nordseeraum. Aufgewiesen besonders an den Quellen des Landes Hadeln, in: Jahrbuch der Männer vom Morgenstern, Band 34 (1953), S. 18–86 (zit.: Hollisches Recht I).

— *Ders.*, Das Hollische Recht im Nordseeraum. Aufgewiesen besonders an den Quellen des Landes Hadeln. Teil 2, in: Jahrbuch der Männer vom Morgenstern, Band 35 (1954), S. 28–102 (zit.: Hollisches Recht II).

Kocher, Gernot, Das Landrecht des Sachsenspiegels, in: Kocher, Gernot / Munzel-Everling, Dietlinde (Hgg.), Eike von Repgow. Sachsenspiegel. Die Heidelberger Bilderhandschrift. Cod. Pal. germ. 164. Vollständige Faksimile-Ausgabe im Originalformat der Handschrift aus der Universitätsbibliothek Heidelberg. Kommentarband, Graz 2010, S. 63–71 (zit.: Landrecht).

— *Ders.*, Das Prozessrecht im Sachsenspiegel, in: Kocher, Gernot / Munzel-Everling, Dietlinde (Hgg.), Eike von Repgow. Sachsenspiegel. Die Heidelberger Bilderhandschrift. Cod. Pal. germ. 164. Vollständige Faksimile-Ausgabe im Originalformat der Handschrift aus der Universitätsbibliothek Heidelberg. Kommentarband, Graz 2010, S. 72–77 (zit.: Prozessrecht).

Kogler, Ferdinand, Die Aufnahme des römischen Repräsentationsrechtes in das Tiroler Landesrecht, in: Veröffentlichungen des Museum Ferdinandeum in Innsbruck, Heft 12 (1932), Festschrift Hans v. Voltelini zum siebzigsten Geburtstage - 31. Juli 1932, Innsbruck 1932, S. 165–195.

Köller, André R., Agonalität und Kooperation. Führungsgruppen im Nordwesten des Reiches 1250–1550, Diss. phil. Oldenburg, Göttingen 2015.

Krause, Thomas, Die Strafrechtspflege im Kurfürstentum und Königreich Hannover. Vom Ende des 17. bis zum ersten Drittel des 19. Jahrhunderts, Diss. jur. Göttingen, Aalen 1991.

Krebs, Peter / Becker, Maximilian, Entstehung und Abänderbarkeit von Gewohnheitsrecht, in: JuS 2013, S. 97–103.

Kroeschell, Karl, Deutsche Rechtsgeschichte. Band 1: Bis 1250, 13. Auflage, Köln/Weimar/Wien 2008 (zit.: Rechtsgeschichte I).

— *Ders.,* Deutsche Rechtsgeschichte. Band 3: Seit 1650, 5. Auflage, Köln/Weimar/Wien 2008 (zit.: Rechtsgeschichte III).

— *Ders.,* recht unde unrecht der sassen. Rechtsgeschichte Niedersachsens, Göttingen 2005 (zit.: Sassen).

Kühlken, Friedrich, Zwischen Niederweser und Niederelbe. Eine Heimatkunde des Landes Bremen und des Niedersächsischen Regierungsbezirks Stade, 2. Auflage, Bremen 1965.

Kümper, Hiram, Sachsenrecht. Studien zur Geschichte des sächsischen Landrechts in Mittelalter und früher Neuzeit, Diss. phil. Mannheim, Berlin 2009.

Kuschert, Rolf, Die Landgemeinde in Eiderstedt, in: Lange, Ulrich (Hg.), Landgemeinde und frühmoderner Staat. Beiträge zum Problem der gemeindlichen Selbstverwaltung in Dänemark, Schleswig-Holstein und Niedersachsen in der frühen Neuzeit, Sigmaringen 1988, S. 105–113.

Landau, Peter, Die Testierfreiheit in der Geschichte des Deutschen Rechts im späten Mittelalter und in der frühen Neuzeit, in: ZRG GA 114 (1997), S. 56–73.

Landwehr, Götz, Rechtspraxis und Rechtswissenschaft im Lübischen Recht vom 16. bis zum 19. Jahrhundert, in: Graßmann, Antjekathrin (Hg.), Zeitschrift des Vereins für Lübeckische Geschichte und Altertumskunde, Band 60, Lübeck 1980, S. 21–65.

Lorenzen-Schmidt, Klaus-J., Die Kremper-Marsch-Commüne. Gemeinde-Strukturen in den holsteinischen Elbmarschen 1470–1890, in: Lange, Ulrich (Hg.), Landgemeinde und frühmoderner Staat. Beiträge zum Problem der gemeindlichen Selbstverwaltung in Dänemark, Schleswig-Holstein und Niedersachsen in der frühen Neuzeit, Sigmaringen 1988, S. 115–128.

Löw, Isabella, Die Eiderstedter Landrechte von 1426 bis 1591. Rechtsgeschichte, Rechtswandel und Rechtsverwandtschaften, Diss. jur. Halle, Bredstedt 2003.

Ludewig, Alexander, Recht und Gerichtsbarkeit im Land Kehdingen in der Schwedenzeit, in: Stader Jahrbuch, N.F. 111 (2021), S. 31–45.

Ludovici, Jakob Friedrich, Einleitung zum Civil-Proceß / Darinnen Wie sich der Kläger bey Anstellung und Fortsetzung der Klage / der Beklagte bey seiner rechtmäßigen Verantwortung […], 7. Auflage, Halle 1722 (zit.: Civil-Proceß).

— *Ders.,* Einleitung zum Concurs-Proceß / Darinnen / Wie sich die Gläubiger bei Liquidation und Bescheinigung ihrer Forderungen / der Schuldener / oder Curator bonorum, bey Untersuchung der liquidirten Posten und Vorschützung der habenden Einreden […], Halle 1710 (zit.: Concurs-Proceß).

Luig, Klaus, Samuel Stryk (1640–1710) und der „Usus modernus pandectarum", in: Stolleis, Michael et al. (Hgg.), Die Bedeutung der Wörter. Studien zur europäischen Rechtsgeschichte. Festschrift für Sten Gagnér zum 70. Geburtstag, München 1991, S. 219–235.

Mangels, Ingeborg, Die Verfassung der Marschen am linken Ufer der Elbe im Mittelalter (Land Hadeln, Amt Neuhaus, Land Kehdingen und Altes Land). Eine vergleichende Untersuchung ihrer Entstehung und Entwicklung, Diss. phil. Hamburg, Bremen 1957.

Mascov, Gottfried, Notitia juris et judiciorum Brunsvico-Luneburgicorum, Goettingae 1738.

Merker, Otto, Die Ritterschaft des Erzstifts Bremen im Spätmittelalter. Herrschaft und politische Stellung als Landstand (1300–1550), Diss. phil. Hamburg, Stade 1962.

Mertens, Bernd, Die Erbfolgegesetzgebung der Reichstage – zum Rechtsquellenverständnis in der frühen Neuzeit, in: ZRG GA 133 (2016), S. 147–190.

Mevius, David, Commentarius Ueber des Hertzogthumbs Bremen Constitution Von wucherlichen Contracten, Stade 1673.

Meyer-Pritzl, Rudolf, Pactum, conventio, contractus – Zum Vertrags- und Konsensverständnis im klassischen römischen Recht; in: Dufour, Alfred / Rens, Ivo / Meyer-Pritzl, Rudolf (Hgg.), Pacte, convention, contrat. Mélanges en l'honneur du Professeur Bruno Schmidlin, Bâle/Francfort-sur-le-Main 1998, S. 99–120.

Mindermann, Arend, Die Landtagsabschiede des Erzstifts Bremen und des Hochstifts Verden, Hannover 2008.

Mitteis, Heinrich, Deutsche Rechtsgeschichte. Ein Studienbuch. Neuarbeitet von Heinz Lieberich, 13. Auflage, München 1974.

Modéer, Kjell Åke, Die Gerichtsstruktur in den deutschen Lehen der schwedischen Krone, in: Jörn, Nils / Diestelkamp, Bernhard / Modéer, Kjell Åke (Hgg.), Integration durch Recht. Das Wismarer Tribunal (1653–1806), Köln/Weimar/Wien 2003, S. 123–138 (zit.: Gerichtsstruktur in den deutschen Lehen).

— *Ders.,* Gerichtsbarkeiten der schwedischen Krone im deutschen Reichsterritorium. I. Voraussetzungen und Aufbau 1630–1657, Diss. jur. Lund, Stockholm/Lund 1975 (zit.: Gerichtsbarkeiten der schwedischen Krone).

Mohnhaupt, Heinz, Potestas legislatoria und Gesetzesbegriff im Ancien Régime, in: Ius Commune. Veröffentlichungen des Max-Planck-Instituts für Europäische Rechtsgeschichte Frankfurt am Main, Band IV (1972), S. 188–239.

Nörr, Knut Wolfgang, Romanisch-kanonisches Prozessrecht. Erkenntnisverfahren in erster Instanz in civilibus, Berlin/Heidelberg 2012 (zit.: Prozessrecht).

— *Ders.*, Wissenschaft und Schrifttum zum deutschen Zivilprozeß im 19. Jahrhundert, in: Ius Commune. Veröffentlichungen des Max-Planck-Instituts für Europäische Rechtsgeschichte Frankfurt am Main, Band X (1983), S. 141–199 (zit.: Wissenschaft).

Oberländer, Samuel, Lexicon Juridicum Romano-Teutonicum. Unveränderter Nachdruck der 4. Auflage Nürnberg 1753. Herausgegeben und eingeleitet von Rainer Polley, Köln/Weimar/Wien 2000.

Oestmann, Peter, Der Kampf um das friesische Recht in Butjadingen – Landrecht zwischen Tradition und Rezeption, in: Koolmann, Egbert / Gäßler, Ewald / Scheele, Friedrich (Hgg.), Bilderhandschriften des Sachsenspiegels – Niederdeutsche Sachsenspiegel und Nun vernehmet in Landt und Stadt – Oldenburg, Sachsenspiegel, Stadrecht, Oldenburg 1995, S. 173–187 (zit.: Butjadingen).

— *Ders.*, Gemeines Recht und Rechtseinheit. Zum Umgang mit Rechtszersplitterung und Rechtsvielfalt in Mittelalter und Neuzeit, in: Schumann, Eva (Hg.), Hierarchie, Kooperation und Integration im Europäischen Rechtsraum. 17. Symposium der Kommission „Die Funktion des Gesetzes in Geschichte und Gegenwart", Berlin et al. 2015, S. 1–49 (zit.: Gemeines Recht).

— *Ders.*, Rechtsvielfalt vor Gericht. Rechtsanwendung und Partikularrecht im Alten Reich, Habil.-Schr. Frankfurt a.M., Frankfurt a.M. 2002 (zit.: Rechtsvielfalt).

Ortloff, Hermann, Ueber den Ursprung und die Natur des heutigen Executivprozesses, in: Linde, Justin T. B. von / Marezoll, Theodor G. L. / Schröter, August Wilhelm von (Hgg.), Zeitschrift für Civilrecht und Prozeß. Neue Folge. Vierzehnter Band, Gießen 1857, S. 197–240.

Palandt, Otto, Kommentar zum BGB, 80. Auflage, München 2021 (zit.: Palandt-*Bearbeiter*).

Paulsen, Paul Detlev Christian, Lehrbuch des Privat-Rechts der Herzogthümer Schleswig und Holstein, wie auch des Herzogthums Lauenburg, 2. Auflage, Kiel 1842.

Poppe, Hermann, Vom Lande Kehdingen. Ein Beitrag zu seiner Geschichte und Kultur, Freiburg/Elbe 1924.

Pratje, Johann Hinrich, Actenmäßige Abhandelung von dem vormahls im Gebrauch gewesenen Bottings-Gericht, in soweit dasselbe über das Land Kehdingen und Kirchspiel Osten Competenz gehabt […], in: Pratje, Johann Hinrich (Hg.), Altes und Neues aus den Herzogthümern Bremen und Verden. Vierter Band, Stade 1771, S. 251–298 (zit.: Botting).

— *Ders.*, Kurzgefaßte Recension verschiedener, in die Brem- und Verdische Geschichte schlagender Manuscripten. Zweites Zehend, in: Pratje, Johann

Hinrich (Hg.), Die Herzogthümer Bremen und Verden. Oder Vermischte Abhandlungen zur Erläuterung der Politischen-Kirchen-Gelehrten- und Naturgeschichte wie auch der Geographie dieser beiden Herzogthümer. Sechste Samlung, Bremen 1762, S. 1–56 (zit.: Recension).

— *Ders.*, Nachrichten von der Insel Krautsand, in: Pratje, Johann Hinrich (Hg.), Altes und Neues aus den Herzogthümern Bremen und Verden. Erster Band, Stade 1769, S. 153–182 (zit.: Krautsand).

Pufendorf, Friedrich Esaias von, Observationes Juris Universi. Quibus Praecipue Res Judicatae Summi Tribunalis Regii Et Electoralis Continentur. Adjecta Est Appendix Variorum Statutorum Et Jurium. Tomus I, Francofurti/Lipsiae 1744 (zit.: Observationes I).

— *Ders.*, Observationes Juris Universi [...]. Tomus II, Hannoverae 1748 (zit.: Observationes II).

— *Ders.*, Observationes Juris Universi [...]. Tomus III, Hannoverae 1756 (zit.: Observationes III).

— *Ders.*, Observationes Juris Universi [...]. Tomus IV. Cum Indice Generali Rerum Et Verborum Totius Operis, Hannoverae 1770 (zit.: Observationes IV).

Ranieri, Filippo, Das Reichskammergericht und der gemeinrechtliche Ursprung der deutschen zivilrechtlichen Argumentationstechnik, in: ZEuP 1997, S. 718–734.

Repgen, Tilman, Qui dicit probare debet – Studien zur Beweis(führungs)last im Zeitalter des Usus modernus, in: ZRG GA 129 (2012), S. 76–108.

Roth, Paul von, Das Testament vor Pfarrer und zwei Zeugen, in: Hauser, L. (Hg.), Zeitschrift für Reichs- und Landesrecht mit besonderer Rücksicht auf Bayern. Erstes Heft, Nördlingen 1873, S. 208–236 (zit.: Pfarrertestament).

— *Ders.*, System des Deutschen Privatrechts. Erster Theil, Tübingen 1880 (zit.: System I).

— *Ders.*, System des Deutschen Privatrechts. Zweiter Theil. Familienrecht, Tübingen 1881 (zit.: System II).

— *Ders.*, System des Deutschen Privatrechts. Dritter Theil. Sachenrecht, Tübingen 1886 (zit.: System III).

Schartl, Reinhard, Zur Entstehung der fränkischen Einkindschaft, in: Ius Commune. Veröffentlichungen des Max-Planck-Instituts für Europäische Rechtsgeschichte Frankfurt am Main, Band XVI (1989), S. 264–274.

Scheper, Burchard, Über Land, Stadt und Herrschaft während des Mittelalters und in der frühen Neuzeit im rechtsseitigen Unterweserraum, in: Lange, Ulrich (Hg.), Landgemeinde und frühmoderner Staat. Beiträge zum Problem der gemeindlichen Selbstverwaltung in Dänemark, Schleswig-Holstein und Niedersachsen in der frühen Neuzeit, Sigmaringen 1988, S. 237–265.

Schleif, Karl H., Regierung und Verwaltung des Erzstifts Bremen am Beginn der Neuzeit (1500–1645), Diss. phil. Hamburg, Hamburg 1972.

Schlichthorst, Hermann, Beyträge zur Erläuterung der ältern und neuern Geschichte der Herzogtümer Bremen und Verden. Zweyter Band, Hannover 1797.

Schlinker, Steffen, Die Litis Contestatio im Kameralprozess, in: Oestmann, Peter (Hg.), Zwischen Formstrenge und Billigkeit. Forschungen zum vormodernen Zivilprozeß, Köln/Weimar/Wien 2009, S. 139–164 (zit.: Litis Contestatio).

— *Ders.*, Prozesseinleitung in der frühen Neuzeit in historisch-vergleichender Perspektive, in: ZRG GA 128 (2011), S. 72–113 (zit.: Prozesseinleitung).

Schlosser, Hans, Grundzüge der Neueren Privatrechtsgeschichte. Rechtsentwicklungen im europäischen Kontext, 10. Auflage, Stuttgart 2005.

Schlüter, Ernst Wilhelm Gustav, Das Land Kehdingen, ein statistischer Versuch. Erster Theil. Das Land, in: Neues Vaterländisches Archiv oder Beiträge zur allseitigen Kenntniß d. Königreichs Hannover u. d. Herzogthums Braunschweig, Jahrgang 1826, I. Band, Lüneburg 1826, S. 85–141 (zit.: Kehdingen I).

— *Ders.*, Das Land Kehdingen, ein statistischer Versuch. Zweiter Theil. Von den Bewohnern des Landes Kehdingen, in: Neues Vaterländisches Archiv oder Beiträge zur allseitigen Kenntniß d. Königreichs Hannover u. d. Herzogthums Braunschweig, Jahrgang 1826, I. Band, Lüneburg 1826, S. 201–280 (zit.: Kehdingen II).

— *Ders.*, Das Retractrecht im Lande Kehdingen, nebst einem Rechtsfall aus der neuesten Zeit, in: Juristische Zeitung für das Königreich Hannover, 29. Jahrgang (1854), S. 10–16, 19–28, 34–39, 49–52 (zit.: Retractrecht).

— *Ders.*, Rescript der vormaligen Regierung zu Stade vom 6. Sept. 1743 an den Drosten v. d. Decken im Lande Kehdingen, Freyburgischen Theils […], in: Juristische Zeitung für das Königreich Hannover, 15. Jahrgang (1840), S. 145–148 (zit.: Rescript).

Schmelzeisen, Gustav Klemens, Polizeiordnungen und Privatrecht, Münster/Köln 1955.

Schmitt, Christian O., Säuberlich banquerott gemachet. Konkursverfahren aus Frankfurt am Main vor dem Reichskammergericht, Diss. jur. Würzburg, Köln/Weimar/Wien 2016.

Schmoeckel, Mathias, Das Märchen vom Usus modernus Pandectarum und die sächsische Rechtswissenschaft der Frühen Neutzeit, in: Schäfer, Frank L. / Schmoeckel, Mathias / Vormbaum, Thomas (Hgg.), Ad fontes! Werner Schubert zum 75. Geburtstag, Berlin 2015, S. 1–32 (zit.: Usus modernus).

— *Ders.*, Vom Allgemeinbekannten zum Gerichtsbekannten: Das allmähliche Verschwinden der Notorietät und die Veränderungen des römisch-kanonischen Beweisrechts in der Frühen Neuzeit, in: ZRG KA 102 (2016), S. 200–241 (zit.: Notorietät).

Schroeder, Richard, Geschichte des ehelichen Güterrechts in Deutschland. Zweiter Theil. Das Mittelalter. Dritte Abtheilung. Das sächsische und das friesische Recht, Stettin/Danzig/Elbing 1874.

Schwartz, Johann Christoph, Vierhundert Jahre deutscher Civilproceß-Gesetzgebung. Darstellung und Studien zur Deutschen Rechtsgeschichte, Berlin 1898, Neudruck Aalen 1986.

Scopp, Johann Georg, Anleitung zur Juristischen Praxi. Worinnen die Art in denen Gerichte zu procediren so wol in- als ausser Sachsen enthalten ist. Mit vielen Observationes erläutert, Samt einem Anhange eines ganzen Processes. Allen Richter und Sachwaltern zum Besten ertheilet, Nürnberg 1761.

Sellert, Wolfgang, Prozessrechtliche Aspekte zur Appellation an den Reichshofrat, in: Auer, Leopold / Ortlieb, Eva (Hgg.), Appellation und Revision im Europa des Spätmittelalters und der Frühen Neuzeit. Beiträge zur Rechtsgeschichte Österreichs, 3. Jahrgang (Band 1/2013), Wien 2013, S. 103–119 (zit.: Appellation an den Reichshofrat).

Sellert, Wolfgang / Oestmann, Peter, Nordwestdeutsche Landrechte, in: Koolmann, Egbert / Gäßler, Ewald / Scheele, Friedrich (Hgg.), Bilderhandschriften des Sachsenspiegels – Niederdeutsche Sachsenspiegel und Nun vernehmet in Landt und Stadt – Oldenburg, Sachsenspiegel, Stadrecht, Oldenburg 1995, S. 159–172 (zit.: Nordwestdeutsche Landrechte).

Seyfart, Johann Friedrich, Teutscher Reichs-Proceß. Wie er bey dem Kayserlichen Reichs-Hof-Rathe, dem Kayserlichen Cammer-Geriche zu Wetzlar, in denen Königl. Preußl. Churfürstl. Sächsischen, Churfürstl. Hannöverischen und allen übrigen Provintzien von Teutschland gebräuchlich ist, Halle 1738.

Spangenberg, Ernst Peter Johann, Kurze Darstellung sämmtlicher in den Herzogthümern Bremen und Verden vorhandenen geschriebenen und ungeschriebenen, jedoch gesetzliche und gültige Kraft habenden Gewohnheitsrechte, in: Duve, Adolf E. E. L. von (Hg.), Zeitschrift für Gesetzgebung, Rechtswissenschaft und Rechtspflege im Königreiche Hannover, so wie in den Herzogthümern Lauenburg und Holstein, 1. Band, 2. Heft, Lüneburg 1823, S. 73–94 (zit.: Gewohnheitsrechte).

— *Ders.*, Ueber den älteren Rechtszustand im Königreiche Hannover, namentlich über die, in dem Königreiche Hannover vorkommenden Rechtsbücher der älteren Zeit, in: Duve, Adolf E. E. L. von (Hg.), Zeitschrift für Gesetzgebung, Rechtswissenschaft und Rechtspflege im Königreiche Hannover, so wie in den Herzogthümern Lauenburg und Holstein, 1. Band, 1. Heft, Lüneburg 1823, S. 52–109 (zit.: Rechtszustand).

Steinmetz, Rudolf, Aus der Geschichte des Landes Hadeln, in: Stader Archiv, N.F. 28 (1938), S. 99–130.

Stobbe, Otto, Geschichte der Deutschen Rechtsquellen. Zweite Abtheilung, Braunschweig 1864 (zit.: Rechtsquellen II).

— *Ders.,* Handbuch des Privatrechts. 1. Band, 2. Auflage, Berlin 1882 (zit.: Handbuch I).

— *Ders.,* Handbuch des Privatrechts. 3. Band, 2. Auflage, Berlin 1885 (zit.: Handbuch III).

— *Ders.,* Handbuch des Privatrechts. 4. Band, 2. Auflage, Berlin 1884 (zit.: Handbuch IV).

— *Ders.,* Handbuch des Privatrechts. 5. Band, 2. Auflage, Berlin 1885 (zit.: Handbuch V).

Stodolkowitz, Stefan Andreas, Das Oberappellationsgericht Celle und seine Rechtsprechung im 18. Jahrhundert, Diss. jur. Passau, Köln/Weimar/Wien 2011.

Stoob, Heinz, Geschichte Dithmarschens im Regentenzeitalter, Habil.-Schr. Hamburg, Heide 1959.

Thomas, Karl, Das kanonische Testament. Testamentserrichtung vor dem Pfarrer. Historisch-dogmatische Studie, Diss. jur. Erlangen, Leipzig 1897.

Tyarks, Marco, Ausnahmen vom Zeugnisverweigerungsrecht für Rechtsvorgänger und Vertreter, in: MDR 2019, S. 588–594.

Vagt, Peter, Etwas von dem im Lande Kehdingen, Freyburgischen Antheils, hergebrachten Beyspruchs-Rechte ex capite vicinitatis, in: Pratje, Johann Hinrich (Hg.), Altes und Neues aus den Herzogthümern Bremen und Verden, 5. Band, Stade 1772, S. 169–186.

Völksen, Gerd, Die Marschen an der Unterelbe: Landschaftsveränderung im Land Hadeln und Kehdingen, Hannover 1988.

Walch, Carl Friedrich, Das Näherrecht systematisch entworfen, 3. Auflage, Jena 1795.

Wasserschleben, Hermann, Das Prinzip der Erbenfolge nach den älteren deutschen und verwandten Rechten. Eine rechtsgeschichtliche Untersuchung, Leipzig 1870.

Wieacker, Franz, Privatrechtsgeschichte der Neuzeit unter besonderer Berücksichtigung der deutschen Entwicklung, 3. Auflage, Göttingen 2016.

Wieczorek, Bernhard / Schütze, Rolf (Hgg.), Zivilprozessordnung und Nebengesetze. Großkommentar. 8. Band. §§ 592–723, 4. Auflage, Berlin/Boston 2013 (zit.: Wieczorek / Schütze-*Bearbeiter*).

Wiegand, Wolfgang, Die privatrechtlichen Rechtsquellen des Usus modernus, in: Simon, Dieter (Hg.), Akten des 26. Deutschen Rechtshistorikertages, Frankfurt a.M. 1987, S. 237–252 (zit.: Rechtsquellen).

— *Ders.*, Studien zur Rechtsanwendungslehre der Rezeptionszeit, Habil.-Schr. München, Ebelsbach 1977 (zit.: Rechtsanwendungslehre).

Willoweit, Dietmar, Der Usus modernus oder die geschichtliche Begründung des Rechts. Zur rechtshistorischen Bedeutung des Methodenwandels im späten 17. Jahrhundert, in: Willoweit, Dietmar (Hg.), Die Begründung des Rechts als historisches Problem, München 2000, S. 229–245.

Windscheid, Bernhard, Lehrbuch des Pandektenrechts. Erster Band, 6. Auflage, Frankfurt a.M. 1887 (zit.: Lehrbuch I).

— *Ders.*, Lehrbuch des Pandektenrechts. Zweiter Band, 6. Auflage, Frankfurt a.M. 1887 (zit.: Lehrbuch II).

— *Ders.*, Lehrbuch des Pandektenrechts. Dritter Band, 6. Auflage, Frankfurt a.M. 1887 (zit.: Lehrbuch III).

Wolter, Udo, Die „consuetudo" im kanonischen Recht bis zum Ende des 13. Jahrhunderts, in: Dilcher, Gerhard et al. (Hgg.), Gewohnheitsrecht und Rechtsgewohnheiten im Mittelalter, Berlin 1992, S. 87–116 (zit.: Consuetudo).

— *Ders.*, Die Fortgeltung des kanonischen Rechts und die Haltung der protestantischen Juristen zum kanonischen Recht in Deutschland bis in die Mitte des 18. Jahrhunderts, in: Helmholz, Richard (Hg.), Canon Law in Protestant Lands, Berlin 1992, S. 13–47 (zit.: Fortgeltung).

Zöller, Richard, Zivilprozessordnung, 33. Auflage, München 2020 (zit.: Zöller-*Bearbeiter*).

D. Wörterbücher und Lexika

- DWB = Deutsches Wörterbuch von Jacob Grimm und Wilhelm Grimm.
- DWB 8 = Band 8. Vierter Band. I. Abteilung. 5. Teil. Glibber – Gräzist. Bearbeitet von Theodor Kochs / Joachim Bahr, München 1984.
- DWB 10 = Band 10. Vierten Bandes. Zweite Abtheilung. H – Juzen. Bearbeitet von Moritz Heyne, München 1984.
- DWB 12 = Band 12. Sechster Band. L – Mythisch. Bearbeitet von Moritz Heyne, München 1984.
- DWB 21 = Band 21. Elfter Band. I. Abtheilung. I. Theil. T – Treftig. Bearbeitet von Matthias Lexer / Dietrich Kralik, München 1984.

– DWB 27 = Band 27. Dreizehnter Band. W – Wegzwitschern [-zwiesel]. Bearbeitet von Dr. Karl Bahder und Mitwirkung von Dr. Hermann Sickel, München 1984.
– DWB 31 = Band 31. Fünfzehnter Band. Z-Zmasche. Bearbeitet von Moritz Heyne / Henry Seedorf / Hermann Teuchert, München 1984.
– HRG = Handwörterbuch zur deutschen Rechtsgeschichte.
– HRG I (1971) = I. Band. Aachen – Haussuchung, Berlin 1971.
– HRG I (2008) = I. Band. Aachen – Geistliche Bank, 2. Auflage, Berlin 2008.
– HRG II (2012) = II. Band. Geistliche Gerichtsbarkeit – Konfiskation, 2. Auflage, Berlin 2012.
– HRG III (1984) = III. Band. List – Protonotar, Berlin 1984.
– HRG III (2016) = III. Band. Konfliktbewältigung – Nowgorod, 2. Auflage, Berlin 2016.
– HRG IV (1990) = IV. Band. Protonotarius Apostolicus – Strafprozeßordnung, Berlin 1990.
– HRG V (1998) = V. Band. Straftheorie – Zycha. Register, Berlin 1998.
– Lexikon Altes Land = Das Alte Land von A bis Z. Lexikon einer Elbmarsch. In Zusammenarbeit mit Robert Gahde und Susanne Höft-Schorpp. Herausgegeben von Horst Dippel und Claus Robers, Husum 2018.
– Meyers Lexikon = Meyers Großes Konversations-Lexikon, 6. Auflage.
– Meyers Lexikon 16 = 16. Band. Plaketten bis Rinteln, Leipzig/Wien 1907.

E. Verzeichnis der Rechtsquellen

– AltesL-Ref = Landrecht des Alten Landes von 1585 (Reformatio sive Additio des Alten [Landes] von Bischoff Christoffer Anno 1517. die Apol. gegebenen Landrechtens; zit. nach: *Pufendorf*, Oberservationes IV, App., S. 40–47).
– Anh. PolizeiO-1732 = Anhang zur Polizeiordnung von 1732 (Fernerweiter Anhang zu der in Anno 1732. aufgelegten Policey-, Teich-, Holtz- und Jagt-Ordnung der Hertzogthümer Bremen und Verden: samt darüber verfertigtem Register, Stade 1749).
– ButjadLR = Butjadinger Landrecht von 1664 (Erneuertes / Verbessertes und Confirmirtes Land Recht Des Statt- und Butjadinger-Landes, Oldenburg 1664).
– CIBI = Codex Juris Bavarici Judiciarii von 1753 (Codex Juris Bavarici Judiciarii De Anno M.DCC.LIII., München 1754).
– CMBC = Codex Maximilianeus Bavaricus Civilis von 1756 (Codex Maximilianeus Bavaricus Civilis. Oder Neu Verbessert- und Ergänzt-Chur-Bayrisches Land-Recht […], München 1756).

- CPO-1877 = Zivilprozessordnung i.d.F. vom 30. Januar 1877 (RGBl. 1877, Nr. 6, S. 83).
- D. = Digesten (Corpus iuris civilis; zit. nach: Mommsen, Theodor / Krüger, Paul [Hgg.], Corpus Iuris civilis. Volumen Primum. Institutiones. Digesta, Ed. 6, Berolini 1893).
- DithmLR = Dithmarscher Landrecht von 1567 (Dithmarsisches Land-Recht / Sampt etlichen Constitutionen In Ihrer Königl: Mayest: zu Dennemarck / Norwegen / etc. Süderntheil Dithmarschen am Gericht zu wissen nöhtigst, Glückstadt 1667).
- EiderstedtLR = Eiderstedter Landrecht von 1591 ([…] LandRecht / welches wir vnsern getrewen Vnderthanen / in vnsern dreyen Landen / Eyderstede / Euerschop vnd Vtholm […] auffs new gnedigst gegeben / verbessert / Confirmirt vnd bestetigt haben, Schleswig 1591).
- HadelerLR = Hadeler Landrecht von 1583 (Verordnung des Hadelerschen Land-Gerichts und Rechtens zu Fortsetzung und Erhaltung der ordentlichen Justitzien und gleichformiges Rechtens verfasset und publiciret; zit. nach: *Pufendorf*, Observationes I, App., S. 3–59).
- HambStR = Hamburger Stadtrecht von 1603 (Der Stadt Hamburgk Gerichtsordnung und Statuta, Hamburg 1605).
- HGO = Hofgerichtsordnung Bremen-Verden von 1672 (Ihrer Königlichen Majestät zu Schweden Brem- und Vehrdische Hoffgerichts-Ordnung / Von Dem Durchleuchtigsten / Großmächtigsten / Fürsten und Herrn CARLN, Der Schweden / Gothen und Wenden Könige […], Stade 1675).
- Inst. = Institutionen des Justinian (Corpus iuris civilis; zit. nach: Knütel, Rolf et al. [Hgg.], Corpus Iuris Civilis. Die Institutionen. Übersetzt von Okko Behrends, Rolf Knütel, Berthold Kupisch und Hans Hermann Seiler, 4. Auflage, Heidelberg et al. 2013).
- JütischesR = Jütisches Recht von 1241 (zit. nach: *See, Klaus von*, Das Jütsche Recht, Weimar 1960).
- KehdLR = Kehdinger Landrecht von 1662 (*Keller, Johannes*, Statuta Kedingensia. Das ist Kedinger Landt-Recht / Wornach Greven und Heubtleute im Landt-Gerichte zu Hamelwührden zurichten haben […], Stade 1662).
- LübStR = Lübecker Stadtrecht von 1586 (Der Kayserlichen Freyen vnd des Heiligen Reichs-Stadt Lübeck Statuta vnd Stadt Recht. Auffs Newe vbersehen / Corrigiret / vnd aus alter Sechsischer Sprach in Hochteudsch gebracht, Lübeck 1586).
- Nov. = Novellen des Justinian (Corpus iuris civilis; zit. nach: Schöll, Rudolf / Kroll, Wilhelm [Hgg.], Corpus Iuris Civilis. Volumen Tertium. Novellae, Ed. 4, Berolini 1912).

- NSRA = Neue Sammlung der Reichsabschiede.
- NSRA II = Schmauß, Johann Jacob / von Senckenberg, Heinrich Christian (Hgg.), Neue und vollständigere Sammlung der Reichs-Abschiede [...], Zweyter Theil derer Reichs-Abschiede von dem Jahr 1495. bis auf das Jahr 1551. inclusive, Frankfurt a.M. 1747.
- NSRA III = Senckenberg, Heinrich Christian (Hgg.), Neue und vollständigere Sammlung der Reichsabschiede [...], Dritter Theil derer Reichs-Abschiede von dem Jahr 1552. bis 1654. inclusive, Frankfurt am Main 1747.
- OsterstadeLR = Osterstader Landrecht von 1580 (Ampt Hagen beschrieben nach Christi vnsers Seligmarchers Geburt Tausend Fünffhundert, Achtzig Eins., de. 18. Monats Tag Januarii, zit. nach: *Pufendorf*, Observationes III, App., S. 3–35).
- NL = Gericht Neuenlande (a.a.O., S. 5–13).
- RF = Gericht Rechtenfleth (a.a.O., S. 14–19).
- OS = Gericht Osterstade (a.a.O., S. 19–25).
- BR = Gericht Bruche (a.a.O., S. 26–30).
- OtterndorfStR = Otterndorfer Stadtrecht von 1541 (zit. nach: *Dettmer*, S. 318–330).
- PolizeiO-1693 = Polizeiordnung für Bremen Verden von 1693 (Ihrer Königl. Majest. zu Schweden in Dero Hertzogthümer Bremen und Verden abgefassete Policey-, Teich-, Holtz- und Jagt-Ordnung, Stade 1711).
- RitterR = Bremisches Ritterrecht von 1577 (Des Herzogthums Bremen Ritter-Recht von dem ehemaligen Bremischen Herrn Ertz-Bischoffe Henrico, im Jahr 1577 [...], zit. nach: *Pufendorf*, Observationes IV, App., S. 3–39).
- RNotO = Reichsnotariatsordnung von 1512 (zit. nach: *Grziwotz*, S. 19–34).
- RPO-1577 = Reichspolizeiordnung von 1577 (zit. nach: NSRA III, S. 379–398).
- Ssp. = Sachsenspiegel (zit. nach: Ebel, Friedrich [Hg.], Sachsenspiegel. Landrecht und Lehnrecht, Stuttgart 1999).
- StadeGO = Stader Gerichtsordnung von 1606 (Der Stadt Stade Gerichts-Ordnung; zit. nach: *Pufendorf*, Observationes II, App., S. 288–321).
- WTO = Wismarer Tribunalsordnung von 1651 (Der Königlichen Majestät und Reiche Schweden Hohen Tribunals-Ordnung [...], Immaßen dieselbe publiciret in Wißmar 1657, in: Ihro Königl. Majest. und derer Reiche Schweden in Dero Teutschen Provincien Gerichts-Ordnungen [...], Greifswald / Stralsund 1739, S. 1–134).
- WursterLR = Wurster Landrecht von 1611 (Wurster Land-Recht und alte Gebräuche, so [...] die Vollmächtigte des Landes Wursten aus allen

Kirchspielen hierzu erkohren, in nachfolgende Form zu Pappier bringen lassen; zit. nach: *Pufendorf*, Observationes I, App., S. 60–76).

- UGO = Untergerichtsordnung Bremen-Verden von 1753 (Unter-Gerichts-Ordnung für die Herzogthümer Bremen und Verden, Stade 1753).
- X = Liber Extra (Corpus iuris canonici; zit. nach: Friedberg, Emil [Hg.], Corpus Iuris Canonici. Editio Lipsiensis Secunda post Aemilii Ludouici Richteri curas ad Librorum Manu Scriptorum Et Editionis Romanae Fidem Recognouit Et Adnotatione Critica Instruxit Aemilius Friedberg. Pars Secunda. Decretalium Collectiones, Leipzig 1879, Neudruck Graz 1955).
- ZPO = Zivilprozessordnung (Deutschland) i.d.F. vom 5. Dezember 2005 (BGBl. I, S. 3202, ber. 2006 I, S. 431, 2007 I, S. 1781) mit allen späteren Änderungen einschließlich der Änderungen durch das Gesetz vom 22. November 2020 (BGBl. I, S. 3320) m.W.v. 1. Januar 2021.

www.ingramcontent.com/pod-product-compliance
Ingram Content Group UK Ltd.
Pitfield, Milton Keynes, MK11 3LW, UK
UKHW021828290926
8980IPUK00004B/316

9 783631 888452